商学院文库

市场营销

(第二版)

吴作民 孙雀密 陈 旭 编著

南京大学出版社

图书在版编目(CIP)数据

市场营销 / 吴作民,孙雀密,陈旭编著. — 2 版.
— 南京:南京大学出版社,2018.5
(商学院文库)
ISBN 978-7-305-19919-6

Ⅰ. ①市… Ⅱ. ①吴… ②孙… ③陈… Ⅲ. ①市场营销—研究 Ⅳ. ①F713.3

中国版本图书馆 CIP 数据核字(2018)第 022601 号

出版发行	南京大学出版社
社　　址	南京市汉口路 22 号　　邮编 210093
出 版 人	金鑫荣
丛 书 名	商学院文库
书　　名	**市场营销(第二版)**
编著者	吴作民　孙雀密　陈旭
责任编辑	府剑萍　　　　　　编辑热线　025-83592193
照　　排	南京南琳图文制作有限公司
印　　刷	丹阳市兴华印刷厂
开　　本	787×1092　1/16　印张 24　字数 599 千
版　　次	2018 年 5 月第 1 版　2018 年 5 月第 1 次印刷
ISBN 978-7-305-19919-6	
定　　价	59.00 元

网址:http://www.njupco.com
官方微博:http://weibo.com/njupco
微信服务号:njuyuexue
销售咨询热线:(025) 83594756

＊版权所有,侵权必究
＊凡购买南大版图书,如有印装质量问题,请与所购
　图书销售部门联系调换

《商学院文库》编委会

主 任 委 员　洪银兴　赵曙明
副主任委员　刘厚俊　金鑫荣
委　　　员　（按姓氏笔画排序）
　　　　　　刘厚俊　刘志彪　刘　洪
　　　　　　陈传明　杨雄胜　张二震
　　　　　　沈坤荣　范从来　金鑫荣
　　　　　　洪银兴　赵曙明　裴　平

目　录

第一篇　定义营销与营销管理过程

第一章　导　论

第一节　市场营销的定义 ……………………………………………… 3
第二节　市场营销学的发展过程 ……………………………………… 12
第三节　企业营销观念的演进及新概念 ……………………………… 20

第二章　顾客价值与营销管理过程

第一节　顾客价值与关系管理 ………………………………………… 27
第二节　营销管理过程 ………………………………………………… 33
第三节　营销计划 ……………………………………………………… 42

第三章　营销战略

第一节　营销战略与营销战略制定 …………………………………… 54
第二节　营销战略的选择 ……………………………………………… 60
第三节　营销战略评价 ………………………………………………… 67

第二篇　理解市场与消费者

第四章　市场调查

第一节　市场调查的本质 ……………………………………………… 73
第二节　市场调查的步骤 ……………………………………………… 74
第三节　市场调查的方法 ……………………………………………… 76
第四节　调查问卷的设计 ……………………………………………… 81
第五节　抽样设计 ……………………………………………………… 86

第五章　营销环境分析

第一节　政治法律环境 ………………………………………………… 90
第二节　经济环境 ……………………………………………………… 93
第三节　人口统计环境 ………………………………………………… 98

第四节　社会文化环境 …………………………………………… 99
　　第五节　技术环境 ………………………………………………… 103
　　第六节　经济全球化对我国企业营销环境的影响 …………… 106

第六章　消费者市场与购买行为
　　第一节　消费者市场的定义与特点 …………………………… 109
　　第二节　消费者心理分析 ………………………………………… 111
　　第三节　消费者购买行为模式及主要影响因素 ……………… 113
　　第四节　消费者购买决策过程 …………………………………… 120

第七章　组织市场与购买行为
　　第一节　组织市场的构成及其特点 …………………………… 125
　　第二节　组织市场的购买角色和购买决策 …………………… 129
　　第三节　组织市场的营销管理 …………………………………… 131
　　第四节　组织市场购买的影响因素 …………………………… 133
　　第五节　关系营销和战略联盟 …………………………………… 135

第八章　营销竞争分析
　　第一节　竞争者分析 ……………………………………………… 140
　　第二节　行业竞争分析 …………………………………………… 148
　　第三节　竞争位次分析 …………………………………………… 152

第三篇　选择和设计价值

第九章　市场细分及目标市场的选择
　　第一节　市场细分的概念和意义 ………………………………… 161
　　第二节　消费者市场细分和组织市场细分 …………………… 163
　　第三节　目标市场的选择及策略 ………………………………… 168
　　第四节　市场定位 ………………………………………………… 172

第十章　产品、服务和品牌：构建顾客价值
　　第一节　产品、服务的概念与分类 ……………………………… 180
　　第二节　产品和服务决策 ………………………………………… 186
　　第三节　品牌战略 ………………………………………………… 193
　　第四节　服务营销 ………………………………………………… 199

第十一章　新产品开发和产品生命周期
　　第一节　新产品开发方式 ………………………………………… 203
　　第二节　新产品开发程序 ………………………………………… 205

第三节 新产品扩散过程 214
第四节 产品生命周期 217

第十二章 定价策略

第一节 定价的原理及步骤 227
第二节 定价方法 230
第三节 定价策略 235
第四节 价格调整分析 241

第四篇 交付与传递价值

第十三章 营销渠道的设计与管理

第一节 营销渠道的概念与构成 247
第二节 营销渠道角色与行为 251
第三节 营销渠道的设计决策 256
第四节 营销渠道管理 260

第十四章 零售、批发与物流

第一节 零售 265
第二节 批发 271
第三节 物流 273

第十五章 营销传播过程与方案设计

第一节 营销传播概论 278
第二节 营销传播组合 282
第三节 营销传播的方案设计 287

第十六章 广告

第一节 广告概述 292
第二节 广告决策 295
第三节 广告媒体选择及效果评价 303

第十七章 人员销售与销售促进

第一节 人员销售 311
第二节 销售人员与管理 313
第三节 销售促进策略 320

第十八章 公共关系

第一节 公共关系 325

第二节 事件营销 ………………………………………… 332
第三节 危机公关 ………………………………………… 337

第五篇 营销管理拓展

第十九章 直销与互动营销

第一节 直接营销 ………………………………………… 343
第二节 直接营销决策及实施 …………………………… 347
第三节 互动营销 ………………………………………… 350

第二十章 服务营销管理

第一节 服务概述 ………………………………………… 356
第二节 服务的含义 ……………………………………… 359
第三节 服务营销管理过程 ……………………………… 362
第四节 服务营销的发展 ………………………………… 369

第一篇
定义营销与营销管理过程

第一章　导　论

营销理论是伴随着人类社会商业活动的产生发展应运而生的。它的范畴可以清晰地分为两类：一类把营销作为经营的哲学，或者思维的方式，即营销作为一种成熟学科的理论体系；另一类则把营销与生产、财务或人力资源管理等相提并论，只针对某些特定活动的一类管理职能，即营销的实践过程。

市场环境的不断变化，使企业完成了从生产观念到社会营销观念的跨越；使市场权力从生产者转移至消费者；使我们对产品、消费者、组织乃至营销的认识不断提高。只有以现代市场营销的基本理论为指导，注重营销环境的分析和研究，注重营销战略、策略、方法及技能的学习、研究和灵活运用，注重营销决策的科学性和可行性，企业才能成功地进入、占领、巩固和不断扩展市场。

学习掌握现代市场营销的基本理论，首先必须理解市场营销的定义，熟悉现代市场营销理论的发展过程，了解现代市场营销观念的形成和发展情况，为系统地学习和切实掌握、运用现代市场营销的基本理论、基本方法与策略，打下良好的基础。

第一节　市场营销的定义

一、市场营销的定义

市场营销（Marketing）理论发展至今已有过百年的历史，可以追溯到20世纪初期，在漫长的百年发展中，它随着时代和竞争环境的变化不断演进。在这百年中，各国的学者为市场营销做了多种定义。而其中AMA所公布的营销定义则在市场营销的发展过程中起到了重要作用，作为学术界和实务界的汇集所在，其公布的营销定义反映了营销理论和实务两个方面的变化发展[①]。

1960年：市场营销是引导货物和劳务从生产者流向消费者或用户所进

---

① 于洪彦，刘金星："AMA官方营销定义动态演化及其启示探析"，《外国经济与管理》，2010年第3期。

行的一切企业活动。①

早在1935年，AMA的前身——美国营销教师协会便曾发布第一个营销定义："营销是将产品和服务从生产者传送至消费者的商业活动"。而1960年的定义是由此而来，在其基础上略作修改作为官方定义公布。20世纪初，工业革命使生产方式由家庭手工作坊生产转变为工厂批量生产，随之而来的生产技术专业化使生产率逐步提高，社会分工日益明确，人们也越来越依靠他人及市场来满足自己的需求。企业通过工人高度专业化的生产活动生产出产品，再将产品提供给市场；随后，分销商和零售商根据消费者所需商品的数量和类别，将产品传送销售出去。在这一过程中，营销的职能主要是缩小生产和需求之间的差距。AMA此时的营销定义正是反映了这一现实。在供不应求的经济状况下，营销的主要功能是快速、有效的向消费者提供产品与服务，以缩短购买者与提供者之间的距离。

1985年：市场营销是计划和执行关于商品、服务和创意的构想、定价、促销和分销的计划与执行过程，以创造达到个人或组织的目标的交换。②

随着工业和分销部门的发展，生产率得到充分提高，市场逐渐出现供大于求的状况，此时，企业开始意识到，企业所真正面对的是顾客和市场，而不是产品生产和分销渠道、促销手段。这种思维的转变是营销的根本性转变，也是营销理念的转变。

学者尤金·麦卡锡(McCarthy)对AMA的营销定义(1960)提出了重要修改意见，认为"市场营销是引导产品和服务从生产者到消费者或用户的传递与流通，以最好地满足消费者和实现企业目标的企业功能或活动"。他也指出，这种称为"营销"的企业活动主要内容包括决定企业向消费者提供说明产品、如何定价、分销和促销，以及制定相应规划。这也是人们耳熟能详的营销4P的来源。

科特勒(Kotler)也大力支持营销是一种管理活动的观点，在1972年的版本中，他把营销定义为"一系列促进和完善交换活动的人类活动"，而将营销管理定义为"对有关分析、计划、实施和控制的方案进行设计与管理，以实现同目标顾客的交换，从而使多方受益"。这一定义大量吸收了麦卡锡有关产品、价格、促销和地点的理论，对营销的发展起到了促进作用。

基于这种变化和学者的研究，AMA于1985年公布了这个新的营销定义，突出了几个特点：

首先，明确经营的目的是促使交换的实现。当企业把完成交换视为经营目的时，必然导致经营指导思想与经营方式的改变。生产什么、怎么生产，销售什么、如何销售，不再决定于企业，而是市场。企业经营转向需求导向型，职能活动开始依据市场需求的要求展开。这种方式和思维显然与历史上生产导向、产品导向和销售导向的观念和经营方式有着本质的差异。

其次，营销是一个过程，是一个满足个人或组织需要的交换过程，由一系列活动构成，不仅包括传统的的分销、促销，还包括产品的设计、开发和定价等，都是整个过程的一个部分。从战略层面看，营销活动也包括市场细分、目标市场选择和市场定位。因为企业生产什么、如何生产、销售什么和如何销售都完全取决于市场需求的要求，只有在了解市场的需求的基础上，才能将市场需求特征反映到产品设计、开发、生产和定价、销售等活动中去，确保消费者能够认可并接受企业的产品，交换才可能顺利进行。

---

① 美国市场营销协会，1960年。
② 美国市场营销协会，1985年。

2004年：市场营销既是一种组织职能，也是采用企业及利益相关者都可获利的方式，为顾客创造、沟通和传递价值，并管理顾客关系的一系列过程。①

这个在新世纪初公布的营销定义有着更为明显的特点：

首先，明确说明营销是一种组织功能，而不仅仅是一种企业活动，不仅仅是营销部门的事情，而是企业各个部门的职责，都要以顾客为中心来进行财务、生产、人力资源的组织和安排，尤其在外部环境变化快速、企业竞争激烈的21世纪，企业各个部门都要具有营销思想和理念，从不同角度获取、分享顾客信息，并快速做出反应。

其次，关注价值而不是具体的产品和服务，价值的内涵与外延更加广泛。实际上，"营销既是一个组织过程也是一个社会过程"②，在科特勒对营销的总结中，也认为营销是一个社会管理过程，"是为了满足任何个人或集体通过创造、提供出售、并与他人自由交换产品或价值，以获得其所需之物的一种社会管理过程"③。因此，它不仅涉及消费者价值，还涉及社会价值部分。营销如何为消费者和社会增加价值，是值得研究的问题。

第三，关注利益相关者。传统理论和市场经营中，往往更多关注的是"竞争"，不同的竞争结构和态势下，各自如何构建竞争优势来获取经营优势。而在这里，明确指出，营销不仅要满足企业和消费者的需要，也要满足利益相关者的需要，从对竞争的关注转向利益相关者的关注，从对企业和市场的关注，扩展至对行业及价值链的关注。

第四，重视顾客关系，扩展了营销活动的内容。由于市场化程度的不断提高和竞争的日益激烈，企业不仅要利用差异化与低成本战略来进行大众化营销，以赢得顾客，还要利用现代化信息技术和数据库管理系统来吸引、留住顾客，并管理和拓展顾客关系，为顾客提供定制化的产品和服务，与顾客共同创造价值。

从提供产品与服务到识别目标顾客、满足目标顾客的需要，这两种经营理念都将消费者视为外生因素，而与消费者共同创造价值的经营理念则将消费者看作内生因素。这一理念正被越来越多的创新型组织所采用。

2007年：营销是创造、沟通、传递、交换对顾客、客户、合作伙伴和整个社会具有价值的提供物的一系列活动、组织、制度和过程。④

随着信息技术的飞速发展和消费者需求的日益多元化，营销学者与实务工作者又提出了新的建议与观点。AMA于2007年公布了这个最新也更清晰的定义，它认为：

首先，营销是"一系列组织、制度和过程"。这里的组织指的是一些从事营销活动的组织，包括制造商、批发商、零售商、广告公司等。制度是指一些与营销有关的正式、非正式规范与制度，用于指导、规制营销活动，使企业的营销活动得以自律，如禁止虚假广告、过度促销、不公平竞争等。

其次，营销是"创造、沟通、交换提供物（offering）"的一系列过程。这里的提供物可以是有形产品，也可以是无形产品，可以是客观产品，也可以是主观产品。基于提供物，可以更详细地理解创造、沟通、传递和交换四个基本营销活动。创造指开发市场提供物，前提是了解消费者

---

① 美国市场营销协会，2004年。
② Lusch, Robert F. Marketing's evolving identity: Defining our future[J]. Journal of Public Policy & Marketing, 2007, 26(2): 261-268.
③ [美]菲利普·科特勒：《营销管理》，梅汝和等译，中国人民大学出版社，2001年版，第10页。
④ 美国市场营销协会，2007年。

需要和偏好等;沟通意指通过广告、人员销售、销售促进等方式向潜在消费者提供信息,告知目标消费者提供物的属性和适应性;传递是指提供物从生产者到消费者的转移过程,这个过程涉及批发、分销、零售等流通环节;交换是营销的实质,也是营销成功的节点。营销为消费者创造、并向其沟通和传递提供物的最终目的是实现交换,强调了营销的交换实质。

再者,营销的对象是"顾客、客户、合作伙伴和整个社会",相比2004年相对宽泛的"利益相关者"概念,这个定义对营销对象进行了清晰的界定。其中,顾客泛指个体消费者;客户可以是营利组织,也可以是非营利组织,但指向相对稳定;而社会则将营销的范围扩大,即营销的责任不只是顾客或客户的需要,还要考虑到企业的社会责任。社会是营销体系中最大的客户,创造产品与服务、沟通与传递产品和服务可以使顾客和客户受益,也会使社会受益,所以,营销的最高职责是使社会受益,这是营销的功能,也是它的社会责任。

以上的几种定义,市场营销的内涵界定从限定在流通领域的范围内,随着产品的生产直至销售到用户手中而结束,后来发展到更为全面和完善,可以看出,随着实践的发展,营销的概念也在不断扩展。但其核心几点在于:

(1)"交换"是市场营销的核心,交换过程是一个主动、积极寻找机会,满足双方需求和欲望的社会过程和管理过程。

(2)交换过程能否顺利进行,取决于营销者创造的产品和价值满足顾客需求的程度和交换过程管理的水平。

(3)市场营销的最终目标是"满足需求和欲望"。

二、正确理解市场营销

要正确地理解并掌握市场营销的定义,我们必须认清以下几个问题:

(1)营销学既包括宏观营销学又包括微观营销学,任何商品经济社会中,市场营销均存在这两个方面。宏观营销将市场营销与社会联系起来,强调它是实现社会总供需平衡及提高社会福利的重要社会过程;微观营销则偏重于企业活动,是以企业盈利为目标的企业经营活动过程。但是,作为一门独立学科的市场营销学,主要还是从微观角度来研究市场营销的。

(2)满足和引导消费者的需求是市场营销活动的出发点和中心。企业必须以消费者为中心,面对不断变化的环境,做出正确的反应,以适应消费者不断变化的需求。满足消费者的需求不仅包括现在的需求,还包括未来潜在的需求。现在的需求表现为对已有产品的购买倾向,潜在需求则表现为对尚未问世产品的某种功能的愿望。企业需要根据用户和消费者的需要,结合企业营销环境的分析及企业本身的情况,选择企业的目标市场,制定适当的营销计划以及产品、价格、渠道、促销等营销策略。只有从顾客的角度审视产品的功能、价值、销售渠道等,才能在顾客的心中赢得位置。

(3)市场营销贯穿市场活动的始终。市场营销并不是简单的将产品或服务卖出去就可以了,而是一个更为广泛的概念,它包含了营销环境分析、市场调研、市场细分、市场定位、产品开发以及产品的定价、渠道、分销、售后服务等一系列的活动,而且各个环节之间还要进行有机地协调。

(4)市场营销是一种动态的管理过程。企业的市场营销环境是不断变化的,这种变化可能形成新的市场机会,也可能造成新的威胁;用户和消费者的需要也会发生变化;企业内部的某些因素也会发生变化。企业必须根据营销战略规划与营销目标的要求,根据企业内外的这些变化及其发展趋势,适时地、不断地调整企业营销系统,以保证企业目标的实现。因此,企业的市场营销过程,不是一种简单重复的、静态的管理过程,而是一种不断地进行自我调节、自我完善的、动态的、螺旋上升的管理过程。

(5)市场营销不同于商品推销。早期的商品推销观念是以企业生产的产品为出发点,着重于销售企业能够生产的产品。而现在的市场营销观念是以目标顾客的需求为出发点,企业的一切经济活动都必须以满足目标顾客需求为导向,生产企业能够卖得出去的产品。

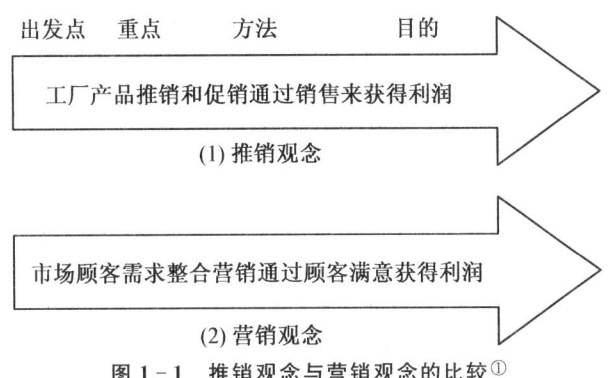

图1-1 推销观念与营销观念的比较①

图1-1将推销观念与营销观念进行对比。推销观念采用从内向外的顺序。它从工厂出发,以公司现存产品为中心,并要求通过大量推销和促销活动来获得盈利性销售。营销观念采用从外向内的顺序。它从明确的市场出发,以顾客需要为中心,协调所有影响顾客的活动,并通过创造性的顾客满足来获利。

菲利普·科特勒认为:商品推销不是市场营销中最重要的部分。推销只是"市场营销冰山的尖端"。推销是企业市场营销人员的职能之一,但不是最主要的职能。如果企业的市场营销人员能够做好市场调研,了解购买者的真正需要,按照购买者的需要来设计和生产适销对路的产品,同时做好定价、分销、促销等市场营销工作,那么这些产品就能轻而易举地推销出去。美国管理学大师彼得·德鲁克也指出:"市场营销的目的在于使推销成为多余。"

三、市场营销概念的核心内容

每个学科都有其核心概念及由此延伸出来的一系列核心术语,借此能更好地理解和描绘学科的核心内容。正确理解市场营销概念,我们也还应该了解下列一些包含在市场营销定义中的核心术语:需要、欲望和需求;产品(商品、服务与创意);效用、价值和满足;交换和交易;关系和网络;市场;营销者和预期顾客、营销管理。

1. 需要(Need)、欲望(Want)和需求(Demand)

人类的需要、欲望和需求是市场营销活动的出发点。需要,描述了人类的基本要求,它是指人们没有得到某些基本满足的感受状态。人们为了生存,都需要衣食住行、安全、归属感、受人尊重等方面的满足。这些需要是人类自发产生的、共性的要求,但不同的人却可以选择用不同的方式来满足。欲望即是指对能够满足特定需要的具体物品或是活动方式的愿望。人类的需要是有限的,而欲望却可以很多。人们的欲望因人而异,受到社会因素及机构因素的影响,

---

① [美]菲利普·科特勒著:《营销管理》(第11版),梅清豪译,上海人民出版社,2003年版,第24页。

如地域、家庭、职业等。同样的需要,如饱腹,中国人多数是米饭馒头,而西方人可能习惯的是面包汉堡。因此,欲望会随背景和社会条件的不同而不同,并随之变化而改变。而需求是指对某个有购买能力的具体产品的欲望。当具有购买能力时,欲望转化为需求。

营销者并不创造需要——需要产生在营销活动之前,只能适应人们与生俱来的需要,营销者和社会上的其他因素只是影响了欲望以至需求。营销者可以通过提供适当的产品或服务,并借助合适的方式,使消费者能够得到它并获得满足,从而影响需求。

2. 产品

人类的需要和欲望,需要某种形式或者活动来实现和满足,借助某种媒介物来承载,产品正是这种媒介物。因此产品是指任何能够满足人类某种需要或欲望的东西,包括有形的实体产品和无形的服务,商品、服务、经历、事件、地点、产权、信息等都是产品。企业生产产品不是其目的所在,真正的目的是为了向消费者提供价值和服务,满足他们的需要和欲望。因此,营销者的任务是向市场展示产品或服务内在的对消费者提供的有意义的利益和价值,而不是仅仅描述产品自身。对于一个制造商而言,如果过度沉迷于自己的产品,而忽略了消费者的需求和市场的变化,这就被称为患上了"营销近视症",即在市场运营管理中缺乏远见,只看到自己的产品质量优良,而没看到市场需求发生的变化,这最终将导致企业经营陷入困境。

3. 效用、价值和满足

效用是指产品满足人们欲望的能力。每种产品都有不同的能力构成来满足不同需要。例如,同样交通工具,自行车省钱,但速度慢也不太安全;飞机速度快但成本高;汽车速度中等成本中等安全性不高。产品效用是消费者购买选择时的基本考虑,但除此之外,价格甚至情感也同样是其最终决定购买与否的重要因素。这就涉及到价值的概念。

价值是消费者对产品满足其某种需要的程度的评价,它可以用顾客所得到的满足与所付出的成本之间的比值来表示。消费者借助产品所得到的满足一般包括功能利益和情感利益,所付出的成本包括时间、金钱、精力、体力等。由此,消费者价值可以用下面的公式①来表示:

$$价值 = \frac{利益}{成本} = \frac{功能利益 + 情感利益}{金钱成本 + 时间成本 + 精力成本 + 体力成本} \tag{1.1}$$

从公式(1.1)可以看出,营销人员可以通过增加顾客获得的利益、降低顾客付出的成本、增加利益的同时降低成本、利益增加幅度比成本增加幅度大、成本降低幅度比利益降低幅度大等几种方法来提高购买者所得到的价值。

4. 交换和交易

交换是市场营销的核心概念。当人们决定以交换方式来满足需求或欲望时,就存在市场营销活动了,而其存在至今的目的也就是使人们之间的交换更加的顺利。

交换是指向他人提供某种东西作为回报,以便获得所要东西的行为。交换的发生,必须具备五个条件:① 至少要有交换的双方。② 双方都有被对方认为是有价值的东西。③ 双方能够沟通信息和传送货物。④ 双方的交换活动是自由的。⑤ 双方都认为交易是适当的或称心如意的。交换能否真正发生,取决于买卖的双方能否找到交换的条件,即交换以后双方都感觉比以前要好。在这里,交换被描述为一个价值的创造过程。

交换应该被看作是一个过程而不是一个事件。如果双方正在谈判,并趋于达成协议,这就

---

① [美]菲利普·科特勒著:《营销管理》(第11版),梅清豪译,上海人民出版社,2003年版,第15页。

意味着他们正在进行交换。一旦达成协议,我们就说发生了交易行为。交易是指人们提供或转移货物、服务和创意,以换取有价值的东西,即由双方之间的价值交换所构成。交易是交换活动的基本单元。一次交易包括几个可以度量的实质内容:至少有两个有价值的产品,买卖双方同意的条件、时间、地点。为确保双方的利益,通常建立法律制度来规范交易活动。

5. 关系和网络

企业与顾客、分销商、经销商等之间存在着各种关系。企业应当通过交易活动,创造和维持与利益相关者的积极、稳定的关系。关系市场营销这个概念最先由巴巴拉·本德·杰克逊于1985年提出,她认为,关系市场营销将使企业获得较之其在交易市场营销中所得到的更多。关系营销是企业与关键成员——顾客、供应商、分销商等建立长期的、互相信任的"双赢"关系,以保持其长期的业绩。而这些关系是靠不断的承诺和给予对方高质量的产品、优良的服务和公平的价格来实现的。关系营销还可以减少交易成本和时间,在最佳的状况下,可使交易由逐次逐项协商转变为程序化交易。

关系营销的最终结果是公司与它所有的利益相关者:顾客、员工、供应商、分销商等,建立一个在经济、技术和社会方面的长期、稳定、互利的网络。市场营销也由过去追求单项交易的利润最大化,转变为追求与对方互利关系的最佳化。

6. 市场和营销者

市场是由那些具有特定的需要或欲望,而且愿意并能够通过交换来满足这种需要或欲望的全部潜在顾客所构成。一个市场的大小取决于那些拥有使别人感兴趣的资源,并愿意以这种资源来换取其需要的产品的人数。

市场的传统涵义是指买卖双方进行交换的场所。经济学中市场这一术语泛指特定产品或某类产品进行交易的卖主和买主的集合。从营销的观点来看,卖主构成行业,买主则构成市场。行业和市场的关系见图1-2①。整个世界经济都是由各种市场构成的复杂体系,这些市场之间则由交换过程来连接。

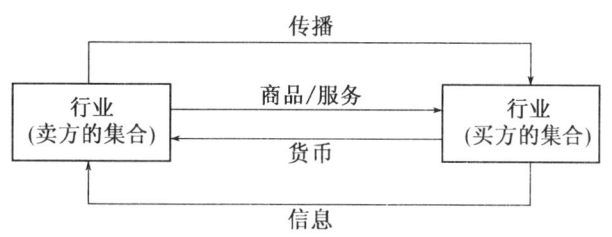

图1-2 简单的营销系统

所谓营销者,是希望从别人那里取得资源并愿意以某种有价值的物品或服务作为交换的人。在交换双方中,如果一方比另一方更主动积极地寻求交换,则前者为市场营销者,而后者为潜在顾客;当买卖的双方都在积极地寻求交换,那么我们就把双方都称为营销者,并称这种情况为双边营销。在自媒体时代,营销者可能是一个个人也可以是组织,他们和竞争者直接地或通过营销中介或平台向最终用户推出各自的产品或信息。他们相应的效益同样受到供应商和主要的环境因素(人口统计环境、经济技术环境、政治法律环境、社会文化环境等)的影响。

---

① [美]菲利普·科特勒著:《营销管理》(第11版),梅清豪译,上海人民出版社,2003年版,第13页。

7. 营销管理

科特勒认为市场营销管理是指为创造达到个人和机构目标的交换，而规划和实施理念、产品和服务的构思、定价、分销和促销的过程。市场营销管理是一个过程，包括分析、规划、执行和控制。其管理的对象包含理念、产品和服务。市场营销管理的基础是交换，目的是满足各方需要。

市场营销管理的主要任务是刺激消费者对产品的需求，但不能局限于此。它还帮助公司在实现其营销目标的过程中，影响需求水平、需求时间和需求构成。因此，市场营销管理的任务是刺激、创造、适应及影响消费者的需求。从此意义上说，市场营销管理的本质是需求管理。

任何市场均可能存在不同的需求状况，对于企业来说，一般会面对诸如负需求、无需求、过度需求等8种不同需求水平。不同的需求状况，企业的策略和任务不同，市场营销管理的任务是通过营销调研、营销计划、营销执行、营销控制来把握市场脉搏，掌握主动，来解决不同的需求状况。

1. 负需求(Negative Demand)

负需求是指市场上众多顾客不喜欢某种产品或服务，如近年来许多老年人为预防各种老年疾病不敢吃甜点心和肥肉，又如有些顾客害怕冒险而不敢乘飞机，或害怕化纤纺织品有毒物质损害身体而不敢购买化纤服装。市场营销管理的任务是分析人们为什么不喜欢这些产品，并针对目标顾客的需求重新设计产品、订价，作更积极的促销，或改变顾客对某些产品或服务的信念，诸如宣传老年人适当吃甜食可促进脑血液循环，乘坐飞机出事的概率比较小等。把负需求变为正需求，称为改变市场营销。

2. 无需求(No Demand)

无需求是指目标市场顾客对某种产品从来不感兴趣或漠不关心，如许多非洲国家居民从不穿鞋子，对鞋子无需求。市场营销者的任务是创造需求，通过有效的促销手段，把产品利益同人们的自然需求及兴趣结合起来。

3. 潜在需求(Latent Demand)

这是指现有的产品或服务不能满足许多消费者的强烈需求。例如，老年人需要高植物蛋白、低胆固醇的保健食品，美观大方的服饰，安全、舒适、服务周到的交通工具等，但许多企业尚未重视老年市场的需求。企业市场营销的任务是准确地衡量潜在市场需求，开发有效的产品和服务，即开发市场营销。

4. 下降需求(Falling Demand)

这是指目标市场顾客对某些产品或服务的需求出现了下降趋势，如近年来城市居民对电风扇的需求已饱和，需求相对减少。市场营销者要了解顾客需求下降的原因，或通过改变产品的特色，采用更有效的沟通方法再刺激需求，即创造性的再营销，或通过寻求新的目标市场，以扭转需求下降的格局。

5. 不规则需求(Irregular Demand)

许多企业常面临因季节、月份、周、日、时对产品或服务需求的变化，而造成生产能力和商品的闲置或过度使用。如在公用交通工具方面，在运输高峰时不够用，在非高峰时则闲置不用。又如在旅游旺季时旅馆紧张和短缺，在旅游淡季时，旅馆空闲。再如节假日或周末时，商店拥挤，在平时商店顾客稀少。市场营销的任务是通过灵活的定价、促销及其他激励因素来改变需求时间模式，这称为同步营销。

6. 充分需求(Full Demand)

这是指某种产品或服务目前的需求水平和时间等于期望的需求,但消费者需求会不断变化,竞争日益加剧。因此,企业营销的任务是改进产品质量及不断估计消费者的满足程度,维持现时需求,这称为"维持营销"。

7. 过度需求(Verfull Demand)

是指市场上顾客对某些产品的需求超过了企业供应能力,产品供不应求。比如,由于人口过多或物资短缺,引起交通、能源及住房等产品供不应求。企业营销管理的任务是减缓营销,可以通过提高价格、减少促销和服务等方式使需求减少。企业最好选择那些利润较少、要求提供服务不多的目标顾客作为减缓营销的对象。减缓营销的目的不是破坏需求,而只是暂缓需求水平。

8. 有害需求(Unwholesome Demand)

这是指对消费者身心健康有害的产品或服务,诸如烟、酒、毒品、黄色书刊等。企业营销管理的任务是通过提价、传播恐怖及减少可购买的机会或通过立法禁止销售,称之为反市场营销。反市场营销的目的是采取相应措施来消灭某些有害的需求。

四、市场营销的作用

1. 对企业发展的作用

市场营销是联结社会需求与企业反应的中间环节,是企业用来把消费者需求和市场机会变成有利可图的公司机会的一种行之有效的方法,亦是企业战胜竞争者、谋求发展的重要方法。企业决策正确与否是企业成败的关键,企业要谋得生存和发展,很重要的是做好经营决策。企业通过市场营销活动,分析外部环境的动向,了解消费者的需求和欲望,了解竞争者的现状和发展趋势,结合自身的资源条件,指导企业在产品、定价、分销、促销和服务等方面做出相应的、科学的决策。

企业市场营销活动的另一个功能就是通过对消费者现在需求和潜在需求的调查、了解与分析,充分把握和捕捉市场机会,积极开发产品,建立更多的分销渠道及采用更多的促销形式,开拓市场,增加销售。

总而言之,市场营销虽然不是企业成功的唯一因素,却是关键因素。彼得·德鲁克曾指出:"市场营销是企业的基础,不能把它看作是单独的职能。"从营销的最终成果,亦即从顾客的观点看,只有符合顾客需求的市场营销活动(从产品设计到销售推广等)才能吸引顾客对产品或服务的购买,才能保证企业的生存与发展。企业经营的成功不仅取决于生产者的决策,更是取决于顾客的购买选择。当今,市场营销已成为企业经营活动首先考虑的第一任务,这一点在发达的市场经济国家显得尤为突出。

2. 对社会经济发展的作用

在市场经济社会中,生产出来的产品如果不通过交换,没有市场营销,产品就不可能自动传递到广大消费者手中。通过市场营销活动,则可以调整因地理相隔的空间因素、因生产与消费时机不同、因信息差异以及无法正确解读顾客需要等原因造成的供需失调,提高顾客效用并且实现更有效地生产。

总之,从宏观角度看,市场营销对于适时、适地、以适当价格把产品从生产者传递到消费者手中,求得生产与消费在时间、地区的平衡,从而对促进社会总供需的平衡起着重大的作用。同时,市场营销对实现我国现代化建设,发展我国各领域的经济,起着巨大的作用。

第二节 市场营销学的发展过程

一、市场营销学在美国的发展过程

市场营销理论是美国社会经济环境变迁的产物。19世纪末20世纪初,美国开始从自由资本主义向垄断资本主义过渡。这一时期的美国工业生产飞速发展,专业化程度迅速提高。以往建立在相对熟悉的当地市场的交易活动所带来的安全感、自信感不断被削弱。与此同时,为开发西部而迅速进行的铁路建设,也有力地促进了美国钢铁工业的发展和国内市场规模的扩大。到了20世纪初,美国国内市场扩大到了历史上前所未有的程度。

市场的扩大,意味着买卖双方不再像过去那样相互了解,同时它带来了新的竞争因素,信息、促销变得越来越重要。无论是生产者还是消费者,都需要一门新的学科或理论更有效地指导其经济生活。

于20世纪初起源于美国的市场营销学是适应商品经济的发展而产生和发展起来的一门管理学科,也是一门多种学科交叉渗透、实用性很强的学科。它为企业营销计划的制定提供了依据,同时改变了人们对社会、市场和消费的传统看法。从最初的萌芽阶段,到20世纪50年代有了比较成形的理论,此后,市场营销学随着生产、消费者需求的演变而与时俱进,不断完善。从美国来看,市场营销学的演变发展过程,大致可以分为萌芽时期、功能研究时期、正式形成时期、营销管理时期、协同发展时期和分化扩展时期这样六个阶段。

(一) 萌芽时期(1900~1920年)

这20年是市场营销理论的初创时期。当时美国国内市场基本上是供不应求的卖方市场,企业的主要精力集中在提高生产效率、增加生产方面。但是,少数有远见的企业主已开始重视广告宣传和商品分配。与此同时,一些学者也着手从理论上研究这些问题。人们发现分销概念无法描述产品或货物分配所涉及的复杂过程和相关局面。于是,营销理论应运而生。其中,最著名的有阿切·肖(Arch W. Shaw)、拉尔夫·斯达·巴特勒(Ralph Starr Butler)、约翰·斯威尼(John B. Swinney)和韦尔达(L. D. H. Weld),他们被称为市场营销研究的先驱人物。

当时大学课程里设置的普遍是"分销学(Distribution)",而不是"市场营销学(Marketing)"。巴特勒作为威斯康星大学教授,第一个使用了"市场营销方法(Marketing Method)"这一概念。韦尔达和斯威尼也是最早明确使用"市场营销"这一术语的学者。韦尔达认为:市场营销应该定义为生产的一个组成部分。制造是创造形态效用,营销则是创造时间、空间和持有效用。因此,市场营销开始于制造过程结束之时。

1905年,克罗西在美国宾夕法尼亚大学讲授《产品市场营销》课程,标志着市场营销首次进入大学讲堂;1910年,巴特勒在美国威斯康星大学讲授《市场营销方法》课程,并于1917年出版了《市场营销方法》;1912年美国哈佛大学教授赫杰特齐(J. E. Hagertg)出版了《市场营销》教科书;1913年,韦尔达在美国威斯康星大学讲授《农产品市场营销》课程,于1916年出版了《农产品市场营销》。

阿切·肖在1915年所撰写的《关于营销分配的若干问题》一书中提出,将商业分配活动从生产活动中分离出来单独地加以考察,系统地对原料、中间商、广告、市场和价格政策等有关问题进行了论述,第一次从总体上研究了分配职能。作者提出企业有三项主要活动:① 改变物质形态的生产活动;② 改变商品场所和所有权的分销活动;③ 协助和支持生产、分销的辅助活动。同时,阿切·肖进一步指出:市场并非平板一块,它是由不同的经济和社会层次构成的,在广告宣传、价格政策等实施之前,必须进行测试。他的这些思想对后来美国市场营销理论的发展具有十分重要的影响。

从总体来看,这一阶段的市场营销理论以传统经济学作为理论基础,基本上以生产观念为导向,市场营销的主要内容侧重于商品分配和广告,真正的现代市场营销理论尚未自成体系。但这些研究在经济学家所持的生产观念和营销学家所持的消费观念之间架起了一座桥梁。所以,这一阶段被称之为市场营销学的萌芽时期。

(二) 功能研究时期(1921~1949年)

第一次世界大战的爆发为美国企业带来了前所未有的发展机遇,从1923~1929年经济危机爆发前的6年间,美国市场极度繁荣;然而在大萧条之后,企业不得不采取各种方式加大产品的推销力度,这种社会现实使美国学术界开始了研究市场营销职能的热潮。

1932年,弗莱德·克拉克(Fred E. Clark)和韦尔达在所撰写的《美国农产品营销》一书中指出:市场营销制度的主要目的,是使产品从种植者顺利地转移到使用者手中。这一过程包括三个重要而相互关联的内容:集中、平衡、分配,并包括集中、储存、运输、财务、承担风险、标准化和推销这七种市场营销功能。

拉尔夫·亚历山大(Ralph S. Alexander)、萨菲斯(F. M. Surface)、艾尔德(R. F. Elder)和奥德逊(Wroe Alderson)在其所著的《市场营销》(1940年)中列举了美国市场营销教师协会定义委员会提出的概念以及管理、储存等这几项功能。他们认为,在这几项功能中,只有购买、推销、分配等属于市场营销功能。并将销售定义为"帮助或说服潜在顾客购买商品或服务的过程",其视角已经从生产者转移到消费者,从卖方转移到买方。

1942年,克拉克在其撰写的《市场营销原理》一书中,将营销功能归结为三大类:一是交换功能——购买和销售;二是实体分配功能——运输和储存;三是辅助功能——金融、风险承担、市场情报沟通和标准化等。应该说,克拉克在功能研究方面是有所创新的。他所提出的市场情报沟通,已经接近于后来发展的市场营销学中的市场调研和市场预测。

从总体上看,这一阶段市场营销理论的研究,基本上没有超越商品流通的范围。由于在这一阶段,企业所奉行的基本上是"推销观念",因此,在以上营销功能的研究中都涉及到推销问题。但对于推销的含义却有不同的理解。1932年,克拉克与韦尔达认为推销就是寻找买主;1940年,亚历山大认为推销就是帮助或说服现实顾客和潜在顾客购买;1942年,克拉克则提出推销就是创造需求。

推销观念的产生是现代营销观念发展史上的转折,在强化营销功能的同时,第一次真正地把营销的目光投向消费者。从推销定义的演变中,我们可以窥见市场营销观念的雏形。

(三) 正式形成时期(20世纪50年代)

第二次世界大战后,世界范围内的资本主义世界急剧衰落,以美国为首的资本主义市场相对狭小。而在美国国内,一方面,由于科学技术的迅速进步,商品生产发展迅猛,美国市场已经成为名副其实的"买方市场";另一方面,美国政府采取一系列刺激需求的政策,使市场需求在质和量两方面都发生了较大变化。在战争中膨胀起来的美国企业继续为其过剩的生产能力寻找出路;美国市场竞争日趋激烈,竞争范围更加广泛。以往的市场营销理论已不能适应新形势的要求。在这种态势下,研究市场营销的人成倍增加,提出了一些市场营销的新概念及研究方法。

1952年,范利(Roland S. Vaile)和格雷瑟(Edwald T. Grether)、科克思(Reavis Cox)等学者,在《美国经济中的市场营销》一书中比较详细地论述了市场营销如何分配资源,如何指导资源的合理配置,如何受到个人收入的影响和制约,以及影响人们需求和购买的因素分析等内容,反映了经济学对营销思想的影响。他们认为,市场营销不仅可以指导稀缺资源的分配,它还必须指导企业为市场提供适销对路的产品。

同年,梅纳德(H. H. Maynard)和贝克曼(Theodore N. Beckman)在《市场营销原理》一书中,阐述了市场营销、商品化、分配和经济学等概念之间的区别。他们将市场营销定义为影响商品交换或商品所有权转移以及为商品实体分配服务的一切必要的企业活动;他们还归纳了市场营销研究的几种方法,即商品研究法、机构研究法、历史研究法和功能研究法。

奥德逊和科克斯在《市场营销学原理》一书中指出,广义的市场概念是包含生产者和消费者之间实现商品和劳务的潜在交换的任何一种活动。他们认为,所谓"潜在交换",就是生产者的产品和劳务要符合潜在消费者的需求和欲望。按过去的观点,市场是生产过程的终点。而新观点认为,市场是生产过程的起点。企业必须调查、分析和研究消费者的需求和欲望,尤其是潜在的需求,据以提供适当的产品和劳务,使"潜在交换"得以实现,由此获得利润。按照这一观点,市场营销学已经超越了流通领域,延伸到生产领域和消费领域。市场营销学这一基本概念的变革,被西方公认为是市场营销学中的一次"革命"。

这一阶段,尼尔·鲍顿(Neil H. Borden)等学者相继提出了六个新概念。菲利普·科特勒称之为六个里程碑式的重要概念。这六个新概念是:

(1) 1950年左右,尼尔·鲍顿首次提出"市场营销组合"概念,并且确定了营销组合的12个要素。

(2) 同年,齐尔·迪安提出"产品生命周期"概念,并且阐述了市场开拓期、扩展期和成熟期等内容。

(3) 1955年,西德尼·莱维(Sidney J. Levy)提出"品牌形象"概念,并且得到了广泛地传播。

(4) 1959年,温德尔·史密斯(Wendell R. Smith)提出了"市场细分"概念,认为一个市场的顾客是有差异的,他们有不同的需要,寻求不同的利益,企业应该对市场加以区分。

(5) 1957年,约翰·麦克金特立克阐述了"市场营销概念"的哲学,他认为,当一个组织切实地从顾客的需要出发,然后给予各种服务,最后使顾客得到满足,它便是以最佳方式满足了组织自身的目标。

(6) 1959年,艾贝·肖克曼提出了"营销审计"概念。他认为,企业应定期地进行营销审计,以检查它的战略、制度和结构是否与它们的最佳市场机会相吻合。

伴随竞争体系在西方市场经济结构关系中突出地位的确立,20世纪50年代开始了现代营销理论发展的金色时代。市场营销学的新概念、新观点不断出现,市场营销思想的不断创新,引起了市场营销理论的重大变革,促使现代市场营销学的正式形成。

(四) 营销管理时期(20世纪60年代)

这一阶段,美国经济处于相对繁荣的黄金时期。由于经济和科学技术的发展导致生产方式和生活方式的巨大变化,买方市场全面形成,市场营销也开始进入一个新的发展阶段,即营销管理的导向阶段。在这一时期,对市场营销学理论做出重要贡献的代表人物有约翰·霍华德、尤金·麦卡锡,尤其是菲利普·科特勒。

约翰·霍华德(John A. Howard)在《市场营销管理:分析和决策》一书中主张从市场营销管理的角度来论述市场营销理论与应用。他是第一个将"市场营销"与"管理"两个概念结合在一起的学者。霍华德指出:市场营销管理的本质,就是企业对于"动态环境的创造性的适应"。他认为,政治、经济和社会环境这些不可控制的动态因素,对企业营销的影响很大。产品、定价、渠道、广告、人员推销等这些可控因素,是企业在适应其环境过程中可以采用的手段。企业要在这样一个动态环境中生存和发展,就必须有机地运用产品、定价、渠道、广告等手段来实现最佳的环境适应。

尤金·麦卡锡从全新的角度对营销管理进行了论述。他在《基础营销学》一书中首次明确地提出4P组合,即产品(Product)、价格(Price)、地点(Place)和促销(Promotion)的营销组合。麦卡锡认为,可以将消费者看作一个特定的群体,称之为目标市场。企业要较好地为目标市场服务,一方面要分析与研究社会文化、政治法律、经济等各种外部环境对企业营销的影响和制约;另一方面,要科学地确定企业的4P策略组合,并通过策略的实施,适应环境,更好地满足目标市场中消费者的需求,实现企业的营销目标。由此可见,麦卡锡着重强调贯彻"以消费者需要为中心"的营销观念。他所提出的以消费者为中心,全面分析、研究企业内外部条件,以达成企业营销目标的市场营销管理体系,为企业的营销管理提供了重要的理论指导。

菲利普·科特勒是当代最著名的市场营销学者之一。他所撰写的《营销管理》专著于1967年出版后,至今已10次再版,并译成多国文字,对世界许多国家的营销理论界和实业界都产生了很大影响。

菲利普·科特勒不仅继承了奥德逊、霍华德和麦卡锡等人的研究成果,而且全面发展了现代市场营销管理理论。他认为,营销管理就是通过创造、建立和保持与目标市场之间的有益交换和联系,以实现组织的各种目标而进行的计划控制过程。他还指出,市场营销是与市场有关的人类活动,其理论既适用于营利组织,也适用于非营利组织。这一观点扩大了市场营销学的领域和应用范围。

此外,在这个阶段,几位著名营销学者又提出了一些重要概念,例如:

(1) 1961年,西奥多·莱维特(Theodore Levitt)提出了"市场营销近视"的概念。他认为,企业如果在营销管理工作中缺乏远见,只重视其产品,以为只要生产出物美价廉的产品,顾客必然会找上门,而忽视市场(顾客)需求的不断变化,这就是市场营销近视。他指出:任何产品都只是满足一个需要的现有手段。一旦有更好的产品出现,便会取代现有产品。

(2) 1963年,威廉·莱泽提出"生活方式"概念。

(3) 1967年,约翰·霍华德(John A. Howard)和杰迪逊·西斯(Jagdish N. Sheth)提出"买方行为理论"。

(4) 1969年,菲利普·科特勒和西德尼·莱维提出了"扩大营销"概念。

尽管这些重要概念的提出,有利于丰富市场营销学的内容,但是这一阶段的营销理论研究仍旧以营销管理为重点。

(五) 协同发展时期(20世纪70年代)

这一时期的美国产业结构发生了很大的变化,消费水平进一步提高,第三产业开始蓬勃发展。经济的不断进步和企业规模的扩张使市场营销学也得到了空前地发展。市场营销学在原有理论的基础上,又吸收了行为科学、管理科学、心理学、社会心理学、社会学等学科的若干理论,抽象出宏观营销、市场定位、社会营销、市场营销系统等新概念。

1971年乔治·道宁(George S. Dowing)在其所著《基础营销:系统研究法》一书中,运用系统论的方法对市场营销进行研究。道宁认为,公司就是一种投入产出的市场营销系统。这个系统,既受到由市场、资源和各种社会组织等组成的大系统的影响和制约,同时又反作用于大系统。从这个系统内部来看,它又是一个由若干个既相互对立又相互联系的子系统所组成的有机整体,公司的成功取决于其中营销系统运转的成功。

1972年,菲利普·科特勒在《明确市场营销的范围》论文中指出:市场营销的原理、方法和手段,不仅适用于产品和服务,而且也适用于思想意识形态;不仅适用于组织,也适用于个人;不仅适用于工商企业这种盈利组织,也适用于福利机构、学校、博物馆、教堂等一切非盈利组织。这些非盈利组织事实上都有意识或无意识在运用某些营销原理和营销手段。菲利普·科特勒的这一观点,扩展了市场营销学的研究和应用范围。

在这一阶段,几位著名的营销学者和波士顿咨询公司又提出了一些重要的概念。如社会营销、定位、战略营销、服务营销等,进一步丰富了市场营销理论。在这一阶段,最引人注目的是"社会营销"理论的提出。它是50年代市场营销理论基础上一个新发展。进入70年代以后,美国发生了许多变化,如资源短缺、通货膨胀、失业增加、消费者保护运动盛行等等。在这样一个环境下,人们对过去的营销理论进行了反思,提出了怀疑和指责,认为过去的营销理论尽管是一种以"消费者需求为导向"的理论,但是,它忽视了满足消费者个别需要与社会长远利益之间的矛盾,造成了资源的大量浪费和环境污染等社会弊端,降低了人们赖以生存的环境质量。针对这种情况,菲利普·科特勒、杰拉尔德·泽尔曼等学者提出了社会营销理论。这种理论认为,企业应当站在整个社会角度去理解营销;企业应当全面考虑、统筹兼顾消费者利益、企业利益和社会利益这三方面的利益,正确地处理好这三者之间的关系。企业不仅要满足消费者需要和欲望并由此获得利润,而且要保证消费者自身利益和社会长远利益。

(六)分化扩展时期(20世纪80年代)

1979~1982年的经济危机促使美国政治经济结构经历了一次大调整。宏观经济环境以及产业结构、企业组织结构的调整以及新管理理论的提出,为市场营销学的发展提供了广阔的背景和理论基石,使市场营销学领域出现了大量的新概念,其应用范围不断扩展,在社会各领域产生了广泛的影响。

1979年,特里戈和齐默尔曼较为系统地论述了战略营销的有关问题。他们认为,大多数企业都面临着难以预料的未来。企业为了生存和发展,必须面对未来。企业要制定正确的营销战略计划,进行科学的营销战略决策。企业营销战略应该为企业发展提供蓝图,它指向的是企业应该如何行动。

1981年,瑞典经济学院的克里斯琴·格鲁诺斯(Christian Gronroos)发表论述"内部市场营销"论文;1983年,莱维特对"全球市场营销"问题进行了研究;1985年,巴巴拉·本德·杰克逊(Barbara Bund Jackson)提出了"关系营销"、"协商推销"等观点。此外还有当地营销、直接营销等等。但最为重要的是,几位营销学者提出了战略营销的思想,尤其是菲利普·科特勒在1986年所提出的"大市场营销"概念,使市场营销理论的研究上升到战略营销理论的高度。

1981年,贝内特和库珀从创造需求的角度研究了营销战略。他们认为,营销战略的重点并不在于企业掌握所谓的定价、分销、促销等这些产品战术,而在于使企业成为"巨人",能预测消费者尚未看到的需求,通过技术积累和产品创新来寻求企业的长远发展。

同年,莱维·辛格(Ravi Singh)和菲利普·科特勒对"营销战"这一概念以及军事理论在营销战中的应用进行了研究。几年后,里斯和特劳特(Al Ries and Jack Trout)出版了《营销战》一书。

1985年,巴巴拉·本德·杰克逊提出了关系营销、协商推销等观点。此外,还有当地营销、直接营销等等。

大市场营销(Mega-marketing)是菲利普·科特勒1984年在美国西北大学凯洛格管理研究生院校友会上首先提出的,于1986年在《哈佛商业评论》第2期上公开发表的一种新观念,研究企业如何打入被保护市场的问题。有些学者认为,科特勒关于战略营销的观点,是理论界在营销战略研究上的一次具有突破性的进展。

20世纪90年代,定制营销、网络营销、纯粹营销、政治营销、营销决策支持系统、营销专家系统等新的理论与实践问题开始引起学术界和企业界的关注;进入21世纪,营销理论进一步同其他学科相融合,产生了新的理念和方法,如绿色营销、营销联盟、迁入式营销、无线营销等等。

表1-1 营销概念的发展[①]

时间	概念	提出者
20世纪50年代	市场营销组合 产品生命周期 品牌形象 市场营销观念 营销审计	尼尔·鲍顿 齐内·迪安 西德尼·莱维 温德尔·史密斯 艾贝·肖克
20世纪60年代	4P组合 营销近视 生活方式 消费者行为理论 扩大营销概念	尤金·麦卡锡 西奥多·莱维特 威廉·莱泽 约翰·霍华德,杰迪逊·泽尔曼 菲利浦·科特勒,西德尼·莱维
20世纪70年代	社会营销 战略营销 服务营销	菲利浦·科特勒,杰拉尔德·泽尔曼 波士顿咨询公司 林恩·休斯塔克
20世纪80年代	营销战 内部营销	莱维·辛格,菲利浦·科特勒 克里斯琴·格罗路斯
20世纪90年代	定制营销、网络营销、纯粹营销、政治营销、营销决策支持系统、营销专家系统等	
21世纪	绿色营销、营销联盟、迁入式营销、无线营销等	

二、市场营销理论在中国的传播与发展

市场营销学从20世纪50年代开始传播到其他国家。日本于50年代初开始引进市场营

---

① 王玉玫,焦立新,吴国祯著:《市场营销学新编》,警官教育出版社,1998年版,第7页。

销学。1955年日本生产力中心成立,1957年日本营销协会成立。这两个组织对推动营销学的发展起了积极作用。60年代,日本经济进入快速发展时期,市场营销原理和方法广泛应用于家用电器工业,市场营销观念被广泛接受。60年代末70年代初,社会市场营销观念开始引起日本企业界的关注。从70年代后期起,随着日本经济的迅猛发展及国际市场的迅速扩大,日本企业开始从以国外各个市场为着眼点的经营战略向全球营销战略转变。

20世纪50年代,市场营销学亦传播到法国,最初应用于英国在法国的食品分公司。60年代开始应用于工业部门,继而扩展到社会服务部门。1969年被引进法国国营铁路部门。70年代初,市场营销学课程先后在法国各高等院校开设。

20世纪60年代后,市场营销学被引入苏联及东欧国家。

而现代意义上的营销学,在中国可以追溯到1933年由复旦大学丁馨伯教授翻译的教材《市场学》。以本书为代表,标志着现代营销学正式导入了中国。建国之前,我国虽曾对市场营销学有过一些研究(当时称"销售学"),但也仅限于几所没有商科或管理专业的高等院校。建国之后到1978年改革开放之前,在整个中国大陆上,市场营销学的研究一直中断。在这长达30多年的时间里,国内学术界对国外市场营销学的发展情况知之甚少。

1978年,改革开放之后,北京、上海、广州的部分学者和专家开始着手市场营销学的引进研究工作,当时名称上还称为"外国商业概论"或"销售学原理",在市场营销学的引进上迈出了第一步。经过十几年的时间,我国对于营销学的研究、应用和发展已取得了一定的成就。从营销学在中国的整个发展过程来看,大致经历以下几个阶段:

一、引进阶段(1978～1982年)

该阶段主要通过对国外市场营销学著作、杂志和国外学者讲课的内容进行翻译介绍,选派学者、专家到国外访问、考察、学习,邀请外国专家和学者来国内讲学等方式,系统介绍和引进了国外的市场营销理论。这是营销中国化非常重要的基础性工作,但由于当时社会条件的限制,参与研究者少,研究比较局限,对西方营销理论的认识也相对肤浅,大多数企业对于该学科还比较陌生。当时营销学的研究还局限于部分大专院校和研究机构,从事该学科引进和研究工作的人数还很有限。

二、传播阶段(1983～1985年)

营销学在我国经过几年的发展,全国各地从事市场营销学研究、教学的专家和学者开始意识到,有必要成立市场营销学研究团体,相互交流和切磋研究成果,利用团体的力量扩大市场营销学的影响,推进市场营销学研究的进一步发展。1984年1月,全国高等综合大学、财经院校市场学教学研究会成立,大大促进了营销理论的全面范围内的传播,营销学开始得到高校教学的重视,有关营销学的著作、教材和论文在数量和质量上都有很大的提高。此后,全国各地、各种类型的市场营销学研究团体如雨后春笋般纷纷成立。各团体在做好学术研究和学术交流的同时,还做了大量的传播工作。各团体分别举办了各种类型的培训班、讲习班。有些还通过当地电视台、广播电台举办了市场营销学的电视讲座和广播讲座。通过这些活动,既推广、传播了市场营销学知识,又扩大了学术团体的影响。在此期间,市场营销学在学校教学中也开始受到重视,有关市场营销学的著作、教材、论文在数量上和质量上都有很大的提高。

三、应用阶段(1985～1988年)

1985年以后,我国经济体制改革的步伐进一步加快,市场环境的改善为企业应用现代市场营销原理指导经营管理实践提供了有利条件,但应用过程中出现了较大的不均衡:不同地区、行业及机制中的企业在应用营销原理的自觉性和水平上表现出较大的差距,同时应用本身也存在一定的片面性。具体表现为:以生产经营指令性计划产品为主的企业应用得较少,以生产经营指导性计划产品或以市场调节为主的产品的企业应用得较多、较成功;重工业、交通业、原材料工业等和以经营生产资料为主的行业所属的企业应用得较少,而轻工业、食品工业、纺织业、服装业等以生产经营消费品为主的行业所属的企业应用得较多、较成功;经营自主权小、经营机制僵化的企业应用得较少,而经营自主权较大、经营机制灵活的企业应用得较多、较成功;商品经济发展较快的地区(上海、深圳、珠海等)的企业应用市场营销原理的自觉性较高,应用得也比较好。在此期间,多数企业应用市场营销原理时,偏重于分销渠道、促销、市场细分和市场营销研究部分。

四、深化阶段(1988～1994年)

在此期间,无论是市场营销教学研究队伍,还是市场营销教学、研究和应用的内容,都有了极大的扩展。研究重点也从过去的单纯教学研究,改变为结合企业营销实战的研究,且取得了一定的成果。各地学术团体也改变了过去只有学术界、教育界人士参加的状况,开始吸收企业界人士参加。全国高等综合大学、财经院校市场学教学研究会也于1987年8月更名为"中国高等院校市场学研究会"。学者们已不满足于仅仅对市场营销一般原理的教学研究,而对其各分支学科的研究日益深入,并取得了一定的研究成果。由于缺乏对西方营销理论应用于中国实践的充分探索,缺乏中国营销理论创新的尝试,营销学依然没有实现和中国国情的有效整合,营销学最权威的指南仍然是"科特勒""麦卡锡"和"斯坦顿"。大多数人只不过是在介绍他们的理论与观念。实践中的营销更多的是广告、促销,甚至不顾道德的束缚,操纵消费者的欲望,背离了时代的特征。

五、国际化阶段(1995～至今)

1995年6月,由中国人民大学、加拿大麦吉尔大学和康克迪亚大学联合举办的第五届市场营销与社会发展国际会议在北京召开。来自46个国家和地区的135名外国学者和142名国内学者出席了会议,25名国内学者的论文被收入《第五届市场营销与社会发展国际会议论文集》(英文版),郭国庆等6名中国学者的论文荣获国际优秀论文奖。从此,中国市场营销学者开始全方位、大团队地登上国际舞台,与国际学术界、企业界的合作进一步加强。(朱希彦,1998)

在这个阶段开始,市场营销理论由最初单纯引进,介绍西方市场营销学原理与方法,转变为将西方市场营销学原理同中国的客观实际相结合,并在局部有所创新,以便能较好地指导中国企业的营销实践。全国高等院校、研究机构的专家、学者、教授所撰写的市场营销学的专著、教材、辞典等,累计已出版百余种,所撰写的营销学方面的论文数量可观,且无论是著作还是论文,在质量上都有了较大的提高。全国经济管理类大专院校(系)和中专、干部学校,几乎都开设了市场营销学课程。全国各地先后成立了许多市场营销学会、协会、研究会等组织机构,广泛吸引学术界、教育界、企业界的人士参加,在推广、普及市场营销知识,总结我国企业营销实践经验,提高营销理论水平和营销技巧,为企业提供营销咨询服务等方面发挥了积极作用。

我国市场营销学的研究已经从消费品市场推广到工业品市场、金融市场、技术市场、房地产市场、旅游市场、服务市场、信息市场等各个领域。当然由于各地区、各部门之间生产力发展不平衡,产品市场发展趋势有别,加之各部门经济体制改革进度不一,各企业经营机制改革深度不同等,市场营销学在各地区、各部门、各类企业的应用程度也不尽相同。

值得一提的是,近几年一些国内较有影响的组织机构开始设立针对中国国情的营销奖项和营销论坛,旨在促进中国营销理论和实践的发展。其中较有影响的是由《销售与市场》和奇正咨询机构设立的金鼎奖,从2000年第一届至今奖励了多名有突出表现的营销从业人员,涵盖了销售经理、客户经理、销售员、营销培训经理等多个岗位,总结来自市场一线的、具有中国特色的营销经验。

2001年,菲利普·科特勒将以其名字命名的菲利普·科特勒营销贡献奖授权中国金鼎奖组委会和奇正咨询机构在中国颁发,该奖项分为理论贡献奖和营销案例奖,旨在奖励对营销理论发展有突出贡献的学者及市场表现优秀的企业。此外,由《销售与市场》与中央电视台广告部联合主办的中国营销盛典,于每年12月举行,也吸引了市场营销领域的众多专家和企业参加,共同评点1年市场风云,评论经典营销案例。

这些举措都在很大程度上促进了中国企业之间的相互学习和交流,为中国营销人的营销实践提供指导,也为中国营销理论的深入发展提供了动力和依据。

第三节 企业营销观念的演进及新概念

一、企业营销观念的演进

市场营销观念是指在一定的时期内,占支配地位的、贯穿于企业整个市场营销活动的总体指导思想和行为准则。它决定着企业生产经营活动的总体方向,决定着企业的营销战略。企业进行营销活动时,一般采用以下五种营销观念:生产观念、产品观念、推销/销售观念、营销观念和社会营销观念。

1. 生产观念

生产观念是指导卖者行为的最古老的观念之一,是19世纪末到20世纪20年代占支配地位的一种观念。在这段时期,美国基本是"卖方市场":企业的生产效率不是很高,市场上商品供不应求;市场产品单一,用户和消费者没有多大的选择余地。在这种情况下企业只要提高生产效率,增加产量,降低成本,就能获得可观的利润,产品销售不成问题。

生产观念不是以市场需求为导向来经营企业,它是以"消费者喜爱那些可以随处得到的、价格低廉的产品"的假设为前提,于是生产导向型企业总是致力于获得高生产效率和广泛的分销覆盖面。

这种假设主要适应于两种情况:第一种情况是对某个产品的需求大于供应,因而顾客最关心的是能否得到产品,而不是关心产品的细小特征。于是,供应者首先考虑的就是集中力量,扩大生产,保障供给。第二种情况是产品成本过高,必须凭借大量生产来降低价格以扩大市场。

抱有这种观点的企业认为组织的竞争力来自于低廉的价格,而降低成本的方法便是通过大规模生产来产生规模经济。生产观念的重心在于标准化和规格化。通常这种观点比较适用于位于产业上游的标准化物料与零配件。

2. 产品观念

产品观念坚持消费者喜爱质量与性能最好的产品。在产品导向的组织中,其管理阶层通常致力于制造优良产品,并不断加以改良及提升质量,认为经营的重点在追求最好质量的产品。

这些企业认为只要产品好就会顾客盈门,因而经常迷恋自己的产品,而未看到市场需求的变化。这种观点必然导致"一孔之见"的市场营销近视,甚至导致经营的失败。例如,美国著名的爱尔琴国民钟表公司自1864年创立以来直至1958年以前在美国享有盛名,销售量一直上升,支配了美国的钟表市场。但1958年以后,消费者对手表的需求已发生变化,对手表计时非常准确、名牌及耐用的观念已改变,只需要一个能告诉时间,外表吸引人及价格低的手表,分销渠道由珠宝商店向大众化商店拓展。当竞争者适应市场需求变化而投入相应产品时,该公司仍陶醉于自己的高质量手表,从而导致了其经营的失败。

产品导向的公司通常很少或根本未考虑顾客的需要就进行产品设计,他们通常不会注意到竞争者的产品,也不会考虑顾客的需要,最后面临失败的命运。同样的,很多技术背景人员在创业时,也一味追求产品的突破,而忽略了顾客真正的需要。

3. 销售观念

销售观念又称为销售导向,是20世纪20年代末到第二次世界大战结束这段时间在企业经营中占主导地位的观念。在这段时期,由于科技进步、科学管理、大规模生产的发展,社会产品数量日益增加,花色品种增多,而市场需求增长缓慢,市场商品逐渐出现供大于求的局面。尤其是1929~1933年的经济大萧条,整个市场供需严重失衡,生产大量过剩。许多企业认识到:单纯的扩大生产、降低成本是不够的,还必须重视销售问题。于是不少企业运用发展销售网点,改进销售制度,培训推销人员,开展广告宣传等手段,努力销售自己的商品,以期通过大量销售来获利。

销售观念考虑的是"怎样把生产的产品卖出去",而不是顾客的需求。销售观念认为,如果听任消费者自愿的话,他们不会足量购买某一组织的产品。消费者通常表现出一种购买惰性或者抗衡心理,故需用好话去劝说他们多买一些。公司可以利用一系列有效的推销和促销工具去刺激他们大量购买。因此,该组织必须主动推销和积极促销。这些企业相当重视销售技巧,从而使人误以为营销就是促销与广告。

从生产观念发展到销售观念,应该说是企业经营哲学上的一个大的进步。但是从企业经营的出发点来看,销售观念仍然属于"以销定产"的范畴。因此,销售观念实际上是生产观念的发展和延伸。它常见于保险业、直销业等产业。

4. 营销观念

二战以后,由于科学技术的迅速发展,生产效率的进一步提高,消费者需求的多样化、复杂化,到20世纪50年代初,美国市场已经成为名副其实的"买方市场"。在这种情况下,许多企业认识到:只有分析和研究市场,采用一切方法和手段来满足顾客的需求,企业才能在激烈的市场竞争中求得生存和发展。

营销观念认为,要达到企业目标,关键在于确定目标市场的需求与欲望,并比竞争者更有效能和效率地满足消费者的需求。可见,市场营销观念是以满足顾客需求为出发点的,即"顾客需要什么,就生产什么"。市场营销观念的出现,使企业经营哲学发生了根本性变化,也使市场营销学发生了一次革命。市场营销观念同推销观念相比具有重大的差别。市场营销观念是以市场为出发点的,而推销观念则以工厂为出发点;市场营销观念以顾客需求为中心,推销观念则以产品为中心;市场营销观念以协调市场营销策略为手段,推销观念则以推销术和促销术为手段;市场营销观念是通过满足消费者需求来创造利润,推销观念则通过扩大消费者需求来创造利润。可见,推销观念的4个支柱是:工厂、产品导向、推销、赢利;市场营销观念的4个支柱是:市场中心、顾客导向、协调的市场营销和利润。

5. 社会营销观念

市场营销观念奉行的从用户需求出发开展营销活动,但是顾客的需求是否符合自己的切身利益?消费者的利益是否符合社会长远利益?这些都是值得我们思考的。因此,一些学者于20世纪70年代提出了社会营销的观点。

社会营销是通过设计、实施和控制有计划的运动来影响社会观念的接受程度,并采用产品开发、定价、沟通、分销和市场研究的技术(Kotler & Zaltman, 1971)。较近的定义有:社会营销是应用商业市场营销的技术分析、计划、执行和评估用来影响目标受众自愿行为的项目,其目的是促进个人和社会的福利(Alan Andreasen, 1995)。

社会营销是市场营销观念的修正和补充,它仍然以消费者的需求为出发点,但充分考虑到了消费者需求和购买行为有时是非理性的,二者往往对自己和社会长期利益是有害的,只不过因为知识和信息的缺乏使人们暂时难以觉察。企业应抱着对消费者和社会负责的态度,有选择地开发、生产、推销确实能增进消费者利益的产品。社会营销每一策略的应用,都要顾及人类普遍的福利和社会发展的可持续性。虽然仍然是以盈利为目的,但社会营销是通过满足顾客需求,保护和增进顾客、社会利益而取得利润。

表1-2 企业营销观念的演进[①]

营销观念	环境背景	观念及态度	管理导向	盈利方式
生产观念	产品供不应求	以生产为中心,消费者喜欢廉价的产品	大量生产,标准化,降低成本及价格	由大量生产、大量消费及降低成本而获利
产品观念	重叠于生产观念后期和推销观念前期之间	以品质为中心	创造最佳质量的产品,追求质量第一	通过提高产品质量和取得消费者对该公司优质产品的信誉而获利
推销观念	1930~1950年	消费者喜欢质量、外形最优的产品	用尽各种推销手段和工具	通过提高销售量而获利
营销观念	1950~1970年,供大于求	以消费者为中心	消费者需求导向,竞争导向,市场区隔、细分导向	通过满足消费者的需求而获利
社会营销观念	消费者的需求与长期社会利益相冲突	统筹兼顾企业利润,消费者需要和社会利益	比竞争者更有效地向目标市场提供产品	生产绿色产品、提高效率、关心社会长期福利而赢得顾客获利

---

① 陆娟编著:《市场营销学》,南京大学出版社,2000年版,第23页。

由此可见,社会营销观念要求营销者在营销活动中考虑了社会与道德问题。他们必须平衡与评判公司利润、消费者需要满足和公共利益三者的关系,实现组织利益与社会利益、短期利益与长期利益的统一。实践表明,已有一些公司通过采用和实践社会营销观念,取得了令人瞩目的销售与利润。

企业营销观念的演进同时伴随着营销的主体、对象、媒体、理论体系及营销组织的不断改变。从最初的单纯营利性组织为主体,到非营利性组织乃至个体的加入;从最初的以产品和服务为对象,到加入了公共事业、形象、社会观念等;作为工具的媒体从常见的报纸杂志、电视等,又出现了电话推销、人员直销、网络营销等;营销组织也经历了联合化、扁平化、概念化的过程。

二、营销新概念

20世纪90年代开始,人类在沟通领域经历了一场变革。大规模沟通工具的效率和利用率越来越低。交互式的、个性化的购买方式为营销提供了新的工具和新的思维方式。世界范围内的企业战略联盟使营销网络超出单纯的"营销渠道"范畴,寻找战略伙伴或同盟者已成为趋势。信息技术的蓬勃兴起将营销带进了"定制营销"的时代,电脑与网络的普及化掀起了一场营销方式的革命。社会、政治、经济环境的深刻变化,刺激着营销思想及其理论的日新月异、不断创新。

20世纪90年代初至今,定制营销、网络营销、绿色营销、营销决策支持系统等理论与实践引起了学术界的广泛关注。下文将着重介绍以下几种营销新观念。

1. 网络营销

网络营销无疑是21世纪营销的焦点,飞速发展的网络经济为网络营销提供了广阔的发展空间,这种低成本、反应迅速的营销方式使企业的营销活动更直接更准确,并且更易于跨市场区域进行宣传,甚至进入国际市场。同时,营销环境和消费者行为的变化给网络营销发展带来了动力,20世纪工业时代创造的营销4P要素与互联网技术开始进行重新整合。

随着市场经济的发展,消费需求呈现个性化的特点,追求"与众不同"已成为当今世界消费心理发展的主流。面对顾客需求差异化程度的加深,市场细分也将进一步"细化"。而网络环境使得双向互动成为现实,决策能够有的放矢。美国著名管理学、计算机学专家詹姆斯·马丁(James Martin)曾建议企业"从以大规模生产为基础、差异性很小的标准产品目录转向个性化、短周期、信息丰富、变化无穷的产品和服务"。这时就出现了所谓的定制营销。定制营销是企业为适应市场进一步细化的新形势而采取的一种大规模定制的新型营销方式。换言之,定制营销就是根据不同顾客的具体要求进行产品生产和服务以满足不同需求的营销方式。它必须借助某种能够与消费者进行互动双向沟通的系统才可能实施。互联网络的出现正是为其提供了良好的工具。互联网络与定制营销的结合,形成了网络营销的雏形。尽管今天网络营销早已不仅仅局限于定制业务,但通过网络进行的这种销售活动,仍占据很大比例并取得较为辉煌的成就。

一些学者认为网络营销可能创造出以下的新规则。首先,由于搜索和比较的成本降低,顾客将成为交易中相对较强的主导者;其次,随着传播速度的提升,产品信息可以很快的传给顾客,同时企业的营销活动也很容易为竞争者得知。当然网络也存在着一些缺点,比如对象比较集中,容易产生网络垃圾等。

2. 整合营销传播

1991年,美国市场营销学教授唐·舒尔茨(Don Schultz)提出了整合营销传播(Integrated Marketing Communications)的概念,以 4C(Consumer,Cost,Convenient,Communication)取代了传统的 4P,以顾客需求而不是产品为中心,强调与顾客的沟通过程。

唐·舒尔茨在其著作《整合营销传播》中认为,整个营销过程的每一个环节,从产品设计、包装到选定销售渠道等,都在与消费者沟通。因此,营销与广告、公关、促销一样,都是一种传播;甚至售后服务也是一种传播。它们让消费者了解产品的价值。"20世纪 90 年代,营销即传播,传播即营销,二者密不可分。因此,正确、适合地整合所有的营销信息,相当重要。"

美国广告代理协会(American Association of Advertising Agencies)对整合营销传播的定义是:确认评估各种传播方法战略作用的一个增加价值的综合计划,并且组合这些方法,通过对分散信息的无缝结合,以提供明确的、连续移植的和最大的传播影响力。

整合营销传播的中心思想是为了完成所设定的传播目标,各种形式的传播手段都可以使用;但是这个目标是以消费者的行为为主导,并且是一个传播——回应——修改——传播的循环过程。

另外,在不断变化的市场环境中,企业逐渐认识到消费者的个性化、信息与购买的多样化,通过大众媒体接近更多消费者的"大众营销"逐渐被以消费者个体为对象的"一对一营销"所取代。整合营销传播的首要任务是确定并深入了解传播的对象,也就是"目标受众"。因为传播的目的不同,受众也就不同,所以传播内容也不同。只有确定企业统一的促销策略,协调使用各种不同的传播手段,从而使企业的宣传更充分、更有效。

整合营销传播不同于整合营销。整合营销要求公司所有的部门以及部门内部能紧密团结,共同为顾客利益服务。整合营销包含两方面的含义:首先,各种营销职能——广告、市场调研、产品推销、流通渠道管理等等都必须从顾客观点出发彼此协调。其次,营销部门必须与公司其他部门很好地协调。当市场营销只有一个部门时,是难于开展工作的;只有当所有员工都重视他们在使顾客满意上所起的影响作用时才能开展工作。

3. 数据库营销

对数据库营销(Database Marketing)的讨论较早见于 20 世纪 90 年代中期,以 Jonathan Berry(1994)和 Rob Jackson(1994)为代表。数据库营销是一个为了实现接洽、交易和建立客户关系等目标而建立、维护和利用客户数据库和其他客户资料的过程。数据库营销需要高度的理性,需要严谨的规划,将市场影响因素进行抽象的量化,经过系统的统计分析,准确进行市场的细分、定位,进而实施创造性、个性化的营销策略。

顾客是企业关注的焦点,如何争取和留住顾客是企业营销工作的主题。这就需要营销者站在顾客的立场上及时了解顾客的需求及其变化。依照消费者的价值观念来设计、生产、定位产品。应该看到,如今的顾客更加重视优良的服务和体贴的关怀,失去顾客往往不是产品的质量问题,而是顾客对服务的不满,因此,产品的服务化和服务的产品化已经高度融合在了一起;提供优良的服务,建立起顾客对企业的忠诚,就需要把消费者的价值观念贯穿于企业的整个经营过程中。

另一方面,消费者的需求、价值观念在与市场环境的互动中不断地改变着,而且这种变化的频率越来越高,要使企业适应这样的变化,很显然,那种传统的单向沟通的营销方式已经力不从心,需要新的双向沟通的营销方式取而代之,建立起顾客与企业间的长期稳定的互动关系。信息技术的发展为这种双向沟通的方式提供了强有力的支持,信息共享使企业的各个部门、顾客以及各种环境因素融为一体,这就使得能够与顾客对话的起源于直复营销的数据库营销应时而生。由于数据库能够不断更新,不断改善,能够及时反映市场的实际状况,因此,它是企业掌握市场的重要途径。在知识经济时代,数据库是重要的公司资产,每项纪录、每个客户都是资产,都将关系到公司的成败。

4. 绿色营销与环境营销

这是一种符合社会环保需求,并可带来利润及永续经营的管理过程。绿色营销是在绿色消费的驱动下产生的。所谓绿色消费,是指消费者意识到环境恶化已经影响其生活质量及生活方式,要求企业生产、销售对环境影响最小的绿色产品,以减少危害环境的消费。所谓绿色营销,是指企业以环境保护观念作为其经营哲学思想,以绿色文化为其价值观念,以消费者的绿色消费为中心和出发点,力求满足消费者绿色消费需求的营销策略。

绿色营销是传统营销的延伸及发展,就营销过程而言,二者并无差异,都包括市场营销调研、目标市场选择、制定企业战略计划及营销计划、制定市场营销组合策略等。它在设计、工艺、销售渠道及员工素质等各方面都提出了新的要求。营销理论的发展开始更关注人类发展的未来。但在短期内,绿色营销会增加企业成本,并且往往以较高的价格将增加的成本转嫁给消费者。

一般的认为,绿色营销(Green Marketing)等同于环境营销(Environmental Marketing)。有的学者则倾向于将环境营销作为一个更宏观的概念,它包括了:次营销——为保持长期盈利最大化的需求量管理;绿色营销——为迎合环保敏感性细分市场的营销战略;社会营销——采用营销战略设计和促进社会目标的实现这三种营销方法。

自环境问题出现以来,各种国际组织和各国政府一直致力于环境法制管理,即通过制定有关国际环境条约约束各缔约国的环境行为,各国政府通过制定各种环境法规强制企业执行,以减少各种生产活动对环境的危害。而环境管理标准与环境技术标准最大的不同在于它不是强制性的,是推荐性标准,企业基于环境法规和社会相关方面的压力以及市场竞争的压力而自愿采用。

国际标准化组织 ISO1993 成立 ISO/TC 207 环境管理技术委员会,研究制定环境管理国际标准,并于 1996 年正式发布 ISO14000 环境管理体系标准。在系列标准中,以 ISO14001《环境管理体系 规范及使用指南》最为重要,它规定了组织建立、实施和保持"环境管理体系"的基本模式和要求,它是任何一个组织的环境管理体系进行认证和自我鉴定及自我声明的依据。

从上述分析可知,营销理论研究从战术营销转向战略营销。重点分析研究企业营销的动态环境,重点研究企业的营销战略目标、战略规划、战略实施和战略控制等整个营销战略管理过程,研究企业的营销工作如何从日常管理转移到以营销战略管理为核心上来;真正从营销战略的高度来把握企业的发展。以上我们阐述了市场营销学的演变发展过程。这个过程是市场营销理论与方法随着商品经济的发展与市场营销的实践而不断创新、不断丰富、不断发展和不断完善的过程。

在新的竞争环境下,公司如何建立基于现实、面向未来的营销战略和模式,获得持续竞争优势?仅靠传统的营销模式能力是有限的,只有突破以往的思维定势,深刻认识现代竞争的本质,确立整体竞争的营销理念,在企业战略的层次上规划核心能力,重整营销资源重建营销模式,构建稳定高效的营销网络,才能获得持续竞争优势。

锤炼至今的营销理论,已经成为一种更为独立、成熟、科学的文化,体现出愈来愈多的战略意义和人文精神,并融合理论与实践于一身。今后,市场营销学的新概念还会不断涌现,也不可避免地会出现各种新的见解、新的观点、新的方法,营销理论会向更深层次发展,这是不容置疑的。

第二章 顾客价值与营销管理过程

第一节 顾客价值与关系管理

一、顾客价值与满意

杰出管理学家彼得·德鲁克曾经说过,"如果我们想了解一个企业是什么,我们必须从它的目的开始。任何企业的目的只有一个有效的定义:制造顾客。顾客决定了企业是什么。是且仅仅只能是顾客,通过愿意为一个商品或服务买单,将经济资源转变为财富,把物品转变为商品。"德鲁克补充道:"企业生产什么不是最重要的……顾客认为他在购买什么,认为什么是'有价值的'才具有决定意义……因为企业的目的是制造顾客,企业有且只有两个基本功能:营销与创新。"

顾客认为"有价值的"的往往是一种较为主观的评估,因此到目前为止,虽然不同的学者对顾客价值概念界定不同,但共性的都认为它是一种基于顾客自身的价值感知。最主要的是泽丝曼尔(Zeithaml)和科特勒的顾客价值定义。

顾客价值是顾客对感知到的所得与自己实际付出的权衡后给出的综合评价,一般体现为四种价值判断:① 价值等于低价。② 价值等于顾客需要。③ 价值等于质量。④ 价值等于付出换来的收益。[①]

顾客让渡价值是顾客所获得的总价值与为获得产品而付出的总成本之间的差额。其中,顾客总价值是顾客期望从某个产品或某项服务中获得的一系列利益或组合,可以由产品、服务、人员、形象四种价值中的一种或几种组合而成;顾客总成本是顾客针对某项产品或某项服务实施信息收集、价值评估以及价格支付等活动而产生的支出,包括货币、时间、精力和体力等。

虽然经济学中有理性人假设,但现实中,并不存在完全理性的消费者,顾客面对众多的产品选择时,通常并不能精确或客观地判断产品的价值和成本,而是依靠感知价值判断。同样的产品,在装饰优雅或是氛围怡人的环

---

① [美]瓦拉瑞尔·A·泽丝曼尔等:《服务营销》,张金成,白长虹等译,机械工业出版社,2007年版,第413页。

境中,人们往往更愿意为该产品支付更高的价格。对于专业性较强或是无法判断成本的产品,人们也更多凭借感知价值进行判断,比如医院服务,人们更多凭借对医院位置、医院设施、环境、医护人员的态度等判断可能获得的价值(如图 2-1)。

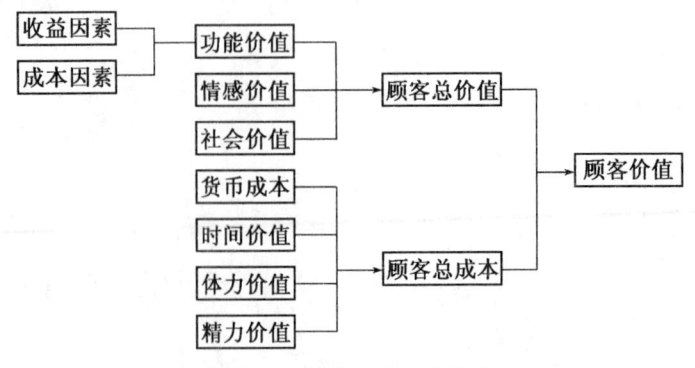

图 2-1 顾客价值构成维度

企业为顾客创造价值时,当顾客的感知价值超过了其预期时,便产生了顾客满意。因此顾客的满意与否取决于产品表现所带来的顾客实际价值感知和顾客期望之间的比较,即顾客满意是感知价值和期望价值的函数,如图 2-2 所示。如果产品表现低于预期,顾客就会失望,产生不满意的状态,如果产品表现与期望吻合,顾客就会比较满意,如果产品表现高于预期,顾客就会高度满意、收获愉悦甚至惊喜。

$$顾客满意 = f(感知价值, 期望价值) \begin{cases} 感知价值 > 期望价值 —— 很满意 \\ 感知价值 = 期望价值 —— 满意 \\ 感知价值 < 期望价值 —— 不满意 \end{cases}$$

图 2-2 顾客满意的形成过程

目前大多数的研究表明,持续的高水平的顾客满意往往会带来高度的顾客忠诚,而反过来又会导致更好的利润和公司表现。但是,追求顾客满意度最大化并不是公司的目的,也并不一定能带来最好的结果。顾客总是希望获得更多的价值,而企业也可以通过降低价格或增加服务来提高满意的可能,但这往往导致企业的利润下降,企业希望获得是顾客价值与盈利的双赢状态,在两者之间获得一个平衡。

二、顾客关系与终身价值

顾客是企业的核心资产,企业通过创造顾客价值来吸引顾客,并留住顾客和发展顾客。卓越的顾客价值,会带来高度满意的顾客,这些顾客往往会保持忠诚并持续购买更多的产品和服务,企业在创造当前的利润的同时保证未来的利润,因此企业的关键目标之一是提供顾客价值并形成长期的顾客忠诚关系。

企业正在意识到,失去一个客户不仅意味着失去一笔交易,还意味着失去顾客终身价值(customer lifetime value, CLV)——顾客在未来可能为企业带来的收益总和。顾客终身价值是随着 20 世纪 80 年代客户关系管理(CRM)及顾客资产的发展而发展起来的。在 CRM 中发现,吸引一个新顾客比留住一名老顾客所需的成本大得多,准确评估顾客价值就成为顾客关系管理中的重要部分。顾客终身价值是指在整个交易关系维持生命周期里,减除吸引顾客、销售以及服务成本并考虑资金的时间价值后,企业能从其顾客获得的收益总和。许多大型公司都以此作为度量顾客价值的重要方式之一。例如,对凯迪拉克公司而言,每位客户30年的价值是33.2万美元;对于万宝路来说,每位烟民30年的价值是2.5万美元;可口可乐公司每位顾客50年的价值是1.1万美元,可见,存续的顾客带给企业怎样的资产。

度量顾客终身价值时,常见的计量模型基于两个前提,即根据以往的营销经验或顾客的购买行为数据可以确定:(1)某一顾客持续购买企业产品或服务的持续期,在这一保有期内,可以肯定顾客会购买公司的产品;(2)顾客每次购买行为所能给企业带来的边际利润。

基于上述两个前提,Gupta & Lehmann(2003)[①]提出了一种度量单个顾客的终身价值的模型:

$$CLV = \sum_{t=0}^{n} \frac{m_t}{(1+i)^t}$$

式中,m_t是指某顾客在某一购买周期内(比如一年)所产生的边际利润;i是指折现率,n是指顾客保有期或称活跃期,在该期间内,顾客会购买企业的产品。

该公式所计量的顾客终身价值就是在活跃期间,运用合适的折现率对该企业某顾客每次购买给企业带来的边际利润进行折现后的现值。例如,假设某顾客每隔3个月购买一次(即重复购买周期为3/12=0.25),连续3年购买海飞丝洗发水后转而购买其他制造商品牌产品。在这个活跃期内,该顾客每次购买海飞丝洗发水时给宝洁公司带来了3元的边际利润,每季折现率为3%,则对于宝洁公司,该顾客的终身价值是:$CLV = \sum_{t=0}^{12} \frac{3}{(1+3\%)^{12}}$

不过通常情况,除坚定的忠诚消费者,很难保证在这么一段活跃时期顾客购买的持续存在,顾客转而购买其他企业的产品、企业筛除一些不受欢迎的顾客等都可能使得活跃期存在不确定性。

为了方便讨论,可以将上述公式进行简化。

假设第一年,企业获得的是CLV(1):$CLV(1) = m \times r/(1+d)$[②]

其中:

m是企业第一年的边际利润;

r是保留率,即年初顾客维系到年尾的概率;

d是折现率,是企业的资本成本。

若要计算一个顾客总的CLV,将每一年的顾客终身价值进行连加可以得到。为了简化计算,我们假设每个变量,即边际利润(m)、折现率(d)和保留率(r)每年保持不变。

根据上述假设,CLV等于利润与利润乘数的乘积,即:

$$CLV = m \times r/(1+d-r)$$

用此公式计算CLV非常直截了当。表2-1提供了不同保留率和折现率对应的利润乘数。

[①] Gupta, Lehmann. Customers as Assets[J]. Journal of Interactive Marketing, Winter, 2003, Vol. 17, Issue 1, 9-24.

[②] [美]诺埃尔·凯普等:《写给中国经理人的市场营销学》,刘红艳等译,中国青年出版社,2012年版,第28页。

表 2-1　利润乘数 $=r/(1+d-r)$

保留率	折现率			
	8%	12%	16%	20%
60%	1.25	1.15	1.07	1.00
70%	1.84	1.67	1.52	1.40
80%	2.86	2.05	2.22	2.00
90%	5.00	4.09	3.46	3.00
95%	7.31	5.59	4.52	3.80

三、从顾客中获取价值

是否能从顾客中获取价值，从顾客价值与满意的分析可知，首先是创造和传递卓越的价值来赢得合适顾客、建立顾客关系，基于此，提升顾客终身价值。

（一）选择顾客

一般来说，客户是公司的资产，大多数顾客会给企业带来价值，但有些则不会。精心挑选的顾客是利润的基础。

企业往往通过对顾客进行分类来，选择这些能够带来价值的顾客并对其提供服务。企业过去更多地根据产品、业务等级或购买规模对购买的顾客进行分类，而事实上当从顾客的视角去核查收入、成本和利润时，他们通常会发现一个二八原则：80%的收入来自20%的顾客。而这个顾客价值贡献的规律和产品等级对应的顾客分类并不直接正相关。

许多公司都发现，服务顾客的成本很高，而且其中很多顾客是不盈利的。但不管是大客户还是小客户，都有可能无利可盈，都有其利弊。大客户多数情况可以提供较高的利润贡献，但他们可能需要非常昂贵的定制化服务支持，也可能用自己的议价能力把价格压得过低。而当小客户不盈利时，通常是由于服务他们的成本远远高于其产生的利润。但并不意味着可以轻率地放弃这些看似无利可盈的小顾客。从顾客的发展和终身价值的角度来看，今天的小客户可能成为明天的大客户，小客户长期的积累可能超过偶尔大宗购买所能给企业带来的贡献，即便是不盈利的客户也许会摊薄很大一部分成本，总体利润也会因此而下降。

因此，可以使用多种方法来收集和评估有关顾客行为和盈利能力的数据，在此基础上，从顾客关系的延续和长期所可能提供的价值来对顾客进行分类，选择一些顾客的同时，也应当拒绝一些潜在客户。例如，图2-3展示了顾客分类的改变如何帮助一家金融服务企业更好地分离出有发展空间和盈利性的顾客。

（二）赢取顾客满意度

不论是高价值贡献的顾客还是低价值贡献的顾客，都希望在消费产品的过程中获得舒适满意的体验。而高满意度的顾客不仅仅能够带来高的利润贡献，所带来的口碑效应、外溢价值都往往是企业借助营销活动也未必能实现同等的效果。比如雷克萨斯汽车发现从推荐渠道获得的新顾客数量占比最多，而且也相对更加稳定。

不论是泽丝曼尔还是菲利普·科特勒对顾客满意的定义，都可以看出，要想提高顾客满意的一个重要方法就是提升顾客的感知价值。

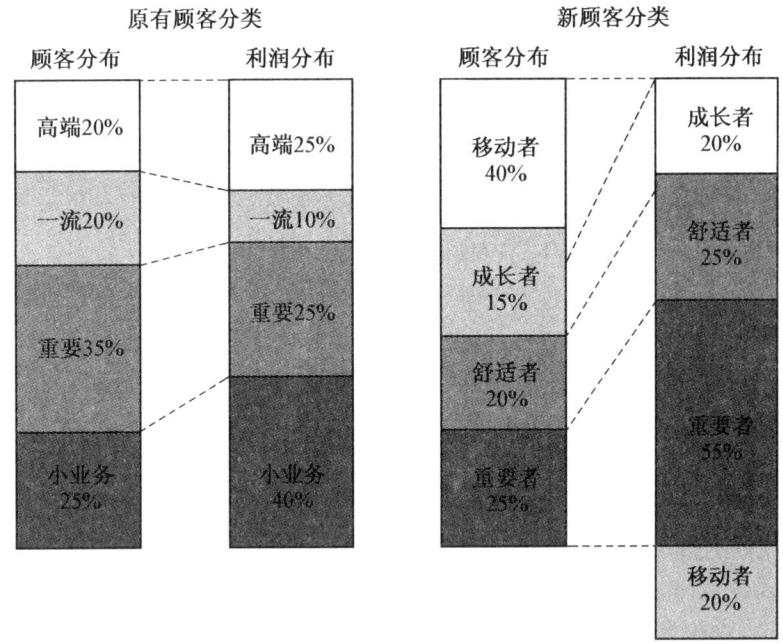

图 2-3　顾客分类与利润分布①

顾客满意是一种带有很强主观性的价值感知,顾客往往会本能地比较从产品中所获得的价值和所付出的成本,也就是通常所说的"性价比",但不同于狭义上的"性能""价格"之比。因为顾客在购买产品时所获得的不仅仅是产品具有的那些功能和质量;同样,顾客购买产品所付出的,也不仅仅是购买价款。顾客感知价值可以看成顾客让渡价值,即顾客购买所获得的净收益。如同任何厂家希望通过销售产品获得尽可能高的利润一样,顾客的购买也是按照"收益最大化"的原则进行选择的。

对于顾客自身来说,不同顾客具有的知识、经验差异,顾客争取得到最大顾客让渡价值的过程中会表现出一定的局限性,这个过程是一个"试错"过程,是逐渐逼近最大让渡价值的过程。我们在观察某顾客的某次购买的时候,也许他并没有实现让渡价值最大。但是,在这位顾客重新购买的时候,会通过积累的经验和知识,来增加其获得的让渡价值的。而对于企业而言,则需要识别顾客所希望获得的价值和可能付出的成本,以及对这些因素的敏感度,只有那些能够提供比竞争对手的顾客让渡价值更大的企业,才能获得或提高顾客满意。

提高顾客让渡价值是增加顾客满意程度的重要途径,提高顾客让渡价值,有两个途径三种组合:或尽力提高顾客价值,或者尽力减少顾客成本,或者在提高顾客价值和减少顾客成本两个方向上都作出营销努力。

具体而言,提高顾客让渡价值的途径有:

(1) 在不改变整体顾客成本的条件下,通过改进产品、改善服务、提高人员素质、提升企业形象来提高整体顾客价值。

(2) 在不改变整体顾客价值的条件下,通过降低价格或减少顾客购买公司产品所花费的

---

① [美]诺埃尔·凯普等:《写给中国经理人的市场营销学》,刘红艳等译,中国青年出版社,2012年版,第35页。

时间、精力、体力来降低整体顾客成本。

(3) 在提高整体顾客价值的同时,提高了整体顾客成本,但要使两者的差值增大,从而使顾客让渡价值增加。

可见,顾客让渡价值的大小决定于顾客总价值和顾客总成本,而这两类因素又由若干个具体因素构成。顾客总价值的构成因素有产品价值、服务价值、人员价值和形象价值等,其中任何一项价值因素的变化都会引起顾客总价值的变化顾客总成本的构成因素有货币成本、时间成本、精神成本和体力成本,其中任何一项成本因素的变化都会引起顾客总成本的变化。任何一项价值因素或成本因素的变化都不是孤立的,而是相互联系、相互作用的,会直接或间接引起其他价值因素或成本因素的增减变化,进而引起顾客让渡价值的增减变化。

(三) 提升顾客终身价值

从顾客终身价值的简化公式中,可知企业有三种方式提高顾客终身价值:

1. 提高企业从顾客那里获得的利润(m)

选择合适的顾客,并尽可能提高现有顾客的满意度、培养忠诚度是提高从现有顾客那里获得的利润(m)最根本的方法。合适的顾客是利润的基础,也更容易获得满意度。满意的顾客将来会购买更多的产品,拥有更高的价格接受度,会通过推荐带来同样高质量的合适顾客。此外,满意顾客更愿意和企业交流、提供意见和方法,同时他们对产品的信任以及由此形成的消费社区,都会帮助企业改进或增强产品本身以及沟通的效率,更好地吸引新的顾客并带来信任。

2. 提高顾客保留率(r)

顾客终身价值的增加会带来利润的上升,但前提是顾客没有流失的情况下。事实上,企业的顾客如同流动的水池,总是不断地流失顾客。但在保留率给定的情况下,实际流失的顾客数量将逐年递减。假设两家企业开始时都有1 000位顾客,顾客保留率分别为90%和80%。2年后就分别只剩下810位和640位顾客,3年后,则分别剩下729位和512位,80%保留率的企业流失了近一半顾客,这一半顾客后续购买的价值贡献无从谈起。保留率的差异可能会带来市场份额和销售额的巨大影响。某实证研究表明,在美国个别行业顾客保留率提高5%,顾客终身价值的增长会超过50%。

顾客的保留意味着顾客关系的稳定性,根源于双方交换的互利互惠。顾客关系的建立和维持一般来源于三种利益关系[1]:

经济利益关系:这往往是顾客和企业最基本也最为常见的关系来源,企业通过财务/价格刺激鼓励顾客产生更多的购买行为。比如航空业和相关的旅游服务业,对那些较多地乘坐特定航线的旅客提供优惠、里程奖励或服务兑换等,而银行可能以提高利率来鼓励顾客进行更多的交易,超市、餐饮也经常提供价格优惠、额外的现金券或是产品兑换赠送等方式来促进交易量。这种方式实施比较容易,且对顾客来说刺激快、可见性度高,因此常常可以给企业带来短期利润,不过也是最易模仿的,因此它本身并不会提供持久的竞争优势,除非和其他关系策略一起使用。

情感利益关系:它是在财务关系的基础上,企业通过社会和人际关系和顾客建立和维持长期关系,此时,顾客被看作是特定的"委托人",而不是无名的面孔,即强调的是通过理解顾客,

---

[1] [美]瓦拉瑞尔·A·泽丝曼尔等:《服务营销》,张金成,白长虹等译,机械工业出版社,2007年版,第413页。

提供个性化的服务,建立社会性的信任和情感关系。这种联系在专业服务提供行业中尤其普遍,比如律师、教师、医生等。尽管社会联系并不是总能带来更多的交易,也不太可能永久地将顾客和企业联系在一起,但这种联系一旦形成,长时间下来,这种形成于人际关系的情感、社会利益会成为顾客留在原来的企业-顾客关系中的主要因素,对竞争对手来说是比经济利益刺激难以模仿得多的要素,往往是企业核心竞争力不可忽视的一个部分。

结构利益关系:这种联系是在通过为顾客提供那些常常直接在服务交付系统中特别设计的服务形成的,即提供对关系顾客有价值的,但不能通过其他来源得到的服务,而这些服务经常以技术为基础,被设计成一个传送系统(而不是仅仅靠个人来建立关系的行为),用来帮助顾客提高服务的效率和产出。比如麦克凯森公司——一家药品分销公司,投资数百万美元,发展与小型的、独立药品零售店通过电子数据库进行交易的能力。结果,在80年代的中期,它的年营业额就从10亿美元增长到60亿美元。它发展的计算机化服务,帮助小零售商在存货管理、定价、信誉等方面有能力与市场主要药品连锁店进行竞争。在这种情况下,企业和顾客建立了近于"共生"共赢的模式,而非单纯的买卖关系或是情感联系,相互联结,关系长久、稳定得多,也最难模仿。①

企业可以用不同的方式和投入数量用于培养与顾客关系,这三个层级,级别越高,潜在的回报也越高。

3. 降低折现率(d)

一般情况下,提高顾客保留率(r)对利润乘数的影响比较低折现率(d)的影响更大。可以从表2-1中看到。所有情况一致的条件下,一般依赖财务运作来降低折现率(资本成本)。

第二节　营销管理过程

营销的核心是实现交换,涉及满足顾客的需要和欲望,通过提供顾客价值来获得利润。对于现今的顾客而言,他们有着越来越多的产品和服务的选择、购买方式的选择、消费方式的选择,因而企业获胜的关键是以客户为导向,制定计划,调整价值传递的过程。

一、价值传递过程和营销的任务

传统的观点下,企业知道生产什么,企业的业务流程主要由两大部分组成:制造和销售。先生产产品,然后进行销售(图2-4(a)),企业所生产的就是顾客需要的产品,营销发生在价值传递的后半段,致力于促进产品的销售。当在市场处于卖方市场阶段,即商品短缺、消费者

制造产品			销售产品				
设计产品	采购	制造	价格	销售	广告/促销	分销	服务

图2-4(a)　传统观点流程与次序

---

① 郭国庆主编:《服务营销管理》,中国人民出版社,2009年版,第110页。

购买力有限、并不那么重视质量、式样以及个性化的特征等,更关心能否买到产品时,这种观点是能够帮助企业简化决策,关注于生产规模和市场销量,从而获得很好的成功机会。但显然,这种观点已经不适用于当下,因为人们面临着越来越丰富的选择并有较强的购买能力和自我意识,每一个人都有自己的偏好和购买标准,而不再是一个"大众化市场"。资源的有限和效率的要求也使得企业不可能去满足所有这些不断分化的需求和偏好,因此,企业必须懂得为自己界定目标市场,并为之设计和传递所需价值和产品。这便是现代市场环境下关于价值传递过程的新观点。这种观点认为企业不仅仅是生产和销售的角色,而是传递价值的过程,营销处于整个过程的开端,企业先确定顾客的需要,企业并不试图满足所有顾客的需要,仅仅满足的是目标市场顾客需要(选择价值),然后准备为目标顾客生产和制造这个价值(提供价值),再组织市场销售,即传播价值。如图 2-4(b)。①

选择价值			提供价值					传播价值		
顾客细分	市场选择	价值定位	产品开发	服务开发	定价	采购制造	分销服务	人员推销	销售促进	广告

图 2-4(b) 价值传递过程与次序

二、营销管理过程的步骤

从现代营销观点来看,营销管理过程,就是分析、选择和发掘市场营销机会,研究目标市场,选择价值并进行价值定位,根据该价值定位进行规划和设计生产,并借助产品、价格、渠道和促销等营销策略组合,组织执行和控制营销活动,向目标市场提供和传播合适的价值,以实现企业营销目标的管理过程。

企业营销管理过程,不是一种静态的管理过程,而是一种动态的管理过程。这是因为企业在进行营销管理过程中,外在的营销环境会发生变化,企业内部的某些因素也会发生变化。企业在营销管理过程中必须根据营销战略与营销目标的要求,根据企业内外这些变化及其发展趋势,适时地、有针对性地调整、修正企业的营销系统、营销方法和营销策略,以保证企业目标的实现。因此,企业营销管理过程,不是一种简单重复的、静态的管理过程,而是一种不断地进行自我调节、自我完善的、复杂的动态管理过程。

一个企业在市场上的成就,在很大程度上取决于该企业的营销管理与其外界环境发展变化相适应的程度。而企业的营销管理程序在使企业的经营管理与外界环境发展变化相适应的过程中起着重要作用。一般来说,企业价值传递的营销管理过程在实务中可以从以下四个步骤来实现(如图 2-5):

(1) 理解市场和消费者——分析市场机会。
(2) 选择价值——选择目标市场。
(3) 设计和传递价值——制定营销策略。
(4) 价值实现与保障——组织、执行与控制营销活动。

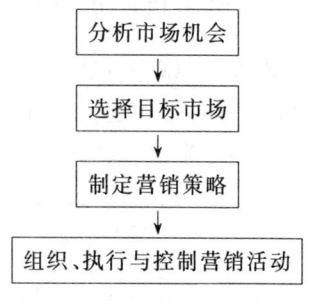

图 2-5 营销管理过程的步骤

---

① [美]菲利普·科特勒凯文·莱恩·凯勒:《营销管理》(第 12 版),梅清豪译,格致出版社,上海人民出版社,2007 年,第 36 页。

(一) 分析市场机会

1. 市场机会的分类与识别

市场机会是指市场上所存在的尚未满足或尚未完全满足的需求或欲望。市场机会多种多样，有些市场机会企业能加以利用，而有些市场机会对于某些企业来说，未必是最佳机会。因此，企业必须分析市场机会的类别，并对市场机会作进一步的深入研究，并在此基础上，选出最佳的市场机会。

(1) 环境机会与企业机会。市场上客观地存在着许多尚未被满足或尚未被完全满足的需求，即存在着许多市场机会。而市场需求是随着环境变化而客观演化形成的。因此，我们把这种由环境变化而客观形成的机会称之为环境机会。例如，老年人口增加了，对老年用品及服务方面的需求则会有较快的增长；人们收入水平和受教育程度的提高，对书籍、报刊、娱乐、旅游服务等方面的需求会增加；能源短缺，会引起对新能源的需求等等，这些都是环境机会。

企业机会是指那些符合企业目标与能力，有利于企业发挥竞争优势，能使企业获得差别利益的环境机会。因此不是任何环境机会都能成为某一企业的营销机会。有些环境机会对某些企业来说是较好的市场机会，但对于另外一些企业来说，可能就不是企业所能利用的市场机会。环境机会能否成为企业机会，要看它是否适合于企业的目标和资金、技术、设备等资源，是否能使企业扬长避短、发挥竞争优势，是否能使企业获得比竞争者或潜在竞争者更多的差别利益。这就要求企业对环境机会进行选择，选择合适的企业机会，并对其进行分析、评价，做出正确的决策。

(2) 潜在的市场机会和显在的市场机会。在市场需求中，有些是明显地没有被满足的市场需求，这种需求称之为显在的市场机会。另外一些需求则是隐藏在现有某种需求后面的未被满足的市场需求，这种需求称之为潜在的市场机会。显在的市场机会比较容易发现、识别，抓住这一市场机会的企业也比较多，但也容易形成某一市场的供过于求，机会效益也可能比较低。潜在的市场机会不容易发现和识别，能及时抓住这一市场机会的企业比较少，机会效益相对来说比较高。因此，企业不仅要注重发现和识别显在的市场机会，更应注重发现和识别潜在的市场机会。

(3) 行业市场机会与边缘市场机会。行业市场机会是指出现在本企业所处行业内的市场。边缘市场机会，是指在不同行业之间的交叉与结合部分出现的市场机会。一般来说，许多企业在寻找市场机会时，都是以行业机会作为重点目标。因为它能较好地利用企业自身的资源和优势，而且较易发现和识别。当然，由于同行业之间的竞争比较激烈，因此有可能失去或减弱机会效益。边缘市场机会比较隐蔽，发现和识别的难度比较高，一旦被企业抓住并大力开拓，容易取得较好的机会效益。

(4) 目前市场机会与未来市场机会。目前市场机会是指那些在目前环境变化中已出现的市场机会。未来市场机会，是在目前市场上并未表现出大量的需求，但通过深入地市场调研和预测分析，或通过采取某些营销激发措施后，将在未来某一时期内表现为大量的需求，成为未来某一时期现实的市场机会。

目前市场机会和未来市场机会的区分主要在于时间的先后顺序和从可能转变为现实的客观条件是否具备。但从企业营销角度来看，这种区分具有比较重要的意义。因为从企业找到有利市场机会到生产出产品投放市场，总是有一定的间隔时间。如果有些企业能提前较为准确地预测到这种市场机会，并早做准备，待这种市场机会到来时，迅速将产品投放市场，则在市场中获得了领先优势,并在竞争中取得了主动。当然,发现和识别未来市场机会有较大难度,且存在着较大的风险,因此,企业必须扎实地做好市场调研和预测分析工作。

(5) 全面市场机会和局部市场机会。全面市场机会是指在全国或国际这些大范围市场上所出现的机会,而局部市场机会是指在某个省或某个特定地区这些局部市场所出现的机会。对于企业来说,应当正确地区分这两种市场机会。当企业面临全面市场机会时,还必须将这种机会与本企业所处地区的特殊条件结合起来分析,切忌将全面市场机会看作是企业的市场机会。同时,也不能将企业所在地区的某些特殊市场机会作为一般性的全面市场机会,并投入大量的人力、物力和财力,其结果可能会严重地影响企业的生产经营。

2. 市场机会的分析和评价

寻找、识别市场机会,并不等于就确定了企业机会。因为某个市场机会的存在仅意味着它具备了市场机会的基本客观条件。但这一市场机会是否与企业的目标相吻合,是否与企业的资源、经济实力、能力相适应,是否能较好地发挥企业的竞争优势,且使企业获得较大的差别利益,只有对其进行分析、评价后方能得出比较准确的结论。

一般来说,企业在对市场机会进行分析、评价时,主要做好以下几方面的工作:

(1) 确定环境机会是否属于企业机会。市场机会可分为环境机会与企业机会。而有些环境机会对于企业来讲,未必就是良好的营销机会。因此,企业首先要从寻找到的环境机会中挑选与企业目标能力相符合的企业机会。对于挑选出来的全部企业机会的集合,可称之为企业机会群。

企业在分析某一市场机会是否属于企业机会,可以从这几方面入手:第一,确定该市场机会成功的必要条件是什么;第二,分析本企业在该市场机会上所拥有的竞争优势;第三,将企业所拥有的竞争优势同潜在竞争对手相比较,企业是否在这一市场机会上能获得差别利益,以及这种差别利益的大小。

企业在确定某些环境机会是否属于企业机会时,要防止两种失误:一是"误舍",将很有前途的某些市场机会轻率地舍去,从而使企业失去了一个很好的市场;二是"误用",即过高地估计了企业的竞争,力将本企业不能获得最大差别利益的市场机会作为企业机会来看待,从而给企业带来不良后果。

(2) 分析、评价机会的潜在吸引力与成功的概率。经过第一步,企业从环境中按照一定的要求挑选出企业机会群,在此基础上,企业要进一步分析、评价各个企业机会,衡量其潜在的吸引力与成功的概率。这是因为各个企业机会,其市场容量有大有小,市场营销环境存在着差异,可能给企业带来的潜在利润也不尽相同。此外,由于企业本身的原因,在利用机会时,取得成功的可能性也会有大有小。因此,企业必须对企业机会群中的各个企业机会进行分析、评价。企业可运用"机会潜在吸引力与企业成功概率分析矩阵"(如图2-6)来进行这项工作。

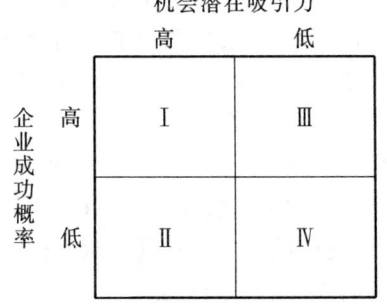

图2-6 机会潜在吸引力与企业成功概率分析矩阵

图2-6中分析矩阵中由机会潜在吸引力和企业成功概率两个因素形成四个象限。对于

第Ⅰ象限的市场机会,由于其潜在吸引力强,且企业成功的概率也高,这是企业最有利的市场机会,因此,企业应当抓住这一市场机会全力发展。对于第Ⅱ象限的市场机会,其机会潜在的吸引力强,但企业成功的概率不高。针对这种情况,企业应当设法改善本身的某些不利因素,如资金、技术等,尽最大努力扭转不利因素,使企业能够较好地利用这一机会,也就是说,将第Ⅱ象限的市场机会逐步移到第Ⅰ象限。第Ⅲ象限的市场机会,一般来说,对于中小企业尤其是小企业比较合适。对于第Ⅳ象限的市场机会,企业一般是观察其发展变化的趋势。

(3) 分析市场机会与企业目标、能力是否相符合。企业目标、企业能力也是分析、评价市场机会时必须考虑的重要因素。各个企业由于其外在客观环境不同,生产经营情况不同,资源和原材料状况不同,资金的筹措和运用能力不同,技术能力、营销能力和经营管理能力也不相同,因此,某个市场机会对有些企业来说是可以加以利用的,但对于另外一些企业来说就未必可行了。一般来说,不符合企业目标、超越企业能力的市场机会,企业不应当加以利用。否则,不仅不能发挥企业的竞争优势,获得较大的差别利益,而且不可能达成企业目标,甚至还会给企业带来严重的损失。

(4) 综合分析、评价企业机会。经过上述几项分析、评价之后,已形成一些供企业选择和利用的企业机会群。但此时分析、评价企业机会的工作并未结束,企业还必须对每个企业机会进行综合分析、评价。其主要内容有:潜在顾客群体的大小,市场需求潜量的大小及地区分布,企业的产品销售潜量多大,产品的生产成本多少,营销费用多少,预期利润率高低,潜在的竞争程度如何,现有分销渠道的利用程度如何等等。经过综合分析、评价,对各企业机会排出等次,从中选择优者。

(二) 选择目标市场

1. 企业选择目标市场的必要性

企业寻找、识别和选择了恰当的市场机会之后,还要进一步选择目标市场,这是企业营销管理过程的第二个主要步骤。

所谓目标市场,是指企业决定进入并为其提供最好服务的市场。在市场经济条件下,任何企业要开展营销活动,都应选择目标市场。这是因为第一,某一总体市场经过细分,可划分出若干个子市场或分市场。由于各个子市场的容量不同,竞争状况不同,市场潜力不同,发展变化趋势不同,对各个企业的吸引力也不同,因此,并不是每一个子市场都是企业愿意进入和能够进入的。其二,任何市场都包含着无数购买者。这些购买者在需要与欲望、购买动机与购买行为、地理位置及经济收入等方面显然存在着差异。因此,任何企业不管规模有多大,技术有多先进,实力有多雄厚,营销管理能力有多强,都不可能满足整个市场上所有购买者的所有需求,为所有购买者提供服务。企业只能通过市场细分,并根据自己的任务、目标、资源及优势,选择于自己有利的细分市场(子市场)作为自己的目标市场,有针对性地开展营销活动,为目标市场上的顾客提供良好的服务,满足他们某方面的需求。这样,也有利于提高企业的经济效益。实践证明,正确地选择目标市场对于任何企业来说都是十分必要的。

2. 市场细分

企业要选择目标市场时,首先必须对市场进行细分,这是企业选择目标市场的基础和依据。企业进行市场细分时,一是要注意细分后的各子市场必须具备差别性、可进入性、赢利性和可操作性等基本条件,否则企业难以选择到满意的目标市场;二是市场细分必须按照一定的程序来进行,这样有利于企业选择到较好的目标市场;三是消费者市场细分和产业市场细分的变数不尽相同。消费者市场细分变数主要有地理、人口、心理和行为四大类,而产业市场细分变数主要有地理、最终用户和用户规模等。企业在市场细分时,应当正确地运用好这些市场细分变数。关于市场细分的具体内容将在本书第九章详细阐述。

3. 企业目标市场的选择

企业在进行市场细分以后,要从若干个细分市场中选一个或多个细分市场作为自己的目标市场。一般来说,企业在选择目标市场时应当考虑如下基本要求:

(1) 企业所选择的目标市场的营销环境较为优越,有利于企业进入目标市场,且能正常地开展营销活动。

(2) 企业所选择的目标市场应当有较大的市场潜量,较强的消费需求、购买力和发展潜力。

(3) 企业的产品、服务及营销手段在所选择的目标市场上具有较强的竞争能力,能够获取较好的经济效益。

(4) 企业所选择的目标市场应当能充分发挥自己的优势,使企业能在激烈的市场竞争中占据主动地位。

(5) 企业通过定量预测分析,在所选择的目标市场上有较高的投资收益率及市场占有率,且经营风险相对较小。

(6) 企业的资源条件、经济实力及营销能力,在其所选择的目标市场上能富有成效地开展市场营销活动。

企业在选择目标市场时,除了要考虑符合以上六方面基本要求之外,还必须正确地选择目标市场范围战略。企业通常可采用的目标市场范围战略有如下五种类型(见图2-7)。

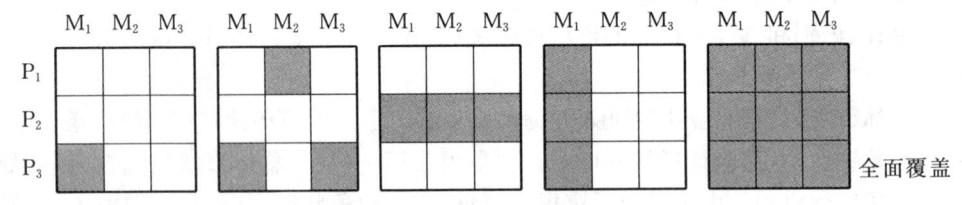

图 2-7 目标市场范围战略

产品/市场集中 选择性专业化 产品专业化 市场专业化 全面覆盖 图 2-7 目标市场范围战略

第一,产品/市场集中。企业只选择一个分市场,只生产某一种产品,为这一分市场的顾客提供服务。选择这种目标市场范围战略类型的企业或许是因为规模较小,或资金限制,或这一细分市场没有竞争者,或者是企业想将此市场作为起点以便进一步扩张。

第二,选择性专业化。企业决定同时进入若干个互不相关的分市场。这些分市场对企业均具有吸引力且又符合企业的条件。这种目标市场范围战略与产品/市场集中战略相比较风险较小。

第三,产品专业化。企业决定向不同的分市场提供它生产的同一种产品。

第四,市场专业化。企业决定向某一分市场提供它生产的各种产品。

第五,全面覆盖。企业决定为不同的分市场的顾客提供它所生产的各种不同产品,通常只有少数大企业具备采用这种战略的条件。

企业在选择目标市场时,还要正确地选择目标市场策略和做好产品定位工作,这部分内容将在本书第九章详细阐述。

目标市场的选择有利于企业科学地制定营销目标,有针对性地确定产品、价格、渠道和促销等营销策略及其营销组合,有利于企业充分发挥自身的优势,在激烈的市场竞争中占据主动,也有利于提高企业的经济效益。

(三)制定营销策略

选择目标市场对于企业来说固然重要,但是,目标市场选择恰当并不意味着企业营销活动一定能成功。这是因为企业在选择目标市场之后,还要科学地制定营销策略、设计营销组合及确定营销预算。这是营销管理过程的第三个步骤。

1. 营销策略

企业可运用的营销策略多种多样,这里主要简述产品、价格、渠道和促销四大营销策略,其他一些营销策略在本书有关章节中均有详细阐述。

(1)产品策略。产品策略在企业整个营销策略中占有非常重要的地位。它是企业制定定价、分销渠道和促销等营销策略的基础,它直接影响和制约着其他营销策略的制定,因此,企业必须重视产品策略的制定。

产品策略涉及的内容比较广泛。它主要包括:产品生命周期各阶段、产品线、品牌、包装和服务策略等。产品策略的具体内容见本书第十章、十一章。

(2)定价策略。定价策略是企业必须重视的营销策略。企业要制定合适的定价策略,应当深入地剖析影响企业定价的各种因素,确定企业的定价目标,并根据定价目标的要求,正确制定、灵活运用各种定价方法和定价策略(如成本导向定价法、需求导向定价法、竞争导向定价法、"取脂"定价策略、产品组合定价策略等等)。定价策略的主要内容将在本书第十二章中详细阐述。

(3)分销渠道策略。在企业营销活动中,分销渠道是否通畅,分销渠道策略制定是否正确,将直接影响到企业营销效益。企业要区分分销渠道类型(包括消费品分销渠道和工业品分销渠道),认清批发商、零售商的主要功能及各种批发商、零售商的主要特点,正确地制定和灵活运用各种分销渠道策略(如直接渠道或间接渠道策略、长渠道或短渠道策略、宽渠道或窄渠道策略等)。分销渠道策略的主要内容将在本书第十三章、十四章中详细阐述。

(4)促销策略。在市场竞争日趋激烈的条件下,企业不仅要生产出质量优良的产品,制定合适的价格,选择合适的分销渠道,而且还要运用合适的促销组合进行传播和推进,才能将产品顺利被市场所知晓和偏好,进而占领和巩固市场。因此,促销战略的制定也是企业不容忽视的一项重要工作。

企业在制定促销策略时,应当认清人员推销、广告、公共关系和营业推广这四大促销手段的特点、功能及其各自适用的范围,并且应当根据企业营销目标和促销目标的要求,制定总体的传播方案,将人员推销、广告、公共关系和营业推广这四大促销手段有机整合,使之互为补充,相互配合,形成最佳的促销组合效应。促销策略的相关内容在本书第十五章、十六章、十七章、十八章中详细阐述。

2. 设计营销组合

(1)市场营销组合的概念。所谓市场营销组合,是指企业根据其目标市场的需要,全面考虑到企业的任务、目标、资源及外部环境,对企业可以控制的因素(4P)加以优化组合和综合运用,以满足目标市场需要,达成企业的营销目标。

对于企业来说,影响其生存和发展的主要有两大类因素。一类是外部因素,也称不可控制因素,主要是指企业的营销环境;另一类是内部因素,也称为可控制因素,主要是产品、价格、渠道和促销这四种营销组合变数。因为在市场经济条件下,企业可以根据其目标市场的需要,决定自己的产品结构、产品特色、产品式样、产品品牌与包装及产品服务,可以自行制定产品的价格,可以择优选择分销渠道,可以根据企业促销目标的要求采用多种促销手段和方法,并且可以将这四种变数进行有机组合。当然,这种营销组合不是随意的,因为在企业营销管理过程中,不仅要受到自身资源、目标和能力的制约,而且还要受到企业营销环境的影响和制约。因此,企业应当科学地制定营销组合,使之既能与营销环境相适应,同时也符合企业营销目标的要求。

(2) 企业营销组合设计时应注意的几个问题。市场营销组合设计是一项比较复杂的工作。营销组合设计水平的高低不仅对企业的营销活动有直接影响,而且也直接关系到企业营销目标的实现。低水平的营销组合设计不仅难以达成企业的目标,甚至会给企业造成不良后果。因此,企业必须非常重视营销组合设计工作。

由于各个企业的营销目标不尽相同,市场营销环境不同,各个企业的资源条件、经济实力、技术水平、营销能力等情况不同,因此,没有一个固定的市场营销组合设计模式可供企业普遍使用。一般来说,企业在设计营销组合时,应当注意以下几个问题:

第一,必须从整体利益出发,采取整合营销手段。整体性是市场营销组合的一个基本特点。市场营销组合不是单独考虑某一营销手段的运用,也不是企业的每个部门都从自己的局部利益出发,而是要从企业的整体利益出发,围绕企业的营销目标来统一筹划,对企业可以控制的产品、价格、渠道和促销这四大因素进行优化组合和综合运用,方能取得较好的营销效果。

第二,要充分认识到市场营销组合的多层次性,力求使各个层次的组合达到较佳状态。市场营销组合是一个复合结构(见表2-2)。

表2-2 市场营销组合复合结构

营销组合			
产品	价格	渠道	促销
质量	基本价格	区域	广告
品牌	折扣	地点	人员推销
式样	付款期限	物流	公共关系
规格	信贷条件	储存	销售促进
包装			直销

从表2-2可以看出,市场营销组合是产品、价格、地点和促销这四大类因素的大组合。但每一大类因素又包括了若干因素(如产品包括品质、品牌、式样、规格、包装、服务、保证等),形成了每一大类因素的次组合,而每个次组合中又包含着若干小组合(如广告,包括广告目标、广告主题、广告创作、广告媒体、广告预算)。当然,每个小组合中还可以包含着若干更小的组合(如广告媒体,包括电视媒体、广播媒体、报纸媒体、杂志媒体、户外媒体等)。由此可见,市场营销组合呈多层次的。这就要求企业在制定市场营销组合时,应该力求保证大组合、次组合和小组合等均处于较佳状态,以有利于营销管理活动的顺利开展,有利于企业营销目标的实现。

第一,企业在制定营销组合时,必须认识到营销组合具有动态性。由于营销组合是由多种层次、多种复杂因素构成的,而且这些因素不是静态的。随着企业营销环境的变化,随着企业内部因素的变化,这些因素也会发生变化。同时,这些因素又是相互影响的,只要有一个因素变动了,就会影响到其他因素,并会引起整个营销组合的变化,从而形成了一个新的营销组合。

第二,企业在制定营销组合时,不仅需要运用科学的方法,而且需要有丰富的市场营销经验和高超的营销技能。实践证明,缺乏营销经验与营销技能的企业,是很难使市场营销组合富有成效的。

第三,企业在制定营销组合时,还应当考虑竞争这个因素。企业应当特别注意两个问题:一是不同行业、不同产品、不同的市场营销环境和竞争格局,侧重使用的营销因素应有所不同;二是企业在重点使用某一营销组合因素时,不能忽视其他因素的配合作用,这样,才能使营销组合在竞争中发挥较好的作用,也有利于企业在竞争中占据主动地位。

3. 确定营销预算

企业制定营销策略,确定市场营销组合,都是为了实现营销目标,获得预期的营销效益。但是,要实施营销策略与市场营销组合,必须要有相应的营销预算作保证。企业在营销管理过程中,要按照科学的程序和方法来编制营销预算(这部分内容可参阅本章第二节)。其中,企业决定用于整个市场营销活动的营销费用预算多少,决定用于营销组合每一个分项目的营销费用预算的多少。只有将营销费用预算落到实处,才能保证企业营销组合的实施,才有利于企业营销计划和营销管理任务的完成。

(四)组织、执行与营销控制

组织、执行与控制营销活动是企业营销管理过程的最后一个步骤。企业在分析市场机会,选择目标市场、制定营销策略、设计营销组合及确定营销预算的基础上,还必须通过有效的营销组织,合理地配置各种资源,有计划地执行既定的营销方案,并对营销方案的执行情况进行有效地控制,以确保企业营销目标的完成。

1. 营销组织

企业所制定的营销计划、营销方案和营销策略只有在和营销工作配合时才有效用。因此,企业必须要设计一个能够执行营销计划、营销方案和营销策略的营销组织,并通过这一组织来进行企业的营销管理活动。随着社会经济和企业营销发展,营销组织经历了单纯销售部门、具有附属功能的销售部门、独立的营销部门、现代市场营销部门和现代营销公司这五个阶段。根据企业规模大小及营销目标的不同,企业可以采用不同的营销组织形式。一般来说,小企业的营销组织形式比较简单,可由一个人或几个人来执行所有的营销工作。而大企业的营销组织形式则比较复杂,在一名营销副总经理领导下,设市场研究经理、销售经理、广告与促销经理等部门经理,每一部门经理又领导若干具体工作人员。营销副总经理的任务主要是:其一,领导和协调所有的营销工作;其二,负责与分管生产、财务、人事等副总经理密切配合,共同做好企业的经营管理工作,使用户和消费者的需要得到真正的满足。

西方企业营销实践经验证明,企业营销效益不仅取决于其营销组织形式是否适当,组织结构是否合理,而且取决于企业是否善于挑选、培训指导、激励和评估营销人员,充分调动其积极性。

2. 营销执行

企业要想实现预期的营销目标,除了制定正确的营销计划、营销方案和营销策略之外,还必须使营销计划、营销方案、营销策略得到实施,否则只是一纸空文。

要切实地执行企业的营销计划、营销方案和营销策略,一是要建立合理的营销组织,使营销组织系统中的各个子系统协调运转;二是企业营销部门与其他部门密切配合,协调一致;三是企业营销部门应该制定更为详细的行动方案,明确应完成的任务、由谁来完成以及何时完成;四是要合理地调配人力资源,提高营销工作效率;五是要建立行之有效的管理制度及科学的管理程序,充分调动营销人员的积极性,以有利于圆满地完成企业的营销计划。

3. 营销控制

由于企业内外因素变化的影响,在企业营销计划、营销方案和营销策略的执行过程中,可能会出现许多预料不到的情况,因此,企业需要运用营销控制系统来保证营销目标的实现。营销控制主要包括年度计划控制、营利控制和战略控制三种。

年度计划控制是指为了保证实现年度计划中提出的销售、利润及其他目标而采取的一种短期的即时控制。年度计划控制工作包括四个步骤:第一,企业必须在年度计划中规定月度、季度的目标;第二,企业必须随时掌握计划在市场上的执行情况;第三,企业能及时发现计划目标与实际工作之间的偏差,并且分析产生偏差的原因;第四,企业采取有效措施来修正计划目标与实际工作之间的偏差,其内容可能是改进执行计划的方法甚至改变目标。

营利控制就是企业要定期对各种产品在不同市场、不同地区,通过不同的分销渠道、针对不同的顾客群销售的实际获利水平进行分析,以衡量不同营销活动的获利能力,以便确定如何更有效地开展营销活动。

战略控制是营销控制中更高层次的控制。由于企业的营销环境在不断变化,企业原来制定的目标、政策、战略和计划可能很快就会过时。企业必须注意观察市场的变化,经常注意检查原定目标、战略等是否与外界环境发展变化相适应。

营销管理的全过程包括以上四大步骤。企业在制定营销战略、进行营销管理的过程中,会受到许多因素的影响和制约。企业经过寻找、识别和评价市场机会,设定了其目标市场。为了满足目标市场的需要,企业要制定正确的营销策略,设计营销组合,组织营销活动,并运用营销信息系统、营销计划系统、营销组织系统和营销控制系统这四个相互关系的系统,对企业的营销活动进行有效地管理,以及运用这些系统来监视和适应企业营销环境,从而促进企业营销目标的达成。

任何企业要开展营销活动,必须要加强营销管理。企业营销管理过程是一项动态的系统管理工作。企业营销管理过程主要包括分析市场机会、选择目标市场、制定营销策略和组织、执行与控制营销活动这样四个步骤。

企业所制定的营销计划、营销方案和营销策略,只有在和营销工作配合时才有效用。企业必须通过有效的营销组织,合理地配置各方面的资源,切实执行营销计划,并对计划执行情况进行有效地控制,以达成企业的营销目标。

第三节　营销计划

企业市场营销计划的编制确定了企业市场营销的总任务和总目标,随即营销部门及其他相关部门应依据营销计划制定行动方案。为保障行动实施的针对性、效率性,企业必须对所开展的各市场营销活动进行跟踪管理。

企业的营销计划是设定企业未来所要达到营销目标以及如何利用企业现有的营销资源来实现企业的营销目标,是企业综合计划的一部分。企业营销计划的制定有利于指导其他部门的活动,协调各部门为实现企业的营销目标而努力,以使企业的营销资源能够得到更有效地利用。同时,由于市场环境的不断变化以及竞争者策略的不断调整,使得企业的活动可能受到市场环境变化或其他因素的影响而必须在一定程度上偏离原先设定的计划步骤,这也要求企业在计划设定以后还应对企业各部门以及他们之间的活动进行不断地跟踪管理,不断调整企业原先设立的营销计划。

为了使企业营销部门及相关其他环节明确经营决策所要求自身在未来各时点上必须完成的任务,应通过制定营销计划将决策目标在时间与空间上进行分解并予以展开执行。

一、企业营销计划的作用和地位

1. 企业营销计划的作用

所谓计划是指企业对未来的规划或者打算。它涉及人们拟在未来所要达到的目标以及达到这些目标的途径。而企业营销计划是企业总体计划的一个重要组成部分,起到指导企业营销活动、协调企业内部组织与行为、达到实现企业总目标的作用。它主要包括产品营销计划;市场信息、调查、预测计划;市场开拓及事业发展计划;促销计划;分销渠道计划;技术服务计划;营销费用预算计划;产品装箱、发运计划和综合营销计划等。

企业制定营销计划,有利于企业在应对错综复杂且变幻莫测的营销环境时,发现并抓住机遇,明确自己的发展方向,增强营销活动的主动性,并避免或减少失误。企业制定营销计划,规定企业营销活动的目标以及为达到目标所采取的经营策略,便于企业管理人员进行任务分工,明确营销人员的职责。

2. 企业营销计划的地位

纵观我国企业营销计划及营销计划管理地位的演变过程,伴随企业市场营销观念的战略性转变,企业的营销计划大体经历了由产品销售计划到企业销售计划再到市场营销计划体系三个时期。

(1) 产品销售计划时期。企业的产品销售计划归属在财务计划体系中,仅仅作为财务计划的收支平衡计划的附属计划之一,执行"计算"销售收入的职能,处于从属和被动地位。

(2) 企业销售计划时期。企业的销售计划从地位上看,开始从财务计划的附属地位变为先行计划的地位;从形式上看,由产品销售计划转变为企业销售计划;在职能上,从"以产定销"变为"以销定产";从运行上,由"生产—销售"计划变为"销售—生产"计划;从内容上,不仅包括产品销售计划,还包括服务、劳务、附属产品等计划或"一业为主、多种经营"等计划;从功能上,要求对销、供、产、进出口进行综合平衡。

(3) 市场营销计划时期。企业开始建立市场营销计划体系。这种体系从纵向上,以年度市场营销计划为主,向长远方向发展,建立中长期计划体系;向具体化方向发展,编制季、月、旬计划及作业计划,从时间序列上完善化。从横向上,建立以产品营销计划为核心的有关计划,使市场营销计划趋于全面化、系统化、完善化、协调化。

二、企业营销计划的内容

企业营销计划按照期限的长短,可分为短期计划与长期计划。短期计划,规划企业近期内的目标以及行动计划,期限通常为1年,因而短期计划又称为营业计划。而长期计划是指1年以上的计划,计划的期限可以为3年、5年、10年甚至更长的时间,规划的内容范围涉及广泛,不像短期计划那么具体,一般为发展趋势或者战略概想,因而又称为战略计划。

对于许多企业来说,经常需要制定的是短期计划,即营业计划。这并不意味着长期计划不重要。随着市场经济的不断完善,市场竞争更加激烈,企业为了在复杂多变的营销环境中取得主动地位,应有长远的战略设想,就得关心企业面临的战略性问题,从而也就需要制定长期的发展战略计划。但是,长期战略计划制定的难度则要大得多。

企业营销计划的内容包括如下几个部分:计划概要、现状分析、机会和问题分析、目标、营销策略、行动方案、费用预算和控制等。

1. 计划概要

计划书首先便应对本计划的主要目标和建议作扼要概述。计划概要是为了让上层决策部门很快了解计划的核心内容,而内容目录随即附在计划概要之后。

2. 营销现状分析

这一部分需提供与市场、产品、竞争、渠道和宏观环境有关的背景资料。

(1) 市场情况:这里所提供的资料是关于所服务的目标市场的。市场的规模与增长是由过去几年的市场容量总额并按市场细分与地区细分来分别列出。而且有关顾客需求、观念和购买行为的趋势方面也应列出。

(2) 产品情况:这里应列出过去几年来产品线中各主要产品的销量、价格、利润等资料。

(3) 竞争情况:这里要辨明主要的竞争者,并就他们的规模、目标、市场占有率、产品质量、营销策略以及任何有助于了解他们的意图和行为的其他特征等方面加以阐述。

(4) 分销渠道:此部分应提供有关在各个分销渠道上销售的各种产品数量和各分销渠道重要地位的变化。

(5) 宏观环境情况:这一部分应阐述影响产品线和服务市场重要的未来宏观环境趋势,包括人口统计的、经济的、技术的、政法的、社会文化的趋势等。

3. 机会与问题分析

这里应以描述市场营销现状资料为基础,找出主要的环境变化引发的机会与威胁、企业自身优势与劣势以及整个计划期内公司在这项产品上面临的问题等。

(1) 机会与威胁分析:应找出企业所面临的主要机会与威胁。机会与威胁指的是外部可以左右企业未来的因素。列示、分析这些因素是为了要寻找一些可采取的行动。应把机会与威胁分出轻重缓急,以便使关键性因素能受到特别的关注。

(2) 优势与劣势分析:在这里应找出公司的优势与劣势。与机会和威胁相反,优势和劣势是内在因素,前者为外在因素。公司的优势是指公司可以成功利用的某些策略,公司的劣势则是指公司要改正、规避、完善的方面。

(3) 问题分析:在这里,公司采用机会与威胁、优势与劣势分析的结果来确定在计划中必须强调的主要问题。对这些问题的决策将会影响随后的目标、策略和战术的确立。

4. 目标

在这里需要确定两类目标,即财务目标和市场营销目标。

(1) 财务目标:企业想要获得的投资收益率、利润等主要财务指标在此要逐一确定。

(2) 市场营销目标:财务目标在此处必须转换成市场营销目标,如销量、销售额、市场占有率等。

5. 营销策略

在这里应列出主要的营销策略纲要,策略的制定应在可供选择的策略中作一个基本的界定。在此陈述的策略应包括:目标市场、产品定位、产品线、价格、分销渠道、销售人员、服务、广告、促销、研究与开发、市场营销研究等。

6. 行动方案

依据预期目标和营销策略,制定具体行动方案。行动方案包括营销活动的具体分工、营销人员的组成、行动的时间与地点以及行动的执行路线等。

7. 费用预算

在营销行动方案的基础上,进行营销费用的预算,确定达到预期目标所需的费用。

8. 控制

计划的最后一部分为控制,它用来监控整个计划的进程,如规定计划执行的监督与控制手段、奖惩方法以及应变措施等。

三、企业营销计划体系

1. 产品营销计划

产品营销计划既是传统计划,又是新型市场营销计划的有机组成部分及核心计划,主要包括以下几种:

(1) 产品销售计划。它是企业营销计划体系的核心,是制定企业生产计划、技术改造计划和财务计划的重要依据。

(2) 新产品上市计划。

(3) 老产品的更新换代与淘汰计划。

(4) 节能产品、环境保护产品、新产品比重计划。

(5) 产品结构调整及产品最佳组合计划。

(6) 产品生命周期不同阶段的策略计划。

(7) 产品管理及重点产品管理计划。

(8) 外销产品销售计划。

2. 市场调研计划

(1) 有关市场信息方面的计划。包括市场信息收集与处理计划、市场营销系统建立的计划、市场信息网络计划。

(2) 有关市场调查方面的计划。包括用户、产品、竞争对手、流通渠道、技术服务等调查。

(3) 有关市场预测方面的计划。包括市场预测与监控系统计划。

3. 市场开拓计划

(1) 国内市场开拓计划。

(2) 国际市场开拓计划。

4. 促销计划

(1) 人员推销计划。包括推销人员招聘与录用、培训计划,推销人员分派计划,推销人员营业促进配合计划。

(2) 广告宣传计划。包括广告计划、宣传计划、广告媒介的选择与建立计划。

(3)营业推广计划。
(4)公共关系计划。
(5)促销策略组合计划。

5. 分销渠道计划

(1)中间商建立计划。包括批发商、零售商的建立、发展、维护与巩固计划。
(2)销售网络建立与发展计划。
(3)物流完善计划。包括与有关仓储、运输、银行、保险、海关、广告、商检、邮电、咨询、诊断等部门建立广泛的横向经济联系计划。

6. 营销费用预算计划

随着企业营销业务日渐扩大,销售费用开支也不断增加。因此,必须建立营销费用预算计划,以实现增产节约、增收节支。营销费用预算计划包括市场营销信息管理系统费用预算、广告宣传费用预算、推销费用预算、营业推广费用预算、公共关系费用预算、销售业务管理费用预算等。

7. 技术服务计划

(1)技术培训计划。
(2)咨询服务计划。包括业务服务、技术咨询等。
(3)售后服务计划。包括"三包"服务、安装调试服务、配件供应等。
(4)特种服务计划。包括帮助用户技术改造、提供大修理服务,为用户开展市场营销诊断,为用户提供市场信息等。

8. 产品发运计划

包括产品验收入库、装箱计划、联运计划、储运渠道开拓计划等。

9. 综合营销计划

把上述各项计划进行统筹兼顾、全面安排、相互协调组成综合营销计划,以便最有效地提高企业营销竞争能力、市场开拓能力、经济效益能力。

四、制定企业营销计划的基本程序

企业营销计划的制定可以通过对目标市场的调研分析,确立企业的营销目标,选择行之有效的营销策略,完成营销计划的编制。

企业营销计划的基本程序,具体如图 2-8 所示的几个步骤。

1. 分析市场营销现状

主要从企业实力和弱点的定期综合分析、市场营销环境研究、销售额和市场营销费用分析、销售预测四个方面对企业及其市场营销环境进行整体结构性分析。

(1)对企业实力和弱点的定期综合分析。这种分析主要通过市场营销决策进行。因为在市场营销决策中,对企业的过去成绩和现在的实力都有严密的估计和评价。在这种分析中,特别要注意企业产品线、分配路线、销售促进效果及定价的分析。这些情况从不同侧面反映了企业的实力。

(2)市场营销环境研究。包括对企业的微观环境和宏观环境的调查研究。这些环境因素都将直接影响企业的生产能力和销售状况。

(3)销售额和市场营销费用分析。通过不定期的专题调查来进行。这方面的分析资料是

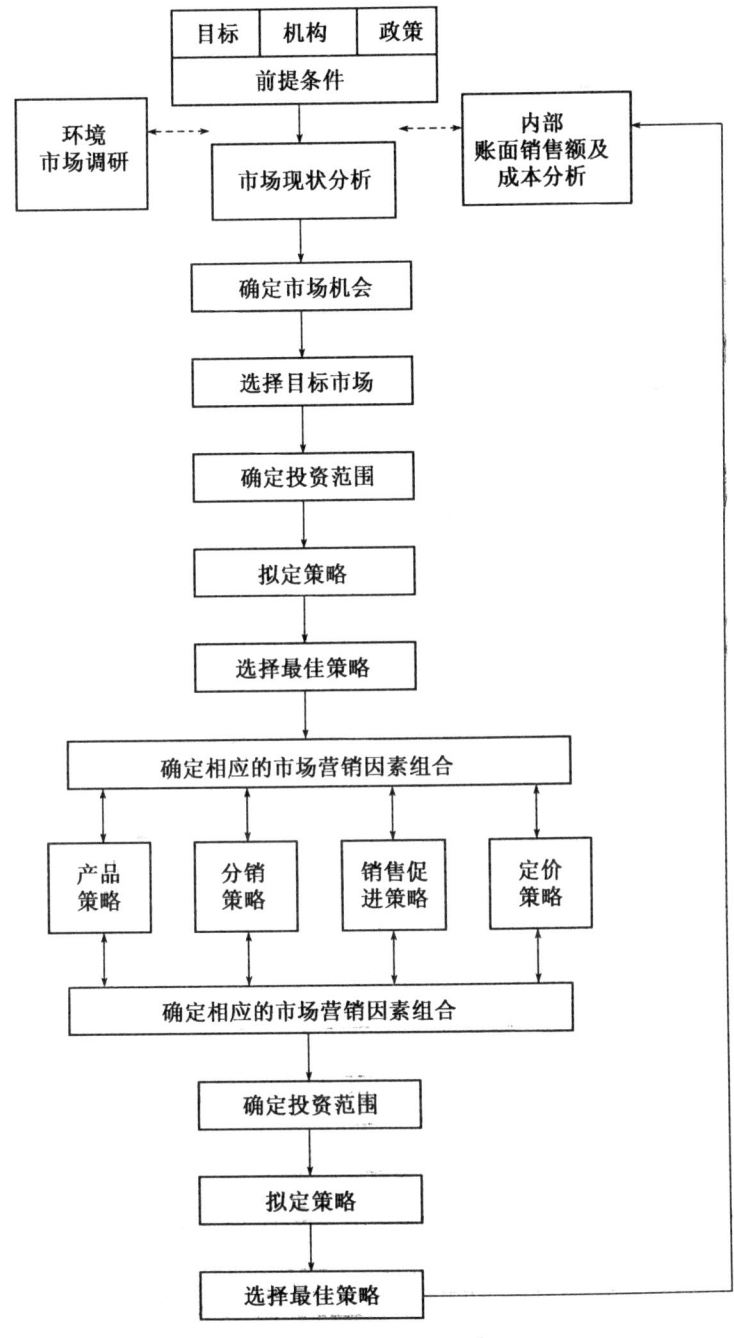

图 2-8 企业营销计划的基本程序

进行销售预测、编制市场营销计划不可缺少的依据。

(4) 销售预测。它是在前几方面的分析基础上做出的,是计划编制程序中极其重要的一个步骤。通过销售预测,可以预测整个行业的销售额及企业本身的销售额,从而成为企业市场营销计划最直接而具体的依据,或者这种预测值也直接成为企业的计划指标数。

2. 确定市场机会

这一步骤包括对市场现状分析中所发现的各种问题做出解释。在对企业面临的若干市场机会评价中,对消费者的因素、经济因素和公共环境因素都要仔细考虑,从而分析、比较本企业与竞争者的情况,判断哪些方面存在优势,哪些方面更能满足消费者要求,进而有针对性地制定相应的战略、策略和具体的营销方向。

3. 选择目标市场

经过市场现状分析和市场机会估计后,市场营销主管就可以确定几个可以开拓的目标市场。至于选择某一具体目标市场或几个目标市场,则要取决于一系列因素的影响。例如应该考虑与目标市场相关的企业目标、目标市场的潜在机会、企业开拓此目标市场的能力如何等等问题。当然根据这些考虑来选择具体的目标市场并不是一件简单的事情,企业也不应把自己严格限制在只选择一个单一的市场。例如,一个企业也可同时选择两个完全区分的细分市场,并进而制定向这两个细分市场进军的策略。另外,对目标市场的阐述,必须明晰准确,使人容易辨认。例如目标市场的地理位置、顾客人数、购买力、需求性质和强度等都应通过市场调研弄清楚。对竞争对手的情况也应有充分估计。此外还应对每个目标市场近期和长期销售潜力做出正确的判断。

在这一阶段,对目标市场的最后决定很可能不得不暂时推延,待到编制计划的第四阶段结束时才最后解决。因为目标市场的最后决定不仅要根据目标市场的潜力,而且也要根据企业有否开拓此目标市场的能力而定。

4. 确定投资的范围

虽然一个企业可以同时拥有几个有利的目标市场,但是每一个企业的物力、财务、资源都是有一定限度的。任何的企业管理当局都会十分注意如何将有限的资源使用在最恰当的目标市场上。为此,在计划工作的这一阶段,首先要根据前一阶段可能选择的目标市场需要支付出多大的物力、财务,然后与自己的投资能力相比较,看能开拓多少目标市场,或开拓哪一个目标市场才与自己的能力相称。一般来说,尤其应考虑财务上的牵制、生产能力的限制及人力资源的短缺这些限制因素。经过严密及审慎的权衡之后,才最后决定应如何把这些资源分配到最有利的目标市场中去。

5. 拟订策略

在结合企业的资源能力选定具体的目标市场后,企业计划人员便应该接着拟订几个可供选择的市场营销策略,以便从中选出最佳的策略。一般来说,策略的拟订愈多愈好,这样可以增加策略的选择性,可以选择出更符合理想的策略。例如在选定某一具体目标市场后,企业可以通过具体的市场调查和技术调查来开发一种适应这个市场需要的新产品,然后拟订几种可以打入这个市场的策略方案,如建立一套完善的销售网点策略,或加强促进销售活动的策略,或用易于吸引消费者购买的定价策略等等,以供企业主管部门进一步评价筛选。

6. 选择最佳策略

这一阶段的主要任务就是要从前阶段所提出的几个可供选择的策略中选出最可行的策略。这种选择最直接的根据就是企业的营销目标。假如企业的主要营销目标是提高自己产品的市场占有率,那么在选择策略时,便应着重从哪些策略最有利于提高市场占有率来考虑。至于达到提高本企业产品市场占有率的策略则可能是多种多样的。例如在计划的前一阶段提出了提高占有率的两种策略。一是采取密集性市场策略,二是采取低价格高促销的策略。经过本阶段深入全面评价,认为低价格高促销策略在产品的引入期可能更有助于迅速提高市场占有率。但从长期来看,尤其考虑到本企业的人、财、物、资源都有限,还不如采取密集性市场策略,只选择一个或几个细分的小市场作为目标市场,并在产品设计和其他营销活动上集中优势,全力打入这些市场,可能会获得较大的市场占有率。那么,在本企业的这种具体情况下,密集性市场策略就是最佳的策略。

7. 确定相应的市场营销因素组合

这一阶段的主要任务就是根据前面所选定的最佳市场营销策略,进一步具体制定市场营销方案的细节,因为每一市场营销策略的贯彻都是要通过与之相适应的市场营销因素组合来完成的。在编制市场营销计划的这一阶段,应把这些一般性策略具体结合特定企业的特定营销策略来加以考虑,并使其具体化。

8. 综合编制营销计划

在这一阶段,就是把前面几个阶段的情况分析、目标市场选择、策略选择等方案统一协调起来,写成正式的计划。内容大致包括下面几个内容:

(1) 计划的特定目标,即宗旨如何;
(2) 特定目标与企业目标之间的关系;
(3) 执行该计划所需的费用;
(4) 预测企业的市场环境和机会;
(5) 提出行动方案;
(6) 综合、归纳成完整的计划指标体系。

营销计划编制完成后,呈送企业最高管理层审查、修订、批准。

9. 最后批准计划

企业最高管理层收到市场营销部门送来的营销计划后,结合其他职能部门的计划一起进行综合平衡,协调各部门的能力和任务,尽量使计划建立在可行的基础上,并能达到预期的经济效益。

10. 通报与执行

计划批准后,必须马上传达给执行部门的有关人员,具体研究贯彻执行的方案,并付诸实施。这种执行计划的行动方案大致包括如下内容:

(1) 将达到目标的行动计划分为几个步骤;
(2) 说明每一步骤之间的关系和顺序;
(3) 每一步骤由谁负责;
(4) 确定每一步骤所需的资源;
(5) 每一步骤需要多少时间;
(6) 规定每一部分的完成期限。

另外,还应尽可能提供一些与市场营销计划有关的信息资料,如总市场大概有多大,企业可能的占有率有多大,企业的预期销售量有多少,市场营销总费用大约多少,企业的预期销售量有多少,市场营销总费用约多少,毛利有多少等。

11. 考核和调整

计划工作程序的最后一个步骤就是对见之行动的计划进行监督检查。因为无论在前几阶段的工作中,有关人员是如何认真调查研究,运用科学方法,力求编出比较理想的计划,但是个别地方考虑不周也是难免的。加上市场瞬息万变,存在许多客观不可控的因素,因此计划在执行过程中,还必须同时进行必要的考核、监督和检查,通过信息反馈,判断所采取的计划是否有效。如发现有不当或与原计划有脱节的地方,应及时修正计划,或改变行动方案,以适应新的情况。

五、企业营销预算的编制

企业在制定了本企业营销目标、策略和行动方案之后,由于企业所拥有的资源是有限的,且所能给予营销部门的资源也是有限制的,这就要求营销部门对所拥有的资源必须有计划地使用,即进行营销预算的编制。

1. 营销预算的含义

所谓营销预算,是指企业营销收入及各种营销费用支出计划的统称。它是在预测企业计划期内销售量及销售收入并确定未来营销成本和费用水平的基础上,预算出企业未来利润水平,以保证企业市场营销目标实现。

营销预算是营销计划的最后部分,对负责市场营销业务的经理来讲,也是最困难的部分。在这一部分,经理人员要将所提供的市场营销策略做总结,并适当予以调整。但是,现实中许多经理人员都把营销预算工作作为数字游戏。预算填写的数字只是作为取悦上级管理人员或应付检查而作,并非认真地预计费用支出。这种形式上的预算只不过增加了行政工作,而不能真正对提高企业市场营销水平有益。

从理论研究和实际工作中我们能够发现,通过预算可以使营销计划形象化。它列出在执行预定的营销策略之后,能给企业带来的收益及营销费用的分配,从而检验营销目标、策略、方案的可行性程度。营销预算有助于市场研究、营销促进等工作的开展,使企业一切营销工作都有计划、按步骤地顺利进行。

预算按时间来分,通常可以分为两类:一类为长期预算,其预算期的时间为1年以上。由于时间长,预测的困难及突发性因素显然随之大大增加,故此,在编制长期预算时,切不可鲁莽行事,要对各种变动因素的变化趋势及可能出现的状况,在条件允许的情况下做出较准确的判断。长期预算一般多用于全球性的企业经营、经济研究或政府机关的财政预算,很少在企业市场营销工作中应用。另一类则为短期预算,其预算期的时间常常在1年以内。这种预算时间短,相对来说准确度高。虽然其有不及长期预算之处,但对于指导企业市场营销活动和预算营销收支却极为重要。因此,在实际工作中,企业编制市场营销预算通常是编制年度营销预算,它与企业年度营销计划相匹配。

2. 营销预算编制的步骤

编制企业市场营销预算时要注意多方面内容的预测,具体步骤如下:

(1) 预测计划期产品的市场总需求量。在对各类环境影响因素分级的基础上,参照本年度的市场总需求量和近几年间的市场成长率,预测计划年度产品的市场总需求量。

(2) 根据近几年来企业市场营销状况和企业生产能力分析,预测采用新的营销组合策略之后可能达到的市场占有率水平,从而推算出企业计划期的销售量。并依据营销组合策略中所采用的价格策略,订出企业的价格水平,进而预算出企业计划年度的销售收入。

(3) 确定计划期的销售利润水平。首先,分析材料及人工成本涨跌情况,充分估计企业内部采用价值分析等措施之后对成本产生的影响,确定计划期产品单位变动成本。然后,根据该产品分摊到的固定成本数额,计算出计划期产品利润和营销费用合计的边际贡献(或称边际利润)。

（4）确定计划期营销活动费用。通过计算出来的计划期产品利润和营销费用合计的边际贡献减去计划期利润水平（依据市场营销计划中的目标利润而制定的）即为可运用的营销费用。

（5）将计划期营销费用预算按年度所采取的营销组合项目做出分项预算。即把营销费用预算在参考企业近几年来的经验资料、考虑计划期的实际需要和分析竞争对手状况及采取的各种策略的基础上落实到每项具体营销活动中（包括广告预算、销售推广预算、公共关系预算、市场调研预算等等）。

通过以上步骤，用表格形式表现出来，即为营销费用预算表，见表2-3所示。

表2-3 营销费用预算表

产品项目	甲	乙	丙	丁	合计
市场总需求量预测(1)	60 000	75 000	40 000	125 000	
市场占有率预测(2)	0.1	0.16	0.40	0.20	
销售量预测(3)=(1)×(2)	6 000	12 000	16 000	25 000	
单价(4)	4.0	2.0	2.4	1.8	
收入预测(5)=(3)×(4)	24 000	24 000	38 400	45 000	131 400
变动成本估计(6)	13 000	12 000	20 000	25 000	70 000
边际利润(含固定成本、利润、营销费用的边际利润)(7)=(5)-(6)	11 000	12 000	18 400	20 000	61 400
固定成本估计(8)	6 000	6 000	9 600	11 200	32 800
边际利润(含利润、营销费用的边际利润)(9)=(7)-(8)	5 000	6 000	8 800	8 800	28 600
利润预测(10)	3 200	4 500	6 300	6 500	20 500
可运用的营销费用(11)=(9)-(10)	1 800	1 500	2 500	2 300	8 100
费用分配：调研(12)					800
公共关系(13)					800
推广(14)	900	650	400	550	2 500
广告(15)					4 000

3. 编制营销预算应注意的问题

前面已提到，上述营销预算编制方法为一般企业经常采用。在实际工作中，出于不同的目的和工作习惯，具体编制步骤可能会有小的差异。但企业在编制其营销预算时，均应注意以下几个方面的问题：

（1）营销预算工作必须建立在市场调查、市场预测的基础之上。产品市场需求总量、市场占有率、企业销售量、价格等，均需通过一系列市场调研和预测来获得。预算是否准确、合理，很大程度上取决于企业市场预测的水平。确保预测的准确性。

（2）营销预算就是预算计划期企业营销活动的收支情况。企业未来销售量主要取决于市场总需求量的大小及市场占有率的高低。市场总需求量的多少对于一个企业来讲很难加以控制和引导，但市场占有率的高低取决企业市场营销策略的运用。因此，应在估计市场占有率之前，先制定计划期的市场营销策略，然后再预算策略实施后企业将能够达到的市场占有率水平。

(3) 前面所叙述的编制营销预算的步骤,是在确保目标利润前提下预算出计划期的营销费用。我们知道,目标利润实现是要运用整套营销组合策略才能达到的,而要执行这套策略必须有相应的营销费用预算作保证。在这种情况下,目标利润与营销费用支出就可能在数字上产生矛盾。解决的办法是综合平衡关系,重在调整策略。即通过策略组合方式的调整,保证目标利润的实现。

(4) 编制营销预算过程中,须考虑到税收对预算结果带来的影响。在实际工作中,它是一个不可忽视的因素。企业应根据税种的不同和计税方法的不同,分别进行计算。

(5) 按一般习惯,都希望制定恰当的市场营销策略和"令人满意的预算",期望实现"令人满意的利润"。但在实际上,不应持有这种态度,因为营销费用预算的结果不是仅为了"令人满意",而应该是能够使"利润达到最大",即解决利润优化问题。

4. 营销预算的优化

我们知道,产品在市场上的销售反应函数为 $Q=f(P,A,S,Z)$,或表示为:

$$Q=b \cdot P^p \cdot A^a \cdot S^s \cdot Z^z \tag{2.1}$$

式中:Q 为销售量;b 为标度因子;P、A、S、Z 分别为价格、广告费用额、人员推销费用、市场调研费用额;p、a、s、z 分别为价格、广告、促销和调研弹性。

营销净利润为 $M=\Psi(P、A、S、Z)$,可用式(2.2)表示:

$$M=(P-Cv) \cdot Q-F-A-S-Z \tag{2.2}$$

式中:M 为营销净利润;F 为固定成本总额;Cv 为单位产品的变动成本。

公式(2.1)代入(2.2),得到营销净利润的另一种表示公式:

$$M=(P-Cv) \cdot b \cdot P^p \cdot A^a \cdot S^s \cdot Z^z-F-(A+S+Z) \tag{2.3}$$

公式(2.3)表明营销利润为所列营销组合因素的函数。可以通过任何市场营销因素的组合,得出相应的利润估计值,以利润最大化为原则,即可找到最佳的市场营销因素组合,因此也求出了最佳的市场营销预算。

例如,某公司产品经理 W,多年来均采取"低价格、低推广"的策略。她的产品目前情形为:价格 16 元,广告费 10 000 元,人员推销费用 10 000 元,销售量约为 12 353 单位,利润约为 16 118 元。公司最高层对她的成绩颇不以为然,因此,她竭力拟订一项更佳的策略,期望提高利润(已知固定成本为 38 000 元,单位可变成本为 10 元)。

首先通过最小二乘法回归估计出:价格的弹性为 -2,广告的弹性为 $1/8$,人员推销的弹性为 $1/4$,b 为 100 000,在营销组合因素中不考虑市场调研费。则

$$M=100\,000 A^{1/8} \cdot S^{1/4} \cdot [P^{-1}-10P^{-2}]-38\,000-A-S$$

然后,经理 W 拟定了八种营销组合方案,分别算出不同方案的销售量和利润(见表 2-4)。

表 2-4 营销组合及估计销售量、利润表

营销组合编号	价格(元)	广告费(元)	推广费(元)	销售量(单位)	利润(元)
1	16	10 000	10 000	12 353	16 118
2	16	10 000	50 000	18 472	12 832
3	16	50 000	10 000	15 105	−7 370
4	16	50 000	50 000	22 588	−2 472

(续表)

营销组合编号	价格(元)	广告费(元)	推广费(元)	销售量(单位)	利润(元)
5	24	10 000	10 000	5 490	18 860
6	24	10 000	50 000	8 210	16 940
7	24	50 000	10 000	6 713	−4 018
8	24	50 000	50 000	10 039	2 546

从表 2-4 中可以看出，第五种营销组合能产生最大利润。在此种组合上，价格为 24 元，广告费用为 10 000 元，推广费用为 10 000 元，产生的最大利润为 18 860 元。

也可以利用求极值的方法找出最佳市场营销因素的组合。

首先，假设广告费 A 和推广费 S 不变，推出较合理的价格水平。

则 $P=20$ 元

可以看出，价格在 20 元是最佳的。

然后，把价格定在 20 元，由于促销开支弹性为广告的 2 倍，所以促销的开支应为广告费的 2 倍。则

$$A=17\ 083(元), S=34\ 166(元)$$

因此，经理 W 可以通过利润最大化原则找到最佳的市场营销组合方案，即价格为 20 元，最佳的营销费用 34 166 元。它将带来的销售量为 11 492 单位，获得的最大利润为 25 675 元。

第三章　营销战略

一个在营销上取得巨大成功的企业,可能是由于他们致力于创造和传递更高的价值给目标顾客,可能是他们拥有竞争对手所无法模仿的竞争优势,但是还应该值得注意的是,成功的企业在不断变化的市场环境前,都有一套完备的而且能够有效地应对市场变化的营销战略。

第一节　营销战略与营销战略制定

一、企业营销战略的意义

企业营销战略是企业围绕其总体战略确定的在未来某个时期内将要达到的市场营销目标以及达到此目标的全盘的、综合的计划安排和基本方针。在当今查理斯·H·塔威尔所谓的战略家时代,作为一个企业的营销决策者,必须以他卓越的战略设想去突破传统思维的狭窄界限,为企业的长期生存和发展而制定适当的企业营销战略,进而以此去指导整个企业的市场营销活动。

企业营销战略是对企业发展重大营销问题的决策导向,指导和约束着企业营销部门和营销人员的各种活动。出于优化的考虑,成功的营销应该注意到这样的几个方面:特有的产品市场范围、别具一格的竞争优势、营销目标实现的战略步骤、既定目标能否实现以及检验准则和标准。营销战略是一个动态的"流动性计划",企业近期和长远的目标设想必须被紧密地结合成一个较为统一和协调的系统中,并有相当的关联度作为维系,使之更实效、更合理和更富有速度性。

在动态的市场上,营销战略对企业市场营销活动的影响是广泛而深远的,在某种意义上说,战略是企业兴衰成败的关键。企业营销战略在指导企业市场营销活动开展的过程中有着极其重要的意义。

(1) 明确了企业发展的目标。企业营销战略对企业营销活动具有指导意义,战略一经确定或认同,就具有政策性和约束性,企业下属的各营销部门和人员必须以此为准绳,来制定与其相应的营销计划并加以实施。在当今竞争愈演愈烈的市场条件下,没有战略考虑的企业,就像迷失航向的飞机,最终会因为耗尽燃料而坠落一样,使企业陷入一种难以摆脱的困境。

(2) 为企业营销部门编制营销计划做出了行动指南。营销战略明确后,要得到有效地实施,还需进一步细分为行动计划,即在一段较长的时期内,企业营销部门将从事何种活动为那些消费者或用户市场服务,以及决定采用何种策略来开展其营销活动。而这一切都将在企业营销战略的指导下进行,没有营销战略的参照,企业的市场营销活动将不利于整个企业的生存和发展。

(3) 提高了企业经营的稳定性。企业有了营销战略,就有了经营发展的总纲,使企业的一切营销活动围绕着战略协调运作。同时,要使企业的营销活动变化不是盲目的、被动的,就必须在营销战略的约束下,通过灵活而有效的营销策略和战术,实现企业的战略目标。

(4) 增强了企业的竞争能力。在当今竞争激烈的市场中,企业一方面要更好地满足消费者或用户的需要,同时还必须充分关注竞争者的行为,对竞争态势的演变做出反应。而能否赢得竞争优势,营销战略的正确与否有着决定性的意义,是企业兴衰成败的关键。

二、营销战略整合要素

营销战略作用在于明确了企业发展意图与方向,并构成对未来计划和行动的指导。乔治·达伊(George S. Day)认为营销战略方向的选择由四种要素整合组成,即竞争领域、优势、渠道和行动(见图3-1)。

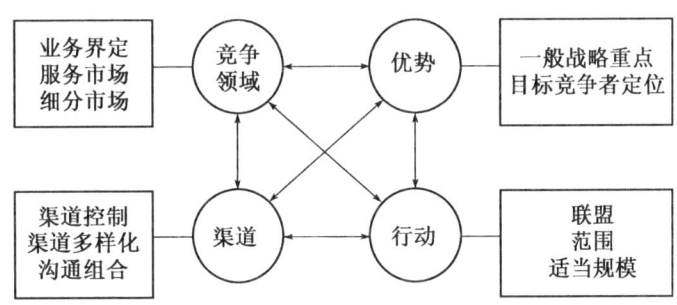

图 3-1 营销战略整合要素

1. 竞争领域

企业战略制定的起点在于确定竞争领域,即进行业务界定、选择服务市场和细分市场。业务界定揭示企业的真正职能和价值,确定企业投身于某种行业,并提供特定的产品或服务;识别可能的目标顾客和顾客群体,分析寻求其需求动机、群体特征、利益导向和决策行为,从而选择企业的服务市场;通过地理、人口、心理以及行为等变量对服务市场进行细分,做出判断,选择企业能为之提供最好服务的、且富有吸引力的细分市场,从而满足目标顾客群体的需求与欲望。

2. 优势

竞争领域的确定设置了企业的活动界限甚至是增长的范围。企业为实现生存与发展,则必须针对特定的业务领域强化竞争优势。竞争优势或表现为在总体市场上的总成本领先,以实现满足客户对价格的敏感性;或以别具一格的差异化特征赢得对客户需求的卓越追逐;或以对某个特殊市场的定制化服务求得效率和效果。

竞争优势的本质在于定位,即以对目标顾客有特殊意义的方式将本企业与竞争对手区分开来,凭借更优异的产品质量和服务、更快的感知和满足客户的需求变化,更持久、紧密地与客户保持联系而扩大产品销售和市场占有率。

企业竞争优势的获得与保持必须建立于对行业竞争格局演化和竞争对手,特别是目标竞争者行动的关注与分析上。同时,为巩固业已实现的市场地位,企业必须通过不断创新以完善并提升竞争优势。柯达公司在推出世界级产品"柯达彩色金奖胶卷"后,仅仅两年又推出另一重量级产品"Ektar",从而始终保持与其目标竞争对手富士公司之间的领先地位。

3．渠道

伴随市场竞争的不断加剧,渠道管理越发成为企业关注的焦点,甚至成为事关战略的影响因素。因此企业应投入大量人力、物力、财力进行渠道开发、成本控制、销售队伍建设以刺激销售。

企业对渠道的选择,应基于产品或服务的特征,进行渠道关联性评价与配置,即结合顾客群体和细分市场的服务特性,选择性地确立经销商的长度与宽度组合、主经销商与辅助经销商的组合、密集性分销与选择性分销的组合,从而赢得理想的产品覆盖范围,并提高营销效率。

渠道的选择与规划是企业产品走向市场、服务客户的一个环节。企业应以"双赢"的哲学与经销商进行长期沟通,挖掘经销商的优势,以配合企业自身价值链活动;支持经销商业务,以刺激经销商动力,寻求经销商的鼎立合作,共同开发市场,抢占先机,实现企业战略构想。

4．行动

营销战略的设计涉及基于企业价值链整合的具体营销行动的安排,包括产品研发、制造、分配、物流、广告、营业推广、公关、服务等。行动的安排重在针对目标客户、细分市场特征以及竞争对手寻求适当的规模和范围,把握关键性成功因素,以便能发挥企业竞争优势,促成"差异"。

经济全球化、技术发展推动市场竞争的不断深化,几乎没有一家企业能实现一体化运行,也就是从事从生产原料开始到结束产品销售,将产品送到最终用户手中。而战略联盟能够使企业回避规模、能力与市场放大之间的压力。战略联盟的选择可以帮助企业开拓市场,完善核心能力,弥补资金缺口,从而加快企业产品的扩展速度,延展企业品牌的覆盖范围。

三、企业营销战略目标的选择

1．企业营销战略目标的确定

一个企业的生存和发展,必须有其明确的营销战略目标,并以此来进行营销战略方案的设计与选择。如果一个企业不能明确地确定企业营销战略目标和方向,就可能会失去一些极好的营销机会和无法适应竞争,并会由此而出现误解和不协调,使企业陷入一种自我竞争的境地。一般而言,企业的营销战略目标包括以下几个方面:

(1)服务目标。企业应明确自己从事的业务,确定产品市场范围,通过市场细分,寻求最适应企业生存、发展的目标市场,并通过提供适销对路的产品,进一步满足消费者或用户的需要。

(2)市场目标。通过新市场的开拓和原有市场的进一步渗透,利用企业技术创新等特有的优势,配合相应的营销策略来扩大市场份额和提高市场占有率。

(3)地位目标。处在市场地位次位的企业,为了求得市场领先者地位或进入市场领先层的地位,必须在明确地位目标的情况下,制定有效的挑战策略,使企业从现有地位向既定方向进行重点和有针对性的转移。

(4) 利益目标。利益目标是企业营销业绩的一个重要指标,它在一定程度上展示了企业的生存和发展状况。企业要通过盈利能力的提高来达到企业的预期利润水平,取得企业发展必需的投资回报。

2. 制定营销战略目标的原则

企业制定市场营销战略目标是一项极富挑战性的活动,并非是一个非此即彼的简单选择。虽然企业与企业之间的营销战略目标可能相差较大,但从战略制定的角度出发,不论是哪一个企业,在制定营销战略目标时,都应遵循以下几项原则:

(1) 指导性原则。企业有了明确的营销战略目标,可以减少营销战略制定的盲目性,又可使整个战略在执行过程中根据预期的目标不断调整行动方案,指导现代企业中的各部门、各环节采取相应措施,卓有成效地完成企业的各项任务和目标。

(2) 可行性原则。营销战略目标是在正确分析了企业所面临的市场环境和自身资源配置的条件下确定的。企业营销战略目标一经确定,企业就将围绕这一目标进行战略运筹。因此,这些目标应是富有挑战性的和可行的。

(3) 一致性原则。营销战略目标涉及到企业营销活动的多方面,需要各个环节相互协调一致,否则,就会造成内部各环节的相互抵触而影响到整个营销活动的开展,从而给整个企业战略实现带来不利影响。

(4) 明确性原则。企业营销目标应明确地表示出企业的经营目的,尽可能具体化和定量化。如果企业的营销战略目标过于笼统和模糊不清,将会使其在实现过程中无法操作而无所适从,使整个营销活动无序运行。

(5) 激励性原则。企业在确定营销战略目标时,除考虑上述原则外,还要从本企业的具体情况出发,使所制定的营销战略目标具有激励作用,能充分调动企业员工的积极性,鼓舞士气,力争企业战略目标的顺利实现。

四、营销战略制定模式

一般而言,营销战略的制定模式有三种:自上而下的命令模式、自下而上的增量模式和适应性营销战略制定模式。自上而下的命令模式建立在战略是使企业能力与环境引发的机会间相互适应的前提下,由企业高层决策者设计,通过企业组织层级以命令的方式逐级贯彻执行;自下而上的增量模式则强调战略是企业应对环境变化而做出的调适性反应,因此作为最了解变化的基层部门和人员首先采取行动,并依次由下而上反映构成整个企业战略。适应性战略制定模式则关注企业的弹性,强化营销组织的知识积累。以下对上述三种模式展开讨论。

1. 自上而下的命令模式

自上而下的命令模式中的战略制定由高层决策者或其直接参谋人员设计而成,通过企业正式命令机制传达到下属各层级的执行人员。命令模式依据的假设条件是:在企业采取行动前,战略制定者拥有足够的信息,并有充分的时间进行完整分析判断。下层的执行人员随时准备执行来自上级的指示。

用自上而下的命令模式制定战略盛行于20世纪70～80年代。当时企业面临高通货膨胀率和低增长率的双重压力,多角化经营企业的高层管理者将主要的精力集中于由资金短缺所引发的困难上。企业为保持在市场中的竞争位次,只能将有限的资金投入到富有竞争力的业务单元中,定位其经营特征,并选择相应的战略方案。自上而下的命令模式建设性地分解企业业务为各战略单位,控制影响战略业务单位业绩的战略性要素,优先考虑竞争对手的意图和策略,并为各战略业务单位设定各自不同目标,而当战略依据的前提发生变化时,也随即转变其战略。

自上而下的命令模式在以下条件下制定战略具有较强的适应性:① 企业处于稳定的发展状态。② 高层决策者或战略制定人拥有绝对的权威。③ 企业运行体制良好,能为战略执行提供足够支撑。④ 企业资源充足。

但当环境发生巨大变化,特别是新竞争手段的翻新,潜在对手的不断涌入,新材料、新技术、新产品的诞生,使得企业投身的市场呈现动态性、激烈性、不确定性。基于发展稳定前提的自上而下战略制定的命令模式面临困境。经验的有限理性、投资组合分析、经验曲线等传统战略规划工具过于简单化造成由高层决策者制定的战略在基层人员执行时产生诸多的不适应性,并引发组织层级间的抵触。自上而下战略制定的命令模式限制了一线执行人员的主动性和创造性,也丧失了一线执行人员获得的稍纵即逝的机会,从而降低了企业的反应速度。

2. 自下而上的增量模式

企业营销战略的自下而上的增量模式,强调企业高层并不能完全掌握未来情况的变化,同时也不具备了解影响重大决策的所有信息,且高层远离一线,对市场变化及竞争对手的调整信息获取滞后,因此战略应通过各层执行人员针对市场变化不断修正、试验以及学习吸纳而成,并且最了解情况变化的部门采取自下而上的行动与所引致的反应连接起来实现整个战略转变。

本田公司最初进入美国市场时,依据总裁的设想以大型赛车摩托车为主打产品,试图通过广告占领所有细分市场,加之渠道选择的缺陷使得失误严重。因此公司转而采取自下而上的增量模式制定营销战略,充分发挥长期与市场打交道的一线营销人员的意见,执行所谓的"佳人"市场战略,以低成本的小型摩托车打入当时处于空白的休闲性摩托车市场,配合"骑上本田去见你的佳人"的广告,一举扭转困境,赢得50%的市场。

营销战略的自下而上的增量模式同样也存在一定的缺陷。过分依赖各层执行人员的经验和判断,使得企业倾向于固守业已成功的产品和市场,而不愿加快新产品的开发与新市场的拓展,因为由此引发的风险和成本提高直接影响执行人员的短期利益。同时在制定战略时过于强调基层的作用,往往还会使企业对其控制与约束产生障碍,从而使企业整体协同效应的发挥受到影响。惠普公司曾经设想将计算机、外设和通讯联成一个统一的办公系统的计划遭遇失败,其原因在于各产品部门相互独立、分开设计,针对的服务顾客群体的需要也各自不同。

3. 适应性营销战略制定模式

无论是自上而下的命令式营销战略制定模式,还是自下而上的增量模式,都无法实现企业对不断适应市场变化的需要。一种模式使战略脱离现实的演变,并使执行人员无法确定针对性策略。而当该模式面临困境,公司又常采用另一种方案来应急时,临时抱佛脚的选择导致的往往是短期行为。因此综合利用上述两种模式,采用适应性营销战略制定模式将提高战略的预测性、指导性和约束性效益(如图3-2)。

采取适应性模式制定营销战略包括以下具体步骤:首先,战略的最初提议应由多功能的业务小组完成,该小组成员是由一些企业内必须接受并执行战略任务的部门管理者和一线人员构成。小组在高层决策者的主持下讨论并解决战略性分歧,选择并确定由成员自行提出的战略行动方案;其次,战略规划人员从企业整体发展角度对选择方案进行严格审查,并以通过的

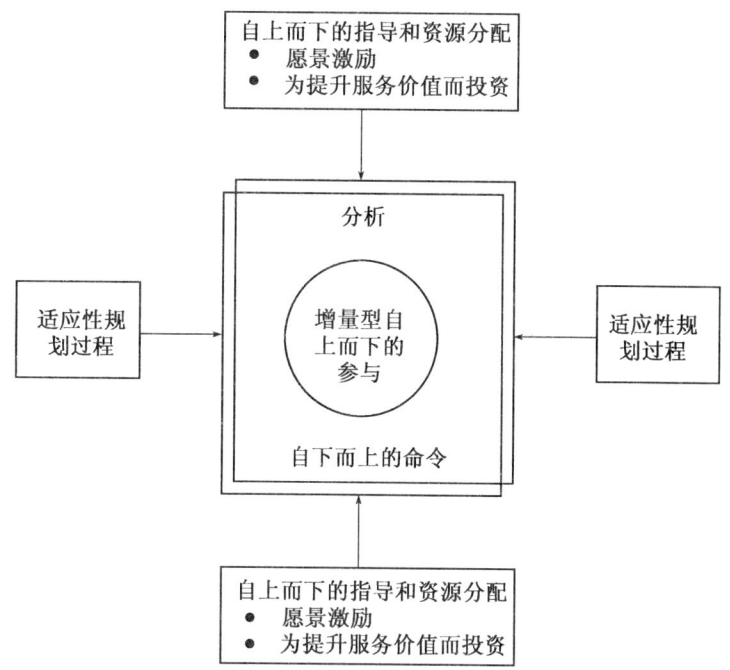

图 3-2 适应性营销战略制定模式

方案作为资源分配的依据;然后,审查贯穿于战略形成的整个过程,集中于确定共同目标,并要求对潜在问题采取适应性的预防措施,防止潜在问题的出现,降低意外事件发生的可能性。

由于适应性营销战略制定模式结合了自上而下的命令模式和自下而上的增量模式的优点,因此具有以下明显的特征:

(1) 自上而下的指导提出了深远的战略愿景,并赋予业务部门的执行人员丰富的挑战性。同时自上而下的指导还能保证有足够的企业资源为战略服务。

(2) 自下而上的信息支持将提供基于顾客需求、渠道特征、技术现状和竞争格局的详细分析,使高层和执行层对企业面临的机会与威胁都形成科学、正确认识。

(3) 适应性营销战略制定模式促成各管理层之间分析与对话的统一主题,从而避免产生执行层只关注本业务单位的战术性举措,而企业高层只关注总体性事务。各管理层充分沟通,强化对企业现阶段在市场竞争中的地位以及竞争优势发挥的持续性。

(4) 适应性营销战略制定模式强调企业内部形成一个灵活、可调整的战略制定程序,并推动组织学习。

适应性营销战略制定模式在实践中反映出较为明显的成效。表 3-1 显示出 1981~1985 年英国采用不同战略制定模式的 16 家公司财务结果比较。

表 3-1 不同战略制定模式的业绩比较[①]

营销战略制定模式	1981~1985 年业绩	
	资产年增长率	资本回报增长率
自上而下模式	10%	-4%
自下而上模式配合财务控制	3.5%	-6%
适应性战略制定模式	50%	+20%

第二节 营销战略的选择

一、一般营销战略的选择

所谓一般营销战略,就是结合企业自身竞争优势,评价竞争对手行动意向,分析和正确地确定使本企业赢得竞争地位而做出有利的发展意图、行动纲领等战略决策。企业一般性营销战略大致有三个方面。

1. 总成本领先战略

总成本领先战略意指企业在某一竞争领域中始终以低于其竞争者的总成本而取得产业领先的地位。实施该战略的企业往往注重其生产的规模效益,并在经验的基础上全力降低其制造成本,以及最大限度地缩减其研究开发、服务、销售或广告等方面的成本费用,注重管理和成本控制等等。尽管产品的品质和服务不容忽视,但贯穿整个战略的宗旨是使其总成本最低化。

总成本领先战略可以使企业在与其竞争者的对抗中处于有利的市场地位。首先,总成本领先使企业的产品或服务对市场有着更大的吸引力。低成本可以使企业能应付有实力的购买者,因为购买者所能施加的影响,至多只能将价格降低到其他竞争者所能接受的水平。低成本亦可以使企业能应付强有力的供应商,因为低成本在应付投入物品涨价过程中具有较高的机动性和灵活性。总之,低成本意味着竞争对手在竞争过程中已失去利润时,本企业仍然可以获得一定的收益。其次,总成本领先可以使企业有条件建立和完善其他竞争优势。低成本对于竞争防御者,可以通过规模经济、经验曲线等形式对潜在的竞争者造成重要的产业进入障碍,也可以使企业在与替代产品的竞争中取得比其他竞争对手更为有利的市场地位。

但是,总成本领先战略亦有一定的风险。首先,由于规模经济或经验曲线形成的低成本优势极易被技术上的革新所抵消。其次,企业对成本的关注有可能使其降低对消费者所关心的其他利益的重视,因为消费者的需要除价格因素外,还有更广泛的内容。再次,当市场需求发生较大变化时,由于规模经济等原因将造成企业的产业退出或缩减障碍较大。最后,该战略易为竞争对手模仿和掌握,竞相削价将导致整个产业平均利润率的降低。

2. 别具一格战略

别具一格战略意指企业向市场提供的产品或服务与其竞争对手相比具有某种独到之处。这些独到之处有许多表现方式,如品牌形象、技术特点、顾客服务以及商业网络等。

[①] [美]乔治·达伊著:《市场驱动战略》,牛海鹏等译,华夏出版社,2000 年版,第 67 页。

别具一格战略在很大程度上可以使企业赢得较高的利润收益。首先,企业产品或服务的独特性使得其与竞争者之间产生一定的差别,且由于消费者对某种独特性产品或服务的偏好和信赖及价格的较大弹性,可以使企业获取更多的利润。而消费者的偏好和信赖又成为该产品领域的进入或移动障碍。其次,由于独特性所产生的较高利润,使得企业有能力较主动地适应供应商的产品涨价。再次,独特性使得购买者对产品无法相互比较,故价格的敏感性较差。产品独特性企业在对付替代产品方面亦比其竞争对手处于更有利的市场地位。

实施别具一格战略的风险在于,若采用总成本领先战略的企业所提供的产品价格远远低于差别化产品时,消费者则有可能放弃对差别化的追求,除非他们对所提供的产品差异产生强烈的共鸣。此外,模仿行为使得产品的差别化优势难以维系长久,故最为理想的情况是企业在若干方面构筑其差别化。

3. 目标集聚战略

目标集聚战略意指企业集中其所有资源主攻某个特殊的消费者群,某产品线的一个细分区段或某一个地区性市场。目标集聚战略是围绕为某一特殊目标市场服务这一中心建立的。其基本战略思想是经营的目标专一化能够以最佳的效率和效果为目标者服务,从而超越在更大范围内经营的竞争对手。

目标集聚战略旨在通过满足特殊对象的需要而实现差异化,或者在为这一对象服务的同时实现低成本。尽管它未能在整个市场范围取得成本领先或差别化,但却在其特殊的目标市场中获得了成本优势或差别化优势。尽管实施目标集聚化战略的企业在整体市场中所占市场份额甚小,但可以在其特殊的目标市场中取得垄断地位。通常,目标集聚战略往往为中小型企业所采用,其盈利水平亦往往超过整个行业的平均利润。同样,目标集聚战略在市场竞争过程中也存在较大的风险。其风险主要在于与总成本领先战略相比,它不具备绝对的成本优势,而它的高度产品差异又有可能被别具一格战略所抵消。故目标集聚化战略的选择只有在上述风险与其所获盈利的比较中才得以可行(如图3-3)。

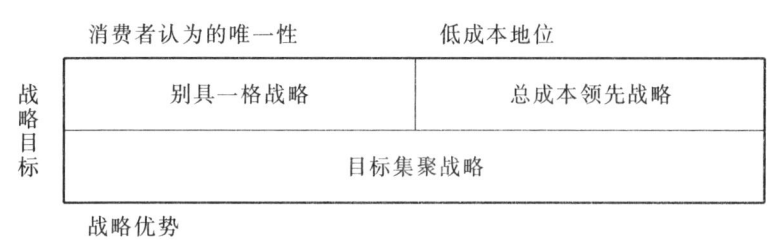

图 3-3 一般性战略的三种选择

综上所述,大凡市场竞争的企业不外乎采用上述三种营销战略,且这种营销战略的实施是坚定而明确的,任何在营销战略上模糊的企业将无疑处于难堪的竞争劣势。

二、扩张营销战略的选择

扩张战略是现有企业积极扩大经营规模,或在原有企业范围内增加生产能力与产品供应量,投资新的事业领域,或是通过竞争推动企业之间的联合与兼并,以促进企业不断发展的一种战略。扩张就必须有资本投入,以期获得更多的回报;扩张也是一种挑战,其结果带来生产扩大,产值增加,竞争激烈;扩张更直接表现为组织规模膨胀,管理更趋复杂。

这一战略的核心是通过扩张来达到企业发展和壮大的目的,故一般适用于以下几种情况:

第一,企业扩张的机遇已充分显示出来,企业对促成扩张的客观条件有了全面认识,对实施扩张所可能带来的收益和风险有了认真估计,并作好了充分准备。

第二,企业拥有较充足的为扩张所需资金及其他资源,或者即使客观资源条件稍显不足,也可通过资源的重新配置与有效组合而能弥补这种不足。

第三,企业已具有扩大经营规模,实行扩张型管理的勇气和能力。

第四,企业最高层经理具有敏锐洞察力和创新精神。

扩张战略实施需经过一些必要的阶段,才能增加其成功的可能性。

第一,准备阶段。即在这一阶段要确定扩张的方针;明确实现目标的期限和途径;筹措必要资金;在企业组织方面做出相应调整与变革。

第二,启动阶段。在这一阶段会出现销售额突然提高,利润大幅上升等现象,然而由于事先准备不足或各种难以预估的事件发生,以及内部压力和外部震动的引发,在管理上会出现瓶颈现象,某些方面的矛盾、冲突的加剧可能会抵消扩张带来的好处,因此是最艰难的阶段。

第三,渗透阶段。此阶段销售、利润可望继续保持上升势头,企业在市场上已确立其竞争优势地位,许多矛盾、冲突业已调和、解决。

第四,加速增长阶段。扩张战略的效能在这一阶段才得以充分显示出来,企业完全适应高速增长的状态,当企业在此阶段后期感到新的压力降临,则预示着扩张已达顶峰,需要增添新的发展动力。

第五,过渡阶段。这是决定性阶段,因为该阶段过渡得好,企业就可望进入下一轮扩张期。

当企业的任务、营销目标已经确定,就要考虑如何使企业得到发展而制定相应的营销战略。而营销战略的制定取决于企业所面临的机会,针对密集型成长机会、一体化成长机会和多样化成长机会等三种类型机会,企业有三种相应的战略可供选择,即密集型发展战略、一体化发展战略和多样化发展战略(如表3-2)。

表3-2 扩张战略的基本类型

密集型发展战略	一体化发展战略	多样化发展战略
(1)市场渗透	(1)后向一体化	(1)同心多样化
(2)市场开发	(2)前向一体化	(2)水平多样化
(3)产品开发	(3)水平一体化	(3)混合多样化

1. 密集型发展战略

密集型发展战略也称为集约型发展战略。如果企业在现行运作市场上仍有发展余力或有开拓市场、开发新产品的潜力,则可考虑选择密集型发展的营销战略。这种战略包括以下三种形式:

(1)市场渗透。它是指企业利用自己在原有市场上的优势,积极扩大经营规模和生产能力,不断提高市场占有率和销售增长率,促使企业不断发展。采用这种策略,一般地说,市场竞争比较激烈。企业应在产品质量、价格、包装、服务、厂牌商标和企业声誉等方面下工夫,不仅要巩固原有市场的老用户,刺激老用户多买产品,而且还要积极设法刺激各地潜在顾客,利用原有市场创造新的用户,同时还要努力争取将顾客从竞争者手中夺过来,以此来增强企业在市场竞争中的优势,促进企业发展。如百事可乐公司和可口可乐公司在全世界范围内激烈地争夺对方的顾客,使之转而消费自己的产品,这种争夺在美国本土的竞争更为激烈,市场份额此消彼长,曾一度使可口可乐丧失对自己原有产品的信心而改变可口可乐的配方,结果原有顾客更多地"逃离"了自己的产品,而可口可乐恢复原有配方,而在其他营销手段上加强力量时,其市场销售又逐步回升。

(2) 市场开发。它是指企业在原有市场的基础上,去寻找和开拓新的市场,进一步扩大产品销售,从而促进企业继续成长和发展。这种策略,适用于企业的产品在原有市场的需求量已趋于饱和,开拓新的市场,打开新的销路,能使企业进一步得到发展。但是,企业要开拓某一个新市场,事先必须掌握它的特点和要求,选择合适的销售渠道,采用正确的营销手段和方法,否则,就会遭受很大的风险和损失。可口可乐、麦当劳汉堡包、肯德基炸鸡这种"小"产品能成为享誉世界的产品、这些公司也成为世界性的大企业,其重要的战略思想就是在全球范围内不断开拓市场。再如美国强生兄弟公司生产的婴儿洗发香波,原专为婴儿洗发所设计,面向婴儿市场,不料产品推出市场,颇受成年女性青睐,于是强生公司就大力向成年女性市场推广,销售量大增。

(3) 产品开发。它是指现有企业依靠自己的力量,努力改进老产品,开发新产品,发展新品种,提高产品质量,从而使现有企业不断地成长和发展。这种策略,一般适用于技术力量较强和技术基础较好的企业。企业采用这种策略,就要积极创造条件不断进行技术开发和产品开发工作,以求保持自己的产品在技术上的先进性和功能、质量、价格等方面的优势。日本的彩色电视机制造商们似乎从不满足既有的辉煌成就,而总是锐意进取,推陈出新,彩电屏幕由小变大,图像质量越来越高,还不断增加新的功能,如立体声环绕音响系统、多频道遥控系统、卡拉OK伴唱系统,还有将录像机与电视机合二为一,乃至夏普公司最新推出宽屏幕彩电等等,于是,似乎其他国家的电视机制造商们只能永远地跟在日本厂家后面来分享一杯羹。

2. 一体化发展战略

一体化发展战略也称联合发展战略。是指企业充分利用自己在产品、技术、市场上的优势,根据物资流动的方向,使企业不断地向深度和广度发展的一种战略。物资沿顺方向移动称为前向一体化,对于性质相同的企业或产品组成联合体则称为水平一体化。这种战略选择是我国目前组织企业集团的主要途径,它有利于深化专业分工协作,提高资源的深度利用和综合利用效率,其具体形式包括后向一体化、前向一体化和水平一体化(见图3-4)。

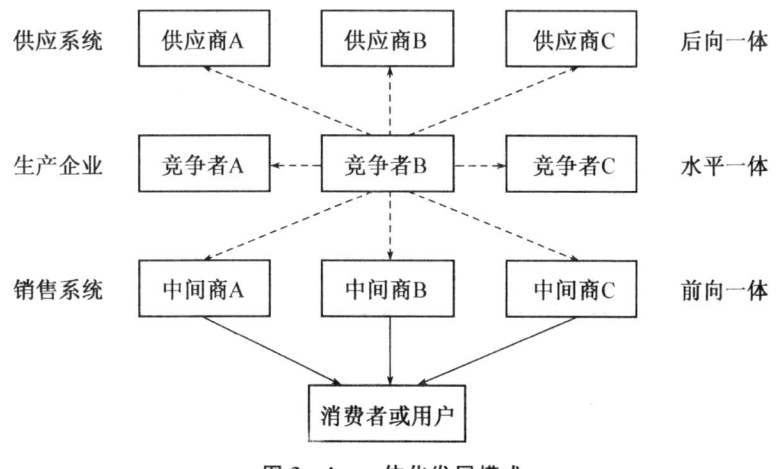

图3-4 一体化发展模式

(1) 后向一体化。它是指企业产品在市场上拥有明显优势,可以继续扩大生产,打开销售,但是由于协作配套企业的材料、外购件供应跟不上或成本过高,影响企业的进一步发展。在这种情况下,企业可以依靠自己的力量,扩大经营规模,由自己来生产材料或配套零部件,也可以把原来协作配套企业联合起来,组织联合体,统一规划和发展。电视机厂兼并显像管厂、食品加工厂投资兴办养殖场等,即属此种策略。如雅戈尔不仅拥有自己的服装品牌,为了解决面料的材质需求和成本问题,投资创建纺织城,开发和生产合适的、新型的面料,甚至包括原辅材料,如棉花、汉麻等。

　　(2) 前向一体化。从物资的移动方向看,就是与后向一体化相反的方向发展。一般是指生产原材料或半成品的企业,根据市场需要和生产技术可能条件,充分利用自己在原材料、半成品方面的优势和潜力,决定由企业自己制造成品,或者与成品厂合并起来,组建经济联合体,以促进企业不断地成长和发展。如纺织厂兴办服装厂,木材加工企业投资家具制造业等均属此例。德国奔驰汽车公司就是在2位创始人发明和制造发动机的基础上发展起来的。

　　(3) 水平一体化。是生产企业通过购买方式兼并一个或几个竞争者从而达成联合的一种方式。在宏观环境条件允许的情况下,企业通过这种形式,可以使企业生产的产品品种增多,产量扩大,以扩大营业,减少竞争从而增加企业的赢利。

　　3. 多样化发展战略

　　多样化发展战略也称多角化发展战略,或多元化发展战略,是指企业在保持原有业务范围的同时,在目前业务范围以外的其他产品、行业或服务领域进行经营扩展的一种企业营销战略。一般情况下,当原有经营领域已不能为企业提供发展机会或在此领域之外的发展机会更具有吸引力时,企业较愿意选择这一战略。通常,多样化发展战略有三种形式:

　　(1) 同心多样化。它是指企业充分利用自己在技术上的优势及生产潜力。以生产某一项主要产品为圆心,积极地去生产工艺技术相近的不同产品,使企业的产品种类不断地向外扩展,向多品种方向发展,因此又称技术相关多元化。例如家用电器工厂以生产某一种家用电器,如以电冰箱为圆心,同时又积极地去发展工艺相近的其他各种家用电器产品,如空调、微波炉等。再如一个拖拉机制造企业可能利用其技术优势而去发展小型货车、农用排灌机械等。采用这种策略,有利于企业根据市场变化的情况,不断提高适应能力和竞争能力,以保证企业稳定地成长和发展。

　　(2) 水平多样化。它是指企业充分利用自己在市场上的优势及社会上较高的声誉,根据用户的需要去生产不同技术的产品。这种发展策略在国外是相当普遍的,例如美国FMC公司,主要是生产农用机械产品,在农村市场有很高的声誉。他们发现农民迫切需要农用化工产品,于是企业利用他们在农民中的声誉和地位,积极地去生产和发展农用化工产品,使企业不断地得到成长和发展。因此,水平多样化也称为消费相关多元化。

　　(3) 混合多样化。它是指企业为了减少未来可能出现的风险,积极发展与原有的产品、技术、市场都没有直接联系的事业,生产和销售不同行业的产品,也称为不相关多元化。在国外,一个企业同时经营彼此无关的几项甚至几十项事业的现象非常普遍,如美国AT&T公司早已不再是一个纯粹的通讯业的佼佼者,其业务遍及金融、饭店、房地产等众多领域。

　　选择这一战略,可能有三个出发点:一是避免风险。从事单一事业或同一行业经营,可能很容易受宏观经济不景气的打击,反之混合多样化发展,可能使企业在遭受某一经营领域的挫折时,通过在其他领域的经营成功而弥补亏损。例如固特异是一个专业轮胎橡胶公司,但80

年代它又开始投资石油管道事业,因为它发现石油管道的销售与轮胎销售正好呈反向波动关系,如此它就像在金融市场做套期保值一样,可避免或降低风险。二是获取更高的报酬。当企业发现从事其他行业经营可能比原有行业获得更高的投资利润率后,它就有可能去涉足一个新的行业。例如,在近十年,国内大量公司涉足房地产行业,原因之一便在于该行业在国内处于高速发展阶段,行业平均利润水平较高。三是利用原有的资源优势。例如我国的一些军工企业,随宏观环境形势的变化,其生产任务已明显不足,于是它们纷纷利用自己的技术力量,多余厂房、设备、资金,开始生产电视机、电冰箱、洗衣机等多种消费资料,由于其技术强、质量高、信誉好,产品颇受市场欢迎。

企业决定实施扩张战略时,会面临多种形式的选择,有时它还可同时选择多种扩张形式,但无论它选择何种发展途径,都要经过周密的调查分析和全面的科学论证,从而避免盲目投资,实现长期发展的战略构想。

三、营销维持与防御战略的选择

(一) 营销维持战略的选择

维持战略,亦称为稳定战略,是企业在一定期时内对产品技术、市场等方面采取维持现状的一种战略,企业既不准备进入新的事业领域,也不准备扩大生产经营规模。这一战略的核心是在维持现状的基础上,提高企业现有生产条件下的经济效益。

这种战略一般适应于下列情况:

(1) 企业外部环境相对稳定,既无大的威胁,也没有过多的机会。

(2) 企业经营状况良好,产品在较长时期里仍然具有明显优势。

(3) 市场地位稳固的大型企业,由于大规模经营而投入大量资金,为了避免风险,倾向于不求短期扩张,注重调整内部资源组合,以提高效率与效益。

(4) 企业最高层经理人员经营思想以稳健为主,当企业暂不能具有突出优势,也没有明显不利因素时,则以保持企业稳定经营为目标。

企业采用这一战略,当然不是永远维持现状,不思进取,而是在一段维持现状的时期内,积极培育资源优势,积蓄力量,创造发展条件,一旦客观环境条件发生实质性变化,机遇降临,则可以迅速把握,以上新台阶。因此选择维持战略时必须注意采取以下措施:

(1) 组织的稳定。主要是保持组织结构的相对稳定,明确各部门、各岗位职权,理顺协作与沟通关系,改善组织管理。

(2) 人员的稳定。主要是重视人才,培养人才,对于富有管理能力和专业技术特长的人才要爱惜,并以精神激励和物质激励双重手段来激发他们的创造潜力,增强其归属感。

(3) 产品的稳定。主要是维护与挖掘现有产品的优势,改变产品质量与功能,降低产品成本,树立品牌声誉,以巩固其市场地位,并在此基础上,再延长与扩展产品线。

(4) 技术的稳定。主要是改进与完善具有优势的技术,以期改进生产过程,提高生产效率,充分发挥先进技术促进生产力发展的主导作用。

一般而言,企业选择维持战略的机会要远多于选择扩张战略,因为扩张战略的实施需要短时间内投入与耗费大量资源,而企业的资源总是有限的,所以当它初步实现其扩张目标后,就非常需要有一个巩固、调整的时期,否则长期处于不稳定状态,一旦企业某一方面出现致命漏洞——有时这种失误似乎是微不足道的,却可能是致命的——就会导致前功尽弃。兵不仅要用,而且要养,特别是在经历了一个大的战役后,更需要休养生息。企业选择稳定,就是要巩固以前扩张的成果,为今后再度扩张积蓄力量。这实在是一种客观的需要。

(二)营销防御战略的选择

这里的防御战略是企业经营严重滑坡,根据分析研究,认为在不久将来,企业经营可以恢复以至发展,而在当前一定时期缩小经营规模或压缩经营事业,取消某些产品生产的一种战略。

这种战略一般适用于企业在经营环境中处于严重的不利地位,如宏观经济不景气,处于停滞与萧条时期,通货膨胀,消费者购买力很弱;或企业经营的产品已从成熟期迈入衰退期,市场需求大幅下降;或是企业受到强有力的竞争对手的威胁和挑战,难以抵挡;或是自身产品缺乏比较优势,质次价高,一时难以改变等等。此时企业会选择缩小经营规模,或退出某一个或几个事业领域,放弃一些产品的生产经营,以腾出厂房、设备、人员、资金等资源投向更有前途的事业。

当企业选择缩小生产经营规模,降低产量、销量,那就是选择紧缩。如近几年来欧美国家由于宏观经济持续不景气,许多大企业纷纷关闭生产线,裁减员工。一个完整的紧缩决策的实施大致要包括三个阶段:

(1)紧缩阶段。在产品销路不畅时,尽可能紧缩开支,节省原材料,缩小生产经营规模。

(2)巩固阶段。企业通过紧缩可逐步站稳脚跟,并需进一步巩固。在此阶段应注意改善管理,完善管理制度;改变市场营销;提高劳动生产率,降低成本;加紧技术开发和新产品开发。

(3)复苏阶段。此时应改善产品设计,提升企业形象;调整市场营销策略和实施计划;为彻底摆脱困境作好资金和财务上的准备。

若企业选择放弃一个或若干个产品经营,放弃或出让一个或若干个事业单位,则是选择撤退。当企业经营陷入举步艰难时,可能就要考虑是否需要全面撤退,即面临倒闭的危险。企业陷入将要倒闭漩涡有多种原因,如:

(1)因经济结构性不景气而倒闭。石油危机前后过量投资,能源原材料价格高涨,发展中国家急起直追,日元比值过高引起需求结构、成本结构发生变化,暴露出供求之间的巨大差距。在这种结构性不景气的行业中频频出现倒闭企业。

(2)连锁倒闭。因关联企业出现销售不旺,周转资金不足,以致赊销账目回收迟缓,频频出现呆账。在这种状况下,关联企业倒闭,产生无保证的债权,信用危机扩大,因而资金周转不灵,形成连锁反应引起连锁倒闭。

(3)经营不善引起倒闭。无计划地增加设备投资,投机失败,事业计划脱离实际,在激烈竞争的环境中无所作为,高层领导内部发生纠纷等,这些都属于经营不善,最终引起倒闭。

倒闭的原因决不止这些。如销售不畅、竞争失败、需求变化、替代产品出现、库存积压、资金不足、利息负担过重、信用下降以致金融机构停止贷款、交易对手停止交易等都可能引起倒闭。这些原因常常重叠出现。

当企业试图避免倒闭,选择全面从某些市场撤退,放弃所经营的一些事业,力求继续生存,即是选择生存重建。实施生存战略,可以从三个方面入手:

(1)管理的重建。包括马上撤换原有的主要领导;新领导要拿出一套振兴企业的方案;企业管理组织进行调整;进行新战略的宣传;新领导要和企业内部人员广泛地接触,增强企业凝聚力;实行集权式管理,甚至在必要时采用独裁式管理。

(2) 财务的重建。包括首先要使银行建立起对企业生存的初步信心,争取得到金融界的更多支持;强化企业内部的资金管理,压缩一般经费开支;及时正确地处理企业内部闲置的固定资产;进行企业资本的重新组合,重新组合流动资金和外借资金,积极运用现有资金。

(3) 营销的重建。在营销方面需要做两方面的工作。首先是摸底和分析,包括充分调查研究市场环境,尤其是要掌握竞争对手的动态,了解自身产品在市场中的地位;对企业现有经营范围作全面的重新评价;对企业营销功能作重新研究,重新估价本企业的竞争能力。其次要重新设计营销体系,包括剔除那些发展潜力小、竞争实力很弱的产品和市场;剔除那些与长期发展战略不吻合的产品和市场;不断地分析市场业务的进展情况,制订合适的营销组合策略。

可见,企业经营遭受困难时,根据不景气的程度,可有紧缩、撤退、生存三种战略供选择。除选择生存战略一般是就企业整体而言外,当一个企业从事多样化经营,拥有若干战略事业的单位时,紧缩与撤退战略也可以指企业某一经营领域、某一战略事业单位所选择的战略,即它可以是局部或战略事业单位层次的战略。当然局部的战略决策与实施也一定会影响企业总体的战略部署与实施的有效性。

第三节 营销战略评价

一、营销战略评价的实质

战略管理决策将对企业产生显著和持久的影响。当企业的外部及内部环境发生变化时,制定和实施得再好的战略也会面临调整。正如彼德·德鲁克所言:"除非战略评价被认真地和系统地实施,也除非战略制定者决意致力于取得好的经营成果,否则一切精力将只能用于对过去行为的解释,而没有人会有时间和精力开拓明天,着眼于未来"。因此,对战略的实施进行系统化的检查、评价和控制就成为战略制定者的一项重要工作。

(一) 营销战略评价的基本活动

所谓营销战略评价,是指为更好地实现营销目标及企业整体战略规划,在战略实施中,不断评估内外部环境变化的影响,分析、判断实际结果的偏离程度,并适时做出调整而进行的系统化的决策过程。

因此,营销战略评价具体包括三项基本活动:

(1) 考察战略的内在基础,即评价企业运行过程中,内外部环境变化的影响力。

(2) 将预期结果与实际结果进行比较,分析出现偏离的原因,并着手寻求解决方案。

(3) 采取纠正措施以保证行动与计划的一致,促进企业营销目标及整体战略规划的实现。

(二) 营销战略评价的重要意义

营销战略评价促进企业不断适应内外部环境的快速变化。许多外部和内部的因素会影响企业实现长期战略规划。从外部看,包括竞争者行为、需求变化、技术变化、经济状况变化、人口迁移以及政府行为等。从内部看,包括优势变化、组织变革、人员变动、规模拓展以及战略设计实施行动选择的科学性和效率性等。环境的变化使得基于前期条件与对未来状况预期上的营销战略设计,在实施过程中必然出现战略内在基础的变迁,并出现战略目标的不适应性。因此,通过营销战略评价,企业可以对环境改变及其影响效应进行不断评估,适时调整行动措施,从而快速适应市场与竞争的要求。

营销战略评价可以促进企业短期经营决策与长期战略间的平衡。企业中长期战略是短期经营决策的行动指南,而短期经营决策又是长期战略实现的保证,但由于两者设计基础、追逐目标与执行人认识的不一致,使得两者在实施中存在不平衡。通过连续、不定期的营销战略评价,适时分析、判断短期决策的实现能否保证长期战略的目标协调,分析、判断各部门、各人员的现期行动是否达成一致,当出现偏离和差异时,则迅速采取纠正措施,控制、调整短期经营决策,从而促进企业短期经营决策与长期战略间的平衡实现。

营销战略评价是保证实现既定目标的必要条件。营销战略评价的实施,还能促进企业管理者与执行人员保持对企业目标实现过程的了解。当涉及战略内在基础的关键因素发生变动时,企业成员都能参与并采取适当的调整措施。通过战略评价的参与,管理者和执行者将会自觉努力使企业既定的目标得以实现。

(三)营销战略评价的标准

判断某种营销战略是否是最佳或其效率如何几乎非常困难,但通过战略评价可以发现战略的关键影响因素。理查德·鲁梅尔特提出可用于营销战略评价的4条标准:一致、协调、优越和可行。协调与优越标准主要用于对公司外部的评估;而一致与可行标准则主要用于内部评估。

1. 一致性标准

战略方案中不应该出现不一致的目标和政策。组织内部的冲突和部门间的争执往往是管理失序的表现,但也可能是各战略不一致的征兆。组织内部问题引发战略不一致的三种可能:① 人员更换,管理问题依然存在,并且问题因事发生而不是因人发生,则战略不一致存在可能。② 某一部门的成功导致另一部门的失败或绩效衰减,则战略存在不一致。③ 内部或部门间冲突不断上交由高层管理者解决,则战略存在不一致。

2. 可行性标准

一个成功的经营战略必须做到既不过度耗费可利用资源,也不造成无法解决的派生问题。战略的最终的和主要的检验标准是其可行性,即依靠企业自身的物力、人力及财力资源能否实现该战略。

3. 协调性标准

协调指在评价战略时既要考察个体趋势,又要考察组合趋势。经营战略必须对外部环境和企业内发生的关键变化做出适应性变化。

4. 优越性标准

经营战略必须能够在特定的业务领域使企业创造和保持竞争优势。竞争优势通常来自三个方面的优越性:一是资源;二是技能;三是位置。对资源的合理配置可以提高整体效能。位置可以在企业战略中发挥重要作用。好的位置可以防御,即攻占某一位置需要付出巨大代价,从而阻止对手的全面攻击。当基础性的关键内外部因素保持不变,位置优势将延续下去。

(四)营销战略评价过程

1. 营销战略评价框架

表3-3从企业应当考虑的关键因素,这些问题的各种结构以及企业应采取的适当行动等方面概括了营销战略评价活动。当内部战略地位、外部战略地位、执行并实现既定战略目标的效率因素发生重大变化时,企业应及时采取纠正措施。营销战略评价框架如图3-5所示。

表3-3 营销战略评价决策矩阵

公司内部战略地位是否已发生重大变化？	公司外部战略地位是否已发生重大变化？	公司是否已有效地执行并实现既定战略目标？	结果
否	否	否	采取纠正措施
是	是	是	采取纠正措施
是	是	否	采取纠正措施
是	否	是	采取纠正措施
是	否	否	采取纠正措施
否	是	是	采取纠正措施
否	是	否	采取纠正措施
否	否	是	继续目前战略

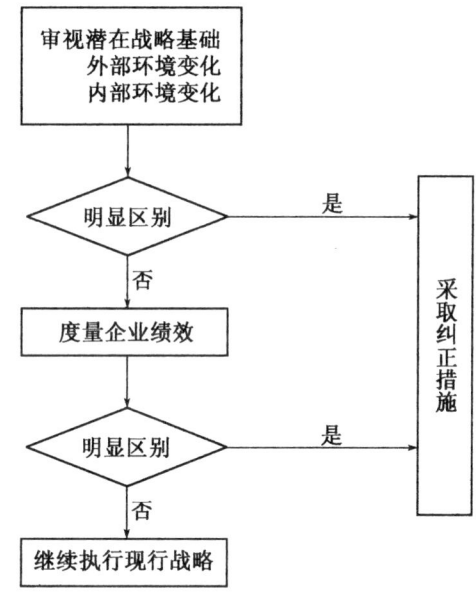

图3-5 营销战略评价框架

审视外部环境变化应表明企业战略是否能对关键机会与威胁做出快速反应。对此，可从以下问题着手分析：

(1) 市场需求、目标顾客群体是否发生变化？
(2) 经济、技术环境是否变迁？
(3) 政府政策与行动？
(4) 竞争者曾对我们的战略做出何种反应？
(5) 竞争者的战略曾发生哪些变化？
(6) 目标竞争者(主要竞争者)的优势、劣势是否发生变化？
(7) 竞争者为何正在进行某些战略调整？
(8) 为什么有些竞争者的战略比其他竞争者的战略成功？

(9) 竞争者对其现有市场地位和盈利的满意程度如何？
(10) 目标竞争者(主要竞争者)的竞争反应姿态如何？
(11) 是否存在与竞争者合作的可能？

对内部环境变化的审视则可从下列问题着手：

(1) 企业优势是否仍然存在？有无加强？体现在何处？
(2) 企业劣势有无改善？是否存在新生劣势？体现在何处？
(3) 外部机会是否仍然存在？有无新机会出现？体现在何处？
(4) 外部威胁是否仍然存在？有无新威胁出现？体现在何处？
(5) 企业能否抵御竞争者的恶意攻击？
(6) 企业的资金状况如何？
(7) 实现战略设定的经营水平所要求的管理能力、人员水平如何？
(8) 从利润率的角度分析企业财务状况的变化，绩效指标的变化。
(9) 分析财务风险变化。
(10) 分析利益关联人的远景变化。

2. 营销战略评价度量绩效

充分、及时的信息反馈是营销战略评价的基础。营销战略评价度量绩效是从企业营销量化指标上分析、判断预期结果与实际结果之间的偏离程度，并依次具体找出营销战略实施过程中存在问题的环节，从而针对性地设定纠正措施，控制战略实现的路径。

战略的制定者应对度量绩效进行三种重要的比较：其一，将企业不同时期的绩效进行比较；其二，将企业的绩效与竞争对手(特别是目标竞争对手)进行比较；其三，将企业的绩效与行业平均水平进行比较。

适用于营销战略评价度量绩效的指标一般有：① 产品销售额。② 市场占有率。③ 销售增长率。④ 盈利率。⑤ 市场营销信息管理系统费用。⑥ 广告宣传费用。⑦ 推销费用。⑧ 营业推广费用。⑨ 公共关系费用。⑩ 销售业务管理费用。⑪ 渠道管理费用。⑫ 物流费用等。

第二篇
理解市场与消费者

第四章 市场调查

市场调查是获取市场信息的重要方法之一。它是运用科学的方法和手段,系统地、有目的地设计、收集、分析和研究与企业所面临的特定营销状况有关的市场信息,提出结论和建议,作为营销决策的依据。收集关于现在与潜在市场的有关信息,不仅能够让企业掌握与当前消费者有关的问题和流行趋势,而且有助于企业确定和认识潜在消费者和新市场,随时了解竞争对手的战略决策和未来规划,也可为进行科学的预测提供必要的信息支持。

第一节 市场调查的本质

现代经营决策的复杂性需要拥有关于不同市场的可靠知识。虽然管理经验和判断本身就是决策制定的重要因素,但仍然需要通过在实际调查中所获得的客观数据得到加强和扩展。

市场调查关系到系统地、客观地收集、分析和评价市场营销特定方面的信息,以有助于管理者制定有效决策。市场调查就其本身而言不是目的,而是达到目的的一种手段,即改进决策的一种手段。这些决策可能影响产品的性质和范围、定价策略、分销战略、促销活动等等。事实上,为顾客或委托人提供优质服务的每一个环节都受此影响。

由于市场调查范围的限制、调研过程的误差以及调研者主观方面的限制,即便市场调查采用了科学的方法,运用了一些广泛应用的科学调查手段,它也只能使得调查结果与实际情况更相近,尽管市场调查留给调研者的强烈印象是科学调查的严格性和约束力。

1. 市场调查有着丰富的理论和方法来源

市场调查常常广泛地从其他学科吸收营养,因为相同的调查方法和技术可运用在许多的研究领域。例如,市场调查汲取了统计学中的抽样理论,该理论是整个客观调查的基础;使用了经济学中对行业结构、商业动态和一般的经济数据的描述性分析方法;借用了许多心理学、社会学和文化人类学中关于人类行为的概念,这些概念丰富了早期的购买行为的经济预测。市场调查者已消化吸收了诸如社会阶层结构、社会趋势、组织行为和文化对风俗、规范、禁忌的影响等等这样一些概念。市场调查这种有选择性的借用、吸收和综合过程,使它能对管理决策的制定做出独特的贡献,它应该是制定战略决策的核心因素。

2. 相关数据的重要性

经理们不应该对市场调查抱有太多的期望,因为客观数据需要进行技巧性的解释才能加以应用。虽然得到的数据的质量达到了预期水平,但如果错误地解释这些数据或(和)进行错误的推断,做出错误的决策是可能的。一些技术,比如市场调查技术,降低了管理决策的风险,但这一事实并不能排除经理们运用他们自己的技能、判断和创造力。对市场调查数据的不同解释会形成引起激烈争论的不同观点。

市场调查实际情况常常是组织并不缺少信息,问题却在于这些信息常常不是组织需要的那类信息,它们太多、不相关、不可比和过时。相对说来,简单及时的市场信息比经过了复杂分析之后的信息对管理更为有用,因为在对信息进行复杂分析的过程中,收集和呈报会耽误时间,从而使信息丧失其绝大部分价值。在选择数据时要有鉴别力,纯粹拥有大量数据只会导致对数据存储的困难。管理信息不应不加区别地收集,在收集信息之前,市场营销的管理者应该谨慎地确定他们所面对的问题的性质从而界定他们的调研活动范围。经理们还没有准确地或充分地了解问题就试图去解决问题,这种现象是司空见惯的。

许多有活力的市场更需要经理们获取及时的信息。处于迅速变化环境之下的组织却依赖几年前收集的数据进行决策是荒唐的。经常把握发展的趋势才是至关重要的,这样做才能及时地发现有意义的开发机会,并及时进行重大决策。

3. 市场调查所需信息的种类

好的信息是在制定公司政策时和日常营运管理中所需的原始资料。关于制定市场营销决策所需的信息大体可分为:① 战略性的。② 战术性的。③ 数据库。第一类是指战略制定所需的信息,比如是进入一个特定的海外市场还是进入新的市场;第二类是关于战术决策的信息,比如销售范围的规划;第三类是提供重要的背景知识,比如竞争者的活动、市场动态等。如上所述的信息需要经常进行更新,当然,在实际经营过程中,公司趋向于对所收集的信息不做明显的划分,而且常常需要混合信息。

第二节 市场调查的步骤

为了有效地进行市场调查,必须按照一定的步骤进行,市场调查一般步骤如图 4-1 所示:

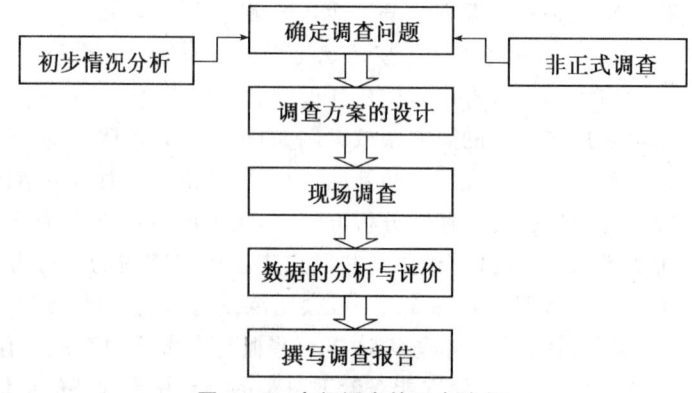

图 4-1 市场调查的五个阶段

一、确定调查的问题

确定市场调查的问题,要围绕企业经营中迫切需要解决的问题来进行。如本企业近期销售量下降,究竟是用户对产品质量的不满意,还是售后服务不好,或是广告效果不好,或竞争者有新产品投放市场等。为了确定问题所在,首先要进行情况分析和非正式调查。

(1) 初步情况分析。为了进行初步情况分析,必须收集企业内外有关资料。企业内部资料,包括各种记录、生产销售日报、历年统计资料、用户来函、有关年度总结报告及专题报告、财务决算等等;企业外部资料,包括政府公布的统计资料,公开出版的期刊、文献、研究资料等等。

通过对企业内外资料的初步分析,可以探索出问题之所在,了解和发现各因素之间的关系。

初步情况分析所收集的资料不必过于详细,重点收集对所研究的问题有参考价值的资料。

(2) 非正式调查(试探调查)。经过初步分析,可以找出问题所在,但这种认识是否正确没有把握,这就需要找一些人座谈或主动访问专家、精通本问题的人员和用户,征求他们的意见,听取他们的想法。经过初步分析和非正式调查,就可以将调查的问题减少或缩小范围,便于调查人员明确主题。

二、现场调查的准备工作

在确定调查问题以后,进行实地调查之前,企业需要做好系统准备工作,其中主要有:

(1) 决定收集资料的来源和方法。主要是:调查收集哪些资料,由谁提供资料,在什么地方调查,在什么时间调查,用什么方法调查,调查的次数等等。

(2) 设计调查问卷。任何市场调查都需要填写调查问卷,它的合理与否,直接关系到调查结果的正确性。因此,调查问卷一般都由调研经验丰富的人员来设计,有些调查问卷在设计后还应经过试验调查来验证,看其能否达到预期的效果。

(3) 抽样设计。进行市场调查,有两种方式可选择:一种是普遍调查(简称普查),就是对被调查总体一个个进行调查;另一种是抽样调查(简称抽查),就是对调查总体中一部分进行调查。普查虽有资料准确的优点,但所花费的人力、物力和财力较多,需要的时间长,致使调查资料失去时效性。因此,大多数企业往往采用抽查方式,为了科学地进行抽查,就需要解决抽样的方法问题,所以说,在抽查的情况下,必须进行抽样设计。

三、现场调查

现场实地调查就是到现场收集资料。实地调查工作的好坏,直接影响到调查结果的正确性。为了搞好实地调查,除了做好以上工作外,还必须挑选调查人员并加以培训,调查工作应选择懂得调查理论和调查技术,并且举止稳重、文明礼貌、善于打交道、反应敏捷、耐心细致、口齿流利的人来担任。对于挑选的调查人员,必须认真进行培训。培训的内容有:本次调查的目的和要求、调查问卷的说明、回答讨论中大家提出的问题,以便统一认识和统一行动。

四、整理和分析调查资料

当调查资料收集工作完成后,就要对资料进行整理和分析。因为未经过整理加工的原始资料是不能使用的。资料整理和分析的主要内容包括:分类、核校、编号、列表等。

1. 分类

分类工作往往是科学地研究问题的基础。因为没有分类,就很难看出问题的特性和事物之间的相关性,从而不便于研究问题。事实上,在设计调查问卷时,已将某些问题如被调查者的职业予以分类,但有些资料事先因为无法加以分类,故需在调查后进行分类。

分类时应做到以下几点:

(1) 各类别间应有显著的差异性。只有存在显著差异的资料分类才有意义,否则,无分类的必要。

(2) 相同或近似性质的资料应归于同一类。即同一类资料应该尽可能是同性质的。

(3) 分类应详细。详细才方便于分析研究。

2. 核校

核校的目的是消除资料中的错误或含糊不清,以期达到资料的准确性。在核校时,当发现资料不清楚、不完整、不协调时,就应采取各种措施予以澄清、补充和纠正。

3. 编号

编号就是将不同的数据按数字序号排列,其目的在于方便整理。

4. 列表

列表就是将调查的项目与调查数据相互对应,以表格的形式清楚地列示出来,有利于分析问题。

五、编写调查报告

市场调查的最后一步是编写调查报告,报告可分专门报告和综合报告两种。调查报告的主要内容一般包括:

(1) 调查的目的。

(2) 调查过程概述。

(3) 调查的结果。

(4) 结论与建议。

(5) 附录(列出调查方法、结果的详细资料)。

第三节 市场调查的方法

任何有效的决策都需要以事实为依据,市场情报的搜集就十分重要。市场情报数据的搜集主要有两个来源:第一手资料和第二手资料。第一手资料是以观察实验、访谈、问卷调查等方法搜集的原始信息;第二手资料是指已经在某处存在,并且已经为某种目的而搜集起来的信息。

一、第二手资料的收集

市场调研的第二手资料可以通过下面几种途径获得:

(1) 政府、行业出版物。政府、行业通常会定期发布一些统计资料,比如统计年鉴、行业景气指数、行业发展报告等。

(2) 书籍以及报章杂志。一些行业期刊和行业杂志通常会对国民经济运行、行业的运行发展状况做出调查和分析。

(3) 商业资料。这主要依靠一些专业的市场调研公司、咨询公司、大学以及其他学术机构等的研究报告。

(4) 内部来源。这主要包括各种财务报表、会计记录、销售数据等。

二、通过市场调查获取第一手数据

获取第一手数据的方法一般有：询问法、观察法和实验法三种。

（一）询问法

询问法是通过询问的方式收集市场信息，也就是向被调查者提出询问，以获得所需资料的一种方法。按调查者与被调查者之间接触方式的不同，询问法可分走访调查、信访调查、电话调查、问卷调查和网络调查五种形式。现分别叙述如下：

1. 走访调查

走访调查是调查者走访被调查者，当面向被调查者提出有关问题，以获得所需资料。走访调查根据调查者和被调查者人数的多少，可分为个别走访和小组座谈等形式。走访调查的优点是：

(1) 真实性。走访获得的资料，其真实性较高，回答率也较高。

(2) 灵活性。走访询问时，可以按调查问卷发问，也可以自由交谈。可以当场记录，在取得被调查者同意后，也可录音；如发现被调查者不符合样本要求，可立即终止访问。

(3) 直观性。走访调查可以直接观察被调查者所回答的问题是否正确，如年龄等。而用其他方式调查则无观察核对的机会。

(4) 激励性。有些被调查者对走访调查甚感兴趣，因为有向他人发表意见的机会，以达到个人情绪上的满足，或与他人讨论问题所获得知识上的满足，因此具有激励效果。

走访调查也有缺点，主要是调查费用高，被调查者有时受调查者态度、语气等影响产生偏见。

2. 信访调查

信访调查是调查者将所拟订的调查问卷通过邮局寄给被调查者，要求被调查者填妥后寄回给调查者。此法的优点是：调查范围可以广泛；被调查者可以不受调查者的影响，可以没有偏见；调查费用较低；被调查者可以有充分的时间考虑作答。

信访调查也有缺点，主要是回收率低；时间花费较长；填表者可能不是目标被调查者，致使真实性差；回答问题较肤浅。

3. 电话调查

电话调查是调查者根据抽样要求，用电话按调查问卷内容询问意见的一种方法。此法的优点是：迅速及时；资料统一性程度高；对有些不便面谈的问题，在电话调查中可能得到回答。

电话调查的缺点主要是对问题不能深入的讨论分析，调查受到限制。

4. 问卷调查

问卷调查是指调查人员将调查问卷当面交给被调查者，并详细说明调查目的和调查要求，由被调查者事后自己填写回答，再由调查人员在约定日收回的一种方法。

问卷调查的优点是：调查人员可以当面消除被调查者的思想顾虑和填写调查问卷的某些

疑问,从而能提高调查质量;被调查者有充分的时间作答,问卷回收率高。

问卷调查的主要缺点是:调查费用较高,调查需要的时间较长,受到调查地域范围的限制。

5. 网络调查

网络市场调研是基于互联网而系统地进行营销信息的收集、整理、分析和研究的过程以及利用各种网站的搜索引擎寻找竞争环境信息、客户信息、供求信息的行为。

网络市场调研是适应信息传播媒体的变革,一种崭新的调研方式——网上调研随之产生。网上调研就是利用互联网发掘和了解顾客需要、市场机会、竞争对手、行业潮流、分销渠道以及战略合作伙伴等方面的情况。Internet正是实现这些目标的良好资源。从某种意义上说,全球互联网上的海量信息、几万个搜索引擎的免费使用已对传统市场调研和营销策略产生很大的影响。它大大丰富了市场调研的资料来源,扩展了传统的市场调研方法。

网上调研的优点:调研费用较低,主要是设计费和数据处理费,每份问卷所要支付的费用几乎为零;调研范围大,全国乃至全世界,样本数量庞大;运作速度很快,只需搭建平台,数据库可自动生成,几天就可能得出有意义的结论;调研的时效性是全天候进行;对访问者来说非常便利,被访问者可自由决定时间、地点回答问卷;调研结果相对真实可信。网络调研适合长期的大样本调查,也适合要迅速得出结论的调查。

询问法中的走访调查法、电话调查法、信访调查法、问卷调查法和网络调查法,各有其长处和局限性(见表4-1)。问卷调查法的长处和不足介于走访调查法和信访调查法之间,在表4-1中未予单独列出比较。

表4-1 四种询问方法的比较

方法	走访调查法	电话调查法	信访调查法	网络调查法
回收率	高	高	低	高
速度	取决于被访人数与地理位置	最快	慢	快
准确性	有使人为难的问题	被调查者可能无电话	对调查意图可能误解	相对真实可信
信息量和信息复杂程度	当询问内容多而信息复杂时最理想	要求简短	不能太复杂,以简单为宜	简单为宜
平均费用	最贵昂	若为市内电话平均成本最低	比较经济	经济

在具体选用各种询问法时,应根据他们各自的优缺点、适用条件,结合调查对象的具体情况和调查的目的要求,进行比较分析和综合、评价,最后选择最优方案予以实施。

一项独立的营销调研一般不能仅仅依靠一种询问法来解决问题。对包含多阶段和多目标的营销调研尤为如此,下面介绍各种方法结合的情况:

(1)走访调查法与信访调查法的结合。首先写信给被调查者,告诉他们有关这项调研项目,使他们接受。然后,亲自访问,进行提问。在走访中获取各种有关被调查者的资料。再通过分析挑选适合调研的样本,组成专门小组。将来的资料收集就采用把询问表邮寄给专门小组成员的方法来进行。

(2)信访调查法与电话调查法的结合。首先采用信访调查法对全体要访问的调研对象进行调查。对不回答者再打电话给他们,以形成一个完整的调查结果。或者先打电话给打算访问的人,告诉他们有关这项调研的情况,并且获得他们同意参加的允诺,而后用信访调查法分别寄递和寄回询问表。

(3) 走访调查法与电话交谈法的结合。这也分两种情况:一是利用电话来识别哪些人员适合作为调研对象,并取得他们的配合,然后通过个别走访取得资料,这种方法尤其适合于忙人之类的被访者。二是利用电话告诉拟走访的人有关这项调研的情况,并且约定时间访问,在约定时间进行走访,以获取资料。

利用如上列举的结合方式可以带来许多效果。用电话交谈法来挑选样本,以便找出条件合适的特定样本,是行之有效的。用走访调查法来弥补信访调查的不足,也是切实有效的。

(二) 观察法

1. 观察法的概念及其种类

与调查中向人们提问不同,观察法是调查者在现场从旁观察被调查者之行为的一种调查方法,此法的特点在于被调查者并不感到他正在被调查。明确地讲,观察调研法(Observation research)可以被定义为:不通过提问或交流而系统地记录人、事物或事件的行为模式的过程。当事件发生时,一位运用观察技巧的调研员应见证并记录信息,或者根据以前的记录编辑整理证据;更进一步,观察法既包括观察人,又包括观察现象,既可以由人员来进行,又可以由机器来进行。

观察法用于市场调查有以下几种:

(1) 顾客动作观察。如某电视机厂的调查人,亲自观看用户选购电视机的情况,观察吸引用户注意的是哪些事项,以便改进质量,扩大销售。

(2) 店铺观察。通过站柜台或参加展销会、陈列馆、订货会,观察商品购销情况、同行业同类产品发展情况,以获得所需资料。

(3) 实际痕迹测量。即观察某事物留下的痕迹。如利用在报纸上做广告的机会,在广告下面留有一张条子或表格,请读者阅后将条子或表格剪下寄回企业,企业从回条中可知,哪种报纸上刊登广告最有效。观察法的优点是被调查者的一切动作都很自然,故所收集的资料准确性较高;其缺点是观察不到被调查者的内在因素,有时需要作较长时间的观察才能得到结果。

2. 使用观察法的条件

成功地使用观察法,并使其成为市场调研中的数据收集工具,必须具备三个条件:首先,所需信息必须是能观察到的,或者是能从观察到的行为中推断出来。例如:一位调研员想调查为什么消费者更愿意买耐克,而不太愿意买李宁的运动鞋,观察法并不能为此提供答案;其次,所要观察的行为必须是重复性的、频繁的或在某些方面是可预测的,否则,观察法的成本将非常高。观察者不可能持续观察,直到消费者做出新的购买决定;最后,所要观察的行为必须是相对短期的,观察购买一辆新车的整个决策过程可能要花费很长时间,这样的观察是不可行的。

3. 观察法的优缺点

观察法的特点:观察人们实际在干什么,而不依赖于他们所说的。这种思想非常有意义,同时也是观察法最明显的优点:它可以避免许多由于访谈员及询问法中的问题结构所产生的误差因素;其次,调研人员不会受到被观察者意愿和回答能力等有关问题的困扰;另外,通过观察可以更快和更准确地收集某些类型的数据。所以,由于观察法可以客观地记录事实发生的情况和经过,因而使收藏的资料具有较高的准确性和可靠性。

观察调研法的主要缺点是：① 通常只有行为和自然的物理特征才能被观察到。调研人员了解不到人们的动机、态度、想法和情感。② 只有公开的行为才能被观察到，一些私下的行为，如上班前的打扮过程，公司委员会的决策和在家中的家庭活动等都超出了观察调研的范围。③ 被观察者的当前行为并不能代表未来的行为，在衡量了几个可供选择的品牌以后，选择购买某一种品牌的牛奶可能会持续一段时间，但将来可能会发生变化。④ 调查费用较高、时间较长。⑤ 无法解释事件发生的原因和顾客的动机。⑥ 观察法还存在道德问题，即必须在法律和道德原则允许的范围内使用。

（三）实验法

1. 实验法的概念

实验法是从影响调查问题的若干因素中，选择一两个因素，将它们置于一定的条件下进行小规模试验，然后对实验结果做出分析，研究是否值得大规模推广的一种调查方法。如在影响销售量的几个因素中，选择包装和价格两个因素进行试验，在其他因素不变的情况下，从销售量的变动便可推知包装和价格的影响。

市场调查中的实验法和自然科学的实验法是有差别的。一般来讲，自然科学的实验结果比较确定，而市场实验的结果比较概括，这是因为市场上不可控因素太多。尽管如此，实验法仍不失为一种有用的方法，因为通过此方法，能直接体验营销策略的效果，而这种优点是询问法所不能提供的。

实验法原先使用于市场检测方面，以后又发展到任何多个营销变量的选择。在营销调研中，实验的具体做法是，从影响市场营销的多种变量中控制一个或几个自变量，例如价格、包装或广告，研究这些自变量的变动对因变量（如商品销售量）的影响。在其他因素不变的情况下，因变量的变动可视为受自变量影响的结果。这种试验正如自然科学的实验一样，能在一定的受控制环境中研究商品质量、包装、设计、价格、广告、陈列方法等因素的改变对销售量的影响，先作小规模的实验改变，以调查顾客的反应。根据试验效果的大小，再考虑是否值得推广。

下面举一个应用实验法的例子。

例1 某企业要测甲产品新包装的效果，选择两组条件相近的商店，一为实验组，一为控制组，实验组推销新包装产品，控制组推销旧包装产品，实验期为1个月。实验结果如表4-2所示：

表4-2 实验结果对比

	实验前销售量	实验后销售量	销售量变动	效果
实验组	1 000	1 200	200	10%
控制组	1 000	1 100	100	

表4-2中的实验效果由下面的计算公式得出：

$$E\% = \left(\frac{X_2-X_1}{X_1} - \frac{Y_2-Y_1}{Y_1}\right) \times 100\% \tag{4.1}$$

公式中：

$E\%$ 为试验效果；

X_2 为试验组试验后的销售量；

X_1 为试验组试验前的销售量；

Y_2 为控制组试验后的销售量;
Y_1 为控制组试验前的销售量。

将表 4-2 中的数据代入公式,则

$$E\% = [(1\,200-1\,000)/1\,000 - (1\,100-1\,000)/1\,000] \times 100\% = 10\%$$

实验法的应用范围甚广,凡是某一种商品在改变品种、包装、设计、价格、商标、广告时,都可应用。

对于新产品应用实验法目前已创造出不少方式,如试用,即将试制的新产品送给有关单位或人员试用,用户将使用情况反馈给企业,这有利于生产单位提高产品质量和进行销售预测;又如试销,企业先生产一小批产品,有计划地投放预定市场,摸清销路,再决定生产方式,试销可在企业设立的门市部进行,也可以在企业委托的商店进行。

上述五种市场调查方法,究竟采用哪一种或结合使用几种,主要根据调查的问题或所需资料而定。如要调查消费者的态度,则以采用询问法为好,如要介绍新产品或改变老产品的包装、价格等,则以采用实验法为好,如要客观了解用户对产品的注意事项,则以采用观察法为好。

2. 实验法的优缺点

实验法的优点在于比较科学,采用此法所获得的资料能比较客观地反映实际情况,而且能直接检验营销策略的效果。

实验法也有难以克服的缺点:一是获取资料所花费的时间长、实验费用高,特别是比较复杂的营销实验费用高;二是实验室实验由于控制的因素较多,因而使实验结果难以推广运用,而在现场实验中又不容易选择一个社会经济和自然条件相同或相似的控制组,从而使实验变量作用力量大小的计算不容易搞得很准确。

除了以上三种基本方法(询问法、观察法、实验法)以外,在我国还经常采用展销会、交易会、顾客意见簿、缺货登记簿等营销调研方法。由于各种方法都存在各自的优缺点,所以进行营销调研时,必须综合研究问题本质,认真分析,择优选用最恰当的方法。

第四节 调查问卷的设计

一、调查问卷的结构

调查问卷作为沟通调查者与被调查者,搜集所需市场资料的工具,一般由以下几部分构成:

(一)说明词

说明词一般在问卷的开头,或者作为问卷的附信。说明词的目的是说明调查的目的、宗旨、要点等,使被调查者对所要调查的问题有一个明确的了解,其目的一方面为了激发被访问者的兴趣,另一方面则使被访者心中有数,使其在回答问题时有的放矢,围绕着调查主题展开,既可以加速调查过程、节约时间,又可以提高调查结果的质量。

人员访问与小组座谈说明词的具体内容,略有区别。如果是派人访问,说明词就是在拜访被调查人时应该先作自我介绍,说明来意,包括调查者自己的简单介绍、代表的单位,说明调查的目的和重点,明确主题,恳求合作,感谢合作;如果有赠品,则说明赠品情况,并说明对提供的情况负责保密,打消其误会或顾虑。说明词必须态度诚恳,口吻要亲切。请求被调查人的支持与合作是直接调查成功的必要保证。如果被调查者有不愿意合作的心理,就会使调查结果发生偏差。

如果采取小组座谈的形式,则开场白可以稍长一点,对上述内容可以讲得较深较透一些。应说明该项调查的重要意义,被调查者不仅代表自己,而且关系到一个阶层,调查结果对社会及消费者的效益等等,以期引起被调查者的兴趣。

在邮寄调查问卷时,也可以用说明信的形式代替说明词,这对调查问卷的回答与回收有重要的影响。一封说明信应该给应答者提供三个方面的信息:调研课题的目的;为什么他(她)被选中;为什么他(她)应回答问卷。在电话访问以及个人访问中,开头的说明也应该有同样的功能。

说明词开端应该适当地辩明作该调查的机构,落尾的签字应该列出调查人在机构中的行政位置。在多数说明信里,有4种基本的方式来吸引应答者回答问卷:

(1) 自我重要感染力:着重强调应答者的回答对该调研是何等重要,他提供的资料是如何有价值——"您的意见对……极为重要"。

(2) 社会价值:着重强调应答者的回答如何对他人有帮助——"您的想法能使其他消费者……"。

(3) 对研究主办者的帮助:强调应答者的贡献会如何帮助主办该研究的机构或企业——"我们需要您的帮助……"。

(4) 综合:同时使用上述方法——"您作为一个消费者的知识能帮助其他消费者……"。

由于主办机构不同使得上述方法的有效程度也不同。美国的调查发现,对大学来讲,最有效的方法是"社会价值",而"个人价值"对商业主办单位更有效。总的来讲,社会价值是最不成功的。

(二) 所需搜集的资料

这是问卷的核心部分,也可称为问卷的"正文"。它包括一系列按一定次序排列起来的问题,这些问题由被采访者作答。把这些问题的答复加以整理分析便是调查的结果,即市场资料。一次调查的目的能否有效地实现取决于这些问题的提问方式、表述方式及这些问题作为一个整体的系统性,这也正是问卷设计所要做的工作。

(三) 被调查者的分类资料

被调查者包括两类:一是个人;二是单位。如果被调查者是个人,则其特征分类资料包括性别、年龄、社会地位、经济状况、职业、籍贯、宗教和教育水准等。这些资料一方面可增强调查结果的可信度,另一方面,更重要的是这些资料也往往构成调查资料的一部分。这些资料对于以后的调查结果分析,尤其对消费者状况、特征分析及目标市场的确定都极为重要。如果被调查者是企事业等单位,调查内容则包括行业类别、资金、营业额、营业面积、经营商品种类、职工人数等项。有了基本特征资料,就可以进行分组研究,如按收入水平,可分为高收入、中等收入和低收入等组进行分析,研究消费水平、消费结构、收入弹性等。

(四) 电子计算机编码

开展问卷调查时,计算机处理工作量一般比较大。因此,应按计算机编码来设计问题,当取得第一手调查资料后,便于使用电子计算机处理、汇总、分类、排序、分析等。

(五) 作业证明的记载

在问卷上作业证明的记载主要是对调查人与被调查者的记载。如调查人的姓名、调查时间、被调查者的姓名或单位名称、地址等,采用匿名信调查则不写被调查者姓名,作业证明在于用以说明该项作业完成的情况,并有利于检查、修正调查资料等等。

二、调查问卷的设计

调查问卷的设计一般要由经验丰富的研究人员来担任。在设计之前还要亲自到市场上去访问调查,询问一些与调研主题有关的问题。尽管有经验的调研人员能按自己的模式来设计调查问卷,然而,对开始学习调研的人来说比较困难。图4-2所示的程序不失为一种可以参考的方法。

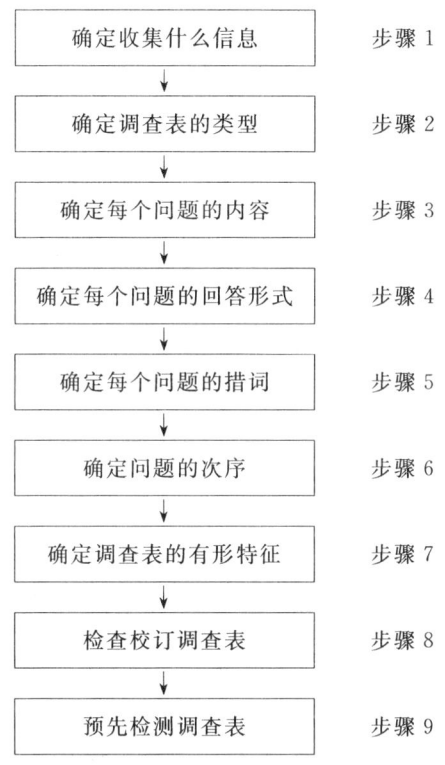

图4-2 调查问卷设计的步骤

尽管图4-2给出了设计过程中各步骤的顺序排列,然而,调研人员很少能按照上述步骤一步步地进行下去,往往会出现一些重复和来回打转的现象。例如,当调研人员发现可能的回答无法提供所需的信息或所需的信息不完全一致时,很自然地要回到前面的某个步骤做必要的修改。

当然,营销调研人员也必须注意,在实际设计过程中,不能太教条,上述步骤只是作为一种参考,不能盲目地信奉教条,不能忽视实际设计中的灵活性与创造性。此外,还必须进行预先检测,预先检测可以发现被调查者是否真正理解每个问题,是否能够且愿意提供需要的信息。

下面我们就按图4-2所示的程序分述调查问卷的设计。

（一）确定收集什么信息

我们已经知道在营销调研的设计阶段，无论是描述性调研还是原因性调研，都需要有充分的知识为调查制定一些具体的假设，以指导调研。这些假设也指导调查问卷的设计，因为这些假设决定了应该收集什么信息以及向谁收集信息。

在调查问卷的设计过程中，可以提出更深入的假设。如果新的假设对理解某个现象很重要，在设计调查问卷时就要千方百计地加上，并运用这个假设。如果这个假设仅仅"有趣"而对调查结果并非重要，就不必考虑。因为有趣但无用的内容只能增加调查问卷的长度，带来分析上的麻烦。

探索性调研重在发现问题，而不是作系统性调研。因此，这种营销调研的调查问卷结构松散，只需有粗略的大意即可。

（二）确定调查问卷的类型

确定了应该收集什么信息后，调研人员必须确定如何收集这些信息。在设计调查问卷时，这个问题就是要决定调查问卷的结构以及调研目的的公开与否。按照调查问卷的内容是否结构（系统）化和研究目的的公开与否，可以将调查问卷分为四类：① 结构化（公开式）。② 非结构化（公开式）。③ 非结构化（非公开式）。④ 结构化（非公开式）。

（三）确定每个问题的内容

为了使调查问卷中设计的每个问题都能收集到所需的资料，必须认真确定每个问题的内容。为此，必须注意以下几点：

（1）所提问题是否必须。即所列问题必须完全抓住重点，其问答只须提供所需的细节。例如，在市场调研中，我们经常运用家庭生命周期来研究家庭消费行为，而家庭生命周期阶段是一个综合变数，在把它作为变量的调研中，如果一个家庭中有几个孩子，就没有必要询问每个孩子的年龄，只需询问最小孩子的年龄即可。

（2）是否需要用几个问题来代替一个问题。在问题设计中经常会有这种情况，比如说"你为何使用佳洁士牙膏？"回答可能是："减少龋齿"，也可能是"牙医推荐"。很明显，这个问题是从两个不同角度来回答的。第一个人回答的是为什么他现在使用佳洁士牙膏，而第二个人回答的是他是怎么开始使用的。所以最好把这个问题分成两个独立的问题，以体现不同的侧重点。例如"您是如何开始使用佳洁士牙膏的？您使用佳洁士牙膏的主要原因是什么？"

（3）回答者能否提供必需的信息。一般来说，回答者都会给出答案，至于答案是否有意义，那是另外一回事。为了使回答有意义，问题本身就应该有意义。这就意味着：首先，回答者必须了解所提问题的信息；其次，必须记住有关信息。例如，在问"您家在购买水果方面要花多少钱？"在问这一问题之前，最好先问一个"过滤性的问题"——"您家谁购买水果？"以判断某人是否真正了解信息。至于回答者能否记住有关信息，一般取决于事件本身的重要性、事件的发生距回答问题时的时间长度以及能唤起回忆的刺激物存在与否。设计问题时应考虑这些因素，千方百计唤起回答者的记忆，这样才能得到有意义的回答。

（4）回答者是否愿意提供信息。有时会出现这样的情况，即回答者有营销调研者所需的信息，但他们不愿意提供这些信息。回答者是否愿意提供信息，取决于回答问题所需工作量、清楚地回答问题的能力及问题的敏感程度。因此，在设计中应注意整个调查问卷的长度，注意帮助回答者清楚地回答问题。比如，回答者不能表达清楚他们所喜欢的汽车款式，但如给他们看不同汽车款式的照片，他们就很容易地说出最喜欢哪种式样；对敏感性问题应该注意问题的提法，尤其是问题的位置和问题的措词。

（四）设计好要求回答问题的类型

一旦确定了每个问题的内容，下一步就要决定回答问题的类型了。问题的回答类型主要有以下几种：

（1）自由回答式。在调查问卷上不事先拟定可供回答的答案，让被调查者自由回答问题，如你喜欢哪一种牌子的电视机？

自由回答式的优点是能收集到调查者事先估计不到的答案和资料；其缺点是资料的整理分析困难，这是由于被调查者的答案可能各有不同，而且用词各异。

（2）选择式。对调查问题得出若干不同的答案，供被调查者选择，包括两项选择和多项选择。只提供两个答案的叫二项选择，它要求被调查者任择其一。例如，"你游过黄山吗？"答案是：有□、没有□；答题者只需在两个方框中择一打"√"即可。多项选择是列出几个答案，让被调查者从中选择一个。例如："您家现在使用的彩色电视机屏幕是多大的？"在你认为合适的答案方框中划"√"。

选择式的优点是答案明确，调查结果便于分类整理；缺点是被调查者不能自由发表意见。其意见可能不包括在备选答案中，选择的答案不一定能反映其真正的意见。若用大量备选答案，则会使人无所适从；若用"其他"作为一个备选答案，那么，如果有许多人选择了"其他"，就会使这项调研变得没什么意义。

（3）顺位式。就是从列举的若干调查项目中，由被调查者依照自己的判断决定高低优劣的顺序。例如，您喜欢哪种牌子的汽车？请对下列牌子注明序号。

奔驰□　宝马□　沃尔沃□　福特□　大众□　奇瑞□

顺位式的优点是既便于被调查者衡量比较，也便于对调查结果进行统计；其缺点是不能回答顺序间的差距及其原因。

（4）评判式。评判式是要求被调查者表明对某个问题的态度，它应用于对同质问题的研究。例如，您是否想购买一辆汽车？请在□打"√"

很想买□　想买□　不一定□　不想买□

程度评判式的优点是可测量被调查者对某一问题的态度和看法；其缺点是对问题不能深入分析。

（五）确定每个问题的措词

确定每个问题的措词是一项很重要的工作。如果问题表述不清，即使回答者答应给予合作，也可能导致他们拒绝回答或错误回答。确定每个问题措词时，应注意以下几点：

（1）尽量使用简单的词。

（2）避免模棱两可的词和问题。即尽量避免使用"普通"、"时常"、"很多"、"一些"等等各人理解不同的词，而应用具体明确的词，如"1周2次"、"每天1小时"等。

（3）避免诱导性问题。诱导性问题给回答者如何做出回答提供了线索。比如"你认为看电视会影响孩子学习吗？"这句问话会引导回答者回答"是的"。这种问题常常会引出和事实相反的结论。当然，诱导性问题也包括暗示性的选择项和暗示性的假设。

（4）避免一般性的问题。例如，"你对苏果超市的印象如问？"这样的问题太一般化，对实际工作并无指导意义，因此必须分项提问："你感到苏果超市商品品种是否齐全？""你认为苏果超市的营业时间是否适当？"等。每个问题只涉及一个侧面，只有这样，才能得到实际资料。

（5）避免提双重或多重问题。例如，"你为什么由 A 奶粉换 B 奶粉？"就很难让人回答。有的可能回答不用 A 的原因，有的可能回答选用 B 的原因，有的可能说明换品牌的动机。诸如"你认为宝马汽车的价格和款式如何？"这类问题就更让人难回答了，所以，应强调一个问句仅包含一个要点。

（六）确定问题的次序

回答的形式和每个问题的确切措词定下来以后，调研人员就开始将它们整合成一份调查问卷。此时，问题的排列顺序对于能否取得成功将是至关重要的，以下一些原则可以作为参考。

（1）开始的几个问题必须简单、有趣，而且不对回答者形成威胁，要求回答者表述自己对某一问题的看法，问题一般都应是开放型的。

（2）采用"漏斗型"提问顺序。即先提大的问题，然后再逐渐缩小其范围。例如，"在公司的服务措施中有哪些地方需要改进？"和"你对公司的维修服务有何看法？"第一个问题必须先提出来。此外，问题还存在着逻辑上的顺序，应该避免突然性的转变话题。

（3）最后询问一些分类信息。典型的调查问卷包括两种类型的信息，即基本信息和分类信息。基本信息是指研究的主题，例如，回答者的意图和态度；分类信息是指所收集的其他信息，通过这些信息的收集可以对回答者进行分类，以取得更多的信息。若对 A 产品的需求是否受收入的影响这一主题感兴趣，这里的"收入多少"就成了分类信息。常规的调查问卷排列顺序是先提出收集基本信息的问题，然后再提出收集分类信息的问题。

（4）把难回答的、敏感的问题放在调查问卷的后面。即基本信息和分类信息本身也存在着顺序的问题，一般应把难以回答、敏感的问题放在后面。

（七）确定调查问卷的有形特征

这里指设计的调查问卷必须精致，必须用优质的纸张印刷，调查问卷的规模要适当，布局要合理，字体大小要得当；同时要给问题编号，以便于编辑、编码和列表等等。

（八）检查、校订调查问卷

调查问卷的初稿确定后，就应认真检查、校订。只有这样才能使调查问卷明确、客观，不带有诱导性，并使回答者容易回答。为此，可以在模拟环境下进行检查校订。

（九）预先检测调查问卷

所谓预先检测，就是将初步设计出来的调查问卷在小范围内进行试验性调查，以便在试验调查中发现问题，做最后的修改，这样就可以最后定稿，制定出正式的调查问卷。

第五节 抽样设计

抽样设计是采用抽样调查时所必须解决的一个重要问题。由于抽样调查是根据样本的特征推算总体的特征，因此抽样设计是否科学合理，直接关系调查结果的准确性。

抽样设计主要解决两个问题：一个问题是抽样方法；另一个问题是样本容量大小。

市场调查中常用的抽样方法有随机抽样和非随机抽样两种。

随机抽样是按照随机原则抽取样本。在总体中每一个个体被抽取的机会是相等的，它完全排除人们主观的选择,因而样本具有很好的代表性。随机抽样的优点是可以通过设计分析,估计出样本的代表程度,从而可确定由样本调查结果推算总体特征时产生的误差大小。这种抽样误差在实际调查中是难以避免的。

非随机抽样是按照调查的目的和要求,根据一定的标准来选取样本,总体中每一个个体抽取的机会是不相等的。非随机抽样无法估计其抽样误差,所以,其应用范围受限制。一般在对调查总体没有足够的了解的情况下,用非正式调查,或当总体太大,无法采用随机抽样时才应用。

随机抽样虽然可以判断抽样误差,但费时费财,不太方便,因而仅在定期市场调查中使用。非随机抽样虽不能判断抽样误差,但它省钱省时,应用方便,因而在日常市场调查中常被应用。

一、随机抽样

随机抽样常用的方法有:

(一) 简单随机抽样法

它是在总体中随机抽取若干个体作为样本,抽样者不能作任何有个人目的的选择,而用纯粹偶然的方法抽取样本。为了保证总体中的每一个个体都有被抽取的相同机会,通常采用以下做法:

(1) 抽签法。就是将总体中的每一个个体分别编号,然后随机取样,抽出的即为样本。随机抽取的办法,可以是将每一个号码写在一张纸条上,然后把纸条混放在箱子里,用手工任意抽取;也可以使用骰子或用机器摇出号码。

(2) 乱数表法。乱数表是将 0~9 的数字随机排列而成,表内任何号码均有出现的可能。乱数表的使用方法是可以任意指点表上一个数,从这个数开始自左至右或从上而下,按行或隔行抽取,即可得出样本。当新的数字超过总体数时,该数字就作废。

简单随机抽样还可采用等距随机抽样法,其具体做法是每隔若干个数选取一个。例如,要从 1 000 户中抽取 10 户调查,即每隔 100 户抽取一户。可以先将 1 000 户分别编号,利用数表任意选出四位数,若所取数字为 0347,则从此数开始,每隔 100 个数抽取一个数,直到抽出 10 个数为止。

(二) 分层随机抽样法

它是先将总体按一定特性划分不同的层,然后在每层中选取部分个体为样本。如何分层,并无一定的标准,这要根据调查的目的和要求而定。如调查企业或商店时,可按销售额分层,也可按职工人数分层;调查消费者时,可分别按收入、家庭人口、年龄、教育程度等分层。

分层抽样时,要先算出各层占总体的比例,再按比例确定各层抽取的样本数。每层抽取的样本数为:

$$S_i = \frac{V_i}{V} \times S \tag{4.2}$$

式中 S_i 为第 i 层应抽取的样本数;

V 为总体单位数;

V_i 为第 i 层单位数;

S 为样本总数。

例 2 某企业有职工 2 000 人,家庭平均收入在 3 000 元以上的高收入层 300 人,1 000~

3 000 元的中收入层 1300 人,1 000 元以下的低收入层 400 人,现拟调查 200 人,问如何确定各层调查人数?

根据公式(4.2):

高收入层样本数为:

$$S_1 = 300/2\,000 \times 200 = 30(人)$$

中收入层样本数为:

$$S_2 = 1300/2\,000 \times 200 = 130(人)$$

低收入层样本数为:

$$S_3 = 400/2\,000 \times 200 = 40(人)$$

各层具体调查总体分为若干群,再从各群中随机抽取样本,其抽取样本单位不是一个而是一群。

分群随机抽样法所划分的各群,其特性大致相近,而群中则包括各种不同的个体。这与分层随机抽样法所划分的各层不同,分层随机抽样法层与层之间的特性不同,而同一层内的个体特性相同。以消费者收入为例,分层随机抽样的各层是:

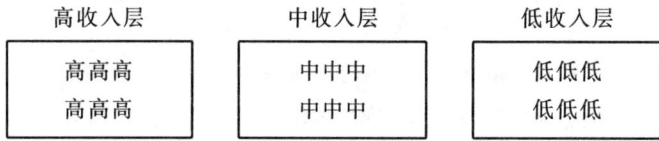

分群随机抽样的各群是:

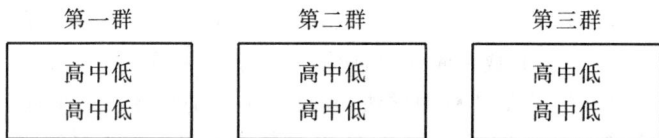

高中低第三群分群随机抽样,可以进行一段分群,也可以在第一阶段分群的基础上再进行二段分群,如此,再进行三、四等多段分群。

分群随机抽样法的主要优点是调查地区可以集中,可以节省人力和费用,所以,此法在市场调查中应用较广。

二、非随机抽样

非随机抽样的常用方法有:

(1) 任意抽样法。任意抽样法是调查者根据调查的方便来决定样本作为调查对象。例如,在街上询问调查,遇到谁就调查谁,就是一种任意抽样。此法假定总体中的各个个体的特征是相同的,而实际情况并非如此。所以,应用此法调查结果的误差很大。但由于这种方法简便、省钱,因而在非正式调查中常被采用。

(2) 判断抽样法。判断抽样法是根据专家的判断或调查人员的判断来决定所取样本。由于此法需要依照调查人员的需要而选取样本,故能适合特殊要求。但判断者必须对总体的特征有充分的了解。选择样本时如果发生判断偏差,则极易产生抽样误差。一般而言,判断抽样法通常适用于总体的构成单位极不相同而样本数很小的情况。

（3）配额抽样法。配额抽样法是先将总体按调查特征分层,并规定各层的样本配额,然后由调查人员按照每一层的配额,用判断抽样的原则决定具体样本,进行调查,所以它实质上是分层判断抽样法。

抽样设计除要解决抽样方法外,还需要确定样本的大小。一般说来,样本的数量越大,调查结果的正确性越高,但调查所需要的人力、物力、财力及时间也越多。因此,在确定样本数量时,既要考虑必要的准确性,又要考虑费用和时间的节约。

样本的多少与总体的被调查特性有关。当总体的调查特性差异太大时,样本数目就要多一些,否则,误差会过大。譬如,调查零售商店的销售量,如果所调查的零售店其销售量差异不大,选取少数样本即可,如销售量差别太大,就需要选取较多的样本。

第五章 营销环境分析

企业作为社会经济组织或社会细胞,它总是在一定的外界环境条件下开展市场营销活动。这些外界环境条件是不断变化的,一方面,它既给企业造成了新的市场机会;另一方面,它又给企业带来某种威胁,而企业又无法控制它,因此企业必须努力去了解、预测和适应它。企业必须根据市场营销环境的变化制定有效的市场营销战略,扬长避短,趋利避害,适应变化,抓住机会,从而实现自己的市场营销目标。

市场营销环境是指与企业营销活动有潜在关系的所有外部力量和机构的总和,它是影响企业生存和发展的各种外部条件。一般来说,企业市场营销环境主要包括政治法律环境、经济环境、人口统计环境、社会文化环境以及技术环境等。

第一节 政治法律环境

政治与法律是影响企业营销的重要的宏观环境因素。政治因素调节着企业营销活动的方向,法律规定企业商贸活动行为准则,政治与法律相互联系,共同对企业的市场营销活动发挥影响和作用。

政治法律环境包括国内、国际的政治法律环境。国内政治环境主要是指国家结构、政治体制、经济管理体制、政党和政府的路线方针、政策的制定和调整等。国际政治是指两国关系、世界和平、国际政治格局和国际政治冲突等。法律环境包括国际和本国主管部门及省、市、自治区颁布的各项法规、法令、条例等。如:商海法、合同法、商标法、专利法、保护消费者利益法、反倾销法、广告法等。

一、政府与政策

一个国家的政府与政策对企业的市场营销活动有着深刻的影响。国家政府能够运用政策措施和政治权利对有关方面施加影响,从而达到其要实现的政治或经济目的。所以企业要搞好营销,必须了解与营销业务相关的国家政府与政策,尤其是有关政府及政策的稳定性,这种稳定性会直接影响企业适用的各项政策的稳定性。虽然,政府的变化一般不会很频繁,政府的政策也是处于逐渐变化之中,但是,跨国经营应该特别注意东道国政府的政策是否会突然发生剧变,从而造成不稳定局势。

目前,我国正进入市场经济这一新的经济运行机制。为了推进市场经济进程,我国政府不断推出一些新的改革措施和方针政策,其中绝大多数政策对企业的营销活动影响甚大,所以企业应密切注意政府颁布的一系列新政策,相应地调整其市场营销组合策略和生产经营方向,只有这样才能取得真正的主动权。

在诸多的政策中,对企业营销活动有显著影响的主要是人口政策、财政金融政策、能源政策、产业政策及对外开放政策等。

人口规模决定了市场规模。人口的多少直接决定市场的潜在容量,人口的特性对市场需求格局产生深刻影响。我国人口众多且仍在不断增长。由于人口的迅速增长会导致对食物、能源、交通运输以及住宅等的巨大需求,从而产生一系列供需矛盾,因此我国一直把控制人口作为一项基本国策。计划生育政策的实施,将会使我国人口老龄化速度大大加快,从而导致老年用品市场的迅速发展。随着九年义务教育的实施以及各种类型的高等教育的出现,人口受教育程度提高,对娱乐、体育、旅游及许多精神产品的需求将会大大增加。

许多国家都通过财政政策影响社会经济,我国也是如此。比如,在经济增长缓慢,投资萎缩的情况下,政府会扩大财政支出,增加国家订购,实行积极的财政政策,帮助企业摆脱困境。金融政策也如此,当国家信贷规模扩大时,企业所能获得的资金也随之扩大,企业营销活动中的信贷环境相应宽松;当国家实行信贷紧缩政策时,会引起企业营销资金周转困难。因此,企业必须密切关注对企业的营销活动有明显制约作用的财政金融政策。

我国一向扶持能源工业的发展并限制高能耗产品的生产,提倡生产节能产品,因此企业在选择产品时,必须注意低能耗,只有这样,才能使自己企业的产品有广阔的市场前景。有条件的企业,可考虑对能源替代源的探索,使能耗大的产品找到市场。

我国是一个产业部门比较齐全的国家,但对各产业的发展则根据不同时期的实际情况,有所侧重。在一定时期内,国家将重点扶持某些产业的发展,对某些不适合我国国情的产业,则会采取抑制政策。在较长时期内,能源、交通、通讯、电子、石化等产业将成为国家重点发展的行业。

对外开放方面,国家的进出口贸易政策会直接影响企业参与国际营销活动。进口量的增加会导致同类产品的国内生产企业市场份额的减少;出口量的增加又会使同类产品国内市场的供应竞争加强。如果国家允许企业直接面向国际市场,企业就必须了解国际市场行情及各国政府对企业经营活动采取的一些干涉措施。这些干涉措施主要有以下几种:

1. 进口管制

这是指各国政府实行的进口数量限制和其他各种直接或间接限制进口的措施,又称为"贸易壁垒"或"非关税壁垒"。其中主要包括许可证制度和配额制度等,目的在于控制货物进口的类型和数量。在许可证制度下,货物进口以前,进口者应先向该国政府申请获得输入许可证,有些货物则有可能被列入禁止进口类别。因此,企业若想进入国际市场,则必须了解东道国的进出口控制政策与条例。

2. 关税政策

政府通过关税,控制国外货物进口类别以及数量,又称"关税壁垒"。通过这一政策,对进口商品征收高额税收。如果某种商品所应交纳的税超过其所能负担的程度,则这种商品的竞争力就要减弱,这样可以收到禁止进口的实际效果。

3. 价格控制

一个国家由于面临或正在发生通货膨胀的危机时,政府往往对重要物资、重要产品实行价格管制,如药品、汽油、橡胶等。不少国家,对进口商品进行最高限价的规定,减少进口商品的利润以达到减少进口的目的;有的国家又对进口商品实行最低价格限定,减少进口商品的市场竞争力或达到减少进口的目的。

4. 外汇管制

外汇管制是指一个国家对买卖外汇以及一切外汇经营业务所实行的管制。出口商一般总希望所得到的利润能以有价值的货币支付,最好是以本国的货币或第三国的"硬通货"支付,实行外汇管制后,就会给出口带来如下风险:一是出口商所得全部或部分利润不能从进口国汇出;二是进口国实行差别汇率或汇率发生变动,使出口商利润受损。

5. 国有化政策

国有化政策就是政府将外国人投资的企业收归国有,又称没收。没收分为两种,一是补偿性没收,一是无补偿性没收。补偿性没收,就投资者来说,并非全部的损失,经谈判协商,当地国总会支付若干款项。但无补偿性没收则不然,损失者可能在一夜之间损失在其他国的所有利益。尽管没收事件频频发生,但随着经济的发展及各国之间的相互制约的增强,未来此类事件将大为减少。

二、法律环境分析

(一) 国内法律环境分析

1. 政府的有关经济方针政策

政府的有关经济方针政策往往有较大的可变性,它随着政治经济形势的变化而变化。政府的方针政策必然会对企业的市场营销活动产生直接或间接的影响。目前,我国着眼于建立新的经济运行机制,因此,企业对国家制定哪些政策调控市场以及这些政策对企业营销活动的影响应予以密切关注,包括人口政策、产业政策、能源政策、财政金融货币政策、投融资政策、外贸政策、工商税收政策等等。

2. 政府的法律、法规及条例

法律、法规及条例在世界各国都有颁布,以此来规范和制约企业活动。企业一方面可凭借这些法律维护自己的正当权益,另一方面也应依据法律规定来进行生产经营活动。

与企业市场营销活动有关的经济法很多,有的是为了维护市场运行秩序,保护竞争;有的是为了维护消费者利益;有的是为了社会利益,保护生态平衡防止环境污染等。我国有关的经济立法起步比较晚,至今很多方面的准则尚不完备。但自1979年以来,我国陆续制定和颁布了不少和企业营销活动直接有关的法令、法规及条例,如《中外合资经营企业法》、《中外合作经营企业法》、《中华人民共和国经济合同法》、《中华人民共和国涉外经济合同法》、《外国企业所得税法》、《环境保护法》、《专利法》、《合同法》、《税法》、《商标法》、《标准计量法》、《企业破产法》、《公平竞争法》、《广告管理条例》、《物价管理条例》、《工业产品质量责任条例》、《进出口货物许可证制度暂行条例》、《法人登记条例》等等。这些立法给企业生产经营活动提出了一系列新的要求,也为企业带来了市场营销机会。随着我国加入WTO,为了充分利用WTO的规则保护国内产业,中国政府新近制定了一系列的法律法规,比如《中华人民共和国反倾销条款》、《中华人民共和国反补贴条例》和《中华人民共和国保障措施条例》等等。这些法规的出台,对不同行业和不同企业营销活动的影响也是不同的。

(二) 国际法律环境分析

随着世界经济一体化,各国经济联系越来越密切,相互交错,企业的营销必然受到国际法律的制约,在我国加入 WTO 以后,企业的营销活动受到国际因素的影响越来越大,所以企业要想搞好营销,必须了解与企业业务有联系的国家政府与政策。

国际法是调整交往中国家间相互关系,并规定其权利和义务的原则和制度的法律。国际法的主体,即权利和义务的承担者一般是国家而不是个人。其主要依据是国际条约、国际惯例、国际组织的决议、有关国际问题的判例以及东道国法律等等。这些条约或惯例可能适用于两国间的双边关系,也可能适用于许多国家间的多边关系。对我国实施国际营销的企业有影响的国际法律、法规主要有:《关税与贸易总协定(GATT)》《克莱顿法》《维也纳外交关系公约》《谢尔曼法》《日本关于禁止私人垄断和确保公正交易的法律》《日本防止不正当竞争法》《日本关于外资的法律》《日本国际许可证贸易的反垄断法》《日本外汇管理令》《日本外资法》《日本信托法》《世界版权公约》《国际公约铁路货物运输》《国际电信公约》《国际法院公约》《国际航空运输协定》《国际集装箱安全公约(CSC)》《国际计算机软件许可合同格式》《国际技术转让加设备进口合同格式》《国际开发协会协定》《国际知识产权纠纷的司法补救》《联合国海上货物运输公约》《联邦贸易委员会法》《罗宾逊帕特曼反价格歧视》《美国仲裁协会商事仲裁规则》《美国统一商法典》《美国劳工管理关系法》《保护学艺术作品伯尔尼公约》等等。

第二节 经济环境

经济环境是指企业营销活动所面临的外部社会经济条件,它一般包括消费者的收入变化、消费者的支出变化及消费者的储蓄与信贷变化。企业所处的经济环境可以划分为直接影响企业营销的经济环境和间接影响企业营销的经济环境。

一、直接影响企业营销的经济环境

市场不仅需要人口,而且还需要购买力。实际经济购买力取决于现行收入、价格、通货膨胀、储蓄、负债及信贷,它是影响企业营销活动的直接经济环境。

直接影响企业营销的经济环境主要包括:

1. 收入特征

与购买力直接有关的是区域的总体经济发展水平和个人收入水平。因此,在分析一个市场的经济环境时,首先需要考察国民生产总值、人均国民收入、个人收入、可支配收入、自由支配收入和家庭收入等指标。

(1) 国民生产总值(GNP)。国民生产总值是用来衡量一个国家总体经济实力高低的主要指标。企业在计划开拓国际市场、分析多国或地区市场潜力时,国民生产总值是应该考虑的重要经济变量。对于很多中间产品、工业用品以及社会集团消费品来说,国民生产总值的水平比个人收入水平具有更重要的意义,因为社会经济的总体发展水平直接影响着对这部分产品的需求。在研究考察 GNP 的同时,还需综合考虑人口的因素。2016 年,我国国内生产总值

(GDP)744 127万亿元,同比增长6.7%,我国的经济依然保持了较高的增长速度国家统计局的统计资料。

(2) 人均国民收入。对于市场的分析评估来说,人均国民收入水平的高低能够反映一个市场的经济实力。因此,就市场营销环境的经济因素而言,人均国民收入水平可以作为一个主要的判断标准。2014年,我国人均国内生产总值超过了7 485美元,13.6亿人民的生活总体上实现了从温饱到小康的历史性跨越[1],2016年,全年人均国内生产总值53 980元(8 140美元),预计2020年人均GDP将超过10 000美元[2]。

(3) 可支配收入。个人收入中扣除个人税(例如收入调节税、财产税、遗产税)后,即为可支配收入。可支配收入对市场营销工作者分析消费品市场需求最有用,因为消费支出多少受可支配收入高低影响较大。2016年城镇居民人均可支配收入33 616元,比上年增长8.4%。全年农村居民人均纯收入12 363元,人民购买力大大增强。[3]

(4) 自由支配收入。在可支配收入中扣除必需支出,例如食物、房租、交通费、保险等,即为自由支配收入。对非必需消费品而言,自由支配收入是影响市场规模大小的主要指标。

(5) 家庭收入。由于大量消费品的购买单位往往是以家庭为主,因此,在测量消费品需求时,多用家庭收入这一指标,它比用自由支配收入指标更为准确。

应该看到,我国的区域总体经济发展水平和个人收入水平的分布具有明显的不均衡性。一方面表现为区域之间的收入水平的差异悬殊,另一方面又表现为高收入者的集中性。这一显著特点对于企业开展市场营销活动有着重要的意义。一般来说,某一个企业或许只要通过少数几个国家或地区,或者通过区域市场的营销努力,就可以达到占领相当大的国际市场、地区市场或者区域市场的目的。因为这几种市场可能集中了相当大的一部分收入,是最大需求所在。不过,对于许多产品来说,企业在开展市场营销活动时,还是需要实行市场多元化策略,力争打入更多的市场,并针对不同市场的特点,扩大市场占有份额。

2. 收入结构

一个国家的收入水平对市场的购买力影响很大,但另一个决定购买力大小的因素是国家的收入结构,收入结构决定哪些人拥有真正的购买力,以及购买力的大小。因此,在营销环境分析时,应对收入结构进行详细分析。就我国而言,根据中国人民银行公布的数据,在中国的全部居民储蓄存款中,最富有的20%人群拥有全部存款量的80%,而其余80%的人口才拥有存款的20%。全国居民五等分收入分组,低收入组人均可支配收入5 529元,中等偏低收入组12 899元,中等收入组20 924元,中等偏上收入组31 990元,高收入组59 259元。贫困地区农村居民可支配收入845元。[4] 而据有关数据显示,我国的贫富差距仍将进一步拉大,收入结构将形成更加不均衡的局面。这些现象在营销过程中都应充分考虑、根据消费者不同的收入结构来调整营销策略。

3. 消费模式

我们知道人口数量和收入水平决定了市场的总体规模及其潜力。但是收入要在何种程度

---

[1] 2016年国家统计局。
[2] 发改委专家:2020年全国人均GDP一万美元能实现[J],中国经济周刊。
[3] 2016年国民经济和社会发展统计公报,中华人民共和国国家统计局,2017年2月26日。
[4] 2016年国民经济和社会发展统计公报,中华人民共和国国家统计局,2017年2月26日。

上转化成为消费支出,并形成对某些商品的特定需求,这还取决于与消费模式有关的一般规律。

(1) 恩格尔定律。德国统计学家恩格尔分析了不同收入水平家庭的消费支出结构,得出了一个著名的结论:如果其他条件不变,当家庭收入增加时,用于购买食物的支出相对减少,用于衣服、住房、燃料方面的支出变动不大,而用于娱乐、教育、卫生保健等方面的支出相对增加,这就是所谓恩格尔定律。在此基础上,恩格尔提出了收入弹性(恩格尔系数)的概念,也就是用于食物等生活必需品的消费支出变动的百分比与收入变动的百分比的比率。

按联合国划分富裕程度的标准,"恩格尔系数"在60%以上的国家为饥寒;在50%~60%之间的为温饱;40%~50%之间的为小康;40%以下的为富裕。就我国而言,2013年,农村家庭的恩格尔系数为37.7%,城市家庭为35.0%。

中国的居民消费,特别是城镇居民消费,已经从温饱型向享受型、发展型转变。富裕起来的老百姓,越来越注重生活的质量和品位,近年来房地产、汽车、通信、旅游业的火爆直接反映了这一点。例如,2016年我国汽车生产2 811.88万辆,同比增长14.46%,销售2 802.82万辆,同比增长13.65%[①],截至2016年,中国平均每百户家庭拥有汽车36辆,成都、深圳、苏州等城市每百户家庭拥有私家车超过70辆。我国大中城市已经进入家庭拥有汽车的起步阶段,居民的生活半径成倍扩大。富裕起来的人们,越来越喜欢到外面的世界放松心情。2014年11月,中国内地公民当年出境旅游首次突破1亿人次,超过百万人次的目的地(港澳台以外)国家有韩国、泰国、日本、美国、越南和新加坡等六国。[②] 2016年,国内居民出境已达13 513人次,增长5.7%。

(2) 产品饱和度。这里所说的产品饱和度并不单指产品的现有普及率,而是指产品在某一市场上可能达到的最大扩散程度。企业在市场营销中考察产品饱和度的意义在于了解特定市场上拥有某一特定产品的潜在购买者所占的百分比,并以此测定市场潜力的大小。

一般来说,产品饱和度会随着人均国民收入的增加而有所提高。但是,当消费者的收入对市场上的某种产品完全具有足够的支付能力时,其他一些包括自然、社会、文化等方面的因素对于消费者的实际需求和购买与否将起着决定性作用,因而决定了这一产品的饱和度。

在影响产品饱和度的非收入因素中,除了自然因素之外,社会、文化的因素也起着重大的作用。某些产品的饱和度可能受到特定市场上消费者的文化观念和传统消费模式的影响,相关性产品或替代性产品的饱和度则可能相互影响。

4. 商品的供给及价格因素

(1) 商品的供给因素。商品供给状况包含着总量的比例和结构的比例,它对市场营销的规模和构成产生影响。例如,在一定的商品购买力条件下,某些商品的供给状况如何,是否充足,会引起购买力在不同种类商品或同类商品的不同品种之间的转移,供给商品的品种、花色、质量、档次的差别也会引起消费者需求的增减,并促使购买力的转移。在一般情况下,对于生产或经营某类产品的企业来说,在市场上供过于求的状况时,企业承受的压力就很大;而在供不应求状况时,企业的生产和销售量的增加则相应容易。

(2) 商品价格因素。价格因素作为一种经济杠杆,必然同时调节生产和消费双方,因而是

---

① 2016年汽车保有量呈现迅猛增长趋势分析,中国产业信息.www.chyxx.com/industy.
② 中国内地公民出境旅游人数2014年首次突破1亿人次,人民网。

影响市场营销活动较为敏感的因素,它对市场消费者需求产生直接的影响作用。第一,商品价格总水平的升降会直接影响总的商品需求,并且商品价格与商品需求呈反方向运动;第二,某种商品价格上升会使消费者将购买力转而投向其他同类商品或替代品,某种商品价格下跌会把同类商品的购买者吸引过来;第三,如果价格剧烈波动,则会造成消费者"重债轻币"抢购商品的心理,或者造成"重币轻债"持币待购的心理,从而增加或减少商品的市场需求量。

5. 储蓄和信贷及通货膨胀

消费者储蓄和信贷也直接影响消费者的购买力。居民个人收入不可能全部都用掉,总有一部分以各种形式储蓄起来,这是一种推迟了的潜在购买力,主要是准备用来购买耐用品的。目前,个人储蓄的形式包括银行存款、公债、股票和不动产等;这些都是随时可转化为现实购买力的。在正常情况下,银行储蓄与国民收入成正比,是稳定的。但当通货膨胀物价上涨时,消费者社会储蓄变为现金,争购保值商品。

通货膨胀对消费者支出所起的作用不可忽视。通货膨胀可以说就是物价水平上涨的过程,所以又称为物价上升。这里应该注意的是,物价水平是指社会上多数产品的物价而言,不是指个别物价。在通常情况下,一个国家的市场上,可能有些产品的价格上升,有些产品的价格下降。物价水平究竟是否上升,必须将社会上各类产品的价格进行综合平衡后才能确定。所以通货膨胀是一个总体的概念,不是个体的概念。形成通货膨胀的原因主要有两个,第一,社会需求量超过了社会的供给量。经济学称为"需要上拉";第二,原料与劳动力价格上升,引起产品的成本上升,即所谓的"成本上推"。通货膨胀的实质是货币贬值,持续的通货膨胀将可能会改变消费者的支出。这是因为,在通货膨胀时,消费者认为将来的产品价格会高于目前,与其将来购买,不如现在购买更合算。由于通货膨胀引起的货币贬值,降低了消费者的实际收入,而消费者出于避免货币贬值,或维持原来的生活水平,往往减少储蓄以保持消费支出。

西方国家广泛采用消费者信贷,对购买力影响也很大,各种形式的赊销,分期付款十分发达,也是促使经济增长的主要动力之一。随着我国市场经济的发展和不断完善,商业信贷必将得到发展。

二、间接影响营销活动的经济环境因素

除了上述因素直接影响企业的市场营销活动外,还有一些经济环境因素也对企业的营销活动产生间接的影响。

1. 经济发展水平

企业的市场营销活动要受到一个国家或地区的整体经济发展水平的制约。经济发展阶段不同,居民的收入不同,顾客对产品的需求也不一样,从而会在一定程度上影响企业的营销。美国学者罗斯顿根据他的"经济成长阶段"理论,将国家的经济发展归纳为五种类型:传统经济社会;经济起飞前的准备阶段;经济起飞阶段;迈向经济成熟阶段;大量消费阶段。前三个阶段的国家称为发展中国家,后两个阶段的国家则称为发达国家。我国目前已经处于经济起飞阶段,市场规模进一步扩大;企业投资机会增多;市场交换成为企业的根本活动;信息竞争成为市场竞争的焦点。因此,企业应当注意经济起飞阶段市场中的变化,把握时机,主动迎接市场的挑战。

2. 经济体制

世界上存在着多种经济体制,有计划经济体制、市场经济体制等。不同的经济体制对企业营销活动产生不同的影响。计划经济体制下,企业是行政机关的附属物,没有生产经营自主权,企业不能独立地开展生产经营活动,更谈不上开展市场营销活动。市场经济体制下,企业必须特别重视营销活动,通过营销,实现自己的利益目标。

现阶段,我国正处于社会主义市场经济体制的初级阶段,市场发育不完善,市场秩序混乱,行业垄断和地方保护主义盛行,对企业开展营销活动起很大的制约作用,但随着社会经济发展,这一不利现象必将有所改变。

3. 国家经济结构状况

(1) 国家经济发展地区结构。我国地区经济发展很不均衡,逐步形成了东部、中部、西部三大地带和东高西低的发展格局,同时在各个地区的不同省市,经济发展还呈现出多极化趋势。其中最为显著的是我国已经形成"长三角"、"珠三角"和"京津冀"三大城市群和区域经济核心;"长三角"在我国三大区域经济中综合实力排名第一,26个城市GDP总量便达到了14.7万亿元,占全国总量的19.8%。珠三角13个仅占全国面积0.57%的城市,即以6.8万亿元的总量创造了全国9%的GDP。京津冀在2013年首次突破6万亿元大关之后,在2016年达到7.5万亿,占全国10.1%。[1]

(2) 国家经济发展行业结构。2016年我国服务业增加值占GDP的比重是51.6%,远远高于第二产业,更高于第一产业占GDP的增加值。从增长速度来看,2016年服务业是7.8%,GDP 6.7%,增速比第二产业高出1.7个百分点。无论是从绝对占比还是增长趋势来看都在三个产业中领跑。这组数据也反映了服务业的的确确已经成为中国经济的第一大产业。[2]

4. 城市化程度

城市化程度是指城市人口占全国总人口的百分比,它是一个国家或地区经济发展的重要特征之一。城乡居民之间存在着某种程度的经济和文化上的差别,导致不同的消费行为,进而影响企业的营销活动。例如城市居民一般受教育较多,思想较开放,容易接受新生事物,而农村相对闭塞,农民的消费观念较为保守,故而一些新产品、新技术往往首先被城市所接受。

中国快速的城市化进程带来了不少新的挑战。而且,中国的经济发展一直以来都立足于出口和廉价的劳动力与土地,靠着提高生产力和刺激国内消费拉动经济,将发展置于环境保护之上。这一经济发展模式目前也到了需要转变的时候。农村经济一度在中国占据了主导地位,而如今,在政府领导下,中国正全力向现代化、城市化转变。政府计划在未来十年内使城市人口在全国总人口中所占的比重达到70%,在数量上达到9亿左右。[3]

发达国家中,城市化程度大多在70%~80%以上。据联合国人居中心预测,到2050年,世界城市化水平将达到61%,世界正向"城市世界"发展,21世纪将成为真正的城市世纪。我国城市人口在1949年为576.50万人,到1980年增加到19 140万人,同期城市人口在总人口中的比例由10.63%增加到19.39%;到1998年底,城市人口总数达37 338万人,全国城市化水平已达30.04%。2016年,从城乡结构看,城镇常住人口79 298万人,乡村常住人口58 973万人,城镇人口占总人口比重为57.35%[4]。

---

[1] 2016年五大城市群分析,中国产业信息,www.chyxx.com/industry。
[2] 中华人民共和国国家统计局,2017年6月。
[3] 人民网。
[4] 2016年国民经济和社会发展统计公报,中华人民共和国国家统计局,2017年2月。

第三节 人口统计环境

市场是由那些有购买力的人组成的。因此,不同地区的人口规模和增长率、年龄分布和种族组合、教育水平、家庭类型和规模、地区特征和运动等因素会影响到市场的规模、结构、特点、禁忌、发展趋势。对人口统计方面的调查主要应该考虑以下几个方面:

一、人口总量的增长

人口数量是决定市场规模和市场潜量的一个基本要素。人口越多,如果收入水平不变,则对食物、服装、日用品的需要量也越多,那么市场也就越大;其次,人口的迅速增长促进了市场规模的扩大,因为人口增加,其消费需求也会迅速增加,那么市场的潜力也就会很大。随着科学技术的持续进步、人们的生活水平的不断提高,世界人均寿命大大延长,致使世界人口正呈现出"爆炸性"的增长。联合国经济和社会事务部 7 月 29 日在纽约总部正式发布了《世界人口展望:2015 年修订版《World Population Prospects:The 2015 Revision》报告。报告称,世界总人口目前约为 73 亿,这一数字到 2030 年预计将增加到 85 亿人,到 2050 年升至 97 亿,并在 2100 年达到 112 亿人。[①]

中国是世界上人口最多的国家。国家统计局发布国民经济运行情况显示:2016 年末,全国大陆总人口(包括 31 个省、自治区、直辖市和中国人民解放军现役军人,不包括香港、澳门特别行政区和台湾省以及海外华侨人数)138 271 万人,比上年末增加 809 万人。其中城镇常住人口为 79 298 万人,占总人口比重为 57.35%。全年出生人口 1 786 万人,出生率为 12.95‰;死亡人口 977 万人,死亡率为 7.09‰;自然增长率为 5.86‰。[②] 中国庞大的人口基数,再加上改革开放以来,人们收入、生活水平的不断提高,造就了潜力巨大的市场,许多跨国公司纷纷投资中国,以求在这片辽阔的土地上找到属于自己的那一块蛋糕。

二、人口年龄结构

不同年龄的消费者对商品的需求不一样。我国人口年龄结构的显著特点是:现阶段,青少年在我国人口中的比重很大,反映到市场上,在今后十几年内,婴幼儿和少年儿童用品及结婚用品的需求将明显增长。目前我国的人口年龄结构进入老年型。2016 年统计显示,年龄构成看,16 周岁以上至 60 周岁以下(不含 60 周岁)的劳动年龄人口 90 747 万人,占总人口的比重为 65.6%,60 周岁及以上人口 23 086 万人,占总人口的 16.7%,其中 65 周岁及以上人口 15 003 万人,占总人口的 10.8%。[③] 在市场上将反映出老年人的需求呈现高峰。这样,诸如保健品、营养品、老年人生活必需品等市场将会兴旺。

[①] 联合国:世界人口到 2050 年预计将达到 97 亿,http://www.un.org/zh/development/desa/news/population/2015-report.html。
[②] 2016 年国民经济与社会发展统计公报,中华人民共和国国家统计局,2017 年 2 月。
[③] 2016 年国民经济与社会发展统计公报,中华人民共和国国家统计局,2017 年 2 月。

三、教育程度

人口教育程度的不同,其市场需求也有明显的差异。社会人口的受教育程度大致可分为5个组:文盲,高中以下,高中毕业,大学和专家程度。据统计2010年第六次人口普查,具有大学(指大专以上)文化程度的人口为119 636 790人;具有高中(含中专)文化程度的人口为187 985 979人;具有初中文化程度的人口为519 656 445人;具有小学文化程度的人口为358 764 003人(以上各种受教育程度的人包括各类学校的毕业生、肄业生和在校生)。

四、民族结构

中国自古以来就是一个统一的多民族国家。新中国成立后,通过识别并经中央政府确认的民族共有56个。由于汉族以外的55个民族相对汉族人口较少,习惯上被称为"少数民族"。民族不同,其生活习性、文化传统也不相同,反映到市场上,就是各民族的市场需求存在着很大的差异。如:在饮食方面,维吾尔、哈萨克、回、柯尔克孜、塔吉克、塔塔尔、乌孜别克等少数民族全民信仰伊斯兰教,因此这几个民族的聚居地新疆到处都有大量的伊斯兰教餐厅——清真食堂,所用的炊具、餐具都和汉族食堂的炊具、餐具严格分开。供清真食堂食用的牛羊肉均由信仰伊斯兰教的民族群众自己宰杀,并且严禁与猪肉一起存放、运输和买卖。清真食堂的管理人员、炊事人员一般也由这些民族的职工担任。在服饰方面,维吾尔族、哈萨克族妇女爱着彩色绸裙,戴艳丽或洁白的头巾,喜爱耳环、项链、手镯、戒指等装饰物。戴绣花帽则是这些兄弟民族男女群众的共同喜好。蒙古族男性爱戴礼帽。傣族的风俗习惯,男子上着无领对襟或大襟小袖短衫,下着长管裤,多用白布或蓝布包头,普遍文身;妇女上着白色、绯色或天蓝色紧身内衣,大襟或对襟圆领窄袖衫,下身为花色长筒裙,结发于顶,插梳子或顶花头巾。因此,企业营销者要注意民族市场的营销,重视开发适合各民族特色、受其欢迎的商品。

五、人口的地理迁移

人口的流动意味着购买力的流动和市场规模、市场需求的变动。从我国来看,人口主要集中在东南沿海一带,约占总人口的94%,而西北地区人口仅占6%左右,而且人口密度逐渐由东南向西北递减。另外,城市的人口比较集中,尤其是大城市人口密度很大,上海、北京、重庆等几个城市的人口超过1 000万;而农村人口则相对分散。随着经济的活跃和发展,人口的区域流动性也越来越大。在发达国家除了国家之间、地区之间、城市之间的人口流动外,还有一个突出的现象就是城市人口向农村流动。在我国,人口的流动主要表现在农村人口向城市或工矿地区流动;内地人口向沿海经济开放地区流动。另外,经商、观光旅游、学习等使人口流动加速。对于人口流入较多的地方而言,一方面由于劳动力增多,就业问题突出,从而加剧行业竞争;另一方面,人口增多也使当地基本需求量增加,消费结构也发生一定的变化,继而给当地企业带来较多的市场份额和营销机会。

第四节　社会文化环境

文化环境因素对市场营销最大的影响就在于不同的文化往往决定了不同的消费行为。消费行为作为社会生活的一部分,已经深深打上了文化的烙印。文化影响了消费者的生活态度,对商品的价值取向,对广告促销的反应,购买行为的特点以及具体的消费方式。因此,有时文化因素往往会决定某些商品的市场营销。一般而言,社会文化环境包括社会阶层、家庭结构、相关群体、教育水平、风俗习惯与审美观念、宗教、态度与价值观念等。这些因素影响着消费者的生活、工作及购买行为,所以营销工作必须重视社会文化环境。

一、文化要素分析

1. 社会阶层

社会阶层是按照一定的社会标准,将社会成员划分为若干社会等级。同一阶层通常有相同的价值观念、生活方式和相同的购买行为。社会阶层的存在与差别,会因社会制度、经济发展水平和历史文化特点的不同而各有其特点。下面以美国为例,来描述社会阶层对商品的需求、兴趣、爱好及其购买行为。

2. 家庭结构和家庭规模

(1) 家庭结构。家庭结构反映的是家庭成员的组成情况。从类型上来说,主要有核心家庭、直系家庭、复合家庭、不完全家庭和单身家庭等。其一,核心家庭。由一对夫妇和其未婚子女组成的家庭,通常也称小家庭。其二,直系家庭。由一对夫妇和一个已婚子女及其配偶、后代所组成的家庭。其三,复合家庭。由一对夫妇和两个或多个已婚子女及其配偶、后代组成的家庭。其四,不完全家庭。只有夫妇两人,没有子女;或者因夫妻离异、丧偶仅有一方与子女共同生活的家庭。其五,单身家庭。就是家庭中只有一个人,包括未婚或离婚、丧偶后未再结婚,一人独居的家庭。就世界范围看,各国家庭结构变化的趋势大都是复合家庭等大家庭的数目在不断减少,核心家庭等小家庭所占的比重越来越大。另外,在一些国家,单身家庭、单亲家庭等不完全家庭也占相当大的比重。许多调查资料显示,目前我国的复合家庭比例已经很小;在农村,家庭类型主要以直系家庭为主,估计短时间内不会有很大的变化;在城市,核心家庭所占的比例最大,尤其在大城市,核心家庭占总户数的比例超过了80%。

家庭结构的变化,会导致商品需求结构的变化。例如,美国人普遍晚婚,因此市场对结婚用品的需求便减少;由于美国人离婚率很高,很多人不愿意再结婚,因此市场上对住房和家庭用品的需要相应增加;由于在职妇女越来越多,因此市场对较好的服装、汽车、日托服务、冷冻食品、快餐等需求便增加。另外,西方国家非家庭住户的迅速增加,导致需求的剧烈变化。所有这些市场需求变化,企业营销人员必须严密注视,并认真考虑这种变化,以便及时调整营销策略。

(2) 家庭规模。对那些以家庭为消费单位的产品的购买有重大影响,如彩电、电冰箱、洗衣机,一般是以家庭为消费单位的。从世界范围来看,平均家庭规模在各国之间存在着较大的差别。生育率水平低的国家,一般家庭规模小,所以发达国家的平均家庭规模通常都较小;生育率水平高的国家,家庭规模一般较大,多数发展中国家的平均家庭规模都比较大。

20世纪以来,我国的平均家庭规模发生了较大的变化,其总的方向是呈缩小的趋势。20世纪80年代以来,家庭户平均规模缩小的趋势更加显著,1990年缩减到3.96人,2010年缩减到3.10人。根据国家统计局数据,2014年居民家庭户的规模为3.02人。中国已是平均家庭规模较小的国家。[①]

---

① 《中国家庭发展报告》,国家卫生计生委,2014年5月14日。

3. 风俗习惯与审美观念

（1）风俗习惯。风俗习惯是人们根据自己的生活内容、生活方式和自然环境，在一定的社会物质生产条件下长期形成，并世代相袭而成的一种风尚和由于重复练习而巩固下来并变成需要的行动方式等的总称。不同的国家、不同的民族有不同的风俗习惯，它对消费者的消费习惯、消费模式、消费行为等具有重要的影响。例如：墨西哥人视黄花为死亡，红花为晦气而喜爱白花，认为可驱邪；德国人忌用核桃，认为核桃是不祥之物；匈牙利人忌"13"这个数；日本人忌荷花、梅花图案，也忌用绿色，认为不祥等等。

（2）审美观念。审美观通常指人们对事物的好坏、美丑、善恶的评价。它与一个国家、一个地区、一个民族的爱好与习俗有关，也与物质文化水平、教育水平相联系。从营销的角度来看，要了解的是各国关于颜色、线条、图案、标志与符号的偏好如何。不同的偏好，需要不同的产品设计、不同的包装及不同的广告设计。因审美观的不同而形成的消费差异是多种多样的。例如，在欧美，女性结婚时喜欢穿白色的婚礼服，因为她们认为白色象征着纯洁、美丽；在我国，女性结婚时喜欢穿红色的婚礼服，因为红色象征吉祥如意、幸福美满。又如，中国女性喜欢把装饰物品佩戴在耳朵、脖子、手指上，而印度妇女却喜欢在鼻子上、脚踝上配以各种饰物。因此，不同的审美观对消费的影响是不同的，企业应针对不同的审美观所引起的不同消费需求，开展自己的营销活动，特别要把握不同文化背景下的消费者审美观念及其变化趋势，制定良好的市场营销策略以适应市场需求的变化。

4. 宗教信仰

世界各地聚居着各种不同的宗教信仰者，有的甚至以宗教信仰立国，不同的宗教信仰者有不同的文化倾向和戒律，从而影响着人们认识事物的方式、行为准则和价值观念，影响着人们的消费行为、消费习惯，因而影响市场消费结构。例如印度教徒的等级观念、家庭观念以及因循守旧的观念根深蒂固；佛教的核心思想与追求富裕和成就的思想相对立；伊斯兰教徒禁吃猪肉、饮酒，等等。

由此可见，在营销中，特别是国际营销中，必须考虑宗教习惯。一般来讲，宗教的节假日，如圣诞节、基督教的星期日、穆斯林教的斋日等，是最好的消费品销售季节；宗教上的禁忌会直接限制教徒们的消费行为，如印度人不爱吃牛肉，犹太人不吃猪肉等，营销人员必须考虑这些；另外应注意的是，一个国家的宗教分裂，往往会给营销带来很多困难。例如，在荷兰，天主教和基督教各有自己的政党和报纸，企业想打进这一市场，就应分别在这些报纸上做广告。

5. 价值观念

价值观念是人们对社会生活中各种事物的态度、评价和看法。人们对各种事物的评价，如对自由、幸福、自尊、诚实、服从、平等、节约等，在心目中有轻重主次之分。这种主次的排列构成了个人的价值体系，价值观和价值体系是决定人们态度和行为的心理基础。不同的文化背景下，人们的价值观念差别是很大的，例如在西方一些发达资本主义国家，大多数人比较追求生活上的享受，超前消费突出也是司空见惯的事情。在我国，勤俭节约是民族的传统美德，借钱买东西这种消费行为往往被看成是不会过日子，人们大多攒钱购买商品，而且大多局限在货币的支付能力范围内，量入为出。不过随着人民生活水平的不断提高，中国巨大的消费市场也在经历着根本的变化。最为显著的变化是中国人的消费行为和模式越来越接近富裕国家的消费者。一个新的消费者群体快速兴起：越来越注重个人享受，越来越重视对个性的情感诉求，也越来越忠于自己喜爱的品牌。不同的价值观念在很大程度上决定着人们的生活方式，从而也决定着人们的消费行为。因此,对于不同的价值观念,企业营销人员应采取不同的策略。对于乐于变化、喜欢猎奇、富有冒险精神、较激进的消费者,应重点强调产品的新颖和奇特;而对一些注重传统、喜欢沿袭传统消费习惯的消费者,企业在制定促销策略时应把产品与目标市场的文化传统联系起来。例如,东方人将群体、团结放在首位,所以广告宣传往往突出人们对产品的共性认识;而西方人则注重个体和个人的创造精神,所以其产品包装也显示出醒目或标新立异的特点。我国人民重人情,求同步,消费偏于大众化,这些东方人的传统习俗,也对企业营销产生广泛的影响。

6. 教育水平

教育水平是指消费者受教育的程度。教育包括在学校所受的正规训练和在家庭或社会所受的教育两种。教育水平的高低直接影响人们的消费行为和消费结构,教育水平的高低也制约着企业的市场营销活动。不同的文化修养表现出不同的审美观,购买商品的选择原则和方式也不同。一般来讲,教育水平高的地区,消费者对商品的鉴别力强,容易接受广告宣传和接受新产品,购买的理性程度高;教育水平低的地区,与消费者交换意见困难,在当地寻找调查人员也难,当地人对新产品接受能力弱,购买产品时的理性程度低,不易接受文字宣传的影响。因此,企业应根据人口教育水平的高低来调整营销组织策略的选取,以及销售推广方式方法。例如,在文盲率高的地区,用文字形式做广告,难以收到好效果,而用电视、广播和当场示范表演形式,才容易为人们所接受。又如在教育水平低的地区,适合采用操作使用、维修保养都较简单的产品,而教育水平高的地区,则需要先进、精密、功能多、品质好的产品。

7. 语言文字

语言是文化载体,也是文化的要素之一。从市场营销的角度看,语言文字的种类、使用范围、使用习惯、语言歧义、语言禁忌和语言敌视会对买卖双方产生沟通障碍。比如美国通用汽车公司的"NOVA"汽车,本是"新星"的意思,在西班牙语里却是"走不动"的意思,想想"走不动"的汽车谁还会要。而中国欲打进美国市场的"FangFang"(芳芳)牙膏在英语中却成了"毒牙"的意思,美国人如果还敢用它刷牙,胆子也真够大的。因此,语言的选择和运用是市场营销成败的重要因素,尤其是国际营销活动中,必须了解目标市场语言,选择消费者乐于接受的语言文字。如果存在语言敌视和语言禁忌,就要慎重对待,以免触怒消费者。一个成功的营销者不仅要懂得和善用对方语言,要理解这些语言运用中深层的文化含义,更要懂得"无声语言"所表达的含意或对交易的兴趣。

总之,在分析一个潜在市场时,对文化环境的考虑应该是具体分析每一种文化要素在何种程度上影响营销计划的制定。有的因素可能暂时没有直接影响,有时则可能影响重大。在市场营销活动中,营销的深度越深、广度越大,从产品开发到促销、分销、零售涉及的面越广,产品在目标市场上越具有特异性,造成一定文化冲突的可能性就越大,因而就越需要对文化的各个要素作全面深入地分析。

二、文化要素的变化将对企业营销的影响

(1)强调自我实现。自我实现的需求使人们相对强调自我满足,尤其是青年人,自我满足的倾向特别强烈,追求刺激和逃避群体现实。他们把一些产品与服务消费当作个性展示的手段:购买梦想中的汽车,消费梦想中的假期。此外,消费者将会更强调个性消费,总是力求与别人有差别,以引起别人的注意,因此产品生产的非大众性也将满足以后的趋势。

(2) 回归自然。在技术发达的现代,由于工业技术的应用带来的一些负面效果,如环境污染,臭氧层被破坏,癌症疾病等,由此而引起了一场绿色革命,人们倾向于强调回归自然,因而也对消费产生深远影响。如天然食品的兴起,无氟冰箱,无污染包装产品,未经加工的粗粮食品更受欢迎,并且人们更多地回到大自然中去,野营旅游、划船等活动越来越受欢迎。这些现象将给各类企业的营销带来新的变化。

(3) 社会隔绝问题。网络技术的普及与自我意识的加强使人们在目前社会中更加封闭,越来越多的人倾向于在网络虚拟世界里进行交流,甚至办公也在网上,人与人之间的交流越来越少。城市里,邻里之间,哪怕是一单元的面对面的,老死不相往来现象变得更多。在封闭的社会生活里面,闲暇时间的消磨将使用更多的"社会替代品"来使孤单人摆脱孤单,如网络游戏的火爆、各类在线聊天软件的流行等。

(4) 忠诚度降低。近年来消费者对企业的信誉,尤其是企业的宣传广告和各种促销活动越来越表示怀疑,客户忠诚度大大降低。企业与消费者之间的竞争以及消费者的索赔事件频频发生。伴随着消费者忠诚度的下降将给企业的营销带来新的挑战,企业营销需要重组各种活动,树立良好的公众形象,取得消费者的信任。

第五节 技术环境

科学技术是影响人类前途最大的力量,科学技术与生产密切结合将直接或间接地带来各产业部门之间的演变与交替,出现了新兴产业,改造了传统产业,淘汰了落后的产业。所以,技术的不断进步与新技术的问世,将会造成许多新的行业、新的市场机会,同时,也给某些行业带来了威胁。现代科学技术是社会生产力中最活跃的和决定性因素,它作为重要的营销环境因素,不仅直接影响行业的更替和企业内部的生产经营,而且还同时与其他环境因素相互依赖、相互作用,影响企业的营销活动。每个行业都要注意技术环境因素的变动,随时准备应对新技术的挑战。

一、技术环境对企业营销的影响

在科学技术高速发展的今天,企业所面临的技术环境就是技术的不断进步和新技术的不断问世,即所谓的新技术革命。新技术革命对企业的营销产生如下几方面的影响:

(1) 消费者的购买行为发生变化。由于科学技术发展的突飞猛进,许多新兴行业不断产生。这一方面为顾客提供大量的不同品种、花色多样、款式各异的产品;另一方面,能唤起顾客独特的消费欲望,使他们不再满足于消费大众化商品,而是追求消费的个性化。这会给企业目标市场的寻找,以及产品的确定带来前所未有的麻烦与困难。

(2) 科学技术的发展,使得产品更新换代的速度加快,产品生命周期缩短。今天,科学技术突飞猛进,新原理、新工艺、新材料的不断涌现,使得产品处于不断地更新中。这就要求企业必须不断地进行技术革新,赶上技术进步的浪潮,否则就会被市场无情地淘汰。

(3) 新技术为发展新行业和新产品提供了条件,同时也威胁着旧的行业。新技术的不断出现,可使许多企业在某一特定领域内,不经过某些传统技术,而直接采用比较新的技术,发展新行业或开发新产品。但是,技术的发明和应用在造就新的行业、新的市场的同时使一些旧的行业与市场走向衰落。例如,太阳能、核能等技术的发明应用,使得传统的水力和火力发电受到冲击;晶体管取代电子管,后又被集成电路所取代;复印机工业打击复写纸工业;电视业打击电影业;化纤工业对传统棉纺业的冲击,等等。这一切无不说明,伴随着科学技术的进步,新行业替代、排挤旧行业,这对新行业技术拥有者是机会,但对旧行业却是威胁。

(4) 科学技术的进步,将会影响人们的生活方式、消费模式和消费需求结构。例如,在美国,由于汽车工业的迅速发展,使美国成了一个"装在车轮上的国家",现代美国人的生活方式无时无刻不依赖于汽车。再如,电子计算技术的发展使人们改变了传统的笔算和拨算盘珠的做法,甚至在日常生活中也逐渐离不开电子计算机和微型计算器。这些生活方式的变革,如果能被企业深刻认识到,主动采取与之相适应的营销策略,就能获得成功。所以,企业在组织市场营销时,必须深刻认识和把握由于科学技术发展而引起的社会生活和消费的变化,看准营销机会,积极采取行动,并且要尽量避免科技发展给企业造成的威胁。

二、新技术给营销环境分析带来了挑战

1. 纳米技术

纳米是1米的十亿分之一。从20世纪90年代初起,纳米科技得到迅速发展,新名词、新概念不断涌现,如纳米电子学、纳米材料学、纳米机械学、纳米生物学等等。科学家预言,纳米时代的到来不会很久,它在未来的应用将远远超过计算机工业,并成为未来信息时代的核心。

目前,以微电子技术为代表的纳米科技,正在对世界产生深远的影响,比微米更深入微观世界的纳米将使人类进一步掌握物质的规律。目前,纳米技术已广泛应用于光学、医学、半导体、信息通信,1年的营业额已经达到500亿美元。纳米科技将彻底改变目前的产业结构,并孕育着巨大的商机。从大西洋到太平洋,一些国家纷纷制定战略计划,将纳米技术列入新5年科技基本计划的研究开发重点。从在国际上首次把氮化镓制备成一维纳米晶体,到合成了世界上最长的"超级纤维"碳纳米管;从组装出世界上最细且性能良好的扫描隧道显微镜探针,到合成出高质量的储氢碳纳米材料等等,我国科学家在这一最活跃的前沿科学领域勇敢搏击,不仅建立了一个纳米材料研究基地,而且取得了一系列令世界震惊的成绩,奠定了我国在这一领域的世界领先地位。

2. 光通信技术

自有通信以来,传输技术一直是通信技术的重要组成部分。无论最初的人工磁石电话(信息通过金属线传送),还是后来无线电信号在空中传播,传送带宽都受到限制,使宽带大容量信息传送一直难以实现。然而,自从光通信技术实用化以来,通信技术如虎添翼,发展极其迅速。如今的程控交换、数据通信、有线广播电视、互联网等,都在光通信传输技术的基础上得以飞速发展;即使是卫星通信、移动通信,其地面部分的传输也不是无线的,依然得益于光传输技术。光通信以其大带宽(容量)、高速率、抗干扰、保密性强、高质量、寿命长等优点,逐步成为传输的主流技术。据不完全统计,目前我国90%以上的信息量是通过光通信网络传送的。因此,光通信是所有通信技术的基础,其发展与整个通信事业的发展关系十分密切。

3. 功能基因组学的研究程

功能基因组学代表基因分析的新阶段,它是利用结构基因组所提供的信息和产物,发展和应用新的实验手段,通过在基因组或系统水平上全面分析基因的功能,使生物学研究从对单一基因或蛋白质的研究转向多个基因或蛋白质同时进行系统的研究,是在基因组静态的碱基序列弄清楚之后转入对基因组动态的生物学功能学研究。

人类功能基因组研究及其产业在人口控制、人的健康保健市场的开发中有着广阔的前景和经济、社会效益。人类功能基因组研究的重要目标之一是发现特定基因的生物学功能并鉴定和验证药物的作用靶点,开发基因组药物。同时,信息技术的发展也使人们可以将实验室研究和计算机技术结合起来,寻找具有重要生物功能和开发前景的新基因或基因新功能,提供新药筛查和重新设计的靶标或开拓疾病诊断和防治的新技术新方法,通过源头创新,扩展和深化医药生物技术的产业化,对生物医药的发展做出巨大的贡献。

4. 医药生物技术

借助于生物芯片、生物信息学等研究方法,人类基因组、蛋白质组研究以及药物开发将进入新阶段。以人类基因组计划为代表的一大批生物学领域的新突破和新成就,不仅对生命科学发展有着巨大的影响,而且大大加快了生物技术,尤其是生命技术新药的崛起。

医药生物技术的发展首先是生物技术平台的发展。生物技术平台主要包括:重组DNA技术、单克隆抗体技术、细胞培养技术、克隆技术、蛋白质工程、生物反应器、生物传感器技术、组织工程技术、微阵列技术,等等。上述平台技术在研究开发中的深入应用,以及与其他技术的交叉融合,又产生了一系列新的技术,如分子克隆技术、基因组技术、蛋白质组技术、基因敲除技术、反义核酸技术、干细胞技术、动物克隆技术、生物信息学技术、过程工艺技术、人源抗体技术以及高通量筛选技术,等等。上述技术应用的结果,以及开发出的产品,包括技术疗法和服务手段、装置都可以列为医药生物技术的范畴,其研究成果的规模化生产,构成了医药生物技术的产业内涵。

5. 纳米级芯片技术

自20世纪90年代以来,集成电路制造技术升级换代加快,Intel等部分技术先进的芯片制造公司已在用130 nm进行高性能芯片生产,90 nm技术即将进行生产,65 nm技术的开发也在紧锣密鼓地进行。伴随130 nm到90 nm技术的升级,考虑到扩大生产规模和降低成本,大多数公司将使用12寸代替8寸硅基板。集成电路的发展仍遵守"摩尔定律",即其集成度和产品性能每18个月增加1倍,按照器件特征尺寸缩小、硅片尺寸增加、芯片集成度提高和设计技术优化的途径继续发展。当器件特征尺寸小于90 nm时,结构达到物理极限,很多影响晶体管正常工作的因素显得越来越显著,器件的结构将发生重大的变革,进入"后MOS"的发展阶段。

近年来我国国内一些先进的集成电路制造公司的崛起,使国内集成电路制造工艺技术与国际先进水平的差距已有显著缩小的趋势。另一方面,从整体集成电路工业来看,和国外先进水平相比至少还有一代技术的差距。今后IC是纳米制造技术和系统芯片(SOC)的时代。未来一个时期内仍将以硅基IC为主体,同时又有各种新材料、新器件、新工艺在研究开发中,而12寸90/65 nm芯片技术是我国赶超的关键,其跨越了$0.13\ \mu m$和$0.10\ \mu m$芯片的尺度,它的成功将会是我国IC工业发展史上的重要里程碑和持续发展的动力。纳米级芯片技术的发展,将使计算机在其核心技术领域产生新的革命。

6. 下一代网络体系

以ATM为基础的宽带综合业务数字网(BISDN)曾经被看作是提供图像、语音和文本数据综合业务的重要网络技术。但是,随着网络应用需求的剧增,BISDN受ATM最高速率622 Mbps的限制,远不能满足三类数据综合业务的需要,更难作为能够将传统电话网络、有线电视网络和计算机网络合而为一的基本技术。Internet 在全球的成功,以及单根光纤的通信速率达到 Tbps 数量级,人们开始着手研究在 Internet 环境下实现"三网合一"的技术。

世界各国和国际通信标准化组织都在积极开展下一代网络的研究开发工作。欧洲电信标准化协会(ETSI)将 NGN 看作是提供新业务平台的未来网络概念,其主要特征是无缝地支持多种业务,实现控制层与承载资源的分离,这些资源可看作是互联网操作的网络联合体。因特网工程任务组(IETF)将重点放在发展增强的 IP 网(可扩展性、安全性、移动性等)上。而第三代伙伴组织计划(3GPP)则提出了 ALLIP 核心网络等等。

第六节 经济全球化对我国企业营销环境的影响

2001 年 11 月 10 日,中国正式加入 WTO,成为 WTO 新成员,并于 2002 年 1 月 1 日全面启动 WTO 协议。WTO 协议由其本身案文 16 条和 4 个附件组成。案文就世贸组织的结构、决策过程、成员资格、加入和生效等程序性问题做了原则性的规定,附件就多边货物贸易、服务贸易、知识产权保护等协议、争端解决规则与程序谅解等内容做出了明确规定。由此,我国加入世贸组织可以享有以下权利:一是我国可以享有多边的、无条件的、稳定的正常贸易关系;二是在货物贸易上享有"普惠制"待遇,在服务贸易和知识产权保护方面享有给予发展中国家的特殊照顾;三是可以利用世贸组织解决各种贸易争端;四是可获得在多边经济组织的发言权。同时,我国加入世贸组织后应承担的义务:一是实施关税减免;二是逐步取消非关税壁垒;三是开放服务贸易;四是加强知识产权的保护;五是放宽对外商投资的限制;六是增加贸易政策的透明度,这些条件的变化,使我国将更多地面临国际化竞争,给我国企业的营销环境造成了巨大的影响。

一、经济全球化给我国企业营销环境带来的变化

随着经济全球化的持续发展,我国企业市场营销环境也在不断地发生变化。以我国加入 WTO 为例,我国企业营销环境的变化主要有[①]:

1. 政策环境的变化

在世界贸易组织建立的协定中,明确提出了五个基本原则:非歧视原则、通过谈判逐渐推行贸易自由化原则、可预见性原则、促进公平竞争原则和鼓励发展的原则。其目的在于各成员国政府的贸易政策行为不能扭曲市场竞争,不能人为地干预市场交易,要努力减少对国际贸易的限制,大幅度地降低关税、非关税及其他阻碍贸易的壁垒,在更大范围内让市场配置各国资源,最优化运用世界资源,保护生态平衡和维护环境。在 WTO 的基本原则中,关税减免原则和非歧视原则是与中国企业关系最直接的原则。目前,中国仍维持着较高的关税水平,这虽然在一定程度上保护了中国稚弱的民族产业,但同时造成了许多中国企业对这种保护的依赖。降低关税水平大大降低了外国产品的进入成本,使得中国企业的依靠也不复存在;而破除非关税壁垒更是将这种保护彻底打破。这一系列措施使得中国企业习惯使用的政府保护性政策消失,从这些保护中获得的利益也将会丧失。

---

① 林媛媛:WTO 与中国市场营销",《商业时代》,2003 年第 2 期。

WTO的基本原则中还有一个国民待遇原则：缔约国一方保证缔约国另一方的公民、企业、船舶以及产品在本国境内享受与本国同等的待遇。这使中国企业的产品和外国产品的竞争回到同一起跑线，而中国政府为吸引外资而制定的一些优惠外商的如税收减免等超国民待遇政策则更使中国企业处境严峻。

2．消费者行为的变化

加入WTO后，随着外国产品的大量进入，外国更新的消费观念的传播，消费者的消费行为更趋理性化，购买行为中的感情因素日趋减少，靠"振兴民族产业"之类口号宣传已不能占领市场，优质的产品和服务才是消费者的最佳标准，这对中国企业提出了更高的要求。

3．营销方式的变化

中国加入WTO后的市场环境以及企业自身成本的约束将使中国企业惯用的营销方式难以奏效，必然迫使企业转变营销方式。与此同时，有着丰富经验的国外大企业不仅拥有强大的经济实力、丰富的营销经验，还有先进的物质技术手段（如互联网）的支持，他们倡导并实施适合现代经济发展的新的营销方式。随着市场不断走向成熟，营销方式也将一步步走向成熟，而加入WTO则加速了这一进程。

4．环境公平性的变化

加入WTO为中国企业进行国际市场营销提供了一个更为公平的非歧视性环境。美国国会一年一度关于中国最惠国或正常贸易条件的声音将就此打住；欧盟以反倾销的名义对中国彩电的禁入也会有一个说法。更为重要的是，在外国强势产业的威逼下，中国经济调整及其带来的痛苦，譬如就业压力等，将激发中国政府和企业界全球化发展的强烈欲望，而加入世贸组织提供的国际视野也有助于中国企业把国际市场营销更自觉地纳入自己的策略组合。

5．动态分析市场环境的变化

加入WTO后，将引起行业结构、企业行为、企业经营结果等多方面的变化。企业加速整合，注重技术水平和产品质量的提高，依靠创新推动企业发展和获取利润。

二、面对经济全球化的持续发展我国企业营销应进行的变革

上述的一系列挑战主要源于我们长期在自己熟悉的市场内运作，对迅速到来的国际市场通用准则不适应，这是进入WTO后中国企业必然要遭遇的挑战。中国企业若要生存和发展，就必须迅速调整企业的营销战略，让企业沿着国际市场所要求的方向发展。

1．理念提升

（1）绿色营销理念。随着新经济的发展，一场绿色革命的浪潮正在席卷全球，"绿色"将成为21世纪的主流，人们越来越关注人与自然的共同发展问题。"绿色营销"，顾名思义就是在企业营销的各个环节注入环保概念，使企业行为向着一个与生态环境相协调的方向进行。让产品、服务更符合现在及未来生活方式和消费方式的转变，体现出浓厚的环保意识。跟上营销的新发展，树立"绿色营销理念"是经济全球化对我国企业的新要求。

（2）知识营销理念。知识经济的重要特点在于它不是以物质产品为商品，而是以知识的传播、增值、使用作为商品。在科学技术发展日新月异、市场竞争日益加剧的形势下，要求企业对高新科技要有足够的驾驭能力。在国内外竞争中，运用知识、信息推动商品、服务等高层次经营销售行为和方式，注重生产者与消费者在文化理念上的对接，注重无形资产投资对市场营销的作用。

（3）服务营销理念。经济全球化造成市场竞争愈演愈烈，相同产品之间的质量和价格差别越来越小，传统竞争中的产品及营销策略本身的差异已很难成为决定企业竞争能力的主要因素，而作为产品附加要素的服务便成为生产厂商之间进行激烈竞争的主要武器。因此，企业要树立"服务营销"的营销观念以应对经济全球化所带来的激烈的市场竞争。同时，还应树立风险理念，正确评估自身实力，分析面临的各种风险。

2. 调整产品策略

经济全球化的持续深入，将面对越来越多的竞争者，企业只有实施产品创新，才能求得生存和发展的空间。所谓创新，按照经济学家熊彼特的解释，就是要建立一种新的生产函数，即进行对生产要素和生产条件的新组合，包括引进新产品或生产出新质量的产品，使用新的生产方法，开辟新的商品市场，获得原料或半成品的新的供应来源，实行新的企业组织形式。对企业来说，营销的创新则主要表现对产品原有消费时间、消费方法以及消费观念进行创新。

3. 采用新营销方式，力求营销方式的多样化

在经济全球化的趋势下，我国市场将发生巨大变化，企业也应相应地随着社会进步和市场变化采用新的营销方式。

（1）关系营销。关系营销以长期导向为特征，强调与顾客间的长期关系的建立和维系，通过满足顾客长期的多方面需求，建立和发展与顾客的长期关系，并由此获得长远性的经济回报。

（2）网络营销。"Internet"就像一张无形的网，在短短的几年内，就在全球不同国家得到迅速的发展，几乎渗入人们的全部生活，因而网络营销也成为了全球经济不可回避的一个商业主题。网络作为一种数字化媒体，具有许多传统媒体所不可比拟的优越性，它为企业开展跨国、跨地区的营销提供了前所未有的便利，为企业提供了平等的竞争机会。

（3）全球营销。全球营销是指企业在开展营销活动时，将世界市场视为一个整体，统一规划与协调，以便获得全球性竞争优势的一种营销方式。开展全球营销，基于各国要素成本差异上的区位优势、国际数量的规模经济和经验效应、全球分销所带来的成本优势及其对市场的保护作用，企业可以从多方面获益。

4. 加强营销管理

在经济全球化进程日益加剧的背景下，我国企业的营销管理将受到前所未有的挑战。为了适应未来复杂多变的营销环境，企业必须在营销管理方面进行创新。

（1）发展核心竞争力，培养长期竞争优势。随着经济全球化的加剧，竞争能否成功，取决于企业对市场趋势和变化中的顾客需求的反应速度、反应能力以及产品、价格、服务的差异。因而企业必须培养核心竞争力，方能保住长期的竞争优势。

（2）加强人本管理和企业文化建设。在经济全球化进程中，知识将成为创造财富的最重要资本，人本思想将真正成为企业管理的指导思想。企业进行适度的分权，实施民主管理企业，进行科学管理，建设企业文化，才能将职工个人利益同企业利益紧密联系在一起，并有利于提高员工的积极性，激发员工的创造性，提高工作效率。与此同时，企业文化的建设有利于加强企业的凝聚力。人本管理和企业文化建设是企业竞争力的有力保障。

第六章 消费者市场与购买行为

消费者市场是现代营销学所研究的主要市场,消费者的需求会对企业营销决策产生根本性的影响,它已成为企业选择营销策略与战略的基本依据。在市场经济条件下,无论是生产企业、商业企业或服务企业,其营销活动都应以消费者为中心,以满足消费者需求为营销活动的出发点和归宿点。企业只有对消费者心理及行为的特征、规律、变化趋势等问题进行全面、深入、系统的研究分析,为消费者提供高质量的产品、合理的价格和全方位的优质服务,满足消费者物质和精神需求,才能赢得更多消费者的认可和忠诚,提高企业产品的市场占有率,从而建立企业的核心能力和竞争优势,实现企业目标。

第一节 消费者市场的定义与特点

一、消费者市场的定义与内涵

顾客可以分为两种,一种是我们的企业购买者,我们称之为工业用户或组织购买者(Industrial Buyers);一种是我们的普通消费者(Consumers)。当顾客购买产品或服务的目的是为了满足自身的最终消费的时候,也就是说在这次消费之后不会存在对于产品的再加工、再售卖的过程,我们将这类产品或服务称为"消费品",购买该款产品或服务的顾客我们称为"消费者"。例如家庭主妇购买水果为了给全家榨汁喝,这时水果就是消费品,而家庭主妇便是消费者。进而,如果顾客购买产品或服务的目的是为了投入再制造、再生产与再销售,则该产品我们称之为"工业品",购买该款产品或服务的顾客我们称为"工业用户"。例如希尔顿酒店购买水果是为了筹备酒店的早餐,此时水果就是工业品,希尔顿酒店就是工业用户。

综上,由消费者构成的市场,就是消费者市场;由工业用户组成的市场,我们通常称之为组织市场、或工业市场或企业市场。从图6-1中我们可以对比这几组概念之间的区别:

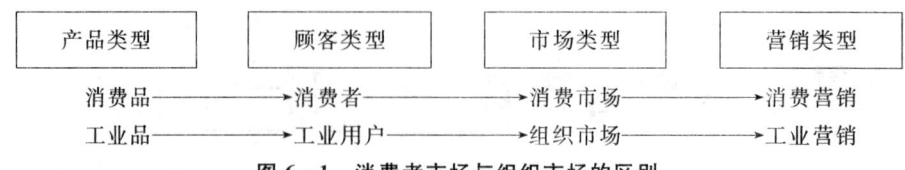

图 6-1　消费者市场与组织市场的区别

二、消费者市场的特征

消费者市场的特征是由消费需求的特征所决定的,它主要具有下列特征:

(1) 非盈利性。消费者市场是为个人或家庭提供最后的、直接的消费品市场。消费者市场的购买也称之为最终性购买。人们购买消费品,不是为了转卖,不是为了盈利,而是为了获得某种使用价值,满足自身的生活消费需要,因此,非盈利性是消费者市场的一个显著特点。

(2) 非专家性。一般来讲,消费者对商品的专门知识比较缺乏,尤其是对某些技术性较强、操作比较复杂的商品。在多数情况下,消费者购买商品受个人情感的支配与影响,或者受商家广告宣传的影响。因此,非专家性也是消费者市场的一个特点。

(3) 层次性。消费者需求总是在一定的支付能力和其他客观条件的基础上形成的。人们会有多种需要,但不可能同时得到满足,依照本人的支付能力和客观条件的许可,其满足会按轻重缓急分出先后的次序,而显出层次性。美国著名心理学家马斯洛按需要的强弱程度,把人类需要分为五个层次:生理需要、安全需要、社会需要、尊重需要和自我实现需要。

马斯洛的需要层次理论说明:人类是有需要与欲望的。一般来说,人们的需要按满足的先后而排列成由低到高的几个层次。当低层次的需要基本得到满足后,人们就开始追求更高一层次的需要,人们的需要是由低级向高级发展的。生理需要和安全需要属低层次的需要,其他三个层次则属于高层次的需要。一般来说,人们总是先满足最基本的生理需要和安全需要,而后才能视情况逐步满足较高层次直到最高层次的需要。层次性是消费者需求的最基本特征,也是消费者市场的最基本特征。

(4) 多样性。由于消费者在民族传统、宗教、信仰、经济收入、文化程度、生活方式、风俗习惯、兴趣爱好、情感意志以及性别、年龄、职业等方面存在着差异,对商品或劳务等方面的需要必然是千差万别的。例如:对家用电器商品,每个人或每个家庭,在品种、质量、价格、花色、规格及维修服务等方面的需要不尽相同,对调味品,人们的需要也是多种多样的,这就是消费需求的多样性。与此相适应,消费者市场就具有了多样性的特点。

(5) 伸缩性。消费者购买商品,在数量、品级、式样等方面往往会随着购买力水平的变化而变化,随着商品价格的高低而转移。这就是在收入和价格作用下的需求弹性。日常的生活必需品,需求弹性小,人们对它们的需求是均衡而有一定限度的;但是,其他相当多的商品,需求弹性较大,如中、高档商品,耐用消费品等。一般来说,当货币收入增多,购买力水平提高,或者商品价格降低,人们对消费品的需求会明显增加,反之,就会减少。这种消费需求的伸缩性决定了消费者市场也具有同样的特征。

(6) 周期性。从商品消费情况来看,有些商品是常年均衡消费,要经常购买;有些商品属季节或节日消费,如时令衣帽、节日消费品等。而有些高档耐用消费品,消费者一般要在其使用价值基本消费完毕,或有更好的新产品取代时,才可能购买。这就表现为消费需求的周期性,也表现为消费者市场的周期性。

（7）时代性。消费需求不仅受到消费者内在因素的影响和制约，还常常受到时代的精神、风尚及环境等外在因素的影响。时代不同，人们消费需求也会不同。如社会对知识的重视，对人才的重视。人们对书籍、文化用品等的需要就会明显增加。这种消费需求的时代性，必然决定了消费者市场具有时代性特征。

（8）发展性。消费者的需求是不会静止在一个水平上的，一般是向前推进的。随着社会生产的发展和消费者收入的提高，对商品和劳务的需求也在不断发展，且是永无止境的。如过去消费质量一般的商品，现在消费质量较好的商品；过去未曾消费过的高档商品现在进入消费；过去由自己承担的部分劳务，现在转向由社会来承担；一种消费需要满足了，又会产生新的需要等等。消费需求的发展性决定了消费者市场的发展性。

对于企业来讲，认清分析和研究消费者市场的重要意义，明确消费者市场的主要特征，有利于企业根据消费者市场的需求，结合自身的情况，来规划好生产经营活动，以便为市场提供消费者满意的商品和服务，更好地满足消费者需要。

第二节　消费者心理分析

一、消费者购买心理活动过程

消费者的心理过程是指消费者在其消费行为或购买过程中产生和变化着的心理现象。一般分为三个阶段：认识过程、情感过程、意志过程。消费者心理活动的三个过程既有相对的独立性，又相互交叉和联系，形成不可分割的有序整体，并且作为消费者心理活动的一般规律存在和变化着。

（1）消费者对商品的认识过程。消费者购买商品的心理活动，首先是对商品的认识过程，即对商品的感知、注意和思考。消费者对商品的认识是从商品的表面特征开始的，首先是通过感觉器官了解商品的外形、颜色、口感、气味等特点，继而消费者还要了解其内在质量、基本功能、价格和其他内在属性。消费者借助于感官接受了有关商品的不同信息，形成了感知，到心理指向某种特定的商品上，引起注意，消费者注意了商品，就会引起思考，通过思考过程，消费者就易于做出购买决策。

由此可见，消费者对商品的认识过程，是一个由感知到思维的过程，即由感性认识逐渐发展到理性认识的过程，它经历了一个由表及里、由浅到深的感受和思维过程。对于商品生产者和经营者来讲，应根据商品的性质和购买对象，在商品的造型、色彩、商标、命名、包装、陈列、宣传等方面，采取文字寓意、图案象征等方法，为消费者提供思维的感知材料，使其产生丰富的、美好的想象，从而引起其强烈的购买欲望。

（2）消费者对商品的情感过程。消费者对商品的认识过程，是采取购买行动的前提，并不等于必然采取购买行动，这是因为，伴随着认识过程产生的情绪和情感在许多场合下，影响消费者的购买行为。情感没有具体的表现形式，但可以通过表情、语气、神态、行为等表现出来。情感表达了人们的内心世界，也反映了人们对客观事物的基本态度，是消费者感情的"显示器"。

消费者对商品的认识所产生的喜爱与否，就是消费者对商品的情感。消费者在购买活动中所表现的情感,主要有三大类:一是积极的情绪,如愉快、满意、欢喜、热爱等,它可能使消费者对商品持肯定态度,从而增强消费者的购买欲望,促进购买行为;二是消极情绪,如不愉快、厌恶,甚至愤怒、恐惧等,它可能使消费者对商品持否定态度,从而抑制消费者的购买欲望,阻碍购买行为;三是双重的情绪,如既满意又不满意,既欣喜又忧虑,既高兴又愤怒等,它对消费者购买行为的影响具有不确定性,主要是看哪种情绪占主导地位。

消费者在购买商品时,影响其情绪状态的因素很多,既有来自消费者本身生理和心理状态的影响,也有受外界事物变化的刺激。研究和掌握消费者对商品的情绪过程,对做好企业营销工作是必要的。

(3)消费者对商品的意志过程。消费者对商品的意志过程是指消费者在购买过程中表现的有目的地、自觉地支配调节自己的行动,努力排除来自内在和外在的各种因素的影响,从而实现既定购买目的的心理活动。

意志对于消费者的购买行动,起推动和制止两方面的调节作用。它既可以推动人为达到预定目的所必需的情绪和行动,也可以制止与预定目的相矛盾的情绪和行动。这两方面作用的统一,使人能排除来自各方面的干扰,从而实现预期目的。

消费者对商品的意志过程,一般可以分为形成购买决定、执行购买决定和购后体验三个阶段。形成购买决定的阶段是意志行动的初始阶段。在这个阶段中消费者从自身需要考虑和决定购买目标,面对多种实现途径,消费者要以意志的努力和理智的思维选择一个比较满意的解决方法。然后是消费者按照预定的决策方案执行的过程,这要求消费者将想法付诸于实际行动,是意志活动的高峰。第三阶段是消费者对所购商品或劳务的意志体验阶段,这是意志过程的最后发展阶段。如果意志体验的结论比较满意,消费者就可能再次惠顾,而如果结论遭到否定或产生矛盾时,消费者就会考虑在今后的购买中回避或减少购买。

消费者对商品的认识过程、情感过程和意志过程,是消费者购买心理过程的统一而密切联系的三个方面,这三个方面彼此渗透,相互作用,共同影响消费者的购买活动。一旦消费者对某一商品的心理过程完成以后,又将根据新的要求,开始新的购买心理活动过程。

二、消费者购买心理

消费者每一次具体的购买行动的心理,都会通过其在购买活动过程中的言谈举止、行为方式显现出来。一般来讲,常见的购买心理主要有:

(1)求实心理。消费者以追求商品的使用价值为主要目标,购买商品时特别注重商品的实际效用、功能和质量,讲究经济实惠、经久耐用,而不过分要求商品的美观、新颖。具有这种动机的消费者,多属于中低档商品和大众化商品的购买者。

(2)求新心理。消费者以追求商品新颖、独特为主要目标。购买时注重商品在设计、构造、式样等方面的创新。具有求新动机的消费者往往富于幻想、渴望变化、轻视传统、追逐潮流。

(3)求名心理。消费者通常注重商品的商标与品牌,对名牌产品、优质产品有一种信任感和忠实感,乐意认购著名商标的商品。这类消费者一般经济条件较好,购买过程中以要求商品质优名优为首,不计较价格。

(4)从众心理。消费者以追求同众人一致为主要目标,购买商品中注重群体规范,把相关群体中大多数成员的行动作为自己的行动标准,以满足从属于某一群体,进行社会交际,获得社会承认的心理需要。这种购买心理最突出的表现在时兴服装与耐用消费品的购买上。

（5）炫耀心理。消费者以显示或树立自己的地位、声望权威为主要目标，有意追求某些特殊商品、高级奢侈品，要求商品在某个方面出类拔萃，具有一定的象征意义且价格为一般人不敢问津。有的消费者希望博得别人对自己的鉴赏能力或学识水平的赞赏，而有的则是仅仅为了炫耀自己的富有和优越。

（6）选价心理。消费者对商品价格极为敏感，视为选择商品的重要因素。他们在购买商品时，希望付出较少的货币，获得较大的物质利益。即物美价廉、经济实惠。但也有一些消费者在购买馈赠礼品时，往往购买价格较高商品，求廉和求贵都属选价心理。

（7）便利心理。消费者以追求商品使用方便、购买方便或维修方便为主要目标，注重省事、省力，对商品的外观、质量没有过多的要求，价格也不是重要的选择条件。消费者购买商品都希望能获得方便、快捷的服务，同时，还要求商品携带方便、使用方便、维修方便。

（8）惠顾心理。具有这种心理的消费者，由于他们长期使用的习惯，或对某个商店、某种商品产生特殊的好感，往往不假思索地、习惯地购买某个商标的商品，或长期地到某个值得信赖的商店去购买，甚至乐于充当义务宣传员，去树立某个商店或某种商品的良好形象，扩大它们的影响。

（9）偏好心理。某些消费者由于受习惯爱好、学识修养、职业特点、生活环境等因素的影响，会产生对某类特殊商品稳定、持续的追求与偏好。

（10）好奇心理。不少消费者对造型奇特、式样、装潢新颖，或富有科学趣味、别开生面的商品，或是某些传统风味的食品，会自然产生一种好奇的感觉，希望能亲自试用，满足其求新求异的欲望。

（11）习俗心理。消费者以追求信仰、遵守规范、继承传统等为主要目标，这在很大程度上是由于文化和亚文化因素对人的影响所致。具有习俗心理的消费者，大多对自己出身地、成长地的文化有着强烈的热爱、敬仰和遵从心理，也有的是慑于违背文化规范必须承受无形的心理压力。

（12）预期心理。消费者在进行现实购买时，不仅注意眼前的商品，还会对未来市场进行粗略的估计。消费者预计某种商品近期市场可能供不应求，就会发生加速购买甚至抢购的行为；当消费者预计某种商品近期市场将会供过于求，就会持币待购，采取观望态度。

消费者的购买心理还有很多表现：如时差心理、生态心理、仿效心理等等。这些心理决定了消费者购买动机和购买行为。当然，这些心理错综复杂地交织在一起，可能几种心理兼而有之，也可能分出主次。深入洞察消费者的购买心理，对于企业市场营销有着重要的作用。

第三节 消费者购买行为模式及主要影响因素

一、消费者购买行为模式

企业要制定正确的营销计划和营销策略，提供适合消费者需要的商品和服务，促进企业营销发展，必须深入地了解消费者及其购买行为。但是，消费者市场涉及的内容千头万绪，从哪里入手进行分析？市场营销学家归纳出以下7个主要问题，称为"7O"研究法：

(1) 消费者市场由谁构成？（Who）——购买者(Occupants)
(2) 消费者购买什么？（What）——购买对象(Objects)
(3) 消费者为何购买？（Why）——购买目的(Objectives)
(4) 谁参与购买？（Who）——购买组织(Organizations)
(5) 消费者怎样购买？（How）——购买方式(Operations)
(6) 消费者何时购买？（when）——购买时间(Occasions)
(7) 消费者何地购买？（Where）——购买地点(Outlets)

对企业来说，最感兴趣和最关心的问题是消费者对本企业进行的各种营销刺激作何反应。如果企业能正确知道消费者对各种产品的特点、价格、渠道及广告作何反应，这不仅有利于企业更好地开展营销活动，也有利于企业在竞争中占据主动地位，获得竞争优势。因此，企业必须深入研究营销刺激与消费者反应之间的关系，而消费者购买行为模式则是研究这种关系的一种较为有用且具有代表性的方法。

消费者购买模式如图6-2所示。市场营销因素和市场环境因素的刺激进入购买者的意识，购买者根据自己的特性处理这些信息，经过一定的决策过程导致了购买决定。在考虑经济、技术、文化及政治等外部因素对消费者产生作用的前提下，企业通过产品、价格、渠道和促销等营销刺激方式对消费者施加影响，不同的消费者由于在个性、心理、文化等方面的差异，会产生对企业的营销刺激不同的反应，进而形成购买决策，产生购买行为。在这过程中，营销人员最需要关注的是在企业的营销刺激下消费者对刺激的反应及购买决策的形成，这也是我们下面将要研究的重点。

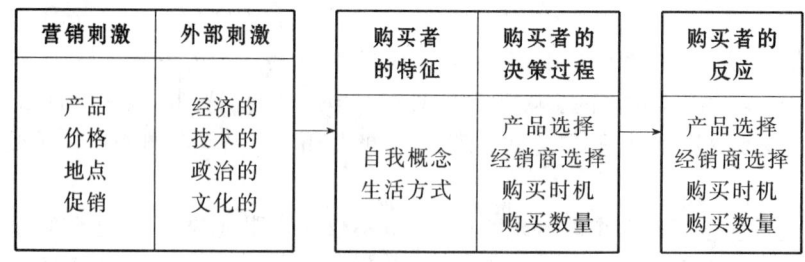

图6-2 消费者购买行为模式

二、影响消费者购买行为的主要因素

消费者的购买决策不是在真空中发生的，它要受到文化、社会、个人和心理等因素的影响（如图6-3）。这些因素从消费者感受到购买的刺激开始，一直影响到整个购买过程。而且，这些因素对每个消费者的影响是不一样的。

文化因素	社会因素	个人因素	心理因素	
文化 亚文化 社会阶层	参照群体 家庭 角色与地位	年龄 职业 经济状况 生活方式 个性	动机 直觉 学习 信念	购买者

图6-3 影响消费者购买行为的主要因素

（一）文化因素

1. 文化

文化是在人们社会实践中形成的价值观。它是一个社会作为整体接受的价值观，并把它以语言或象征的形式传达给社会中的成员。因此，文化反映了一个社会所共有的理念和传统。一个社会的价值观念会影响其成员的购买和消费模式。文化背景不同，人们的需求就会不同，购买行为也会出现差异，有些差异还很大。例如，东方文化与西方文化的背景不同，对同一件产品的款式、包装设计、图案、色彩等方面，东方人和西方人会产生不同的态度与看法。这种文化背景的差异，必然导致他们购买行为的差异。对于企业来讲，必须重视文化因素对消费者购买行为的影响。

2. 亚文化

我们知道，并不是在每一个特定国家中的每一个人都怀有相同程度的文化价值观，社会中的某些人及群体可能因为他们拥有不同于社会整体的价值观和习惯而被认为是亚文化。亚文化群为其成员提供更为具体的认同感和社会观念，如年龄亚文化群、宗教亚文化群、种族亚文化群、地理亚文化群、语言亚文化群等等。这些不同的亚文化群，对消费者的购买行为会产生不同的影响。

（1）年龄亚文化。尽管有人可能对同龄是否具备足够的同一性和独特的价值观而形成一种亚文化表示怀疑，但是营销人员已明显把同龄作为一种亚文化：年轻人、成熟一代及老年人的市场。

（2）宗教亚文化。世界上有许多宗教，影响较大的有基督教、伊斯兰教、佛教、印度教、犹太教等。不同的宗教群体表现出不同的亚文化特征，在生活方式、习俗、信仰、价值观及禁忌等方面存在着差异，这种差异也导致消费者购买行为方面的差异。

（3）种族亚文化。不同的种族群体也表现为不同的亚文化特征，如黄种人、白种人、黑种人等，各有不同的文化传统，他们之间也同样存在着需求和购买行为上的差异。

（4）地域亚文化。不同国家、不同地区，由于其地理环境不同，在地形、气候、人口分布、自然资源等方面存在着较大差异，这种区域差异往往带来生活方式、消费偏好、消费习俗等方面的差异，进而导致各地区消费者需求和购买行为的差异。

（5）语言亚文化。语言是文化的载体，也是文化的要素之一。不同国家、不同地区在语言文字上会存在着差异，甚至同一国家、同一地区会有几种、十几种不同的语言文字。他们对语言文字的使用、理解等方面存在着差异，在语言禁忌方面也会不同。这种语言文字方面的差异，必然影响着他们的购买行为和购买决策。

3. 社会阶层

人们依据其职业、收入、所受教育程度以及居住等一定的标准来鉴定消费者的社会阶层。社会阶层按照消费者的权利和威望把他们划分为上层、中层和低层。社会阶层具有四个主要特征：① 处于同一社会阶层的人的行为，比不同社会阶层的人的行为更为相似。② 人们依其所处社会阶层而拥有优劣不同的地位。③ 社会阶层同时受职业、收入、财富、教育、价值观等多种因素的影响，而不仅仅受单一因素影响。④ 在一个人的一生中，可以在社会阶层之间进行移动，可能由下层进入上层，也可能由上层跌入下层。

社会阶层是影响消费者购买行为的重要因素，社会阶层特征与广告、市场细分、产品分销以及产品开发等营销策略密切相关。社会阶层的价值观念可以为广告指明方向。例如，工薪和下层消费者更容易接受真实感很强的广告,尤其是那些展现积极生活态度,坚持不懈地工作和生活,充满精力,解决现实问题的广告。与此对照,上层社会消费者更青睐于那些微妙的象征性的手法,通过极富个性的手段展现对他们地位和自我形象的广告。而不同阶层消费者在服装、家具、娱乐、金融服务以及食品购买上的实质性差异,为营销人员细分消费者提供了基础。同样,不同阶层的消费者对产品特性和款式的反应也是有明显不同的。

由上述分析可以看出,处于不同社会阶层的人,他们在需求和购买行为方面确实存在着较大差异。企业在选择目标市场时,应当充分运用社会阶层这一细分要素,分析、研究各个社会阶层的购买行为及其差异,以便采用适当的营销策略和手段,进入和占领目标市场。

(二) 社会因素

1. 参照群体

参照群体是指能对消费者形成的信仰、态度、行为起到参考作用的一类群体。

参照群体可以按照不同的标准进行分类。按与消费者的关系,可将参照群体分为初级群体、次级群体和渴望群体。初级群体主要是家庭、邻居、同事、朋友等。这一群体虽然是非正式组织,但他们与消费者之间的关系比较密切,且经常进行信息沟通,因此,这一群体对消费者的购买行为产生直接的影响,且影响力较大。次级群体主要是指与消费者有关的各种社会团体、职业协会、学会等。这一群体一般是正式组织,成员之间的联系不如初级群体密切,只能在一定程度上影响消费者购买行为。渴望群体主要指消费者推崇的一群人,如电影电视明星、体育明星及社会名流等。这一群体尽管与消费者没有什么直接关系,但由于消费者渴望加入这一群体,则将他们的生活方式和消费行为作为自己的参照,因此,这一群体对消费者购买行为的影响不可低估。

参照群体影响消费者的道德规范和生活方式,进而影响其购买行为。这种影响一般表现在四个方面:一是参照群体为消费者提供了可供选择的消费行为或生活方式的模式;二是影响消费者个人态度和自我观念,导致产生新的购买行为;三是引起人们的仿效欲望,产生仿效行为;四是促使人们的行为趋于某种"一致性",影响消费者对商品品种、花色、品牌和使用方式的选择。

参照群体对消费者购买行为影响力的大小视产品和品牌而有所不同。据美国学者汉顿研究发现,汽车与彩电的购买,消费者在产品和品牌的选择上均受到参照群体的影响;家具和服装的购买,参照群体对消费者的品牌选择有影响;而在啤酒和香烟方面,则影响产品选择。此外,汉顿还发现,产品在生命周期的不同阶段,参照群体的影响也不一样。在投入期,消费者是否拥有该产品易受参照群体影响,但品牌选择受影响较小;在成长期,产品和品牌在很大程度上受到参照群体的影响;在成熟期,品牌的选择易受到参照群体的影响,而产品选择所受影响很小;在衰退期,参照群体对产品和品牌的影响都很微弱。

2. 家庭

在现实生活中,许多商品和劳务是以家庭为"购买单位"的,消费模式将随着家庭类型的不同而变化。而家庭类型则是由家庭成员的年龄、婚姻状况以及是否有孩子所决定。随着家庭从一种类型转为另一种类型,消费模式也会发生变化。要理解这些消费模式的变化,一个很重要的视角就是家庭生命周期,即随着家庭成员逐步长大变老,家庭所经历的各种阶段的过程。

威尔士和库帕在1966年提出了家庭生命周期的8阶段描述,见表6-1,它反映了一个家庭从结婚到逐步隐退的过程。

表 6-1 家庭生命周期

阶段	名称	特点
1	单身	年轻,单身,收入较低,但没有财政负担
2	新婚	年轻,没有孩子,有较高的可支配收入
3	满巢Ⅰ	孩子不到 6 岁的夫妇,因照料孩子收入比以前紧张
4	满巢Ⅱ	孩子 6~12 岁的夫妇,经济状况好转
5	满巢Ⅲ	有尚未自立孩子的夫妇,经济状况继续改善
6	空巢Ⅰ	孩子离开家庭,父母仍然工作,达到最高的可支配收入
7	空巢Ⅱ	孩子离开家庭,服务退休,靠退休金提供收入
8	孤独期	鳏居或寡居,收入低且医疗费用上升

上述划分是基于美国 20 世纪 60 年代人口统计和消费方面的数据进行分析的结果,但直到现在,这种分类仍然是区分各种家庭的一种非常有用的框架,对营销人员来说具有重大的意义。

3. 角色和地位

每个人一生中都会加入许多团体,而个人在团体中的位置视其角色和地位而定。一个人在父母面前是儿子,结婚成家后是丈夫和父亲,在单位是经理,每一个角色都会影响他的购买行为。每个角色的地位都反映社会所赋予的尊重程度。一位大公司总经理比一位部门经理的地位高,而一位部门经理又比公司一般职员的地位高,人们都会选择与其角色、地位相称的商品。因此,不同的角色、不同的地位、会有不同的需要、不同的购买行为。

(三) 个人因素

消费者的购买行为不仅受到文化因素、社会因素的影响,还受到年龄、家庭生命周期、职业、经济状况、生活方式、个性及自我观念等个人因素的影响。

(1) 年龄和家庭生命周期。消费者的需求与其年龄的关系很大,人们随着年龄的增长而购买不同的产品和服务,不同年龄的人对商品和服务会有不同的需要和偏好,年龄对消费者购买行为影响较大。消费者的需求和购买行为不仅受年龄的影响,还会受到家庭生命周期的影响。企业应当分析家庭生命周期不同阶段的需求和购买行为特点,制定相应的营销策略,以便更好地为消费者服务。

(2) 职业。不同职业的人,生活方式、工作生活需要不同,对产品和服务的需要也不同。如农民的大部分收入用于建房,教师在购买书籍、报纸杂志等文化用品方面花费较多,演员对服装、美容化妆品方面有较高的要求等等。可见,消费者的职业与其购买行为之间也有比较密切的关系。

(3) 经济状况。经济状况是影响甚至决定消费者购买行为的重要因素。消费者的收入情况、储蓄及资产情况、借款能力,以及对消费及储蓄的态度,在很大程度上影响其购买行为。经济状况不同的消费者在商品的选择上有着明显的差别。

(4) 生活方式。生活方式是指一个人在生活方面所表现出的兴趣、爱好、观念以及参加活动的方式,它反映出个人的社会阶层或个性所无法单独表现出来的特征。不同生活方式的人,对商品有不同的需求,如"事业型"的消费者与"娱乐型"的消费者,他们对商品的需求有着明显的不同,一个人的生活方式发生变化后,也会产生新的需要。因此,生活方式也是影响消费者需求和购买行为的一个因素。

(5) 消费者个性和自我观念。消费者的个性是指消费者的个人性格特征,如内向、外向、保守、开拓、固执、随和等等。消费者个性的差异也会影响到购买行为的差异。如性格外向的人在购买商品时,喜欢与营业员交谈,表情容易外露,一般也比较容易受到外界的影响;而性格内向的人不大愿意与营业员多谈,内心活动较为复杂但不轻易暴露,一般不易受他人的影响。

自我观念也就是自我形象。每一个人都会在心目中为自己描绘一幅形象。尽管自我形象是主观的,但消费者在实际购买商品时,如果认为该商品与自己的形象一致,往往就会决定购买;反之,则拒绝购买。可见,自我形象也是影响消费者购买行为的一个因素。

(四) 心理因素

影响消费者购买行为的心理因素一般包括动机、知觉、学习行为和态度等四个方面。

1. 动机

动机是人们从事某种行为活动的内部驱动力,是人的一切行为的内在直接原因。消费者购买动机,就是推动消费者实行某种购买行为的一种愿望或意识,它反映了消费者对某种商品的需要。消费者任何购买行为总是受一定的购买动机所支配,甚至受多种动机共同支配。事实上,由于消费者的生理需要、心理需要以及社会需要的密切联系与复杂多样,他们的购买行为往往不是单纯由一种购买动机所引起的,更多的是由多种相互关联并同时起作用的购买动机所引起的。购买动机的基本类型是针对消费者从事购买商品的原因和驱动力而言的,一般可分为以下三类:

(1) 生理性购买动机,也称为本能动机,就是指消费者由于生理上的需要所引起的购买,满足生理需要的商品的动机。一般来说,由于生理因素所引起的购买动机应该是比较明显与稳定的,具有普遍性与主导性。在现代市场,虽然生理因素是引起购买动机的重要因素,但往往混合着其他非生理性动机,如表现欲、享受欲、审美欲等等。

(2) 心理性购买动机。消费者购买行为不仅受生理动机的驱使,还受到心理动机的支配。心理性购买动机是指消费者由认识、情感、意志等心理过程而引起的购买商品的动机。它比生理性购买动机更多样。当社会经济发展到一定水平时,激起人们购买行为的心理性动机往往占重要地位。心理性购买动机,一般可分为感情动机和理智动机。

第一,感情动机。感情动机是由道德、集体感、美感、愉快感、幸福感等人类高级情感引起的动机。情感是在社会历史发展过程中,在人的实践活动中产生和发展的,它反映着人们的社会关系和社会生活状况,对消费者的购买行为有着直接的重要的影响,产生积极或消极的作用。但是由感情动机所引起的购买行为,一般具有较大的稳定性和深刻性,往往可以从购买中反映出消费者的精神面貌。

第二,理智动机。理智动机是建立在人们对商品的客观认识之上,经过分析、比较以后产生的动机,具有客观性、周密性和控制性等特点。在理智动机驱使下的购买,比较注重商品的质量,讲求实用、可靠、价格适宜,使用方便,设计科学,效率较高,服务周到等等。

(3) 社会性购买动机。是指消费者由于受社会的自然条件、生活条件和各种社会因素的影响(如政治法律、风俗习惯、科学教育、经济状况、社会阶层及参考群体等),而产生的购买满足社会性需要的商品的动机。

社会性购买动机常常与心理性购买动机密不可分。由社交、归属、成就、威望、自我发展等动机引起的购买行动,不仅给消费者以心理上的满足,而且不可避免地反映社会的政治、经济、历史、文化等环境因素对消费者的购买动机产生与发展的制约,显示出人们在需要、兴趣、价值观、受教育程度以及消费水准等方面的差异。

研究消费者购买动机,不是一件轻而易举的事情。但购买动机对市场营销策略有广泛的影响,对于商品生产者和经营者来讲,应当经常分析消费者生理性、尤其是心理性购买动机和社会性动机,分析、研究购买动机对购买行为的影响,在商品设计、销售方式、服务保证和广告宣传等方面采取有效的营销手段和策略,更好地适应消费者的要求。

2. 知觉

任何消费者购买商品,都要通过对自己的五官感觉(视觉、听觉、嗅觉、味觉、触觉)得到的印象,进行综合分析,得到知觉,才能决定是否购买。由于各个消费者的五官感觉有很大的差别,由此形成的知觉亦带有很大的差异性。

心理学认为,人的知觉是有选择性的,一般来讲,有三种知觉过程:选择性注意、选择性扭曲、选择性记忆。

(1) 选择性注意。一个人每天都会面临着许多刺激物,但他不可能注意到所有的刺激物,大部分刺激物都会被忽略掉,引起注意的只是少数。一般来讲,有三种刺激较能引起人们的注意:一是与目前需要有关的刺激;二是人们所预期的刺激;三是变化较大的、较为特殊的刺激。企业的营销人员应当采用有效的营销手段和手法(尤其是促销手段),使企业的产品和服务能引起消费者的注意。

(2) 选择性扭曲。即使消费者注意到外来刺激,并非都能正确地理解和认识,而往往按照其先入为主的观念或某种偏见加以曲解,使之与自己头脑中的想法相吻合,这就是选择性扭曲;如某人认为某一品牌的彩电是最好的,即使另一品牌的彩电的实际质量优于前者,他往往还是认为原来的那个品牌彩电最好。

(3) 选择性记忆。人们会忘掉大部分所了解的东西,而主要记忆那些符合自己信念、态度的东西,这就是选择性记忆。

3. 消费者学习行为

学习行为是指人们后天学习所表现的行为。人类除本能驱使力支配的行为外,其他行为皆属学习行为。学习行为是某一刺激物与某一反应之间建立联系时所发生的行为。

4. 消费者态度

这里的"态度",是指一个人对他人或外界事物、环境所持有的一种具有持久性和一致性的行为反应倾向。在日常生活中,态度对人们的行为有着深刻的影响,消费者的购买行为,在很大程度上受消费者对所购商品或劳务的态度的支配。

消费者对于一种商品的态度,是由三种相互联系的要素组成,即信念、情感和行为倾向。消费者信念包括对产品或劳务所具备的知识、见解和信任,消费者常常根据"见解"和"信任"决定购买,而不完全根据"知识";情感包括对商品或劳务的喜、恶、爱、恨及其他情绪上的反应;行为倾向则指对商品或劳务所采取的行为——买或者不买。对于企业来讲,应当通过调查研究,了解不同消费者的"态度",生产和经营他们需要的商品。

总之,影响消费者行为的主要因素,是上述的文化、社会、个人和心理等四个因素。其中,有些因素是营销人员无法控制的,有些因素则是营销人员可以加以利用的。营销人员应当认真、深入地分析和研究这些因素对消费者购买行为的影响,有针对性地采用营销策略、营销方法与营销手段,为消费者提供优质产品和服务,更好地满足目标市场上消费者的需求,从而,企业能取得良好的经济效益,在市场竞争中不断发展。

第四节　消费者购买决策过程

一、消费者购买决策过程的参与者

就许多产品而言,识别购买者是相当容易的。但营销人员仍必须仔细分析购买决策过程中的各种购买角色。在消费者的购买活动中可以区分下列5种角色:

(1) 发起者。第一个提议或想到去购买某种产品的人。
(2) 影响者。有形或无形地影响最后购买决策的人。
(3) 决定者。最后决定整个购买意向的人。
(4) 购买者。从事实际购买行动的人。
(5) 使用者。实际使用或消费商品的人。

消费者以个人为单位购买时,5种角色可能同时由一人担任,以家庭为购买单位时,5种角色往往由家庭不同成员分别担任。在以上5种角色中,营销人员最关心决定者是谁。某些产品和服务很容易辨认购买决定者,比如,男性一般是烟酒的购买决定者,女性一般是化妆品的购买决定者,高档耐用消费品的购买决定往往由多人协商做出。有些产品不易找出购买决定者,则要分析家庭不同成员的影响力,而这种影响力有时很微妙,而且在不同的阶段其影响力也是不同的。辨认谁是商品的实际购买者也很重要,因为他或她往往有权部分更改购买决策,如买什么品牌,买多少,何时与何地购买等,企业应据此开展商品陈列和广告宣传活动。

二、消费者的购买风险与介入程度

1. 消费者的购买风险

消费者的大多数购买决策是在一个不确定情形下做出的,即买卖双方的信息总是不完全对称的,因而,购买活动总存在着一定的风险。这种购买风险的存在可以通过购买活动的期望水平与实际满意水平之间的差距来测量。当消费者认识到这个差距的时候就发现了风险,购买风险主要由物质和心理两方面的风险组成。

物质风险主要是关于消费者的人身安全或金融等方面的风险;心理风险主要是消费者担心因购买而影响自身形象或地位等方面的风险。可以把消费者的购买风险分为四类:

(1) 有关产品或服务期望效用的风险。
(2) 形象风险或心理风险。
(3) 金融风险:是否物有所值,是否不久就会降价,未来是否需要很高的支持费用等。
(4) 人身安全风险:主要指某些带有危险的产品,如摩托车、汽车、某些家电用品等。

对风险的不同态度一般被认为是个人性格特征的一种表现,不同的人对风险的认识和对风险的处理是不同的,并不是所有的人对自己的判断都有同样的信心,也不是所有的人都能够面对周围人们挑剔的眼光,甚至是指责和讥讽。但研究表明,承担较大风险的人只有在预计到了与风险挂钩的收益后才会去冒险,也就是说,消费者对风险和收益的认识是密切相关的。在更多的情况下,消费者总是在寻求降低或避免风险的办法:依靠自己以前的购买经验;购买有良好信誉的品牌;寻找更多的信息和可靠的信息来源;将购买的责任委托给更为专业的人士;在极端的情况下,由于风险太大而放弃购买。

2. 消费者购买的介入程度

在对消费者的购买行为研究中,人们发现同一个人对待风险的态度会随着其购买介入程度的不同而不同。通常是购买风险越大,介入程度越深。

消费者购买活动介入程度取决于多种因素:① 产品的类型。如消费者购买一幢房子、一辆汽车的介入程度肯定要比购买一件衣服或一瓶洗发水深得多;② 购买目的,具有不同购买目的的消费者对于同一种购买活动的介入程度是明显不同的。例如购买自行车为交通工具的成年人,为儿子购买第一辆儿童自行车的年轻父亲,或是准备参加第一次比赛的运动员,他们在购买自行车时介入的深度不同是显而易见的;③ 介入程度会由于消费者的经验积累而随时间发生变化。例如消费者在第二次或第三次购买某种家电(如彩电、空调等)时的介入程度会远低于他们首次购买的时候。

三、消费者购买行为类型

要想制定营销策略,就必须理解消费者做出购买决策的过程。消费者决策不是一个单一的过程,显而易见,决策购买一辆汽车与决策购买一只牙刷是不同的两个过程。我们可以从两个层面上来理解消费者购买决策的制定:① 购买活动的参与程度。② 决策的深入程度。购买参与程度是指消费者对购买风险大小或对购买活动的关注程度。决策的深入程度主要可以用消费者购买产品的品牌差异程度来表征,同类产品不同品牌之间的差异小,无须在不同品牌之间精心选择,购买行为就简单;同类产品不同品牌之间的差异越大,产品价格越昂贵,消费者越是缺乏产品知识和购买经验,感受到的风险越大,购买过程就越复杂。阿萨尔(Assael)根据购买者的购买介入程度和产品品牌差异程度区分出四种复杂程度不同的购买类型(如表6-2)。

表6-2 购买行为的4种类型

		参与程度	
		高度参与	低度参与
品牌差异程度	大	复杂的购买行为	寻求变化的购买行为
	小	化解不协调的购买行为	习惯性的购买行为

(一)复杂的购买行为

不同购买类型反映了消费者购买过程的差异性或特殊性,如果消费者属于高度介入,并且了解现有各品牌、品种和规格之间具有显著差异,则会产生复杂的购买行为。复杂的购买行为要经历以下五个阶段:引起需要,信息收集,可供选择方案评估,购买决策,购后行为。如图6-4所示。

这个购买过程模式用于分析复杂的购买行为,因为复杂的购买行为是最完整、最有代表性的购买类型,其他几种购买类型是越过其中某些阶段后形成的,是复杂购买行为的简化形式。购买过程的五阶段模式表明,消费者的购买过程早在实际购买以前就已开始,并延伸到实际购

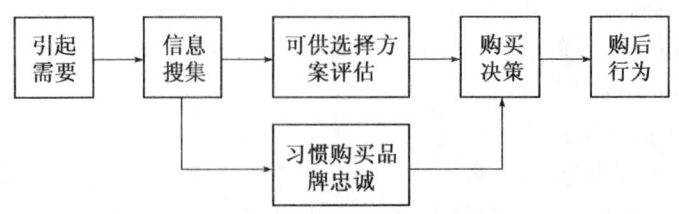

图 6-4 购买过程五阶段模式

买以后,这就要求营销人员需注意购买过程的各个阶段而不是仅仅注意销售。

1. 引起需要

引起需要是消费者购买过程的起点,消费者需要被引起之后,往往会延长一段时间,并随时间上下波动。如果被引起的需要升高到一定程度,就会变成一种驱动力,驱使人们采取行动去予以满足。如果被引起的需要在一段时间里其程度反而减弱,则不能促使消费者产生购买行为。消费者产生的需要就是一个要解决的问题,需要决定着购买动机和购买目标。需要可能是被动的,也可能是主动的。主动需要在购买行为之前就经过深思熟虑,主观意识很强;被动需要则相反,购买前没有明确的购买目标。这种被动需要,正是广告宣传的大好时机,通过广告宣传,诱发消费者的需要,进而产生购买动机和购买行为。在此阶段,营销人员应了解与本企业产品和服务有关的现实的和潜在的需求,通过恰当的营销策略,刺激消费者,诱发消费者的需求。

2. 信息收集

消费者的需要一旦被引起之后,就会收集能够满足需求的商品的信息。消费者收集信息的积极性往往随着需要程度的不同而不同。在大多数情况下,被唤起的需要不是马上得到满足,而是先存入记忆中作为未满足项目,称为"累积需要"。随着累积需要由弱变强,可分为两种情况:一是"高亢的注意力",指消费者对能够满足需要的商品信息敏感起来,虽然并不有意识地收集信息,但是留心接受信息,比平时更加关注该商品的广告,别人对该商品的使用和评价等。二是"积极的信息收集",指主动地、广泛地收集产品的信息。信息收集阶段,是营销人员引导消费者实现被动购买的最佳时机。广告或营销人员要采用鲜明对比的手法来展示产品,特别是新产品的优越性展示,以加深消费者的印象和记忆,促使其购买。

3. 可供选择方案评估

消费者在获得全面的信息后就会根据这些信息和一定的评价方法对同类产品的不同品牌加以评价并决定选择。消费者进行评价的一般步骤是:① 比较需要购买商品的性能、特点;② 比较品牌,形成品牌信念;③ 根据自己的爱好选择方案。营销人员必须了解消费者对信息是怎样处理的以便掌握消费者的购买意向,同时,营销人员在消费者确定选择方案时,可发挥必要的参谋作用。

4. 购买决策

消费者经过产品评估后会形成一种购买意向,但是不一定导致实际购买,从购买意向到实际购买还要受到很多因素的影响与制约,如他人态度、预期条件、意外因素等等。顾客一旦决定实现购买意向,必须做出一系列决策:① 产品种类决策。② 产品品牌决策,即在诸多同类产品中购买哪一品牌。③ 时间决策,即在什么时间购买。④ 数量决策,即买多少。⑤ 付款方式决策,即一次付款还是分期付款,等等。

5. 购后行为

购后评价指消费者购买商品使用后会根据自己的感受和期望进行评价,以论证自己购买决策的正确性,确认满意程度,作为以后类似购买活动的参考。消费者的购后评价不仅仅取决于产品质量和性能发挥状况,心理因素也具有重大影响。

在评价满意程度时,消费者购买产品以后的满意程度取决于购前期望得到实现的程度。如果感受到的产品效用达到或超过购前期望,就会感到满意,超出越多,满意感越大;如果感受到的产品效用未达到购前期望,就感到不满意,差距越大,不满意感越大。因此,营销企业如果希望实现顾客购后满意,在商品宣传上应实事求是,不能夸大其词,以免造成顾客购前期望高于可觉察性能。

消费者对产品满意与否直接决定着以后的行为。如果感到满意,则反应大体相同,即重复购买或带动他人购买该品牌。如果感到不满意,则会尽量减少或消除失调感,因为人的心理机制中存在着一种建立协调性、恢复平衡的驱使力。消费者消除失调感的方式各不相同,第一种方式是寻找能够表明该产品具有高价值的信息或避免能够表明该产品具有低价值的信息,证实自己原先的选择是正确的。消除失调感的第二种方式是讨回损失或补偿损失,比如要求企业退货、调换、维修、补偿在购买和消费过程中造成的物质和精神损失等。企业应当采取有效措施减少或消除消费者的购后失调感。

(二)化解不协调的购买行为

如果消费者属于高度介入,但是并不认为各品牌之间有显著差异,则会产生减少失调感的购买行为。消费者有时对于购买也高度参与(商品价格高、非经常性购买、有一定购买风险),但是,同类商品中各品牌之间不存在明显的差异,在这种情况下,消费者会到数家商店看看,可能在价格、购买时机、购买地点方面进行比较,但很快就会做出购买决策。

在购买以后,消费者可能发现产品的某些缺点,感到不够满意,或者听别人讲有品质更好的同类商品,此时消费者一般会积极、主动地去了解更多的有关情况,寻找种种理由来减轻、化解这种不协调性,以证明自己当时的购买决策是正确的。企业营销人员在营销沟通中的主要任务是及时提供有关信息和对商品的评价,使消费者在购买后相信自己做出了正确的选择。

(三)习惯性的购买行为

如果消费者属于低度介入并认为各品牌之间没有什么显著差异,就会产生习惯性购买行为。习惯性购买行为指消费者并未深入收集信息和评估品牌,没有经过信念——态度——行为的过程,只是习惯于购买自己熟悉的品牌,在购买后可能评价也可能不评价产品。对于习惯性购买行为,营销人员可利用价格与促销吸引消费者试用。一旦顾客了解和熟悉产品,就可能经常购买以至形成购买习惯。或者开展大量重复性广告加深消费者印象,增加购买介入程度和品牌差异。在习惯性购买行为中,消费者只购买自己熟悉的品牌而较少考虑品牌转换,如果竞争者通过技术进步和产品更新,将低度介入的产品转换为高度介入并扩大与同类产品的差距,就会促使消费者改变原先的习惯性购买行为,寻求新的品牌。

(四)消费者寻求变化的购买行为

如果消费者属于低度介入并了解现有各品牌和品种之间具有显著差异,消费者则会寻求变化的购买行为。在这种情况下,消费者经常变换品牌。如饼干、笔记本等的购买就是这种情况。消费者变换品牌只是为了寻求变化,并非对产品不满意,他们在购买产品时有很大的随意性,并不深入收集信息和评估比较就决定购买某一品牌,在消费时才加以评估。

市场营销

对于寻求多样性的购买行为,市场领导者和挑战者的营销策略是不同的:市场领导者力图通过占有货架、避免脱销和提醒购买的广告来鼓励消费者形成习惯性购买行为。而挑战者则以较低的价格、折扣、赠券、免费赠送样品和强调试用新品牌的广告来鼓励消费者改变原习惯性购买行为。

第七章　组织市场与购买行为

我们知道,购买企业产品或服务的不仅有广大个人消费者,而且还有许多组织用户,这些组织不仅有营利性的商业组织,还包括非营利性的政府机构和公共机构。在总市场体系中由组织用户需求构成的子市场就是组织市场。与消费者市场相比,组织市场的购买者是组织而不是个人,组织市场购买者的动机或是为了再加工制造,或是为了再销售出去,或是为了再分配给他人,或是为了执行机构和政府职能,而不是为了个人消费。因此,组织市场的购买行为与消费者市场的购买行为存在着显著的差异,组织营销不仅可看作是组织间产品和服务的营销,更可看作是组织间关系的管理和发展。

第一节　组织市场的构成及其特点

一、组织市场的构成

组织市场由所有购买产品和服务,直接用于组织消费或进一步制造其他产品和服务,以供销售、租赁或供给他人享用的组织所组成。组织市场主要由营利性的商业组织、非营利性的政府机构和公共机构组成。

1. 营利性的商业组织

以营利为目的的商业组织主要是从事产品或服务的生产、销售或转售,从而获得利润,包括服务类的商业组织、生产商和中间商。

服务类的组织用户购买产品与服务,来生产自己的产品或服务,但是购买的产品与服务不直接进入到最终产品中。如咨询公司购买办公室用品、设备和办公自动化系统;许多管道工、清洁工、食品工与运输代理商为大型化工厂与钢铁厂提供服务等。这些产品和服务对最终产品起到间接作用,而不是直接影响产品。

组织市场的生产商将采购来的商品用于进一步加工制造出其他产品或服务,以便通过销售或租赁来获得利润。例如汽车制造商对电料、纤维、塑料、颜料、轮胎等的处理。生产商的范围主要包括建筑业、制造业、金融业、运输业以及IT业等。

中间商市场则包括购买产成品(不对产品进行物理改变)并以获取利润为目的进行转售的零售商和批发商。批发商是把产品销售给零售商或直接销售给某些组织用户,零售商是把产品销售给最终消费者。零售商离产品的最终消费者距离最近,它能通过销售链反馈关于最终实际市场需求的有用信息,这对于生产商来说是非常重要的。

2. 政府机构

政府机构是产品与服务的非常重要的购买者。这一类组织购买者包括地方政府与国家政府,也包括一些国际组织,如联合国、欧盟等。他们或许是世界上最大的商品和服务市场。在美国,截至2015年8月在医疗上花费的经费约为1.4万亿美元,花费在教育上的经费约为0.9万亿美元,花费在国防上的经费约为0.8万亿美元。① 可见,这样大的购买潜力,使政府机构都成了对供应商具有高度吸引力的目标。一般情况下,政府购买合同是以招标的形式进行的。因而,特定的购买过程往往比许多商业组织中的过程更清楚、正式。特定的购买过程如下:

(1) 确定产品与服务的精确规范。

(2) 招标要求组织出价或投标来获得供应权。有的项目仅允许被认可的供应商投标,有的则对任何人开放。

(3) 对投标进行评估。评估提交的投标,从中选择成功的一个。投标是一个很有竞争性的过程,需要供应商很好地了解该过程,并能及早发现投标者提供的标价。这在很大程度上依赖于企业是否与购买机构的内部人员具有适当的联系,维持与他们的良好关系与交流(当然在道德范围之内)。正式投标一旦开始,再进行联系往往已经太晚了。在今年建立的联系与声誉可能为明年的投标带来机会。

3. 公共机构

该群体追求的目标不是利润、市场份额及投资收益这样的营利性企业的目标,他们是属于非营利性的组织,例如大学、教堂、独立的学校。这些公共机构可能有政府资助的成分,但从购买角度来讲是自主的。它们很可能遵循与政府机构相同的过程,但在选择时具有更大的灵活性。例如,大学为了进行教学、研究与咨询,必须购买大量产品与服务。大型资本项目,例如新的演讲礼堂,可能部分由政府资助,另一部分可能进行招标和封闭投标(即潜在供应商在不知道其他任何人的标价情况下,进行投标)。许多其他的需求品,会从一定范围内的不同供应商处购买,相对招标购买而言,则比较自由灵活。

二、组织市场的基本特点

表7-1显示了组织市场与消费者市场的区别:

表7-1 组织市场与消费者市场的区别

特点	组织市场	消费者市场
需求	组织	个人
供应量	更大	更小
客户的数量	少	多
采购场所	集中	分散

---

① Total 2015 Spending by Function,http://www.usgovernmentspending.com/.

(续表)

特点	组织市场	消费者市场
分销	更直接	更间接
购买的性质	更专业	参杂更多个人情感
购买的影响	复杂	单一
谈判	复杂	简单
互惠	多	少
租赁服务	更多	更少
促销	个人销售	整合营销传播

从以上组织市场与消费者市场的区别分析中,我们将可以得出组织市场的基本特点:

1. 购买者行业集中

消费者市场的特点之一,是它们绝大部分由分布广泛的许多潜在购买者组成,也就是说,它们是分散的大众市场。相反,组织市场则不同。组织市场的营销人员一般比消费者市场的营销人员接触的顾客要少,常常集中在少数行业。但是,组织市场的客户每次购买的数量都比较大,有许多中小企业往往只给某一个或两个买主供货。

2. 购买者地域相对集中

如世界上的零售巨头来我国进行大宗采购主要在苏浙和广州、深圳等沿海地区;目前我国的电子产品的生产商簇群主要集中在苏州、无锡一带;我国空调器的生产者主要集中在珠江三角洲和长江三角洲;石化工业主要集中在北京、上海、南京等地。

3. 需求的特征

(1) 派生需求。组织市场的需求是由消费者市场的需求衍生出来的。例如,消费者购买汽车导致汽车生产商需要钢铁和橡胶;消费者购买鞋子、皮包以及其他皮革类商品,才导致了生产者购买兽皮。如果这些消费品的需求下降,那么,对生产过程中所有工业品的需求都要下降。因此,组织市场营销者既要了解自己的直接顾客——工业用品的需求水平、特点及竞争情况,还要了解自己所服务市场客户的需求、特点及竞争情况,直至从客户到最终消费者之间所有环节的市场情况。

(2) 联合需求。组织的需求通常与对其他组织产品的需求紧密相关;同时,供购双方关系也十分密切。组织市场购买者行业集中,人数较少,从而大宗买主对供应商来讲更具有权威性和重要性,所以在组织市场中供购双方之间关系密切。购买者总希望供应商能够按自己的要求提供产品,交易总是在与那些在技术规格和交货要求上与购买者密切合作的供应商达成。

(3) 非弹性需求。许多工业品和服务的需求受价格变动的影响并不大,对价格的敏感性较差,即非弹性需求。例如,皮鞋生产商不会因为皮革的价格下跌而购进大量皮革,他们也不会因为价格上涨而少购皮革;除非他们可以找到满意的皮革替代品。不过生产者可因供价的不同而改变皮革的供应商。

(4) 波动性需求。工业用品和服务的需求比消费品和服务的需求波动性大,一些新工厂和新设备尤其是这样。消费需求如增加某一百分比,为了满足生产这一追加的产量的需求,就会要求工厂和设备以更大的百分比增长,即所谓的加速原理。有时消费品需求仅上升 10%,就可导致下一阶段工业需求的 20% 的增长;如果消费需求有 10% 的下落,就可导致对投资货物需求的全面暴跌。

4. 购买过程复杂

消费者购买的首要目的是为了自己或家庭。消费者的购买会受到经济与心理因素的作用或限制,但大部分情况下,这种购买是比较低风险、低参与程度的决策,可以迅速决定。相反,组织购买总是代表其他人(即组织)。这些区别导致购买过程的许多复杂问题,这就是组织购买的复杂性。

5. 购买人员专业化

组织市场购买的技术性较强,对产品质量、规格、性能等各方面都有系统的计划和严格的要求,通常由专业知识丰富、训练有素的专职采购人员负责采购。这也说明组织市场的营销者必须向他们提供大量的技术资料和特殊服务。

6. 影响购买决策者多

和消费者的购买决策相比,影响组织市场购买决策者的人要更多一些。由技术专家组成的采购委员会、高级管理人员都会影响购买决策。组织市场营销者必须雇用一些训练有素的推销代表,并且要利用推销小分队去对付老谋深算的采购者,尽管广告、促销和宣传在生产者市场促销因素中起到了重要作用,但人员推销仍然是一个重要的推销工具。

7. 团体决策

组织采购需要完全的信息,严格遵守程序,权责分明。因此,组织采购常常是团体决策,而不是个人决策。而且各个团体的角色与影响也有明显的不同,这在下文将有讨论。

8. 购买的重要性与购买类型

过程的复杂性也是由采购的重要性和组织对这一采购环境的经验来决定的。罗宾逊、费雷斯等人根据购买的新奇度不同,将组织购买分为直接重购、修正再购和全新购买。

(1) 直接重购是指组织购买所涉及的产品、服务、条件变化不大的情况下,采购部门按过去的订货目录再次购买,如办公用品、标准件、大宗化学药品等。采购人员只是根据过去各供应商的供货是否满足本企业的需要和是否感到满意而选择供应商。例如,当一个大制造商对从某个小企业购买的某种标准件很满意时,那么只要该标准件的规格、质量和价格在原来合同的规定范围内,双方就不需要再次谈判协商而直接进行交易。在这种情况下,被选中的供应商只要尽最大努力保持产品和服务的质量,竞争对手要想夺取这个市场是比较困难的。

(2) 修正再购是指当所需购买产品的规格、价格、交货条件和其他方面的情况发生变化时,买卖双方就需要进行重新谈判协商。这类购买要复杂一些,需要做一些新的调查与决策,买卖双方都有更多的决策人参与。在这种情况下,原中选的供应商会感到紧张并采取有力行动以保住现有客户。而其他供应商则把它作为扩大销售、争取用户的好机会。

(3) 新购是组织购买中最复杂的情况,是指第一次购买某种产品或服务。如购置新生产线、新办公楼或安装新的控制系统。一般来说,此种购买之前要进行大量的准备工作,新购成本和风险越大,决策的参与者和需要的信息也就越多,从而制定决策所花费的时间也就越长。新购的购买过程包括购买过程的所有早期阶段,还包括谨慎的试用安排。这种情况对组织市场营销者而言是一种最好的机会。这是一个还未被任何竞争对手占据而有待于争取的市场,市场营销人员都力图尽可能多地接近对购买有影响的主要人物,并向用户提供市场信息,帮助解决疑难问题,以及通过建立专门负责向新用户推销的机构等行为来尽力争取这个市场。

上述三种购买情况在组织中所处的地位是不同的,因而组织市场营销者在不同的购买情况下,所采用的营销策略也应该有所差别。直接重购是常规的采购,因而其决策也较常规,采购者要做出的决策项目也最少,掌握其规律较容易。新购的决策过程则较复杂,一般要经由发觉、兴趣、评估、试用及采用这五个阶段。对组织市场营销者而言,每个阶段都有其不同的要求与对策。对此,供应企业的营销人员应花更多的时间和精力进行全面深入的研究。对于修正再购,采购决策也较为复杂,供应者对此也应有一定的研究和了解。

第二节 组织市场的购买角色和购买决策

一、组织市场的购买角色

组织的购买决策通常是由组织的多个部门联合做出的,参与组织市场购买过程的来自组织各部门和各个不同层次人员的参与者就组成了某一组织的"采购中心"。在实际的组织购买中,大组织中的集体决策的特征是复杂、成本高而争议多,小组织中的决策则更多的是由个人而不是由集体做出。但是,不管决策是由集体或个人做出,在购买决策过程中总会有许多其他角色参与并产生重要影响。韦伯(Frederick E. Webster)和温德(Yorman Wind)在1972年指出购买中心有五种"角色":使用者、影响者、购买者、决策者和把关者,后来波挪马又增加一种角色:倡议者。现在这种分类已被当作一种概述的模型而被广泛接受。

(1) 使用者。他们是组织里将要实际使用这种产品或服务的人员(如生产工人、秘书、最终用户等)。在大多数情况下,使用者首先提出采购建议,陈述自己的需求,由此引发购买过程。组织也可能在决定要买什么东西时咨询或征求他们的意见。使用者在购买何种产品、规格的决策上,具有较大的影响力。

(2) 影响者。影响者是影响采购决策的人员(如设计人员、研发人员、专家及权威人士等),他们可能通过对其他人的影响,对决策的结果产生影响。他们通常协助决定产品的规格,并提供对不同方案的评估信息。这里,技术人员是特别重要的影响者。

(3) 决策者。决策者是有权决定产品需求量和供应商的人(如CEO、总经理、财务主管、总工程师、购买总监等),也可以是中级甚至是初级的管理人员,这取决于他们的职权范围。例如对于直接重购,决策者就可能是采购人员或某个部门的职能人员。而新购的最后决策权一般要交给高级经理,而他们要得到来自下级的充分信息和建议。

(4) 购买者。购买者是具有选择供应商与商定采购条款正式权力的人员(采购人员、质量管理人员等)。在例行的采购业务中,他们是主要决策者,而在较复杂的采购中则要由企业的高层人员参与决定。

(5) 把关者。他们是有权阻止销售者或情报员与采购中心成员接触的人。他们可以拒绝采购中心的某些核心成员获得某些信息,来控制信息流程。例如,秘书或采购经理可以阻止销售代表与决策者直接面谈,或者截取宣传册与邮件,并在它们到达决策者手里之前,把它们扔到废纸篓中。技术人员也可能充当把门人,因为他们以某种方式,向采购中心的人员收集、提供与解释信息。

(6) 倡议者。他们是指首先确认购买需求的人(如生产工人、联系客户的职员或经理)。

任何组织的采购中心,其大小和组成都因产品的不同而不同。例如,购买生产线设备就比购买简单办公用品的决策参与者多。因此,营销人员必须弄清以下几个问题:谁是主要的决策参与者?他们所能影响的决策有哪些?他们的影响程度如何?每一决策者所使用的标准是什么?如果某采购中心人数太多时,组织市场营销者就没有时间和能力与他们一一接触。所以,小公司就可以集中力量对付那些影响购买的主要人物,而大公司则可全力以赴进行多层次的深入营销,尽可能多地接触决策参与者。

二、组织市场的购买决策

和消费者市场的购买活动相似,组织市场的购买活动也可以分成一系列连续的相互关联的阶段。组织市场购买产品和服务的决策模型也包括信息收集、分析、选择,以及购买后的评估,但是人为因素与组织因素的交互作用,使组织购买模型更为复杂。这个过程一般分为8个阶段(如图7-1)。这八个阶段是为了描述说明在比较复杂的新购中的购买过程。显然,实际操作会与此有所不同,特别是在一些不重要的或常规性的购买情形下。虽然有些阶段看起来似乎不很重要,但如若忽略了这些阶段很可能会造成混乱,或是导致成本增加。市场营销者应当具体问题具体分析,了解用户采购者、采购的标准和采购程序等,有针对性地设计市场营销计划,从而扩大企业产品的销售数量与范围,巩固企业在市场中的竞争地位。

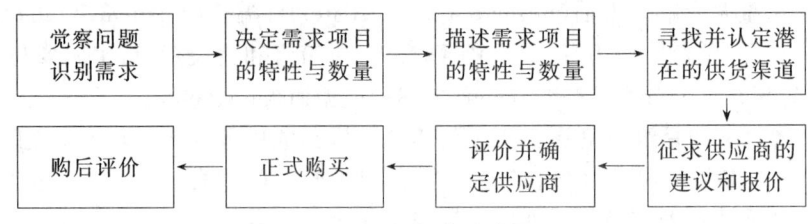

图7-1 组织购买过程

(1) 觉察问题,识别需求。觉察问题可能是由组织的内部刺激引起的,也可能是由外部刺激引起的。就内部因素而言,导致觉察问题的常见原因有:推出新产品,机器故障,例行公事,更换或补充消耗品,等等。就外部因素而言,采购者可能在某个商品展销会上产生一些新的构想,或者看到了什么广告或者接到了某位推销者的推销电话。所以组织营销者可通过做广告、访问潜在顾客等办法来刺激买方觉察问题,识别需求。

(2) 决定需求项目的特性与数量。确定了某种需求之后,购买者就必须确定所需产品的全面特性和需求数量。对于规格统一的产品,这就不算是什么问题,但对于一些比较复杂的产品,采购人员就必须同工程师或使用者等一起共同研究确定产品的全面特征。他们对产品的可靠性、耐用程度、价格和其他必备的属性,按其重要性加以先后排列,然后衡量轻重得失加以选择。在这一阶段,营销者可为采购组织提供一些帮助,因为购买者往往搞不清楚产品的每种特性有什么好处。此时,聪明的营销者应该协助购买者确定他们组织的需求。

(3) 描述需求项目的特性与数量。当组织决定所需哪种性能的产品后,就需进一步研究如何使产品的技术规格更合理化,对其进行价值分析,并详细说明:① 使用该商品能否增加价值。② 该商品的价格与用处是否成比例。③ 该商品的所有特性是否都是必需的。④ 就这一用途而言,还有没有其他更好的东西。⑤ 某个有用的零件可否能用较低成本的办法制造。⑥ 能否找到可以使用的标准产品。⑦ 拟购的产品是否有相应的生产能力,在生产规模及数量上能否保证企业所需。⑧ 是否还有可靠的供应商以更低的价格供货。⑨ 是否有人正在以更低的价格购买。当然,组织用户的供应企业也可利用这种价值分析作为促成销售的工具;供货企业的营销人员可以分析用户所关心和需要解决的问题,列举本企业能提供品质、特性更优良、价格更便宜的产品,这往往可激起采购企业的修正重购,使之从其他供应者购买转向本企业购买,从而获得新的经营机会。

(4) 寻找并认定潜在的供货渠道。组织采购人员在决定了具体采购品的规格后,便将进一步确定最适当的供应商。这可通过查找工商名录、国际互联网或征询其他公司的意见等途径来进行。在这过程中,有些供应商由于没有大量供应本组织所需的能力,或由于交货和服务方面的信誉不好而被排除考虑之列。最后,采购人员将确定几个能胜任供货的少数供应者名单。供应商的任务就是要在主要的工商企业名录簿上占有一席之地,建立本企业的网站,制定一套强有力的广告宣传和促销计划,在市场上建立良好的信誉,并且发现谁是正在寻找供应商的采购者。

(5) 征求供应商的建议和报价。当已确定预期的少数供应者后,采购主管就会约请这些选中的供应者提出报价单。产品越复杂、越昂贵、越要求供应企业提供详细的报价单,并且在对这些企业提出的报价正式接受之前,还要对他们重新加以审查,在这一过程中,会删除一些报价不当的供应商。对此,供应企业的营销人员必须十分重视报价单的填写工作,力求全面而形象地把推销产品的优点和特性表达出来,以促使采购组织乐意接受本企业的报价。

(6) 评价并确定供应商。在这一阶段,购买决策者要重新审查报价单,并最后选出供应商。他们要对供应商进行详细分析。不仅要考察他们的技术能力,还要考虑他们能否及时交货,能否提供必要的服务。

购买决策者在最后选择之前,还可能会与选中的供应商就价格和条款问题再次谈判,市场营销者可能会从好几个方面抵制对方压价。当他们的服务优于竞争对手的服务时,他们可以摆出购买者已经接受的价格。如果该产品的价格较高,市场营销者也可说明使用这种产品的生命周期成本要比竞争对手的产品生命周期成本低,并且还会有更多的花样来抵制价格竞争。

购买决策者还必须确定到底要与多少家供应商保持业务关系。多数购买者都喜欢保持多渠道供货。这样,万一某家供应商出现了问题,不至于因为完全依赖一家供应商而导致本组织经营或运行产生障碍。

(7) 正式购买。供应商决定后,采购组织就要给选定的供应商发出最后采购订单,列出所需产品的技术规格、拟购数量、交货时间、退货办法、产品保证条款和措施等。

(8) 购后评价。采购者收集使用部门对供应商所供产品的意见,对使用效果进行全面评估。一般采用下面三种方法:购买者与最终使用者直接见面,征求他们的意见,或者用不同的标准对供应商进行加权法评估,购买者还可把那些使用不理想的开支加起来,再提出一个包括价格在内的修正的采购成本。评估的结果可导致购买者继续保持或是修改、剔除原供应商,供应商的任务则是要注意购买者和最终使用者是否使用相同的参数来评估其所供应的商品。

第三节 组织市场的营销管理

不论在消费者市场上还是在组织市场上,很好地理解购买者怎样购买和为什么购买都是有效营销的基本起点。前面讨论了组织市场的购买行为特点及购买类型,认为组织购买行为会随着很多变量的变化而有大幅波动,但还是有一些共同的东西可以确定的。因而,我们就有必要对组织市场的某些特有问题进行分析,以有利于通过对营销计划、政策的制定及实施,鼓励组织购买行为。

一、产品和服务问题

一般来说,提供给组织的产品和服务的技术规格是比较复杂的,而且常常需要供应商对组织用户使用产品进行指导和帮助。产品和服务若想满足客户的要求,双方的技术部门和营销部门的职员就应进行大量的沟通和协商,双方应就产品或服务的质量、设计、交付、包装、维修等方面建立合作关系。在消费者的需求日益变得多样化、个性化和特殊化的今天,消费者市场的营销越来越注重个性化,一对一营销日益盛行。同样,在组织市场上,许多组织用户对产品和服务的需求也有着很强的特殊化要求。因而在组织市场中,鼓励关键客户的购买职能部门人员参与产品开发过程是非常有意义的,但只有在订货量很大的时候或者是这次购买对其他主要过程有重要意义时,客户化的做法才会有经济意义。当然,这时客户需付出较高的代价以满足自己的特殊要求。

二、物流问题

物流是指计划、执行与控制原材料和最终产品从产地到使用地点的实际流程,它包括产品和服务的流入和流出,并在盈利的基础上满足顾客的需要。它通常是供应链管理中的一个重点研究领域,物流的目标是管理供应链,即从供应商到最终用户的价值增加的流程。因此后勤工作的任务是协调供应商、采购代理、市场营销人员、渠道成员和顾客的活动。物流关注的重点在于全面质量管理获得的益处、使各种物品的存货最小化(少量供应)、JIT 生产方法、买卖双方的合作,现代化信息技术的发展对以上各方面的影响等。由于少量供应和低存货战略被广泛认可,人们通常会忽视保有存货的好处,对于大部分从事制造业和零售业的组织而言,存货是它们经营的重要方面。供应商若忽视其客户的存货管理战略将付出重大的代价。现在很多组织对物流系统的描述是很简化的,而事实上现实的物流系统则处于一种高度复杂的情况,即便是置身其中控制着许多相关变量的人也未必清楚,或是不能达成一致的见解。物流是一个很大很复杂的领域,它对组织的营销来说是很重要的,而且是战略的重要组成部分。

三、沟通问题

消费者营销多利用的是间接的大众媒介,而组织营销则倾向于采用直接交流的沟通方式,这是因为组织市场中客户数目较少且单个客户的购买量大,人与人之间的关系就显得相对重要。一般情况下,组织营销人员不喜欢使用大众媒介,因为在组织市场上采用大众媒介的方式没有效率且成本很高。但当组织希望建立良好的公众形象,突出组织对公众或对社会的贡献时,组织可能采用具有大量受众的媒介进行营销宣传、社会公关。在组织市场上,要吸引客户对产品的注意和兴趣,可使用消费者市场上的所有渠道。但组织市场通常会使用目标性更强的方法,如专门性的出版物、专业性会议等。

四、品牌问题

我们知道,一种产品和服务的优质品牌在市场上的力量和价值是非常大的。然而在我们的市场营销研究中,对消费者市场品牌问题研究得很多,对组织市场却很少研究品牌问题。虽然提供的产品没有什么实质性的区别(只是用途不同),但组织客户却明显地表现出对不同品牌产品的偏好。优秀的品牌意味着可以提高预期的满意程度,提供质量保证和完善的售后服务,这些都有助于削减潜在的风险。在组织市场上,这些削减风险的因素通常比微小的价格差异更有影响力。消费者市场和组织市场上购买行为的动机差异,引发了品牌名称和相关属性的设计问题:一个吸引消费者的品牌不一定吸引组织客户。例如,对消费者而言,产品品牌通常比公司品牌更重要,这可从商标设计和媒体广告中看出来;组织客户却恰恰相反,公司品牌和声誉常常比产品介绍更有影响力。随着市场竞争的加剧,以及随之而来的产品差异化和产品生命周期的缩短,组织市场上的品牌问题将会越来越受到重视。

五、价格问题

价格通常是营销中一个相当复杂的问题,组织市场上更是如此。因为双方不仅要协定某一特定合同的价格,还要商定定价结构和该合同期内适用的相关规则。显然,在组织市场上,价格协议不仅仅是一个简单的价格计算方法,它还依赖于组织之间的相互判断、预测、战略前景、协调和关系。组织市场上的价格在不同组织购买情况下,其复杂程度和重要性也不一样。直接重购中的价格问题不如新购中的价格问题复杂,因为直接重购中涉及的变量较少,而且有许多先例和已经确立的关系,更易于协商。新购决策中可能涉及的因素很多,其价格在一定程度上都是可以协商的,这主要取决于客户对交付安排包装、服务等方面的安排。影响组织市场价格的一些问题主要有[①]:

(1) 产品/服务问题:① 客户化程度。② 产品开发中客户的作用。③ 服务和支持要求。④ 可靠的质量和相互信赖。⑤ 交付安排(数量、时间、频率)。⑥ 包装(形式、结构、特殊处理)。⑦ 销售方案(综合的一揽子商品)。

(2) 支付问题:① 数量(折扣、特殊资源的需要)。② 价格歧视(如对不同的客户)。③ 合同条件(如固定成本、流动成本、租用渠道)。④ 支付安排(贷款、归还、柜台交易)。

(3) 过程问题:① 协商过程(个人的作用、专业工作者的作用)。② 相互依赖(转移成本、咨询场所)。③ 竞争性投标(投标成本、将来的购买)。

(4) 竞争问题:非价格竞争(增值程度、替代方法的可能性)。

第四节 组织市场购买的影响因素

影响组织购买者做出购买决策的因素很多,如在供应商所提供的产品或服务十分相近的情况下,任何供应商的产品或服务都能满足本组织的需要,组织采购者的购买决策更多的是依个人因素而做出,而在供应商的竞争性产品或服务有很大差异性时,组织采购者就会考虑得更多。一般来说,可把这些因素分成四类:环境因素、组织因素、人际因素和个人因素。如图 7-2 所示。

---

① 多米尼克·威尔逊著:《组织营销》,机械工业出版社,2002 年版,第 94 页。

市场营销

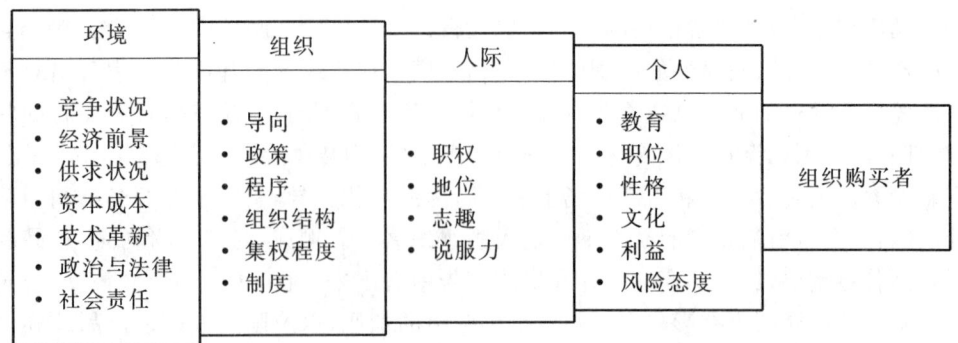

图 7-2 组织市场购买的影响因素

1. 环境因素

环境因素主要指企业外部周围环境的因素,包括政治、经济、法律、技术、竞争等。在环境因素中组织购买者受当时的和预期的经济环境因素影响极大,如基本需求水平、经济前景和资本成本等发生变化时都将影响到组织的购买。当经济不确定性的风险提高时,组织市场购买者将会停止厂房设备等固定投资,同时也会减少存货。在这种情况下,供应企业只有降低价格,才能刺激消费者购买。

组织市场中购买者也受环境中的技术、法律及竞争的发展所影响,这些环境因素决定了市场方向,也直接影响到各个组织的购买计划和购买决策。营销人员必须密切注意这些因素的发展变化,随时就这些因素对组织市场的影响方向和程度做出判断,及时采取相应的营销策略,力争把环境中的威胁转化为企业的机遇。

2. 组织因素

组织因素主要是指企业内部的因素,每一个购买组织都有其具体的目标、政策、程序、组织结构和系统。供应商的营销人员必须尽可能地了解这些问题。特别是在整个世界经济进入信息化、知识化、互联网日益普及的今天,各个组织在采购方面已经出现了以下一些明显的趋势,这对供应商来说是非常值得关注和研究的。

(1) 网上采购。随着互联网的飞速发展,电子商务交易模式已成为一种很重要的发展趋势:企业与企业之间的网上交易增长巨大,且增长速度也非常惊人。有专家预测,电子商务的发展必然带来交易模式的变革,当然也包括采购模式。网上采购之所以能够成为不可抗拒的潮流,在于它能够带来以下这些方面的变革:① 减少了数千万职员和订货操作员。② 缩短了从订单到派送之间的时间。③ 购买者和供应者双方分摊交易成本。④ 统一的购买系统。⑤ 建立购买者和供应者之间更为密切的联系。⑥ 缩短了大型和小型供应商之间的距离。

(2) 集中采购。在设有许多分公司或事业部的公司里,各分公司或事业部由于各自的经营业务的差异,其需求也不一样,因此,大部分的采购是由各自独立的采购部门分别完成的。目前许多公司出现这样的趋势:公司主管部门将各事业部的采购工作集中起来,统一由某一个事业部集中采购,集中采购能为公司节约大量开支,并能明显提高效率。这对供应商的营销人员来说,这一发展意味着他们必须和人数较少,但素质较高的采购者打交道。供应商们可能需要考虑改变原有的销售模式和组织结构,以适应新出现的集中采购趋势。

(3) 长期供应联盟。20 世纪 90 年代以来,战略联盟已成为整个世界企业间的一道独特而亮丽的风景线。生产商与其上下游环节不同企业之间建立联盟,各自签订长期供应联盟:制造商与代理商(经销商)的联盟、供应商与生产商的联盟、生产商与组织客户的联盟等等。例如，世界零售业巨头沃尔玛有众多供应商联盟,它委托许多中小企业生产各种类别的产品,然后采用沃尔玛品牌销售。在这个联盟中,沃尔玛以低廉的成本树立起自己的品牌,而供应商们则赢得了稳定而可观的销售额,在激烈的竞争中得以生存。

(4) JIT生产。JIT生产即准点生产,它要求在生产过程中的每一阶段能准时收到所需的全部原材料和零部件,准点的目标是质量100%合格和零库存。它意味着原材料送达用户工厂的时刻与该用户需要这种原材料的时刻正好衔接。这就对供应商提出了挑战,要求供应商能够频繁和准时交货,保证严格的质量控制,并且需要和生产商进行充分有效的沟通,通过电子订货系统来完成合同订单。

(5) 大规模定制。大规模定制是指对定制的产品进行个性化的大规模生产以及服务。这一生产方式把大规模生产和定制生产这两种生产模式的优势有机地结合起来。其目的是,在保证企业经济效益的前提下,了解并满足单个客户的需求。大规模定制生产包括了诸如基于时间的竞争、精益生产、敏捷制造和微观销售等许多现代管理思想的精华。其核心目的是,面对产品品种的多样化和定制化需求的急剧增加而不相应地增加成本。大规模定制的出现改变供应商的运作模式,一些制造商和零售商正与有限的供货商共享即时生产和销售数据,通过和供应链伙伴共享信息,他们期望整个供应链的库存量能有实质性的降低,并能够优化供应链,增强对顾客的反应能力。

3. 人际因素

人际因素主要是指组织内部的人际关系。组织的采购决策过程比较复杂,参与的成员比较多,如前面介绍的有使用者、影响者、决策者、购买者、把关者和倡议者六种购买角色。这六个方面形成了决定购买行为的人与人之间的关系。他们起着不同的作用,而且有时一个人可以担当几个角色。由于各种角色在组织中的职务、期望、目标等方面不同,他们之间复杂的人际关系将直接影响到组织的购买决策。供应商的营销人员在制定产品或服务的销售决策时,应尽量分析各个角色对组织购买决策的影响程度,弄清决策中心,从而能够更加有针对性地制定和实施营销策略。

4. 个人因素

每个参与组织购买的人,在决策过程中都会掺入个人的感情因素。而这些因素又受年龄、收入、教育程度、职位、性格以及对风险的态度等的影响。因此,每个采购人员都各有采购的风格。如有些是"简练"型购买者,有些是"外向"型购买者;一些年纪轻、受过良好教育的采购人员对供应商的选择比较周密,通常要对各个供应商进行竞争性分析;而一些老资格的采购人员富有经验,善于和供应商进行谈判而取得购买主动性。

第五节 关系营销和战略联盟

一、关系营销

我们在前面讨论组织市场上的购买者的决策问题时,是以购买者决策为中心来研究组织市场的,而现在的很多研究已把注意力转向了组织间的关系,这样,更可能把组织的购买过程了解的更清楚。因此,关系营销就在组织市场上流行了起来。关系营销是寻求并建立与顾客的持续伙伴关系的战略,关系营销重新定义了组织购买者与销售者的基本作用,供应商正调整思路与管理方式对购买者的标准与要求做出积极的反应,采购组织也在努力提高与供应商之间关系的质量以尽可能降低风险。供应商通过为组织顾客提供价值使顾客满意,从而与组织顾客建立良好关系,这样,供应商就能够从回头客和顾客推荐中获得更多利益,使销量、市场份额、利润增加。采购组织也能从供应商的稳定关系中受益,与供应商的伙伴关系能有效地降低成本,保证产品的质量。

一般来说,维持一个顾客的成本是吸引新顾客成本的1/5,并且留住顾客的可能性在60%以上,而获得新顾客的可能性不足30%。供应商和采购组织之间高质量关系的建立,相互忠诚,就能够相互产生更多的价值和满足,这种价值和满足可以通过多种形式反映出来,如经济利益、相互信任、优待的感觉以及产业结构互补等。波特指出,一个与供应商网络建立了有利关系的组织将因为在联合问题解决与信息交换方面的相互促进而获得竞争优势。因而,关系营销不单是一种流行的趋势,而是有强烈的产业力量驱动产生的:竞争产生的对质量、速度、成本的有效性以及新的产品设计的需求。

在组织市场的实际购买过程中,可以很容易发现一些购买决策除了传统的购买原因外,很大程度上是为了与有价值的供应商保持良好的关系。帕克森把组织关系引入组织购买决策的研究后,提出了组织购买的互动模型,他把组织购买过程描述为供应商和组织顾客中的参与者之间的互动。这种互动关系的形成需要双方进行交换的积累过程,这种需要积累的交换主要包括购买、信息、绩效以及社会关系等方面的相互交换。而这种互动关系的形成提高了买卖双方的转换成本,使双方认识到建立长期关系的重要性,从而促进双方关系的进一步强化和密切,进而可能发展到建立战略联盟关系。

在组织市场上,买卖双方建立密切合作的关系在当今强调柔性生产、即时生产的环境下显得尤为重要。但任何类型的关系都是动态变化的,会随着时间的变化而不断地改变。这种关系的发展变化可以用德威尔等人提出的关系生命周期理论来说明。德威尔等人把关系生命周期分为五个阶段:知晓、探索、扩展、投入和解散。

(1) 知晓。知晓就是双方了解并认识到对方的存在和能力。这可能是销售访问、贸易展览或其他初次接触的结果。

(2) 探索。探索涉及到发现,这一阶段拥有所有青春期关系的不安全性。它是双方获得经验的过程,并不真心投入地进行测试,结果可能具有很高的不确定性。这可能意味着小量的试验订单,或者甚至是一些预定前的评估。

(3) 扩展。扩展具有浪漫与新婚的特点。两个伙伴协同工作,重视自己得到的好处,订单越来越多,相互越来越信任。这个阶段中,双方越来越投入,甚至可能进行特定的调整,来更好地满足对方。不确定性减少了许多,两个组织人员中的成员可能开始建立良好的工作与社会关系。

(4) 投入。在投入阶段,新鲜感已经过去,但协作者愿意协同工作,在他们周围建立可预见的稳定的环境。双方具有高度信任与尊重、良好发展的人际网络,销售人员已经成为特定产品与服务的主要供应商,可能已经到了相互具有较高依赖的地步。绝大多数关系保留在此阶段,但也有少数进入了下一阶段。

(5) 解散。该阶段可能相当于离婚。如果稳定性与满意情况已经达到成熟阶段,那么很可能的危险来自于自满。例如,销售方缺少革新或服务提升,可能促使采购者转向一个更年轻、更有能力的、以消费者为导向的供应商。

二、战略联盟

战略联盟,有时也叫战略伙伴关系,是指企业间为实现某种共同的目标,通过公司协议或联合组织等方式而结成的一种联合体。战略联盟可以采取许可或分销协议、合资企业、研究与开发集团以及合伙等形式。战略联盟可以是生产商之间、生产商与顾客之间、生产商与供应商之间、生产商与渠道中介之间的同盟。在组织市场上,更多的是涉及生产商与供应商之间、生产商与渠道中介之间的同盟。例如美国的施乐复印机公司的管理层认为,为了保持其在复印机业的领先地位,该公司必须"让供应商成为施乐家族的一部分";中国的荣事达公司与家电零售巨头苏宁电器签订了中国厂商之间第一个"战略联盟合约"等等。

企业战略联盟的出现是企业经营环境变化的一种必然结果。近十几年来,企业间竞争的程度越来越剧烈,随着经济全球化的不断发展,使得任何单个企业在从事生产经营活动时,都必须面临世界范围的竞争挑战。同时,由于当今科技的高速发展和产品的日益复杂化,无论企业实力多么雄厚,单独控制所有产品和所有技术的时代一去不复返。而传统的价值链中可挖掘的潜力(比如削减费用、减少管理层级、重新设计流程、改善信息系统及办公自动化等)越来越少,向组织内部寻找有效的生产力提高的来源越来越困难了,而组织之间通过团结合作,合力创造价值,充分利用网络资源,挖掘组织间的生产潜力,就可以协助企业获得前所未有的获利能力和竞争优势。战略联盟正是在这一背景下产生的。

从制度经济学角度看,企业间建立战略联盟是为了在市场交易中寻求一种节约交易成本的制度安排,企业间通过合作可以稳定交易关系,进而减少交易费用,矫正市场缺陷,同时又可以抑制交易的"内部化"倾向,从而避免组织失灵;从营销学角度看,企业间的合作不仅能够节约相互之间的交易费用,而且可以通过获取合作伙伴的互补性资产,扩大企业运筹外部资源的边界,聚合彼此的在不同价值链环节中的核心能力,合作创造更大的顾客价值。无论从哪个角度看,其结论是一致的,即企业间通过联盟合作建立伙伴关系,要能够合理分工的基础上,在相关的业务活动过程中相互配合,降低其中的协调成本,增加共享受益,从而获取更多的"净竞争优势"。

在组织市场上,企业可以通过结成营销战略联盟来实现各种短期和长期的目标。企业加入战略联盟典型的原因有:降低进入新市场的风险和成本;弥补当前市场与技术基础之间的差距;将多余的生产能力转化为利润;扩展现有经营的范围;追求规模经济生产以及削减退出市场的成本等等。

在组织市场上,企业之间的市场营销战略联盟是企业在仔细研究了企业的战略环境的前提下,为了实现其长期的、整体的战略目标,而与其他企业结成的联合开拓市场、联合开发新产品、联合使用商标品牌等的营销资源共享关系。它主要有以下几种方式:

1. 品牌联盟

品牌是现代企业最宝贵的无形资产,具有极高的共享价值。日益风靡大陆的特许加盟制就是品牌联盟的典范。柯达在中国之所以取得惊人的扩张速度,很大程度上归功于其特许加盟经营方式:只要符合基本条件,任何店铺都可以申请加盟"柯达彩扩冲印点"。柯达统一配置设备、供应相纸和装修店面。

2. 新产品开发联盟

新产品的开发成本高、风险日增,有些项目的开发成本即使行业巨头也无力独立承担。2014年在苹果公司和IBM公司的联盟计划中,苹果公司希望利用IBM企业客户关系的专业知识,提供一些苹果简单易用的企业产品。而这类应用程序将利用IBM的计算服务专业,为企业客户提供更好的服务。而IBM看起来想将更多的商业软件推广到企业员工的移动设备上。双方都从中受益,节约了巨额的研发成本,还增强了市场竞争力。

3. 分销渠道联盟

销售渠道是营销下游的重要环节,渠道竞争已逐渐成为企业竞争的焦点。世界经济一体化使市场空间空前广阔,单个企业要凭自身力量在全球范围内建立完整的分销体系是不经济也不可能的。因而,许多行业的跨国公司与在国外关键市场拥有卓越经销系统的竞争对手结成联盟,共同使用对方的分销渠道。

4. 促销联盟

促销联盟包括广告、营业推广和推销等各方面,一般发生在不同种类、无竞争性的产品之间。百事可乐与天猫结成广告同盟,每一瓶百事可乐的瓶盖上上都有天猫标志。一家酒店和航空公司联盟,凡在酒店消费达一定限额的顾客可获得一张该航空公司的免费机票;反之,在航空公司累积飞行达一定里程的顾客也可免费入住该酒店。此案例成功的关键在于经常飞行的消费者往往也是酒店的频繁光顾者。目标顾客群重合度高的促销联盟最为有效。

5. 价格联盟

寡头垄断行业的价格联盟最有利可图。将定价统一规范在一定界限之内,既可避免无谓的恶性竞争、省却博弈的烦恼,又可提高行业进入壁垒,有效防止新竞争者的加入。虽然会对消费者的利益稍有损伤,但从行业前途来看,这也未必不是一种两全其美的良策。

6. 垂直联盟

垂直联盟是指营销上下游环节不同企业的联盟。制造商与代理商(或经销商)的联盟、广告主与广告公司的联盟、企业与供应商或客户的联盟均在此列。这类联盟的特征是联盟主体处在价值链的不同环节上,代表垂直一体化的一种形式。

在实际形成的战略联盟发展过程中,有些是非常成功的,而有些却失败了。国外企业战略联盟的实践表明:战略联盟从本质上讲是不稳固的,联盟的平均生命周期仅为7年。那么,企业如何协调与联盟中其他企业关系,是能否确保合作的长期性和稳固性的关键。如何解决这一问题呢?根据国际经验,企业战略联盟的成功依赖于以下一些关键因素:

第一,合作伙伴能够给联盟带来互补的技术、能力与市场。例如,我国荣事达和海信两大企业结成的战略联盟在产品、能力与市场诸多方面存在着高度的互补性。首先,双方在专有技术上具有高度的互补性,荣事达在白色家电技术上有很强的优势,洗衣机的仿生搓洗技术、网络水流技术、模糊技术都在国内处于领先地位,而在冰箱制冷方面更具有世界领先的"季候带"技术、保鲜技术、智能化等先进技术;海信则用黑色家电起家,在数字技术和变频制冷技术等方面拥有很强的优势。其次,双方的经营领域具有明显的互补性,虽然大家都是家电企业,但荣事达以生产和销售洗衣机、电冰箱和小家电产品为主,海信则以生产和经营电视机和空调器见长,二者在市场上没有直接竞争,而二者产品的加总却基本上构成了一张全能家电企业的产品清单。其三,双方现有的生产能力具有互补性,荣事达拥有强大的洗衣机与冰箱生产能力,其冰箱生产线更有"亚洲第一"的称号;海信的数字电视生产基地与变频空调生产基地无论在规模上技术上都有很强实力。其四，双方在营销资源上也有很强的互补性，这包括市场信息的互补和营销网络的互补等。最后，以上各个方面的资源互补归结为一点，还是人才的互补，企业人力资源的互补性。战略联盟着意于全面发挥这些资源互补的潜在能量，随着战略联盟方案的实施，企业之间的优势互补效应将逐步显现，两大企业各自的核心竞争能力理所当然地都会增强。

第二，合作伙伴之间的市场交叉程度很低，利益上冲突少而共同利益多。建立联盟的目的，就是通过不同企业的优势互补和整合，而达到 $1+1>2$ 的效果，以实现双方的共同利益。为了共同利益，联盟中的参与者不应该再仅仅以对自己是否有利来选择合作策略，而是以对整个联盟是否合适来做出选择。只有通过建立共享利益愿景，确立共同发展目标，充分发挥各自的竞争优势，才有利于合作关系的发展，才能在合作过程中强化各自的竞争优势。

第三，合作双方能够妥善处理企业文化与管理模式上的差异或分歧，加强相互信任，发展出双方共同拥有的新的企业文化与管理模式。信任是合作联盟稳固的重要基础。如果联盟的一方在保护自己的知识和能力不泄露给对方的同时努力学习对方的知识和能力，或在学习到对方的知识和能力之后就马上终止联盟。这种机会主义行为，实际上是把联盟看成是一次性知识交易，而不是基于长久合作的知识和能力分享。对于合作联盟而言，知识转移的效果需要较长的时间才能表现出来。而且在联盟中的学习效果往往是不对称的，联盟一方努力学习对方的知识与能力，而另一方却所获不多。显然，这将使联盟不稳定，知识和信息转移难以成功，更谈不上通过联盟来创造新的知识。因此，企业之间只有通过逐步建立起的相互信任，才能够降低协调成本，减少沉没成本出现的概率，从而提高联盟的资源合成能力，使得合作具有更高的生产率。

应当指出，企业合作不可缺少文化整合因素。在很多购并企业的案例中，文化整合往往成为决定成败的关键因素之一。因此，结成联盟的企业在企业文化上具有相似性，并在合作进程中不断加强文化整合交融，无疑是极为重要的。

第四，要注重对关系资源和网络资源的维护。关系资源和网络资源是合作联盟参与者在参与联盟网络后所获得的独特优势。这些资源构成了联盟内企业独特的、具有生产性的异质性资源，而且这些资源也是别的企业难以模仿与抄袭的。换言之，联盟不仅是对已有资源的重新安排，而且能够产生新的资源，这些资源一经产生便具有一定的稳定性和相对的独立性，既可以被企业共享来发挥作用，也可以被企业单独运用来实现经营目标。因此，联盟内的企业应该特别注意对这种关系资源和网络资源的维护。

第五，在企业联盟发展中增强自身的竞争能力。在激烈变动的竞争环境中，竞争优势主要来自于企业的创新能力和控制能力。这种创新能力和控制能力往往需要通过在企业联盟中强化组织学习来获取。通过战略联盟，合作伙伴可以学到对方融化在组织之中的知识，从而得到新的组织知识和技能。因此，企业应该通过联盟学习尽可能多的新技术和新知识，最大限度地利用联盟关系增加内部资源，不断地增强企业自身的竞争优势。这也是企业能够被联盟中其他企业所接受、所尊重的重要原因。一个没有自身竞争优势的企业是不可能在合作联盟中长期存在的。

第八章　营销竞争分析

今天,市场环境日益复杂,市场上的竞争主体也越来越多,这就使得市场竞争变得相当激烈。许多发达国家的企业利用手中的技术和资金在发展中国家建立生产线,并把更便宜的商品输入市场;一些行业在很短的时间内出现大量的竞争主体等。这些都使今天的市场竞争变得更加激烈,因此,企业在了解顾客的同时,还必须得注意和了解竞争对手。

第一节　竞争者分析

企业生存在由环境及若干家提供相同或类似产品(服务)的竞争者及其关联企业组成的行业生态系统中。为赢得市场,企业对这样的竞争对手做出全面分析,以强化自身竞争能力,获取差异优势。菲利普·科特勒认为,企业营销竞争分析的步骤和内容应包括以下五个部分(见图8-1)。

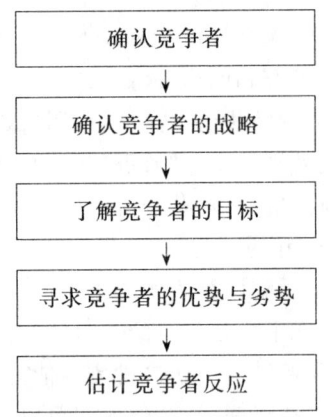

图8-1　营销竞争分析的步骤和内容

一、确认竞争者

(一)竞争者概念的拓展

对企业而言,其营销竞争分析的基本和首要的问题是:谁是我们的竞争者。通常,人们所理解的竞争是指那些生产和销售与本企业相同或类似产品的现实的厂商,如"可口可乐"认为"百事可乐"是其主要竞争者,"熊猫"电视机可能认为"康佳"是其主要竞争者,等等。事实上,一个企业的竞争范围绝非仅限于现有的竞争者,它还包括潜在的竞争者。一般说来,来自潜在竞争者的市场威胁可能要比现有的竞争者更大,它除了因"竞争者近视"极易受到企业的忽视外,更主要的原因是潜在的新竞争者往往带来更为创新的技术及经营手段,且持有更为充裕的资源,它们从其他行业通过新建、兼并或联合的方式进入原有企业的市场,要么引发一场产品更新的革命,要么导致原有企业平均利润率的下落。因此,我们有必要重新审视竞争者的概念并对其考察范围重新拓展和界定。

菲利普·科特勒从产品替代性的观点出发,将企业的竞争者划分为四个层次,企业在进行营销竞争分析时,可根据其实际状况和需要确认其竞争者目标。

(1) 若其他企业以类似的价格提供类似的产品服务给同一消费者群,则企业可视之为竞争者,例如,"奥迪"轿车可以将"丰田"、"本田"和"福特"等相似价位的汽车公司视为其主要竞争者,而不认为"劳斯莱斯"或微型汽车是其竞争对手。

(2) 企业可以认为所有出售相同和类似产品和服务的厂商为其竞争者,此时,"奥迪"轿车也可以将所有汽车制造厂商,包括廉价的微型汽车制造商等视为其竞争者。

(3) 企业亦可以将所有生产的产品能提供类似服务的企业看作其竞争者。这样,"奥迪"轿车则将其竞争者的范围扩展为包括轿车、卡车、摩托车、自行车等在内的交通运输工具制造行业。

(4) 企业还可以认为所有竞争同类顾客消费额的企业为其竞争者。因此,"奥迪"汽车制造企业则将其竞争空间拓展到所有销售耐久消费品的企业为其竞争者。

由此可知,随着企业竞争者的内涵、外延的丰富和拓展,竞争对象的数目及竞争程度亦随之呈现出复杂性和多样性。企业在实际操作中可根据外部客观环境的变化以及自身实力和战略发展不同阶段的主观要求,对其竞争者及其范围进行界定和选择,从而有的放矢地培育和建立其市场竞争优势。

(二) 确认竞争者的产业分析

从营销竞争的角度看,企业所跻身或拟进入的产业环境要比企业的其他外部环境,诸如政治、法律、经济、文化等环境对其生存和发展的影响来得更为关键和具体。所谓产业,是指向顾客提供一项或一组产品或服务,并且各种产品或服务之间具有较高替代性的企业群体。这里的替代性,经济学上定义为产品需求的交叉弹性,即在某一产品价格和消费者收入均不变的情况下,另一产品的价格变动会相应引起该产品的需求变动。如咖啡与茶是替代产品,其较高替代性表现为咖啡的价格上涨会使得茶的市场需求量上升。

一般说来,企业之间的对抗和竞争是在其所处的产业内部进行的,其营销竞争的方式和程度并非取决于产业中现有竞争者的行为及其预期,而从根本上取决于该产业的主要结构特征。这些结构特征影响着企业的产业活动,如产品发展、定价及促销活动等等。因此,企业在营销竞争分析,包括对其竞争者进行识别和确认时,必须构筑在企业对其产业结构充分认识的基础之上。菲利普·科特勒将某一产业的基本结构特征归结为以下六个方面,即:竞争者的数目及其差异化程度;产业进入和移动障碍;产业退出和缩减障碍;成本结构;产业的纵向一体化;产业的市场区域范围。以下我们就从这六个方面逐一考察和分析。

1. 产业中竞争者数目及其差异化程度

了解某一产业中竞争厂商的数目及其产品的差异化程度是企业认识该产业结构特征的起点,也是企业确认其竞争对手以及制定其营销竞争策略的依据。从产业理论角度分析,我们可以将产业结构划分为以下五种类型(如图8-2)。

	一个企业	数个企业	大量企业
无差异产品	完全垄断	完全寡占	完全竞争垄断
差异化产品		差异寡占	垄断寡占

图8-2 产业结构五种类型

由图8-2可以看出,产业结构五种类型的划分是以产业中竞争者的数目以及其产品是否同质或差异化为依据和标准的。划分的目的是为了使企业能够清楚其所处的产业竞争格局,以便企业在确认其竞争的基础上制定相应的营销竞争策略。

(1)完全垄断是指产业中只有一个企业独家控制市场中一种产品的生产和销售。完全垄断的原因一般是由于对生产要素的独家控制、特许和专利权、政府法律规定以及规模报酬递增等因素所造成。如美国铝的生产行业,在相当长的一段时间,由于铝的主要原料——铝矾土为美国铝业公司所控制,因此铝的市场一直为其所完全垄断。又如,国家的铁路、邮政等公司的独家经营亦属此类。在无替代产品和潜在的竞争者的情况下,完全垄断性企业出于利润最大化动机的驱使,极有可能以提高价格和降低服务等手段来攫取超额垄断利润。

(2)完全寡占通常是指市场中只有少数几个企业生产和销售相同产品,且其中任何一个企业在该产业的总产量中均占有相当大的份额。完全寡占的原因通常是由于规模经济、资源的可获得性以及技术专利等因素所造成,如石油、钢铁等产业。在这类产业中,每个竞争企业均是价格的接受者,其竞争利益的获得只有通过努力降低成本以及追求最大规模经济效率来实现。

(3)差异寡占一般是指产业中几个企业向市场提供部分差异化的产品或服务。如美国汽车制造产业,通用、福特、克莱斯勒和美国汽车公司四大企业几乎控制了汽车总产量的100%。这里的差异化通常是指在产品品质、特性、风格以及服务等方面所表现出的与众不同。这样,可使各竞争企业通过各自的市场定位成为各自市场区隔的领导者,以吸引具有不同偏好的顾客,并以此"独特性"追求产品的高附加值。

(4)垄断竞争是指在某一产业中拥有大量企业,且这些企业向市场提供完全差异或部分差异的产品或服务,例如零售商店、饮食业、旅馆业等等。属于垄断竞争的各个企业往往更加注重市场细分与市场定位,其营销策略组合亦更多地遵循消费者导向,并通过对消费者需求和偏好的满足来巩固和加强它在该市场区隔的垄断地位。

(5)完全竞争通常是指某一产业内存在大量企业,且这些企业向市场提供完全相同的产品或服务。现实生活中最符合完全竞争假定的企业要数证券公司、批发商了。由于产品或服务的无差异性,故竞争者的价格通常是相同的。完全竞争的企业获取高额利润的唯一途径便是努力降低产品的制造和销售成本。

2. 产业进入与移动障碍

一般说来,市场具有高度吸引力的产业必然会受到众多投资者的青睐,一旦其蜂拥加入该产业,则会造成平均利润率下降,从而构成对产业内企业的入侵威胁。对于产业内现有企业来说,这种入侵威胁的大小取决于该产业的进入障碍的差异程度,但一般而言,某一产业的进入障碍有以下六个方面:

(1)规模经济:大规模的经济性表现为在一定时期内产品的单位成本随总产量的增加而

降低。规模经济的存在阻碍了对产业的侵入,原因是它迫使入侵者要么以大规模投资并承担原有企业强烈反击的风险,要么以小规模投资而接受产品成本方面的劣势。

(2) 产品差别化:主要是指原有企业的产品由于其广告宣传、品牌、特征等原因,已在消费者心目中树立了信赖和忠诚。入侵者必须耗费巨资去克服这种偏好,因此风险较大。

(3) 高度资本需求:有些行业的进入,如汽车、钢铁、石油等,需投入大量的资金,这笔巨额投资便构成了阻碍入侵者的屏障。

(4) 转换成本:是指企业由原供应产品转变到另一供应商那里所遇到的一次性成本。若这种转变成本较高,则构成一种产业入侵障碍。

(5) 销售渠道:若原有企业已密集地占据其产品的销售渠道,使得入侵者难以确保其产品销售的通畅,则构成入侵障碍。

(6) 与规模无关的成本劣势:原有企业拥有一些入侵者无法模仿的成本优势,如专利技术、原材料控制权、政府补贴、经验曲线等等,亦成为一种抵御入侵的障碍。

总之,以上六种进入障碍使得潜在的竞争者不能自由进入该产业。即便进入某一产业,在面对更具吸引力的市场区隔时,亦会遇到种种移动障碍。

3. 产业退出与缩减障碍

与产业进入与移动障碍相类似,产业中企业欲退出不再具有吸引力的产业或缩减其经营规模时,亦面临着以下五种障碍:

(1) 专用性资产:资产对某种具体业务或具体地点的专用性会使其清算价值降低,或使其转变成本上升;

(2) 战略牵连:即使某一经营单位欲从某一产业中撤退或缩减,亦有可能为了顾及企业的全局利益而最终得以保留;

(3) 感情障碍:由于某一产业过去曾为企业创造过辉煌的战绩,或对该产业的熟悉、忠实以及傲慢等原因,使得企业不愿从纯经济的角度做出撤退决策;

(4) 政府与社会的约束:政府出于对失业或地区经济的忧虑,或者企业对消费者负有法律和道德上的义务等等,这些因素亦可能成为企业撤退或缩减的产业障碍;

(5) 缺乏其他机会:若企业感到从原产业退出后,无法选择与其竞争优势相匹配的市场机会,亦有可能使其在原产业踌躇不前,从而成为一种产业退出障碍。

4. 产业的成本结构

产业的成本结构一般是指产业中各种成本的组合方式。不同的产业,其成本结构是不尽相同的,甚至相差很大。例如钢铁业的制造中原料成本比重极大,而化妆品业的促销成本却占其总成本的大部分。一般说来,某一产业中的企业为了赢得其预期的竞争优势(主要是成本优势),总是将其注意力集中在其成本比重最大的方面,并采取相应的策略降低或控制其总成本。这在生产同质产品且固定成本比重较大的产业中表现得尤为明显,如石油、钢铁等重化工产业。

5. 产业的纵向一体化程度

产业中的企业出于对增加其获得率、效率以及控制力的考虑,有可能通过前向或后向发展的纵向一体化方式实现其在产业的竞争优势。如石油加工业,其前向一体化是发展化工产品的市场销售系统,而后向一体化是发展其原料供应系统,如探勘、钻井、精炼等等。纵向一体化的直接好处是成本的相对降低和对整个附加值流程的控制。对实现纵向一体化的企业来说,其抵御入侵者以及撤退的产业障碍都较高。

6. 产业的市场区域范围

一般说来,产业的市场区域范围对于企业竞争的确认以及相应营销竞争策略的制定关系甚大。一个高度区域性产业和一个全球性产业对某一具体企业来说,其营销竞争的方式和程度相去甚远,这就意味着企业必须通过对其所处产业市场区域范围的界定来统筹其市场营销竞争策略,以建立自身的竞争优势。

(三)确认竞争者的市场分析

以上从产业的角度考察了企业的竞争,下面从市场的观念出发,即从满足目标市场消费者需求的角度来考察企业及其竞争。营销学认为,消费者购买产品的根本目的并不在于产品本身,而在于产品能为消费者提供的效用或利益,并继而从效用或利益的实现过程中获得满意和愉悦。例如,一家铅笔制造企业向消费者提供的并不是铅笔本身,而是一种书写能力。从这个意义上看,该铅笔制造企业的竞争者并不仅局限于其他铅笔生产企业,还应该包括钢笔、圆珠笔等制造企业,因为它们同样可以满足消费者对书写能力的需求。一般说来,从市场需求的角度看待和分析竞争,可以使企业实际地考虑其潜在竞争者的存在,并以此制定合乎实际的市场竞争策略。

企业竞争者的市场分析涉及到市场细分、市场预测以及市场定位等诸多方面的内容。这里我们可以通过"产品市场分析图"的绘制来辨别企业的竞争者。即通过产品属性或价位等细分因素与市场细分因素的结合来考察消费者尚未满足的需求以及市场竞争的空白点。企业则可以根据自身的目标和实力进入相应的细分市场或竞争领域。如图8-3就是根据产品及消费者年龄来考察牙膏市场的"产品市场分析图"。

产品区隔			
纯牙膏	A公司 B公司	A公司 B公司	A公司 B公司
含氟牙膏	A公司 B公司	A公司 B公司	A公司 B公司
乳胶牙膏	A公司 B公司 C公司	A公司 B公司 C公司	A公司 B公司 C公司
条状牙膏	D公司	D公司	
吸烟者牙膏		E公司	E公司

图8-3 产品市场分析图

由图8-3可以看出,A公司与B公司已占据了9个市场区隔,C公司占据3个,而D公司与E公司分别占据2个市场区隔。若D公司欲进入其他竞争者所占据的领域,则必须认真评估每个市场区隔的市场容量、现有竞争者的市场占有率及其实力状况、营销目标和相应策略。值得注意的是,企业产品市场区隔的拓展存在着一定的移动或进入障碍。这方面内容详见本节第二部分。

二、确认竞争者的战略

一般说来,某一市场的竞争激烈程度与该市场企业的竞争战略相似与否存在着很大的关系。竞争者的战略导向愈相似,则竞争愈激烈。理论上可以根据竞争战略的相似性将某一产业或市场竞争归类于不同的战略群体。迈克尔·波特认为在产业或市场竞争中,竞争的战略群体不外乎采用总成本领先战略、别具一格战略和目标集聚战略等三种战略(本部分内容参见第三章第二节)。

三、了解竞争者的目标

确认竞争者及其市场竞争策略的目的是透过竞争者的种种市场行为来判断和了解它对其未来活动的预期,即竞争者的市场动机或目标绝不是单一的,而是一个相互联结、相互支持或相互制约的多样化、多层次的目标网络。此时企业分析的关键不仅在于发现和了解竞争者的主要市场目标(它从很大程度上统领和制约着其他次要目标的发展与实现),而且更在于判断和掌握竞争者众多目标之间的内在联系及其在时间、层次上的过程渐进性。这样,方可真正做到知己知彼,才能使企业相应制定明确的对抗性竞争目标及其策略。通常,竞争中企业的经营目标有以下几个方面:

1. **短期利润极大化目标**

利润极大化目标一般包含短期与长期两个方面。一个追求利润极大化的竞争者往往会在短期和长期利润收益的获取方面做出抉择。以短期利润极大化为目标的竞争者通常将其短期利润指标作为考核企业经营绩效的重要依据。因此,其竞争策略无疑更偏重于降低产品的制造与销售成本。在其营销策略因素组合方面,亦更多地表现出对当期收益的关注。如美国大部分企业的短期利润极大化目标,由于企业的股东出于对其权益的考虑,往往以某一阶段内定量化的利润收益水平来评估企业的经营绩效,倘若股东失去信心,则将导致由于股票的抛售而引起资金成本上扬。一般而言,追求短期利益极大化的企业竞争行为可能更多地表现出直接攻击性。

2. **市场占有率目标**

以市场占有率为目标的竞争者往往更加注重企业的长期利益,并以产品的市场份额和销售成长作为考察企业经营绩效的关键指标,以此来指导企业的市场行为。因此,该类竞争者一般更加关注产品的开发研究、定价的渗透性和销售渠道的密集性,以及促销、广告攻势,而将成本因素放在次要地位。如日本的大部分企业追求市场占有率极大化。为了达成预定目标,它们往往耐受长期的较低利润甚至亏损,而一旦市场拓展成功,击败其竞争对手之后,则开始谋求市场丰厚的利润。一般说来,以市场占有率为目标的企业,其竞争行为可能更多地表现出长期性、隐蔽性和间接攻击性。

3. **企业成长目标**

企业成长目标通常包括两个方面的含义,一是企业未来规模的扩大,二是企业经营领域的拓展。由于判断企业规模的标准不同,则规模扩大的内容亦不同,可以表现在销售额、固定资产、人员数量的增加等方面。同样,在扩大要素投入与产出规模的过程中,企业既可以专门生产现有的产品品种,也可以在巩固现有产品市场的基础上向其他领域拓展(如一体化或多角化经营)。由于企业的成长目标往往与企业经营的安全性、社会知名度等密切相关,故愈来愈受到众多竞争者的推崇。一个追求成长的竞争者通常十分重视企业对外部环境的适应性,通过对其优势与劣势,机会与威胁的比较分析,不断地扩大其规模实力,并随时准备进入新的竞争领域。特别是实施多角化经营的竞争者,一旦其确定竞争的突破口,往往比其他企业在资源调集、分销渠道、技术实力以及竞争的耐久力等方面具备相对优势,因此更加具有潜在的侵略性和威胁性。

四、寻找竞争者的优势与劣势

不同的竞争者能否通过其竞争策略实施达到目标的关键在于每一个竞争者的资源与实力状况。企业在市场竞争中欲挫败其竞争者,必须能够准确地衡量竞争者的优势和劣势。并以此寻求战胜的突破口。一般说来,有关竞争者优势、劣势分析表现在以下几个关键方面:

(1) 产品。包括:① 每个细分市场中,产品在顾客心目中的地位。② 产品线的深度和广度。③ 产品的销售额及其销售增长率。④ 产品的市场占有率。⑤ 产品边际利润。

(2) 销售渠道。包括:① 渠道的覆盖面和效果。② 渠道关系网的实力。③ 为销售渠道服务的综合能力。

(3) 营销能力。包括:① 营销策略组合的技能水平。② 市场调研的技术能力。③ 销售人员的培训与精干程度等等。

(4) 生产。包括:① 生产成本状况,即规模经济性、经验曲线、设备新旧状况等等。② 设施与设备的技术完备情况与机动能力。③ 专有技能、专利或成本优势。④ 生产能力扩充、质量控制、工艺安装等方面技术能力。⑤ 运输成本。⑥ 原材料来源与成本。⑦ 劳动力状况与成本。⑧ 纵向一体化程度等等。

(5) 研究开发能力。包括:① 专利状况。② 产品、工艺的创新能力。③ 研究开发人员的创造性。④ 与外部研究技术的接触与消化能力等等。

(6) 总成本。包括:① 总相对成本。② 与其他经营单位分摊的成本。③ 竞争者在何处造成某种规模或其他影响成本状况的条件等等。

(7) 财务实力。包括:① 现金流。② 短期与长期借贷能力。③ 在可预见的未来获取新的自有资本的能力。④ 财务管理能力:包括筹措资本、信贷、库存以及应收账目等等。

(8) 组织。包括:① 组织中价值的统一性和目标的一致性。② 对组织近期带来的负担。③ 组织的战略一致性等等。

(9) 综合管理能力。包括:① 决策层的素质与号召力。② 竞争者的内部协调能力。③ 管理层的年龄、素质与职能方向。④ 管理幅度。⑤ 管理的灵活性和适应性等等。

(10) 其他。指政府的特惠待遇及其所获取的优越条件。

对竞争对手的优、劣势分析可借助于竞争态势矩阵(competitive profile matrix,CPM,如表 8-1)进行量化评价,将本企业与竞争对手间的营销关键性活动综合性比较,以确定企业的竞争战略地位,特别是发觉主要竞争对手(目标竞争者)的特定优势和劣势。

建立竞争态势矩阵的五个步骤如下:

(1) 列出企业营销关键性因素。因素除表 8-1 中涉及之外,其他还可包括产品线的长度与宽度、销售促进、物流配送效率、通路布局、人员效率与经验、技术优势、电子商务技能等;

(2) 赋予每个因数以权重,其数值由 0.0(不重要)到 1.0(非常重要);

(3) 按照各因素对企业营销战略实现与业绩支撑的有效反应程度给每个关键性因素进行评分。范围 4~1 分,"4"代表影响力最强,"3"代表次强,"2"代表影响力弱,"1"代表次弱;

(4) 用每个因素的权重乘以它的评分,即得到每个因素的加权分数;

(5) 将所有因素的加权分数相加,得到企业的总加权分数。

表 8-1 竞争态势矩阵

关键因素	权重	A公司 评分	A公司 加权分数	B公司 评分	B公司 加权分数	C公司 评分	C公司 加权分数
广告	0.20	1	0.20	4	0.80	3	0.60
产品质量	0.10	4	0.40	4	0.40	3	0.30
价格竞争力	0.10	3	0.30	3	0.30	4	0.40
管理能力	0.10	4	0.40	3	0.30	3	0.30
财务状况	0.15	4	0.60	3	0.45	3	0.45
用户忠诚度	0.10	4	0.40	4	0.40	2	0.20
扩张能力	0.20	4	0.80	2	0.40	2	0.40
市场份额	0.05	1	0.05	4	0.20	3	0.15
总计	1.00		3.15		3.25		2.80

注释：评分涵义：4＝最强，3＝次强，2＝弱，1＝次弱

表 8-1 中，广告与扩张能力是最为重要的影响因素。A 公司与 B 公司产品质量上乘，评分获得 4 分；B 公司财务状况较好，获得 3 分；C 公司相比之下整体上表现最弱，其加权平均分 2.80 说明了这一点。

需要说明的是，用竞争态势矩阵获得的总加权评分反映了公司与竞争对手之间的相对优劣。通过对比较能为企业发现自身竞争能力，找寻对手的缺点，以便为制定应对性的决策提供支撑。

一般而言，任何有关竞争者的资料都可能有助于企业发现和估计竞争者的优势与劣势，并使得企业有可能预测其未来的发展方向和市场行为，这样可以帮助企业明确在其规划控制的市场中向谁挑战以及怎样挑战。因此，有必要建立和完善企业的竞争情报系统，通过对不同层次、不同领域有关人员的接触（如企业销售人员、顾客、供应商、市场咨询机构以及贸易伙伴等等）以及发行的有关刊物（如政府出版物、学术论文、杂志等），收集有关竞争者的重要资料，并依照资料的有效性与可靠性进行挑选、分类和分析。尽管有些资料收集难度较大且成本较高，但若不收集则付出的代价可能会更大，企业就不可能在残缺不全的资料基础上对其竞争者的优势、劣势做出准确、客观地分析和评估，从而做到"知己知彼，百战不殆"。

五、估计竞争者的反击方式

通常，一个竞争者的目标及其优势、劣势往往决定了它在面对其他企业竞争性活动时有可能采取的反击方式。在现实的营销竞争中，常见的竞争者反击方式有以下四种：

1. 悠闲型竞争者

悠闲型竞争者在面对其他企业进攻或营销策略变动时，一般不会立刻做出强烈的反应，往往认为顾客对其产品是偏爱和忠诚的，因而对市场竞争态势的变动置之惘然。造成这种迟钝反应的原因或许是因为竞争者的傲慢自信，或许是因为其缺乏创新的动机或能力，或许是因为竞争者资金缺乏等等。企业在面对该类竞争者时，必须设法了解其无反应或反应迟钝的真正原因。

2. 选择型竞争者

选择型竞争者在面临其他企业的攻击时,并非对所有攻击都做出反应,而是有选择地对某些攻击采取反击行为。如对其他企业的降价行为采取强烈反击,而对其增强广告攻势置之不理等等。一般而言,当其他企业的策略变动触及该类竞争者的根本利益或敏感区域时,它才会做出反击行为。企业在面对该类竞争者时,必须了解哪类策略能激起它的反应,并采取相应有效的反击行为。

3. 勇猛型竞争者

顾名思义,勇猛型竞争者是指对任何一种攻击都采取快速与强烈反应的一类竞争者。该种类型竞争者在其强烈反击的同时,向所有其他企业显示其威慑力量,奉劝其最好不要采取任何攻击行为,一切攻击都将遭致它的反抗且最终是无效的。如若勇猛型竞争者的力量确实强大,则企业应回避与其正面冲突,并尽量使攻击行为隐蔽化。通常可以采用的攻击方式有侧翼进攻、迂回进攻以及游击战等等,并在实施过程中注重其灵活性和渐进性。

4. 机率型竞争者

机率型竞争者是指在面对其他企业的攻击时,其反应无法预测的一类竞争者。它有可能会,也可能不会采取某种反击行为,且这种可能性是无法预测的。企业面对该类竞争者时,可以考虑采取试探性攻击行为,如若未遭到反击,再逐渐将此攻击拓展和延伸。

一般而言,竞争中企业的攻击与反击有可能造成至少一方利益的受损。为此,美国波士顿管理顾问公司创始人布鲁斯·汉德森提出竞争应遵循的三个原则:首先,应考虑与竞争者合作,并使之清楚合作带来的利益以及不合作可能要付出的代价;其次,尽量避免任何会使竞争者情绪化的攻击方式,因为合乎逻辑和理性的竞争行为对于双方的利益是至关重要的;第三,设法使竞争者明确企业对其目前市场地位的信心以及保卫其市场地位的决心,使竞争者不敢轻举妄动。只有这样,企业才可有的放矢地选择可攻击或应回避的竞争者。

第二节 行业竞争分析

分析研究行业生态系统中的竞争力量,是一项十分细微和复杂的工作。现代企业的竞争对手越来越广泛,迈克尔·波特认为应抓住最主要的五种竞争力量进行分析研究。具体包括现有竞争者、潜在竞争者、替代产品竞争者、购买者竞争力量、供应者竞争力量等五个方面。这五种竞争力量的相互关系如图8-4:

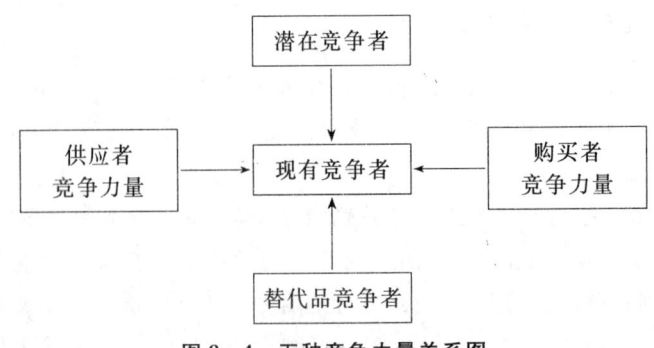

图8-4 五种竞争力量关系图

一、现有竞争者

现有竞争者是指行业内生产同类产品的企业,特别是指同处于一个战略群体内的竞争者。对现有竞争者作分析,一般来说,应从竞争对手的目标、判断、战略、实力等四个方面进行分析。目标和判断是分析竞争对手的动力,战略和实力是分析竞争对手的行为。对现有竞争者的分析包括确认竞争者,确认竞争者战略,了解竞争者目标,寻求竞争者优、劣势以及估计竞争者反击方式等内容(参见本章第一节)。

二、潜在竞争者

潜在竞争,一般是由新建企业以及老企业转产后加入本行业的竞争。在市场经济下,由于潜在竞争者的加入,必然会加剧行业内部的竞争,包括争夺市场和争夺原料。这样,也必然使原有企业对潜在竞争者做出必要的对策和反应。从而使新加入的竞争者处于不利的地位。尤其是市场供应较为充裕的商品,或者在少数企业垄断竞争的情况下,新加入者往往会遇到更多的困难。这些不利因素和困难条件主要表现在以下几个方面:

1. *规模经济*

规模经济是指每个时期内,产品或从事生产产品的业务、职能的绝对量增加时,它的单位成本下降。也就是说,在一般情况下,生产批量越小,成本越大。规模经济迫使新加入者必须以大的生产规模进入,并冒着现有企业强烈反应的风险;或者以小的生产规模进入,但要忍受产品成本的劣势。这两种选择都会令人难以接受。

规模经济几乎存在于企业的每一个职能之中,如制造、采购、研究和开发、市场营销、服务网络销售能力的利用以及分销等。规模经济可能与一项职能的全部领域有关,也可能只涉及某一职能领域中一部分特定的经营业务和活动。例如,在电视机的制造中,彩色显像管生产规模经济意义大,而细木工艺和器件组装的规模经济意义不大。由于单位成本和规模的特殊关系,分别检测成本的每一个组成部分是很重要的。另外,多角化经营公司的各部门如果能够和公司其他经营单位共同分享规模经济条件下的经营业务和职能,在目标市场区隔内已形成大多数经营者参加的纵向联合等,都会使原企业享受到规模经济的利益,而给后来者增加进入障碍。

2. *产品的差异性*

产品的差异性包括产品的质量、品种规模、价格、包装、服务、广告等方面。新加入的竞争者与原有竞争者相比,如无更能满足用户的某种特殊需要就会有较大的困难。产品差别化形成了进入障碍,迫使新加入者进行巨大投入去克服原有企业用户的忠实性。这种努力通常是以亏损作为代价,而且要花费很长时间才能达到目的。如果新加入者失败,那么在广告商标上的投资是收不回任何残值的。因此这种投资具有特殊的风险。

在婴儿保健品、药房直售药品、化妆品等行业以及投资银行业务、公共会计业务中,一般产品差别化是最重要的进入障碍。在酿酒工业中,产品差别化和规模经济共同在生产、市场营销和销售渠道上形成较高的进入障碍。

3. *规模无关的成本劣势*

原有的企业常常在其他方面还具有一些成本上的有利条件,而且潜在的加入者无论取得什么样的规模经济,都不可能与之相比。例如:① 专利产品技术。通过专利权或保密来保护产品的技术诀窍或设计特征的专利。② 原材料优惠。原有企业可能已经封锁了最优惠的货源,并将其价格固定在原来需求较低时的水平上。③ 有利的位置,以便实现他们的全部价值。④ 政府补贴。优厚的政府补贴会使原有企业在某些经营中长期受益。⑤ 知识或经验曲线。指在某些经营活动中,随着企业生产某种产品的经验越来越丰富,产品的单位成本明显下降的一种趋势。

4. 追加投资及其风险

一般地说,新加入的竞争者在产品开发、品牌推广、渠道建设、营销人员培训等方面需要花费一定投资。投资费用越大,其风险也越大。例如:

(1) 风险投资。不能确定能否补偿预先支付的广告费用或者预先支付的研究和开发费用时,形成的进入障碍更为明显。资本不仅在购买生产设备上是必需的,而且在用户信贷、存货或弥补投产亏损等业务上也是必需的。

(2) 转换成本。转换成本是指购买者将一个供应者的产品转换成另一个供应者的产品所支付的一次性成本。转换成本包括雇员再培训的成本、购置新的辅助设备的成本、检测新资源的费用和时间以及产品的再设计等,甚至包括中断关系的心理成本。

(3) 分销渠道。由于产品的正常分销渠道已经为原有的企业服务,新加入者则必须通过让价、合作、广告津贴等来说服这些分销渠道接受他的产品。不过,这样会减少新加入者的利润。产品的批发渠道或零售渠道越有限,它与现有的竞争者的联系越紧密,新加入者要进入该行业就越困难。

5. 国家的方针政策

新加入的竞争者必须充分了解和掌握国家有关的方针政策以及法律、法令,如关于技术改造、产品质量、供销渠道、销售价格等方面的政策。如果新竞争者盲目上马或盲目发展,必然会受到国家的行政干预,严重违法者要受到国家法律制裁。

三、替代产品竞争者

替代产品竞争者,是指其产品在功能上能代替原有的产品的生产者。随着科学技术的发展,新产品、新技术不断出现,原有的各行各业都会受到替代产品竞争者的威胁。尤其是出现功能更好、价格低廉的替代产品,其威胁就更大。它不仅会影响原有产品的价格和市场销路,甚至会大大地缩短原有产品的生命周期。替代产品在生产资料方面有广泛的发展,如以塑代钢,以纸代木等等。在现代社会中,消费资源方面的替代产品也有很大的发展。要识别替代品,就要研究那些和本行业的产品具有同样功能的其他产品。有时要做到这一点并不是一件容易的事,它会使人感到所进行的分析与本行业的业务相去甚远。

替代品能顺应潮流,不断改进它们与其所竞争的行业产品在价格实施上的均衡关系;或者替代品是那些获得高额利润的行业生产出来的。从实际情况看,当一个细分市场增加竞争活动并且引起降价或销售促进时,替代品常常会迅速进入该市场并参与竞争。这种变化趋势的分析,在决定是否从战略上阻止替代品具有重大意义。例如,在安全警卫行业中,电子报警系统是有强大竞争力的替代品,它会变得越来越重要,因为人力警力的成本会越来越高,而电子报警系统的成本会越来越低。所以安全警卫行业的比较合适的措施,是提出一个人工警卫和电子系统的一揽子交易。而这里的警卫人员与过去不同,他们应能熟练操纵电子系统,决不应该试图采取通过加强人工警卫系统去取代或超过电子报警系统的做法。

四、购买者竞争力量

购买者的竞争方式有压低价格,或要求以较高的产品质量或更多的服务成交,以及使销售者互相倾轧等。所有这些方式都是以降低供货商的获利能力以及提高购买者自己的利益为目的的。一个行业的重要购买集团的竞争能力,取决于它所处的市场状况的一些特性,同时也取决于它在该行业的购买活动与其整个业务相比较的重要程度。

购买者主要包括个人消费者和团体消费者。生活消费资料的购买者主要是个人;生产资料的购买者主要是企业和单位。每一个生产企业必须充分了解和掌握购买者的需求情况和竞争因素。

1. 对购买者的评价和分析

一个企业要正确地评价和分析每一个购买者,这是一项极为复杂的工作。一般可以从以下三方面进行评价和分析:① 不同的购买者有其不同的需求,一般可通过市场细分寻求和确定企业的目标市场;② 购买者的结构分析,就是对用户的购买动机、行为以及购买的方式和途径等进行评价分析;③ 对购买者的增长潜力进行评价和分析。主要是了解和掌握购买者的经济实力及其需求的增长趋势。

2. 购买者的竞争因素

影响购买者之间相互竞争的因素,主要有以下几方面:① 同类产品购买者的数量。集中购买某种产品的用户越多,其竞争的程度也越大,但是,对生产者之间的竞争压力反而会小一些。② 产品的差异程度。一般地说,产品差异程度越大,购买者选择余地越大,购买者之间的竞争压力就会小一些,而生产者之间的竞争压力就会大一些。③ 购买一体化的程度。对于有些商品,购买者需要配套购买,尤其是生产资料。生产企业可以向市场购买某些零部件,也可考虑自制,这必然会引起购买者之间或生产者与购买者之间的竞争。④ 掌握商品信息的程度。包括广告、产品、价格、服务等方面的信息。购买者掌握的信息量越多,其竞争程度也会越大。

购买者的竞争能力也是会变化的。上述因素随着时间的推移或由于公司的战略决策等原因发生变化时,购买者的能力也会自然而然地上升或下降。例如,在服装行业中,如果购买者(商场或服装店)已经被大的零售商网点所集中和控制,那么该行业就要受到日益增长的压力的影响,而且还会遭受边际收益下降的损失。到这时,这个行业也就不能通过树立与众不同的产品形象或提高购买者转换成本等手段来抵制这种不利的发展趋势了。同时,大量的舶来品涌进市场对这个行业也是有害的。

五、供应者的竞争力量

对供应者的竞争力量的分析,正好与购买者竞争力量相反。但是,供应者生产的产品可以由生产企业自产自销,也可通过中间商经销或代销。影响供应者之间的竞争因素主要有以下几个方面:

1. 供应者的数量和集中程度

一般地讲,同类产品供应者的数量越多,其竞争程度就越大。但是,又要具体分析供应者的集中程度。如果在一定的市场范围内,供应者数量不多,则竞争程度就会低一些。

2. 产品差异化程度

如果产品差异化程度低,购买者的选择余地就会小一些,而供应者之间的竞争就会多一些。当然,供应者的竞争程度,还要取决于总供给和总需求的情况,即分析买方市场和卖方市场的情况。

3. 供应一体化的程度

如果供应者能提供较完整的系列产品,将处于有利地位。反之,供应的产品品种少、质次价高,就会使生产企业放弃购买,决定自己生产,从而加剧供应者和购买者之间的竞争。

4. 替代产品的竞争程度

如果市场上替代产品不断增多,必然导致替代产品供应者与原有产品供应者之间的竞争日益激烈。

供应者的讨价还价能力也会发展变化。正如上述购买者的情况一样,企业可以通过战略调整来改善自己的处境。

第三节 竞争位次分析

市场占有率或市场份额从来都是企业的主要营销策略目标,它反映了企业在其目标市场中所占的相对销售份额,同时又表明其目标市场中认同其产品价值的顾客的数量。因此,市场占有率或市场份额不仅标志着企业的市场地位,而且还标志着企业满足消费者需求的竞争能力。故大多数企业将市场占有率或市场份额指标视为关系其兴衰存亡的极其重要的竞争目标。根据众多企业在同一目标市场中所占市场份额的多寡,我们可以将企业地位分为领导者、挑战者、追随者和利基者等四种竞争地位(如图 8-5)。

	领导者	挑战者	追随者	利基者
市场份额	40%	30%	20%	10%

图 8-5 市场结构中的四种竞争地位

根据上述市场地位的四种分类,企业可以通过对整体产业或目标市场总体分析,了解市场份额的分布状况,进而明确企业在此行业的市场地位,并依据自身的市场地位制定相应的竞争地位策略。

一、市场领导者策略

在企业目标市场中,拥有最大市场占有率或市场份额的厂商可视为市场领导者。由于其实力雄厚,故在市场竞争中具有明显的相对优势和主动权,如在价格变动、新产品开发、经销范围以及促销的密集度等方面领导着其他企业,从而成为其他竞争者的竞争中心点,它们要么向领导者挑战、模仿,要么干脆回避。如美国汽车业的通用公司,电脑业的 IBM 公司,快餐业的麦当劳,饮料业的可口可乐等都是市场的领导者。

一般说来,市场领导者的经营生涯并非一帆风顺,它无时无刻不受到来自其实力相近企业的挑战。倘若领导者有片刻松懈而错失良机,则极易丢失其霸主的宝座。这方面不乏其例,如美国福特汽车公司让位于通用公司;美国大部分家电行业对日本企业的俯首称臣等等。因此,市场领导者面临挑战的根本任务是保持其市场份额,实施有效地防卫并进一步扩大市场。具体的竞争策略有以下三种:

1. 整体市场扩大策略

该策略的基本思路是,当整体市场扩大时,市场领导者往往利润收益最大。通常整体市场扩大策略可以由以下三种具体方式来实现:

(1) 寻求新的使用者。即不断探索和发展产品吸引消费者的潜力。市场领导者的策略作用对象主要是那些尚未知晓其产品存在,或虽然了解却因价格或产品缺乏某种特性而拒绝购买的消费者。此时,市场领导者可采取增加广告攻势、产品改良、市场渗透、区域扩张以及进入新的细分市场等方式刺激和扩大潜在消费者的购买。

(2) 寻求产品新用途。即通过开发和推广产品的新用途来拓展市场。其中最经典的例子是美国杜邦公司尼龙产品。每当尼龙产品进入其产品生命周期的成熟期时,某种新的产品用途即被发现。尼龙产品先后开拓的新用途从制作降落伞的合成纤维到女用丝袜的原料、女士上装及男用衬衫的主要原料,直至最后成为汽车轮胎、地毯等的制作原料。杜邦公司研究开发产品新用途的能力使得其产品的销售市场不断扩展。

(3) 增加产品的使用频率及使用量。这种方式的作用对象是现有的产品消费者群。如美国宝洁公司的促销主题:"使用海飞丝洗发时,用两次比一次更有效"等等。

2. 市场占有率保护策略

市场领导者在谋求市场扩张的同时,必须谨慎地保护其原有的市场份额,以防御来自竞争者的攻击。事实上,市场领导者几乎不可能在其防御区域将自己守护得风雨不透,竞争者总能在某些地方发现其薄弱之处并攻击之。因此市场领导者巩固其市场份额的最好方法便是不断地全面创新,完善其在成本、研究开发、顾客服务以及营销策略组合等方面的竞争优势,即进攻是最好的防御。倘若市场领导者在某些领域或方面无法主动出击时,须设法固守其阵地,且尽量不暴露弱点所在。尽管处处设防的成本很高,但是放弃已受威胁的产品或市场则可能付出的机会成本更大。如美国通用公司欲放弃赔本的小汽车制造,却招致日本汽车制造业的蜂拥而入,结果使得通用公司损失更大。因此,市场领导者必须谨小慎微地坚守其重要阵地,且不计成本地守护之。对于市场领导者来说,通常有以下六种防御策略可供选择

(1) 阵地防御。指市场领导者对其市场地位或现有产品所采取的"处处设防,步步稳扎"抵御竞争对手攻击的防卫方式,在市场上从不主动出击,尽量隐藏自身的劣势,不给竞争者任何市场机会。

(2) 侧翼防御。指市场领导者在对其主控市场领域进行防卫的基础上,同时设立一些侧翼阵地来保卫较弱的前线,如加强产品线中力量薄弱的产品实力等等。

(3) 先发制人防御。指在未受到竞争者攻击之前首先发动攻势的一种积极的防御方式。

(4) 反击防御。指市场领导者在遭受攻击时,不论是否已经采取侧翼或先发制人防御,都必须对进攻者采取反击行动,以免日后被动挨打。

(5) 运动防御。指市场领导者在对其主控市场领域实施防御的基础上,进一步扩张其市场领域,以作为未来防御和进攻的基地。这种新市场的扩张包括产品线的拓展和纵深发展、市场拓展以及市场多角化等创新活动。

(6) 收缩防御。当市场领导者深感不可能对其市场领域全线防御或防御力量过于分散而

显得薄弱时,往往采用缩减防御,如资源重新集中,放弃薄弱市场等等。

  3. 市场占有率扩展策略

  无论市场领导者是否遭遇到来自竞争者的攻击,它都面临着如何进一步提高市场占有率以实现企业成长的挑战。一般说来,高的市场占有率往往伴随着高的利润收益。因此,市场领导者必须实施一切可行的市场细分与市场发展战略,适时调整其营销策略组合,且不断向其他行业渗透,并通过总成本领先或差别化策略实现其市场占有率最大化。

二、市场挑战者策略

  市场挑战者通常是指那些在产业中实力仅次于市场领导者且不断对其攻击以摄取更大市场份额的一类竞争者。由于具备较强的竞争实力,从而构成市场领导者的主要威胁。一般说来,市场挑战者是最具侵略性的竞争者,其策略攻击目标不仅包括市场领导者,还包括与自身规模相当但经营不佳或财力不足的企业,以及经营和财务均不足的地方或区域企业。其最终的目标是改变自身的市场地位,以期有朝一日成为产业的市场领导者。

  作为市场挑战者,必须在对市场领导者以及其他竞争者的强、弱势进行充分估计的基础上,确定其主攻方向,并通过联合或独立作战的方式,竭尽所有资源和力量攻击对方的薄弱点。一般而言,有五种攻击策略可供市场挑战者选择。

  1. 正面攻击

  正面攻击指攻击者集中所有力量对其竞争者发起面对面的进攻,以歼灭其生力军的策略。此时攻击者必须在产品、价格与广告等方面与其竞争者正面交锋。攻击者要取得最后的胜利,则必须较其竞争者在实力上拥有相对优势,一般说来,攻击者的正面攻击应具备三个条件:首先,必须具有足够的资源,因为正面进攻一旦成为持久战,资源将成为决定性的因素。其次,攻击者必须在其竞争市场中显示独一无二的特色,即能够在其目标市场中开发出比竞争对手更佳的产品或服务。第三,攻击者的产品一上市就能够初战告捷。反之,倘若缺乏上述条件,由于惊动沉睡的巨人而遭到其强烈的反击,则将对攻击者甚至整个行业都是一场灾难。通常正面攻击的形式包括以下四个方面:

  (1) 常规的正面攻击。即攻击者与其竞争对手较量时,以产品对产品、价格对价格、促销对促销等形式针锋相对,且双方的目标顾客是完全相同的。

  (2) 有限的正面攻击。即攻击者对其竞争者的某些特定消费者通过产品保证、价格、服务等策略的运用将其吸引过来的攻击方式。

  (3) 以价格为基础的正面攻击。即攻击者在其他方面与竞争对手相当,只是在价格上对其竞争者进行攻击的正面冲突方式。

  (4) 以研究开发为基础的正面攻击。指攻击者通过不断地研究开发,使其产品别具一格,并运用产品的差别化对其竞争对手实施各种形式的正面进攻。

  2. 侧翼攻击

  侧翼攻击是指攻击者在其竞争对手力量最薄弱或在其几乎力所未及的产品市场寻求突破口并发动进攻,然后依其战略意图向纵深发展。该种攻击方式往往为实力相对薄弱的攻击者所推崇。其目的是集中自身的力量攻击对方的弱点,且避免与之发生正面交锋。侧翼攻击一般应具备以下三个条件,第一,攻击者能够打到竞争对手的薄弱点或其相关的市场空白点。第二,是一项非零和对策,即一方得益并不阻碍竞争对手的发展。第三,竞争对手是非老虎型反应类型。从某种程度上看,侧翼攻击体现了现代营销哲学思想,即识别与发现需求并满足之。一般说来,侧翼攻击形式包括以下两个方面:

(1) 地区性侧翼攻击。即向目标市场中无竞争对手或竞争对手势力相对薄弱的地区发起进攻,并占领之。

(2) 市场细分型侧翼攻击。即攻击者在特定地区内向其竞争者未能顾及的特定细分市场和市场需求展开攻击。由于该类侧翼攻击构筑在某一特定需求之上,故其比地区性侧翼攻击方式更具潜力和侵略性。

3. 包围攻击

包围攻击是指攻击者对其竞争者市场领域的各个方面实施攻击,如产品品种、式样、品牌、价格等等,迫使其全方位防御,且处处防不胜防,从而减轻其可能的报复反击的一种攻击方式。一般而言,当攻击者在资源和竞争实力明显优于对方且准备打持久战控制整个市场时,往往首选包围攻击方式。这种方式的目的是迫使竞争对手同时保护自己的正面、侧面和背面,从而资源与实力分散,便于攻击者乘虚而入。通常,包围攻击形式包括以下两个方面:

(1) 产品包围攻击。指攻击者向目标攻击市场推出各色各样且具市场优势的产品。这些优势包括价格、质量、特性、服务等诸方面。

(2) 市场包围攻击。指攻击者将其产品向所有与竞争对手相关的市场领域全线拓展,密集性地占领所有通向消费者的销售渠道。

4. 迂回攻击

迂回攻击是一种不发生正面冲突、在现阶段回避竞争对手的最间接的攻击方式。回避正面冲突的目的是为了保存自身日渐壮大的实力,并寻求尚未出现的市场领域。因此,与其他攻击方式相比,迂回攻击更倾向于具备远大的竞争眼光。一般而言,迂回攻击包括以下三种具体形式:

(1) 开发新产品,满足其竞争对手未能满足的市场需求。这就要求攻击者具备相当的研究开发能力。这种能力不仅体现在与竞争对手相似产品的研究开发,更体现在多种与现有产品不相关的开发潜力方面。一旦新产品获得成功,这种超越式的攻击方式将为攻击者赢得长久的竞争优势。

(2) 向不相关的产品领域拓展。即攻击者从单一产品领域朝多角化经营方向发展。

(3) 进入新的地区性市场。即攻击者在向其竞争对手主控市场以外的市场领域进军,待站稳脚跟,实力壮大后,再与竞争对手一决雌雄。

5. 游击攻击

游击攻击是指攻击者对其竞争对手的各个产品领域或区域性市场进行经常性的时断时续的小规模进攻方式。其目的在于对其竞争者进行不断的骚扰,从而消磨对方斗志,迫使其最终后退。该种攻击方式通常为规模较小且资金不足的攻击者所采用。通过游击战造成竞争市场的相对平衡,并集中优势兵力各个击破。它包括以下两种形式:

(1) 以市场为主要目标的游击攻击。即在目标竞争市场的诸多地方或角落向竞争对手发起攻击,并迅速撤退,如短期的促销、降价等等。

(2) 不以市场为主要目标的游击攻击。如商业情况间谍战,竞争对手关键人员争夺战等等。

三、市场追随者策略

市场追随者通常是指那些在产业中实力居后且安于现状而不扰乱竞争格局的一类竞争者。它们为了保全自身不受其他竞争者的威胁,通常采取追随市场领导者的策略。而市场领导者与市场挑战者亦有时对该种追随模仿并不排斥,故大家并不干涉,相安无事。这种现象在某些产品和形象多样化程度很低、品质或服务可相互比较且价格敏感性很强的产业中较为多见,如钢铁、石油化工等产业。一般说来,市场追随者极有可能成为市场挑战者的主攻目标,因此它必须经常审视其成本、品质、服务等方面,以免遭致不测的攻击。所以市场追随者的真正初衷不能单纯地追随模仿市场领导者,而是要寻求一条适合自身发展且不遭致攻击的道路。通常可供市场追随者选择的策略主要有以下三种:

1. 紧跟市场领导者

该种策略的最大好处是市场开拓成本低。一旦市场领导者产品获得市场成功,即随后开发和推出类似产品进入同一市场,倘若市场追随者的产品能够局部改进或克服领导者的某些缺陷,则可轻而易举地获取一定的市场份额。

2. 追随中保持一定的距离

即指市场追随者在产品的主要方面跟进,同时亦保存自身不同于市场领导者的特色,实行产品或服务的差别化,以吸引和巩固目标市场消费者对其产品或服务的忠诚。

3. 有选择地追随

指市场追随者并非一味追随市场领导者,而是根据有利性和可能性的原则,对追随对象及其产品做有目的地选择和跟进。

四、市场利基者策略

市场利基者通常是指那些并不关注整个市场甚至较大的细分市场,而是集中其所有资源和力量主攻某一特殊的消费者群体、某产品不为人注目的小细分市场的一类竞争者。通常,市场利基者往往是一些资源与实力有限的规模较小的企业,由于目标和资源的专一,它们往往在其狭小的目标市场中拥有相当的市场占有率,并获得较高的利润回报率。究其原因,主要是市场利基者通常比其他竞争者更为透彻地了解其目标消费者的需求,并且能够很好地满足这些需求。作为市场利基者,其生存和发展的关键在于对特定的消费者群或狭小的目标市场的选择。这是一个至关重要的战略问题。一般说来,市场利基者的目标市场选择应具备以下五个方面的特征:

(1) 具有获利的规模与购买力。
(2) 具有充分成长的潜力。
(3) 主要竞争者对此市场兴趣不大。
(4) 企业拥有足够的资源和能力为其服务。
(5) 企业在此细分市场可以建立足够的信誉保护自己,并能够有效抵御可能的攻击。

在企业实际营销活动中,仅了解顾客是远远不够的,而应在充分注意消费者及其需求的同时,密切关注其竞争者的动态并注重营销竞争分析的研究,只有这样才能在市场细分的基础上正确地进行市场定位和确立企业目标市场,并通过营销竞争分析明确自身所处的产业地位,据此制定出赢得竞争优势的营销战略规划,且随着竞争行为和格局的变动不断调整,从而使企业在市场竞争中立于不败之地。一般说来,营销竞争分析包括确认竞争者,确认竞争者战略,了解竞争者目标,寻求竞争者优、劣势以及估计竞争者反应形态等五个步骤和内容。

企业的竞争者包括满足相同消费者及其需求以及提供相类似产品或服务的所有厂商,企业可以通过产业或市场分析的方法来确认其竞争者。企业必须进一步了解竞争者的策略,以便确认最危险的敌人,并通过竞争者的策略了解其市场目标,以便预测其未来可能采取的行动。同时应对竞争者的优势、劣势进行分析的评估,以便有的放矢地调整自身的策略并寻求竞争的突破口。而了解竞争者的反应类型则有助于企业在竞争中选择适当时机和恰当的市场行动。

进行营销竞争分析的核心在于将企业与其存在的行业生态系统联系起来。迈克尔·波特认为应抓住最主要的五种竞争力量进行分析研究。具体包括现有竞争者、潜在竞争者、替代产品竞争者、购买者竞争力量、供应者竞争力量等五个方面。

市场占有率是衡量企业竞争能力的一个极其重要的指标。根据企业在同一目标市场中所占市场份额的多少,可以将其市场地位分为市场领导者、挑战者、追随者和利基者等四种市场竞争地位。企业可以根据自身状况以及对目标市场的总体分析,明确其在产业中的市场地位,并采取相应的策略来谋求更大的市场份额。一般而言,市场领导者策略包括扩大整体市场、保护现有的市场占有率以及进一步拓展市场占有率三个方面。市场挑战者攻击策略则包括正面、侧翼、包围、迂回、游击攻击等五种进攻方式。市场追随者策略主要体现在紧跟领导者、距离追随和选择性追随三个方面。而市场利基者最关键的问题是如何选择其栖身的目标市场。

第三篇
选择和设计价值

第二篇

工業之沿革

第九章 市场细分及目标市场的选择

企业面对的是一个十分复杂的市场,存在着各种不同的需求与爱好,任何一个企业即使是大企业,也不可能全面予以满足。目前的市场环境——大规模的生产、极其发达的大众传播工具、高速发展的技术、高效率的全球信息与物流流转,都有助于建立更大、更诱惑人的有利的潜在市场。然而几乎没有哪个组织有财力成为一个松散市场中的重要力量,或者希望成为这样的力量。因此,明智的选择是更仔细地关注市场,找到一个办法,把市场细分成便于管理的部分,或有共性的消费群体,然后集中精力去满足一两个群体的需要,而不是去尽力满足所有市场需求。因此,企业在市场营销环境分析的基础上,实行市场细分化、目标化和定位,是决定营销成败的关键。

第一节 市场细分的概念和意义

一、市场细分的概念

想象一个橘子,这会帮助你更好地理解"市场细分"的概念。橘子看上去是一个独立的个体,剥掉皮你会发现,它是由若干离散的部分组成,每个部分存在于整体中。如果你一瓣一瓣地吃,而不是一口吞掉整个橘子,吃起来就很容易,既不浪费也不脏。极有创造力的市场销售者用这个类比来指称不同的消费群体,将他们作为市场的部分,共同组成一个细分市场。但这个类比也有不合适的地方。橘子的每一瓣,大小、形状和味道大体相同,然而市场中的各部分在大小、特征方面是迥然不同的。为判断这些差别,市场营销者根据一些标准(称之为"依据"或"变量"),来定义每个部分的特性。这样,就可得到市场细分的概念,它是指企业按照消费群体的一定特性,把原有市场划分成两个或两个以上各有相似欲望和需求的分市场或子市场,用以确定目标市场的过程。

市场细分的概念是由美国著名市场学家温德尔·斯密在总结一些企业营销实践经验的基础上,于20世纪50年代中期提出来的。这个概念一提出,就受到企业管理界和学术界的重视,并被迅速推广和采用。其研究和操作思路是将整个市场划分成不同的或相同的小市场群,即"异质市场"和"同质市场"。所谓"同质市场"是指消费者对产品的需求大致相同,如日常生活中的柴、米、油、盐等，购买者对他们的需求基本相同，定期的购买量也大致相同，企业可用一种产品和一种营销策略加以满足。而"异质市场"是指消费者对产品的需求差异很大。对于大部分产品，如服装，购买者对它的各项特性（质量、款式、花色品种、价格）的要求各不相同，由于对产品的需求和欲望的偏好不同，形成几个购买者群，就把该产品市场细分为几个分市场或子市场，并采用不同的营销策略加以满足。因此，市场细分实际上是一种以"求大同存小异"为原则，对消费者需求与爱好进行分类的方法。同时，在实际营销过程中，任何市场都是由一些需求不同、动机不同、购买行为与习惯也不同的顾客所构成的，顾客间的差异程度，有时甚为显著，有时却不明显。对差异不明显者，必要时可忽略其差异而视为相同，将这一群具有近似特性的消费者，从差异万千的大市场中划分出来，作为一个细分市场。这种做法，就大市场而言，要看到同中有异，不同细分市场的需求存在比较显著的区别；就子市场而言，是异中求同，同一细分市场的消费者群，有十分相似的消费特点。

二、市场细分的意义

1. 市场细分的作用

市场细分能够帮助企业认识市场，研究消费者和竞争对手，为选择合适的目标市场，制定正确的营销策略提供依据。在任何市场上，细分市场总是起着相当重要的作用，主要表现在以下几个方面：

（1）满足消费者特定的消费需求，有利于企业获得消费者的忠诚。企业在了解不同细分市场需求特征及市场已有商品的基础上细分市场，开发出新产品，使得消费者能找到与他们需求紧密相关的产品。消费者可能会感到，一个特定的供应商更理解他们，或更直接地与他们交流，因此消费者就会做出更多反应，最终更加忠实于那个供应商。不能依据重要标准进行深入的市场细分的企业，将会失去消费者，而那些成功进行市场细分的企业，将赢得消费者。

（2）企业能更好地理解和界定竞争对手，从而有利于企业集中使用力量。一个企业不可能满足所有的市场需求，因而必须在细分市场中做出取舍。在一个细分市场中占据较大的市场份额，往往比在整体市场中获取较小的市场份额更为有利。企业应该将其人力、物力和财力准确地投放到所选定的目标市场上去，才能取得稳固的市场地位。

（3）有利于企业发挥竞争优势。由于资源所限，每个企业的生产能力对于整体市场来说都是微小的。尤其是对于中小型企业，通过市场细分，把企业的优势力量集中在企业选定的细分市场上，让整体市场上的相对劣势转化为局部市场上的绝对优势，从而提高企业竞争能力。

（4）有利于企业根据市场变化，调整营销策略。消费者的需求是企业制定正确营销策略的出发点，由于各细分市场具有明显的需求特征，企业易于把握，并依此做出反应，准确地调节营销策略的各个方面，使细分市场中的消费者需求得到充分的满足，企业也因此获得更高的盈利。

2. 市场细分的危险

市场细分是一种把整体市场区分为多个具有显著需求特征的消费者群的过程，它要求各细分市场之间具有明显的需求差异，而在各细分市场内部，消费者的需求特点大体一致。这是一个复杂而又有相当风险的活动，在选择、评估、实施的过程中，可能会出现一些环节的管理问题，以致结果令人失望。例如"心理细分"变量常常定义不明，以致细分市场界定不清，其实施就容易带来风险。市场细分的程度也是一个不易控制的方面：为了满足众多细分市场中的不同需求,市场将可能支离破碎,与之伴随的是失去规模经济的优势。

第二节 消费者市场细分和组织市场细分

市场细分就是根据细分变量——个体、群体或组织的特征,将整个市场划分为若干个细分子市场。市场细分是以顾客为基础的,其出发点就是消费群体或组织对产品的不同需求与欲望。市场细分的变量是那些能够充分反映市场需求不同特征的诸多因素,企业应根据所经营产品及其需求特点,在这些因素中选择使用。在细分市场时可以根据单一变量,也可以根据多个变量。单个变量细分不够准确,但操作简单。而多变量细分则使用比较困难,不易取得可使用的间接数据。由于组织市场与消费者市场具有不同的特征,因而其细分变量也有所不同。

一、消费者市场细分

细分消费者市场所依据的变量较多,一般概括为四大类,即:地理变量、人口变量、心理变量和行为变量。这四种变量要根据消费者需求差异综合运用,例如需求差异大的产品,要运用较多的变量;需求差异小的产品,可运用较少的变量。凡是需求差异大、市场竞争激烈的产品,往往要经过多次细分,才能从中筛选出符合本企业条件的分市场或子市场,以作为企业的目标市场(见表9-1)。

表9-1 消费者市场细分

行为角度	人口统计角度	心理角度	地理角度
使用者情况	收入	价值观、意见和态度	国际
使用率	年龄	行为和生活方式	地区
使用情境	性别		
品牌忠诚度	种族		
寻求的利益	家庭		

(1)地理细分。按消费者所处的地理位置进行市场细分,是一种最早的方法,通常也是进一步市场细分的起点。例如,零售商或小型的服务企业会首先在临近的场所寻找商机;而可口可乐、IBM之类的大型跨国公司也同样会按照特定的区域,把它们的全球市场划分为若干个地理市场。即使在经济日益全球化,整个全球市场需求趋同化的今天,在很多情况下,地理因素仍不失为表征需求特征的重要依据。

地理变量包括洲界、国界、地区、政区、城镇规模、地形、气候、交通运输、人口分布等。实际上,在市场经营中,市场潜力和经营成本常随地理位置的不同而变更。人口密度大的地区,市场潜力相对较大,而经营成本则相对较低。企业按地理变量细分市场时,在经营策略上要做到区别对待,因地而异。但是,地理因素是一种相对静态的变数,处于同一地理位置的消费者对某一产品的需求仍然会存在较大的变异。因此,总的来说,地理细分是以消费者为中心的其他细分方法的基础。

(2)人口细分。人口细分是市场细分惯用的和最主要的依据之一,人口变量就是指人口调查统计的内容等等。这些变量往往易于辨识和衡量,主要包括年龄、性别、收入、职业、教育水平、家庭大小、宗教信仰、种族、国籍、社会阶层和风俗习惯等等。

人口因素中的每一个变量都可用来对市场进行细分,不同的产品,不同的市场,采用的变量有所不同。但在实际业务中,许多企业是按照两个或两个以上的人口变量来细分市场的,通过综合分析,就可估计每一个分市场或子市场的潜在价值,然后权衡得失,选择其中一个或几个自己力所能及和最有利的细分市场作为企业的目标市场。

(3) 心理细分。各种环境因素对消费者产生深刻影响,首先表现在其心理状态之中。消费者的需求受到个人生活方式及其性格等心理因素的影响,往往比其他因素要深。

心理变量包括社会阶层、相关群体、生活方式、个性等。心理变量不同,购物方式和动机也不相同。由于消费者的心理是多种多样的,有的求新,有的求质,有的求廉,有的求名等等。不同的心理需求,不同的个性,产生了消费者不同类型的购买动机,如理智类、冲动类、习惯类、时髦类、保守类等。由于消费者心理需求具有无限性、多样性、时代性、可诱导性,情况比较复杂。因此,企业在根据消费者的心理变量细分市场时,必须深入调查,切实掌握消费者不同的心理特征及其变化趋势。尽管心理因素是比较难以数量化且难以把握,但有时用来细分市场是极为有效的。所以,心理变量仍不失为市场细分的主要依据之一。

(4) 行为细分。行为细分是进行市场细分的关键点。它是企业根据消费者对产品属性所具有的知识、态度、使用和反应状况来细分市场。行为因素即与消费者对某种商品的购买行为特征相关联的因素。这些因素一般被认为是消费者市场有效细分的最佳依据。例如,根据购买时机或理由,将市场分为一般场合和特殊场合等细分市场;根据消费者购买商品时所追求的利益,可把市场区分为追求廉价市场,追求耐用市场,追求名誉市场和追求其他利益等细分市场。又如,根据用户状况,可分为初次用户、常规用户、潜在用户、过去用户和非用户等市场;根据用户待购状况,又可分为不知晓、知晓、有购买欲望、有购买意图等市场;而根据消费者使用产品量的大小,可将市场区分为少量使用、中量使用和大量使用等市场;根据消费者对某种品牌的忠诚程度,可把市场划分忠心坚定者、忠心转移者等市场;还可以根据消费者对市场营销因素的敏感程度,将整体市场划分为质量敏感、服务敏感、价格敏感、广告敏感和营业推广敏感等细分市场。

上述四种因素对消费者来说,往往相互影响,不能截然分开。例如一个消费者所购买的物品,总和他的收入、性别、年龄、职业、个性、购买动机等因素有关,也必然处于某一特定的地理位置。但是,其中必有一个决定性因素。因此,细分市场不能只考虑某一方面的因素,也并非依据所有的因素,而是要根据产品特点,选择使消费者之间产生明显差别的若干因素结合起来进行市场细分,才能选出比较理想的目标市场。

同时,市场细分依据的因素,具有静态性和动态性,但无论哪种因素,静态性都是相对的,动态性则是绝对的。也就是说,市场各种特征,不是一成不变的。如收入、年龄、职业等细分标志随着时间的推移都会发生变化。同一标志在不同条件下,影响购买的程度也极不相同。所以,对市场的细分,要建立在动态观念上,注意灵活性,进行经常的研究与调整。总之,细分消费品市场是一个以调查研究为基础的分析过程。其依据大致如上所述,但究竟以哪个变量为主,还要根据具体情况灵活运用,以便获得最好的营销机会。

二、组织市场细分

组织市场细分和消费者市场细分有许多相似之处。但组织市场细分的一个主要特征是,它既专注于组织,也关注组织内部的个体购买者,另外还要反应涉及组织购买决策的其他相关者。组织用户和消费者的购买动机和行为存在很大差异,其市场细分的依据也有所不同。组织市场细分的主要依据为购买组织的特点和规模、地理因素、产品最终用途、组织用户购买状况、组织用户购买行为等等。温德和卡道佐(Wind & Cardozo, 1974)指出,组织市场细分可从以下两个方面进行:宏观细分和微观细分。

1. 宏观细分

定义宏观细分时,我们首先假设:该细分中的组织表现出类似的模式和需要,因此它们会做出类似的购买行为,对市场刺激因素做出类似的反应。宏观细分是以购买用途、组织特征为依据。

(1) 购买用途。组织市场和消费者市场的区别并不在于产品或服务本身物理性质的不同,而是用途不同。在组织市场上,常常根据同样的产品用于不同的地方来细分组织市场。例如,许多企业常常为了特定的应用而使用特定的产品。如包装、建筑和发动机等许多行业,都使用玻璃,但在价格敏感度、替代性、质量、外观要求方面,每个行业的运作又是不同的,因而就可以把它们看作为不同的细分市场。

(2) 地理位置。对某些产品和服务的需求会因地区的不同而存在很大的差异。例如,美国的很多计算机硬件和软件公司都在加利福尼亚的硅谷,同样,在中国北京的中关村也聚集了大量优秀的计算机硬件和软件公司。这些组织市场上的地域性倾向的产生是因为当地的供应商有着价格和服务方面的竞争优势。同样,向地理上集中的产业销售产品的公司也能因此而获得更多的利润。

(3) 组织规模。一个组织的规模大小,影响到供应商的供货方式,以及组织自己采购的方式。例如,一个规模很大的组织对产品和服务的购买决策有许多人参与,既复杂又正规,这就要求服务和技术合作方面的特殊待遇。相反,小组织遵循高度集中的决策结构,只有一两个人,采购程序较简单。例如,英国清算银行常常按照大小来划分它们的商业客户,小企业需要当地的理解和支持,以小企业市场上新启动的部分为目标,清算银行提供建议,做出廉价融资承诺。

(4) 使用率。依据购买方购买产品的数量来划分潜在消费者是一种合理的方法。大宗购买的组织与小量购买的组织的需要是不同的,在特定的运输或价格方面也需要并应受到不同的对待。在某一特定市场上,厂商常常会定义一个初始点,当消费者的使用率高于这一点时,它们的地位就改变了。消费者的记录被交给高级经理,厂商在合作、标价和建立关系方面,变得很灵活。总体来讲,与尽力吸引大量的"低频使用者"相比,做出某些让步,以便和单个的"高频使用者"建立关系,是一种更好的投资。

2. 微观细分

在宏观细分范围里,可能存在许多小的微观细分。围绕这一点,一个组织需要详细了解宏观细分中的单个个体,了解他们的管理哲学、决策结构、购买政策和战略,以及他们的需求。这些信息可以从以下几个渠道获得:已发表的资料、潜在购买者过去的经历、销售人员的知识和经验、行业内的口碑,或是潜在购买者的第一手资料。

在一定程度上,微观市场细分反映出组织市场细分的层层深入。从主要特征开始,也就是说从消费者的人口统计情况(行业和组织大小等)开始,通过运作变量(产品、技术、质量等)、采购方式(决策单位、权力、买卖双方的关系等)、情景因素(交付时间、订单大小等)以及个人特征(相关的个人),深入到越来越小的细节中去。微观细分的常用依据有产品、技术、采购原则、决策过程以及买卖双方的关系等。当然,深入收集、比较和分析信息,是很耗时间的,有时很难做到。这种做法是否切实可行或是值得,还是一个问题。然而,如果它能让企业把营销行为更对准特定顾客的特定需求,详细说明这些小的细分(即使是由一个个体构成的细分)是有好处的。考虑到某些组织市场上的物品成交量和投资水平,这样的努力不会白费。有少量重要客户的组织,会把每个客户看作一部分,例如,在与计算机系统有关的组织市场里,个体消费者的需求变化多样;而在办公文具市场里,标准产品可以出售给数千家组织客户。

总体来讲,这里需要强调的很实用的一点是,应该把购买组织看作是一个有理性的实体。然而作为若干个体形成的组织,会存在某些潜在的非理性,正是这种非理性,使微观细分显得多样而又有变化。

在对组织市场进行细分时,还必须注意以下几个问题:① 购买者的购买策略。② 不同购买者对风险的不同看法。③ 购买者对风险的基本估计和态度。④ 购买者所受到的环境影响。

三、市场细分的步骤

美国营销专家麦克阿瑟认为,市场细分一般由下述七个相互联系的步骤组成(如图9-1)。

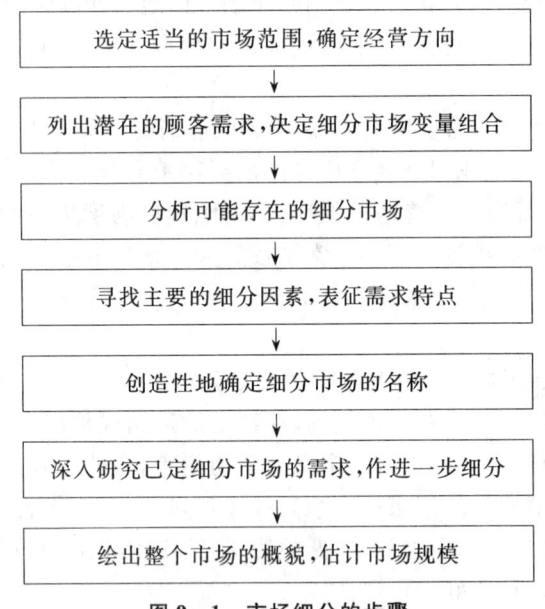

图9-1 市场细分的步骤

(1) 选定适当的市场范围,确定经营方向。企业确定经营目的之后,就必须紧接着确定企业经营的市场范围。这是市场细分的基础。市场范围的确定应以顾客的需要为出发点,而不是由产品本身特性确定的。为此,企业必须开展深入细致的调查研究,分析市场消费需求的动向,做出相应决策。同时,选择市场范围时,应注意使这一范围不宜过大,也不应过于狭窄。企业应考虑到自己所具有的资源和能力。

（2）列出潜在的顾客需求，决定细分市场变量组合。在选择适当的市场范围之后，列出所选市场范围内所有潜在顾客的全部需求，这是确定市场细分的依据。这类需求多半具有心理性、行为性或地理性变量特征。为此，企业应对市场上刚开始出现或将要出现的消费需求，尽可能全面而详细地罗列归类，以便针对消费需求的差异性，决定实行何种细分市场的变量组合。为市场细分提供可靠的依据。

（3）分析可能存在的细分市场。企业通过分析不同的消费者的需求，找出各类消费者的典型及其需求的具体内容，并找出消费者需求类型的地区分布、人口特征、购买行为等方面的情况，做出估计和判断，构成可能存在的细分市场，但比较粗略。

（4）寻找主要的细分因素，表征需求特点。企业应分析哪些需求因素是重要的，应使其与企业的实际条件或各细分市场的特征进行比较，通过寻找主要的细分因素，表征需求特点，筛选出最能发挥企业优势的细分市场。

（5）确定细分市场的名称，要有创造性。企业应根据各个细分市场消费者的主要特征，用尽量形象化的方法，富有创造性地为各个可能存在的细分市场确定名称，并能通过名称联想该市场消费者的特征。

（6）加强对细分市场的需求方面的了解。进一步检查、了解各个可能存在的细分市场在定名后，是否符合企业的情况，这是市场细分的第六个步骤。企业尽可能对定名的细分市场及其需求进行检查，深入了解这些细分市场的购买动机以及他们会有哪些购买行为。以便对各个细分市场进行必要的合并和分解，使之形成有效的目标市场。

（7）绘出整个市场的概貌，估计市场规模。企业应把各细分市场与人口地理分布和其他有关消费者的特点联系起来，然后估计各细分市场的潜力，决定细分市场的规模，并寻找出市场主攻方向，确定出目标市场，进行产品的生产。

在具体运用时，根据情况也可以对以上七步进行简化、扩展和合并。市场细分的实践说明，这七步细分法是简便易行的，它有利于企业在市场细分中正确选择营销的目标市场。但细分市场是一件复杂的工作，无论其过程如何，都不能忘记：市场细分的结果应该达到内部需求的一致性与相互需求的差异性，它是企业选择目标市场的先决条件。

四、市场细分的条件

市场细分是为企业选择目标市场而进行的战略步骤，因而对不同行业、不同类型的企业来说，实行市场细分必须满足一些基本要求或具备一定的条件，否则，细分难以达到效果，根本无法带来任何显著的战略优势。

（1）可衡量性。任何一个细分市场都必须具有独特性，要与其他细分市场迥然不同。而且，这种差异性应该是可以衡量或界定清楚的。有时一些心理、行为等因素很难用数字衡量，这要求企业细分依据的选择上要有创造性，并且掌握一些技巧。如果没有显著差异，或细分市场之间的界限过于模糊，就可能会存在这样的风险：该组织的产品可能不能很好地适应市场需求，从而不能吸引到足够多的顾客。

（2）可盈利性。市场在很多情况下不能无限地细分下去，从而造成规模上的不经济。但对很多工业市场和某些特殊消费品，这种彻底的细分也是可行的。需掌握的标准应该是，细分的最终程度应保证各细分市场有足够的需求水平，这样才能保证企业有利可图。

(3) 可进入性。企业本身的人力、物力和财力可以通过不同的渠道进入细分市场,市场营销因素也能通过各种途径进入该市场。具体地说,企业能够将产品和信息送达市场,而消费者也能在市场中买到企业的产品,了解到相关的信息。

(4) 可操作性。企业可以通过对市场营销因素如产品、价格、渠道和促销等方面的变动,去影响细分市场的消费行为,达到企业的市场目标。如果这些因素的变动不能取得消费者的响应,企业对这种市场毫无控制能力,就谈不上任何发展和盈利。

第三节 目标市场的选择及策略

一、目标市场的选择

1. 目标市场的概念

目标市场与市场细分既有联系,又有区别。目标市场是根据市场细分标准选择一个或一个以上细分市场,作为企业进入并占领的市场。可见,企业选择目标市场,是在市场细分的基础上进行的。通过分析细分市场需求满足的程度,去发现那些尚未得到满足的需求或创造那些尚未觉察到的潜在需求,而企业自身又具备满足或创造需求的条件,就可选定为目标市场。由于目标市场的选择是一个战略性的步骤,因此学术界把这种选定目标市场的活动称为目标市场选择。所谓"目标市场",就是企业在市场细分的基础上,从满足现实的或潜在的目标顾客的需求出发,并依据企业自身经营条件而选定的一个或为数不多的几个特定市场。简单地说,目标市场就是企业产品或劳务的消费对象。

在任何企业的营销活动中,都应选择和确定目标市场。因为就企业来说,并非所有的环境机会都具有同等的吸引力,或者说,并不是每一个子市场都是企业所愿意进入和能够进入的。同时,对于一个企业来说,总是无法提供市场内所有买主所需要的产品和劳务。由于资源的限制,企业在制定营销策略时,必须在纷繁复杂的市场中,发现何处最适于销售它的产品,购买者都是哪些人,购买者的地域分布、需要、爱好以及其他购买行为的特征是什么?这就是说,现代企业在营销决策前,必须确定具体的服务对象,即选定目标市场。

2. 细分市场的分析评价

企业目标市场的选择是否适当,直接关系到企业的市场占有率和盈利。因此,选择目标市场时,必须认真评价细分市场的营销价值,分析研究是否值得去开拓,能否取得最大的营销效果。一般来说,从细分市场中选择目标市场至少应把握以下标准:

(1) 该市场存在潜在需求,具有足够的发展潜力。选择目标市场时,不仅要分析该市场目前的消费者需求,而且要分析其未来的潜在需求,并且潜在需求具有相当的发展空间。

(2) 企业进入细分市场有足够的利润空间。企业选择恰当的目标市场最终落实到企业盈利多少,这就要求目标市场必须具备一定的规模,且有足够的发展潜力,以使企业获得规模经济效益。如果市场狭小,或潜在需求很小,购买力很差,不足以使企业盈利,那么就不必为这样的目标市场投入人力、物力和财力。

(3) 企业在该细分市场里有一定的竞争优势。企业在细分市场中选择的目标市场,必须是企业有可能进入并占有一定份额的子市场,不仅要充分发挥企业的人力、物力、财力和生产、技术、营销能力的作用,发挥企业的内在优势,而且要在细分市场中与竞争对手相比有一定的竞争优势。反之,如果缺乏足够的能力或自己无法与很多竞争者抗衡,硬要开拓这个市场,则会白白浪费企业资源。

(4)企业有可靠的资源和能力满足市场需求。企业选择目标市场,除要考虑有足够的发展潜力、获利能力以及能充分发挥企业的内在优势外,还要确保所选择的目标市场必须要有足够的资源做后盾,以保证对市场的充分供应。

3. 选择目标细分市场

企业通过对细分市场定性与定量分析后,可考虑五种目标市场模式,如图 9-2 所示。

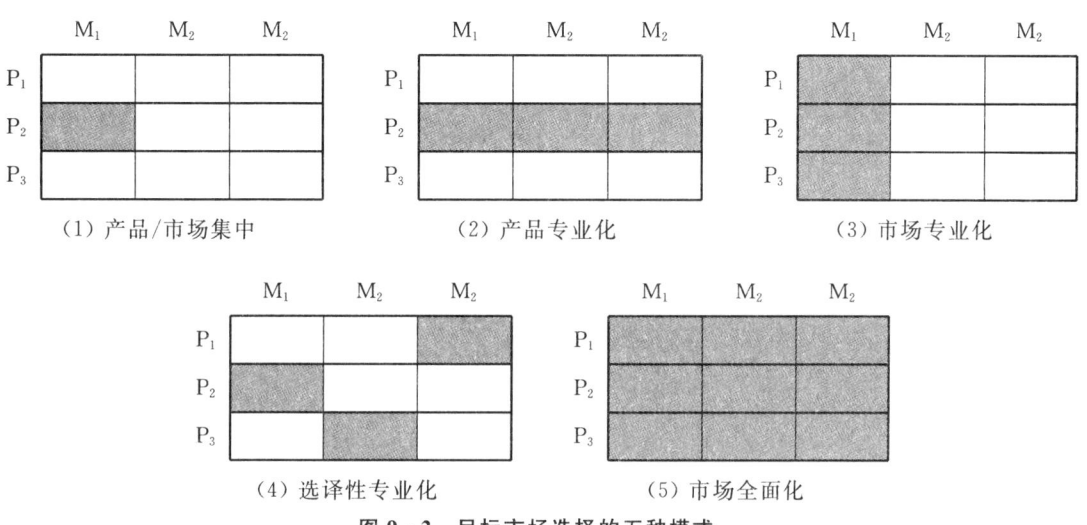

图 9-2 目标市场选择的五种模式

(1)市场集中化。企业只选择一个细分市场,只生产一类产品,满足单一的消费者群体的需求,进行集中营销。这样,企业能够利用自身的有限资源,在单一的细分市场上建立巩固的市场地位,获得高的投资回报。其缺点是市场集中化比其他目标市场模式的风险大,一旦该细分市场出现不景气的情况,就会使企业的销售与收入骤减,影响企业的发展,甚至企业的生存。

(2)产品专业化。企业生产一类产品,向所有的消费者销售这种产品。其优点是企业能够专注于某一种或某一类产品的研究、开发、生产与销售,在该领域内建立本企业生产和技术的优势,树立良好的企业形象。其局限性在于当该领域被一种全新的技术与产品所代替时,产品销售有大量下降的危险。

(3)市场专业化。企业专门为满足某一顾客群体的各种需要而服务。企业市场专业化经营的产品类型众多,能有效分散风险。但由于集中于某一类顾客,如果顾客突然削减预算,减少需求,企业就有可能产生危机。

(4)选择专业化。采用此类方法选择若干个细分市场,其中每个细分市场都有吸引力和符合企业的要求。它们在每个市场之间很少有联系,然而,每个市场都有可能赢利。这种多细分市场目标优于单细分市场目标,因为这样可以分散企业的风险。采用选择专业化的企业应具有充足的资源和较强的营销实力。

(5)市场全面化。企业生产多种产品去满足各种顾客群体的需要。只有实力雄厚的大企业采用这种模式,才能取得良好效果。

二、目标市场的策略

(一) 目标市场策略的类型

企业确定细分市场作为经营和服务目标的决策,称为目标市场策略。目标市场策略是市场定位策略和营销组合策略的有机组合。在确定目标市场后,企业该如何进入目标市场呢?通常企业有三种策略选择:无差别营销策略、差别营销策略和集中营销策略。如图9-3所示。

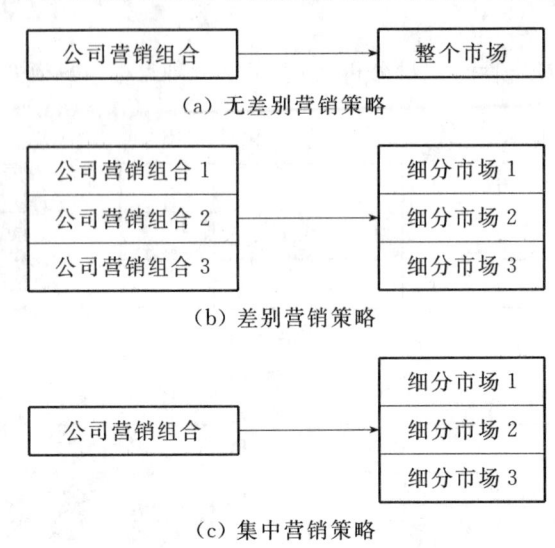

图 9-3 三种不同的市场选择战略

1. 无差别营销策略

使用无差别营销策略的企业主要采用大众营销的哲学,把市场看作没有细分市场的一个大市场,只推出一种产品卖给整个市场上所有的购买者,同时只运用一种市场营销组合。采用无差别营销策略的企业假设每个顾客都有类似的需求并且可以使用通常的营销组合来满足这种需求。采用无差别营销策略,企业不想去辨认市场中不同的需求,他们将整个市场看作一个整体,其市场营销重点置于人们需求的"共同处"而非"差别处",企业所设计的产品和市场营销计划都是以吸引广大购买者为目的。

在没有竞争或竞争不激烈的情况下,企业不需要调整营销组合以适应市场的偏好,可以采用无差别营销策略。例如福特对T型车有一句名言:"他们可以买到他们想要的颜色的车,只要它是黑色的。"美国可口可乐公司在很长一段时间内,只生产一种单一口味和单一瓶装的专利饮料,甚至广告词也一样。无差别营销的优点有:① 在每一个细分市场中所占的份额可能较小,但各个细分市场的营业总和可能很大。② 产品线单一,生产批量大,成本可以降低。③ 设计和推销费用较低。但这种策略也有缺点:① 在无差别市场需求尚未得到满足的情况下,会引来众多的竞争者,以致造成竞争者过度。② 企业过分依赖单一产品,会降低市场应变能力,可能带来市场风险。因此,企业在特定条件下可以运用这一策略,但不宜过分依赖单一产品。

2. 差别营销策略

在差别营销策略下,一个企业决定在多个细分市场甚至所有细分市场中经营,并针对每一个细分市场,分别设计与竞争对手不同的产品和市场营销计划。当企业资源雄厚、产品与市场的同质性较大,产品处于生命周期的成熟阶段,竞争对手采取差别营销策略时,企业使用这一策略是很有效的。这种策略的好处是:① 抓住本企业可以取得的多数市场机会,扩大销量。② 迎合了顾客的心理,引起顾客的好感,可以争取长期稳定的顾客。③ 从多方面取得利润,可以增加利润总量。这种策略的缺点是:① 对产品设计、工艺要求较复杂,销售渠道和方法多样化,投资相应增加。② 因强调产品特色,销售对广告的依赖性大,推销费用相应增加。③ 产品型号多,批量相应减少,成本可能加大。因此,一般来说,只有资源条件好的大企业才能实行这种策略,实行前必须仔细权衡利弊,而后酌定。因此,不同细分市场的需求量、竞争状况、获利可能性是不一样的,不宜平均分配资源,应有所侧重。

3. 集中营销策略

实行集中市场营销策略,就是企业集中全部力量,以某一个或少数几个细分市场为目标市场。实行这种目标市场策略的企业一般都是中、小企业,这些企业资源有限,如果其将资源分散在很多市场会导致势单力薄,但如果集中力量于某一狭小的市场方位,则有利于创造和发挥优势,深入了解顾客,稳定顾客,占有较大的市场份额;由于实行专业化生产,有利于改进技术和降低成本,增加盈利。当然集中营销策略也有由于产品单一化而削弱应变能力的弊端。如果一个企业可能重点开发的细分市场有两个以上,就应根据供求、竞争、盈利可能性和本企业的条件进行慎重的权衡,而后选择一个进行集中经营。

(二) 影响目标市场策略的因素

前述三种目标市场策略各有利弊,企业到底应采取哪一种策略,应综合考虑企业、产品和市场等多方面因素予以决定。

(1) 企业资源或实力。当企业生产、技术、营销、财务等方面势力很强时,可以考虑采用差别或无差别市场营销策略;资源有限,实力不强时,采用集中性营销策略效果可能更好。

(2) 产品的同质性。指在消费者眼里,不同企业生产的产品的相似程度。相似程度高,则同质性高,反之,则同质性低。对于大米、食盐、钢铁等产品,尽管每种产品因产地和生产企业的不同会有些品质差别,但消费者可能并不十分看重,此时,竞争将主要集中在价格上。这样的产品适合采用无差别营销策略。对于服装、化妆品、汽车等产品,由于在型号、式样、规格等方面存在较大差别,产品选择性强,同质性较低,因而更适合于采用差别或集中营销策略。

(3) 市场同质性。指各细分市场顾客需求、购买行为等方面的相似程度。市场同质性高,意味着各细分市场相似程度高,不同顾客对同一营销方案的反应大致相同,此时,企业可考虑采取无差别营销策略。反之,则适宜采用差别或集中营销策略。

(4) 产品所处生命周期的不同阶段。产品处于投入期,同类竞争产品不多,竞争不激烈,企业可采用无差别营销策略。当产品进入成长期或成熟期,同类产品增多,竞争日益激烈,为确立竞争优势,企业可考虑采用差别营销策略。当产品步入衰退期,为保持市场地位,延长产品生命周期,全力对付竞争者,可考虑采用集中营销策略。

(5) 竞争者的市场营销策略。企业选择目标市场策略时,一定要充分考虑竞争者尤其是主要竞争对手的营销策略。如果竞争对手采用差别营销策略,企业应采用差别或集中营销策略与之抗衡;若竞争者采用无差别营销策略,则企业可采用无差别或差别策略与之对抗。

(6) 竞争者的数目。当市场上同类产品的竞争者较少,竞争不激烈时,可采用无差别营销策略。当竞争者多,竞争激烈时,可采用差别营销策略或集中营销策略。

以上影响因素可以概括地用表9-2来表示：

表9-2 目标市场策略的影响因素

营销策略	企业资源或实力	市场同质性	产品同质性	产品生命周期	竞争对手数目	竞争对手营销策略
无差别营销策略	多	高	高	投入期	少	—
差别营销策略	多	高	低	成熟期	多	差异
集中营销策略	少	低	低	衰退期	多	—

第四节 市场定位

一、市场定位的概念

市场定位是1972年由两位广告经理艾尔·里斯和杰克·特劳斯提出而流行的。2001年,"市场定位"理论被美国营销学会评选为有史以来对美国营销影响最大的观念。二十几年来,市场定位思想已经深入人心。所谓市场定位,就是根据竞争者现有产品在市场上所处的位置,针对消费者或用户对该种产品特征或属性的重视程度,强有力地塑造出本企业产品与众不同的、印象鲜明的个性或形象,并把这种形象生动地传递给顾客,从而使该产品在市场上确定适当位置。

二、市场定位依据

市场定位的主要任务就是在市场上,让你的企业和产品与竞争者的有所不同。但由于各个企业经营的产品不同,面对的顾客也不同,所处的竞争环境也不同,因而市场定位的依据也不同,一般企业可以从以下几个方面进行定位：

(1) 根据属性定位。产品本身的属性以及由此而获得的利益能使消费者体会到它的定位。如克莱斯勒汽车的"豪华气派",丰田汽车的"经济可靠",沃尔沃汽车的"耐用"。有些情况下,新产品应强调某种属性,而这种属性往往是竞争对手所没有顾及到的,这种市场定位方法比较容易有成效。

(2) 根据质量定位。一般认为,产品质量越高越好,因而许多企业定位于高质量。其实这种观点并不一定正确,质量高的产品并不一定在市场上受欢迎,因为质高则价高。有许多消费者,他们希望购买质稍次,但价格便宜的产品。如英国的柯纳德航空公司,曾一度经营困难,但是它通过重新定位品牌去竞争富裕的消费者市场扭转了局面。它所做的变化包括新的企业标识、高雅的系列广告宣传以及改善的顾客服务。而美国的西南航空公司则正好相反,它定位于低价的家庭旅行和中小公司的商务往来,它强调最低的价格和简单的服务,取得了巨大的成功。

因此,对质量层次的确定应考察质量的边际效益。即质量的边际投入和边际收益应相等。这个提高了质量档次的产品,在市场上销售肯定比其他产品能有更高的价格,当高价售出产品后产生的增值大于为提高档次所投入的费用时,那么,把产品定位在高质区就是正确的。如果产品质量继续提高,产品成本继续增加,当为提高质量所投入的成本与获得的收益相等时,我们就到了一个点,这就是我们的质量定位点,低于这个点,我们的产品还有潜力可挖;高于这个点,则企业得不偿失。

(3) 根据功能用途定位。产品的定位是单一功能,还是多功能?这也是值得企业仔细考虑的问题。定位于单一功能,则造价低,成本少,但不能适应消费者多方面的需要;定位于多功能,则成本会相应地提高,然而能够满足顾客多方面需要。多功能定位可能在市场走俏,单一功能定位若使用得好也能畅销市场,关键就看企业自身的发展需要了。

如果为老产品找到一种新用途,也是为该产品创造定位的好方法。典型的例子如尼龙,用途从军用到民用,从袜子、衣服到汽车轮胎衬里。

(4) 根据使用者定位。企业常常试图把某些产品推荐给恰当的使用者或某个特定的细分市场,以便根据那个市场的特点建立起良好的形象。如各种品牌的香水,就是针对各种不同需求的消费者来定位的,有些定位于高雅而华贵的女性,有些定位于时髦而富有的女性,也有些定位于青春而富有朝气的年轻女孩。美国米勒啤酒公司曾将其原来唯一的品牌"高生"啤酒定位于"啤酒中的香槟",吸引了许多不常饮用啤酒的高收入女性;公司后来发现,占30%的狂饮者大约消费了啤酒销量的80%,于是,该公司在广告中展示石油工人钻井成功后狂欢的镜头,以及年轻人在沙滩上冲刺后开怀畅饮的镜头,塑造了一个"精力充沛的形象";公司还在广告中提出"有空就喝米勒",从而成功占领啤酒狂饮者市场达10年之久。

(5) 根据市场价格定位。价格定位是产品定位中最令人难以捉摸的地方,常用的价格定位策略有高价制胜、低价渗透以及中价妙用等。

(6) 根据竞争对手定位。根据竞争对手定位是定位策略的一部分。该方法经常是将产品定位于与竞争对手产品直接相关的不同属性或利益。如无铅皮蛋,将其定位为无铅,间接地暗示竞争对手的普通腌制的皮蛋含铅,对消费者的健康不利。

事实上,许多企业进行市场定位的依据往往不止一个,而是多个依据同时使用。因为要体现企业及其产品的形象,市场定位必须是多维度的、多侧面的。

三、市场定位的策略

企业进行市场定位一般可有以下几种策略供选择:

1. 同席定位策略

这是企业同在市场中占据支配地位的竞争对手,也就是市场领导者之间采取"对着干"的定位策略,一般是市场挑战者采取的策略。处于市场挑战者地位的企业针对市场领导者的缺点和劣势,发挥自身优势,发起攻击,迎头定位,与竞争者共坐一席,赶上甚至超过市场领导者,而成为市场的新领导者。在世界饮料市场上,作为后起的"百事可乐"进入市场时,就采用过这种方式,"你是可乐,我也是可乐",与可口可乐展开面对面的较量。实行迎头定位,企业必须做到知己知彼,应该了解市场上是否可以容纳两个或两个以上的竞争者,自己是否拥有比竞争者更多的资源和能力,是不是可以比竞争对手做得更好。否则,迎头定位可能会成为一种非常危险的战术,将企业引入歧途。

2. 补缺定位策略

这是避开强有力竞争对手的服务市场,选择为其忽略的市场进行定位的一种策略,往往是小企业采取的定位策略。如苹果公司发展初期采取补缺定位策略取得了迅速发展。1976年,史蒂夫·乔布斯和沃斯·尼克两位年轻人以1 300美元起家,避开IBM公司和坦迪(Tandy)公司的竞争优势,瞄准家庭计算机市场这一为IBM、Tandy公司忽视的领域,专门设计苹果个人微型机。企业进行补缺定位时,关键是在市场、顾客、产品或营销组合上实行专门化,向顾客提供具有明显个性的产品或服务的系列营销活动。小企业可以向某个地区或某一类型的最终顾客进行补缺定位,提供产品销售和服务活动;小企业也可以专门致力于一种特色产品或产品线,以此来实施补缺定位,选择最佳位置。

3. 取代定位策略

在竞争激烈的市场上,目标市场已无空位可言,此时,有实力的企业有时就会采用取代定位策略。这种战略的实施,企业必须比竞争对手具有明显的优势,而且这种竞争优势能够持续下去。在产品的多种特性中,找出一种具有绝对优势的特性,以此来定位,在市场中树立"第一号"形象。这种方法易使品牌深深印在人们心中,因为人们往往能牢固地记住市场的第一号产品和头号企业,而对其他品牌的产品和企业的印象不深。例如,美国赫茨出租汽车公司宣传自己为顾客提供最满意的服务,七喜汽水公司向大众展示自己是第一家生产"非可乐"的饮料公司。

4. 重新定位策略

这是指企业改变现有的定位状况,对企业或企业产品进行重新定位的一种策略。在遇到以下一些情况时,就应该考虑重新定位的问题了。

(1) 竞争者推出的新产品,定位于本企业产品附近,侵占了本企业产品的市场,使本企业产品的市场占有率下降。

(2) 消费者的偏好发生了变化,原来喜欢本企业产品的人转而喜欢其他企业的产品,因而市场对本企业产品的需求减少。

企业进行重新定位时需要考虑的因素主要有四个方面:其一,竞争者推出新产品;其二,消费者偏好发生变化;其三,转移成本;其四,获取利益的多少。

一般来讲,重新定位是企业为了摆脱经营困境,寻求重新获得竞争力和增长的手段。不过,重新定位也可作为一种战术策略,并不一定是因为陷入了困境,相反,可能是由于发现新的产品市场范围引起的。例如,某些专门为青年女性设计的产品在中老年女性中也开始流行后,这种产品就需要重新定位。

四、市场定位的步骤

产品的定位可按照图9-4的步骤进行。

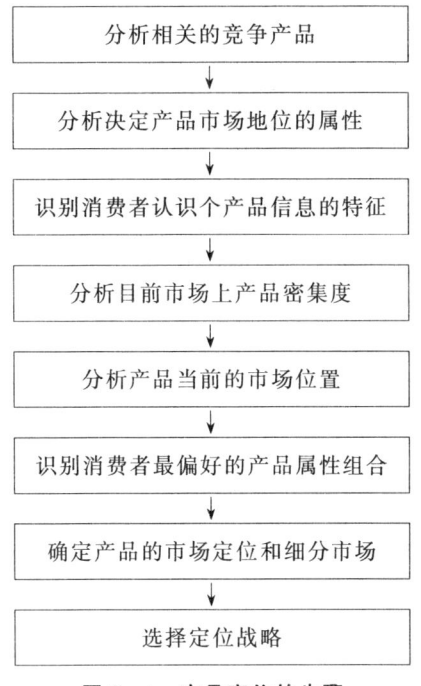

图9-4 产品定位的步骤

1. 分析相关竞争产品

定位分析可以分别在公司、产品线、产品类以及品牌等不同层面上展开。在产品类层面上的定位分析主要是验证消费者对各种竞争性替代产品的认知程度。例如,假定有家公司正在考虑推出一种新的速溶早餐饮品,这种新产品必然将与其他的早餐食品进行竞争,如烤面包、鸡蛋、熏肉以及谷类食品等。为了能确定新产品的市场地位,生产者就必须要得到本产品相对于竞争产品而言,被消费者认知的具有决定性的特有属性。如图9-5就是该产品的市场定位图,决定产品市场地位的两个属性分别是价格和方便程度。图中显示,这种速溶早餐饮品占据了显著的市场位置,因为消费者认可它是一种价格低而又方便的早餐食品。

图9-5 市场定位图

一旦同类产品中有不同品牌的竞争者加入,生产者就必须弄清楚:与竞争者相比,自己的品牌是如何被消费者所认知的。如图9-6是产品的品牌定位图,决定品牌地位的两个属性分别是产品的单位价格和热量的高低。图中显示了速溶早餐饮品市场中三个不同品牌的市场位置。这种品牌层面上的定位分析是非常有用的,它有助于生产者认识自己品牌的竞争优势和劣势,并有助于生产者决定是否对原有品牌进行重新定位而区分并强化该品牌的市场地位。

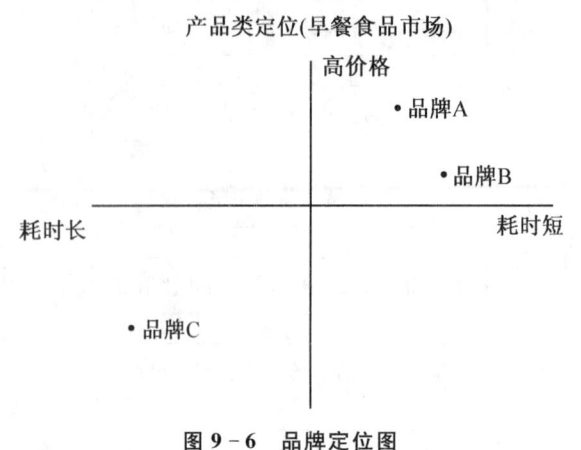

图9-6 品牌定位图

2. 分析决定产品市场地位的属性

市场定位可以基于产品的各种属性,如产品特性、产品功能、产品用途、产品成分、产品档次、制造过程以及环保特征等。从理论上说,消费者可能用产品的多种属性来评估产品或品牌的价值,但实际上,消费者评估产品或品牌时所用的产品的属性往往很少,因为消费者一般只用自己知道的产品属性对产品进行评估。显而易见的是,对某特定产品进行定位时所用的参量越多,就越有可能引起混淆,甚至使消费者产生怀疑。在很多产品的实际定位中,总是尽可能地避免使用复杂的属性,并尽可能使用简单的属性。

3. 识别消费者认识各种产品信息的特征

营销人员可以用多种方法来收集和分析消费者认识不同产品或品牌定位差异的信息特征。这些方法有因素分析法、判别分析法、多因素竞争模型分析法等。这些方法各有优缺点,在分析消费者的识别信息特征时,要根据不同的消费者特征、产品特征以及市场特征来选用正确的方法,有时可能需要同时用几种方法进行综合分析,以得到有关消费者识别不同产品或品牌时的较为准确的信息特征,分析出竞争者的产品定位策略,进而确立自己产品的定位策略。

4. 分析目前市场上产品密集度

一个品牌在消费者的心目中也许没有任何地位,而且,即使有一定地位,也是可能变化的。一般来说,在超过20个品牌的同一类型产品中,消费者能认知的品牌主要集中在3个或者更少的品牌。因而,许多品牌在消费者的心目中是没有任何地位的。一个没有被消费者了解的品牌是不可能在消费者心目中赢得地位的。一个品牌想要获得强势地位,首先要建立品牌的知名度。在品牌和它的主要属性之间建立强有力的联系能有效帮助品牌建立强势市场地位。

5. 分析产品当前的市场位置

营销人员如何才能知道拥有某一特性的产品品牌占据了强势市场地位呢?这就必须要用到前面提到的分析技术和方法,来进行市场研究和分析。我们举一个例子来说明。某一商业区已有女装的商场,根据女装的价格和时尚性两个参量,其在消费者的心目中的市场定位情况如图 9-7。

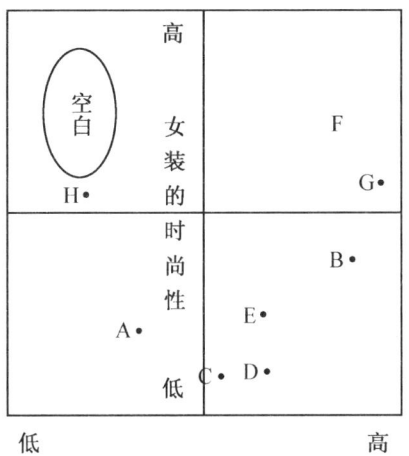

图 9-7 女装商场市场定位

从图 9-7 中可以看出,B 商场和 H 商场的位置距离较远,说明这两者在消费者心目中的市场地位是明显不同的;F 商场和 G 商场的距离很近,则表示两者的市场地位是相近的;C 商场、D 商场和 E 商场所在区域的竞争最为激烈;而 H 商场所在区域的左上方是一个市场"空白"区,此处可能就会成为一个新进入者的市场定位空间或一个旧产品重新定位的市场位置。

产品定位分析的局限性:在上述的分析图中,只是描述了不同的产品或品牌相对于竞争产品或品牌在消费者心目中的不同定位,但没有说明哪一种定位是最能够引起消费者的兴趣的。因而,此类分析也就不能帮助新进入者在"空白"市场中进行准确定位,也无法了解在其他的细分市场上的消费者是否有可能转而偏好具有不同于原有产品特性和定位的品牌或商场。为了解决这个问题,就必须认清消费者的偏好以及该偏好是如何影响消费者对市场上已有品牌的认知,这就是后面的市场定位分析。

6. 识别消费者最偏好的产品属性组合

分析人员可以有几种方法来识别消费者的偏好并在定位中充分考虑消费者的偏好。例如:可以用调查问卷的方式对消费者进行调查,询问他们如何在产品目录中来选择理想的产品或品牌(假设每一个品牌具有完美的属性组合),或者询问他们是如何辨别市场上各种品牌之间的相似性以及他们对每一个品牌的偏好程度。然后,分析者通过用恰当的统计方法就能够分析识别出消费者对产品市场上各种品牌的认识,也就能够发现消费者最偏好的产品属性组合。

7. 确定产品的市场定位和细分市场

确定细分市场的一个重要标准就是不同消费者的不同利益需求。由于反映消费者理想需求利益的变量之间的不同,市场定位分析能够清楚地识别出独特的细分市场以及不同品牌的认知定位。当消费者理想需求点集中在市场图中两个或更多的位置上时,分析人员就能够认为每一个集中区域是一个独特的细分市场。集中区域的范围大小反映了某一特定细分市场上的消费者的相对比例。通过检验不同细分市场上消费者的偏好与消费者对不同品牌的市场地位的认知的一致性程度,分析人员可以了解到:在不同细分市场上不同品牌的竞争力的强弱;在某一特定细分市场上竞争的激烈程度;以及在某一特定细分市场上获得差别化定位的机会。

8. 选择定位战略

在目标市场分析和市场定位分析结果的基础上,最后一步就是确定一个新品牌的定位战略或原有品牌的重新定位。定位的选择不仅要与特定目标市场上消费者的偏好匹配,还要考虑竞争对手当前的市场定位战略。同时,在对获得和维持定位战略成本分析的基础上,定位还要反映目标市场当前和未来的市场吸引力以及竞争者的相对竞争优势和劣势。

五、企业形象与市场定位

随着市场发展的逐渐成熟,企业间的竞争已经由开始的产品、质量、价格、服务等单一方面的较量,发展到企业整体形象之间的较量,即企业形象竞争。竞争胜负很大程度上取决于企业"形象力"的强弱。而在企业"形象力"的形成过程中,企业的市场定位起着举足轻重的作用。

1. 企业形象是企业竞争制胜的利器

所谓企业形象,是指社会公众和企业职工对企业的整体印象和评价。企业作为社会经济的基本单元,在经济活动中,必然要与社会公众进行交往,如企业进行生产经营,其产品就会被消费者购买使用。在交往中企业所特有的文化个性,如经营作风、产品形状、厂区、设备、商标、广告等,就会给人们留下一定的印象;而企业在进行组织管理时,又要与员工打交道,从而必定给员工留下印象。所以,企业形象是企业产品、质量、服务、公关、经营作风等给社会公众和企业职工的整体印象和评价。

良好的企业形象能赢得消费者的信任,使消费者对企业充满信心,对企业产品产生好感。正是消费者对企业的信任与好感,激发其购买欲望,导致连续购买行为,成为企业的忠诚顾客。不仅如此,这些对企业充满信任与好感的消费者,会自发地为企业进行宣传,从而不断地给企业带来新的顾客。可见,卓越的企业形象,有助于赢得消费者,不断地开拓、占领市场。良好的企业形象,可以为企业创造宽松的经营环境,得到政府、社会、舆论的信任和支持;良好的企业形象,有助于企业吸引人才,能为人才充分施展才华提供条件;良好的企业形象,能使企业获得投资者的信任和好感,取得及时、充足、条件优惠的资金支持,为企业发展壮大、增强竞争力创造条件;良好的企业形象,有利于企业建立稳定的货源渠道和可靠的经销渠道,保证企业生产有充足的优质原材料供应,使企业产品销售渠道畅通无阻;良好的企业形象,能增强企业的凝聚力,使职工产生自豪感、荣誉感和归属感,从而增强企业的向心力。

由上可见,企业形象的优劣,往往决定社会公众对其取舍与选择,决定企业竞争胜负。因此,企业应重视形象塑造,提高竞争中的"形象力"。

2. 企业的市场定位决定着企业形象的塑造

正如本章第四节中已经提到企业的市场定位,就是根据竞争者现有产品在市场上所处的位置,针对消费者或用户对该种产品特征或属性的重视程度,强有力地塑造出本企业产品与众不同的、印象鲜明的个性或形象,并把这种形象生动地传递给顾客,从而使该产品在市场上确定适当位置。

准确的市场定位不仅是企业市场竞争的关键,而且决定着企业形象的塑造。企业的市场营销策略往往是围绕着企业的市场定位来制定的。明确的市场定位能够为建立鲜明的品牌个性和实施有效的营销传播策略奠定基础,从而促进消费者准确快速地认知、了解、接受企业鲜明的品牌个性,有利于企业形象的塑造。例如,百事可乐采用迎头定位策略,在可乐市场上与行业老大直接面对面地竞争,以市场的挑战者姿态力求在可乐市场中争夺一席之地。在这样的定位下,百事可乐在品牌的传播策略上力求突出年轻充满活力和激情,渴望挑战的品牌个性,在目标消费群体中树立"年轻、激情"的企业形象,赢得了年轻一代的广泛认同,在可乐市场中占据了半壁江山。

第十章　产品、服务和品牌：构建顾客价值

市场经济下营销环境不断变化，对任何一个企业来说，科学技术、竞争条件以及消费者需求等的变化，都会对其产生一定的影响。因而，一个企业必须对其所生产的一系列产品、服务和品牌进行建立和管理，以创造顾客价值和营造对企业有利的顾客关系。

第一节　产品、服务的概念与分类

一、产品与服务的概念

通常人们所理解的产品是指通过生产劳动创造的物质实体，如汽车、服饰、食品等等。从营销学的角度看，这一传统的产品概念是狭义的，不完整的。菲利普·科特勒将产品定义为：产品是能够提供给市场以满足需要和欲望的任何东西；广义的产品概念认为：产品是指一种商品、服务、想法或是三者的组合，它能够提供一些可触知或不可触知的特性，这些特性是一些人、组织、团体认为必需的、有价值的、令人满意的，以至于会用钱、资助或其他价值单位来交换，以便获得它。从这个意义上说，产品在市场上包括实体商品、服务、人、地点、组织和创意等。简而言之，凡是能够满足消费者需要的因素均属于产品的范畴，它涵盖了一切能够用以出售的东西。

鉴于服务在全球经济当中的重要地位，我们将其定义为：由活动、利益或满足组成的、用于出售的一种产品形式，它本质上是无形的，对服务的出售也不会带来服务所有权的转移。[1]

二、产品与服务的层次

鉴于消费者需求的多样性和无限性，我们通常将整体产品与服务用五个层次来描述（见图10-1）。

---

[1] 菲利普·科特勒，市场营销原理13版，中国人民大学出版社，P211。

第十章　产品、服务和品牌：构建顾客价值

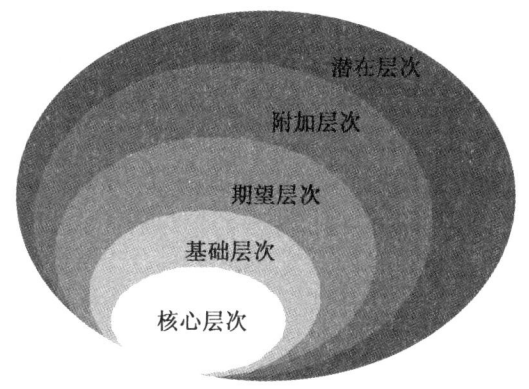

图 10-1　整体产品概念

(1) 核心利益部分。最基本的层次，核心利益部分又称核心产品，即顾客真正所购买的基本服务或利益，也是一个产品真正对顾客起作用的所在，核心产品回答了"顾客真正购买了什么"的问题。但第十一章产品组合决策市场营销核心产品是一种理念层次上的产品，是无形的，不能独立于产品的实体或服务的活动方式存在，只有使用或消费产品时才能表现出来，以旅馆为例，它实质上是向夜宿的客人提供"休息与睡眠"。

(2) 基本产品部分。它处于整体产品中的第二个层次，是产品核心利益借以实现的有形实体，即产品的基本形态，由品质、特征、形态、品牌、包装五个标志所构成。顾客购买基础产品不是购买的真正目的，通过购买基础产品来得到所需要的"核心产品"才是购买的目的，就是说，基础产品是作为"核心产品"的载体，向顾客传送所希望满足的东西。营销人员应着眼于对客户能产生什么样的实际利益，再去寻找利益得以实现的形式，进行产品营销。所以，营销者必须将核心产品转化为基础产品。在这一层次中，至少包括了产品的品牌、包装、质量、特色以及形式五个特征要素，即便基本产品是一种单纯的劳务提供，亦应不同程度地具备上述全部或部分特征要素。对于银行来说，其基础产品一是服务设施，包括各种硬件，如营业网点、柜台服务、电脑终端；二是服务内容，不同期限、提款方式等类型的存款业务，不同的用途、偿还期限、保障程度、偿还方式的贷款业务及传统的结算、汇兑等中间业务；三是服务质量、环境与氛围，如品牌、统一的形象识别系统。

(3) 预期产品部分。预期产品部分位于整体产品中的第三个层次，即购买者购买产品时通常希望和默认的一组属性和条件，是在基础产品上的自然延伸。对银行来说，是指好的态度，热情耐心地解答疑难问题，为储户保密，存兑自由，存贷方便等等。经过改革开放以来的发展，我国银行现均能满足客户的这些最低期望，所以客户在选择银行时常常并不是注重哪家能提供期望产品，而是根据其他标准。实际上，这是消费者对其需求和利益的最低限度的要求，产品的提供只有接近或较好地满足这一期望和要求，才能为消费者认可和接受，从而实现产品的销售。

(4) 扩大产品部分。第四层扩大的产品部分是指消费者在购买某一产品时，不仅期望获得实体产品本身及其内在应有的效用，而且还希望获得包括良好的服务、保证等额外的利益。例如，旅馆的营销可以将其产品扩大到包括电视机、鲜花以及快速登记与结账、微笑服务等诸方面。随着市场竞争的日趋激烈，产品的扩大层次愈来愈成为众多竞争者关注的焦点。正如

美国著名学者李维特所述：新的竞争方式不在于公司能生产出什么实体产品，而在于能否在实体产品以外，给消费者提供某些他们认为同样有价值的东西，诸如包装服务、广告、客户咨询、融资、运输、仓储等等。它能把一家银行的产品与竞争者的产品区别开来，它来源于客户对消费需求的深入认识。购买者之所以购买某产品是为了满足某种需要以及与此有关的一切事物，即购买者购买的是一个消费系统。产品的延伸层次使得营销人员必须正视购买的整体消费系统。一个产品的购买者在使用该产品时试图完成整体任务和有关方法，现代竞争并不在于银行能设计出产品，而在于能为其产品增加什么内容——诸如客户咨询、融资方便、上门服务以及人们所重视的其他增值方式，用这种思路和方法，营销者就会发现提供延伸产品能够为银行在市场竞争中增加更多的机会。

（5）潜在产品部分。这是整体产品五个层次中最外围的一层，即最终可能会实现的全部扩大部分和新转换部分。如果扩大产品包含着产品的今天，则潜在产品指出了它可能的演变，所以潜在产品是扩大产品的延伸。许多成功的企业在它们的产品上增加了额外的优惠和好处，不仅使得顾客满意，而且令顾客愉悦，它是上述四个层次的现实产品在未来的延续，是企业对其提供的产品进行所有可能增加或改进的部分。潜在产品的发展基于对将来某一时期消费者需求趋势的预测，目的是积极寻求更新的方式去满足消费者的欲望、需求和利益，并以差别化的方式在激烈的产品竞争中立于不败之地。例如，西方发达国家全部套房旅馆的兴起就是对旅馆经营的传统模式的一种挑战。

三、产品与服务的分类

一般说来，不同特性的产品与服务，其营销策略组合亦不尽相同。因此，在企业对其产品市场与服务进行市场细分、市场定位并制定相应营销策略之前，有必要对产品与服务进行适当的分类。通常根据产品的不同特征和用途，有以下两种主要分类原则与方法。

1. 以产品与服务为基础分类

以产品与服务为基础的分类，把具有相似性的产品与服务放在一组，尽管这些产品与服务可能是为有相同目的或不同市场服务的。以产品与服务为基础的分类，可以将其分为耐用品、非耐用品以及服务三大类：

（1）耐用品：它通常是指在正常情况下可连续使用多次且更换次数相对较少的有形产品，如：电视机、冰箱、服装等等。该类产品往往可以给企业带来较高的单位利润回报，而顾客在购买这类产品时，也期望获取更多的销售服务和销售保证。

（2）非耐用品：它通常是指那些使用消耗快且购买频率较高的有形产品，如饮料、肥皂、食盐、一次性保鲜袋等。一般说来，该类产品的单位利润较低，故适当的营销策略是使消费者能在较多的地方很方便地买到这类产品，以达到企业薄利多销的目的，同时宜采用大量广告的促销形式吸引消费者试用并重复购买。

（3）服务：它通常是指可提供给消费者的一种活动、利益或满足。服务是一种无形的、内容不易标准化的特殊产品，营销学中有时又称服务性产品。它与有形产品的不同点在于购买前不能被购买者所触及和感知。且具有不可分性、多变性以及不可储存性。故服务性产品营销的重点在于质量控制、信誉和对环境的适应能力。

2. 以用户为基础分类

以用户为基础的分类，可以将产品分与服务为消费品以及工业品两大类。

所谓消费品,是指购买者购买此类产品是为了用于最终直接消费;而工业品的购买者通常是集团或组织,购买的目的是为了用于生产新产品或其他目的。

根据消费者购买习性的不同,我们可以将消费品和服务做以下四种划分:

(1) 便利品:是指消费者购买比较频繁,而且不需要花费过多的精力和时间去进行比较、选购就可以购买到的商品或服务,如肥皂、牙膏、通话费用、上网费用等等。消费者对该类物品的购买要求主要在于其购买的便利性,尽管并不排除消费者对某种产品品牌的偏好,只是由于产品的价格相对低廉,消费者不愿花费很多的时间去选择,而习惯性地挑选其熟悉的品牌进行购买。根据消费者特定的购买态度以及购买时所处的环境,便利品又可以进一步细分为日用品、冲动购买品和应急品三类:

第一,日用品是指那些顾客需要不断补充以维持稳定储备的商品和服务。

第二,冲动购买品是指在心理冲动情况下所购买的消费品和服务。

第三,应急品是指那些为了预防突发事件或紧急情况而购买的产品和服务。

由于消费者对该类产品的需求比较频繁,而且花很少的时间去选择购买,这就要求生产商必须准备充分,分销渠道必须广泛且要供货迅速。由于零售商储备能力有限,而便利品需求量大,所以企业大量投资于零售就变得不经济,这就要求企业必须通过大量的批发商来销售产品。

零售商通常代理好几个品牌的产品,因而其很少向顾客推销某一个品牌的产品,由于怕"搭便车"(某个零售商做广告,其他零售商也能得到其做广告的好处,销售得到增加),零售商不愿意拿钱出来做广告,这就要求企业不得不花费大量的钱用于广告宣传。

因为消费者在购买便利品时,很少花费时间和精力去决定选择什么品牌的产品或服务,因此便利品的营销宜采用广泛性的销售渠道策略和有效的促销手段。

图 10-2 消费品分类①

(2) 选购品:是指消费者在购买过程中,对产品的适用性、质量、价格以及色彩等因素进行较为充分的比较后才决定购买的一类产品,显然选购品比便利品昂贵,如家具、服装、家电产品以及美发、美容等服务性产品。

---

① 路易斯 E·布恩(Louis E. Boone),大卫 L·库尔茨(David L. Kurtz)著:《当代市场营销学》(第10版),赵银德,张璘,周祖城等译,机械工业出版社,2003年版,第267页。

选购品又可分为同质和异质两类,同质选购品是指不同品牌的产品或服务之间有很少的区别,如冰箱、洗衣机等;而异质选购品之间则存在本质上的差异,如家具、健身训练、度假服务等。对于同质选购品,消费者将更多地考虑价格因素,而对于异质选购品,消费者则首先注意产品的质量与特色,因此在销售选购品时应注意将其区分开来分别选择不同的策略。

对于选购品而言,消费者的购买习惯对生产商和中间商的分销策略和促销策略都有很大的影响。由于选购品价值较大,消费者愿意花费精力和时间来选择产品,因而企业不需要建立太多的零售点。为了便于消费者比较,企业一般将产品与竞争对手的产品放在一起销售。

(3)特殊品:是指具有独特的个性或高品牌知名度的一类产品或服务。消费者在购买此类产品时往往认定某一名牌,并愿意付出更多的努力或代价去获取,因而对价格的敏感性较低。由于特殊品在相当程度上排除竞争,故通常为其经营者带来较高的利润回报,此类产品营销的关键并不在于销售点的便利与否,而在于让消费者知晓销售点的确切位置。因此,零售商变得相当重要,特别是在一些地区只有一个零售商的情况下,零售商的作用非常重大。

由于特殊品的价值较高且该类产品的品牌知名度对消费者的决策影响较大,使得零售商比较能够忠于执行生产商的销售策略,并愿意拿出一部分的资金与生产商来共同推广产品,这就降低了企业的广告费用,对以上三种消费品的特征总结如表 10-1。

表 10-1 消费品的特征和营销策略[1]

	方便品	选购品	特殊品
	特征:		
消费者花费的时间和精力	很少	较多	花足够的时间来寻找想要的品牌
计划购买花费的时间	很少	较多	较多
购买后要多久需要才能感到满足	立即	相对较长	相对较长
是否考虑性价比	不	是	不
价格	通常较低	通常较高	通常较高
购买频率	较高	较低	较低
	营销策略:		
分销渠道长度	长	短	非常短
零售商	不太重要	重要	非常重要
零售点数量	尽可能多	不太多	不太多且经常只有一个
谁负责广告	生产商	中间商	中间商
产品展示	非常重要	不太重要	不太重要
自有品牌还是用零售商品牌	自有品牌	零售商品牌	两者兼而有之

---

[1] Michael J. Etzel, BruceJ. Walker, Wiliam J. Stanton:《Marketing》(11th edition), Irwin/McGraw-Hill, c2001, P195.

(续表)

	方便品	选购品	特殊品
	营销策略：		
包装	非常重要	不太重要	不太重要
举例	日用品：麦片 冲动品：糖果 救急品：修理车胎	异质选购品：名牌服装 同质选购品：自助旅馆	昂贵的西服

（4）非寻求产品：非寻求产品与其他三类不太相似，因而没有在表10-1中列示出来。非寻求产品是指潜在购买者目前尚不知道该类产品的存在或虽知道但在不需要之前并不去刻意寻求的产品，诸如墓地、新型触式体温计、大百科全书等。正如非寻求产品的名称所示，人们只有在两种情形下才会决定购买：一是在遇到紧急情况时，人们需要购买非寻求产品；二是在该类产品进行大规模推销时消费者也可能购买。因而在销售非寻求产品时需要有鼓动性很强的人员推销和有说服力的广告，使消费者需要购买非寻求产品时能够想起企业的品牌。

对于工业品的分类，考虑到生产环境中购买行为的作用和重要性，我们通常根据其如何进入生产过程以及相对产品成本的高低来划分，一般可以分为以下五大类（见表10-2）：

表10-2 工业品的特征和营销策略[①]

	原材料与零部件	资本品目	附属品	半成品	供应品与服务
	特征				
单位价值	很低	很高	中等	低	低
生命周期	非常短	非常长	长	取决于最终产品	短
购买量	多	很少	少	多	少
购买频率	很高	很低	较高	很低	很高
竞争对手产品的标准化程度	很高	很低	低	很高	高
	原材料与零部件	资本品目	附属品	半成品	供应品与服务
	营销策略				
分销渠道状态	短，无中间商	短，无中间商	有中间商	短，很少有中间商	有中间商
价格战	重要	不断变化	不是主要因素	重要	重要
售前/售后服务	不重要	非常重要	重要	重要	很少
品牌偏好程度	无	高	高	通常较低	低
举例	煤	机器设备	扳手	纺布的纱	机器维修

（1）原材料与零部件：是指完全进入产品制造过程的工业品，通常包括原材料与零部件两类。

---

① Michael J. Etzel, Bruce J. Walker, Wiliam J. Stanton：《Marketing》(11th edition), Irwin/McGraw-Hill, c2001, P.198.

原材料主要是指未经加工或经过粗加工的产品。通常它又可以进一步细分为天然产品与农产品两类。天然产品,例如煤、原油、铜、矿石等,由于其储量有限与不可替代性,通常由少数规模巨大的企业向市场提供,而且依据其天然采集的纯度、精度等进行分级。因此,其营销的关键在于长期合约、价格与准时交货。农产品,诸如小麦、棉花、家畜等,在其营销方式中,储运与销售渠道的通畅显然要比广告和促销活动重要得多。

零部件一般是指已经过部分加工,尚需继续加工或装配才可形成成品的产品,如机器设备上的轴承、空调器中的压缩机等等。该类产品通常采用直接销售渠道,依订单供货。营销成败的关键因素是质量、价格与服务,而品牌和广告显得不甚重要。

(2) 资本项目:指仅仅参与或涉及制成品部分制造程序的产品,又称设备类产品。它包括厂房、机床、锅炉等主要设备以及手工工具、器械、办公设备等辅助设备。该类产品的特征是部分地进入最终产品,其促销的主要手段是人员推销,尽管非人员促销(如广告)可发挥一定的效果,但其重要程度远不如人员推销,而仅仅作为一种配合性手段。此外,因其价格昂贵,用户考虑较多,售后服务的有效提供也是促成其销售的一个重要因素。

(3) 附属品:是指那些不与商品生产直接联系,但对生产过程提供边缘支持的商品。比如手工工具、容器、办公设备、桌子以及其他轻便设备等,都属于这一类。通常来说,这些商品不像资本项目那样昂贵或很少购买,且风险也较资本项目等小。这说明了企业在购买附属品过程中所花费的精力和时间都比较少,而且重复购买的可能性比较大,这就要求销售人员必须保证潜在购买者拥有与产品相关的足够信息。

(4) 半成品:半成品与原材料、零部件不同,在到达购买者的工厂之前,它们经过了一系列的处理加工,基本上已经属于完工产品,但是必须经过进一步的加工才能成为最终产品。比如,某品牌的显示器生产商,将部分基本完工的显示器销售给联想电脑制造商渡漆、贴牌等。对于半成品的营销与原材料、零部件、供应品等都有所不同。

(5) 供应品与服务:是指那些不直接进入最终产品的工业品。供应品通常又可分为生产用品(如润滑油、燃料、冷却水等)、保养和维修用品(如油漆、铁钉、扫帚等)和办公辅助用品(如纸张、文具等)。由于供应品单位价值较低,且顾客人数多而分散,故常常由中间商去完成销售。与供应品分类相似,服务通常又可细分为维修服务与咨询服务两类。一般说来,维修服务与咨询服务所包涵的内容不同,故其营销的侧重点亦有所不同。

第二节 产品和服务决策

一、产品组合决策

随着市场需求的多样化和企业规模不断增大,很少有哪个企业只生产一种产品,绝大多数企业提供一系列的产品或同种产品的大量变体来满足不同市场细分的需求,即向市场提供的是产品组合,以使得企业占有更大的市场份额,获得更多的利润。

1. 产品组合的概念

(1) 产品组合定义

产品组合,也称为产品品种搭配,是一个特定销售者售与购买者的一组产品,它包括产品项目和产品线。① ① 产品项目是指企业所生产的具有不同功能、不同尺寸规格和不同包装形式的各种产品。一般地说，可以将企业所生产的每一种产品都称为一个产品项目。② 产品线，亦称为产品系列，是指从顾客的需要、便利等角度出发而对企业的所有产品进行组合且密切相关的一系列产品项目。所谓密切相关是指这些产品的使用功能相同或相近而规格不同，或者出售给同一目标顾客群，或者是通过相同的销售渠道出售，或者利用相同的销售策略，或者以同一个价格策略来定价等。

（2）产品组合的属性

企业的产品组合还具有一定的宽度、长度、深度和相关度。如表 10-3 以联合利华所销售的产品组合为例：① 产品组合的宽度是以企业所有产品中产品线的条数来衡量的，从表 10-3 中可以看出，联合利华的产品组合的宽度是 4（个人护理、食品、家庭日用消费品、家庭净水）。

表 10-3 联合利华的产品组合商品

洗发水	沐浴露	洗衣液	家庭净水
多芬	多芬	金纺	净水宝
夏士莲	力士	奥妙	
清扬	夏士莲		
凌仕	凌仕		
力士	卫宝		
	清扬		

宽的产品组合可以使企业产品多样化，能够满足消费者的不同消费需求，可以使企业的产品所涉领域较多，从而降低了企业的经营风险；但要求企业的资源投入较多，分散了企业有限的资源。窄的组合可以集中企业有限的资源于少数的几条产品线上，能够满足不同消费者的同一种需求或相似需求。② 产品组合的长度是指产品组合中同一条产品线上产品项目的总数，一般以产品线的平均长度来衡量，产品线的平均长度就是产品组合的总长度（产品组合中的所有产品项目的总数）除以产品组合的宽度。长的产品组合可以满足不同细分市场对同一类产品的需求，使企业能够最大限度地占有市场，覆盖一定的价格范围，获得分销商的支持，从而使竞争对手难以抢占市场份额；短的产品组合能够降低产品的成本，产品项目越少，分类改造、分类储存、分类管理的费用越少，因此，短的产品组合能降低产品的成本，而且减少了产品项目之间重叠的可能性。③ 产品组合的深度是指产品线中的每一产品有多少品种。例如，像联合利华所生产的沐浴露有夏士莲、力士等一些品种，通过计算每一产品的品种数目，我们可以算出联合利华产品组合的平均深度。④ 产品组合的相关度是指产品线之间在生产条件、最终用途、分销网点、价格范围、消费者群体分布等其他方面相互关联的程度。相关度高的产品组合容易管理，能使企业集中市场营销和生产技术上的特长，提高其对市场的影响，与分销商建立稳固的销售关系，降低分销商讨价还价的能力。但是相关度太高的组合可能因过分强调经营有限的产品品种，而使企业受环境、市场周期等因素的影响较大，增加了企业的风险。

从图 10-3 中产品组合的不同属性可以看出：一个企业产品组合的不同，对应的市场策略

---

① 菲利普·科特勒：《营销管理》（第 11 版），上海人民出版社，2003 年版，第 460 页。

也将受到一定的影响,宽的产品组合必将使得企业的产品呈多元化方向发展;产品组合越长,企业目标市场细分越细,单个品种产品所对应的目标市场越小,目标市场容量越有限;产品组合的相关度越高,对企业的生产条件、分销网点等要求越低。因而一个企业可以依据产品组合的不同属性采用四种方法来扩展其业务:第一,增加新的产品线,以扩大产品组合的宽度;第二,延长现有的产品线;第三,增加每一产品的品种,以增加产品组合的深度;第四,提高产品线之间的相关度。

一条产品线或一些产品线很多品种	集中不同的产品线上分别有很多种型号
一条产品线或一些产品线上只有很少几种	几种不同的产品线上分别只有很少几种型号

图10-3 产品组合宽度和长度的组合[①]

2. 产品组合的评价方法

随着企业周围环境的不断改变,企业的产品组合应进行不断的调整,对产品组合中的每一条产品线以及每一个产品项目都应进行分析、评价和优化,使现行的产品线以及各产品项目能为企业带来较好的收益。分析、评价产品组合的方法主要包括:波士顿矩阵法、通用电气多因素组合法以及一些其他方法。

二、产品线决策

一个企业的产品组合可能拥有很多的产品项目,企业为了便于对所生产的产品进行管理,必须把它分成大量的产品线。一条产品线上的产品之间存在着密切的联系,这种联系可以以生产为导向,因为产品都有相似的生产需求和功能;也可以以市场为导向,因为产品能满足相似的需求,或者能在相似的目标市场内销售,或产品可以用相近的方法进行管理。

1. 产品线分析

产品线是决定产品组合长度、宽度、深度和相关度的基本因素,动态的最优产品组合就是通过及时调整产品线来实现的。可见,产品线是影响企业产品组合的重要因素。对于企业来说,做好产品线分析工作,不仅为产品线决策提供科学的依据,更为重要的是为企业的产品组合决策奠定较好的基础。

一般来说,产品线分析的内容主要有两方面:一是分析产品线中各产品项目的销售额及利润;二是将企业自己的产品线与竞争者产品线进行对比分析。

(1) 产品线的销售额及利润分析。企业要达到产品组合最优化,必须使每条产品线都能取得较好的经济效益。产品线的销售额与利润额是由产品线中的各产品项目所提供的。但是,各个产品项目,其对产品线总销售与利润的贡献是不同的。在有些企业的某条产品线中,20%的产品项目却能带来80%的利润,因此,必须对企业每一条产品线中的每一个产品项目的销售与利润情况进行分析。

如图10-4表示了某企业某条产品线中5个产品项目对销售额与利润额的贡献情况。第

[①] Joel R. Evans, Barry Berman 著:《市场营销教程》,张智勇等译,华夏出版社,2001年版,第315页。

一个产品项目在整条产品线销售额和利润额中分别占 50% 和 30%,第二个产品项目均占 30%,这两个产品项目的销售额占整条产品线销售额的 80%,利润占 60%。说明这两个产品项目对该产品线贡献最大。但在这种情况下,该产品线也最容易受到竞争者的攻击。如果这两个产品项目受到竞争对手强有力的攻击,则该产品线的销售与利润将可能会受到很大的威胁。企业必须特别注意这一点。第五个产品项目的销售额与利润额仅占整条产品线销售额与利润额的 5%,企业可以考虑将此产品项目剔除,以便抽出力量来加强其他产品项目,或者进行新产品开发。

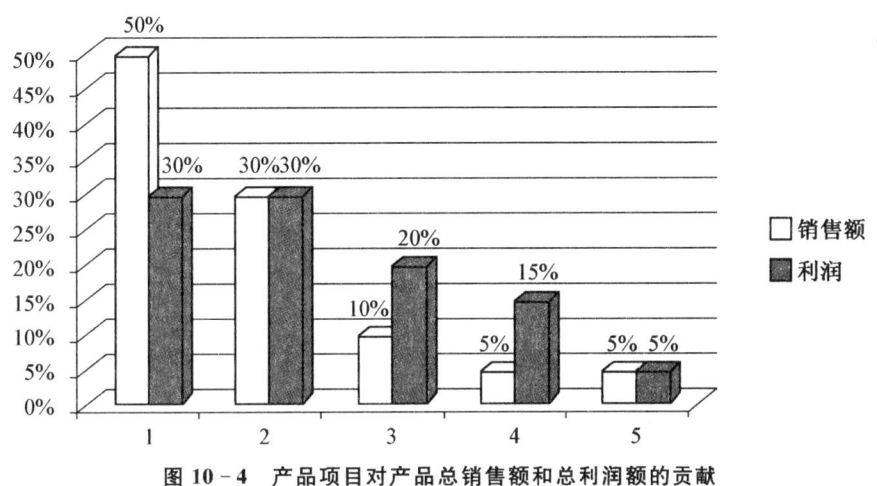

图 10-4　产品项目对产品总销售额和总利润额的贡献

运用以上的方法来分析,企业能够掌握各条产品线、各个产品项目的销售额与利润额情况,以便为产品线延伸决策、填补决策、删减决策提供较为可靠的依据。

(2) 产品线的市场竞争分析。产品线的市场竞争分析,是指企业利用产品定位图,对本企业的产品线与竞争对手的产品线进行对比分析,全面衡量企业各产品项目与竞争对手产品的市场地位。例如,H 造纸企业的一条纸板产品线,纸板的两个重要属性是纸重量与成品品质,纸重一般分为 90、120、150 和 180 四个标准,品质一般可分为高、中、低三个等级。如图 10-5 为该企业与 A、B、C、D 四个竞争对手的产品定位图,从该图可以看出:A 企业有两个产品项目,纸重均为特高,品质则为中级与低级;B 企业有四个产品项目,各具有不同的重量与品质;C 企业有三个产品项目,纸重档次愈高,则品质愈高;D 企业有两个产品项目,纸重均为轻,但品质不同;H 企业有三个产品项目,各有不同的纸重与品质。运用该产品定位图,可作如下分析:① H 企业的重量较轻、中级品质的纸板与 D 公司的产品相互竞争,但 H 企业的高纸重、中品质纸和中纸重、低品质纸尚未有直接的竞争对手。② 综合分析和评估,认为图 10-5 上的 12 个"○"中尚有 1 处空白,即高纸重、低品质的市场尚无企业进入。如果 H 企业经过市场需求、生产能力、技术、经济利益等方面的分析,认为空白位置中尚有良好的市场机会与较高的开发价值,则 H 企业可进行新产品开发。③ 图 10-5 中的实线,按纸重、品质两个属性,及用户对纸张的偏好,分为一般印刷业、广告装潢业和办公用品业三个细分市场。H 企业的产品定位比较适合一般印刷业的需要,而未能充分供应其他两个行业的需要(尽管 H 企业的产品定位也在其他两个细分市场的边缘上)。如果 H 企业有能力生产更多类型的纸张,可以考虑进入广告装潢业和办公用品业这两个细分市场,否则只能保持现有的定位。

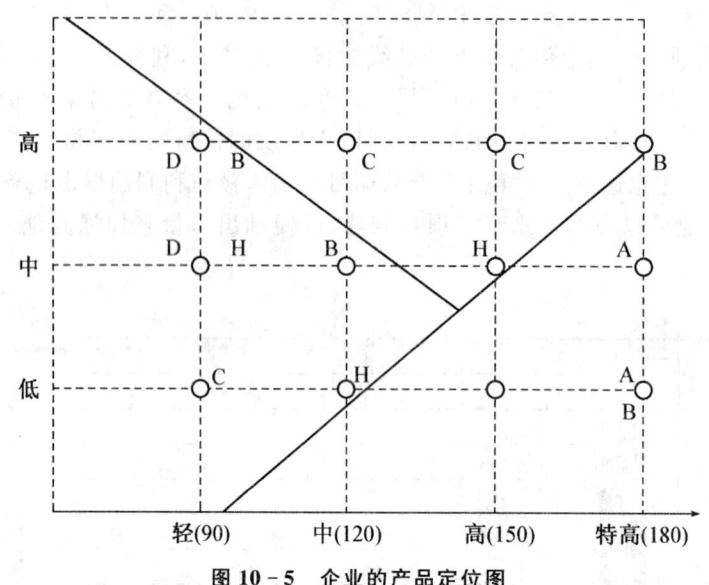

图 10-5 企业的产品定位图

2. 产品线长度决策

对企业的产品线经理来说,他们面临的问题是寻求一个平衡的产品组合,寻找产品线的最佳长度。对一个企业来说,如果能够通过增加产品项目来增加利润的话,或可以通过削减产品项目来增加利润的话,都说明该企业目前的产品组合不是一个平衡的产品组合。

产品线的最佳长度应该是由企业的目标决定的。那些想拥有较高市场份额和市场增长机会的企业可能拥有较长的产品线。随着企业自身的发展,企业的产品线有不断延长的趋势,因为当企业规模变大以后,将会造成生产能力的过剩,这将促使产品线经理开发新的产品项目。

企业可以采用两种方法来增加其产品线的长度:产品线延伸及产品线填补。

(1) 产品线延伸决策。企业为了开拓新市场,或者为了适应顾客的新需求,或者为了使产品线成为完全的产品线,而将产品线延长,使其超过现有范围,这种策略就是产品线延伸。产品线延伸有三种方式:向下延伸、向上延伸与双向延伸。

① 向下延伸。许多企业先将产品定位在较高档次(高品质或高价格)的市场,为市场的高端用户提供服务然后再进军较低档次市场,这就是产品线向下延伸。

一般来说,企业作出产品线向下延伸决策主要有以下几个方面的理由:

a. 企业的高档次产品在高端市场受到很大的竞争压力,决定进入低档次产品市场,寻求进一步的发展,使其有回旋的余地,降低经营风险。

b. 企业的高档次产品成长极为缓慢,而企业的经营目标要求快速的发展,目前的增长速度不能满足其发展的要求,因而将其产品线向下延伸,寻求发展。

c. 企业当初进入高档次产品市场是为了建立高品质形象,而当发展成熟以后,借其良好形象向下延伸,以扩大产品经营范围,开拓市场,寻求更大的增长。

d. 企业为了确立其在市场上的领先地位,为潜在竞争对手设置进入障碍,而通过增加低档产品来填补市场空白,避免给竞争者进入该市场的机会。

企业决定将其产品线向下延伸有可能获得巨大的成功,但也应当看到,采用产品线向下延伸策略会给企业带来很大的风险,这主要表现在:

a. 由于新的产品价格较低,但品质不一定很差,企业新开发的低档次产品可能会夺走原本购买高档次产品的顾客,从而降低了利润,这样反而给企业发展带来不利的影响。

b. 可能会激怒本来生产低档次产品的企业,他们以进入高档次产品市场的方式予以反击,从而使高档次产品市场竞争加剧。

c. 企业原有的经销商,可能会因为获利能力、经销商形象等方面原因而不愿意销售这些低档产品,会影响企业整个分销渠道,使得企业不得不另设经销系统,必然会增加销售费用,而且原有的经销商可能会代理企业竞争对手的产品,从而减弱了企业的竞争优势。

d. 销售低档产品会损害企业的高品质形象,对于新增加的低档产品,企业在产品品牌、广告宣传等方面应慎重考虑。

② 向上延伸。有些企业由于原先出于生产、技术、资金等方面的考虑,开始进入市场时生产低档次产品,后来由于各方面条件的成熟决定进入高档次产品市场,这就是产品线向上延伸。企业作出产品线向上延伸决策可能出于这样几方面的考虑:

a. 由于高档产品市场快速成长、市场前景看好,且投资回报率较高等因素,企业决定进入高档产品市场。

b. 企业各方面的资源都比较充裕,实力比较雄厚,而竞争者的实力不是很强,企业决定进入高档产品市场,从而能够垄断整个市场。

c. 企业想成为完全产品线的生产厂商,即企业想生产所有不同档次的产品,从而能够使整个企业的形象大大提高。

同样,企业采用产品线向上延伸决策,也存在着这样一些风险:

a. 高档次产品市场的竞争者会采用多种手段和策略来保住自己的市场,同时,他们也可能会反过来侵入低档产品市场,对侵入高档产品市场的企业予以反击。

b. 企业一直生产低档产品,而当其生产高档产品时,顾客对企业的生产能力、产品品质可能会不太信任。

c. 企业的销售人员和经销商以及其他一些营销部门可能没有足够的能力和技术为高档产品市场提供优质服务,而破坏顾客对企业原有的良好印象。

③ 双向延伸。有些生产中档产品的企业在取得市场优势后,由于实力雄厚,且市场上高档产品生产商和低档产品生产商比较少或竞争实力不强,可能会决定同时向产品线的上、下两个方向延伸,这种情况就是产品线的双向延伸。例如,美国小型计算器市场,在德州仪器公司进入这个市场以前,整个市场由惠普公司与波玛公司主宰,惠普公司提供的是高品质、高价位的产品,波玛公司提供的是低品质、低价位的产品。德州仪器公司最早上市的是中品质、中价位的产品,并占领了中档小型计算器市场,然后在中档产品两端逐渐增加更多的机型。

如图10-6,德州仪器公司提供高品质但价格低于惠普公司的计算器(向上延

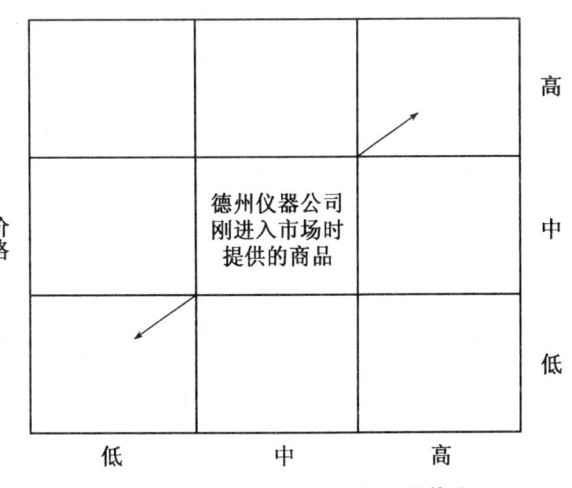

图10-6 德州仪器公司的产品线策略

伸),夺走了惠普公司高档产品市场上的大部分顾客。他们提供品质优于波玛公司但价格一样或更低的计算器(向下延伸),将波玛公司挤出了低档产品市场。由于产品线双向延伸决策的成功,德州仪器公司在小型计算器市场取得了领导地位。

(2)产品线填补决策。产品线填补决策是指企业在现有的产品线范围内增加新的产品项目,增加产品组合的深度。产品线填补决策不同于产品线延伸决策。产品线填补决策是一种战术性决策,而产品线延伸决策则是一种战略性决策。

企业作出产品线填补决策的动机主要有:① 为企业带来更多的利润。② 满足那些经常抱怨产品线缺少某些项目而使得销售额下降的经销商的要求。③ 由于企业生产能力过剩,使生产能力得到充分利用。④ 企业想成为完全产品线的领导者。⑤ 为了阻止潜在竞争者的进入,而决定填补市场空白。

企业在进行产品线填补决策时,应注意以下几个方面的问题:① 企业必须使其产品线内新增的产品项目和其他产品项目有明显的不同,从而使顾客能加以区别。如果增加产品项目过多,规格过细,会增大顾客了解产品的难度。如果企业新增加的产品项目与旧产品项目之间差异很小,则可能会导致新旧产品自相残杀,在顾客心目中造成混乱。因为顾客对相对差异的识别能力比绝对差异强。例如,顾客能够明显感觉到1m与2m长的尺子之间的不同,但他们却很难感受到1m与1.1m长的尺子之间的差别。② 企业在审查新增产品项目方案时,必须以市场需求为标准,与企业整体目标相吻合,而不能单独为了满足企业的内在需求。③ 企业一旦决定新增某种价格水平的产品项目,应当依据这种价格水平来设计产品,而不是根据设计的产品来定价。

3. 产品线现代化决策

有些企业的产品组合比较均衡,产品线长度比较合适,但产品式样已经过时,可能在新世纪仍提供20世纪的产品式样。这时,企业需要做的是产品线现代化决策,否则,难以与采用较新产品线的竞争对手竞争。

当企业决定其产品线有无现代化的必要时,需要考虑的一个重要问题就是这项工作要逐步完成还是要一次完成。逐步完成可以使企业有时间调查顾客与经销商对新式样的看法、意见和建议,而且资金耗费较少,但是,逐步完成能够使竞争对手对企业的行动看得很清楚,并且有足够的时间来重新调整他们的产品线,以便提供相似的产品线与企业争夺市场份额;一次完成固然可以使企业在竞争中占据主动地位,但时间、资金、精力耗费较多。关于具体采用逐步完成还是一次完成的方式,企业应当在综合考虑市场需求、市场竞争、企业的经济实力与技术水平等问题的情况下,选择改进产品线的最佳时机,使之不至于过早(过早会影响现有产品线上产品的销售),也不能太迟(太迟会被竞争对手发觉并作出反应)。

4. 产品线特色化决策

在企业的产品线决策中,企业应当考虑有典型地选择一条或几条产品线或一条产品线上的几个产品项目进行特色化,以此来吸引顾客,与竞争对手展开差异化竞争;另一方面,企业也应当考虑将产品线上的高档产品项目进行特色化,以提高产品线的等级,提高企业产品的档次。企业在做出产品线是否进行特色化决策时,需要慎重考虑的是选择恰当的产品线或产品项目进行特色化,恰当的产品线或产品项目能够把企业有限的资源集中起来利用,且能取得理想的效果。

5. 产品线删减决策

企业应当定期检查产品线,考虑产品线的删减问题。一般来说,在下列两种情况下,企业应当删减产品线中的某些产品项目:

(1) 产品线中有的产品项目不能再为企业带来更多的贡献且在企业战略中也不再起关键作用。企业可以通过销售额、成本和利润额的分析,发现已进入衰退期或由于其他方面的原因,不再给企业带来任何利润,影响了整个产品线利润额的产品项目。这时,企业应当果断地将这些产品线或产品项目删除。

(2) 企业缺乏足够的生产能力。当企业产品线中的某些产品面临高度需求,限于自身的条件而没有足够的生产能力来生产这些有潜力的产品时,企业应当逐个审查各个产品项目的边际利润,剔除那些边际利润较低、亏损或接近亏损的产品项目,以集中力量生产高利润的产品。

第三节 品牌战略

一、品牌的定义

对于品牌的理解,有着许多不同的观点。

(1) "品牌是一种错综复杂的象征,它是品牌属性、名称、包装、价格、历史、声誉、广告等方式的无形总和。品牌同时也因消费者对其使用者的印象,以及自身的经验而有所界定。"(David Ogilvy,1955,Ogilvy & Mather)

(2) "简单说来,一个品牌就是一个承诺。通过识别和鉴定一个产品或服务,它表达一种对品质和满意度的保证。"(Walter Landor,Landor Associates)

(3) "一个品牌是世界上最值钱的房地产,是消费者脑中的一个角落。"(David A. Aaker,1995,Professor of Marketing of Stanford University)

(4) "品牌就是印象集合。消费者对品牌的所有印记都是由不同传播接触引致的印象点组成的。"

究竟品牌的定义是什么? 本书采用美国市场营销协会对品牌的定义:

"品牌(brand)是一种名称、属性、标记、符号或设计,或是他们的组合运用,其目的是借以辨认某个销售者或某群销售者的产品或服务,并使之同竞争对手的产品和服务区别开来。"

二、产品与品牌

菲利普·科特勒将产品定义为:产品是能够提供给市场以满足需要和欲望的任何东西。

根据凯勒的观点,品牌是在满足相同需求时,增加了某些维度以使自己的产品与其他产品有所不同。这种不同可以是理性的、有形的,如与产品物理属性相关的特征,也可以是感性的、无形的,如产品特有的个性和联想。美国营销学家阿肯保(Alvin Achenbaum)也提出,将品牌与其类似的产品区分开来,并赋予品牌以权益价值的是:消费者对产品属性、功能名称、质量以及与品牌相联系的感知的总和。

关于产品与品牌的本质区别,现代品牌策略大师史蒂芬·金做了精确的概括:"产品是工厂所生产的东西;品牌是消费者所要购买的东西。"具体地说,产品是具体的,是物理属性的组合,具有某种特定的功能,以满足消费者的使用需求。如车可以代步,房子可以居住等等。与产品相比,品牌是抽象的,是消费者对产品一切感受的总和。它贯注了消费者的情绪、认知、态度及行为,例如,消费者会考虑某个产品是否有个性,是否足以信赖,是否产生满意度与价值感,是否代表某种特殊意义或情感寄托等。

三、建立强势品牌

品牌化给营销人员提出了富有挑战性的决策,以下部分主要结合图 10-7 分别讨论。

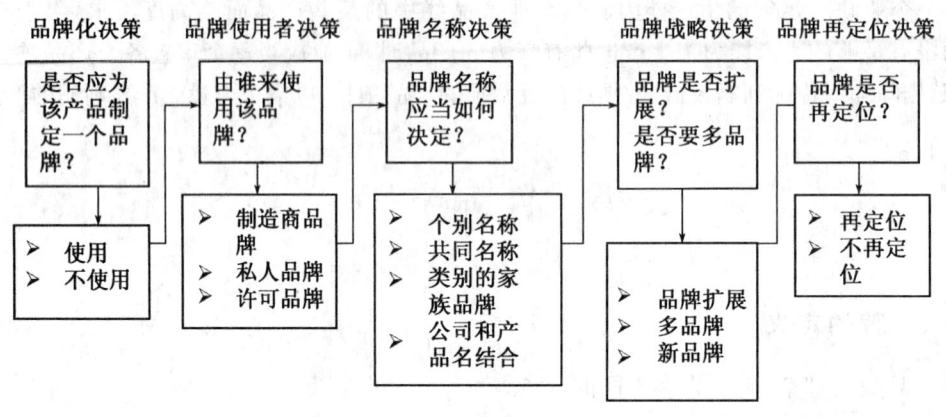

图 10-7 品牌化决策图

1. 品牌化决策

品牌化决策的含义是:公司是否一定要给产品打上品牌名称。从历史上看,很多产品曾经不用品牌,从现实来看,一些日常消费品和药品等又回到了不用品牌的状态。盐、水果、鲜鱼活禽等原先不使用品牌的产品,却有不少被贴上标签,冠以品牌。这就是不同时期的品牌决策化问题。

无品牌经营,这种品牌化决策的特征是:无品牌、包装简易、不太昂贵,而且是普通商品。法国巨型超市家乐福就在其商店经营一系列包装简易、不太昂贵的无品牌商品。

简而言之,品牌化决策要求经营者回答的问题就是"是否应为该产品制定一个品牌"?那么,什么是做出正确品牌化决策的依据呢?我们认为,关键在于这两种决策的优缺点和企业自身情况的匹配问题。

无品牌决策的优势在于:价格低廉。之所以如此,是因为无品牌产品的用料质量可以较低,标签包装费用较少,广告费用低。据统计,在市场上,标准质量的无品牌产品售价比有品牌产品低 15%~20%。

而如果要建立品牌,就不得不付出相应的成本和费用。而且更重要的是要承担品牌不被顾客接受的风险。不过,使用品牌给企业带来的好处也是显著的:

第一,比较容易处理订单等业务上的问题,而且对于一个使用多个品牌的公司来说,还容易发现销售中的问题并及时加以处理。

第二,品牌给消费者这样一个机会:吸引忠实顾客,培养品牌偏好。这对公司的长远发展是至关重要的。

第三,品牌有助于企业对市场进行细分,如宝洁公司(P&G)提供多达八个品牌的清洁剂,每一品牌的产品配方有所不同,从而推向不同的细分市场。

第四，良好的品牌有助于公司树立良好的形象，而且这本身起到了宣传公司的作用。

总之，企业在决定是否使用品牌时，要考虑产品的性质、种类、功能、规模等因素，还要考虑建立品牌尤其是创建知名品牌要付出高昂的成本和时间。

2. 品牌使用者决策

在决定对产品使用品牌后，企业就开始面临选择何种品牌使用者决策。典型的使用者决策有两种：一是制造商品牌决策；二是中间商品牌决策。

按品牌的所有权来分，品牌可分为制造商品牌和中间商品牌。所谓中间商品牌就是批发商或零售商开发并使用的自有品牌。一般而言，中间商品牌策略的使用者主要是实力雄厚的大型零售商。

在美国市场上，有资料表明制造商品牌趋向于占支配地位，但这并不排斥大型的零售商和批发商开发他们自己的品牌。如"西尔斯"轮胎就是一个中间商品牌，但它和制造商品牌"固特异(GOODYEAR)轮胎"一样出名。另外，如"NIKE(耐克)"等也是世界性的中间商品牌。

制造商品牌和中间商品牌经常展开激烈的竞争，在这种对抗中，中间商品牌有许多优势：① 零售商的营业面积有限，许多制造商特别是小制造商的品牌难以介入，而中间商品牌则享有"近水楼台先得月"的先天优势。② 由于消费者在购物现场对中间商的感性认识程度高于对制造商的认识程度，因而中间商品牌的产品更容易取得消费者的信任。③ 中间商品牌产品的定价一般低于制造商品牌，故其产品更能迎合对价格较为敏感的顾客群。④ 中间商(特别是大型零售商)在经营过程中，能将自己品牌的商品陈列在醒目的地方，更易引起顾客的注意。

而制造商则面临两难的境地，一方面他们需要花大量的钱用于指引消费者的广告和促销活动，以保持强烈的品牌偏好。为了补偿促销费用，他们必须把售价稍稍提高一些，从而在价格上处于不利地位。与此同时，众多的分销商对他们施加很大的压力，如果他们要想取得足够的货架面积，他们就要将更多的钱用于贸易折让和优惠上。一旦制造商做出让步，他们就只有减少针对消费者的促销费用。这种矛盾的选择使他们的品牌领导地位开始下降。

在西方国家，中间商品牌已成为制造商品牌的强有力竞争对手，大有取而代之的趋势。甚至有市场营销评论专家指出"中间商品牌必胜"！

为了在贸易战中保持优势，制造商品牌的营销者需要采用以下战略：他们需要投资研究与开发，以获得新的品牌特点、产品线扩展和不断的质量改进；他们需要"推出"强有力的广告计划以维持高的品牌知晓度和偏好。他们需要找到大的零售商作为"合伙人"，以共同寻找能改进他们共同绩效的后勤系统和竞争战略。

3. 品牌名称决策

在做出品牌使用者决策后，面临的就是品牌名称决策问题。在品牌名称决策中，公司和企业主要解决品牌名称战略的选择问题，至少有四种策略可供选择：

（1）个别的品牌名称。即给每一个产品项目取一个名字。典型的有 P&G 公司，不管是清洁剂还是洗发水，都有许多个品牌名称。

采用个别的品牌决策，主要的好处在于：一是它没有将公司的声誉系在某一个品牌的成败之上。因此，生产完全不同产品的公司可以采纳。假如某一品牌的产品失败了或者出现了低质情况，这不会损害制造商的名声。生产高档手表或者优质食品的制造商可以不用它的优质产品的品牌名称，而是另外建立新品牌来推出较低质量的产品线。其二，单个品牌名称战略可以使公司为每一新产品寻找最佳的名称。另外，一个新的品牌名可以造成新的刺激，建立新的信念。

(2) 共同的品牌名称。是指用一个名称去统率公司的所有产品项目。这在现实中最为常见。如通用电气公司就是一例,只要是通用的产品都会有"GE"的商标。

采用共同的品牌名称,使得公司引进一个新产品的费用较低。如果一个公司某个品牌的声誉很好,新产品就可以采纳这个品牌,这样可以保证新引进产品能迅速打开市场。但这种策略也存在风险,例如:如果某公司生产截然不同的产品,那么使用共同的家族品牌名称就不怎么合适了。

(3) 类别的家族品牌。一般是同类产品使用同一名称,如史威夫特公司对其生产的火腿(普利姆)和肥料(肥高洛)就使用了分开的家族品种名称。米德·强生公司在开发了一种能增加体重食品的新品种后,创造了一个新的家族品牌名称"营养素",以避免与减肥产品的家族品牌名称"麦克瑞克尔"混淆起来。公司通常对同类产品中质量不同的产品使用不同的家族品牌名称,例如,大西洋与太平洋公司销售的一级品、二级品和三级品的品牌分别为:安·蓓姬、苏塔娜、爱奥娜。

在采用类别的家族品牌决策时,一般有两个依据:一个是公司的产品线较多,而且每条产品线的长度也较长;二是公司对同一产品的不同等级进行分类。

(4) 公司名称和产品名相结合。如嘉乐士公司:"嘉乐士克利比大米"、"嘉乐士麸皮葡萄干"、"嘉乐士富来卡玉米"等等。

公司和产品同名正在被广泛采用,作此决策的公司一般有较好的声誉或历史悠久,可以通过公司已有声誉获利。公司名称可使新产品正统化,而单个品牌名称又可使新产品个性化。

当公司决定了它的品牌名称战略后,再具体地选择特定的品牌名称。公司品牌名称可选择人名(本田、伊斯帝·劳达)、地点(美国航空公司、肯德基炸鸡)、质量(安全之路商店、耐用组织)、生活方式(关注体重者、健康选样)或艺术名字(埃克森、柯达)。品牌名称选择所要求的原则有:

(1) 品牌名称应该使人们联想到产品的利益。

(2) 品牌名称应该使人们联想到产品的作用和颜色等品质。

(3) 品牌名称应该易读、易认和易记。

(4) 品牌名称应该与众不同。

(5) 品牌名称不应该用在其他国家有不良意思的词。

要强调的是:为了迅速地在全球市场中成长,公司在选择品牌名称时要放眼全球,这些名字在其他国家也要有意义和发音;否则,当品牌向其他地理区域扩展时,公司将发现它们不会成为当地的著名品牌。

4. 品牌扩展决策

品牌扩展战略,是指公司用已经成功的品牌来推出改进型产品或新产品。公司可能决定利用现有品牌名称来推出产品的一个新的项目。阿穆尔利用戴尔品牌名推出各种各样的新产品,本田利用其公司名称推出了摩托车、助动车、滑雪车、割草机、海上发动机和雪地摩托等。

品牌延伸战略有很多优点:一个受人注意的好品牌名称能让延伸的新产品在短时间内被顾客接受;它使每个新产品项目更容易推广。索尼把它的名字用于它的大多数新的电子产品中,它使每个新产品立即建立高质量的认知。品牌延伸节约了大量广告费,而在正常情况下使消费者熟悉一个新品牌名称则成本较高。

这一战略曾被很多企业运用。有的企业屡试不爽,也有的企业却陷入困境。对于这些失败的企业来说,主要原因是所推出的新产品不能令人满意,使消费者失望,并损害了消费者对公司其他产品的信任度,品牌名称的滥用会失去它在消费者心目中特定的定位。因此,品牌扩展虽可节约一笔用于促销新产品的费用,但企业在运用时要慎而慎之,以免因小失大。

5. 多品牌决策

多品牌决策就是要求回答"是不是给同一产品一个以上的品牌"。前面提到的 P&G 是多品牌战略的典型成功者,而且可以毫不夸张地说,P&G 首先开拓了这一市场营销实践。例如它推出"快乐牌"清洁剂与先前的"汰渍牌"相竞争,尽管"汰渍"的销量为此有下降,但两者加总销量大大提高。

营销学者认为:很少有消费者对某一品牌忠诚到使他们对其他品牌不感兴趣的程度。而获得"品牌转换者"的唯一方法就是提供几种品牌。制造商采取多品牌决策的主要原因是:① 多种不同的品牌只要被零售商店接受,就可占用更大的货架面积,而竞争者所占用的货架面积当然会相应减小。② 多种不同的品牌可吸引更多顾客,提高市场占有率。这是因为一贯忠诚于某一品牌而不考虑其他品牌的消费者是很少的,大多数消费者都是品牌转换者。发展多种不同的品牌,才能赢得这些品牌转换者。③ 发展多种不同的品牌有助于在企业内部各个产品部门、产品经理之间开展竞争,提高效率。④ 发展多种不同的品牌可使企业深入到各个不同的市场部分,占领更大的市场。

需要特别注意的是,在推出多种品牌时,可能每种品牌都只有很小的市场占有率,而没有一个品牌获利较多。这样,企业的资源就会浪费于许多片面成功的品牌,而不是集中精力用于少数品牌,在这种情况下,企业必须放弃较弱的品牌,并严格选择适合推出的新品牌。一个企业的品牌应该能击败竞争者的品牌,而不是自己产品间相互竞争。

6. 品牌重新定位决策

一种品牌在市场上最初定位可能是合适的,但随着新竞争者的出现或顾客偏好改变,企业应重新定位品牌。

七喜(7—UP)公司通过广泛的市场调查,发现虽然大部分软饮料的消费者偏爱可乐,但并非对某种品牌始终忠诚如一,有时他们也想试试其他口味。另外,尚有许多消费者并不太爱喝可乐饮料,于是在 1968 年七喜公司开始把自己的柠檬饮料推向了市场,并公开向公司宣称自己的柠檬饮料纯属非可乐饮料。通过产品的品牌再定位策略,七喜公司成了当时软饮料的巨头,当年销售量就上升了 15%。

企业必须权衡多种重新定位的收入和费用,然后决定如何作品牌重新定位决策。

综上所述,任何企业都面临着品牌决策的问题,无论采用何种品牌决策,其目的都是使企业得到存续和发展,使企业在激烈的市场竞争中立于不败之地,这就需要企业做好品牌决策,强化自己的品牌,并得到零售商的合作,更好地赢得消费者的信任。

四、品牌资产的管理

品牌资产构建完成后,还需要用长远的观点,组织营销活动来保证品牌的长盛不衰。外部环境的改变,企业内部的变革等都会使消费者对品牌的认知发生改变,继而影响品牌资产,因此,必须对品牌资产进行有效的管理。品牌资产的管理主要包括品牌的巩固及品牌的重新定位。

1. 品牌的巩固

品牌资产的巩固主要通过持续不断地向消费者传递根据产品特点得出的品牌含义这一营

销努力实现。对需要传递的品牌信息首先要进行品牌审视：

（1）本品牌代表的究竟是什么样的产品。

（2）本品牌究竟提供了什么样的核心利益。

（3）本品牌究竟满足了什么样的需求。

（4）本品牌究竟是如何使实体产品更胜一筹。

（5）本品牌究竟在消费者印象中是怎样的。

在得出需要传递的品牌含义后，就需要采用各种各样的全方位的营销计划和行动来保持品牌的一贯性和持续性，使品牌资产得以加强。

除非营销环境或消费者的需求发生变化，否则不要轻易地改变已经被事实证明是成功的品牌定位，要采取一切措施维护品牌在既定的顾客群和定位点上的稳定性。当然，品牌核心理念的一贯性和持续性并不意味着因循守旧，适当的策略上的调整可以使品牌在正确的方向上继续得以推进。

品牌巩固的措施因不同类型的品牌联想有所侧重。比如：对于品牌的核心联想来源于物理产品或功能方面的时候，在产品设计、制造、销售方面的革新通常对品牌巩固更有效果。而对于品牌的核心联想来自于象征性或独特的体验的时候，加强品牌与使用者体验之间的联系方面的创新则是至关重要的。

在品牌资产管理的时候，尤其要注意处理好在加强品牌以获得长期收益与通过借助现有资产获得短期收益之间的关系，避免以损害品牌为代价，为短期的利益而放弃已有的原则。如：美国的"派克"钢笔以价贵著称，是身份的象征，为社会上层人士所青睐。然而1982年新总经理詹姆士·彼得森上任后，派克开始生产3美元一支的低档笔，结果极大损坏了派克在消费者心目中的高贵形象。品牌赖以存在的基础一旦被破坏，便很难再获得持续的收益。

品牌巩固的策略可以用下面的框架表示[①]，如图10-8所示。

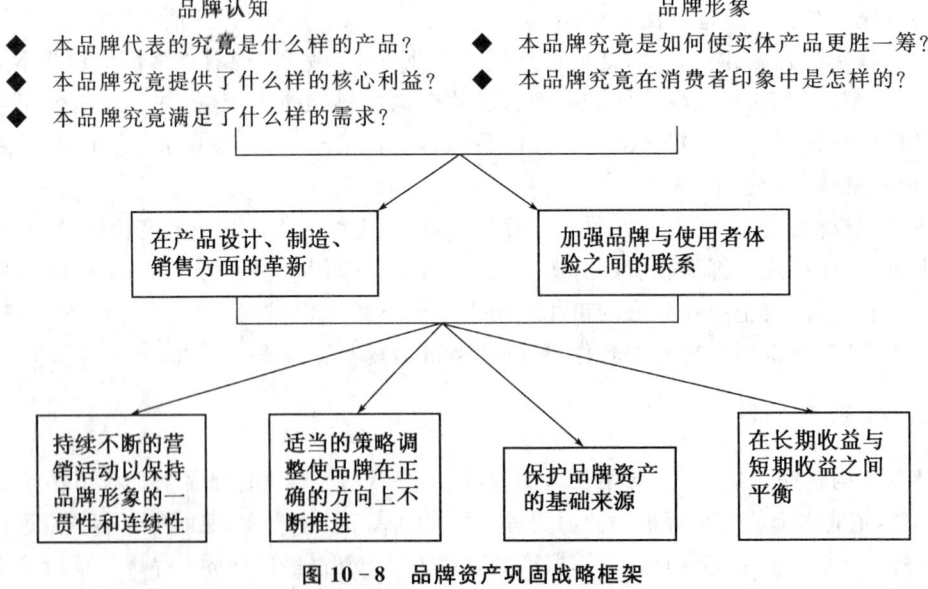

图10-8 品牌资产巩固战略框架

---

① 凯文·莱恩·凯勒：《战略品牌管理》，中国人民大学出版社，1998年版。

2. 品牌重新定位

品牌维护的过程由于外部的社会环境、市场环境、消费形态或企业内部等变化影响而必须进行品牌重新定位的调整,如出现革命性的技术进步,顾客需求发生变化,品牌的现有形象不佳,品牌形象模糊、不鲜明,竞争对手逼近或抢占了品牌地位,公司转向新的战略方向,公司推出新的品牌个性,公司转向新的目标顾客群。

品牌重新定位需要重新获得已丢失的品牌资源或者获取新的品牌资源。从重建消费者品牌认知的角度来看,有两种方法:① 通过扩展已有品牌知识的宽度和深度来提升消费者在购买和消费时的数量和频率。② 通过营销努力,持续加强消费者原有或新的、强烈的、正面的以及独特的品牌联想来重新建立品牌形象。主要可以通过增加用途,发现新用法,寻找新品牌资源,加强原有联想等方法来使品牌获得复兴。但必须时刻牢记,不论出于何种原因,采取何种措施,重新定位必须不能损害现有的品牌资源基础。如图 10-9 是基于顾客角度的品牌重新定位的框架。

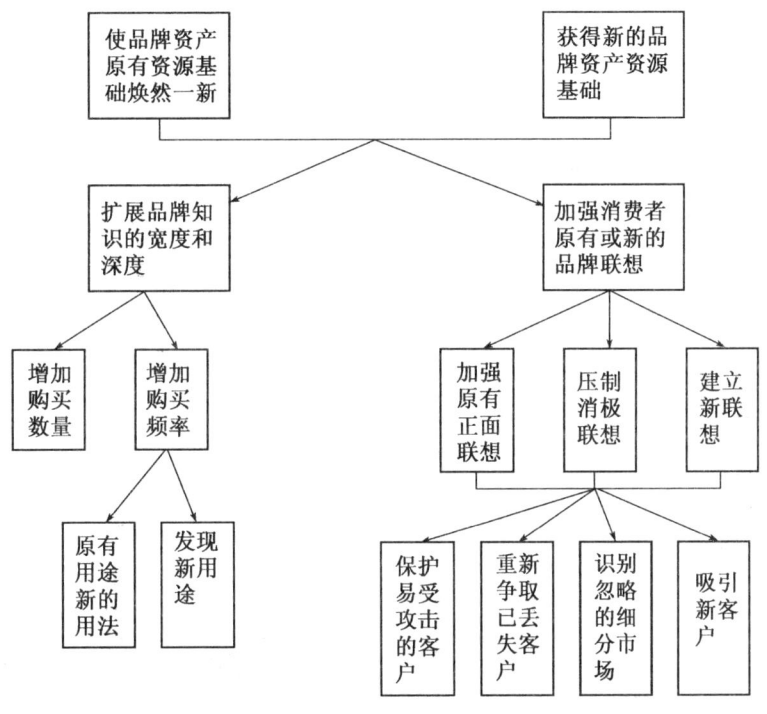

图 10-9　品牌重新定位战略框架

除了对品牌重新定位外,出于提升或保护整个公司的品牌资产的需要,有时需要对个别已经无法挽救或已经对公司整体产生伤害的品牌实施品牌退出战略,主要有品牌清除、重新命名、并入其他品牌等方法。

第四节　服务营销

近年来,服务业在我国 GDP 占到了很大的比重,据国家统计局公布的数据显示,经初步核算,2014年国内生产总值636 463亿元,比上年增长7.4%。其中,第一产业增加值58 332亿元,增长4.1%;第二产业增加值271 392亿元,增长7.3%;第三产业增加值306 739亿元,增长8.1%。第一产业增加值占国内生产总值的比重为9.2%,第二产业增加值比重为42.6%,第三产业增加值比重为48.2%。① 由此我们可以看出第三产业服务业在我国占比最高,服务业对我国经济发展起到了支柱的作用,如表10-4。服务业在世界经济中的增长很快,构成了世界生产总值的64%。

表10-4 2014年1~4季度GDP初步核算数据

	绝对额(亿元)	比上年同期增长(%)
GDP	636 463	7.4
第一产业	58 332	4.1
第二产业	271 392	7.3
第三产业	306 739	8.1
农林牧渔业	60 151	4.2
工业	227 991	7.0
建筑业	44 725	8.9
批发和零售业	62 216	9.5
交通运输、仓储和邮政业	28 750	7.0
住宿和餐饮业	11 199	6.2
金融业	46 954	10.2
房地产业	38 167	2.3
其他服务业	116 311	8.8

注:1. 绝对额按现价计算,增长速度按不变价计算;
　　2. 三次产业分类依据国家统计局2012年制定的《三次产业划分规定》;
　　3. 行业分类采用《国民经济行业分类(GB/T 4754—2011)》。

再加上服务业号称是吸纳就业的"天然蓄水池",所以现在各国都将服务业作为发展重点。举个例子,同样是投入一百万美元,重工业可以增加400个工作岗位,轻工业再多一些可以增加700个工作岗位,而服务业则可以增加1 000个工作机会。

一、服务的本质特点

在设计营销方案的时候,企业首先需要考虑的是服务这种市场提供物和有形商品之间的区别。依据克里斯蒂·格罗鲁斯在1990年提出的有新产品和服务的区别我们可以知道(如图10-10所示):

---

① 2014年1~4季度我国GDP(国内生产总值)初步核算情况,国家统计局,2015年1月21日,http://www.stats.gov.cn/tjsj/zxfb/201501/t20150121_671820.html。

图 10 - 10　有形产品和服务的区别

首先,从有形产品的字面意思我们就可以解读出,它最大的特点在于有形,其余的所有特征都是从这一特点中衍生而出的。有形产品的特点有:具有独立的物质对象,具有可分性,可加性和可数性,标准化、可储存,生产、销售可以独立进行。接下来是服务区别于有形产品的特征,由于服务的无形性,所衍生出的一系列其他特征:① 参与、互动程度高。② 服务的生产、消费密不可分。③ 无法储存。④ 没有规模效益。⑤ 消费者在消费的过程当中无所有权。总的来说,服务有四大特点:无形性、不可分性、可变性和易逝性(如图 10 - 11)。

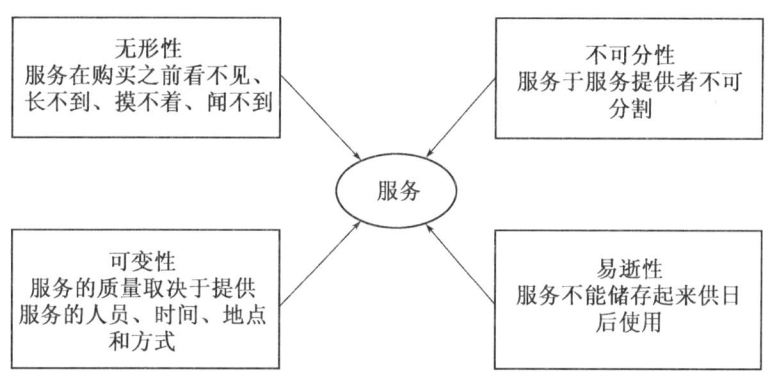

图 10 - 11　服务的四个特点

(1) 无形性。无形占优产品的有形方面和有形占优产品的无形方面是产品差异性的核心和利润的重要来源。所以对于服务来说,最直接增加差异化的方式是化无形为有形,增加服务中的有形部分来提升消费者对服务的体验。

(2) 不可分性。服务无法储存,在生产过程中,提供者和顾客都是服务的一部分。购买者会对特定的服务提供者表示出浓厚的兴趣。

(3) 可变性。由于服务质量与何时、何地和由谁来提供服务有着密切的关系,所以服务有极大的可变性。如何降低不稳定因素?首先,服务企业需要投资构建优秀的雇佣与培训流程。其次,在整个组织内部促使服务实施流程的标准化。最后,要随时随地监控顾客的满意度。

(4) 易逝性。服务不能储存,所以在需求发生变动时,服务的易逝性可能就是企业需要面对的重要问题。如何处理需求变动对服务的影响呢?首先可以对服务进行差别定价,例如电影院平时的票价就比周末的票价便宜。其次,可以增加非高峰期的需求,比如现在很多快餐店都推出了下午茶的超值套餐。第三,可以在高峰时有补充服务,例如麦当劳在午间的点餐高峰期会有服务人员提供点餐单,以加快点单的速度。第四是雇佣兼职人员。第五是提供高峰时高效服务程序,比如银行的高峰期大堂经理会指引取钱的用户前往 ATM 机取钱。最后一种方法是鼓励顾客参与部分工作。

二、服务营销组合

所谓服务市场营销组合,是指服务企业对可控制的各种市场营销组合手段的综合运用,即服务企业根据企业外部环境,运用系统的方法,把服务市场营销的各种可控因素进行最佳的组合,使它们之间互相协调配合,综合地发挥作用。实现服务企业的营销目标。服务营销组合包含 7 个要素,是 1981 年 Booms and Bitner 在此基础上提出了 7Ps 营销组合,增加了 People、Physical Evidence 和 Process 这三项元素。即产品(Product)、定价(Price)、渠道(Place)、推广(Promotion)、人员(People)、有形展示(Physical evidence)、和过程(Process),以上 7 个因素统称为服务营销组合,或 7Ps。

(1) 产品。服务产品的设计主要考虑的是提供服务的范围、服务质量、品牌以及售后服务等。服务产品包括,核心服务、附加服务和传递流程三个层次。核心服务与特定行业相关,是顾客寻求的能够解决主要问题的要素。附加服务,伴随着一系列其他与服务相关的活动,这些服务能增强核心产品,促进产品功效,增加价值以及对顾客整体体验的吸引。传递流程,传递核心产品和每一种附加服务的流程。

服务的差异化可以通过订货容易度、交货方式、安装方式、退货、顾客培训、顾客咨询以及维护与修理来完成。

(2) 定价。服务定价需要考虑价格水平、促销、佣金、支付方式等因素。由于价格是区别一种服务和另一种服务的重要标志,所以服务在定价时必须谨慎。

(3) 渠道。服务渠道是指企业为目标顾客提供服务时所选择的位置和传递方式,包括如何把服务交付给顾客以及应该在什么地方进行交付。服务场所可以分为三类,第一类是在服务供应商那里进行,例如理发店;第二类是在顾客那里进行,例如家政服务,在顾客家里;第三种是在第三方那里进行,例如急救,可能在马路上。

(4) 推广。服务的推广分为价值增长类和价值附加类两种。价值增长类促销是指,通过调整数量与价格之间的关系来增加消费者对服务产品的价格感知,例如会员卡等。价值附加类是指,不改变价格或提供的服务产品,而免费给顾客一些赠品,例如教育类课程的免费试听券。

(5) 人员。服务产品的生产与消费过程,是服务提供者与顾客广泛接触的过程,服务产品的好坏、顾客满意度的高低都与服务提供者的服务素养密切相关。所以对于服务类的企业来说,人员是决定服务成败的核心,服务企业需要重视员工的甄选、培训、激励,并且要重视一线员工的待遇和对优秀员工的保留。

(6) 有形展示。由于服务本身的无形性,顾客常常在购买之前通过有形线索对服务进行预判,这种有形线索就叫做有形展示。有形展示的实现方式就是构建服务场景,它的核心目的在于① 塑造顾客的体验和行为。② 传递公司形象、支持其服务定位及差异化战略。③ 作为企业价值主张的一部分。④ 为服务接触提供便利。

(7) 过程。对顾客而言,服务是体验。而对企业而言,服务是设计和管理创造美好顾客体验的过程,也是构建服务体系的过程。服务过程是它描述了服务运营系统运行的方法和顺序,并且规定了它们如何连接在一起为顾客创造价值。主要实现服务过程的手段是通过描绘流程图和服务蓝图来实现。

第十一章 新产品开发和产品生命周期

当今市场,竞争日益激烈,而竞争的焦点之一就是产品。企业能否在市场上站稳脚跟,关键是企业是否拥有适销对路的产品。但是,顾客的需求变化将影响着产品生命周期变化速度。为了使一个产品组合充满生机并跟上时代的发展,快速响应消费者需求变化,必须不断地通过提供新的产品来更新产品组合。随着技术的发展,产品生命周期不断缩短,为顾客提供体现新价值的突破性产品和服务的能力就显得越来越重要了。新产品开发不仅是企业成长的重要保证,还是企业提高竞争能力的重要因素,增强了企业活力。可以说,产品是企业的生命,而新产品开发是公司未来利润的源泉。

产品生命周期是根据统计资料的归纳研究而形成的理论,它主要有投入期、成长期、成熟期和衰退期四个时期。每个时期都反映出顾客、竞争者、经销商、销售和利润状况等方面的不同特征,因此企业可以根据产品在生命周期各阶段的显著特征采取适当的营销策略,满足顾客需求,赢得长期利润。

第一节 新产品开发方式

一、新产品的涵义

中国科委等九个单位于 1990 年 10 月颁发的《国家级重点新产品试制鉴定计划管理规定》中,将新产品定义为:"采用新技术原理、新设计构思研制生产的科研型(全新型)产品或在结构、材质、工艺等某一方面比老产品有明显改变,从而显著提高产品性能或扩大了使用功能的改进型产品。"一种产品只是在花色、外观、表面装饰、包装装潢等方面有改进和提高,虽然也有新意,但不能作为新产品。同时还规定:"在全国范围内第一次研制并生产的新产品为国家级新产品;在一个省、自治区、直辖市范围内第一次研制并生产的新产品为地区级新产品。"这是从生产技术发展角度来看的新产品概念。

对于新产品的界定,有的国家比较严格,它们把新产品的设计、制造、生产,当作一个国家技术水平提高的标志之一;有的国家的规定则比较宽松,凡是对原有产品有所改进的,都当作新产品来看待。

市场营销学中的新产品,是指同现有产品相比较,在制造原理、结构性能、技术指标等方面均有显著改进和提高,并在一定市场或范围内首次投放市场的产品。具体说,新产品应具备以下条件:

(1) 在结构、性质、材质、技术特征等某一方面或几方面有显著改进、提高或有独创。

(2) 具有先进性、实用性,能提高经济效益,具有推广价值。

(3) 在一个省、市、自治区范围内是第一次试制的新产品。

二、新产品分类

新产品的分类有多种方法。按产品研究开发过程,布茨、艾伦和汉弥尔顿(Booz, Allen & Hamilton)将新产品分为以下六种类型:

(1) 全新型产品。全新产品是指应用新原理、新技术、新材料、新结构开发出来的崭新产品。这类产品的开发属于发明创造范围,有可能获得技术专利。全新型产品的研制是比较困难的,因为一项科学技术的发明,从理论到技术,从实验室到工业生产,毕竟要用很长时间,需要耗费巨大的人力、物力、财力。如电灯、计算机、电视机等产品最初上市时都属全新产品。

(2) 仿制型新产品。这是指根据外来样品或技术专利制造的产品,有时在仿制时也可能有局部的改进和创新,但基本原理和结构是仿制的。例如,我国近几年引进的外国各类电视机、电冰箱生产线,就属于这类产品。

(3) 改进型新产品。这种新产品是指在原有老产品的基础上,根据用户需要对局部进行改进,使产品在结构、功能、品质、花色、款式及包装上具有新的特点和新的突破,但在基本原理、技术水平和产品结构等方面并无突破性改变。如药物牙膏(功能不断增加的手机)。

(4) 形成系列型新产品。它是指在原有的产品大类中开发出新的品种、花色、规格(包括尺寸、口味等),从而与企业原有产品形成系列,扩大产品的目标市场。如系列化妆品等,这种新产品与原有产品的差别不大,所需开发投资不大,技术革新程度也不高。

(5) 降低成本型新产品。以较低的成本提供同样性能的新产品,主要是指企业利用新科技,改进生产工艺或提高生产效率,削减原产品的成本,但原有功能保持不变的新产品。

(6) 重新定位型新产品。指企业的老产品以新的市场或细分市场为目标,进入新的市场而被称为该市场的新产品。如橘子汁通常是早餐时饮用的,橘子汁公司宣传在午餐或晚餐时饮用橘子汁。

事实上,所有新产品中只有10%是真正属于全新型产品,因为全新型产品对公司和市场来说都是全新的,风险很大。而且,新产品的开发时限也在缩短,能够以更快的速度推出新产品的企业将拥有更大的竞争优势。所以,在新产品研制方面,大多数公司实际上更多的是改进现有产品,而不是创造一个新产品。甚至杜邦、贝尔实验室和辉瑞这些从事基础研究的公司,在全新型产品的研发方面也都十分谨慎。

三、新产品开发方式

新产品的开发途径很多,其开发方式主要有三种:

(1) 独立开发。除了极少数技术力量和资金特别雄厚的企业可以从事基础理论研究开发外,一般而言,新产品的独立开发方式是指企业利用已有的理论和新的技术研究成果,自己独立进行开发性研究,研制出新产品并投放市场。这种方式一般只适用于有条件的大中型企业。

当然这并不是绝对的,根据美国商务部提供的资料表明,第二次世界大战以来,美国的重大技术,一般是在人数1 000人以下的小企业首先研制成功的,其中企业雇员在100人以下的特小型企业研制开发的项目占1/4。在我国,从有关部门的调查结果看,小企业和乡镇企业开发的新产品也占了不少的比例,有的甚至是国家级的新产品。

(2)协作与引进相结合。这种方式主要有两种类型:一是企业与高等院校或科研部门协作,将两者的优势相结合,联合开发新产品,这种合作形式目前在企业中得到了广泛重视和运用。另一种类型是引进某些先进技术,在消化的基础上,充分利用企业现有的条件,对其加以改进、完善,从而加快新产品的开发过程,同时也使企业锻炼自己的开发队伍,提高企业的产品开发能力。

(3)技术引进。技术引进是新产品开发的重要形式之一,也是企业使产品迅速投放市场的一种行之有效的方式。企业通过这种开发方式,引进国外先进技术,购买专利等来发展新产品,投资少、见效快,可使企业较快掌握新的科学技术成果,能在较短时间内缩小与竞争者的差距,使企业实现跳跃性的发展。技术引进方式是落后国家赶超世界先进水平的一条重要的成功道路。日本在第二次世界大战后,通过技术引进方式,赶超了世界先进水平,成为一个世界经济强国这一事例值得我们借鉴。据有关资料表明,日本在60年代只用了新技术研制费的1/30,就获得了这些成果。在战后的15年内,日本工业产值增长中,从引进技术中取得的增值约占72%。

以上三种产品开发方式各有特点,企业在选择时,可根据企业自身的条件和实力综合考虑,重点选用一种方式进行产品开发,也可组合几种形式进行产品开发。

第二节 新产品开发程序

突破性的产品和服务能给企业带来无限的机会,这种成功的案例广泛分布在高新技术、食品、能源及媒体等领域。但是新产品开发的风险很大,失败率很高。尽管技术在快速发展,企业的营销能力也有明显提升,但是新产品开发的失败率仍居高不下。系统、科学的开发程序是新产品研发成功的重要保证。新产品开发过程如图11-1所示。漏斗形状是为了强调每个阶段都是一个过滤过程,因为在众多的产品构思之中,能够进入下一个程序的越来越少。据排名世界第四位的国际广告公司总经理马瑟·英克对世界市场过去30年来各类新产品的开发和投放所做的调查发现,大约25个新产品设想中只有一个能真正成为进入市场的商品,其他24个新产品设想都中途放弃了。

一、新产品构思产生

进行新产品构思是新产品开发的第一个阶段。构思是创造性思维,即对新产品进行设想或创意的过程。一个好的新产品构思是新产品开发成功关键,缺乏好的新产品构思已成为许多

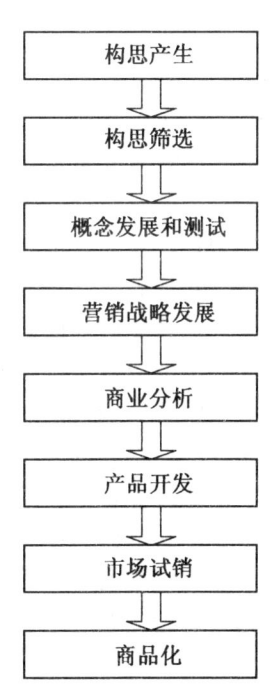

图11-1 新产品开发过程

行业新产品开发的瓶颈。在20世纪60年代,哈佛商学院的Ted Levitt在他的《营销上的近视》一文中鼓励营销人员开阔思路。然而,许多公司在新产品开发过程中,仍在狭窄的范围内构思产品,其结果是产品不可避免地步他人后尘。有关新产品的想法可以来自许多方面,如消费者、公司内部、经销商、竞争对手、研究与开发顾问。

(1)消费者。消费者是构思产生的明显来源。新产品开发的目的,主要是为了满足消费者和用户的需要和欲望,在此基础上开发出的产品往往成功率较高。营销学家在分析新产品发展的资料后发现,70%~80%的成功新产品来自于顾客的需要。而且,基于消费者需求而开发出的产品更容易被顾客接受。"让更多的产品设计师出去销售"的道理也正在此。收集消费者的构思通常可采用用户调查、投射测试、函询、座谈等形式以创造消费者表达意见的机会。此外,一些非正式的场合如顾客在使用产品时萌生的抱怨也常能激发相关人员新产品构思的灵感。

(2)公司内部。企业内部的机构、生产部门以及其他部门的员工提出的设想、建议也是产生新产品构思方案的一条重要途径。这些人员与产品的直接接触程度各不相同,但他们熟悉公司业务的某一或某几方面。与外部群体相比,他们对公司提供的产品更为了解与关注,因而往往能针对产品的优缺点提出改进或创新产品的构思。美国统计资料显示,所有的新产品构思中,88%来自于企业内部,而其中60%来自于企业研究开发部门。此外是销售人员,由于他们的业务需要,往往掌握着顾客需求和购买动机的许多第一手资料,而且直接感受到竞争的压力。另外,公司高层领导人是一个极为重要的构思来源,如Virgin公司的Ralph Lauren和Richard凭直觉看到了广阔的市场机会,并率领着他们的企业前进。

(3)竞争者。分析和研究竞争对手的产品是企业构思开发新产品的又一来源,竞争者的新产品可能是本公司跳跃式或附加型新产品构思的间接来源。企业可以倾听分销商、供应商和销售代表讲述工作中的问题,了解消费者是否喜欢竞争者的产品;可以购买竞争者的产品进行研究。通过对竞争者产品的分析研究,在进一步消化的基础上,启发创意,针对合适的消费者群体,进行定向开发。例如,美国福特汽车公司在研制一种新型汽车时,拆卸了50多辆竞争对手的汽车进行参照。

(4)科研单位及学术机构。由专家、学者所组成的科研、学术机构是新产品创意的主要来源之一。这些机构具有很强的科研开发能力;同时,他们对最新的理论动态和新技术的发展更具有敏感性。企业应密切关注科研动态,加强与科研学术单位的交流和深层次的合作,借助科技领域的新成就,提高公司产品构思的创意水平。

新产品构思的其他来源有咨询公司、营销调研公司以及广告代理商等。现在越来越多的咨询公司的业务领域从原先的企业管理咨询拓展到新产品构思,而且一些咨询公司还相当专业化;一些营销调研公司和广告代理商接受企业委托进行消费者调查,调查期间往往会发现一些未被关注的市场机会,从而引发新产品构思。

由于创意来自于许多渠道,能否有效识别创意成了新产品开发过程遇到的第一个障碍。同时一个成功的公司还要提供一个"舞台",帮助有创造性的产品构思成长。如柯达等一些美国公司给年度内提出最佳创意的员工奖金和鼓励,激励每一个员工寻找关于改进公司生产、产品和服务的新创意。

案例

全面的杂货概念[①]

麦肯锡公司在识别了消费者对健康和保健的态度转变后,帮助一家杂货店客户构思了一个新鲜的消费者观念——"全面的杂货"概念。

研究表明,消费者对卫生保健的态度已经发生变化:

(1) 消费者对药剂师的信任度已经和医生的信任度相等。

(2) 由于各种相互矛盾的营养信息泛滥,消费者从多方面寻求帮助以判别真伪。

(3) 消费者对传统的西药越来越不满意,他们需求其他卫生保健方法。消费者中的健康领先人士,主要是受过大学教育的妇女,更愿意尝试其他治疗方法。

麦肯锡公司的工作小组在研究业务系统时,主要就三个领域进行探讨:杂货店利润率的来源;目前正在重新设计的医疗制度;药品业的零售趋势。

产品的利润率分析表明,在商店面积有限的条件下,最能获利的商品有:个人保健用品和美容产品、化妆品和OTC药剂。

由于医疗制度正在围绕HMO进行重新设计,医师们将更难于接触病人,而私人的非医师治疗变得更有吸引力。药剂师们都受过良好训练并富有经验,而其作用目前尚未得到充分发挥,他们可以部分满足这种由于医疗制度改革而带来的新的需求。

最后,对药品趋势的考察表明,高档化妆品和洗浴用品有潜在的高利润,这些产品的价格低于百货公司的名牌货,但大大高于杂货店通常出售的品牌。目前还没有销售这类产品的渠道。

把这些看法汇集起来,就形成了一种全面的杂货概念,即以女用高档个人保健用品为重点。药剂师们可以帮助选择最佳OTC药剂和保健品;信息"中心"可为消费者推荐最适合他们需要的个人保健品;而高质量的化妆品和个人洗浴、美容保健用品可满足忙碌一天的消费者的需求。

二、新产品构思筛选

产品构思筛选是运用一系列评价标准,对各种构思进行比较判断,从中找出最有成功希望的构思的一种"过滤"工程。其目的就是对第一阶段所形成的许多构思和设想进行优化,尽早发现和放弃不良构思,因为每一后继发展阶段都会提高开发成本。企业在构思筛选阶段要尽量避免两种可能犯的极端性错误:一是"误用"错误(go-error),即开发市场潜力很差的产品,这样就会导致企业把有限的资源投入毫无前途的产品事业中,不得不以失败而告终;另一种"误舍"错误(drop-error),即删除了可为企业带来盈利机会的产品,从某种意义上来说,放弃的不是一种产品,而是放弃了企业的发展机会。

究竟如何对构思进行优化,尚没有一个标准模式。一般来说,在优化产品构思过程中主要考虑以下几个相关因素:

(1) 新产品与企业的经营目标是否一致,与其他产品的关联性或潜在影响如何?

(2) 企业的经营实力如何,企业开发新产品需付出的代价多高?

[①] 引自 Lisa Carter, David Court,"突破性的产品与服务",麦肯锡高层论坛。

(3) 原材料的供应情况如何？
(4) 产品的分销渠道如何确定？
(5) 产品的获利能力怎样？社会影响是否良好？

如上所述,"构思"能否入选,影响因素很多,而且,在实际筛选时,要考虑的因素远不止这些。正确地筛选必须根据因时、因地、因产品的原则,结合企业的内部和外部条件进行。第一,要考虑企业的内部条件,如企业宗旨、目标、资金、设备、技术开发能力、经营管理能力等；第二,要对外部条件进行全面分析,包括市场需求、社会环境、政府政策、自然资源、消费者需求的变化以及竞争对手的情况等。

构思的筛选若由个人或领导决策,失误的可能性很大。企业通常需要设立或临时成立新产品构思筛选小组,小组成员需要涉及财务、技术、生产、销售和营销等方面的专家与代表。先通过经验进行初步筛选,即筛选人员根据自己的经验来判断构思与企业经营目标、生产技术、财务能力、销售能力是否相适应,把明显不适应的构思剔除而将较接近者留下；再利用评分模型对初步筛选后留下的构思进行进一步评分筛选,评分模型有很多,有专家评定法、决策选择法、多因素加权评定法等。下面,我们介绍一种常用的加权评定方法,见表11-1。

表11-1 新产品构思等级评定表

评定新产品成功的因素(A)	个因素相对重要程度(%)(B)	构思方案对个因素的合适程度(C)											评分(B×C)=D
		0	0.1	0.2	0.3	0.4	0.5	0.6	0.7	0.8	0.9	1	
企业目标	15									√			0.12
营销能力	15								√				0.105
技术先进程度	15										√		0.135
研究开发能力	15									√			0.12
市场需求	10						√						0.05
财务状况	10								√				0.07
生产能力	10							√					0.06
设备利用	5							√					0.03
供应能力	5								√				0.035
总计	100												0.725

表11-1中A栏是决定企业开发新产品成功与否的一些主要因素,通常确立的项目包括产品质量目标、企业的技术能力、生产能力、销售能力以及产品的竞争状况、市场潜力、利润率等；B栏是企业决策者所确定的各种因素的重要程度即权重,其总分为100%；C栏表示新产品构思方案符合A栏中所列出的各因素的程度。根据各个评价因素重要程度的不同对各个评价因素赋予不同权重,再将各因素的评分与权重相乘,最后将这些乘积相加得到构思的总分。各企业可根据产品类型、企业规模等的差别确定不同的评价因素,评价因素可多可少,应视具

体情况而定。一般来说,得分在 0~0.40 的为不好的构思方案,0.41~0.75 为中等,0.76~1.00 为较理想的构思方案。

三、概念发展和测试

新产品构思是企业本身希望提供给市场的一种可能产品的设想,而新产品概念是企业从消费者的角度对产品构思进行的详尽描述,即将新产品构思具体化,描述出产品的性能、具体用途、形状、优点、外形、价格、名称等,让消费者能一目了然地识别出新产品的特征和利益。因为消费者不是购买新产品构思,而是购买新产品概念。

1. 新产品概念的发展

任何一种产品构思都可转化为几种产品概念,并以一种可使消费者做出积极反应的方式把概念的新颖程度传播给消费者。所以,新产品新颖的程度以及期望的消费者反应决定了概念的描述形式。例如,一家汽车制造商要设计一种电动小汽车,时速 60 千米,每充电一次可行驶 80 千米,使用费用却是一般小汽车的一半,这就是一种新产品的构思。为了让顾客理解,需要把产品构思转化成产品的概念。一般来说,可以通过回答以下三个问题形成新产品概念:谁使用该产品?该产品提供的主要利益是什么?该产品适用于什么场合?以上述电动小汽车为例。首先要考虑的是目标消费者是谁?其次,电动小汽车能提供的主要利益是什么?价格低廉?小型?节能?还是低污染呢?再次,汽车可用于很多场合,电动小汽车是适合家庭各种用途的首次购买,还是再次购买专门用于日常采购和接送小孩呢,或者运动型的小车?根据对这些问题回答的组合,可得到以下几个新产品概念:

(1) 概念 1。微型汽车。价格低廉,专门适用于日常采购和接送小孩的家庭第二辆汽车。
(2) 概念 2。中型汽车。中等使用费用,适合家庭的各种用途。
(3) 概念 3。小型汽车。中等使用费用,适合年轻人偏好的运动型小车。
(4) 概念 4。微型汽车。专为关心生态环境的顾客设计的价廉、节能、低污染车。

2. 新产品概念的测试

在产品成型之前需要对新产品建议进行评估,这就是概念测试。典型的做法是,调查人员在一大群消费者中进行新产品概念测试,从而了解消费者对某一产品描述有什么反应。应注意受测试者是消费者,而不是新产品的研发人员,这样才能代表未来新产品的目标市场。进行概念测试的第一个目的,就是从多个新产品概念中选出最有希望成功的新产品概念,以降低新产品失败的可能性。一个抽烟的人,如果不能接受没有烟雾的香烟,那么,这种"无烟"香烟的概念就会被"过滤"了。尽管到目前为止,非烟民还是希望没有烟雾的香烟。概念测试的第二个目的,初步估计产品的销售或试销状况,为新产品的市场预测奠定基础。因为几乎每一个概念测试都涉及购买意向的问题,并且将肯定购买和可能购买比例作为群体反应的一个指标。概念测试的第三个目的,也是最重要的目的,就是帮助形成产品概念,而不是仅仅对概念进行测试。企业需要找出对这一新产品概念感兴趣的消费者,并且针对目标消费者的个性进行完善产品概念。

一般来说,通过产品概念测试,要明确以下几个问题:[①]
(1) 新产品概念的描述是否清楚易懂?

[①] 郭国庆:《市场营销管理——理论与模型》,中国人民大学出版社,1995 年版。

(2) 消费者能否明显发现该产品的突出优点?
(3) 在同类产品中,消费者是否偏爱本产品?
(4) 消费者购买这种产品的可能性有多大?
(5) 消费者是否愿意放弃现有产品而购买这种新产品?
(6) 本产品是否能满足目标顾客的真正需要?
(7) 在产品的各种性能上,有什么可改进的地方?
(8) 消费者购买该产品的频率是多少?
(9) 谁将购买这种产品?
(10) 目标顾客对该产品的价格反应如何?

概念测试被认为是产品开发成功与否的重要的预测工具,新产品概念测试的可靠性越高,对下一步新产品开发的指导意义也就越大。测试方法的科学性在很大程度上决定了新产品概念测试结果的可靠性,组合分析法是一种日益广泛使用的技术,它较好地衡量了消费者对某一产品构思下不同产品概念的偏好。然而当新产品创造了新的消费方式、潜在消费者行为发生很大改变时,概念测试在预测上通常是不准确的,如微波炉、录像机、计算机和文字处理器的概念测试。

四、新产品营销战略发展

发展出产品概念之后,企业的有关人员就要拟定一个新产品投放市场的初步的市场营销战略报告书。报告书由三个部分组成:

(1) 描述新产品目标市场的规模、结构、行为以及新产品在目标市场上的定位;预测新产品上市前几年的销售量、市场占有率、利润等。

以某奶品为例,它的目标消费者是老年人,他们接受方便的、营养价值高的早餐速溶奶粉;其定位是高质量、高价格。公司第一年度的销售目标是 50 万箱或市场占有率为 10%,亏损不超过 1300 万元。第二年的销售目标是 70 万箱,市场份额达 14%,计划盈利 220 万元。

(2) 略述产品的计划价格、分销策略以及第一年的市场营销预算。

该奶品公司计划每箱 50 袋,每袋零售 4.2 元,每箱价格 210 元,给中间商每箱 5% 的折扣。总的促销预算为 900 万元,其中广告预算为 600 万元。广告费用的一半用于全国媒体,一般用于地方媒体进行宣传,其中 2/3 用于电视媒体,其余部分用于报纸媒体和广播媒体。广告宣传以高营养价值为诉求点。第一年的调研预算为 10 万元,主要用于了解市场反应。

(3) 阐述计划长期销售额和目标利润,以及不同时间的市场营销组合。

该公司最终希望占有 25% 的市场份额和 12% 的税后投资利润率。为此,要以高质量的产品投放市场,而且在随后还要依靠技术进一步提高产品质量。在该产品投入市场时,采取快速撇脂策略,以后逐步降低价格从而扩大市场。全部促销预算每年递增约 20%,并把广告费与促销费的比例从最初的 63:27 逐步降低到 50:50。第二年开始,调研预算降至 6 万元/每年。

五、新产品商业分析

经过筛选和概念测试过程后,可初步确定该新产品是否开发,然后再对开发方案从技术、商业等角度进行全面的分析,最终选择一个最佳的开发方案作为实施方案,也可能经过商业分析后否决该新产品的开发。在商业分析阶段,企业营销管理者需要研究市场、竞争和技术能力,要复查新产品将来的销售额、成本和利润,看评估的新产品是否符合企业的目标。

1. 销售额估计

新产品的销售预测是在该企业特定的营销计划和假设的营销环境基础上,对企业销售水平进行的预测。潜在消费者的行为、竞争者的反应、环境的影响和企业的新产品战略不同都会影响新产品销售,所以企业必须对新产品的销售潜力进行预测,预测当企业的营销努力最大时可能实现的销售量。产品的类型不同,销售量曲线也不同,如图 11-2 所示,销售量预测的方法自然也有所区别。

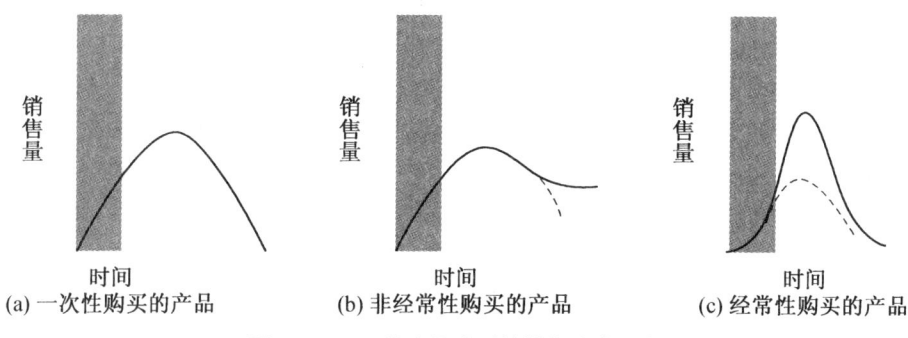

图 11-2　三种产品类型的销售生命周期

(1) 首次购买销售额估计。无论是一次性购买的产品还是偶然购买的产品或经常购买的产品,都要对第一次购买的销售数额做出估计。具体方法如下:

第一,首次销售量＝市场潜量×市场渗透率。在估计时,企业营销管理者应当对使用该产品的市场进行划分,估计出每一市场对该产品的需求量,并减去已有量和购买同类产品的数量,把各细分市场的需求量汇总,就可以得到市场潜量。然后再根据本企业广告预算、人员推销力量、竞争情况等估计出市场渗透率。把两者综合起来,就可以得出新产品的销售额。

第二,非耐用消费品首次销售量估计。路易斯 A·福特和约瑟夫 N·伍德洛克(Lowis A. Fourt and Joseph N. Woodlock)在测试了许多非耐用消费品后,他们观察到新产品市场渗透率呈现以下趋势:一是累计销售额趋向某一限定的渗透率,不会达到全部家庭数的 100%;二是连续的利润潜量是递减的。

随着新产品的逐步被采用,试用率的增量逐渐趋向于零。估计任何一时期来自新购买者的销售量时,可用任一时期的估计试用率乘以家庭总数,再乘以预计的每户家庭对此新产品的首次购买费用而得出。

(2) 重置购买销售额估计。对于一些非经常购买的产品,比如电视机、电冰箱,需要对重置购买销售额做出预测,加到首次购买销售额的估计量上。所以对于这类产品,企业营销管理者必须对该产品的使用寿命做出预期;同时也必须考虑到技术等因素可能会提前使产品淘汰,如在中国手机市场重置购买的间隔时间明显低于其使用周期。

(3) 重复购买销售额估计。新产品的成功与否不仅取决于新产品的首次销售量,更重要的在于消费者对新产品的重复购买。对于经常购买的产品来说,大量的重复购买者才是赢利的保证。企业应注意在每个重复购买阶层中发生的再购买百分比:谁买第一次、第二次、第三次等等。新产品重复购买模式如下:

某一时刻的销售累计量＝该时刻首购者累计数量×平均购买量＋该时刻重购者累计数量×平均购买量

2. 成本和利润的估计

在销售量预测之后，就可以估计预期的成本和利润了。研发部门、生产部门、营销部门和财务部门共同对这些成本进行估算。一个产品的成本通常包括两大部分，即生产成本和使用成本。企业不仅要考虑与企业自身有关的生产成本，还须考虑与用户直接有关的使用成本。这样，企业才能更好地、更长期地获得经济回报。

同时企业还必须权衡实施新产品开发的措施费用、损失费用或节约额。实施新产品开发方案一般都需要付出一定的技术组织措施费用，例如增添或改装设备、生产组织调整等费用。除此之外，在生产新产品淘汰老产品时，原有的设备停止使用、在制品停止生产也会造成一定损失，但新技术的应用也会节约一些费用。

利润是销售收入扣除成本和税金后的余额，是判别产品方案好坏的重要指标。对于企业来说，新产品获利越高，方案就越可行。但利润是个综合指标，与产品成本、价格、广告预算、税收都有关。我们看到，企业的营销努力可以促进新产品的销售，但也会增加成本。所以，合理确定营销预算，使企业盈利最大化十分关键。

六、新产品开发

如果新产品概念通过了商业测试，企业的设计研究部门就开始将抽象的产品概念向实际的产品转化。开发的阶段会持续很长时间，因此十分耗费资金。佳洁士牙膏的开发长达10年，宝丽来照相机开发用了15年，施乐复印机开发用了15年，电视机开发用了55年。新款福特陶乐斯车首次于1986年推出，1996年第二次上市，开发共用了5年时间和280亿美元[①]。在新产品开发阶段，主要包括两个方面工作：新产品设计和新产品试验。

1. 产品设计

新产品设计是从新产品概念到新产品实体的转换器，是产品开发的关键环节。设计部门要根据编制的产品设计任务书，设计出产品图纸、工艺图纸以及进行装配等技术准备工作，并试制出合格的样品。有统计资料表明，新产品质量的好坏，60%～70%取决于产品设计工作，产品制造成本的高低在很大程度上也取决于设计工作。好的新产品设计应达到这样的效果：

（1）消费者觉得它体现产品概念中说明的关键属性。

（2）在正常使用和正常条件下，新产品原形能安全地执行其功能。

（3）新产品原形能以预计的成本生产出来。

2. 新产品试验

新产品试验是产品开发中的一个重要环节，主要包括实验室试验和消费者试用等内容。它实际上也是对新产品的检验和评价，此阶段的时间根据产品的具体要求有长有短，有的甚至数年或更长。实验室试验在实验室或现场进行，产品个样试制出来后，必须对新产品个样进行产品功能、实用性等方面的测试，审核其是否达到了设计所规定的技术标准，新产品实体是否能满足消费者对产品核心利益的要求。如一种新型去头屑洗发水是否能真正有效地去头屑。消费者试用是请一些消费者试用这些样品，征求他们对样品的意见，包括产品的包装、品牌和

---

① Kathleen Kerwin, "the Shape of the New Machine", Business Week, 24 July 1995, pp. 60–66.

设计等。大多数产品需要在实验室试验和试用试验的基础上进行改进。

在产品开发过程中，如果相关方面（研发部门、营销部门、策划部门、生产部门甚至供应商）同时运作而不是相继运行，那么开发过程的成效较大，这被称作同时产品开发。随着互联网的出现，以更快和更灵活的方式进行产品开发已成可能，也变得更加必要。与以前不同的是，消费者可以全程参加概念形成后的产品开发过程，他们不再是简单地被动地接收测试和表达感受，而是主动参与和协助产品的开发工作。通过互联网，企业可以与供应商、经销商和顾客进行双向沟通与交流，可以最大限度提高新产品开发速度。

七、新产品市场试销

市场试销是指将开发研制出的新产品投入某个特定市场范围内进行销售，以观察产品的市场反应，通过市场试销得到反馈信息，为新产品是否全面上市提供全面、系统的决策依据。市场试销是新产品正式上市前所做的最后一次测试，且该测试的评价者是消费者的货币选票，只有通过这种方式，企业才能真正了解新产品的市场前景。如果试销失败的产品，企业就必须认真地对产品进行重新评估，避免更大风险事件的发生。同时市场试销也为新产品的改进和市场营销策略的完善提供启示，有许多新产品是通过试销改进后才取得成功的。如潘佩尔斯牌尿布在最初的市场试销中完全失败，原因在于价格太高，每块10美分，比一块布质尿布加上洗的费用还要高。后经过加快组装作业线，简化包装，使用廉价原料，把每块价格降低到6美分。在此价格下再进行试销，显示了一个巨大的潜在市场；经第四次试销，证明价格是合理的，潘佩尔斯牌尿布由此取得了骄人的业绩。

新产品试销的首要问题是决定是否试销。不是所有的产品都需要试销，如仿制型新产品，其他企业的该类新产品已经上市，本企业紧跟模仿，此时应尽快向市场推出新产品，而无须试销。对于需要进行试销的新产品来说，市场试销的规模和方法成了其主要问题。市场试销的规模取决于两个方面：一是投资费用和风险大小；二是市场试销的费用和时间。对于高投资高风险的产品来说，市场试销的成本在整个项目中所占比例微不足道，值得进行市场试销；反之，规模可以小一些。对于那些试销费用高、时间长的新产品来说，市场试销的规模应小一些。市场试销的方法因产品类型而异，消费品和工业品的市场试销方法各不相同。

在进行市场试销的同时，有一个问题必须引起企业极大关注，这就是竞争性报复。因为市场试销向竞争对手暴露了新产品的利益和企业战略方向，而由试销到正式投放市场之间又有一个间歇时期，这一时期极可能为竞争对手所利用，形成一个反超越的市场局面。因此，有些企业努力寻求一些诸如实验室试销、模拟预测试销等替代手段甚至冒着更大的风险而放弃试销。

八、新产品商品化

一个新产品经过或不经过试销而开始向市场投放的转变过程，我们称之为新产品开发的商品化过程。企业要将其研制开发的产品通过合适的分销渠道进入市场，这又将是一个关键转折，企业在资金投入上又呈现一次显著递增。基础设施的增加，生产设备的添置，人员结构的调整，与老产品的协调关系等都是企业面临的新问题，企业决策层都要慎重考虑。

在商品化阶段，企业在以下几个问题上需要做出战略决策：

（1）目标市场的选择。在对市场进行细分的基础上，结合本企业和市场环境状况，选择合理的目标市场,这是其他战略制定的前提。

(2) 投放时机的把握。分析购买者对产品的购买时间要求以及竞争者的市场行为,把握时机,在最适当的时机将新产品投入市场。

(3) 销售地区的分布。根据不同地区的消费者的消费能力、消费习惯,企业在该地区的知名度,企业该产品的生产能力等因素,选择适当的销售地区是很必要的。

(4) 市场导入战略的制定。企业管理部门要制定开始投放市场的营销战略。这里,首先要对各项市场营销活动分配预算,然后规定各种活动的先后顺序,从而有计划地开展市场营销管理。

第三节 新产品扩散过程

一种新产品被创造出来之后,通常需要一个扩散过程才能够被社会普遍接受。产品扩散,就是指新产品上市后随着时间的推移不断地被更多的消费者所采用的过程。美国著名学者罗杰斯(E. M. Rogers)提出了新产品扩散和被采用过程的理论,对于有针对性地制定营销策略提供了一种全新的思维方式。

一、产品采用者的类型

不同的消费者对新产品的态度差异很大,对新产品接受的快慢程度也有所不同。罗杰斯根据这种接受快慢的差异,把采用者划分为5种类型(如图11-3所示):创新采用者、早期采用者、早期大众、晚期大众和落后采用者。不同类型的采用者各自所占比例不同,采用时间大体服从统计学中的正态分布①。该图大体体现了当今消费者的类型。"早期大众"和"晚期大众"恰好相同,约有34%的采用者落入平均采用时间加减一个标准差的区域内,二者合在一起就形成了备受关注的大众市场。尽管这种划分并非精确,但对于研究扩散过程有着重要意义。

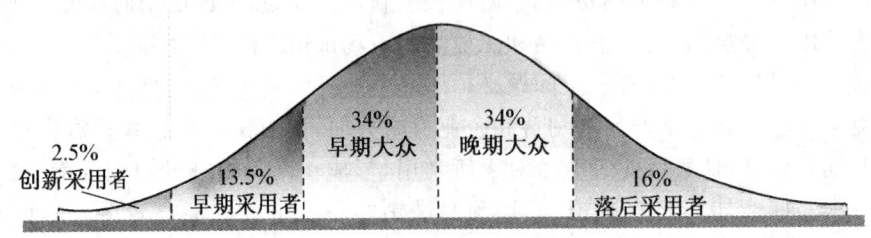

图11-3 采用者分布曲线

不同类型的消费者具有不同的心理特点和行为准则,了解每一类型的消费者以及他们之间的关系是新产品能够实现扩散的关键。下面具体分析这5种类型的采用者。

(1) 创新采用者。创新采用者积极追求新产品,乐于探索新产品的新功能。他们具备一些共同特征:极富冒险精神;教育程度和收入水平较高;多为年轻人。该类采用者所占比例最少,但任何新产品都是由少数创新者率先使用。在新产品推广过程中,如果能找到这些人并针

---

① Everett M. Rogers, Difussion of Innovations, 3rd ed. (New York: The Free Press, 1983), P.247.

对性地开展促销和传播等活动,则是新产品推广成功的保证。因为创新采用者对新产品的认可和使用会吸引众多未来的消费者。

(2) 早期采用者。早期采用者是第二类采用新产品的群体,与创新采用者相同,他们也是在产品生命周期中很早就对创新产生了浓厚的兴趣的消费者。他们想尽早享受新产品带来的利益,喜欢凭着直觉和感觉来购买产品。[①] 他们大多在所属群体中具有很高威信,受到拥护和爱戴,在西方称之为"舆论领袖(Opinion Leaders)"。因此,早期采用者对新产品扩散具有决定性影响,他们通常在产品的投入期和成长期采用新产品。

(3) 早期大众。与早期采用者相比,早期大众对创新呈现出一定兴趣,但他们更为实际。总体来说早期大众的采用时间相对于平均时间要早,其普遍特征是:行动经过深思熟虑,态度谨慎,决策时间长,社会经济地位尚可。他们在购买前需要收集大量完整的产品信息,消费行为模仿舆论领袖。由于早期大众所占比例较大(34%),吸引住这部分群体将是企业盈利和发展的保证,因此研究他们的消费心里和行为具有重要意义。

(4) 晚期大众。这部分采用者的采用时间较平均时间稍晚,他们没有能力在购买后学会和运用新产品,所以多在产品进入成熟期后购买。其基本特征是:疑虑重重、行动迟缓,他们更愿意从周围的同事和朋友接受信息,教育程度和收入状况较差,如果是技术含量高的产品在购后会寻求更多的技术支持。虽然针对这类采用者进行市场扩散是极为困难的,但产品步入成熟期后,利润下降,由于他们会寻求更多的技术支持,因此这部分消费者对R&D还是有所帮助的。

(5) 落后采用者。这类采用者是采用新产品的落伍者,多在产品成熟期后期乃至衰退期才开始采用。他们对新产品没有兴趣,可能是经济原因,也可能是个人性格原因。通常来说,他们思想保守,拘泥于传统的消费模式;他们很少借助宣传媒体,社会地位和收入水平较低,他们很难接受新事物。对于这一类型的采用者则不必专门投入宣传费用。

二、新产品扩散的步骤

消费者从接触一种新产品到完全采用的过程中,通常要经历认识上和心理上的五个基本阶段和步骤,并呈现出台阶状的上升之势,环环相扣,逐级递进。罗杰斯(Rogers)把新产品采用过程看作是创新扩散过程,他认为创新扩散过程是"一个新的观念从它的发明创造开始到最终用户或采用者的传播过程"。企业要重点研究消费者采用新产品的心理过程,一般来说这种心理过程包括5个阶段(如图11-4)。

(1) 知晓。消费者首先要知道新产品问世了,同时还必须了解创新的存在性,即

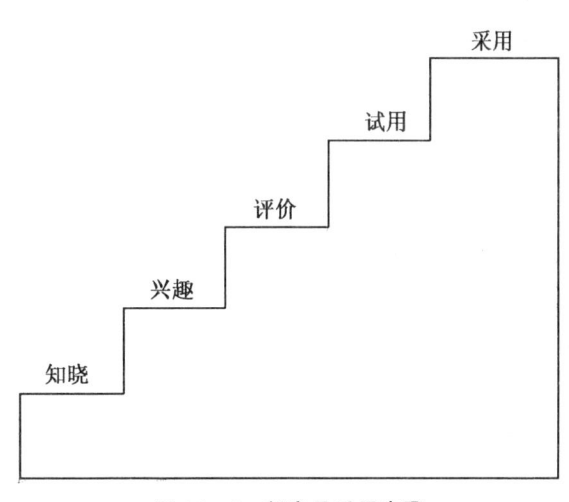

图11-4 新产品采用步骤

[①] Geoffrey A. Moor:《未来飓风》,中国城市出版社,1999年版。

新产品有哪些新功能和特点,能带来什么新利益。只有了解了产品的某些特征,才能激发兴趣。由于个人因素、社会因素和沟通行为等因素的影响,消费者意识到创新的速度有明显区别。

(2)兴趣。消费者受到激发,开始有意识地收集(至少是接受)某种创新的尽可能多的信息。在此阶段营销者要让消费者充分认识到新产品的特性,这是新产品能否为市场所接受的关键环节之一。

(3)评价。当拥有了足够的资料,消费者就会对创新产品的特性进行分析和评价。他可能拒绝采用新产品,也可能决定采用。在此阶段坚定消费者的购买信心尤为重要。

(4)试用。消费者小规模取得创新产品,然后试着用它,并进一步评估产品价值。如果该产品不具备可分性,可以用放大或缩小后的模型、计算机仿真模拟等试验来替代。

(5)采用。消费者形成明确的购买动机,决定正式采用这种新产品。在达成交易后,营销努力并未结束,因为会出现消费者决策后不和谐,所以某种产品被采用并不代表消费者使用后对该产品很满意。

在新产品采用过程中,消费者经过知晓者、试用者和重购者三种角色的转变。[①] 对于不同阶段、不同的角色,营销组合变量的影响也有所差异。所以,适宜的营销沟通对于促进消费者迅速采用、保证新产品上市成功有着重要意义。

三、新产品扩散过程中的几个突出问题

1. 跨越鸿沟和大众市场

新产品采用者有五种类型,但相邻两组类型的消费者之间有分隔,早期消费者和早期大众之间的深而宽的分割形成了一条难以跨越的鸿沟。[②] 如果采用同样的营销努力将产品推销给右边的消费者,右边的消费者类型将不接受。企业很难过渡到下一个类型市场,从而也就失去了到达大众市场的机会,也失去了获得高额回报的可能。如 IBMs OS/2 操作系统、数据库专用电脑、识光软件等,这些产品性能很好,早期消费者对此并不陌生。由于产品的技术不易被大众掌握,市场努力也不够等原因,至今没能真正跨越鸿沟,进入引领潮流的大众市场。所以一个企业成功地开发了一个新产品并且拥有了早期市场,还应该全力"跨越鸿沟"进入由早期大众和晚期大众组成的大众市场。这种"跨越"则意味着要摆脱以往的营销习惯,重新制定一套营销策略。

2. 舆论领袖和口头传播

对于新产品的营销者而言,他们希望设法促使消费者缩短采用过程,而且不断地被更多消费者所采用。那么在新产品扩散过程中,有关信息是怎样从营销人员传递并影响目标市场的呢?最初人们认为是一级流动过程,即借助于媒体的力量把信息直接传递到消费者;后来,研究者发现信息流动是两级流动,即从媒体流向舆论领袖再传递到追随者。事实上,信息传递的情况很复杂,但是舆论领袖的作用不可忽视。他们能够非正式地影响别人的态度或者一定程

---

① Chakravarthi Narasimhan and Subrata K. Sen:"New Products Models for Test Market Data", Journal of Marketing, Vol. 47, Winter 1983, P.13.

② Geoffrey A. Moore:《未来飓风》,钱跃等译,中国城市出版社,1999年版。

度上改变别人的行为,[1]具体地说,舆论领袖是一个告知者、说服者和证实者。但他们的影响可能是仅仅在某一个或者几个消费领域。多数情况下,信息是在同一阶层水平流动,而且似乎更乐意同别人进行口头沟通。由于口头传播的核心是"威信",舆论领袖乐于成为信息的载体,通过向他人传播而获得威信并成为某方面的专家。[2]

3. 新产品的特征对采用率的影响

新产品的创新特征不同,消费者的采用率即消费者中采用者所占的比例也会相应变动。有些产品几乎一夜之间就流行起来;而有些产品则花费很长时间才被接受。从发明到达到5 000 万用户,收音机用了 38 年,PC 用了 16 年,电视用了 13 年,而互联网只用了 4 年(U. S. Dept. of Commerce,1998 and 2000)。在对新产品采用率的影响中,有五个特征尤为重要:新产品的相对优点、新产品的一致性、新产品的复杂性、新产品的可分性和新产品信息的传播性。相对优点越大、与社会中个人的价值和经验越吻合、新产品创新越简单、产品有可分性、新产品的使用结果越容易传播,那么这种新产品被采用就越快。

由于新产品扩散过程受到外部不可控因素和企业营销活动的制约,其实际扩散轨迹往往会偏离期望轨迹。为了使新产品扩散过程符合既定营销目标,企业营销管理部门要采取一些措施和策略,对新产品的扩散过程进行管理,以达到导入期快速起飞、成长期快速增长、成熟期最大化渗透的目标,并尽可能长时间维持一定的销售额[3]。

第四节 产品生命周期

产品生命周期理论是以统计资料为基础进行理论推导的结果,对产品生命周期的分析主要是通过对产品的销售量和利润随时间的变化来进行研究的。

一、产品生命周期的概念

通常某一产品在市场上的销售状况与盈利能力是随着时间的推移而变化的。这种变化的规律与人类及其他生物的生命一样,都有着一个从诞生、成长到成熟,最终走向衰亡的过程。产品的这种从投入市场开始,直至被市场淘汰为止所经历的全部时间,市场营销学中称之为产品生命周期。我们要从以下几个方面来深入了解产品生命周期的概念:

1. 产品生命周期不同于产品使用寿命

产品使用寿命主要是指某一产品从开始使用到消耗磨损废弃为止所经历的时间。其寿命长短主要取决于产品本身的设计制造质量(物理、化学性能和技术经济指标)以及使用方式与维修保养水平。而产品生命周期的长短则主要取决于技术变革、需求变动、竞争态势以及政府干预等四个方面因素。

(1) 技术变革是影响产品生命周期的根本因素。全球范围内的技术革命已深刻地改变着世界的面貌,新技术、新材料、新能源以及新工艺的不断涌现,使得新产品在性能、成本等诸方

---

[1] Rogers:Diffusion of Innovations, 3rd ed. (New York: The Free Press, 1983), P. 271.
[2] Eileen Prescott: "Word-of-Mouth: Playing on the Prestige Factor", Wall Street Journal, February 7, 1984, P. 1.
[3] 郭国庆:《市场营销管理——理论与模型》,中国人民大学出版社,1995 年版。

面比原有产品更具吸引力。因此,随着技术更新速度的日益增快,产品生命周期业已呈现出不断缩短的趋势。例如,对现代工业技术水平反应最为敏感的小汽车行业,在20世纪30~40年代,一种车型的生命周期长达15~20年;50年代,其生命周期平均为10年左右;70年代又缩短为5年左右;80年代又再缩短为2~3年左右;而随着科技发展的日新月异,如今平均不到半年就会推出新车型。

(2)消费者需求变动也是影响产品生命周期的一个重要因素。消费者需求变动的方向和变化的速率与产品生命周期的变化和长短有着密切的因果关系。例如,随着人均GNP水平的提高,消费者将更多地追求生活质量,这将可能加速某些低档产品的淘汰;而消费者对市场供求状况的预期所产生的某些过度消费行为,则可能促使一些产品过早地成长和成熟;此外,一些生活消费品如服饰、食品等产品的生命周期都不同程度地受到消费者偏好、时尚等因素的影响。

(3)市场竞争态势直接影响着产品的生命周期。当今各个行业的市场竞争都比较激烈,企业的产品直接面向市场,毫无例外地接受着市场的考验,从而市场竞争客观上支配着产品生命周期。例如,全球经济一体化与经济区域集团化的趋势,同行业企业之间的联合和垄断,可能在一定范围内加速或延缓某一产品的市场生命,尽管它不能改变产品生命周期日益缩短的总体趋势。

(4)政府干预从某种程度上也对产品生命周期有着重大的影响。政府是国家及其民众的利益代表,从维护社会整体利益出发,可能会采取某种经济手段,如提高税率、利率,减少或停止贷款等方法限制某些产品的生产和销售,甚至可能采取行政手段来干预产品的市场生命,如通过环境保护政策、产品质量或卫生检验标准、外贸和关税政策保护本国某些产品或加速其淘汰等等。

2. 产品生命周期的概念受产品的定义范围影响

对应于产品的不同内涵与外延,产品生命周期的概念有不同的具体表现形式。营销学之父菲利普·科特勒曾提出产品生命周期概念可用来分析产品种类、产品形式或品牌。产品生命周期可以指某一种产品大类的生命周期如空调的生命周期;它也可以指某种产品形式的生命周期如柜式空调的生命周期、窗体式空调的生命周期等;它也可以指某一个企业的一个具体产品品牌的生命周期如格力空调的生命周期。一般说来,产品种类的生命周期是最长的,也比较稳定;产品形式生命周期比较标准,大都经历成长、成熟直至衰退的全过程;而品牌生命周期则变化迅速且不规则。在通常意义上,产品生命周期是指一个产品种类的生命周期。

3. 产品生命周期的概念受市场的定义范围影响

同一产品在不同经济技术条件的市场,它的生命周期是不同的。针对广泛的世界市场,则不同国家市场之间的差异会导致同一产品会处于不同的生命周期。如在美国微波炉市场已处于成熟期,大约80%的美国家庭拥有微波炉,但是在其他很多国家的微波炉市场依旧处于成长期,在欧洲的许多国家也只有15%的家庭拥有微波炉,而发展中国家的比例则更低。[①]

4. 产品生命周期是一个动态的客观过程

产品生命周期是产品发展直至消亡的一个客观规律,但不是一成不变的。每个产品生命

---

① [美]佩罗特(Perreaullt,W. D)、[美]麦卡锡(Mcearthy. E. J)著:《基础营销学》,梅清豪、周安柱译,上海人民出版社,2001年版,第226页。

周期随着时间、地点、消费者、技术、企业自身、市场竞争等条件的变化而变化,呈现出自己的特点。有的产品在投入期就已经夭折,有的产品要经历很长的投入期和成长期,有的产品很快就进入成熟期而且衰亡也很快。产品生命周期的四个阶段不是呈均匀变化的,也不是每个产品生命周期都必须经历这四个阶段。因此,应该根据具体情况来判断分析产品生命周期。

二、产品生命周期基本模型

根据产品生命周期的定义,反映产品从投入市场到最终退出市场的整个过程中销售量变化的曲线就是产品生命周期曲线。如果以时间作为横坐标,销售额和利润作为纵坐标,根据销售历史资料,可以画出产品生命周期曲线。如图11-5,我们可以看到,图中产品生命周期曲线呈现出"S型"曲线形式。这是产品生命周期曲线的基本形式,也是最典型和常见的形式。

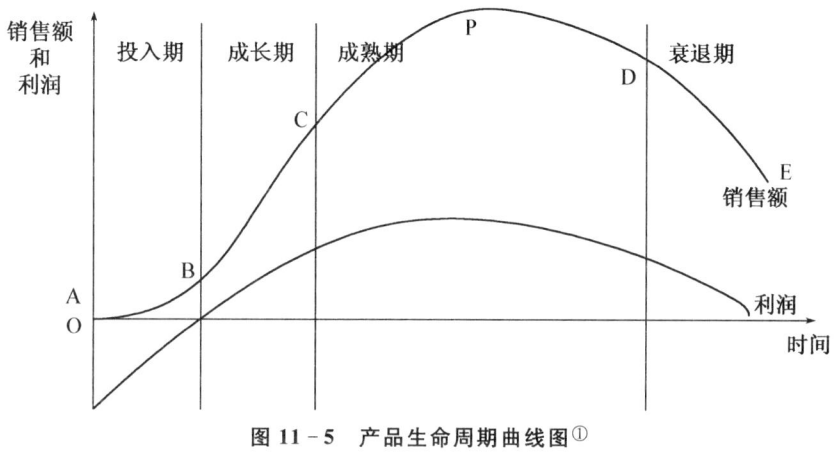

图11-5 产品生命周期曲线图①

根据产品的销售历史,产品生命周期曲线一般可以分为投入期、成长期、成熟期和衰退期四个阶段。

A→B为投入期,这是指产品投放市场的最初一段时间。如图11-5可以看到,从A点到B点,销售额曲线呈缓慢的向上增长状态,这主要是由于在该阶段产品刚刚上市,很多的消费者还缺少对产品的认知。根据新产品的扩散理论,只有2.5%的革新消费者会在新产品的投入期作为市场领先者进行尝试性的购买。因此,投入期的销售量较小,而且增长缓慢。同时,可以看到,利润曲线在A点上是负值,利润曲线虽然表现出上升的趋势,但在整个A点到B点中,利润一直是负值。企业在这个时期微量的销售收入很难弥补比较高的新产品的市场拓展成本,因此,在投入期阶段企业基本上无利润,常常处于亏损中。

B→C为成长期,这是产品开始被用户所接受的阶段,市场需求快速增长。如图11-5可以看到,从B点到C点,销售额曲线是呈类似直线上升的,曲线的斜率也就是销售额增长率明显大于投入期。这主要是因为在该阶段消费者在受到企业前期市场推广和革新消费者的影响下提高了对产品的认知,很大一部分早期接受者会进行购买。因此,销售额大量增长,而且呈快速增长势头。再来看此时的利润曲线正逐渐从负值上升到正值,也呈现出上升的趋势,但是仔细对比利润曲线的斜率和销售额曲线的斜率,可以看出利润曲线的斜率相对缓和,也就是说

---

① 陶鹏德,吴作民:《市场营销》,河海大学出版社,2003年版,第195页。

在这个时期利润的增长率要低于销售额的增长率。

C→D 为成熟期,这是产品被广大的消费者购买和使用的阶段,市场需求已趋饱和。如图 11-5 可以看到,从 C 点到 P 点,销售额曲线依然是在向上延伸的,但是销售额曲线的斜率比成长期时相对平缓,也就是销售额增长率相对于成长期有所下降,但是销售额依然缓慢增长到最高点 P 点。在达到最大点 P 后销售额曲线呈现下降趋势。从 P 点到 D 点,可以看到销售额曲线的斜率为负值,也就意味着销售额增长率为负值,销售额不断缓慢下降。同时,受到销售额变化的影响,利润曲线也从 C 点缓慢增长到最高点后,呈现缓慢下降趋势。

D→E 为衰退期,这是产品被消费者遗忘和丢弃,逐渐退出市场的时期。如图 11-5 可以看到,从 D 点到 E 点,销售额曲线呈快速下降的趋势,销售额曲线的斜率比 P 点到 D 点的斜率更为陡峭,销售额的负增长率明显较大。而利润曲线呈现出同样的特点,伴随着销售额的急剧下降,利润也剧减。

因此,我们通过图 11-5 可以看出,产品生命周期的上述四个阶段的本质区别在于各阶段的销售增长率的不同。更简单地理解是由于销售额增长或者下降的趋势及其变化的速度的不同。同时,更直观地看到了企业的销售额的变化对企业利润回报的重要影响。

三、产品生命周期各阶段的营销策略

企业可以根据产品所处的生命周期各阶段所反映的消费者、竞争者、销售状况和利润等方面的不同特征,合理地选择符合市场需求的市场营销组合策略,实现企业的营销目标。

1. 产品投入期营销策略

产品投入期是指某一新产品经开发、研制、试销等过程后正式投入市场并为消费者所购买的一段时间。在这一阶段,产品销售增长十分缓慢,企业一般利润回报偏低甚至亏损。这是因为:① 产品未最后定型,其性能和质量均不够稳定。② 消费者对产品的需求量尚未确定,产品生产能力尚未形成,且产品单位制造成本高。③ 消费者一般难以改变其既有的消费行为模式,与其实现有效沟通的促销费用大,且要延续一段相当的时间。④ 产品销售渠道尚未完全建立和展开,其市场开拓成本高。因此,新产品投入市场大都经历一个缓慢成长的过程,如速溶咖啡、冷冻橘子汁等世界名牌产品都是徘徊多年才步入快速成长阶段。

鉴于上述情况,产品投入期的营销策略应具有明确的针对性,即主动地去"创造"需要,以缩短投入期的时间,降低产品的市场风险。此时应积极搜集市场对新产品的反应与意见,以促成产品的技术完善和最终定型,并在很好把握市场需求变动的基础上,增加对新产品所需资源的投入,确保生产能力的协调和销售渠道的通畅。同时,产品促销的突破口在于向潜在的消费者介绍未知的产品,并吸引他们乐于试用。此时须突出产品给消费者所能带来的效用和利益,甚至不惜采用赠送、试用、折扣等方式争取消费者。在销售渠道的建立和拓展方面,应给予中间商较多的利益和保证,如采取寄售或其他方式来减少中间商的进货风险以及独家经销权等激励手段。最后,产品的市场风险的防范是不容忽视的。一般来说,新产品中会有 38% 最后以失败告终。[①] 由于新产品在投入期失败的比率是较高的,企业应尽量缩短新产品的投入期,迅速使其进入成长期。

---

① [美]所罗门,斯图加特著:《市场营销学:真实的人,真实的选择》,王宝,来婷妍译,广西师范大学出版社,2003 年版,第 368 页。

对于产品的投入期,价格和促销是极其重要的两个营销因素,企业在具体运用时,应根据市场状况灵活采用不同的价格策略和促销策略,通常有以下四种策略组合(见表11-2)。

表11-2 产品投入期的4种营销战略[①]

		促销	
		高	低
价格	高	快速撇脂战略	缓慢撇脂战略
	低	快速渗透战略	缓慢渗透战略

(1) 快速取脂策略。指以高价格与高促销水平将新产品推向市场,故又称"双高"策略。采用这一策略的适用条件是:① 潜在市场中大多数消费者对该种新产品缺乏了解。② 知晓该新产品的消费者渴望购买,并有能力支付高价格。③ 企业面临潜在竞争者的威胁,迫切需要建立品牌优势。采取该策略的目的是,通过采取高价位,尽可能快地收回投资;同时以大量的促销活动加快产品的市场渗透速度,并以此建立市场品牌偏好,抵御来自竞争者的威胁。该类产品一般具有较大的市场需求,且与市场类似产品相比具有相当的优越性,能够诱发消费者产生强烈的购买欲望。

(2) 缓慢取脂策略。指以高价格与低促销水平将新产品推向市场,又称选择性渗透策略。采用这一策略的适用条件是:① 市场容量相对有限。② 市场上大多数消费者已熟悉新产品。③ 购买者愿意并且能够支付高价格。④ 市场中潜在竞争的威胁不大。采用这种策略的目的是为了获取尽可能高的利润回报,同时又降低了营销成本。适用于该策略的产品通常价格弹性不大且市场供不应求,消费者的选择余地较小,如某些高新技术产品、特殊材料等等。

(3) 快速渗透策略。指以低价格与高促销水平将新产品推向市场,有时又称密集性渗透策略。采用这策略的适用条件是:① 市场容量巨大。② 潜在消费者对新产品不熟悉。③ 绝大多数购买者对产品价格十分敏感。④ 市场潜在竞争非常剧烈。⑤ 产品的单位制造成本可因规模效益和经验曲线而下降。该策略的采用可以使产品迅速地攻占市场,并使其市场占有率最大化。一般说来,快速渗透策略的着眼点是以市场占有率的极大化来获取产品的长期利益;并以此挤垮竞争对手,而绝非眼前的短期收益。

(4) 缓慢渗透策略。指以低价格与低促销水平将新产品推向市场,有时又称"双低"策略。这一策略的适用条件是:① 市场容量巨大。② 消费者对这种新产品已有足够的了解。③ 大多数消费者对产品价格相当敏感。④ 市场存在一些潜在竞争者。此策略的采用既可以加速提高产品的市场占有率,又可以通过促销成本的降低,相应地提高企业的净利润回报。该策略的适用产品一般具有价格需求弹性大,而促销弹性小且其替代产品较多的特点。

2. 产品成长期营销策略

产品由投入期进入成长期的显著标志是消费者对该类产品的需求加速增长,市场亦很快地扩大,使得产品销售额急剧地上升。国外的营销学者称之为"起飞阶段"。在这一阶段,由于投入期的促销努力,产品已为众多的消费者所熟悉,并且新的消费习惯已经建立;不仅早期消费者重复购买,而且更多的潜在消费者亦纷纷涌入该产品的购买行列。此时,由于产品基本定

---

① 吴作民:《市场营销》,南京大学出版社,2007年版,第280页。

型以及技术、工艺日臻完善,新的生产能力业已形成,使得产品制造成本因规模效应和经验曲线而日趋下降。由于销售量的剧增,使得产品的促销费用能够在更大的范围得以分摊,即使产品的价格与投入期相当或略有降低,企业的利润仍可日渐增加。与此同时,好的市场前景与巨额利润也强烈吸引着潜在的竞争者,使其蜂拥进入该产品市场,市场竞争亦日趋激烈。

在此阶段,企业营销策略的核心是维持其市场增长率,使获取最大利润的时间得以延长。这时企业所面临的问题已不再是"如何让顾客试用其产品",而是"如何使顾客偏爱其品牌"。这就需要企业在营销策略与方法上作相应调整。

(1) 由于市场竞争的日益加剧,产品品质问题已成为争取消费者、抵御竞争威胁的关键。市场开拓的成功,使得竞争者能以较小的代价进行市场渗透,并有可能向市场推出款式更新、性能更好、更能吸引消费者的竞争产品。为了维持和提高产品的竞争地位,企业必须十分注重产品的质量和创新,即在不断改善产品质量的基础上,通过增加产品功能,更新产品款式和包装等有力措施与其竞争产品相区分,更广泛地满足消费者多样化、层次化的需求,从而维持和提高自身的市场地位。例如近年来手机行业的快速成长,竞争的激烈让很多企业都在手机的功能和款式上不断进行创新,陆续增加了和弦音乐铃声、彩屏、拍照等新功能,增强自己的产品特色,吸引消费者购买,保持市场竞争优势。

(2) 竞争者的进入,使得原有市场的需求趋于饱和,产品的销售增长率趋于下降。此时,企业须进行市场的重新细分,寻求与识别新的尚未满足的细分市场并迅速进入。例如国产的一些手机厂商专门针对女性市场,根据女性崇尚时尚,喜爱精致灵巧等特点,开发研制和推出了款式精巧华丽的女性专用手机,赢得了广大女性的青睐,在竞争中脱颖而出。

(3) 产品成长期的促销重点不再是新产品的介绍,而是转向对消费者的诱导和说服,使其产生购买欲望与购买行为。与此同时,企业须注意培育和塑造产品形象与企业形象,建立和加强产品的品牌优势,并以此吸引更多消费者对其产品品牌的忠诚,从而巩固和发展自身的竞争能力。例如现在市场中很多同类的保健品,有的企业在广告中多次强调其产品是蓝瓶包装的,提示消费者将其与竞争者品牌区别开来。

(4) 随着竞争者数量的增加,企业在适当的时机可以采用产品降价的方式来刺激对价格较为敏感的消费者。这样既可以增强竞争能力,又可以吸引潜在消费者。但是须慎重对待降价方式,以免引发残酷的价格竞争,使得企业与竞争者两败俱伤。例如近几年,格兰仕微波炉的大规模的降价促销,带来了微波炉市场的价格大战。格兰仕凭借其雄厚的实力和低成本经营战略,挤垮了大部分竞争对手,迅速占据了国内的微波炉市场的半壁江山。

(5) 面对较高的产品销售增长率,企业不仅应保持其销售渠道的通畅,而且应十分重视销售渠道的拓展,并加强各渠道之间的联系。例如一些美容护肤的化妆品,专门针对螨虫带来的皮肤问题,刚投入市场时只在连锁超市、百货等零售业的化妆品专柜销售,而随着销售的迅速增长,也陆续在一些连锁药店销售。通过销售网点的增加来满足销售增长的需要,方便消费者购买,也进一步刺激销售增长。

产品处于成长期的企业除了很好地运用以上的几种策略外,以下两方面的问题也需引起很好的注意。

第一,生产能力问题。企业在努力做好销售工作,积极开拓市场的同时,还必须考虑到企业的生产能力问题。如果企业的生产能力跟不上,高度的促销工作反而引起产品不能保证充分供应,致使仿制品和替代品大量进入,给竞争对手有机可乘。

第二,短期收益问题。在成长期中上述策略的采用无疑将增加企业产品的销售成本,使得产品在其成长期表现出高销售收入以及高销售成本,从而影响企业的短期净利润收益。因此,处于产品成长阶段的企业必须在高市场占有率与高当期利润回报之间做出抉择。一般说来,企业往往更看重长期利润目标,即市场占有率指标,而不惜牺牲当前的最大利润,因为竞争的日益加剧使其别无选择。一方面将部分资金再投入,以确保其市场优势;另一方面,可以选择适当时机,降低售价,以吸引对价格敏感的顾客,从而刺激销售增长。

3. 产品成熟期营销策略

产品经过成长期的一段时间后,其销售量的增长会逐渐缓慢下来,利润亦开始缓慢回落,这表明产品已开始步入成熟期。在这一时期,产品销售增长减缓并逐步达到最高峰;产品的销售利润亦从成长期的最高点开始滑落。由于销售增长率的下降,使得市场中的产品供过于求,不可避免地导致竞争的白热化。如为争夺市场而竞相削价的残酷的价格战,以及注入大量资金以增强其促销力量的品牌战等。竞争的结果使得企业的利润下降,迫使一些实力薄弱企业开始退出市场,另谋它路。根据美国著名营销学者菲利普·科特勒的观点,产品成熟期依照其销售量的变化情况,又可细分为三个阶段:第一阶段为"成长中的成熟",指产品销售增长率开始下降,尽管有新的消费者进入市场,但销售渠道已达到饱和。第二阶段为"稳定中的成熟",即市场已经饱和,绝大多数潜在消费者已拥有或已经试用该种产品,未来的销售量取决于人口的增长以及消费者的重复购买。第三阶段为"衰退中的成熟",指产品的销售量开始绝对地下降,消费者转向购买其他产品或替代品。

成熟期的营销策略一般选择进攻性策略,尽量延长这一阶段的时间,或促使产品生命周期出现再度循环,以获得更多的利润收益。此时企业的突出问题是"如何更有效地竞争"。一般说来,可供企业选择的策略有市场改良、产品改良、营销组合改良三种。

(1) 市场改良策略。产品改良策略的目的是为了在巩固老顾客,尽可能赢得新顾客的基础上,开拓新的市场,提高成熟期内的产品销售量。它的实现途径不是通过改变产品的本身,而是通过改变产品的用途和销售方式或消费方式。市场改良策略主要有以下几种方式:

① 通过市场的再细分,寻求和进入那些未使用该产品的新市场。例如美国强生公司的婴儿护肤用品,原来一直是专门针对婴儿市场的,后来用"如婴儿般柔嫩"的广告语来表达成年人使用后的效果,很快让强生婴儿护肤用品扩展到婴儿的母亲、年轻女性等成年人市场。

② 加强品牌地位,争取竞争者的市场。例如百事可乐用"年轻一代的选择"、"渴望无限"等广告语不断强化百事可乐年轻活力激情时尚的品牌形象,一再挑战可口可乐,欲使其顾客改饮百事可乐。

③ 通过开发现有产品的新用途来延长产品成熟期,并拓展崭新的市场。例如美国杜邦公司的产品之一尼龙,最初只用于军事制作降落伞,二次大战结束后,尼龙的销售就出现了困境。杜邦公司运用市场改良策略,把尼龙针织品从军用市场转入民用市场以后,又通过开发尼龙新的用途,进一步进入尼龙轮胎等工业品市场。通过对尼龙新用途的不断开发,使销售额保持一个良好的势头,使其产品生命周期得以不断延续。

④ 通过促销努力来激励消费者增加其产品的使用率或使用量。例如宝洁公司曾提出"今天你洗头了吗?"的广告口号,提醒消费者天天洗头更有益于身体健康;同时在"海飞丝"、"飘柔"的广告中经常暗示消费者每次洗头时使用洗发水洗两次比一次更有效。

(2) 产品改良策略。产品改良策略是产品本身适当改变后,重新推向市场,使之更好地满足消费者的不同需要。产品改良有以下几种方式可供选择：

① 品质改善：其目的是增强产品的功能及各项技术指标，如耐久性、可靠性、安全性、速度、口味等等。

② 特性改善：其目的在于增加产品的独特性，如大小、重量、材料、附件等等，以扩大产品的品种范围，如日本厂商在电视机市场趋于饱和的情况下，推出电视、录像一体化的新品种。学者斯图尔特概括了特性改善的五个优点：新特点为企业建立进步和领先地位的形象；新特点能被迅速采用、迅速丢弃，因此通常只要花非常少的费用就可以选择；新特点能够赢得某些细分市场的忠诚；新特点能够给企业带来免费的公众化宣传；新特点会给销售人员和分销商带来热情。① 总而言之，产品特性的改善能够给企业带来很多的好处。企业要加强对产品特性的改善，这是增加消费者利益的重要方式，更是吸引消费者重复购买的动机。

③ 式样改善：其目的是加强产品外观上的艺术诉求。随着生活质量的不断提高以及人们对艺术的追求，审美观念也在不断地升华。产品外观所体现的时尚、前卫、品位、风格、个性等，都可能成为影响消费者购买的考虑因素。因此，企业要紧紧地抓住目标客户群的心理需求，结合时尚元素，不断更新产品的式样，吸引更多的顾客。例如汽车制造公司定期向市场推出新颖的汽车车型，旨在吸引消费者的同时，展示其行业的领导者地位。

④ 服务改善：其目的是提高产品的附加价值。在当今社会，服务已经成为消费者购买产品的重要因素，很多消费者把服务作为企业提供的产品的一部分。因此，企业对服务的改善，实际上就是增加了产品的价值，为消费者提供了更多的利益，并吸引更多的消费者。例如家用电器的免费送货上门及安装，一年免费保修等服务，不仅吸引消费者购买，同时提高品牌的美誉度。海尔电器就是以优质的售后服务而著称的。

(3) 营销组合改良策略。鉴于产品成熟期的特点，企业有必要通过改变其营销组合因素中的某一要素或若干要素，来刺激产品的销售，以延长产品的生命周期。所谓市场营销组合要素，尼尔·鲍顿(Neil Borden)将其归纳为12项，它们分别是产品计划、价格、厂牌、分配线、人员销售、广告、销售促进、包装、陈列服务、实体分配、市场情况调查和分析。具体来说常用的营销组合改良策略有以下几个方面：

① 适当减价或间接减价政策，如果对吸引消费者、扩大成熟产品市场有明显效果，则不失为一种有效的方式。此外，企业通常以特价、折扣、代付运费以及优惠的信用条件等方式间接地降低产品的价格。如近年来的彩电市场竞争激烈，许多厂商纷纷以降价方式提高市场份额。

② 在销售渠道方面，企业一方面应采用规模较大的中间商以及折扣商店等单位性渠道，另一方面亦应注重与消费者直接接触的直接渠道。如家电行业的许多企业都有自己的各级分销队伍，但近几年苏宁、国美、永乐等家电连锁大卖场的出现和迅速发展，成为许多家电企业销售的重要渠道。

③ 企业的促销应在强调其有效性的原则下，注重各种促销方式的统筹安排和灵活使用，如广告、人员推销等等。一般说来，由于此阶段消费者的购买习性与偏好已基本形成，促销手段有可能比广告效果更富有成效。

④ 在成熟期阶段，产品的服务与保证显得更为重要，企业应在不断完善服务质量的同时，尽可能地扩大服务的范围，以吸引更多的消费者，并在激烈竞争中处于有利地位。

---

① 周朝琦：《现代市场营销战略》，经济管理出版社，2000年版，第260页。

上述营销组合改良策略极易引起竞争者快速的连锁反应,尤其在降价、服务等方面,而竞争的结果往往使得整个行业的利润锐减,甚至遭受严重损失。故应引起企业的充分重视。

学者哥斯塔·马克维奇曾对产品生命周期的各个阶段企业所采用的不同营销组合工具做了推测。他认为,对于成熟产品,营销组合工具的效果从高到低的次序是:价格、广告和促销、产品质量、服务。企业应根据实际的具体情况,选择适合的最有效果的营销组合工具。①

4. 产品衰退期营销策略

产品销售量在成熟期缓慢增加直至缓慢下降,一般说来可以稳定相当一段时间。若销售量的下降速度开始加剧,且利润水平很低,在一般情形下,可以认为产品已步入衰退期。此时,产品供过于求的矛盾日益突出,并且企业过去所采用的增加促销费用、降低产品价格等营销策略亦基本无效。由于利润单薄或无利可图,一些企业开始陆续退出市场,而那些继续坚守市场的企业则通过降低产品供应量或价格、减少销售费用以及放弃部分细分市场等方式苟延残喘、惨淡经营。与此同时,竞争态势亦发生相应变化且日益加剧,新一代产品或替代产品的相继推出,又使得企业面临更为严峻的形势。

鉴于上述情形,企业必须根据产品相对的市场吸引力和竞争能力等因素做出相应的策略选择。美国管理学者凯瑟琳·哈里根(Kathryn Harrigan)在研究产品衰退期营销策略时,提出了以下五种策略:

(1) 增加企业投资,以控制和加强优势的竞争地位。该策略一般适用于竞争优势十分明显的企业,若它在产品的衰退期能够通过高度压迫性的战术迫使其竞争者退出市场,并通过收购、兼并等方式垄断整个市场,则也有较大可能获得较好的利润收益。

(2) 维持策略。即维持企业的投资水平直到市场的不确定性消失为止。该策略适用于有相当竞争能力的企业,若其仍对产品的未来前景抱有较大的希望,且能够付出较大的代价去忍受近期产品销售的萧条,则可以考虑采用这一策略。一般说来,这种策略风险性较大。

(3) 集中策略。产品处于衰退期时,由于产品销售额的迅速下降,如果企业经营规模与各项投资水平仍维持不变,则势必影响企业的短期利润回报。鉴于此方面考虑,企业应采用相对集中策略,即收缩企业原先的产品营销战略,将其人力、财力、物力集中到具有最大优势的细分市场上,以便背水一战。经营规模的相对缩小,使得企业有可能从该市场再次获取较多的利润回报。从投资水平的角度看,企业可以从本企业与同行业中最大竞争对手的相对市场占有率指标进行考察。一般情况下,若这一指标在15%以上,则可考虑采用相对集中策略,适当将投资格局向优势细分市场倾斜;若这一比率在5%以下,则应考虑大幅度降低投资额,采用绝对集中策略,即在企业最大优势的细分市场尽可能获取最大的利润。

(4) 收割策略。该策略更适用于竞争能力较弱的企业。在产品衰退期,由于产品的市场销售率与市场占有率都很低,现金流动净值仅处于平衡或已出现负值,此时企业应停止投资,在继续支撑的情况下,大幅度削减广告宣传、推销等促销费用,降低产品销售价格,精简销售人员以及减少投入市场的产品数量,以增加企业的当期利润收入。这一策略如果运用得当,则可以较好地抑制市场对产品需求的大幅度滑坡现象,从而保证近期的利润收益。

(5) 放弃策略。一般说来,企业继续保留衰退产品的代价是巨大的。这些代价不仅包括未能弥补的产品成本,还包括较多的隐蔽成本,如生产开工不足、营销人员时间浪费等等。多

---

① 周朝琦:《现代市场营销战略》,经济管理出版社,2000年版,第260页。

数企业在衰退产品方面的犹豫不决，多半出于市场的不确定和主观感情的难以接受，因为衰退产品往往有过良好的销售业绩，或者对企业其他产品的销售仍有贡献。然而，老产品被新产品所取代的趋势是必然的。经过准确判断，如果产品无法再给企业带来预期的利润，则绝不能抱有任何侥幸心理，否则将使企业陷入更大的经营困境，而把企业拖得半死不活。明智的做法是，有计划有策略地处理该产品的资产并逐步淘汰这种产品。

生命周期的不同阶段对企业采取的战略和制定营销目标影响是不同的，企业在经营过程中，应根据不同的周期阶段制定不同营销战略并设立特定的营销目标，充分把握好企业产品本身固有的特征，制定出不同阶段的策略（见表11-3）。

表11-3 产品生命周期各阶段的特点、营销目标和营销战略[①]

特点	导入期	成长期	成熟期	衰退期
销售	低销售	销售快速上升	销售高峰	销售衰退
成本	高成本	平均成本	低成本	低成本
利润	亏损	利润上升	高利润	利润衰退
顾客	创新者	早期使用者	中间多数	落后者
竞争者	极少	逐渐增加	数量稳定开始衰退	数量衰退
营销目标	创造产品知名度和试用	最大限度地占有市场份额	保卫市场份额获取最大利润	对该品牌削减指出和挤取收益
战略				
产品	提供一个基本产品	提供产品的扩展品、服务、担保	品牌和式样的多样性	逐步淘汰疲软项目
价格	采用成本加成	市场渗透价格	较量或击败竞争者的价格	削价
分销	建立选择性分销	建立密集广泛的分销	建立更密集广泛的分销	进行选择：逐步淘汰无利的分销网点
广告	在早期采用经销商中建立产品的知名度	在大量市场中建立知名度和兴趣	强调品牌的区别和利益	减少到保持坚定忠诚者需求的水平
促销	大大加强销售促进以吸引试用	充分利用有大量消费者需求的有利条件，适当减少促销	增加对品牌转换的鼓励	减少到最低水平

---

① 菲利普·科特勒，凯文·莱恩·凯勒．营销管理[M]．第13版．上海：上海人民出版社，2009：329．

第十二章 定价策略

在企业的市场营销活动中,产品的定价将直接影响到消费者对产品的选择,一个好的产品可能由于定价不合理而在市场上失去该有的地位;一个品质不太高的产品可能由于采用了合理的定价策略而在市场上取得了不错的份额。尽管近年来由于我国社会主义市场经济的发展,消费者的消费理念日益成熟、在购买产品时越来越理性,但一个好的定价策略还是能够为企业保留现有顾客和开发新顾客服务的,能够为企业取得不错的市场业绩提供强有力的支持。同时,产品价格的高低直接影响企业收益水平的高低,关系到企业的长期发展以及在市场中的竞争地位。因此,在营销过程中,选择合理的定价策略对企业来说至关重要。

第一节 定价的原理及步骤

企业在制定价格时,必须遵循一定的原理,因为在社会主义市场经济条件下,产品的价格是遵循经济学原理的,价格是围绕价值上下波动的,且价格受到企业产品的生产成本、市场的供求关系以及国家政策制约,因而企业在制定价格时,必须要考虑到这些因素,遵循这些原理。同时,企业在制定价格时又是有章可寻的,是按照一定步骤来进行的,而不是无序随机的。

一、价格制定的基本原理

在商品经济条件下,价格是影响市场交换的主要变数。买卖能否成交,除了商品本身质量、功能等对买主的吸引力大小因素外,合理的价格是重要的促成因素。因为购买者的需求是指有支付能力条件下的需求,同时还受到价值观念的制约。因此,要作出有效的价格决策,企业定价者就必须首先了解价格的形成因素,主要有以下几个方面:

1. 价格与价值的关系

从理论上说,价格是价值的货币表现。价格是以商品本身所包含的价值量为基础形成的,其价值量的大小是由生产该商品所需的社会必要劳动时间决定的。因此,商品价值量的大小是制定价格的根本依据。价值量大的商品,其价格水平就高;价值量小的商品,其价格水平则低。

当然,在具体表现形式上,价格与价值并不总是一致的。价格与价值之间或是价格高于价值,或是价格低于价值,或是价格正好等于价值。但最后一种情况的出现是极为少见的。大量的商品价格是围绕着价值上下波动的,这也是商品经济的普遍规律即价值规律的表现。因此,我们说价格是价值的货币表现形式,主要说明了无论商品价格怎样涨落,它总是以价值作为其上下波动的轴心,这样,一方面要求企业产品定价要尽量趋近价值,另一方面,也要使企业的定价人员认识到,产品的定价在一定的条件下也有其灵活性。

2. 价格与成本的关系

尽管企业在产品定价时要考虑到种种因素,但成本是产品价格构成的最基本因素,是产品定价的主要依据。同时,成本也是企业制定价格的最低经济界限,至少,从长期来说,价格不能低于全部成本,只有这样,产品的价格才能补偿产品生产过程中已消耗的生产资料转移价值和支付劳动的合理报酬,企业的再生产才能得以维持,企业才能生存。

当然,在核定成本时,不能以个别生产者的生产成本为其核定依据,应该以社会中等成本作为参照标准。因此,在价格一定的条件下,产品成本低的企业,在市场竞争中所处的地位就比较主动,企业的利润就相对增加。也就是说,产品成本低的企业,在市场竞争激烈的情况下,在价格让渡上就更有优势。

3. 价格与商品的供求关系

供求关系对价格的制定有着不可低估的影响,商品供求关系的变化影响着价格的涨落,同时,他们之间也互为因果,我们可以分别从以下几个方面进行考察:

(1)假定某种商品的供给量一定,那么,当需求量增加时,价格就会上升;反之,则下降。这就是需求量变化对价格的影响。

(2)假定某种商品的需求量一定,那么,当供给量增加时,价格就会下降;反之,则上升。这就是供给量对价格的影响。例如,城市中大部分居民对饮水费用的支出是很少的,但若在沙漠中,由于水的供给量极少,就会出现"滴水贵如油"的现象。

(3)在其他条件不变的情况下,商品价格越高,则需求越表现出下降的趋势,反之,则增加。这里需要说明的是,这一结论的前提是假设此商品存在着一定需求,这一需求(不是需求量)是由消费者的收入、偏好、其他商品的价格等因素决定的。

(4)在其他条件不变的情况下,价格与商品的供给量之间存在着正向关系,即:价格上升时,生产者愿意供给更多的产品,因此,供给量一般随价格升降而增减。

(5)当市场处于自由竞争状态时,如价格高于市场均衡点,供给量大于需求量,则由于市场的调节作用,必然迫使价格下降至均衡价格,反之,也一样,这就是供求定律。这种市场价格机制的实现就是亚当·斯密所谓"看不见的手"的作用。

4. 国家政策的制约

在我国,国家的有关价格政策是企业定价的准则,它具有决定性的意义。企业在对产品进行定价时,必须遵守国家的价格政策、法规。

二、定价的步骤

定价是企业营销人员所面临的最复杂、难度最大的决策之一,涉及到国家、企业、竞争者、购买者等诸方面的利益,因此,企业为了制定较合理的产品价格,使定价过程顺利进行,就必须按照科学的定价程序来实现这一过程。

常用的定价程序一般分为以下几个步骤:

1. 确定定价目标

企业的定价目标是以企业的营销目标为基础的,它服从、服务于企业的营销目标,同时,它也是企业营销目标实现的保证和手段。定价目标主要有以下几种:

(1) 最大利润目标。这是大多数企业的共同定价目标。即使是面临各种困扰的企业,它也希望获取最大利润。但是,企业不应该将最大利润目标同产品的高价格绝对等同。市场营销的实践证明:高价政策并不一定能带来最大利润。过高的价格往往会使企业失去一些市场机会。此外,还要注意最大利润并非在每笔生意上都能获取。这种将最大利润观念绝对化的做法具有很强的片面性。

(2) 提高市场占有率目标。一个企业的产品市场占有率情况是评价该企业营销成功与否的重要指标,并且对企业而言也是切实和有实效的。通常,如果企业为了提高市场占有率,而将产品价格定得过低,尽管会带来市场占有率的快速提高,但也会带来一系列问题:导致企业形象的降低、失去一些消费者以及利润下降等。因为对某一企业来说,可能在某一时期内保持15%的市场占有率会比30%的市场占有率更有利。

(3) 稳定价格目标。市场供求关系的变化是影响定价的一个重要因素。为了避免短期内商品供求关系的变化而导致大幅度地升降价格所引起的两败俱伤的价格战,一些企业,特别是能左右市场的大企业出于寻求一个较为稳定的经营环境的目的,常常采用一个相对稳定的价格来实现市场的相对安定;而小企业,通常为了自身的利益而乐意跟随,从而避免不必要的经济损失。

(4) 竞争目标。在竞争越来越激烈的现代市场上,绝对的竞争优势并不多见,因此,大多数企业对竞争者的价格总是很敏感的,企业在为自己产品定价时,常常要考虑到竞争对手的价格情况。经营实力强的企业时常会选择高于竞争者的价格,而小企业往往以"求得生存"为其竞争目标,因而制定低于竞争者的价格。但大多数企业则采用追随价格的竞争目标,同时在产品的质量、促销、售后服务等方面加以努力,争取在竞争中取胜。

2. 测定需求价格弹性

价格会影响市场需求的变化,在其他条件不变的情况下,一般认为,价格上升,需求则减少;价格下降,需求则增加。所以企业在制定价格时,必须对需求价格弹性作测定。

需求价格弹性反映了需求量的变动对价格变动的敏感程度,可以将需求的价格弹性用下面公式表示:

$$e = \frac{\Delta Q}{Q} \div \frac{-\Delta P}{P} = -\frac{\Delta Q}{\Delta P} \cdot \frac{P}{Q} \tag{12.1}$$

式中:e——需求价格弹性;

p——价格;

Δp——价格的变动量;

Q——需求量;

ΔQ——需求的变动量

需要指出,由于需求量对价格的反应一般是反向变动的,所以需求价格弹性值为负。但在具体运用时,可以采取类似于西方经济学家马歇尔等采用的在价格弹性前加一个负号的方法,以利于测定的方便。

需求价格弹性与总收益的关系非常密切,当 $e > 1$ 时,需求弹性大,价格下降则总收益上升；当 $e<1$ 时，需求弹性小，价格上升，则总收益上升；当 $e=1$ 时，无论价格上升或下降，总收益均不变。因此，一般我们可以这么认为，如果某种产品经测定需求弹性越小，则企业定高价的可能性就越大。反之，则企业应考虑适当降价。

3. 分析市场环境因素

（1）竞争对手情况分析。现实的和潜在的竞争对手的同种产品的价格和可能的定价水平对于企业定价的影响较大，企业的市场营销人员应当意识到这一影响的重要性，只有通过认真的调研和分析，方能制定出合理的价格，争取在竞争中取得主动。

（2）政策对企业定价的约束。企业定价要在国家物价政策和价格管理制度的约束下进行，这就要求企业了解当前企业定价的权限。

目前，企业在定价方面享有的权利有：① 一般商品按照市场来制定价格和标准；② 按国家限定的浮动幅度、限价范围和其他定价方法制定实行国家指导价的商品和收费的具体价格；③ 对属于国家定价、国家指导价的商品，经有关主管部门确定为优质品的，按规定实行优质加价，并对残次商品、在规定权限内确定处理价格；④ 在规定试销期内制订新产品试销价；⑤ 对本企业生产、经营的实行国家定价、国家指导价的商品提出定价和调价建议。

4. 拟定价格方案

在经过了上述三阶段后，企业应当围绕既定的定价目标，针对成本、供求关系和竞争等一系列的价格形成因素，结合企业的内外条件，拟定出产品的定价方案。这些不同的定价方案对企业产品的销售影响也是不同的，在不同的目标市场上定价方案也应有所区别，以适合各自的市场，从而制定出适合企业的定价方案。

5. 确定最后价格

对上一阶段拟定的各种价格方案进行综合分析、判断、选出最佳方案，最终确定产品价格，并报有关部门批准备案。在价格方案实施后，企业要密切注视、及时反馈市场信息，进一步完善价格方案。

第二节　定价方法

企业在其定价目标的指导下对产品进行定价，可以选用的定价方法很多，不同的定价方法有着不同的理论支持，不同的定价方法也适用不同的企业。在企业产品定价的实践过程中，常用的主要有成本导向、需求导向和竞争导向三种定价方法。

一、成本导向定价法

1. 成本加利润定价法

成本加利润定价是一种依据霍尔（R. L. Hall）和希思（C. J. Hith）调查研究提出的用全部成本原则的推算方法来测算产品成本，在此基础上再加一定百分比的利润来制定产品价格的方法。例如某制衣企业生产一套西服的单位成本为 80 元，利润为 40%，则这套西服的售价就是 $80\times(1+40\%)=112$ 元。

这种定价方法之所以在一些企业中很受欢迎，主要是：第一，对企业来说计算简单，并且计算准确性高，对购买者来说易于理解；第二，可以较大程度上避免价格竞争，特别在零售业中，如果都采用这种方法,对各种商品加上预先确定的各种利润比率,则商品价格基本一致。如在西方国家的百货商店一般对电器加价 30%,衣料加价 40%,妇女服饰品加价 45% 等。

这种方法的主要缺点是忽视了竞争与需求状况的影响,且灵活性较差,难以适应现代市场的需求。

2. 目标定价法

目标定价法是企业根据预计的生产能力情况,推算出销售量,并在此基础上把价格定在能补偿所需的成本费用并完成一定的成本利润率的价格水平上。这种方法的实质是将成本利润看作为产品成本的一部分来定价。

例如,某企业的标定生产能力为年产 15 000 个,估计在下一周期的预计开工水平为 80%,则企业在下一周期的生产产量为:15 000×80%=12 000 个,假定可销率为 100%,则可出售 12 000 个;若生产 12 000 个,产品的总成本为 100 000 元;企业决定的成本利润率为 20%,则目标利润为 100 000×20%=20 000 元。按照目标定价法计算可知,每个产品售价应为:(100 000+20 000)/12 000=10 元/个。

根据上列的计算可知,采用这个定价方法通常要经过下述步骤:① 企业在考察各项指标后,计算出生产此产品的总成本。② 估测下一周期开工水平,求出产量。③ 根据市场情况,预测产品的可销率。④ 决定成本利润率,求出目标利润。⑤ 利用公式:目标价格=(总成本+目标利润)/预测可销量,制定产品价格。

这种定价方法虽然较第一种方法而言考虑了成本利润指标,但由于开工水平和产品可销率的估测较困难,特别是由于市场行情等因素的瞬息万变,预测误差较大,因此,此方法有一定的局限性。

3. 边际贡献定价法

边际贡献定价法又称变动成本定价法。它是一种仅计算产品的变动成本,暂时不计算产品的固定成本的计算方法。例如,某企业某种产品的价格为 10 元,预计销售为 10 000 只,则此产品的销售收入是 10×10 000=100 000 元。若此产品的变动成本为 50 000 元,固定成本为 80 000 元。则边际贡献=预计总销售收入-变动成本=100 000-50 000=50 000 元。很显然,定价 10 元时的销售收入并不能弥补产品 130 000 元的总成本,它只补偿了固定成本的一部分,以此价格出售 10 000 只产品,企业就必将亏损 30 000 元。

以上这种追求边际贡献的定价方法,主要是在市场条件所迫的情况下,以便尽可能地减少固定成本的更大亏损,因为不论生意做不做,这笔固定成本的费用总得支出。但是,有一点企业必须清楚地意识到:虽然这种方法在眼前是增加了产品的市场竞争能力,但若长期使用,则会使固定成本一直得不到全部补偿。因此,此方法仅是一种临时定价方法,如果长期使用就不可行了。

4. 收支均衡定价法

收支均衡定价法也称保本点定价。它是运用盈亏平衡的原理来确定价格的一种方法。即在假定企业生产的产品全部可实现销售的条件下,决定保证企业不发生亏损的产品最低价格水平;或者由于市场条件的限制,产品的可销价格已成定局。企业通过收支均衡的方法,测算出企业该产品的保本产量(假定其可销率为 100%)。

收支均衡定价法计算公式如下:

$$P=\frac{F}{Q}+V \tag{12.2}$$

如果考虑税率,则:

$$P=\frac{F}{Q(1-i)}+\frac{V}{1-i} \tag{12.3}$$

式中:P——单位产品售价;
F——固定成本;
Q——收支均衡的销售量;
V——单位产品变动成本;
i——税率。

例如,某企业一年生产某产品 4 200 件,可销率假定为 100%,固定成本为 420 000 元,单位变动成本为 50 元,产品的价格最少应定为多少,企业才会不亏损?

根据上述公式,我们可以计算出产品价格。

$$P=\frac{F}{Q}+V=\frac{420\,000}{4\,200}+50=150(元/件)$$

即该产品的价格应定为 150 元/件,才能使企业不亏损。

又若由于市场情况等因素的影响,每件产品必须降价 25 元,税率为 10%,其他条件不变,则企业生产多少件产品才能保本呢?

$$P=\frac{F}{Q(1-i)}+\frac{V}{1-i}$$

$$150-25=\frac{420\,000}{Q(1-10\%)}+\frac{50}{1-10\%}$$

即企业应生产 6 720 件才能免于亏损。

收支均衡法的主要优点是企业在较大程度上能灵活掌握价格水平,且运用比较简便。但运用这种定价方法时,企业生产的产品能够全部销售出去是一个重要的前提条件。

二、需求导向定价法

1. 觉察价值定价法

觉察价值定价法是根据买主的价值观念来制定产品价格的一种方法。这种定价方法与前面所讲的成本导向定价方法相比较,更重视买主对产品的反映和需求状况。

企业在利用这种方法定价时,产品成本只是其中一种核定标准,主要是应该利用市场营销组合中的非价格因素向买主进行宣传、示范,使他们在决定是否购买前先形成一种较高的产品"觉察价值",这种价值模式的形式对产品的价格水平和加快产品市场接纳速度极为重要。下面我们举例来说明觉察价值定价法的运用。

例如,某企业计划推出一种新型的削苹果器,他们首先通过各种展示形式(包括设立展示点、广告宣传等)向消费者进行产品展示,因为当一种新产品要被消费者以较高的价格所接纳时,卖主就首先必须花代价让消费者理解新的思想,培养新的消费模式。然后,通过市场调查等方式了解顾客的期望价格。这是第一步工作,即拟定价格。第二步再了解经销该产品的中间商的成本加成情况及其他费用情况,推算出该产品的出厂价格。

在运用觉察价值定价法时成本的现实性不容忽视。企业应根据成本这个核定标准,综合考虑其他一些因素,研究所拟定的产品价格的可接受性,制定出该产品的最终价格。

通常,我们认为采用这种定价法制定的价格是比较切实可行的。但采用这种定价方法的重要条件是对买主的觉察价值要估测得比较准确。估测过高,则造成定价过高而不适销;估测过低,则会在参照成本核定时觉得无利可图而失去市场机会,或定价过低,影响企业的经济效益。

2. 需求区别定价法

企业根据顾客需求强度的不同,对产品制定不同的价格,以适应不同顾客的不同需要的一种灵活定价方法,我们称之为需求区别定价法。

这种方法在具体实施时,一般较常见的有以下五种方式:

(1) 根据不同的购买对象,给产品定以不同的价格。例如同一产品对集团购买和个人购买售以不同的价格;新、老顾客区别对待;为争取某一顾客而给予较大的优惠等。

(2) 对买主而言,产品是获得多种满足感的集合,因此,企业可以为商标、包装、式样等不同的同类产品制定不同的价格。例如,时装和一般款式的服装价格不同;精制包装和简易包装的商品价格不同。企业并不是仅仅从成本的增加角度来考虑提高价格,因为采用需求区别定价法制定的价格差异往往远大于其成本上的差额。

(3) 区分不同的地理位置制定不同的价格。如剧院的前排和后排票价不同;不同楼层的住房房租不同等。

(4) 以时间作为需求定价的参照标准。有些产品在不同季节、不同日期,顾客的需求强度是有差别的,企业针对这些差别可以制定不同的价格,例如季节性服装等。

(5) 依据产品的品质制定各自的价格。例如,在我国为贯彻优质优价政策,国家有关部门规定,凡是获国家金奖、银奖,获省优、部优称号和达到国际先进生产标准的产品,均可按规定幅度分别加价;需要超幅度加价的,还可报物价部门审批。

需求区分定价法在消费品销售中较流行,这是因为消费品的买主人数多,分布广,且其价值观念、需求程度以及消费心理等各不相同。企业通过需求区分定价的方法可以有效地使不同消费群或亚消费群的消费者得以满足,这也正和企业通过给消费者带来更大程度上的满足来创利的营销观念相一致,使企业能最大限度地获利。

当然应用需求区分定价法是有条件的,其条件主要有以下四个:一是所在地区的政策允许;二是市场能够细分,且各细分市场具有不同的需求弹性;三是不同价格的执行不会导致本企业以外的企业在不同市场间进行套利;四是买主在主观上或心理上认为产品存在差异,因而有所偏好,从而需求区分定价法不会引起顾客的反感。

三、竞争导向定价法

1. 竞争参照定价法

这是参照竞争对手的价格,并以其为基准价,根据不同的竞争环境来确定本企业产品价格的一种定价方法。一般可分为三种形式:

(1) 将本企业产品价格同竞争对手的产品价格等同定价。

(2) 低于竞争对手的价格定价。这种定价方式主要用于意在维持或提高产品的市场占有率,迅速扩大其产品销售量的企业。运用这种定价方法的条件是竞争对手不会实施价格报复或有能力抵制竞争对手可能实施的价格报复。

（3）在竞争对手的基准价格的基础上，提高本企业产品的价格水平，以高价格谋取高利润。这种定价方式采用的前提条件是：该产品相对于与之竞争的产品而言拥有显著的相对优势；买主在意识到这种相对优势的同时，愿意付出高于竞争对手产品的价格购买该产品；由于企业信誉度较高等原因，买主对其有偏好。

以上三种形式，企业不论采用哪一种，都必须进行认真、细致的市场调查研究，在调研的基础上全面地分析竞争对手、竞争环境和企业自身条件等各种情况，不能盲目定价。此外，还要不断跟踪竞争对手的价格调整等情况，及时反馈，知己知彼方能百战不殆。

2. 随行就市定价法

这是竞争导向定价法中被企业广泛接受的一种定价方法，采用随行就市定价法的企业，由于其市场竞争能力所限，更多的是企盼在其细分市场中寻求一个相对稳定的营销环境，以便获取相对稳定的利润。

企业采用随行就市定价法通常出于以下几个方面的考虑：

（1）市场上的许多商品，由于在市场上运行时间较长，常常已在消费者心目中形成了一种难以变动的惰性价格。对于此类商品，卖主往往不轻易改变其价格，而是遵循性地执行原有价格。

（2）有些商品的成本难以测算，在这种情况下，企业往往视目前市场上的通行价格水平为本企业获得合理利润的价格。如果市场上需求增大，企业产品定价则略高于市场通行价格；如果市场需求降低，价格则应定得略低于通行价格水平。

（3）对于一些需求弹性较小或供求基本平衡的产品，如果企业将价格定得过高，就会面临失去顾客的危险；如果企业价格定得较低，需求和利润也不会增加，而且如果对竞争对手构成威胁，那么，竞争对手也会随之降低价格，这样对双方的收益均不会带来好处。

（4）在完全竞争或寡头垄断的市场，销售与市场上其他企业同样的产品时，企业在对产品定价方面实际上已无多大选择余地，一般采取尾随价格的定价方式。

因此，在上述几种情况下，企业往往会采用风险较小的随行就市价格，这样不仅可以和其他企业和平共处、稳定获利；而且这种价格也较易被买主所接纳，便于促销。

3. 密封投标定价法

投标定价是一种较为典型的竞争定价方式。它通过向招标者索取标书，并在获准参与竞标后，在规定的截止日期内将企业愿意承担的价格密封送达招标者，参与竞争。

在投标中，企业的目的主要是在尽可能扩大近期利润的前提下，争取中标，而中标与否又主要取决于竞争者各自定出的价格标准。如果企业报价过高，则中标的可能较低；如果企业报价过低，虽然中标概率增大，但企业的获利会减少。因此，企业在拟定各种备选标准进行最终定价前，一方面要考虑本企业目标利润的实现，另外要尽量准确地预测竞争者的定价意向，以便在目标利润和中标概率之间确定最佳报价。

投标企业通常采用下述公式进行评判：

$$E(B) = (B - C) \times P(B) \tag{12.4}$$

式中：$E(B)$——报价的预期利润；

B——企业的报价；

C——完成该项任务的测算成本；

$P(B)$——企业中标概率。

从评判公式中可以知道,投标企业面临的关键问题是对中标概率的准确判断。其中包括可能参与投标的竞争者数目、竞争实力和竞争者的投标动机和倾向。

通常,对于经常参加投标的大企业,对某一项任务的期望程度低于只是偶然参加一次投标并迫切希望承包某项任务的企业,它在使用预期利润标准评判时,侧重考虑的是最大预期利润的获得。而后者一般不一定选择预期利润最大的报价,而可能选择中标机会较大且有一定预期利润的报价。当然,企业的经营目标是多样的,有的是以争取最大利润为目标,有的是以争取业务范围或以低利甚至微利维持生存为目标。因此,实际操作是一个极为复杂的过程。密封投标法在我国应用较多的是建筑、工程行业的项目。在西方国家,除建筑、工程等行业应用较多外,政府部门在采购物资、添置办公用品时也广泛地运用这种方法。

以上各种定价方法分别从成本、需求、竞争等三大影响企业定价的因素出发,各有其利弊和适用条件。企业在具体定价时,拟定什么样的价格,采用什么样的定价方法,可以根据企业自身的条件和企业所处的市场状况综合审度,选择相对而言更适合于本企业产品的一种定价方法或几种定价方法的组合。

第三节 定价策略

企业在为产品制定价格时,可以利用一定的策略技巧,根据市场上不同的情况,运用不同的策略进行定价。运用合适的策略技巧能够取得事半功倍的效果,对企业产品成功推向市场并稳定运作帮助很大。同时,在运用定价策略时,不是盲目的、随机的,而是在综合考虑产品的特性、市场的环境等前提下,根据不同的产品特性、各自的市场情况来选用合适的策略。

一、新产品定价策略

营销实践向企业展示出这样一个结论:为数不少的新产品的失败是由定价因素所导致。因此,企业应该像重视产品策略那样关注新产品的定价策略。

在新产品投入市场时,通常有两种定价策略可供企业选择:即为企业迅速收回新产品研究开发成本,并获取较高利润的取脂定价策略和用压低产品价格、迅速占据大量市场份额、缓一步收回投资成本和获取利润的渗透定价策略。

1. 取脂定价策略

取脂定价策略亦称高价掠夺策略。"取脂"一词的英文原意是把牛奶上面一层奶油先撇取出来。这种策略是在新产品投放市场时,针对市场上的高消费或时尚性的消费需求,把产品价格尽可能定得高一些,使企业以较快的投资回收速度使研制费用和初期较高的生产成本等得以补偿,尽早获得利润。然后,在较多的竞争者涌入后,选择时机分阶段逐步降价。一般来说,新产品刚刚上市,竞争者不多,利用消费者的求新心理,把价格定得高一些是可行的。采用这种策略的一个成功实例就是美国雷诺公司的"原子笔"定价。该公司1945年从阿根廷引进了圆珠笔的生产技术,当时公司所花费的投资是2.6万美元左右,每支笔的生产成本只有0.8美元,针对当时的市场需求情况,结合有效的促销活动,公司将每支笔的售价定为12.5美元。半年后,雷诺公司不仅收回了投资,而且还获取了近6倍于投资的利润。取脂定价策略在欧美国家颇为流行。

运用取脂定价策略，企业通常处于以下几方面考虑：

（1）有助于企业开拓市场，面对消费者的求新心理和对价格反应的不敏感，制定高价可以较早获取利润。

（2）为企业生产能力的逐步形成创造时机。在产品投放市场初期，批量生产能力尚未形成，产品定高价起了抑制市场过于迅速发展的作用。

（3）产品的市场前景不明朗，初期定高价便于以后的价格调整。

（4）有利于新产品的形象树立，提高产品身价。

但事实上，取脂定价策略的运用有着相当大的局限。一方面，产品定价过高，容易使产品在打开销路上遇到较大障碍，特别在欠发达国家，由于经济收入、消费观念等因素的影响，愿意出高价购买产品的买主毕竟有限，即使在美国，按照美国市场营销学家和社会学家华纳从商品销售的角度对美国社会阶层的分类情况看，其上上阶层和上下阶层的人数之和也仅占美国总人口的3%左右；另一方面，即便高价投放市场的新产品获得成功，销路一时甚好，那样也极有可能使竞争者被其高利润所吸引，纷纷介入，使竞争迅速进入白热化阶段，企业因而来不及达到预期的利润目标。因此，取脂定价策略通常只在企业实力雄厚，产品技术程度高、质量优异，而其他企业一时无条件与之竞争或高价的新产品受到专利保护的条件下才得以较多地运用。

2. 渗透定价策略

这种定价策略与取脂定价策略相反。取脂定价策略的出发点在于迅速收回投资，赢得高额利润；而渗透定价策略则在于迅速占领市场并在较长时间内维持这个市场份额。

为了实现迅速占领市场的营销目标，企业在新产品初上市时，将价格定得较低，以低价吸引购买者，从而打开销路，树立本企业产品的优势地位；同时，因为采用这种策略的企业，在开始阶段只求微利甚至保本，因此对其他潜在竞争者的刺激不大，从而起到了减缓竞争的作用。但是，渗透定价策略在实际运用时市场风险较大，企业要用较长的时间以低价赢得购买者，等到有了较高的市场占有率后，才能逐步提高价格，因而投资见效慢，如果一旦此策略失利，则会在投资成本还未收回的情况下使企业一败涂地。

当然，渗透定价策略只要运用得当，对企业来说仍不失为一种有利于竞争的定价策略。企业运用此策略成功的例子比比皆是。例如，英国有一家生产室内装饰用漆的小型油漆厂，面对实力雄厚的几家大型油漆生产企业，通过大量的市场调研和分析，决定选用渗透定价策略来使产品进入租赁公寓居住的青年夫妇这一细分市场，结果，由于其产品满意的质量、低廉的价格，很快适应了这一市场消费者的需要，并较长时期地占领了这一市场，获取了较高的收益。

以上两种新产品定价策略各有其利弊和适用条件。企业采取何种策略要根据市场需求特征、企业的生产能力、产品的差异性、收益的着眼点以及购买者对价格的敏感程度等因素，综合考虑，灵活选用。

二、折扣定价策略

除基本价格外，企业还必须考虑到贯穿整个营销途径的定价系统情况，也就是说要根据不同的交易方式，灵活运用折扣定价技巧，更有效地吸收购买者，从而使企业在竞争中处于一个较主动的地位。

折扣定价策略是一种通过对价格进行合理让渡以争取购买者的策略，主要有以下几种形式：

1. 现金折扣

这是企业为了加速资金周转及防止呆账出现,给予迅速支付货款的买主的一种优惠。这样,虽然企业付出了一定的代价,但却减少了风险,而且资金可迅速收回并可进行再投入,从而形成一个良性循环。

对于能在规定的日期前付款的买主,企业可以提供更大的折扣。例如,买主在 10 天以内付货款,可以有 2% 的折扣作为鼓励;而 30 天以内(10 天以上)付清货款者,则要求支付原定的全部货款;如果超过 30 天付款则视为违约,除支付全部货款外,还必须负担违约罚金。该术语可以表示为"2/0,Net/30",这种折扣形式在西方企业中采用较多。

2. 数量折扣

数量折扣是为吸引中间商或消费者,刺激他们大量购买本企业的产品而给予的一种减价优惠。其着眼点是一笔大批量的交易,在某种意义上说能够比几笔小交易带来某些节省。根据其计算方法又可分为非累计数量折扣和累计数量折扣两种方式。

非累计数量折扣的概念是:对一次购货数量超过折扣标准的顾客给予一定的折扣优待。例如,某生产电教设备的企业规定,顾客一次性购买本企业生产的 2 台投影仪,给他们折扣 6%,购买 5 台以上给以折扣 7%,超过 10 台的给以折扣 10%。采用非累计数量折扣的,目的在于鼓励顾客一次多购货。

累计数量折扣的概念是:对在一定时期内累计购买总数超过折扣标准的客户,在价格上给予优惠,而不要求购买者一次达到取得折扣的数量。这种折扣方法并不像非累计数量折扣,能马上取到规模效益的好处,但它能培养顾客的偏好心理,鼓励顾客长期购买,使这些客户与企业建立长期的购买关系。对于不宜一次大量购买的易腐、易变食品及价格昂贵的设备仪器等,宜采用累计数量折扣。

3. 职能折扣

职能折扣主要是为中间商制定的一种折扣方式。企业根据中间商在执行营销活动的过程中所担负的职能不同而给予不同的折扣补偿,折扣的多少随中间商担负的职能不同而不同。例如,有的中间商仅提供运输,而有的中间商除此之外,还担负售后服务、融资等职能。显然,企业给予后者的折扣较大,而给予前者的折扣较小。

4. 季节折扣

季节折扣是企业为了消除或减少季节性因素对顾客购买行为产生的影响而采取的折扣方式。其目的在于为企业均衡生产提供保证。例如,某生产羽绒制品的厂家,对销售淡季购买的买主给予 8 折优惠供应。季节折扣主要适用于生产季节性产品的企业。

5. 价格折让

价格折让在我国运用较多的主要有以下三种形式:

第一,以旧换新折让。顾客在购买新产品时,可以用同类产品(有些企业规定只能用本企业生产的同类产品)的旧货进行折价更换。比如,某企业在销售新型全自动洗衣机时,允许顾客将原来使用的旧洗衣机折算一定的价格,以旧换新。这样,一方面便于顾客对现有洗衣机的更新,另一方面也推动了新产品的促销。

第二,残次商品折让。对于一些由于运输过程损伤等原因造成的残次商品,企业可以按照规定权限确定残次商品的处理折让价格。这种折让对于价格敏感的顾客来说是很受欢迎的。

第三,促销让价。指企业对中间商为推销本企业的产品所进行的各种促销活动(如刊登广告、现场示范、橱窗展示等),给予一定的让价优待或费用补偿。

三、心理定价策略

消费者形成购买决定、执行购买决定时,购买心理对促成其购买行为影响很大。心理定价策略,就是运用心理学的原理,以消费者需求心理为定价的基本依据,制定商品价格的一种策略。但商品最终价格的确定是有前提的,这就是不排除成本因素的考虑。这个最终价格应该是在补偿了产品成本的前提下,考虑到既定的盈利目标,根据消费者需求心理进行制定的产品价格。心理定价策略常用的方法有以下几种:

1. 尾数定价

尾数定价,是企业在为产品定价时,考虑到消费者的求实心理采用非整数的零头标价。例如某产品的价格定为 4.99 元,而不是 5.00 元,买主往往认为这类价格是企业实实在在计算出来的价格,而事实上这并不都是精确核算成本的结果。许多市场调查表明,采用尾数价格会使购买者对商品产生便宜感,从而迅速作出购买决定。

2. 整数定价

整数定价,是企业在制定产品价格时取整数。采用整数价格常常会使购买者产生"一等价钱一等货"的心理效应。特别是对那些高档、名牌商品和改革消费模式的非连接性新产品,整数定价能抬高其"身价",比非整数价格更能激励买者的购买。

3. 声望定价

对于一些名牌产品或消费者偏好的商店,企业可以针对消费者的求名心理和偏好心理,为这些名牌产品或在这些商店经销的商品制定一个较高的价格,这就是声望定价。

在消费者心目中,价格水平的高低往往就是商品质量的直观表述,特别是对一些特色性商品更是如此,消费者购买此类商品往往需要的是多方位的满足。因此,有些商品定价高比定价低更容易促成交易。

但采用声望定价是有一定条件的,如果一般商品、一般商店滥用此法,其结果不但不能起到扩大销路的积极效果,反而会失去市场。

4. 分档定价

分档定价策略是指企业将不同牌号、规格和花色的商品分为有限的几种价格,通常可分为高档、中档、低档等几种。这种定价可以方便顾客识别商品,进行价格判断,从而可以满足顾客购买商品时的心理满足。企业一旦确定了分档价,一般在一段时期内不轻易改变。

使用分档定价策略的企业,要针对顾客对商品的价格意识力和价格自觉性,进行认真的市场调研,估测人们对某种商品愿意接受的价格上限和价格下限,在此基础上拟定分档数目和价格差距。分档的数目要适量,不宜过多或过少。价格差距的控制也很有讲究。价格差距过小,不利于顾客识别、选购;价格差距过大,则会失去过多的顾客,因为他们可能希望买到介于两种价格之间的某个价格的产品。

5. 招徕定价

招徕定价,也就是我们通常所说的"特价品"定价,指企业针对消费者的求廉心理,为商品定一个低价进行销售的策略。对企业来说,招徕定价是用少数商品的低价招徕顾客,从而达到增加对其他连带性商品购买的目的。但这少数的低价商品必须是顾客需要的,并且市场价格为大多数顾客所熟悉。有些商品在节假日或季节更替时,实行"节日大减价"、"换季大拍卖",

也是采用了招徕定价这种策略。

四、地理位置定价策略

同一产品在不同地区销售,谁支付或支付多少运输费用,这是由于地理位置所带来的现实性问题。这一问题的答案也将不同程度地改变产品的最终定价。下面我们讨论地理位置定价策略中的几种定价方法。

1. 统一定价

统一定价是不管买主离企业的距离远近,都采用统一的运费加成进行定价。这种定价方式显然是从竞争目的出发的,但很可能会导致这样的局面:距离企业近的买主觉得自己负担了额外的费用而对企业产生意见,从而转向其他企业购货。这一局面的出现显然是企业不愿见到的,所以这一定价方式一般企业采用不多。

2. 运费吸收定价

运费吸收定价实际上是统一定价的变异形式。这种定价方式更具有竞争性,其实施办法是:为了适应竞争,避免统一定价的远近距离一律拉平,企业允许买主选择与买主距离最近的竞争对手相同的运费比率进行定价加成,这样距离近的买主只需支付实际运输费用,而不必负担统一定价的额外分摊费用。这种策略方式比较适用于竞争剧烈的市场。

3. 基点定价

基点定价有两种基点设立形式:单一基点和多重基点。单一基点在这里的意思是指企业只选择一个基点进行商品的定价,不论买主的位置离企业有多远,均按照基点价加购买地点至基点之间的运费进行交易。因此单基点定价能否被买主所接纳的条件就是基点选择的合理与否。多重基点则较多地考虑到买主的利益,设立多个基点,买主可以根据最低运费计价。企业这样做的目的,主要原因是能增强产品在主要目标市场的竞争能力,因为这样处理无形地对某些市场更具吸引力。

4. 区域定价

区域定价实际上是相对于统一定价而言的,它是指将企业产品所渗透的市场范围分为若干个区域,在每个区域内采用统一的定价进行交易,而在区域与区域之间则采用差异定价。区域间定价的差异程度主要取决于该区域离企业的远近、运输条件以及竞争形势。由于按区域定价制定产品价格,任何地区价格中所包含的运费,都是该地区的平均运费,所以实际上这一策略是让运送较近的顾客多付的钱去补贴运送较远的顾客。因此,区域定价使得各地区中较远市场的推销工作变得较为容易。

五、产品组合定价策略

现代企业为了更好地满足目标市场的需要,从而为企业创造更多的利润,扩大产品组合的趋势日益明显。经营多种产品也可以分散市场风险。那么,面对多种产品,企业如何分别为其制定各自的价格呢?众所周知,实际定价问题远比其表面表现出的要复杂得多。生产、经营多种产品的企业,不是仅制定一个产品的价格,而是寻求一组价格,使整个产品组合的收益达到最优化。产品组合定价策略主要有以下三种形式:

1. 产品线定价

就企业制定产品组合策略而言,有多种多样的策略可选择,例如,综合发展策略、产品线深度延伸策略、产品组合宽度扩展策略等,只生产单一产品的企业毕竟是少数。企业在定价时,面临的首要问题就是同一产品线中的若干产品如何定价。因为产品线中任意一个产品的销售水平都受该产品线中其他产品的影响。如果新型产品的价格明显大于老型号产品,那么新型产品的扩散速度就会显得较缓慢;如果新型产品的价格与老型号产品的价格差额不大或低于老产品,则顾客就会倾向购买新型产品,而给老产品的销售增添了障碍。结合企业的收益情况考虑,企业在制定同一产品线中各产品价格时,应当综合考虑以下因素:各产品间的成本差距、顾客对产品的评价、竞争者同类产品的价格水平等。企业只有在综合考虑了上述因素后,才能有的放矢地给产品线中各产品制定合理的价格。通常,这些价格呈现出一个阶梯状结构,即价格级差。如果前后两产品之间的价格级差小,而成本级差小于价格级差,这样就可能使企业利润增加;反之,如果价格级差大,而成本级差大于价格级差,则企业的利润就可能减少。在决定价格级差时,根据韦伯-费克耐尔定律,我们通常设想买主的主观价格尺度是遵循某种对数尺度,而不是自然尺度,也就是说,产品线中各相邻产品的价格反映出的是相对差别,而不是绝对差别。产品之间的价格级差,随着产品线中产品价格的提高而逐步扩大,即越是高级产品其价差越大。

2. 连带产品定价

对企业生产的连带产品进行定价,很有其讲究,所谓连带产品是指在使用价值的实现方面存在着互补关系的产品,例如,照相机和胶卷、圆珠笔和笔芯、录像机和录像带等。

企业在为有连带关系的产品定价时,通常将购买频率低、需求价格弹性高的产品定较低价格,同时将购买频率高、需求价格弹性低的连带产品定较高的价格。这样,由于以较低的价格扩大了主产品的销路,从而也带动了连带产品的消费需求,起到了"送你一盏灯,不断来买油"的经营效果。许多企业在生产和经营实践活动中非常灵活,该低则低,该高则高,从而使企业最终获利甚丰。例如,柯达公司制造的一种"自动式"照相机,男女老少皆能摆弄自如,且质量上乘,出人意料的是,柯达公司却以低价向市场推出,虽然很快赢得了市场,但盈利极微,令许多同行纳闷。但随着时间的推移,人们终于明白,柯达公司这样做的目的是带动柯达胶卷的销售,而柯达胶卷却是高价的。

采用连带产品定价策略,必须考虑特定市场的一些具体影响因素,把握好其价格水平,否则很难使企业实现总利润最大化。例如,在我国大部分地区,由于录像带价格较高,就影响和制约了顾客对录像机的购买。

3. 副产品定价

企业在生产加工主产品时,通常会有副产品产生。如果将副产品作为废料,则要花钱将其处理,这样,就无形间增加了主产品的成本,影响了主产品的定价。因此,企业往往都想方设法地为这些副产品寻求市场,以分担一部分费用。在副产品定价过程中,一般企业是这样处理的:间接费用主要由主产品负担,副产品则少负担或不负担间接费用,那么副产品交易价格只要能抵偿副产品的储存和运输成本,并略有微利,企业就可接受。这样,企业的主产品成本就得以降低,从而提高市场竞争能力。

六、柔性定价策略

需求情况和支付能力决定了商品销售的幅度,竞争则是影响商品市场价格水平的又一关键因素。在咄咄逼人的竞争形势下,变幻无常的市场环境迫使营销人员不能固守一种传统的价格策略来应付市场局面。

所谓柔性定价策略,就是面对严峻的市场环境,企业利用灵活多变的定价方法来确定单个产品的价格或一组产品的价格。不断地调整销售价格,其原因是传统的定价方法已不再是企业赖以生存的定价策略。为了在竞争中争取主动,就必须以灵活的柔性定价适应动态的市场条件。现代的市场环境要求新的定价策略,要用柔性定价以适应不断变化的成本、竞争和市场条件。柔性定价策略是强调市场份额和生存而非投资收益的新定价策略。柔性定价策略在应用时,主要从如下几方面考虑:

(1) 如果某产品面临同质产品或替代产品的竞争,而在强大的竞争压力下企业的市场占有率下降,则将产品的价格水平降低,以维持和扩大市场份额。

(2) 如果某产品的相对优势较大,且为了应付成本的上涨和供不应求的市场压力,则可考虑适当提高产品价格,以获取满意的利润。

(3) 因为策略的需要,给产品定以较同类产品高的价格,使消费者感到"价高质优",从而为企业多创利润。但如果是在中途提高价格以实施这一策略,则企业必须持慎重态度,因为涨价毕竟是一件吃力不讨好的事情。

(4) 发现竞争者采取了削价措施,而自己的产品与竞争者的产品区别不大,无相对优势可言,此时企业一般别无选择,跟着降低的必要性是显而易见的。

(5) 不论是什么原因造成涨价或降价,都必须考虑一个价格调整的适度问题。虽然柔性定价是使商品脱手的最有效的办法,然而,从企业角度来看,处在这个"不合情理的时代",市场竞争太残酷,企业必须适度地调整策略。曾一度以向欧洲及全球闪电般地推出新式电子产品著称的飞利浦公司,在跨入20世纪90年代以后,新的执行总裁简蒂默向股东们预告了飞利浦公司有史以来最高的年度亏损金额达10.6亿美元。无力与市场价格竞争是这家著名公司亏损的主要原因之一。因此,企业营销人员除更加关注定价策略外,还必须有一个总体的市场策略来融合价格、产品、渠道、促销等市场经营诸要素,以加强竞争力。对任意一个要素的失之偏颇都会使企业陷入一场营销悲剧。

第四节　价格调整分析

企业处在一个不断变化的环境之中,为了生存和发展,有的时候必须要主动地提高或降低产品的价格,而在实际的运作过程中,如何有效地选择相应的调整策略来应对外界环境的变化,也是企业制定正确的价格策略所要考虑的一个方面。企业的价格调整必须考虑到一系列影响因素,必须在综合考虑企业经营各方面所受影响的前提下,才能制定出一个真正适合企业的、有效的价格调整策略。

一、价格调整的原因分析

当环境或企业自身结构变化时,企业必须调整产品的价格来适应新的变化。导致企业提高产品价格的原因主要有以下几个方面:① 通货膨胀,物价上涨。企业的成本费用提高,通货膨胀,使得企业必须提高产品价格。如企业的原材料价格上涨,工人工资上涨,货币贬值等都会导致企业提高产品价格。② 产品供不应求。企业的产品如果供不应求,不能满足顾客的需要,也会导致产品价格的上涨,以此来缓解市场需求压力。③ 竞争需要。竞争对手可能出于一定的目的改变价格,而企业为了与其竞争,必须调整产品的价格来适应市场,通过提高价格来树立企业的品牌形象,以使企业在竞争中获胜。

相对产品提价而言,产品降价可能会招致竞争对手一系列的反击,因为降价对竞争对手而言,具有一定的攻击性,会抢占其市场份额。因此,从整个行业来看,一个企业的产品降价很可能带来整个行业的动荡,会导致整个行业发生价格竞争,因为任何企业都不愿意在竞争中被对手挤出市场,这就要求企业在运用降价策略时,必须充分考虑各方面的因素,只有当条件充分时,才能够运用。导致企业产品降价的因素主要有以下几个方面:① 企业的生产能力过剩和扩大。企业为了利用剩余的生产能力,而生产出更多的产品,为了把产品销售出去,不得不降价。② 市场上存在强大的竞争对手,而企业的市场占有率在不断下降。在这种情况下,企业为了扭转局势,不得不采用降价的方式。③ 竞争者做出降价的行为。在市场竞争中,如果竞争对手降价,而企业的产品属于那种同质化比较严重的产品,企业为了保住市场份额,不得不以采取降价的方式来保护市场占有率。④ 产品的需求价格弹性较高。由于需求价格弹性较高,企业使用降价策略时,降低一定幅度的价格可以导致销售大幅度的增加,从而提高了市场占有率,增加了销售收入。⑤ 宏观经济环境变化。在通货紧缩的情况下,使得货币价值上升而且市场上总价格水平下降,从而使企业的产品价格也相应降低。

二、顾客对价格调整的反应

企业无论提价还是降价,价格调整必然影响购买者、竞争者、经销商和供应商等做出一定的反应,这种反应可能是积极的,也可能是消极的。对一个企业而言,顾客的反应是首要的、必须尊重的。顾客对于企业的某种产品的涨价可能会理解为:① 这种产品很畅销,不赶快抢购可能就要买不到了(在现在物质资料比较丰富的时代,这种可能性比较小,除非企业所生产的产品差异化很强)。② 产品的品质提高了,该企业的产品涨价是出于为顾客考虑的,是增加了产品的品质或功能的,是能够接受的。③ 企业想从我们身上赚更多的钱或更多的利润,在这种情况下,产品涨价可能会带来不良的后果,给企业的销售起负面作用,顾客可能会发生品牌转移。与涨价相对应,对企业产品的降价,顾客可能做出的理解有以下几个方面:① 企业想把这种产品淘汰出市场,新的产品将会出来。② 这种产品可能存在某种缺陷,销售不畅,企业为了提高销售量,而用降价来促进销售。③ 这种产品的质量下降了,企业可能在生产过程中节省了某些原料或减少了某些成分的添加,减少了生产成本,从而降低了价格。

一般地说,顾客对于价值高低不同产品的价格调整有着不同的反应,顾客对于那些价值高、经常购买的产品的价格调整较敏感,而对于那些价值较低、购买频率较低的产品,敏感性则较低。此外,顾客还会关心取得、使用和维护产品的总成本,如果顾客所花费的总成本较低,该产品对其吸引力也较大。

三、竞争对手对价格变动的反应

企业在考虑调整价格时,不仅仅要考虑到顾客的反应,而且还必须考虑到竞争者对企业价格调整做出的反应。当一个行业中企业的数目很少、且提供的产品同质化又比较强时,在调整价格时,竞争对手的反应变得尤为重要。因为目标顾客很难对企业提供的产品与竞争对手的产品做出区别,顾客很容易会转移到别的品牌,购买竞争对手的产品,因此必须慎重对待竞争对手的反应。

在企业进行价格调整时,竞争者的反应是基于以下两种情况做出的:① 竞争者拥有一套完整价格应对方案。② 竞争者没有应对措施,面对其他企业的价格调整,都是根据市场临时做出反应。

如果竞争者拥有一套完整的应对方案,可以通过以下两种方法来分析他们:通过内部资料和借助统计分析。通过获取竞争对手的内部资料来了解他们的应对方案,可以借助很多种方法获取竞争对手的内部资料,例如联系对方的管理人员、雇用他们的职员、向竞争者内部派员工等,也可以通过其他途径来得到竞争对手的内部资料,例如竞争对手的目标顾客、供应商、代理商、分销商以及竞争对手接触的银行等。总之,获取竞争对手内部资料的方法很多,通过不同的方法可以获得不同的效果,获取的资料形式也各异,但通过数据加工、分析可以得到期望的资料,同时,该方法还可用于竞争对手没有完整应对措施的情况,但是在运用该类方法时,一定要考虑用合法和符合道德的方式,以免触犯法律和违背道德给企业带来不必要的麻烦。

依据竞争者过去的一系列资料,运用统计工具来加以分析,也能得出竞争者可能做出的反应,了解竞争者对企业价格调整可能采取的行动。在运用统计分析法时,只有在竞争者拥有一套相对稳定的价格应对方案的前提下,统计分析方法才会有意义。如果不能确信竞争者拥有一套相对稳定的价格应对方案,就必须放弃运用统计分析方法而改用其他方法来分析竞争者可能的应对行为。在不能确信竞争者拥有一套相对稳定的应对措施的情况下,可以视同其没有完整的应对措施,只是根据市场情况临时做出反应。

在竞争对手没有完整应对措施的前提下,企业想要预测竞争对手可能采取的行动,就必须知道竞争者的利益是什么,了解竞争者目前的目标是什么。如果竞争者目前的企业目标是提高市场占有率,很有可能会随着企业的价格调整而一起调整;如果他们目前的目标是为了取得最大利润,就可能会采取其他对策,如加强广告宣传、提高产品质量或开发新渠道等。总之,企业在运用价格调整策略时,必须善于利用企业内部和外部的各种信息来源,且通过多渠道获得的信息来预测竞争对手反应,以便采取适当的措施,从而保证策略的有效运用,达到执行策略的预期目标。

第四篇
交付与传递价值

第十三章　营销渠道的设计与管理

作为战略营销的工具,营销渠道和其他三个营销组合(产品、价格、促销)共称为营销组合中的"4P"。在企业获取持久的竞争优势更加困难以及分销商特别是营销渠道中的零售商的权力日益增长等一系列因素的作用下,使得营销渠道在今天的竞争中变得尤为重要。加强对营销渠道的管理,利用渠道建立持久的竞争优势,已被越来越多的企业运用。营销渠道的建立,不仅有利于企业的产品顺利地完成从生产领域到消费领域的转移,而且也有利于企业获得整体市场营销上的成功。

第一节　营销渠道的概念与构成

一、营销渠道的概念

营销渠道又称销售渠道、分销渠道、配销通路,关于它的概念,国外学者有着不同的表述:

菲利普·科特勒认为:营销渠道是促使产品或服务顺利地被使用或消费的一整套相互依存的组织。

弗朗西斯·布拉星顿则认为:营销渠道指连接一群个人或组织的结构,通过这种结构,产品或服务可以传递到消费者或产业用户手中。

我们把营销渠道定义为:某种产品或服务从生产者向消费者或组织用户移动时相互依赖的组织构成的商业结构。它主要包括独立中间商、代理中间商,以及处于渠道起点和终点的生产者与消费者。在商品经济条件下,产品必须通过交换,发生价值形式的运动,使产品从一个所有者转移到另一个所有者,直至消费者手中,这个过程被称为商流;同时,伴随着商流,还有产品实体的空间移动,称之为物流。商流与物流相结合,使产品从生产者到达消费者手中,便是营销渠道或分配途径。

一个企业所选择的营销渠道将直接影响到其他的营销决策。柯立(Corey)指出:"一个分销系统是一项关键性的资源。它的建立通常需要若干年,并且不是轻易可以改变的。它的重要性不亚于其他关键性的内部资源,如制造部门、研发部门、工程部门和地区销售人员以及辅助设备等等。对于大量从事分销活动的企业以及他们为之服务的某一特定的市场而言,分销系统代表着一种重要的公司义务的承诺。同时,它也代表着构成这种基本组织的一系列政策和实践活动的承诺,这些政策和实践编织成一个巨大的长期的关系网。"

二、营销渠道的结构

当一个制造商需要进入一个具体的目标市场时,可能要采用不止一种分销途径,也就是说,每一个目标市场都可以用两种或更多的路径来到达。但任何一种具体的渠道结构,都要反映市场和产品的特点,即要把市场覆盖、价值、销售量、边际利润等因素考虑在内,使产品以尽可能高的效率、尽可能低的成本抵达终端顾客。

营销渠道的结构包括渠道的长度和宽度,它决定了渠道的强度和整体构架。

1. 渠道的长度

渠道的长度指渠道层次的数量,即产品在渠道的流通过程中,中间要经过多少层级的经销商参与其销售的全过程。渠道的层级结构可分为以下四种:

(1) 零级渠道。制造商——终端客户。

(2) 一级渠道。制造商——零售商——终端客户。

(3) 二级渠道。制造商——批发商——零售商——终端客户(多见于消费品分销)。

(4) 三级渠道。制造商——代理商——批发商——零售商——终端客户。

零级渠道也叫直接渠道或直销,是指生产者直接把商品出售给最终消费者的营销渠道,常见的形式有上门推销、邮购、电话推销、电视直销以及生产商的直营店等。这种渠道类型在生产者和消费者之间没有任何中间商介入,其优点在于形式简洁,能及时获取市场信息且生产者对产品又有很强的控制能力;缺点是仓储运输费用、销售人员费用和管理费用高,网络分散,覆盖面小。

其他三种渠道可统称为间接渠道,是指生产者利用中间商将商品供应给消费者或用户,中间商参与交换活动。其优点在于仓储运输费用、销售人员费用和管理费用较低,网络密集,覆盖面广泛,相对专业性较强;间接渠道的缺点是由于周转次数较多,速度较慢,生产者对渠道的控制和获取市场信息就相对困难。

从以上四种渠道结构中可以看出,渠道有长短之分。营销渠道的长短一般是按流通环节的多少来划分的。短渠道要求企业在资金和资源等方面实力雄厚,具有大量分散存货和运输能力;虽然企业对产品和营销渠道有较强的控制力,但常常会面临着市场覆盖面不足的问题。长渠道可以使企业充分利用中间商的资源和其高度专业化优势,减少资金压力和人员等方面的投入,可获得广泛的市场覆盖面;但同时企业对产品和渠道的控制减弱,对市场信息的获取变得困难(见图13-1)。

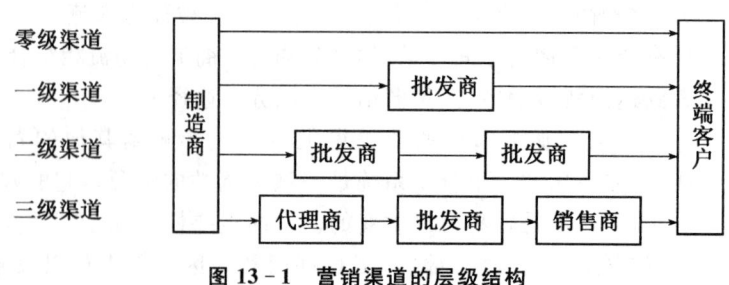

图13-1 营销渠道的层级结构

2. 渠道的宽度

渠道的宽度指渠道每一层次中同类经销商的数量。企业使用的同类中间商多,产品在市场上的分销面广,称为宽渠道;企业使用的同类中间商少,营销渠道窄,称为窄渠道。渠道的宽度主要有以下三种方式:

(1) 集中性分销

也称独家分销,指企业在一定的市场范围内,选择一家某种类型的中间商销售企业的产品,如独家代理商或独家经销商。这种分销方式的特点是企业对其控制力强,但竞争程度较低,市场覆盖面有限,同时企业对中间商依赖性较强。

对于那些本身具有独特性的产品,这种独家分销方式可能很合适。当制造商和中间商在存货管理、服务标准和销售方面需要有高度合作时,独家分销这一方式也是颇为合适的。

集中性分销往往意味着很大的基础设施投入,密度较低的零散顾客需求,以及不经常被采购的产品。在组织市场上,如果销售队伍和顾客服务网络跟得上,这种方式对顾客的影响不太明显。但是,在消费者市场上,这种方式就会给消费者带来一些不便,他们可能不得不到相当远的地方寻求该产品,而且在从谁手里购买这个问题上往往没有选择余地。

(2) 选择性分销

指企业在一定的市场范围内,通过少数几个经过挑选的最合适的中间商销售其产品,如特约代理商或特约经销商。其特点是企业对他们的控制仍然较强,竞争程度扩大,相应地市场覆盖面也在扩大。消费品中的选购品、特殊品以及工业品中的某些零部件,较适宜采用这种分销形式。与密集分销的那些放在货架上自行销售的产品不同,选择分销的产品需要来自中间商更多的帮助,这可能是因为它们具有更高的技术含量,需要作详细说明。制造商还需要在分销基础设施、销售现场设备及售后服务方面作更多投入。在这种情况下,选择为数不多的中间商,可以将精力集中于少数中间商身上,对所选择的中间商有更深入的了解,进而密切双方的关系。

(3) 密集性分销

指企业尽可能地通过大量的符合标准的中间商参与其产品的销售。特点是企业对中间商控制力弱,竞争激烈,市场覆盖面广泛,分销越密集,销售的潜力越大。比较典型的采用密集分销的商品有面包、报纸和糖果等简易方便的消费品,顾客可以以最少的时间、最便捷的方式,在街头巷尾购买自己所需的这类产品。

密集分销的渠道链往往较长(制造商——批发商——零售商——销售者),这是一种最大限度提高产品覆盖面的有效方式,但总的分销成本也会较高,特别是在与小零售商打交道或单位订购很少的时候。在采用密集分销方式的过程中,企业必须注意到在一定区域内,由于过度竞争和由此引发的冲突会产生不利于产品的销售情况,尽量避免发生这类对企业产品销售不利的事情。

三、中间商的类型

渠道中每将产品和服务的所有权向最终使用者更推进一步的就是中间商。他们是在商品从生产领域转移到消费领域的过程中,参与商品交易活动的专业化经营的个人和组织。中间商的出现,对促进商品生产和流通的发展起着重要作用,主要表现为:第一,促进生产者扩大生产和销售;第二,协调生产与需求之间的矛盾;第三,方便消费者购买商品等。

中间商按照其在流通过程中的地位和作用的不同,可以分为批发商和零售商两大类。

1. 批发商

批发商是指这样一类商业组织机构:专门从事转卖或生产加工商品的一切销售活动。批发商处于商品流通起点和中间阶段,交易对象是生产企业和零售商,一方面它向生产企业收购商品;另一方面它又向零售商批销商品,并且是按批发价格经营大量商品。其业务活动结束后,商品仍处于流通领域中,并不直接服务于最终消费者。批发商是商品流通的大动脉,是关键性的环节,它是连接生产企业和商业零售企业的枢纽,是调节商品供求的蓄水池,是沟通供求的重要桥梁,对企业改善经营管理及提高经济效益、满足市场需求、稳定市场具有重要作用。

2. 零售商

零售商是指将商品直接销售给最终消费者的中间商,处于商品流通的最终阶段。零售商的基本任务是直接为最终消费者服务,在地点、时间与服务方面,方便消费者购买;同时,零售商又是联系生产企业、批发商与消费者的桥梁,在分销渠道中具有重要作用。按经营方式来划分,目前终端的零售商,既有传统的在实体商店购买的零售方式,比如百货、超市等,也有在经济发达国家普遍的自动售货机,以及日益发展起来的邮购、电话电视购物等无店铺零售形式。除此之外,还包括流动售货车,比如夏季流动的冷食、冷饮车,清晨大街小巷的早餐车等,在我国许多城市发展为地摊形式,且从事人员规模相当可观,销售从服装、食品到日用品,一应俱全。

四、新型营销渠道

1. 电视购物

电视购物是"利用电视媒体对顾客直接推销产品或服务,并以电话、信函或互联网方式获取反应,取得定单的业态。"电视购物一般采取两种方法:一是直销公司购买 30~60 秒的电视节目广告的时间,介绍产品,顾客通过免费电话订购广告宣传的产品;另一种方法是通过闭路电视或地方电视台播出一套完整的节目,专门销售各具特色的套装产品。

2. 网络购物

网络购物是"通过互联网络进行买卖活动的营销渠道。"网上购物又称网络营销,"它是通过互联网将商品或服务信息传达给特定顾客,顾客通过互联网将订单发送给销售商,采取一定的付款和送货方式,最终完成交易的零售类型。

3. 目录营销

目录营销是指将包括图案、质地说明、价格及定单等多项内容商品目录,按着选好的顾客名单邮寄或者通过目录柜台陈列架发送给来店顾客,顾客根据目录选择商品,将定单邮寄给目录营销商或打电话、发 e-mail 回复订购,销售商再将商品寄送到顾客手中并收款的零售类型。

4. 直接邮寄营销

直接邮寄营销是将宣传商品或服务的信件、传单或折迭广告,分别寄给具有购买潜力的顾客,顾客可通过函件、电话、网络等媒介表述够买决定,直销商邮寄商品或送货上门的零售类型。它与目录营销的最大区别是前者采取折叠信函的方式,后者采取装订成书的商品目录形式。

5. 电话购物

电话购物是"通过电话直接向顾客推销商品或与顾客约定时间进行访问推销的零售类

型。"电话购物,一般通过两种方式进行:一是专门提供收听服务,通过电话专线接受顾客定货、咨询或抱怨处理,由公司负责专线费用;二是提供外打服务,以温和的推销方式,礼貌地用电话推销产品或服务。

第二节 营销渠道角色与行为

一、营销渠道与价值网络

在现代市场体系中,生产中产品或服务并将其提供给消费者,不仅需要和消费者建立联系,而且要同供应链中主要的供应商和中间商建立良好的关系,它们共同构成了一个现代营销系统中的基本元素(如图13-2)。供应链的上游是一系列提供原材料、零部件、信息及融资及相关产品服务的公司,帮助产品的生产以更高的效率实现;而供应链的下游即是营销渠道——分销商,它关注于最终客户价值——消费者价值的传递与实现。在这里,公司与其供应商、分销商和最终客户组成一个价值传递网络,他们之间相互合作以增进整个网络系统的绩效。

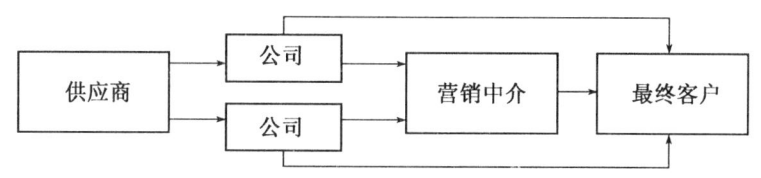

图13-2 一个现代营销系统的要素

在这个价值传递网络中,批发商、零售商等这样的分销渠道成员在公司和最终客户之间架起了一座重要的价值传递桥梁,这也是营销人员相较于其他环节更为关注的部分。

营销渠道的决策直接影响到产品、价格等营销组合策略,不同的渠道伙伴所提供的产品分销能力和说服力不同,将影响产品价值定位的实现。比如,同样的手表放在超市销售和摆放在商场玻璃橱窗当中,消费者所获得的价值认知是完全不同的,其对产品质量和价格的认同度也自然有所差别。

渠道策略的差异,有时可能成为企业的战略突破点。戴尔公司颠覆行业惯例——通过零售商店销售个人电脑,而代之以直销的方式,直接向最终客户销售,带来了计算机产业的一次革命,也开创了大众化定制时代的开端。联邦快递也借助分销系统的创新,一次次自我打破,以"say morning"的24小时快递服务,提供快速、安心且人性化的顾客价值,造就了它在物流领域的领先地位。

渠道策略还常常涉及同其他公司的长期合作关系。产品推销和市场沟通的效果也很大程度上取决于渠道伙伴的能力投入、合作和支持的程度,直接影响到市场份额、市场价值。

二、营销渠道角色与功能

营销渠道的存在,意味着企业在产品销售对象、方式等方面放弃了部分控制权。对于追求效率和效益为主的企业而言,这也意味着,营销渠道必然在企业的运行过程中起着相应的提供效率或效益的角色。在现代买方市场上,相较于企业来说,营销渠道成员在特定市场范围中所拥有的顾客关系、分销经验以及运作的规模等往往都恰好是企业所没有或相对不足的;相较于顾客个体,在产品信息、品种数量、物流效率等方面,分销商显然拥有更多的优势和承担能力。

产品如何能够有效地传达给合适的消费者对企业的生存和发展起着至关重要的作用,渠道成员在企业和消费者之间提供了一个价值传递的纽带,下面的几个方面说明了营销渠道在价值网络中所提供的主要功能:

1. 实现产品的集中与再分配

中间商在渠道中的作用如图 13-3 所示,中间商最直接和最主要的作用就是将产品从制造商那里集中起来,再根据客户的具体要求将其进行重新包装、组合和分配。并不是所有的企业都有能力和资源进行直接营销,这就是中间商存在的基本价值和原因所在。即便是那些有能力建立自己的营销渠道的厂家,也可以借助中间商资源和其高度专业化的优势扩大自己的市场覆盖率。

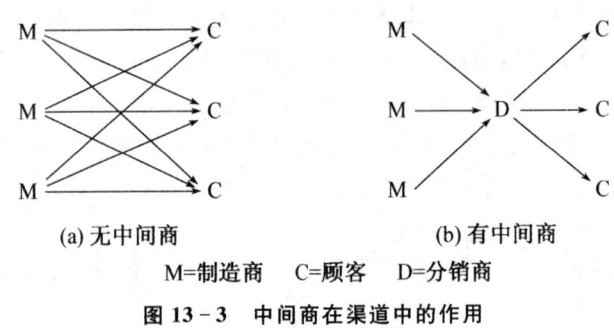

图 13-3 中间商在渠道中的作用

2. 获取顾客和足够的市场信息

各中间商对市场当地的文化、习惯以及消费者特征都有更多的了解或获得信息的渠道,因此,更容易亲近顾客,并对产品进行可能的改变以合适本土的方式提供消费者产品和服务,获得顾客。在产品的流通过程中,各中间商可获取有关消费者、市场和竞争者的信息,通过收集整理并反馈给企业。事实上,经销商和零售商对企业而言是极其重要的信息来源。他们最接近市场,可以和终端顾客保持经常的联系,获取有关企业的各种信息。同时,许多经销商和零售商也销售竞争厂商的产品,有助于企业了解消费者对各种产品的真实反映,也有助于企业获得竞争对手的资料。

3. 提供充足的资金

渠道的最后一个重要作用就是能够实现资金在渠道中的流动。这使得企业缓解了资金上的压力,具体表现在以下几个方面:

第一,付款:指货款通过营销渠道从最终顾客流向企业。在产品流通中,由于中间商的存在,使得付款方式呈现多种多样,且灵活性也有了不同程度地改变。

第二,信用:经销商和零售商为企业提供了重要的信用。对购买产品的支付几乎都是以购买日为准,而不是以产品最终卖出去的时间为准。这一做法对企业和上一级经销商都具有重要意义,它使得他们能准确地估计现金流量。

第三,融资:借助营销渠道内部成员的实力和信用,可以在渠道内部进行融资,扩大了产品流通过程所需的资金来源,使得渠道的资金雄厚,便于产品被更广泛地推销。

营销渠道在实现以上几个功能的过程中,包含了五种营销流程:实体流程、所有权流程、付款流程、信息流程和促销流程。实体流程是指实体原料及成品从制造商转移到最终顾客的过程;所有权流程是指货物所有权从一个市场营销机构到另一个市场营销机构的转移过程;付款流程是指货款在市场营销中间机构于消费者之间的流动过程;信息流程是指在市场营销渠道中,不同市场营销机构之间相互传递信息的过程;促销流程是指由某一单位运用广告、人员推销、公共关系、促销等活动对另一单位施加影响的过程。渠道成员在进行实体分销、资金融通和顾客管理的过程中,也承担着相应的市场风险和财务风险。

三、渠道行为

(一) 营销渠道中的竞争

在企业的营销渠道中,每一个渠道成员都是一个独立的经营实体,以追求个体利益最大化为目标,这就必然导致相互之间的竞争。营销渠道内部的竞争,有时会降低整个渠道体系的效率,甚至损害渠道成员和生产企业的整体利益。派拉蒙田(Palamountain,1955 年)提出了营销渠道中的四种竞争类型:

1. 水平竞争

水平竞争是指同类型的中间商之间的竞争。这种竞争类型是显而易见的,比如两家超市之间的竞争。每家都制定营销和产品战略,以便超越对手,在竞争中赢得先手。

2. 同级不同类竞争

同级不同类竞争是指居于营销渠道同一层级的不同类型的销售商之间的竞争。比如,百货商店、电器零售店和大型仓储式销售店都卖高保真音响设备,面对的又是同一顾客群,它们之间的竞争就是同级竞争。那些有选择权的制造商可能需要发展不同的渠道,来处理与不同类型零售商之间的交易,这样就带来了同级竞争。当然,在竞争激烈的情况下,如果一家制造商给某种销售商优惠待遇,就会引起其他竞争对手的不满,这将导致整个营销渠道的混乱。

3. 垂直竞争

垂直竞争是发生在营销渠道的不同级别之间的竞争,比如批发商和零售商之间,甚至是零售商和制造商之间。垂直竞争会对营销渠道的完善性和有效性带来严重威胁。这种类型的竞争会带来内耗,渠道成员关注的焦点从联手开拓市场、一致对外,转向内部的互相打斗。

4. 渠道系统竞争

渠道系统竞争是一个特定的渠道与不同的平行的渠道展开竞争。因此,渠道经营者关注的焦点是保证自己的系统比其他渠道系统更高效,更富竞争力。这是把着力点放在整个渠道的效率上,但这也意味着,为了形成一个更有效的销售链,该渠道的效率可能难以达到最优化。

(二) 营销渠道中的冲突

由于营销渠道在市场上的激烈竞争,营销渠道之间的冲突是难以避免的。而引发冲突的原因是多种多样的,有些是由于理解不够造成的,有些则是由于观点上的根本分歧而影响了相互关系。常见的原因主要有:

1. 不同的目标

渠道中不同成员往往追求不同的目标。有的成员可能追求的是成长,而有的成员追求的则是稳定的收益,两者之间不同的目标导致他们不同的行为方式,而不同的行为方式常常引起双方的冲突。

2. 不同的角色

渠道成员在谁承担何种工作上,意见不一致,角色冲突就产生了。比如,制造商可能会觉得,批发商在转售一种特定产品时没有竭尽全力进行促销;而批发商则认为,将产品公开向零售商促销是制造商的事,于是制造商和批发商的冲突就产生了。

3. 不同的决策地位

渠道成员在做市场营销决策时,对确定究竟谁的意见应居于主导地位而产生分歧。零售商可能会觉得,他们离终端消费者的距离要比制造商近,因此在决定采用何种现场促销工具时,他们的意见应主导;而制造商则认为,自己离产品更近,应该由他们来决定如何做。

4. 不同的期望

不同的渠道成员,对未来的期望可能也不同,并由此导致冲突。这种冲突包括:如何看待一种情形所能产生的最佳结果;如何克服资源稀缺问题;如何更好地分配资源;在一个不断变化的商业环境下,边际利润会如何变化。

由于各种原因导致的营销渠道之间的冲突同竞争一样也表现在渠道的垂直、水平和交叉的关系上。

1. 营销渠道中的垂直冲突

垂直冲突是指处于渠道不同层次的成员之间的冲突,如制造商和经销商之间、经销商和零售商之间的冲突。垂直冲突主要表现在以下几个方面:

(1)回款。制造商当然希望他的经销商或代理商能尽快回款,以加快资金的周转,缓解公司财务上的压力;而经销商则希望尽量延迟付款,以使自己承担的风险最低。

(2)市场推广支持。制造商在做市场推广时,都希望得到经销商的合作与支持,尤其在广告宣传方面。制造商希望经销商自己进行广告宣传,并承担相应的费用;而经销商则希望制造商不仅能对最终客户做大量的产品宣传,而且在与经销商联合做广告宣传时,能提供优惠的条件或激励措施。

(3)淡旺季的产品供应。在旺季,经销商往往要求制造商大量供货,提供供货保证,加快供货速度,以防止产品脱销。在淡季,制造商希望经销商能大量进货,一方面占用经销商的周转资金,防止竞争产品进入,另一方面为进入旺季前实现高铺货率和占领市场提供保证;但经销商却希望在淡季抽出资金经营其他热销产品。

(4)营销渠道的调整。有时基于营销的目的,企业需要对现有营销渠道做出适当调整,增加或减少中间商数量。这可能会引起现有经销商的不满或可能导致经销商的忠诚度下降。

2. 营销渠道中的水平冲突

水平冲突是指同一层次的营销渠道成员之间的冲突。一般情况下,采用密集性分销时中间商之间的竞争最为激烈。水平冲突主要表现在以下几个方面:

(1)价格混乱。由于同级经销商之间的激烈竞争而引起的竞相压价,造成渠道中的价格不一,使下一级经销商和最终顾客无所适从。

(2)促销方式各异。经销商由于各自的实力和经营目的,往往会采取形式各异的促销方式,有时甚至擅自更改预定的促销方式和促销内容,造成市场的混乱局面。

(3)"窜货"现象。有些分销商为了发展自己的分销网络,会侵蚀其他同级经销商的下游成员或经营区域,造成整体市场的恶性竞争和混乱局面。

3. 分销网络中的交叉冲突

交叉冲突指不同类型的营销渠道成员之间的冲突。当制造商为了尽可能多地占领市场时,会建立不同类型的渠道并形成分销网络,广泛销售其产品。分销网络中的交叉冲突主要表现在以下几个方面:

(1) 渠道地位的变化。由于竞争的原因,营销渠道中的各级中间商的地位会发生很大的变化,例如二级经销商上升为一级经销商,零售商上升为经销商,或者相反的方向变化。

(2) 下游成员的变动。有时一些高层次的经销商的下游成员会发生互换或转移,其原因可能是正常竞争的结果,也可能是不正当竞争的结果,而不正当竞争会对市场产生不利的影响。

(3) 价格不统一。一般地,制造商给予经销商、代理商和直营机构的出厂价是各不相同的,这就造成了终端市场上的零售价混乱,使顾客无所适从,不仅影响了企业形象和产品的销售,而且造成了中间商之间的冲突。

(三) 营销渠道中的合作

20世纪80年代以来,营销渠道系统突破了传统的直线模式和类型,渠道成员之间进行不同程度的合作,出现了诸如垂直渠道系统、水平渠道系统、多渠道营销系统等不同形式的整合形式。

1. 垂直渠道系统

这是由制造商、批发商和零售商组成的统一系统。垂直营销渠道的特点是集中计划、专业化管理,销售系统中的各成员为共同的利益目标,采用不同程度的一体化经营或联合经营。它主要有三种形式:

(1) 管理式垂直系统。在管理式垂直系统中,通过一个渠道成员的权力来实现合作和控制。实际上,这是一种传统的渠道系统,在渠道内部由某一个规模大、实力强的成员,把不同所有权的各个渠道成员联合起来。一些著名品牌的制造商就有能力从中间商那里得到有力的支持和合作。

(2) 公司式垂直系统。公司式垂直系统指一家公司拥有和统一管理若干工厂、批发机构和零售机构,控制营销渠道的若干层次、甚至整个营销渠道,综合经营生产、批发、零售业务。这种渠道系统又分为两类:工商一体化经营和商工一体化经营。工商一体化是指大工业公司拥有统一管理若干生产单位、商业机构,如美国火石轮胎橡胶公司拥有橡胶种植园,拥有轮胎制造厂,还拥有轮胎系列的批发机构和零售机构,其销售门市部(网点)遍布全国;商工一体化是指由大零售公司拥有和管理若干生产单位。

(3) 契约式垂直系统。契约式垂直系统指不同层次的独立制造商和经销商为了获得单独经营达不到的经济利益,而以契约为基础实行的联合体。这是一种最通行的垂直营销系统形式。渠道成员保留自己的独立性,但通过谈判达成协议,明确各自的权利、责任和义务,内容包括备货水平、定价政策等等,这样可以防止不必要的内部冲突和次优化行为的发生。一般情况下,有三种形式的基于契约的垂直营销系统。① 零售商合作组织。零售商合作组织是指一组零售商一起努力,通过加强他们在采购商品和销售时的合作,整合并提高自己的竞争力。这种形式的协议,能帮助渠道内各种小独立零售商共同进行促销,并使定价更富竞争力。② 批发商的自愿连锁。批发商自愿合作连锁是指由批发商发起,与许多独立零售店建立一种合同关系,后者同意联合进行采购、备货和推销。这种合作可以使小经营者得到大宗进货、联合促销等好处。在英国,梅斯(Mace)和独立杂货商就是通过这种方式联盟。③ 特许经营系统。特许经营已经发展成为了合作经营的一种主要模式。特许经营是指在特许经营授权方与经营方之间建立一种持续的合同关系,授权方拥有产品,经营方在一个特定的区域内被授予经营权,按授权方提供的经营方法、程序和总体蓝图开展经营活动,管理、培训、推销以及财务都被有效地转换成统一的形式,授权方基于销售额收取特定的费用。

  2. 水平渠道系统

  水平营销系统指由两家或两家以上的同类型的独立公司联合组成的渠道系统。渠道成员通过协调各自的资源和计划来开发新的市场机会,它们可实行暂时的或永久的合作。这种系统可发挥群体之间的协同效应,实现优势互补,同时共担风险,以保证获取最佳效益。

  3. 多渠道营销系统

  多渠道营销系统,也称复合渠道分销系统,指对同一或不同的分市场采用多种营销渠道系统。这种系统一般分为两种形式:一种是制造商通过多种渠道销售同一品牌的产品;另一种是制造商通过多渠道销售不同品牌的产品。随着消费者细分市场的增加和更多的渠道选择可能性,越来越多的公司采用这种复合渠道分销系统。目前大多数的银行都通过分支机构、互联网和电话等多种方式同时与顾客取得联系,顾客也通过这些方式中的一种或几种来获得他们想要的服务。

第三节　营销渠道的设计决策

一、营销渠道设计的影响因素

(一) 企业本身的因素

1. 组织的目标

  企业选择的渠道战略要与组织的目标相适应。如果组织的目标是吸引大众,进行快速的市场渗透,那么就应该实行密集分销。然而,企业同时还需要在其他营销活动上,如促销方面,给予相应的高强度投资支持。如果企业关注的是将自己的产品从普通市场跻身于高级市场,那么就需要采用"选择分销"渠道战略,甚至是独家营销渠道战略。

  随着环境条件的变化,经过一段时间之后,企业目标也会有所变化,比如,对更先进的送货服务的需求,或对更大的地理覆盖面的需求,企业目标变化可能要求引进新的、更多的分销商,或者在现存的分销商服务结构基础上,进一步提高服务水平。

  如果一个组织想控制营销活动,而且又具备充足的资源条件,那么它可能直接承担起经销渠道的许多功能。但一个仅占据很小市场份额的小组织,只能将重心放在生产上,并直接与中间商做交易,缺乏资源、缺少专业知识、与市场联系不足,将使小制造商难以有更多的选择。

2. 资金能力

  如果企业本身资金雄厚,则可自由选择营销渠道,可建立自己的销售网点,采用产销合一的经营方式,也可以选择间接营销渠道。企业资金薄弱则必须依赖中间商进行销售和提供服务,只能选择间接营销渠道。

3. 销售能力

生产企业如在销售力量、储存能力和销售经验等方面具备较好的条件,则可以选择直接营销渠道。反之,则必须借助中间商,选择间接营销渠道。另外,企业如能和中间商进行良好的合作,或对中间商能进行有效的控制,则可选择间接营销渠道。若企业与中间商不能很好地合作或中间商不可靠,将影响产品的市场开拓和经济效益,企业不如进行直接销售。

4. 提供的服务水平

中间商通常希望生产企业能尽可能多地提供广告、展览、修理、培训等服务项目,为销售产品创造条件。若生产企业无意或无力满足这方面的要求,就难以达成协议,迫使生产企业自行销售。反之,生产企业提供的服务水平高,中间商就乐于销售它的产品,生产企业就可以选择间接营销渠道。

(二) 市场因素

1. 购买批量大小

购买批量大,企业多采用直接销售;购买批量小,企业除通过自设门市部出售外,多采用间接销售。

2. 目标市场的范围

某些商品目标市场地区分布比较集中,适合直接销售。反之,适合间接销售。工业品销售中,本地用户联系方便、比较集中,因而适合直接销售;外地用户较分散,通过间接销售较合适。

3. 目标顾客的集中程度

当需求较集中,或者顾客只有几个,身份相对明确时,企业就可能通过直接销售完全控制销售渠道,省却中间商,这样可以在谈判、运输和服务支持方面赢得效率。相比之下,一个大型的分散市场,比如大众杂志的销售,可能就需要一个具有良好结构的、有效的中间商链条。

(三) 产品特征

1. 产品价格

一般来说,产品单价越高,越应注意减少流通环节,否则会造成销售价格的提高,从而影响销路,这对生产企业和消费者都不利。而单价较低、市场较广的产品,则通常采用多环节的间接营销渠道。

2. 产品的体积和重量

产品的体积大小和轻重,直接影响运输和储存等销售费用,过重的或体积大的产品,应尽可能选择最短的营销渠道。对于那些运输部门有规定(超高、超宽、超长、超重)的产品,应选用直接营销渠道,直接供应给购买者。小而轻且数量大的产品,则可考虑采取间接营销渠道。

3. 产品的易毁性或易腐性

产品有效期短,储存条件要求高或不易多次搬运的,应采取较短的分销途径,尽快送到消费者手中,如鲜活品、危险品。

4. 产品的技术性

有些产品具有很高的技术性,或需要经常的技术服务与维修,应以生产企业直接销售给用户为好,这样,可以保证向用户提供及时良好的销售技术服务。

5. 定制品和标准品

定制品一般由供需双方直接商讨规格、质量、式样等技术条件,不宜经由中间商销售。标准品具有明确的质量标准、规格和式样,营销渠道可长可短,有的用户分散,宜由中间商间接销售;有的则可按样本或产品目录直接销售。

6. 新产品

为尽快地把新产品投入市场,扩大销路,生产企业一般重视组织自己的推销队伍,直接与消费者见面,推介新产品和收集用户意见。如能取得中间商的良好合作,也可考虑采用间接销售形式。

(四) 中间商特性

各中间商实力、特点不同,诸如广告、运输、储存、信用、训练人员、送货频率方面具有不同的特点,从而影响生产企业对营销渠道的选择。

1. 中间商数目不同的影响

按中间商数目的不同,可分别选择密集分销、选择分销或独家分销。

2. 消费者的购买数量

如果消费者购买数量小、次数多,可采用长渠道;反之,消费者购买数量大、次数少,则可采用短渠道。

3. 竞争者状况

当市场竞争不激烈时,可采用同竞争者类似的营销渠道,反之,则采用与竞争者不同的营销渠道。

二、营销渠道设计的决策

(一) 确定营销渠道的目标

营销渠道的设计,应该以企业的目标市场为起点,尽管目标市场的选择不是营销渠道设计所要解决的问题。但是实际上,营销渠道于目标市场两者之间是相互关联的。企业正确地选择目标市场,科学地设计营销渠道才能使产品或服务顺利地达到目标市场,才能实现企业的销售目标,获得良好的经济效益。生产企业必须考虑顾客、产品、企业、中间商、竞争以及环境等因素后才能准确地确定营销渠道的目标。

(二) 拟定营销渠道的可行方案

在充分分析和研究影响企业渠道设计的各种因素,确立企业的营销渠道目标之后,就要拟定营销渠道的各种可行性方案。营销渠道方案主要涉及以下三个因素:中间商的类型、中间商的数量和营销渠道成员间的交易条件及责任。

1. 中间商的类型

制造商在设计营销渠道时,必须对以下问题进行决策:

(1) 是否使用中间商。

(2) 如果使用中间商,还要进一步决定使用什么类型和规模的中间商。是单独使用代理商、批发商或零售商还是兼而有之? 或者使用其中两类中间商。

(3) 在每类中间商中又选择什么样的具体类型? 如在使用零售商时,是选择专业店、百货店、超级市场还是连锁店。

(4) 如果制造商由于本身原因或某种限制,对传统的渠道不便使用时,该如何考虑开辟新渠道。

2. 中间商的数量

制造商在决定使用何种类型的中间商以后,还要根据产品在市场上的地位与目标,以及市场容量的大小对中间商的数量进行决策,也就是对三种分销形式的选择:使用密集分销、选择分销还是独家分销。

3. 营销渠道成员间的交易条件及责任

制造商在决定了中间商类型和数量以后,还必须决定各营销渠道成员的交易条件和责任。主要内容有:价格政策、销售条件、经销区域以及每位成员需提供的相关服务等。

(三)评估营销渠道方案

营销渠道方案确定后,生产厂家就要根据各种备选方案,进行评价,找出最优的渠道路线。通常渠道评估的标准有三个:经济性、可控性和适应性,其中最重要的是经济标准。

(1)经济性。主要是比较每个方案可能达到的销售额及费用水平。比较由本企业推销人员直接推销与使用销售代理商哪种方式销售额水平更高。比较由本企业设立销售网点直接销售所耗费用与使用销售代理商所耗费用,哪种方式支出的费用大。企业对上述情况进行权衡,从中选择最佳分销方式。

(2)可控性。一般说,采用中间商可控性小些,企业直接销售可控性较大;营销渠道长,可控难度大,渠道短可控较容易些。企业必须对可控性进行全面比较、权衡,选择最优方案。

(3)适应性。如果生产企业同所选择的中间商的合约时间长,而在此期间,其他销售方法如直接邮购更有效,但生产企业不能随便解除合同,这样企业选择营销渠道便缺乏灵活性。因此,生产企业必须考虑选择策略的灵活性,不签订时间过长的合约,除非在经济或控制方面具有十分优越的条件。

(四)选择营销渠道的原则

营销渠道管理人员在选择具体的营销渠道模式时,无论出于何种考虑,从何处着手,一般都要遵循以下原则:

1. 畅通高效的原则

这是渠道选择的首要原则。任何正确的渠道决策都应符合物畅其流、经济高效的要求。商品的流通时间、流通速度、流通费用是衡量分销效率的重要标志。畅通的营销渠道应以消费者需求为导向,将产品尽快、尽好、尽早地通过最短的路线,以尽可能优惠的价格送达消费者方便购买的地点。畅通高效的营销渠道模式,不仅要让消费者在适当的地点、时间以合理的价格买到满意的商品,而且应努力提高企业的分销效率,争取降低分销费用,以尽可能低的分销成本,获得最大的经济效益,赢得竞争的时间和价格优势。

2. 覆盖适度的原则

企业在选择营销渠道模式时,仅仅考虑加快速度、降低费用是不够的,还应考虑及时准确地送达的商品能不能销售出去,是否有较高的市场占有率足以覆盖目标市场。因此,不能一味强调降低分销成本,这样可能导致销售量下降、市场覆盖率不足的后果。成本的降低应是规模效应和累积经验学习曲线的结果。在营销渠道模式的选择中,也应避免扩张过度、分布范围过宽过广,以免造成沟通和服务的困难,导致无法控制和管理目标市场。

3. 稳定可控的原则

企业的营销渠道模式一经确定,便需花费相当大的人力、物力、财力去建立和巩固,整个过程往往是复杂而缓慢的。所以,企业一般不会轻易更换渠道成员,更不会随意转换渠道模式。只有保持渠道的相对稳定,才能进一步提高渠道的效益。畅通有序、覆盖适度是营销渠道稳固的基础。

由于影响营销渠道的各个因素总是在不断变化,一些原有的营销渠道难免会出现某些不合理的问题,这时,就需要营销渠道具有一定的调整功能,以适应市场的新情况、新变化,保持渠道的适应力和生命力。调整时应综合考虑各个因素的协调,使渠道始终都在可控制的范围内保持基本的稳定状态。

4. 协调平衡的原则

企业在选择、管理营销渠道时,不能只追求自身的效益最大化而忽略其他渠道成员的局部利益,应合理分配各个成员间的利益。

渠道成员之间的合作、冲突、竞争的关系,要求渠道的领导者对此有一定的控制能力——统一、协调、有效地引导渠道成员充分合作,鼓励渠道成员之间有益的竞争,减少冲突发生的可能性,解决矛盾,确保总体目标的实现。

5. 发挥优势的原则

企业在选择营销渠道模式时为了争取在竞争中处于优势地位,要注意发挥自己各个方面的优势,将营销渠道模式的设计与企业的产品策略、价格策略、促销策略结合起来,增强营销组合的整体优势。

第四节 营销渠道管理

一、营销渠道的一般管理

营销渠道管理是指对营销渠道成员进行协调和控制的过程。营销渠道管理包括四方面的内容:一是选择渠道成员,即在渠道设计完成后,具体选择哪些中间商作为自己的渠道成员;二是如何激励中间商并处理好与他们之间的关系,同时还要协调好中间商之间的关系;三是对渠道成员的工作进行评估,并进行调整;四是反向选择,即中间商可以选择是否销售制造商的产品。

(一)选择渠道成员

企业必须为其所设定的营销渠道寻找合适的中间商。对合格的中间商的鉴定包括经营年数、经营的其他产品、成长和盈利记录、偿付能力、信用等级、合作态度及声誉。如果中间商是代理商,企业还要评价其所经销的其他产品的数量和特征及其推销力量的规模和素质;如果中间商是零售商,企业需要评价其店铺的位置,未来成长的潜力和客户类型,评估零售商,最重要的因素就是选址。

(二)激励渠道成员

企业必须不断激励中间商,促使其尽全力开发市场。尽管在企业的渠道政策中已提供了若干激励因素,但是这些因素还必须通过企业的经常监督管理和再鼓励得到补充。要想使中间商有出色的表现,企业应尽力了解各中间商的不同需求和欲望。在处理与经销商的关系时,既要坚持政策,又要灵活,以此建立长期稳固的合作关系。

(三)评估渠道成员

企业必须定期按一定的标准衡量中间商的表现,例如销售配额完成情况,平均存货水平,向客户交货的时间和速度,对损坏和遗失品的处理以及与企业促销和培训计划的合作情况。

企业不能仅满足于设计一个良好的渠道系统并推动其运转,企业还要对渠道系统定期进行改进,以适应市场环境的变化。当客户的购买方式发生变化,市场扩大,新的竞争者进入以及产品进入生命周期的最后一个阶段时,便有必要对渠道进行改进。

(四)反向选择

并非所有制造商都有力量或能力去设计自己的渠道战略,选择理想的渠道成员。实际上,中间商也可以选择销售或不销售制造商的产品。不仅仅是超市和大连锁零售店可以享有这种选择权,其他行业的中间商也有选择权,如旅行社能提供给游客的游览天数是有限的,所以它们接受较小的景点提供的新旅行安排时,会十分慎重。在一些产业营销渠道中,中间商在特许经销的主营产品之外,可以决定是否对附属产品进行备货。

这种反向选择还表明,中间商会为补充货源而主动寻找新制造商,或者至少他们会考虑是否扩展自己的备货品种。在许多组织市场上,是由购买方来启动与供货方的接触过程的。

二、渠道冲突管理策略

1. 营销渠道纵向冲突管理

(1)对营销渠道成员的激励。对营销渠道成员的激励要坚持有的放矢的原则。企业对营销渠道成员的激励是对他们过去业绩的肯定,同时也是对其未来的行为的激发。有的放矢原则就是对营销渠道成员的激励决策必须明确,且一定要符合营销渠道成员的需要,只有那些符合营销渠道成员需要,对营销渠道成员有足够诱惑力的措施和手段才能激发营销渠道成员的销售热情。

设计一套激励机制,促进同营销渠道成员的合作。中间商的积极性很大一部分来源于对较高利润的期望,制造商必须给营销渠道成员留下合理的获利空间。

(2)对营销渠道成员的控制。企业必须敢于对营销渠道成员进行管理,对于违规的营销渠道成员必须予以惩罚,严重的清除出自己的营销渠道链。

在实际管理中企业可以采取减少营销渠道成员的产品利润幅度,撤消过去承诺的优惠、奖励措施,减少供货量或采购量等措施。

推进营销渠道的纵向整合。企业应当建立多元化的营销模式,购并比较重要的营销渠道成员或持有其股份。营销渠道的纵向整合可以将企业和营销渠道成员的利益更紧密地联系起来,这样做不仅可以避免"窜货"的问题,还可以增加同规模较大的中间商谈判的筹码,从而从根本上解决营销渠道中的纵向冲突问题。

2. 营销渠道横向冲突管理

大多数企业的产品分销都是通过经销商(包括批发商、零售商或代理商等)来实现的,从而在企业和经销商之间形成了一个松散型的利益共同体。但随着市场竞争的加剧,营销渠道中经销商和经销商之间的横向冲突(窜货)经常发生,并最终导致企业和经销商之间的纵向冲突。企业可以通过以下手段进行管理:

(1)建立企业与营销渠道成员间长久合作的信念。在现实操作中,企业可以通过提供专业技术信息、销售技巧、广告展示等方面的协助,增强本公司业务代表与经销商联系和协调的力度,以支援和辅导营销渠道;建立信息交流沟通机制,及时、准确地互相沟通信息,并及时监督货物走向等。

(2)企业采取承诺行动。现实中出现恶性窜货事件客观上与许多企业事前没有明确的监督条例,事后又对参与窜货的营销渠道成员处罚过轻有很大关系。因此,企业应采取承诺行动,比如事先雇佣市场监督员、开通举报电话、建立反映各营销渠道成员信誉度的网站、签订处罚协议等,从而占据主动,在这种情况下营销渠道成员的最优战略是不窜货。

(3) 推进营销渠道的纵向一体化。有条件的企业应努力与营销渠道成员之间实现纵向一体化。如并购营销渠道成员,使之成为公司的一个组成部分,或采取区域内的多个营销渠道成员共同入股,设立销售分公司,等等。只有股权的相互渗透才能把营销渠道成员的利益与企业的利益最大限度地统一起来,从而有利于解决营销渠道体系中的"窜货"问题并控制市场零售价格,使作为子公司或分公司的营销渠道成员愿意极力推销作为总公司的企业的产品,从而从根本上使营销渠道体系中横向竞争和纵向冲突的问题得以较好地解决。

3. 营销多渠道冲突管理

当企业建立了两条或两条以上的渠道向同一市场销售其产品/服务时,各不同渠道的成员之间就会相互竞争,关系恶化,造成不同渠道之间的冲突。企业可以通过以下手段进行管理:

(1) 调整营销渠道结构。如果企业在同一个市场设置了多个营销渠道,可能会导致区域内经销商过于密集,或者经销商经销同类属性产品组合宽度过大,渠道成员间很容易为争夺同一个客户而发生冲突。建议的解决办法:一是实行渠道差异化,指在不同的渠道所覆盖的客户群上实行差异化,选取不同类型的渠道去覆盖不同的客户群,或是对同一类型的渠道进行细分,为他们提供不同层次的服务,以覆盖不同的细分市场。二是通过分析地区销售潜力和销售特点,控制不同渠道经销商数量,而且以协议的形式规范经销商经营产品组合的宽度,让渠道经销商合理布置业务组合,避免过度竞争造成的不利局面。

(2) 实行产品差异化。为了避免不同渠道之间发生窜货,企业可向不同的渠道提供不同的产品。为了避免多渠道冲突,还可以实行产品的差异化。首先,为不同渠道提供包装有差异的产品。限定其产品的销售渠道,以此让不同的渠道去覆盖不同的消费者群。其次,为一些特殊的大客户提供专门的产品。一般大客户的需求量较大,价格通常也是较为优惠,如果让这一部分货流到渠道中,就会对原有的渠道造成冲击,因此,需要向这种类型的客户提供特殊包装的产品。

(3) 确定合理的营销渠道规模。营销渠道规模的确定有两种决策背景,一是新建渠道,二是对原有营销渠道进行整合。根据消费者需求特性、目标市场和产品特性确定渠道的长度、宽度、广度,列出备选方案进行评估。

三、渠道合作/联盟

1. 营销渠道合作

渠道合作就是渠道成员之间的合作,意指渠道成员为了共同及各自的目标而采取的共同且互利性的行为和意愿。为了实现组织间和组织内部的目标,渠道成员的共同行为需要资源——资金、技能、能力以及与此相似的其他要素,合作是对资源对等交换的一种期待,因此合作也可以看成是依赖的一种外在表现形式。

(1) 营销渠道中合作与业绩的关系。大量研究表明,营销渠道合作会提高渠道成员的满意度。合作会带来协同效应,一般比不合作要更有效率。合作的效果可以用合作的收益减去合作的成本来衡量。合作的收益包括目标实现和每个参与者所获得的收益。合作的成本包括所丧失的部分决策自主权、稀缺资源的消耗,以及可能因合作方推出的产品有问题而对自己声誉的损害等。并且,研究发现,合作的程度越高,渠道绩效也越好,反之,合作的程度越低,业绩越差。

（2）营销渠道合作的方式。营销渠道合作方式是指一个渠道成员支持和帮助其他成员达到共同目标的方式。渠道合作的方式很多,如联合促销、联合展示、联合贮运、信息共享、联合培训、独家代理、地区保护、销售竞赛、销售培训等。不同行业和不同业态、不同规模下的企业可能采用不同的合作方式。如:针对超市、杂货店,制造商提供的是大量的合作广告津贴、有偿内部展示赠券处理补贴,而对于批发层面的经销商,制造商经常提供销售竞赛和销售培训。

2. 营销渠道战略联盟

（1）渠道战略联盟的含义。综合现有关于企业战略联盟的定义,战略联盟是两个或两个以上的企业为了达到各自的战略目标,通过协议而结成的长期伙伴关系。因此,战略联盟具有以下基本特征:组织的松散性(不是独立的公司实体)、行为的战略性(是长期的公司战略)、合作的平等性(是一种伙伴关系)、范围的广泛性(合作范围多种多样)和管理的复杂性(参与企业数量多,目标多样)。战略联盟最根本的特征,在于它是竞争合作关系,是介于市场与企业之间的一种特殊组织结构。联盟的企业之间虽然签署了超出正常市场交易的长期协定,但只是以市场机遇和契约为纽带,而非以资本为纽带,并未达到合并的程度。它不同于垄断组织和企业集团等其他经济联合体,联盟企业之间在合作中竞争,在竞争中合作,并在合作过程中获取更为强大的竞争优势。根据联盟企业在产业中的关系,战略联盟可分为横向联盟(同类企业的联盟)、纵向联盟(上下游企业之间的联盟)和跨产业联盟(不同的产业中的企业结成的联盟)。纵向联盟就是这里所说的渠道战略联盟。

（2）营销渠道战略联盟的动机及条件。制造商和零售商战略联盟动机和优势可分别从渠道成员的角度来说。对制造商来说,分销商能为其提供较大的价值。表现在低成本分销、更好的产品到达率、建立进入壁垒等。从零售商来讲,建立渠道战略联盟,能稳定供应、降低成本、实现差异化。总之,渠道联盟能为双方带来利润的持久竞争优势。

一个合适的渠道联盟必须同时满足三个条件:① 一方有特殊的需求。② 另一方有满足需求的能力。③ 双方都面临着退出关系的壁垒。联盟的基础是信任,是对另一方诚信及其对自己利益的真正兴趣的信心。经济性满足既是联盟的动因也是联盟的结果。这是因为作为一个成员从关系中得到的财务报酬越多,其信任度就会越高。这会加强联盟,也就会更有效地共同工作,甚至产生更多的报酬。联盟伙伴的选择是双方有互补性。建立联盟的时机是能够提供资源、成长和机会的环境。建立和保持渠道联盟的战略需要坚持、资源和耐心

（3）营销渠道战略联盟的类型。① 经销商之间的战略联盟。经销商建立联盟的动机是通过联盟形成的规模优势和垄断优势与供应商进行博弈,以获得更大的利润空间。借助买方市场的优势,经销商(尤其是大型经销商)们越来越善于运用资金优势、规模优势来建立成本优势和垄断优势。通过集中采购或建立经销商联盟,经销商们在营销渠道中有决定性的发言权。② 供应商之间的战略联盟。这种联盟通常是在购买者导向的市场上,随着产品同质化程度的加大和市场竞争的加剧,供应商对越演越烈的价格战苦不堪言,不得不通过达成一定的联盟(最初是价格联盟)来抵御价格的滑坡。这些联盟中的一些在经过较长时期的合作之后最终发展成了战略联盟,而更多的联盟却因外部环境条件的变化呈显动态性,事实上供应商之间的联盟多为在一定利益驱动下的短期行为。③ 供应商和经销商之间的战略联盟。这种关系根植于购买者导向的市场,是对客户导向的市场营销理念的客观反应。其目的和宗旨通常是通过

市场营销

供应链中上下游的联盟与合作,提高整个供应链的效益和效率,快速反映市场需求,为顾客提供更好更满意的服务。这种渠道联盟通常是由传统的交易关系演变而来的,而在长期交易中建立起来的信任和相互依赖的关系往往是战略联盟的基础。

第十四章　零售、批发与物流

零售业就在我们的身边,我们衣食住行的需要,大部分都是从零售业获得满足。20世纪90年代以来,我国零售业呈现出前所未有的发展,社会水平零售总额大幅度的增长,零售业态也异彩纷呈,越来越多的人们从事于零售业。渠道的扁平化、消费者对购物体验的要求也使得零售终端面临更多的机会和挑战。

第一节　零　售

一、零售的含义

零售是指直接将商品和劳务销售给最终消费者的一系列的商业活动。这里意味着几点:

(1) 零售的对象是最终消费者,它是对最终消费者的活动,这使得其和制造商、批发商区别开。制造商和批发商的活动对象是生产者和转售者,生产者和转售者购买商品的目的主要是生产加工或是转卖,关注的是经营效果,而最终消费者的购买用途是为了满足自身的生活消费需要,更关注的是从中获得的某种使用价值。

(2) 零售活动的内容不仅包括向最终消费者出售实体商品,同时也提供服务。零售活动中的服务既包含着伴随商品出售提供的各种劳务,如送货、安装、维修、培训等,也包含以纯服务为核心的商品,比如理发、教育等。

(3) 最终消费者不仅是指个人或家庭的购买者,也包括非生产性的社会集团。在我国,社会集团购买的零售额高达10%左右。

通常,零售活动相比于制造商和批发商的营销活动,有以下的特点:

(1) 交易次数多,平均每笔交易数额小。
(2) 零售购买中,消费者购买呈现出较强的的随机性。
(3) 零售商提供的商品种类具有综合性和细深性。
(4) 零售活动的场所多样化,可以在营业店铺中进行,也可以无店铺进行。

二、零售商的类型

零售商是指以营利为目的、以零售活动为基本职能的中间商,处于商品流通环节的最终阶段,承担着将商品从生产领域或流通领域转移到消费领域的使命。在社会消费领域中,数以万计的零售商不同程度地承担和实现这样的使命。按不同的标准,零售商有不同的分类和特征。

1. 按经营方式分类

(1) 零售商店。零售商店是一种传统的零售方式,这些商店种类繁多,规模差异也很大,经营产品的范围各具特色,是消费者最经常接触的零售方式,顾客到店中可以随意挑选和购买自己所需要的商品。

(2) 邮购和电话购物。将商品目录寄给消费者,商品目录印刷精美,商品的照片、价格及尺寸、编号等信息一一分列在上面,消费者则通过目录的介绍来购买自己所需要的商品,然后将订单和支票寄给售货公司,消费者要负担运费。

(3) 自动售货机。自动售货机在不少经济发达的国家已经很普遍,在我国也有一些城市和行业采用自动售货机销售商品。所出售的商品包括小食品、冰激凌、饮料、香烟、报纸、袋装冰块等。

(4) 流动售货车。通过流动售货车售货也是零售的方式之一,如夏季流动的冷食、冷饮车等。流动售货车的零售形式在我国已发展成为地摊形式,而且从事这种行业的人员规模相当可观,这些人通常使用一辆三轮车,早出晚归,摆摊经营,从服装、百货到食品,一应俱全。

2. 按经营商品范围分类

(1) 专卖店。专卖店是专门经营某类商品的商店。如照像器材商店、自行车商店、鞋店、文具店等。

(2) 百货商店。百货商店经营的商品种类多,故称百货商店。商品有食品、服装、五金、电器、针纺织品,又有文化和体育用品等。百货商店有三种组成形式:独立百货商店、连锁百货商店、百货商店所有权集团。

(3) 传统的超级市场。超级市场一般规模较大,经营产品的范围既深又广,不仅种类多,而且每种产品中可供选择的型号、式样等也较多。大多数商品的售货方式都采用自选,顾客感到十分方便。

(4) 便利店。一般选址在社区内部或附近,规模较小,最大特征是为消费者日常生活所需要的一切消费品和服务提供方便的购买。

(5) 其他:如超级商店、ShoppingMall、康保商店、特级市场等。

3. 无店铺零售业

随着网络及通讯业的发展,产品的销售突破了传统的实体店模式,出现了大量虚拟店铺或无店铺销售。无店铺零售业主要有以下类型:① 邮购和电话订购零售业。② 挨户访问推销零售业。③ 购买服务。④ 自动售货。

4. 按连锁类型分类

按连锁类型可将零售商分为正规连锁店、自愿连锁店和特许连锁店。

连锁商店是指由一家大型商店控制的,许多家经营相同或相似业务的分店共同形成的商业销售网。其主要特征是:总店集中采购,分店联购分销。连锁商店出现在19世纪末到20世纪初的美国,到1930年,连锁商店的销售额已占全美销售总额的30%;50年代末、60年代初以来,欧洲、日本也逐渐出现了连锁商店,并得到迅速发展;到20世纪70年代后期,连锁商店全面普及,逐步演化为一种主要的商业零售企业的组织形式。

正规连锁店，同属于某一个总部或总公司，统一经营，所有权、经营权、监督权三权集中，也称公司连锁、直营连锁。分店的数目各国规定不一，如美国定为 12 个或更多；日本定为 2 个以上；英国是 10 个以上分店。正规连锁店的特点有：所有成员企业必须是单一所有者，归一个公司、一个联合组织或单一个人所有；由总公司或总部集中统一领导，包括统一人事、采购、计划、广告、会计管理等；成员店铺不具企业资格，其经理是总部或总店委派的雇员而非所有者；成员店按标准化经营，商店规模、商店外貌、经营品种、商品档次、陈列位置基本一致。

自愿连锁店。各店铺保留单独资本所有权的联合经营，多见于中小企业，也称自由连锁、任意连锁。正规连锁是大企业扩张的结果，目的是形成垄断；自愿连锁是小企业的联合，抵制大企业的垄断。自由连锁的最大特点：成员店铺是独立的，成员店经理是该店所有者。自由连锁总部的职能一般为：确定组织大规模销售计划；共同进货；联合开展广告等促销活动；业务指导，店堂装修，商品陈列；组织物流；教育培训；信息利用；资金融通；开发店铺；财务管理；劳保福利；帮助劳务管理等。

特许连锁，也称合同连锁、契约连锁，它是主导企业把自己开发的商品、服务和营业系统（包括商标、商号等企业象征符号的使用，经营技术、营业场合和区域），以营业合同的形式给规定区域的加盟店授予统销权和营业权。加盟店则须交纳一定的营业权使用费，承担规定的义务。特许连锁的特点是：经营商品必须购买特许经营权；经营管理高度统一化、标准化。麦当劳连锁店一般要求特许经营店在开业后，每月按销售总额的 3% 支付特许经营使用费，肯德基连锁店的这一比例一般是 5% 左右。

三、零售商的营销决策

为将商品从生产领域或流通领域向消费领域顺利转移，零售商不仅要满足不同消费者的不同需求，还要调节生产与消费在时间、空间、数量、质量、品种和信息等方面的矛盾，零售商需要对产品、价格、渠道等方面进行。

1. 目标市场

零售商最基础也最重要的一个决策就是确定目标市场。在确定了目标市场并勾勒出其轮廓之后，才能对产品组合、商店环境设计、定价和广告形式以及服务水平等决策做出合适且一致的选择。

随着竞争的加剧，人们的个性化需求越加凸显和分化，使得零售市场逐渐细化，不再是早期简单的按照地理或是购买量来划分，而更多加入消费者的消费行为特征和心理特征的考虑，并且不断引入新的产品线提高相关度更高的服务，借此开发每一个可能的市场。例如，北京远洋未来广场购物中心以 30~40 岁白领女性为核心人群，在引入女性自身相关产品外，还包括和家庭成员整体相关的生活用品，并在视觉、听觉和嗅觉方面进行特别的细节设计营造精致优雅的女性气质；屈臣氏的目标客群则是年轻的扎着马尾辫的女孩形象，年龄段 15~30 岁以上或以下都不是它的核心目标客群；而美国的热点（Hot Topic）引进 Torrid，销售超大码的女孩衣服。

2. 产品选择

零售商所经营的产品品种必须和目标市场可能购买的商品相一致。但由于零售商所涉及的产品品种和数量都比较多，需要对产品进行分类并确定这些产品的角色和策略，决定它们的宽度和深度，并进行有效的管理。

品类定义：以消费者对同类商品在某些特性上的共同认知为前提，根据市场需求确定商品组合以便进行销售。具体是指品类的结构,包括次品类、大分类、中分类和小分类,只是这些分类应以消费者认知为出发点,而非企业自身习惯。品类定义的结果直接影响企业的决策结果,进而影响购物者的满意程度。例如,多数购物者习惯到婴儿用品区购买婴儿纸尿裤,如果将其归入纸品类,做产品销售业绩评估时,其表现多半不如卷纸、面巾纸等,且也比如造成多数购物者不易找到或花费更多时间才能找到。

品类角色:零售商经营的商品成千上万,但人员配置、资金等资源均有限,不可能给予所以品类同等的支持。品类角色的确定目便是让众多的商品在分类基础上,进行分工协作,以共同实现企业赢取市场和利润的目标。品类角色在一定程度上是企业根据自身的优势、市场的需求程度,对不同品类进行决策重点的倾斜,是用于确定资源投放的指标。一般来说,基于顾客对商品的需求程度,零售商所经营的品类可以分为4种角色:目标性、常规性、季节性/偶尔性和便利性①,见表14-1。

表14-1 品类角色定位

品类角色	含义	举例
目标性品类	该品类是该商店与众不同的卖点,具有吸引消费者消费的特性,带给消费者一致及具有明显优势的价值,消费者会为了购买这项商品而专程前来。	如家乐福的红酒,大润发的猪肉,老同盛的南北货等。
常规性品类	满足消费者日常大部分需求的商品,经常购买,各家商店都有售卖	如日用品、粮油、饮料等。
季节性/偶发性品类	满足消费者特定时点或偶发状况需求的商品。	如年货、月饼、电风扇、便利店提供的雨具等。
便利性品类	满足消费者一次性购足而增加的品类,带给消费者随时购买的便利。	大卖场中的小五金物品,便利店的杂志、影印、充值服务等。

品类策略:品类策略是基于明确的品类角色定位和品类评估基础上的,品类角色定位要求品类商品达到零售商所期望的目标,而品类评估和相应的指标清晰地呈现了目前各品类的经营状况,品类策略即是基于目标和现状,利用商品组合、促销、定价等方面的策略性手段达到企业对品类角色的预期目标,见表14-2。

表14-2 常见品类策略与评分指标

品类策略	品类评分表指标
客流量	高市场份额、高购买频率
客单价	客单价
提升利润	毛利率;周转率
增加现金流	周转率;购买频率
增加交易量	高销售额、客单价和购买频率
提高客户服务水平	订单满足率、缺货率

---

① 沈荣耀主编:《品类管理实务》,东北财经大学出版社,2013年版,第56页。

3. 商店环境与服务

一个商店与另一个商店的差异化体现在他们的商店环境和服务组合上,前者是可见性的、直接的区分,而后者是隐性的却也是长期的差异化。

每一个商店都有一个实体的布局,考虑到人们行走、购物以及休闲的方便,以及不同品类、品牌的角色和定位,使人们购物便利的同时愿意停留在此。每一个商店或品牌都有一个门面和自己的空间,也必须精心构思,从店堂的布置、产品的展示到互动的陈列以及音乐、灯光等等,使其能有一种适合目标市场的气氛和体验。超市的相关研究发现,改变音乐节奏会影响顾客的平均逗留时间和平均开支,有的零售企业还在特定柜台喷洒香水,以刺激购物者的情绪。

服务已经开始成为零售商们实现差异化和增值的重要来源。零售商一般要决定向顾客提供基本的服务组合:售前服务——接受电话咨询或是订货,广告、商品目录等信息,试衣间,时装表演等;售后服务——送货上门,礼品包装,商品调整和退货,换货和定制,安装等;辅助服务——免费停车,修理,休息区域,婴儿照看,赊账交易等。同时,零售商也要考虑根据不同顾客采取不同的服务提供,尤其借助日益强化的数据处理能力和电子商务,比如泰迪熊的销售商提供在线体验,允许一些顾客在该网站上在线模拟定制自己的泰迪熊,包括大小、肤色、毛色、眼睛等等,而沃尔玛则在一些店内安装顾客自助付款通道来帮助赶时间的顾客。这些都逐渐改变着人们的购物体验,也开始零售商行业的差异化阶段。

4. 价格决策

零售价格对商品销售起着重要作用,既可以使商品迅速销售,也可能使商品无人问津。零售商希望通过高价格高销售量获得高利润,但消费者却要物美价廉。零售商由于处于供应商与消费者之间,因此除了受到消费者对价格接受的影响,供应商提供的商品价格以及对零售价的要求、国家对零售价格管理的政策和法律等,同样影响着零售商的价格决策。因此,价格必须根据目标市场、品类角色和竞争的有关情况综合加以确定。

根据价格定位分类,目前大部分零售商可以分为高价低销量或低价高销量两大类。前者以高级专卖店为主,后者如大卖场、折扣商店等均是。在总体定价定位基础上,零售商还必须重视定价战术。根据不同时期市场和销售情况,进行价格组合及调整。比如,许多零售商会对某些产品标价。

对于不同的品类角色,零售商也会根据竞争状况和自身预期目标进行不同的定价。如目标性品类代表商店的形象,是消费者在该商店的首选品类,其价格必须有竞争性,例如苏果的生鲜、麦德龙的进口商品等,而相反的是便利商品,它属于补充性品类,是为了满足消费者一次性购足的需求而销售,其价格往往不具敏感性,所以不用采用煽动性价格。

5. 促销决策

零售商面对着广泛分散的消费群体,相应地也广泛运用各种促销工具以促进交易和购买的发生。他们大量使用传统的大众传媒发布广告信息,应用目录营销传递产品和价格信息,进行特价销售,并且发放诸如买赠或抵扣购买金额等不同形式的优惠券,在商店现场提供样品的品尝或是试用,进行常客计划,增加对经常购买者的优惠反馈活动。

此外,也逐渐借助各种新的媒体和平台进行信息互动和产品促销。比如,星巴克创建官方微博,借助这个平台和消费者直接进行对话,每天如老友一般问好互动,并提供大量生活和产品信息。麦当劳通过微信公众号提供电子优惠券,并借助二维码扫描技术,在公交站牌上设置动态广告,受众可以参与活动,在不同时段扫描公交站牌上间隔出现的二维码,可以获得领取免费产品的机会或是产品优惠券。

虽然每个零售商都在使用这些促销工具,但并非简单的累加运用,每个零售商都在努力充分利用促销工具来靠近消费者,支持和加强其形象定位。麦当劳的广告和促销信息不会在《名利场》上出现,而仁和春天的画面同样不会在公交车身上看到。

6. 地点决策

零售业总是强调零售成功的三个关键因素是"地点、地点、还是地点"。顾客总是习惯选择离他们最近的银行和加油站。

一般来说,零售区位的选择要考虑三个方面:地区分析、区域分析和地点分析。地区分析是广泛的,可以是国家、省份、地市等,主要考虑在一个地区内,市场潜力和吸引力的特殊性和变化,包括需求的测量、购买力指数、目前市场饱和情况以及市场发展潜力和可能的其他影响因素。而区域分析的核心是一个城市内零售潜力的变化可能,是在地区再分成较小的分区或片区基础上,评估每一个分区或片区内的供求因素。地点分析则是地点选择的最后一步,即评估具体地点,鉴别区域里的有效地点,并评估和比较这一个或几个地点建立新店的可行性。

四、发展趋势

(1) 消费者行为变化——跨渠道消费。消费者的消费观念日益发生变化,越来越多的消费者选择线上和移动终端等新的购物方式,体验多渠道购物的便捷。

(2) 市场环境发生变化。包括市场格局、分销渠道、经营模式和产业链位置都发生变化。

零售市场格局变化——线上线下同台竞技。随着信息技术在商业领域的不断应用及衍生,零售格局发生变化,出现了诸如阿里、京东、一号店、当当等一批知名网络零售商及零售服务企业,从购物场景、支付手段、仓储物流、运营及管理思路,对传统零售产生了革命性的冲击和影响,电商与传统零售商同台竞技的时代已经到来。

分销渠道变化——更加扁平化。最好的例证就是平台型电商网站中,品牌生产商与零售商的同时入驻。生产商可以跳过传统的分销渠道,在网络平台上建立虚拟门店,直接向消费者展示商品、发布促销信息、新品信息,并进行交易。

经营模式变化——探索O2O和全渠道。线上线下相互融合的趋势,使得企业的经营思路和模式发生变化,零售商更加注重消费者的体验。据易观智库监测数据显示,2013年中国O2O市场整体规模(以线上线下品类重合以及支付、仓储、物流等后台打通部分的销售额为统计目标)达4 623亿元,与2012年相比增长69%,行业发展方兴未艾。

产业链条位置变化——零售商向上游延伸。零售商间竞争的加剧、商品的同质化导致单纯的分销服务利润偏低,促使零售企业开发自有品牌商品,向产业链上游延伸,零售商与供应商的界限不再清晰。

(3) 技术进步带来的变化。移动互联技术驱动行业变革,手机网民数量大规模增长,使零售业走出跨越式发展路径;云计算丰富企业营销手段,节省单个企业的硬件投入,引导产业革命和升级;大数据分析开启精准营销,使企业的决策不再基于感性认识,而是基于理性的科学分析。①

---

① 中国连锁经营协会:《〈零售新营销时代报告〉的主要发现》,2014年版。

第二节 批　发

一、批发和批发商

1. 批发的概念

批发是指将商品或服务售给那些以再出售或企业使用为目的的用户的过程中所发生的一切活动。批发商则是从事该活动的中间商,也称为分销商,他们处于流通过程中间环节。

虽然同属于流通过程,同样促进了商品的流通,批发商还是有一系列不同于零售商的地方。

首先,批发商的交易对象是以企业为单位的顾客,而非最终消费者,所以较少考虑到店址、环境氛围以及现场促销等直接影响终端消费者购买意愿的因素;第二,批发交易的规模一般大于零售,所涉及的交易领域也大于零售商,即不仅仅限于消费品;第三,在相关法律和税收等方面,政府对于批发商和零售商也是区别对待的。

2. 批发商的类型

批发商可分为以下四大类:

(1) 商业批发商。商业批发商是独立企业,对其所经营的商品拥有所有权,也被称作中间商、分销商或者配售商。商业批发商还可以进一步细分为完全服务批发商和有限服务批发商。完全服务批发商执行批发商的全部职能,而有限服务批发商只执行批发商的部分职能和提供部分服务。

(2) 经纪人和代理商。经纪人和代理商不拥有商品所有权,主要功能就是促进买卖,获得销售佣金。

经纪人的主要作用是为买卖双方牵线搭桥,由委托方付给它佣金。经纪人不存货,不卷入财务,不承担风险,多见于食品、不动产、保险和证券行业。

代理商主要有以下几种类型:

第一,制造代理商。这种代理商通常和几家制造商签订正式合同,按合同中所规定的销售区域、价格政策、订单处理程序等要求,替制造商销售全部或部分非竞争性产品,制造商按照销售的一定比率支付佣金。制造代理商对每个制造商的产品线都很熟悉,且接触面广,有助于制造商的产品销售。

第二,销售代理商。这种代理商在签订合同时代理制造商销售全部产品。销售代理商通常没有地区限制,对价格、付款及其他销售条件方面有较大的权利,其功能如同制造商的销售部门。

第三,采购代理商。这种代理商通常与买方有长期的合作关系,不但替买方采购,而且还包括进货、验货、仓储和送货等服务。他们能为买主提供信息,并且帮助买主选择良好的商品及恰当的价格。

第四,佣金商。指将产品运送到市场进行协调交易的代理商,与生产者通常没有长期的雇佣关系,这种代理商大多从事农产品的代理业务。

(3) 制造商和零售商的分部和营业所。这类批发商主要有两种形式:一是制造商自己开设的销售分部和营业所。销售分部备有存货,常见于木材、汽车设备和配件等行业,营业所不存货,主要用于织物和小商品行业;另一个是采购办事处,作用与采购经纪人和代理商的作用相似,但采购办事处是买方组织的组成部分。

(4) 其他批发商。主要存在于某些特定经济领域的批发商,如农产品集货商、散装石油厂和油站、拍卖公司等。

二、批发商的营销决策

由于近年新技术的发展和渠道扁平化的趋势,出现了竞争的新力量,且在实践运行中,生产商、批发商和零售商之间的分工界线也越来越模糊,而顾客的需求越来越多样化、个性化。

批发商面临着日益增加的竞争压力和转变要求,通过制定合适的战略对策,在目标市场、产品品种和服务、定价、促销等方面都进行了策略调整和改进,以有效的管理其存货和应收账款提高效率,提供更多的商品和服务选择以补充和强化其在渠道环节中的地位和作用。

1. 目标市场

批发商应该明确自己的目标市场,对于批发商,这是个可能容易模糊的界定问题,是零售商还是终端顾客？美国和日本批发业为了应对环境变化,采取了强化批发的零售支援职能的战略,即增强为零售企业服务的观念,提供支援活动以期达到零售企业的繁荣,并借此建立零售商对自己的依赖关系,以便巩固自身的存在基础。但二者零售支援的出发点不同,日本批发商往往把交易对象——零售商看成是目标顾客,把零售支援活动看成是销售商品的一个途径,为了追求以更高的效率转卖商品,高度重视批发的信息和物流职能,并对此类能力较弱的零售进行支援。而美国的批发商则把终端消费者看成目标顾客,与零售企业一起担负唤起消费者的需求、吸引消费者入店的任务。不同的目标市场界定带来不同的战略关注点和策略实施。

2. 产品品种和服务

批发商的产品是指所经营的品类品种。批发商迫于巨大的压力,常常备有充足的库存和齐备的花色品种,以便获得更多的零售商,并随时保持供货。许多批发商往往更关注品类品种的数量和产品的规模,而缺乏科学的产品品类管理。如今,在更大的竞争压力和更高的效率要求下,批发商应该重新研究目标顾客,决定应该经营多少品种,以及相应的商品结构、销售和利润结构,进行合理的配置,这也是有效提高顾客响应效率的一个途径。

对国内的批发商而言,服务或许是在批发商的原有渠道作用发挥空间受限后进行角色转型的一个方向。从原来单一的集采分销、仓储转运的主要传统功能,转向提供更快速的市场信息、更先进的分销系统并提供客户需要的附加值服务。W.W.格兰杰公司是北美一家主要的设备、零部件的B2B分销商,其2002年的销售额为46亿。格兰杰建立了600个分支机构、17个地方性分销中心和4个互联网网站,分销中心通过卫星网络来连接,保证了产品的供应和快速服务,也大大缩减了顾客反应时间并扩大了销量[①]。

3. 定价决策

批发商的利润来源主要是买卖差价,他们通常的定价方式是传统的成本加成方式,即在货物成本基础上,加上一定的比例,作为费用的补偿和利润部分。但在日益增长的成本和竞争压力之下,批发商一方面通过降低一些商品的定价,让利与顾客,以获得新的重要顾客,并以此扩

---

① [美]菲利普·科特勒凯文·莱恩·凯勒:《营销管理》(第12版),梅清豪译,格致出版社,上海人民出版社,2007年版,第584页。

大销售规模获得供应商的价格折扣和相应的绩效奖励;另一方面,通过服务增值来带来新的销售和利润空间。

4. 促销决策

批发商面对的直接顾客是零售商,促销策略的对象也以零售商为主。尽管促销对批发商来说,也是至关重要的,但大部分批发商并不把考虑的重点总是放在促销上。贸易广告、展销会、人员销售、销售促进以及公共关系,一方面一些促销和传播工具都并不太适用于批发商与零售商的关系,比如广告、公共关系,相较而言,它们对中间商市场来说重要性较低,成本效应也不明显;另一方面,由于长期以来,批发商一直扮演的是中间转售角色,使得这些促销组合使用的效果过于松散,对这些促销工具的使用缺少计划也缺少相应的专业性。批发商仍然习惯将卖东西视为销售人员与顾客之间的简单对话和劝服,而非销售团队共同销售,共同建立、服务客户的结果。因此,主要依赖销售员和相应的销售政策达到促销目标。批发商同样需要采用零售商经常采用的一些针对非个人的促销方式,需要根据市场布局及客户结构制定一个全局性的促销战略,从而更好地利用供应商提供的促销物资和促销活动,并促进零售商的共同销售。

三、发展趋势

批发商具备的许多传统优势职能,比如集采分销、仓储转运、调节供需、信息集中等,在新型流通格局下,这些传统批发只能正在被大范围分解和替代。一方面,网络信息技术的发展使厂商和消费者之间的信息不对称程度大大降低,流通过程本身就存在扁平化的动机,而新型网络交易平台及电子商务的日趋成熟又为扁平化提供了可行路径,很多厂商直接承担采购分销、仓储转运、调节供需等传统批发职能;另一方面,多元化新型流通中介的纷纷崛起也以不同方式分担着传统批发的部分职能。总体上,一方面,批发商仍然面临着过去十余年持久趋势的困扰——价格提高的强大阻力和淘汰那些不能基于成本和质量增加产品价值的供应商,另一方面,他们又面临着新的趋势问题——传统批发职能正通过各种渠道被逐步分解和替代出去。

对批发商,或许意识到,两种方式去面对这新旧趋势:通过增加整个营销渠道的效率和功效来实现商品增值,应对价格提高的阻力和淘汰的压力;通过增加对零售商的服务,包括零售价格的制定、广告合作、市场管理信息报告、财务服务、在线交易、商品信息系统以及其他,来转变原来的渠道角色,成为渠道价值传递和增值的一个有效环节。虽然成本增加的压力和服务增加的要求,都在不断挤压着批发商的利润,不过,如今随着计算机化、自动化以及网络平台的系统使用不断增加,也有助于批发商抵消订货、运送、仓储、服务等方面的成本消耗,提高效率。

第三节 物 流

一、概述

1. 物流的概念和职能

与传统的财务、营销、生产领域相比,企业物流是一体化管理中较新的一个领域。虽然个体从事的物流活动由来已久,企业也一直不断地从事存储、运输活动,但这里所指的物流是指对相关活动进行协调管理的概念。物流能够增加产品或服务的价值,而增加的价值对提高客户满意度和实现销售十分重要。美国物流管理学会把物流定义为：物流是为迎合顾客需求而对原材料、半成品、产成品及相关信息从产地到消费地的高效率、低成本流动和存储而进行的规划、实施和控制过程。

物流管理者的使命是尽可能高效地根据客户的需要和要求向客户提供产品和服务。换言之，物流的使命是使正确的商品或服务在正确的时间、以良好的状态到达正确的地点，同时对企业做出最大贡献。

2. 物流发展的背景

在商业领域里，正在发生着令人瞩目的变化，全球化信息网络和全球化竞争市场日益形成，技术进步和需求多样化使得产品生命周期不断缩短，企业面临着缩短交货时间、提高产品质量、降低成本和改进服务的压力。原有的观念及赖以成功的经验及技巧都将面临着重新检视，新的观念和战略日益代替着旧的经营方式。在整个商业再造中，物流管理最有代表性，它为日新月异的创新提供了肥沃的土壤，给社会带来了巨额利润，被称为"第三利润源泉"。人们开始普遍重视物流研究，纷纷提出"向物流要利润"的新的经营理念，究其原因主要有：

（1）物流成本很高。根据国际货币基金组织的研究，物流成本平均约占全球国内生产总值的12%，对企业而言，物流成本占销售额的比重从4%到超过30%不等。无论怎样估计物流成本，对大多数企业而言，物流成本都是很高的，仅次于所销售产品的采购成本。尽量降低物流成本就可以增加价值，并将收益传递给客户和企业的股东。

（2）供应和分销线路很长，造成产品的生产流通时间冗长。据统计，在整个生产过程中，如机械制造行业的切削工艺过程，零件真正在机床上的全部切削时间只占5%左右，其余95%左右的时间是零部件等半成品或制成品处于装卸、搬运、工业包装、运送等流转过程中，即辅助性生产过程。这些辅助生产过程严重地牵制着整个生产过程，占去了大量时间。

（3）物流增加客户价值。如果产品和服务不能在客户所希望消费的时间、地点提供给客户，它就不存在价值。当企业支付一定的费用将产品运送到客户处，或者保持一定时期的库存时，对客户而言，产品就具有了价值。这一物流过程和提高产品质量或降低产品价格一样可以创造价值。

（4）从物资的库存价值出发，一般而言在工业企业中，各种物资的库存价值约占企业资金的30%左右，在流通领域中商品和其他物资的库存价值约占企业流动资金的75%左右。企业急需减少物资积压，加速资金周转，畅通物流。

（5）与科学技术进步、计算机广泛应用有关。计算机的高速运算能力和大量存储特性，使物流系统大量信息的科学处理成为可能。

3. 物流要素

物流管理由许多具体的活动组成，人们进行物流活动的方式也多种多样，但不管用什么样的方式进行什么样的具体物流活动，都需具备以下三个最基本的物流要素：

（1）流体。指物流中的"物"，它是处于不断流动状态的。流体具有社会属性和自然属性。社会属性指其所体现的价值，以及生产者、采购者、物流作业者与销售者之间的各种关系；自然属性是指其物理、化学、生物属性。物流管理的任务之一是要保护好流体，在物流过程中需要根据自然属性合理安排运输、保管、装卸等物流作业。

（2）载体。指流体借以流动的设施和设备。载体分成两类：一类是直接盛载并运送流体的设备，如车辆、船舶、飞机等；另一类是指基础设施，如铁路、公路、水路、港口、车站、机场等基础设施。物流载体的状况尤其是物流基础设施的状况直接决定物流的质量、效率和效益。

（3）流向。指流体从起点到止点的流动方向。物流的流向有三种：一是自然流向，指根据产销关系所决定的产品的流向，这表明一种客观需要，即商品要从产地流向销地；二是市场流向，指根据市场供求规律由市场确定的商品流向；三是实际流向，指在物流过程中实际发生的流向。对于某种商品而言，可能会同时存在以上几种流向。

物流的流体、载体和流向三要素之间有极强的内在联系，如流体的自然属性决定了载体的类型和规模，流体的社会属性决定了流向，载体对流体有制约作用，载体的状况对流体的自然属性和社会属性均会产生影响。因此，正确处理好物流活动三要素之间的关系能够降低物流成本、提高企业效益、提升企业服务的质量和效率。

二、物流系统

物流体系根据不同的标准有不同的分类，最常见的分类是将其分为社会物流和企业物流两类。社会物流又常被理解为第三方物流，即指由物流劳务的供方、需方之外的第三方去完成物流服务的物流运作方式。第三方就是指提供物流交易双方的部分或全部物流功能的外部服务提供者，简单说就是不属于某个厂商或零售商的专业化的物流服务供应商，这个服务供应商通常不专属某个企业或只负责某一特定企业配送工作的，而是服务于不同零售商。定义是关于整个企业物流运作的系统，包括企业内的生产、供应、销售、回收及废弃等物流。企业物流又因不同行业和不同业态可以分为多种物流模式，如生产型物流、批发型物流、仓库营运型物流等，不同的物流模式有不同的物流体系建设方法。

1. 从管理部门角度划分物流体系

物流体系如果从管理部门的角度进一步划分，可分为管理中心、销售中心、采购中心、结算中心和配送中心五大部分。

（1）管理中心是物流体系的总部，是整个体系的最高权力机构，负责整个体系的宏观管理、关键业务管理以及体系运作分析等。宏观管理主要是网络建设、宏观调控、政策制定、资源配置、职工培训等。关键业务管理主要有信息采集和分析、商品立项、合同谈判、价格策略制定、中央结算等。管理中心一般应设置财务部、技术部、人力资源部、办公室、采购部、配送部、物价部、市场部等部门。

（2）销售中心是收受客户订单的部门，是系统主要的销售渠道。

（3）采购中心是向供应商下订单的部门，是系统的进货渠道。

（4）结算中心是财务部的一个分支机构，主要负责同供应商及客户结算物流活动中的各种费用。

（5）配送中心是物流体系的主要储运配送机构，负责货物的验收、储存、货位管理、分拣、退货及相关区域的配送工作。在物流体系中可以有多个配送中心，特殊情况下在体系中可能还有配送中心所属的配送站，这是配送中心的一个延伸。

2. 从运作角度划分物流体系

如果从运作的角度划分，物流体系又可分为作业系统和信息系统两大部分。

作业系统主要指企业运作的工具、设备、场地等物理作业系统，如分拣系统、运输设备、GPS定位设备、数字化仓库等。信息系统则是整个体系的控制中心，所有控制指令和运作数据都来自于它，它是现代化物流体系的核心。

作业系统和信息系统是整个物流体系不可缺少的部分,但它们的建设却是可以分步进行的,关键是整体的设计。这里重点介绍信息系统的构成。

信息系统是有层次的,信息系统的不同部分是针对不同的使用者而设计的,信息系统的层次划分和建设也体现了一个系统的完整性和先进性。

信息系统可分为四个层次:业务管理、管理控制、决策分析及战略计划。四个层次成金字塔排列,最低层的业务管理是整个信息系统的基石,只有这个层次管理好了,才能向上一层次的系统提供准确的数据,才能保证整个系统的正常运行。管理控制是业务管理的一个发展,更加注重数据所反映的业务运作的情况,从而加强对业务的控制,即可控性。决策分析是对大量的业务数据进行整理、抽取、聚类、建模、挖掘等处理,从而让数据展现业务运作的一些内在规律和经营状况。通过决策分析,企业管理者可以更加科学地制定发展战略和经营方针。战略计划是金字塔的顶尖,在现有的信息系统中还几乎没有,这一步还停留在探索研究阶段。

物流体系信息系统的建立,要与物流运作相适应。一个系统无论设计得多么好,如果不能与实际操作相匹配,那么这个系统就是不成功的。因此系统设计与运作流程丝丝相扣是非常关键的。

三、物流客户服务

1. 客户服务的定义

从物流角度来看,客户服务是一切物流活动或供应链流程的产物,是在把产品和服务提供给消费者的过程中所有要素间的一种互动关系。尽管具体情形有所不同,但这些要素主要包括以下一些方面:存货水平、配送频率、配送的持续性和可靠性、订单管理的便捷程度、从接受订单到令人满意的安装或消费之间的时间。在客户服务过程中,关键的问题在于,如何在计划好的服务水平上,使公司的顾客服务与成本控制相协调。服务水平过高,会带来高额的、且无法通过定价来收回的成本支出;服务水平过低,可能有效地控制成本,但很难从潜在客户那里得到积极的回应。因此,通过仔细的研究、计划和试验,寻求顾客服务水平与成本支出之间的平衡是十分重要的。

2. 客户服务的要素

从企业整体来看,客户服务一直被当作是营销战略的基本内容。但由于很难判断客户行为的动机,几乎不可能确切地定义客户服务,因此客户服务由哪些因素构成及其如何影响消费者的购买行为一直是许多研究的中心问题。通过对顾客服务实践的调查和研究,一些学者把影响顾客服务的因素归结为交易前、交易中和交易后三类。

(1) 交易前因素为好的客户服务营造氛围。主要包括:向客户提供关于客户服务的书面陈述,诸如订货后何时送到、退货和延期交货的处理程序、运输方法等,以使客户了解可期望得到什么样的服务;制定应急服务计划以应付工人罢工或自然灾害影响正常服务的情况;创建实施客户服务政策的机构。此外,为客户提供技术培训和技术手册也能改善买方和供应商之间的关系。

(2) 交易中因素是直接导致产品送达客户手中的因素,包括:设定库存水平;选择运输方式;建立订单处理程序等。这些因素又会影响送货时间、订单履行的准确性、收到货物的状态、存货可得率。

(3) 交易后因素代表一系列服务,这些服务包括:产品使用时的服务支持;保护客户利益不受缺陷产品损害;提供包装(可返还的瓶子、托盘等)返还服务;处理索赔、投诉和退货等。这些活动发生在产品售出之后,但是必须在交易前和交易阶段就做好计划。

3. 客户服务的作用

随着物流概念的成熟,人们越来越认识到客户服务已成为企业物流系统,甚至整个企业成功运作的关键,是增强企业产品差异、提高产品及服务竞争优势的重要因素。企业物流中的顾客服务的重要性主要表现在以下三个方面:

(1) 提高销售收入。顾客服务通常是企业物流的重要要素,它直接关系到企业的市场营销绩效。通过物流活动提供时间与空间效用来满足客户需求,是企业物流功能的产出或最终产品。无论是面向生产的物流,还是面向市场的物流,其最终产品都是提供某种满足客户需求的服务。市场上竞争模仿日益增加,服务是产生差异性的主要手段。

目前,存在这样一种不断发展的趋势,即期望通过服务使产品差异化,通过为客户提供增值服务从而有效地使自己与竞争对手有所区别。在许多情况下,客户对企业所提供的服务水平的变化与对产品价格的变化一样敏感,尤其是与其竞争产品的质量、价格相似或本质相同时,物流服务活动可以区别在客户印象里没有区别的产品。一般来说,提高客户服务水平,可以增加企业的销售收入,提高市场占有率。

(2) 提高客户满意度。顾客服务是由企业向购买其产品或服务的消费者提供的一系列活动。现代市场营销观念认为,从满足消费者需求角度来看,一切产品应具有三个层次的含义:核心含义、形式含义、延伸含义。

第一,产品的核心含义是指产品提供给客户的基本效用或利益,这是客户要求的中心内容;第二,产品的形式含义即产品本体,是指产品向市场提供的实体和劳务的外观,是扩大化了的核心产品,也是一种实质性的东西,它由五个标志所构成:产品的质量、款式、特点、商标和包装;第三,产品的延伸含义,也称增值产品,是指客户购买产品时得到的其他利益的综合,这是企业附加在产品中的价值,它能给客户带来更多的利益和更大的满足。增值产品所带来的效用是对有形产品的补充,如维修服务、咨询服务、交货安排等能够吸引客户的无形产品。从这个意义上来说,物流客户服务是一种增值产品,增加购买者所获得的效用。客户关心的是所购买的全部产品,即不仅仅是产品的实物特点,还有产品的附加价值。物流的顾客服务就是提供这些附加价值的重要活动,对于客户反应和客户满意度产生重要影响,这与价格和其他实物特点产生的作用是相似的。从本质上来说,物流功能是买卖交易的最后阶段,顾客服务的水平在交易进行时自动产生。良好的顾客服务会提高产品价值、提高客户的满意程度。因此,许多企业都将顾客服务作为企业物流的一项重要功能。

(3) 留住客户。过去,许多企业把重点过于放在赢得新客户而很少放在留住现有客户上,但是,最近研究表明留住客户的战略越来越重要。贝恩咨询公司的研究显示,留住客户和公司利润率之间有着非常高的相关性,这是因为保留住客户可以留住业务;在老客户中销售、广告和开办成本较少;比开发新客户的服务成本少;满意的客户会支付溢价。企业需要记住的最重要的问题是对服务提供者感到不满的客户将被竞争对手获得,从而降低了企业的利润而增加了竞争对手的利润,这就要求企业必须尽量满足现有客户的服务要求,尽量为保留现有客户努力。从这个方面看,贝恩公司发现服务质量、留住客户和利润率之间存在联系也就不足为奇。留住客户已成为企业的战略问题,物流领域高水平的客户服务能够吸引客户并留住客户,因为对于客户来说,频繁改变供应商会增加其物流成本及风险。

第十五章　营销传播过程与方案设计

第一节　营销传播概论

一、营销传播含义

因研究角度的不同,"传播"一词在许多传播学相关书籍中有着不同的界定,但这些不同的定义中共性的内容是"一种信息的流动",借助信息的流动来获得信息流动两端的沟通一致。而在市场营销中,传播,一直以来更多是以促销的方式出现。促销是促进销售的简称,是指以人员或非人员的方法,帮助或说服顾客购买某项商品或劳务,或使顾客对卖方(企业)的营销观念产生好感。也就是说,促销是借传递商品或劳务的存在及其性能、特性等信息,帮助用户和消费者认识商品或劳务所能带来的利益,以引起用户和消费者的注意和兴趣,激发他们的购买欲望并最终实现其购买行为。

促销本质上就是一种通知、说服和沟通活动,是谁通过什么渠道(途径)对谁说什么内容,沟通者有意识地安排信息、选择渠道媒介,以便对特定沟通对象的行为与态度进行有效的影响。在促销策略中,企业主要借助于促销组合工具——广告、销售促进、公共关系、直销等方式向消费群体传递企业和产品的信息,以创造良好的企业形象和产品形象、赢得社会公众的支持和信任、为企业创造市场和顾客。

但营销传播不止于此。在中国,近 20 年的的发展,已经改变了促销或说营销传播面对的市场环境,虽然促销组合仍旧是企业主要的传播活动,但产品的设计、包装的形式、展示的商店以及价格等等,都同样传递着某些信息,同样可能引起消费者的兴趣、购买欲望,所有这些信息协调一致才可能产生最佳的传播效果,反之,可能带来负面影响。

营销传播面临着市场环境变化所带来的挑战。一方面,信息技术飞速发展,互联网技术的提升诞生了更多新的信息传播工具和新的沟通平台,例如手机、平板、视频点播等。人们不再局限于传统的大众传播媒体获取信息,年轻人也越来越多的离开传统的电视,而花费更多的时间在电脑或是手机上。另一方面,网络平台使得人们的信息流通不再受时间和空间的限制,而近年社交化媒体的发展,人们自我意识的提高,也使得信息由原来的单向的、点对多传播变为互动的、网络式的传播。面临着媒体丰富化、而受众分流化、目标受众分散化、传播互动式的趋势,营销传播如何寻找对应受众、如何选择传播渠道并采用合适的、一致的方式传递信息,提高传播效率和效果,成为营销传播中关键的问题。

二、营销传播过程

要了解营销传播过程和基本要素,要先了解两个过程模型,一个宏观模型,即一般的传播过程模型,一个微观模型,即消费者反应层次模型。

(一) 一般的传播过程模型

营销传播首先是一种传播,具有一般信息传播共性的过程和规律。图 15-1 展示了一个传播模式的 9 个要素:2 个要素表示传播主要参与者——发送者和接受者,另 2 个要素表示传播的主要工具——信息和媒体,还有 4 个要素表示传播的主要职能——编码、解码、反应和反馈,最后 1 个要素表示系统中的噪音(如错误的信息和竞争的信息,它干预了计划中的信息传播)。

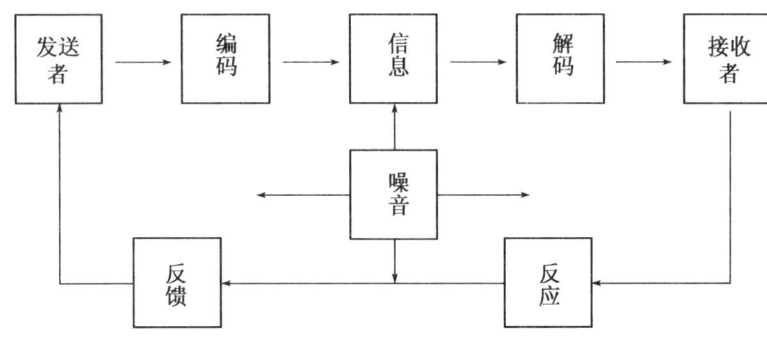

图 15-1 信息传播过程示意图

从这个过程中可以看到有效传播的关键因素。发送者必须知道要把什么信息传播给什么样的接受者,要获得什么样的反应。他们必须是编译信息的能手,要考虑目标接受者倾向于如何解译信息,必须通过能触及目标接受者的有效媒体传播信息,必须建立反馈渠道,以便能够了解接受者对信息的反应。

要使信息有效,发送者的编码过程必须与接受者的解码过程相吻合,发送的信息必须是接受者所熟悉的。发送者与接受者的经验领域相交部分越多,信息越可能有效。信息源能编码,信息传播终点能解码,这需要以各方所具有的经验为条件。

发送者的任务就是把他的信息传递给接受者。目标受众因为 3 个原因而可能不接受这些预期的信息:

(1) 选择性注意:人们每天受到很多条商业信息的轰炸,只有 80 条被意识到,大约 12 条被刺激而有反应。因此,信息传播者必须设计能赢得克服分散注意力的信息。选择性注意解释了为什么用大胆的通栏标题允诺某事的广告(例如"如何赚 100 万"),与有吸引力的插图和简短文字结合在一起时,就有很大吸引力的可能性。

(2) 选择性理解:人们对想要听的信息往往重复地听。接受者在接受时有自己的态度,而导致只期待他们想听或想看的事,他们只会接受那些符合他们意愿的信息,结果,接受者往往对信息加上一些原来没有的内容(扩大),并不注意原信息的其他方面。信息传播者的任务是力争使信息简明、清楚、有趣和多次反复,使信息的诉求点得以传递。

(3) 选择性记忆：人们只可能在他们得到的信息中维持一小部分的长期记忆力。信息是否通过接受者的短期记忆进入他的长期记忆,取决于接受者接受信息复述的次数和形式。信息复述并不意味着简单地重复信息,从某种方面说是接受者对信息含义的精心提炼,使短期记忆进入到接受者的长期记忆。如果接受者原先对目标的态度是肯定的,他所复述的又是支持性论点,这一信息就可能被接受,并有较强的记忆。

信息传播者还需要考虑在他们试图劝说时而使受众产生的知觉。人们对先前的劝说已表态和未表态者的反应是不同的。菲斯克和哈特利勾勒了影响信息传播的一些因素：

(1) 传播者对接受者的控制权越强,接受者的变化或在他们身上所起的作用对于传播者就越有利。

(2) 信息与接受者的意见、信仰及倾向越一致,传播的效力就越大。

(3) 传播可能对不属于接受者价值系统中心的、不熟悉的、轻微感觉的非本质问题产生最有效的转变作用。

(4) 当传播人被认为是有经验、地位高、较客观、和蔼可亲的人时,特别是有权力并能与人打成一片时,传播更可能有效。

(5) 社会环境、社会群体和相关群体,不管其是否被承认,都是传递、传播和产生影响的媒体。

(二) 消费者反应层次模型

营销传播过程在于确定目标群体并制定一个协调的促销计划来获得所期望的目标群体的反应,以实现相应的营销目标。今天的营销传播已经不再是一种卖方市场下由内向外的单向传播,而是以消费者为思考路径的起点,以获得消费者心理乃至行为共鸣的双向、互动传播。因此,营销传播过程除了与其他传播具有相同的规律和共性外,更加的关注消费者心理层次所带来的影响。

营销传播的微观模型关注消费者对传播的具体心理反应。图15-2列出了四种最常见的层次模型。①

阶段	模式	效果层次模式	创新采用模式	沟通模式
认知阶段	注意	知晓 ↓ 认识	知晓	接触 ↓ 接收 ↓ 认知反应
感知阶段	↓ 兴趣 ↓ 欲望	↓ 喜爱 ↓ 偏好 ↓ 信任	↓ 兴趣 ↓ 评估	↓ 态度 ↓ 意图
行为阶段	↓ 行动	↓ 购买	↓ 试用 ↓ 采用	↓ 行动

图15-2 反应层次模式

---

① [美]菲利普·科特勒凯文·莱恩·凯勒:《营销管理》(第12版),梅清豪译,格致出版社,上海人民出版社,2007年,第604页。

这些模型都假设消费者在购买商品过程中依次经历认知、情感、行为三个阶段，即消费者在认识和接受一个外界事物时，会有着相似的过程，从感觉到感性与理性最终到达行为的过程。但当传播目的和情境不同时，每个阶段具体的反应有些差异。比如，效果层次关注的是每个阶段所能达到的细微层次结果并累积，最终导向直接购买。

三、营销传播的作用

企业的市场营销活动中，营销传播可发挥五个方面的主要作用：

（1）传递信息，提供情报。销售产品是市场营销活动的中心任务，信息传递是产品顺利销售的保证，信息传递有单向和双向之分。单向信息传递是指卖方发出信息，买方接收，它是间接促销的主要功能。双向信息传递是买卖双方互通信息，双方都是信息的发出者和接受者，直接促销具有双向信息传递的功能。在营销传播过程中，一方面，卖方（企业或中间商）向买方（中间商或消费者）介绍有关企业现状、产品特点、价格及服务方式和内容等信息，以此来诱导消费者对产品或劳务产生需求欲望并采取购买行为；另一方面，买方向卖方反馈对产品价格、质量和服务内容、方式是否满意等有关信息，促使生产者、经营者取长补短，更好地满足消费者的需求，而这种信息的交互不仅仅在于提供了双方的情报，也是企业进行互动营销的基础。

（2）突出特点，引导需求。在市场竞争剧烈的情况下，同类商品很多，并且有些商品差别微小，消费者往往不易分辨。企业通过信息交流、促销活动，宣传、说明本企业产品有别于其他同类竞争产品之处，便于消费者了解本企业产品在哪些方面优于同类产品，使消费者了解购买、消费该产品能给自己带来的价值和利益，进而乐于认购本企业产品或作出更理性、合适自己的消费决策。生产者作为卖方向买方提供有关信息，特别是能够突出产品特点的信息，能激发消费者的需求欲望，变潜在需求为现实需求。

（3）指导消费，扩大销售。在传播活动中，营销者循循善诱地介绍产品知识，展示产品特征，一定程度对消费者起到了教育指导作用，从而有利于激发消费者的需求欲望，变潜在需求为现实需求，实现扩大销售之功效。

（4）形成偏爱，稳定销售。在激烈的市场竞争中，企业产品的市场地位常不稳定，致使有些企业的产品销售此起彼伏、波动较大。企业运用适当的促销方式，开展促销活动，可使较多的消费者对本企业的产品滋生偏爱，进而稳住已占领的市场，达到稳定销售的目的，对于消费者偏爱的品牌，即使该类商品需求下降，也可以通过一定形式的促销活动，促使消费者对该品牌的需求得到一定程度的恢复和提高。

（5）品牌资产积累。品牌资产衡量着一个品牌的市场价值和能力。一个强势品牌程度取决于顾客在长期经历中，对品牌的所知、所感、所见和所闻，凯文·凯勒将基于顾客的品牌资产界定为顾客品牌知识所导致的对营销活动的差异化反应。在某种意义上，营销传播就是品牌的"声音"，是品牌与消费者对话和建立关系的手段。借助于广告和其他传播方式，品牌得以让消费者得知，并在消费者的头脑中逐渐积累深刻的、独特的形象和产生有一定偏好的品牌联想，促使消费者形成正面的判断或者感受，建立深入的品牌关系和产生某种品牌共鸣，这些都指向一个共同的重要目的，即建立和积累品牌的市场价值。

第二节 营销传播组合

一、营销传播组合

营销传播组合,也称促销组合,由广告、销售促进、公共关系、人员销售以及直销等工具组成。公司借助这些工具来有效沟通其顾客价值并建立客户关系。

最为常用的五项工具及其基本特性见表15-1。

表15-1 促销工具组合与特性

	优点	缺点
广告	能以较低的单位展示成本将信息传达给地理上分散的广大潜在购买者 销售方能够将一条信息重复传达多次 表现性强,使得公司的产品引人注目	非人员的 单向沟通 成本高昂
人员销售	在建立购买者的偏好使其确信并购买的阶段非常有效 允许人际互动 允许发展多种顾客关系 购买者通常会觉得更有必要去聆听和做出反应	需要长期努力 最昂贵的促销工具
销售促进	吸引顾客注意 刺激购买 可以使产品引人注目以扭转下滑的销售额 引起并且鼓励快速顾客反应	效果通常是短期的 在建立长期品牌偏好时不那么有效
公共关系	高度可信 可覆盖到回避销售人员和广告的目标受众 可使公司或产品引人注目	
直接营销	非大众化 迅速 顾客量身定制 互动 非常适合高度目标化的营销活动以及建立一对一的顾客关系	

企业为了有效地与购买者沟通信息,促进产品的销售,常常运用多种工具组合。企业可以派遣推销人员面对面地说服顾客购买产品;可以通过广告,向目标顾客传递产品信息,刺激顾客的购买欲望,进而产生购买的行为;可以采用营业推广的手段来吸引顾客注意,以刺激销售;也可以通过公共关系手段来提高企业和产品的知名度,在社会公众的心目中树立良好的形象,有利于形成一支长期、稳定的顾客队伍,从而促进企业的产品销售。

二、营销传播策略

企业采取的促销组合策略,总体上可分为两大类型:推动策略和拉动策略(如图 15-3 所示)。

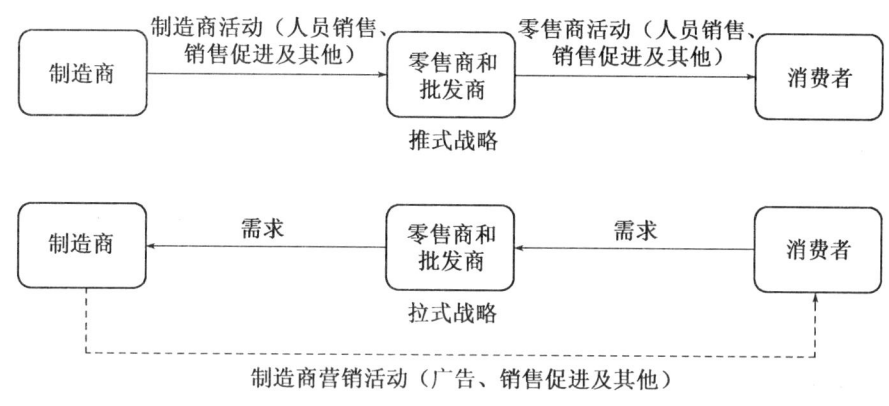

图 15-3 推式战略和拉式战略

(一)推动策略

推动策略是指企业通过自己的促销人员把产品推进市场的一种策略,这种策略是利用大批推销人员推销产品。常用的方式有下列几种:

(1)派出推销人员登门推销产品。这种推销形式是产品推销员带着产品或产品目录走访顾客进行推销。其优点是推销人员可以同顾客直接沟通,全面地、实事求是地介绍产品,回答顾客提出的问题,排除销售障碍,促进销售的实现。

(2)设立推销门市部。一些大中型企业为了推销产品,扩大销售,一般都建立自己的产品销售机构。其特点是用守门待客的方法向用户推销产品,根据产品的种类不同,有三种不同的销售网点可供选择:① 专业性销售网点。适合于质高、价高的特殊产品,这种产品在专业性销售网点销售更为有利。② 选择性销售网点。适合于销售选购产品,主要是耐用消费品,这类产品在选择性销售网点销售,便于顾客在选购中反复比较进行挑选。③ 密集型网点。适合于销售日用消费品,这些产品同人们的生活息息相关,设立密集型网点,便于满足消费者的需要。

(3)服务性促销。商品销售过程离不开高质量的服务,销售服务也是产品推动策略的重要组成部分。在市场竞争激烈的情况下,在同类产品的价格质量等方面差异不明显的情况下,谁能提供优质服务,谁就能赢得更多的顾客,实现更多的销售。常见的服务性促销形式有:① 售前服务。主要任务就是向用户和消费者宣传、介绍产品,传递有关信息,激发用户和消费者的购买欲望,引导用户和消费者的购买。② 售中服务。主要任务是通过帮助用户和消费者选择产品,进一步向他们传递信息,解答用户提出的有关产品和购买的问题,帮助他们解决难题,同时做到接待热情,服务周到,对有特殊需要的顾客给予特殊服务,以促使他们购买行为的发生。③ 售后服务。主要任务是使顾客所购买商品的使用价值得到实现,免除顾客的后顾之忧。一般有运送、安装、调试服务,包退、包换服务,维修服务,访问服务等等。其目的是为了巩固老用户、发展新用户,不断地扩大产品销售。

(4)举办产品技术应用讲座。在推销一些技术性强的产品,特别是机器、设备等产品时,企业经常举办产品技术应用讲座,向用户传授产品的技术性能、使用、保养等方面知识,比较同类产品各自特色,达到推销产品的目的。

(二)拉动策略

拉动策略是指企业主要利用价格、广告、公共关系等形式宣传产品,树立产品形象和企业形象,激发用户与消费者的购买欲望,产生购买行为,从而扩大企业产品销售的一种策略。它与推动策略不同,主要是靠促销手段把顾客拉过来,扩大产品销售。拉动策略主要有:

(1)价格促销。企业通过批量作价、折价、优惠价、最低价等多种价格策略和手段,来吸引用户和消费者注意,刺激他们的购买欲望,促使他们产生购买行为,从而促进企业商品销售。

(2)广告促销。广告是一种比较有效的促销手段,尤其是对消费品进行促销更有效。企业根据不同时期市场销售计划和市场竞争的需要,采用不同的广告策略,使广告成为传递信息、开拓市场、促进销售的有力工具和手段。广告促销可分为广告宣传促销、广告竞争促销、广告引导促销和广告声势促销四种形式。

广告宣传促销是对刚投入市场或正常销售的商品,进行经常性的宣传、介绍。向消费者传递有关商品性能、特点、质量、用途及服务等各种信息,促使消费者购买。

广告竞争促销指广告内容着重强调本企业产品的优势,引导用户和消费者购买本企业的产品,以削减竞争对手的市场份额。扩大本企业的商品销售。

广告引导促销是以诱导、培养和创造新的消费需要为目的的广告宣传。通过广告,引导人们改变传统的生活习惯和消费方式,树立新的消费观念,接受、购买广告所宣传的产品,从而促进产品销售,这种广告促销主要适用于新产品。

广告声势促销是运用各种广告宣传手段,运用多种广告媒体,全方位地进行广告宣传,以营造有利于企业销售的声势、气氛和环境。

(3)组织产品展销会、订货会促进销售。产品展销会、订货会是以产品实物吸引客户的一种有效形式。企业当面向客户介绍、宣传产品,客户也看到真实产品,当客户认为符合需要时即可购买产品。这种促销形式一般适用于对生产企业和批发企业销售产品。

(4)通过代销、试销方式促进销售。当生产企业生产的产品初次投放某一市场,销售情况还很难预料时,商业企业一般是不愿贸然大批量采购的。为了解除商业企业怕担风险的顾虑,提高其销售积极性,生产者可委托其试销或代销,促进产品进入目标市场。经过代销或试销,如果产品占领了市场,或提高了市场占有率,商业企业才愿意大批量采购这种产品。

(5)公共关系促销。这是拉动策略中一种较为有效的形式。企业通过开展有效的公共关系活动,在用户和消费者心目中树立起良好的企业形象,建立良好的声誉,扩大了知名度,这就有利于企业的新产品进市场,有利于吸引大量顾客购买本企业产品,且对潜在顾客产生较大影响,也有利于企业形成长期、稳定、关系密切的顾客队伍,有利于促进企业的商品销售,扩大企业的市场占有率。

(三)促销策略的选择

1. 推动策略的选择

生产者采用推动策略,可以依靠本企业的销售人员把产品直接送到零售商的柜台,或者直接送到用户和消费者手中,从而减少流转环节和层次,缩短分销渠道;也可以直接指导零售商的销售,直接向用户和消费者介绍与宣传产品的性能、特点、用途和使用方法,指导消费;还可以及时收集用户和消费者对企业的产品、服务等方面的意见和建议,使企业进一步提高产品质量和服务水平,不断地扩大产品销售。

推动策略的不足之处在于:当市场广阔而又分散时,需要的推销人员较多,这不仅会导致促销成本上升,而且还会产生管理困难的问题。此外,使用这种策略,信息传播的速度比较慢,影响的范围比较小,短期内难以提高产品的知名度。

企业在促销中采用推动策略必须具备一定的基本条件,一般来说,有如下几条:

(1) 从企业本身来看,有很强的产品销售队伍和销售能力,且管理水平较高。

(2) 从产品本身来看,一般是单位价值比较高的产品,性能复杂需要操作演示的产品,根据用户需求特点设计制造的产品,以及某些当地生产当地销售的产品。

(3) 从分销渠道来看,产品一般经过直接渠道或短渠道。

(4) 从市场集中程度来看,产品的市场一般比较集中。

(5) 从公共关系来看,企业与目标市场顾客之间的关系亟待改善。

2. 拉动策略的选择

生产者采用拉动策略,可以借助广告、公共关系等促销手段,来提高企业和产品的知名度,扩大企业在市场上的影响。当生产者市场覆盖面较广而又缺乏足够的推销人员时,采用拉动策略可以克服推销人员不足的困难。当新产品上市或企业开拓新的目标市场时,采用拉动策略,往往会收到良好的效果。

拉动策略的不足之处在于:由于拉动策略主要是依靠广告、公关等促销手段来激发人们的购买欲望、促使人们购买行为的发生,因而,在指导消费、与用户及消费者的沟通方面,其效果就不如推动策略来得直接。此外,采用拉动策略市场信息反馈比较迟缓。

生产者采用拉动策略需要具备一定的基本条件,一般来说,有以下几条:

(1) 企业的销售人员的销售经验不足。

(2) 产品的市场范围大,且大多数属于日用消费品。

(3) 产品必须以最快的速度告知广大用户和消费者。

(4) 产品已在市场上有一定销路,且市场需求呈现日益增长的有利趋势。

(5) 产品革新有了相当的差异,并富有特色。

(6) 产品能激发消费者的感情购买动机,经过宣传,消费者会迅速采取购买行动。

从以上阐述可知,推动策略和拉动策略各有利弊。因此,在实际营销活动中,企业一般很少单独使用推或拉一种策略,往往两者兼用(一般以其中的一种策略为主),相互补充,相互配合,以取得良好的促销效果。

三、营销传播影响因素

企业在营销传播过程中,可以采用单一工具,也可以同时采用多种手段。若企业采用多种工具,那么,如何使各种工具组合所起的作用相辅相成,相互补充而不重复,相互协调而不矛盾,能取得良好的传播和促进销售的效果而不造成浪费,这个问题需要促销组合来解决。由此可以看出,所谓促销组合,就是企业根据产品的特点和营销目标,综合各种影响因素,将人员推销、广告、公共关系和营业推广这几种工具加以优化组合和综合运用,以获得良好的整体促销效果。促销组合的制定,应考虑以下几个主要因素:

(1) 传播目标。它是企业从事传播活动所要达到的目的。在企业营销的不同阶段和市场环境的不断变化的情况下,要求有不同的传播目标。无目标的活动很难收到理想的效果,因此,促销组合和传播策略的制定,要符合企业的传播目标,根据不同的传播目标,采用不同的促销组合和策略。

(2) 产品特征。主要包括:① 产品的性质。不同性质的产品,购买者的购买目的也不尽相同,因此,对不同性质的产品必须采用不同的促销组合和策略(如图15-4所示)。[①] 一般说来,在消费者市场,因市场范围广而更多地采用拉动策略,尤其以广告和营业推广形式促销为主;在生产者市场,因购买者购买批量较大,市场相对集中,则以人员推销为主要形式。② 产品的市场生命周期。传播目标在产品市场生命周期的不同阶段是不同的,这决定了在市场生命周期各阶段要相应选配不同的促销组合,采用不同的传播策略。以消费品为例,在投入期,传播目标主要是宣传介绍商品,以使顾客了解、认识商品,产生购买欲望。广告起到了向消费者、中间商宣传介绍商品的功效,因此,这一阶段以广告为主要形式,以营业推广和人员推销为辅助形式。在成长期,由于产品打开销路,销量上升,同时也出现了竞争者,这时仍需加强广告宣传,但要注重宣传企业产品特色,以增进顾客对本企业产品的购买兴趣,若能辅助以公关手段,会收到相得益彰之功效。在成熟期,竞争者增多,传播活动以增进购买兴趣与偏爱为目标,广告的作用在于强调本产品与其他同类产品的细微差别。同时,要配合运用适当的营业推广方式。在衰退期,更新换代产品和新发明产品的出现,使原有产品的销量大幅度下降。为减少损失,传播预算不宜过大,活动以针对老顾客为主,采用提示性广告,并辅之适当的营业推广和公关手段。

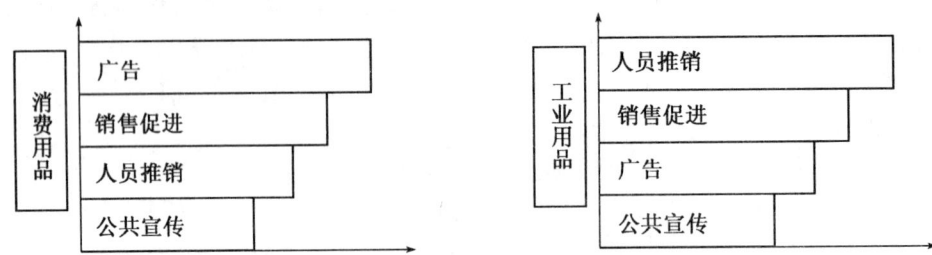

图15-4 不同产品市场上促销工具的相对重要性

(3) 市场条件。市场条件不同,促销组合与传播策略也有所不同。从市场地理范围大小看,若传播对象是小规模的本地市场,应以人员推销为主;而若面对的是广泛的全国甚至世界市场,则多采用广告形式。从市场类型看,消费者市场因消费者多而分散,多数靠广告等非人员推销形式;而对用户较少、批量购买、成交额较大的生产者市场,则主要采用人员推销形式。此外,在有竞争者的市场条件下,制定促销组合和传播策略还应考虑竞争者的促销形式和策略,要有针对性地不断变换自己的促销组合及传播策略。

(4) 传播活动预算。企业进行传播活动,必然要支付一定的费用。费用是企业经营十分关心的问题,并且企业能够用于促销活动的费用总是有限的。因此,在满足促销目标的前提下,要做到效果好而费用省。企业确定的传播预算额应该是企业有能力负担的,并且是能够适应竞争需要的。为了避免盲目性,在确定传播预算额时,除了考虑营业额的多少外,还应考虑到促销目标的要求、产品市场生命周期等其他影响传播的因素。

(5) 与其他营销策略的配合。营销传播只是企业营销组合的一个重要组成部分。它必须

[①] 陶鹏德,吴作民:《市场营销》,河海大学出版社,1994年版,第292页。

与企业的其他营销组合工具相匹配服从、服务于营销战略目标。因此,企业在确定传播工具组合时,还必须考虑到营销组合的总体要求,考虑到与产品策略、价格策略、分销渠道策略的有机配合。这样,不仅有利于取得良好的促销效果,也有利于提高企业的总体营销效益。

第三节 营销传播的方案设计

受到信息传播过程中消费者心理层次的过滤作用和外部环境的噪音干扰等问题的影响,要开发有效的信息传播,实现预定的目标,需要对传播的对象、内容以及形式、媒介等传播要素分析,并逐步进行。主要有以下几个步骤:确定目标受众和传播目标,设计传播策略,选择传播途径,编制预算,管理传播结果。

一、确定传播目标和目标受众

任何的策略首先要界定目标对象,在营销传播中首先要确定目标受众。一般来说,目标受众往往来源于目标市场。接收消息的这些群体可能是目前的使用者或是潜在的消费群体,也可能是购买决策的相关影响群体。他们很大程度上决定了信息传播策略——和他们说什么,如何说,在什么时间、什么地点说,由谁来说。

具体的传播目标取决于目标受众当下对产品的反应阶段和企业期望获得的受众反应。虽然大多企业所希望获得的最终反应总是购买,但购买并不是一个独立的环节,而是一个信息积累过程和顾客决策过程的结果,目标受众当下可能处于认知、情感到态度任何一个心理层次阶段上。可以参考消费者层次反应模型中的具体阶段,来制定对应的传播目标。

以认知层次来说,消费者可能从未知道该产品的存在,也可能只是听过产品的名字,对产品仅有一点了解,此时传播目标的重点首先是构建注意和了解。例如,他她饮料上市时,首先通过地铁广告和分发印有产品名字的 T 恤衫来引起人们的注意,并在报纸及海报等媒介上说明男性与女性补充营养需求的不同,以及他与她产品如何满足这种差异,提供人们更多的信息进一步了解。

假如目标市场中有一些人们可能正在考虑买某类产品,也对某些品牌有一定偏好,但还没下决心购买或没确定具体购买行动,企业可以通过利益刺激、提供更多保障和信任度等方式来实现说服和购买的传播目标,例如,提供特殊的促销价、试用短信、延长保障期以及邀请参观等活动。

不同的消费者可能处于不同的阶段,不同消费者处理信息的能力的速度不同,因此有效的传播策略往往可以达到多个传播目标,同时达到品牌知名度、品牌偏好度以及购买率的提高。例如,某乳制品品牌在借助事件进行传播时,希望在当年达到的传播目标便是在目标群体中,品牌知名度达到 85%,品牌偏好达到 50%,市场份额从 7% 提高到 17%。

二、设计传播策略

在确定了目标受众和期望获得的受众反应后,接下来的重点便是设计能够获得这些反应的信息策略,即要解决信息传播中最基本也最重要的两个问题:说什么(信息内容),怎么说(信息形式)

（一）信息内容

确定传播信息内容时，首先要先寻找合适的信息主题或是诉求点，即能够引起人们兴趣或是共鸣、关注的。信息内容取决于企业、产品和消费者的分析。

每个产品都有着自己的属性、特征，这些决定了它的使用价值和情感价值，也是它希望能够和消费者交流的内容。但产品的同质性和信息的过渡传播，决定了不是所有的特征和价值都有必要和消费者交流。因此企业需要从商品原材料或是制造过程、使用价值、价值等方面，寻找出其与同类产品或替代品直接的差异，提供消费者一个记忆和购买的理由。

人们购买产品时也总是出于一定的理由，期望从中获得某种回报，而信息主题提供的便是这样一种理由。约翰·马罗内(John Maloney)发现，购买者从一个产品中期望获得以下四种回报之中的一种：理性回报、感性回报、社会性回报或者自我满足。识别和理解目标消费者、目前具体的诉求对象，针对他们的需求提供理由，有的放矢。

（二）信息形式

信息内容决定的是说什么的问题，而信息形式则是信息如何被表达的事。从信息传播过程中可以看到信息的编码本身会很大程序影响信息接受者的解码。了解信息接受者如何解读能够对传播者的编码有指导性帮助。通常人们理解信息的方式主要是理性的分析和感性的知觉共同作用，相对应的，信息传播时也是基于两种类型的诉求形式：理性诉求、感性诉求。

理性诉求通常和产品或服务性能相关，表明产品服务所能带来的好处，如质量、经济性、功能以及品牌价值等，"晓之以理"，获得信任而购买。药品类的信息传播多是此类。它们的信息传播重点放在可以缓解病痛或治愈对应病症，并说明理由或产品比较优势，佐证为什么该产品是人们的最佳选择。一般来说，人们认为行业购买者对理性诉求最有反应，因为他们具有产品相关的丰富知识、受过辨认价值的训练，并且他们的选择需要对别人负责。现今，由于网络使得产品信息的透明度提高，普通消费者在购买产品时，也会收集到大量的信息并仔细比较，理性的做出不同的选择。

感性诉求，也称为情感诉求，即"动之以情"，通过激起人们积极的或消极的情感而刺激购买。传播者可以使用像爱、快乐、自豪、幽默等积极的情感诉求来表现他们的产品或服务。奥妮旗下的百年润发洗发水在它经典的广告"青丝秀发，缘系百年"中就以爱情为主题，表现了两个主角在动荡的年代中从相识、相恋的柔情似水，到因时事变迁分离失联而怅惘凄凉，最后故地重逢的喜悦，将一段爱情中的悲欢离合和真挚美好展现在受众眼前，使人感动也产生一种共鸣而加深记忆和带来好感。情感诉求中也可以用害怕、恐惧、厌恶等消极情绪去激发人们内心为了消除或是预防带来这种情绪的事件发生而带来的产品需求和购买意愿。在保险产品的广告中部分就以这样的内容主题出现，以灾难片的形式，融入情感或幽默的内容，让人为之感动或大笑之余思考自身的保障问题。在日常产品中，诸如牙齿、运动、饮食等，也会以这样的诉求方式来促进人们做他们应当做的事或阻止他们做不应当做的事。

除此之外，具体形式下还要决定信息表达的具体结构和格式，即具体构成的文字、声音、图像、其他可能传递信息的元素以及它们之间的关系安排。

三、选择传播途径

信息传播渠道一般有两大类：人员传播和非人员传播。

1. 人员传播渠道

人员传播渠道是指两个或更多的人相互之间直接进行信息传播，他们可以通过面对面的方式，也可以通过电话、邮件甚至是网上聊天的方式进行。在这些渠道中，有一些是公司直接控制的，例如公司的销售人员和购买者进行接触。其他一部分产品信息的人际传播渠道是通过公司无法直接控制的渠道实现的，包括购买者的家人、邻居、朋友、同事，其他使用产品的圈子，以及第三方，比如某些产品领域的独立专家、在线购买指南等。按照传播人员影响方式，可以分成三类：提倡者渠道、专家渠道和社会传播渠道。提倡者渠道是由公司的销售人员在目标市场上与购买者接触所构成；专家渠道则是由具有专门知识的独立的个人构成；社会渠道是由邻居、朋友和家庭成员构成，通过日常生活接触及交谈实现传播。有对欧洲7个国家7 000名消费者的调查报告表明，60%的新产品用户购买是受到家庭和朋友的影响。

由于人与人之间的传播相对更加真实，也能够有反馈和交互，往往信任度更高，所以在许多产品领域、尤其是一些高风险的、昂贵的产品，或者专业性较强的产品，人员传播都有很强的影响力。即便是常规产品，许多企业也认识到口碑的力量，诸如匡威、美体小铺、星巴克、亚马逊等等，很少直接诉求于广告，而是通过人们的口头传播建立声誉的。而在如今的网络环境下，许多企业也通过社交化媒体进行这些"口碑"的管理。

2. 非人员传播渠道

非人员传播渠道是指那些不需要通过人与人之间的接触和反馈就可以传递信息的媒体，包括大众媒体、事件和体验、公共关系等。大众媒体主要是印刷媒介（报纸、杂志），电波媒介（广播、电视），户外媒介（车船等交通工具、路牌、墙面等）以及在线媒介（网站、电子邮件等）。事件和体验是指为了向目标顾客传递相应的信息而设计好的活动、娱乐以及与消费者互动的故事性活动等。公共关系则包括公司内部的员工传播和外部消费者、其他公司、政府和媒体之间的非销售性的传播。此外，销售促进借助产品、优惠券及环境氛围等，也同样在传递着产品购买的信息。

非人员传播可以提供更多样的信息来源和更大的信息量。诸如电视、报纸的大众媒介可以覆盖到大部分的人群，带来直接的影响：知晓度、记忆度、理解度甚至信任度和偏好度。在此基础上，非人员传播常常会带来更多的人员传播而间接影响消费者。一些时候借助电视、杂志、网络等大众媒介将信息传向意见领袖，再由其将信息传播给那些接触媒体较少的消费者。

另一些时候会让消费者或专家代言产品或者展示产品好口碑的证据，以此去替换或刺激人员传播。

四、编制预算

一家公司最困难的营销决策之一就确定花多少钱在促销上。不同的行业、公司对促销经费有不同的特征和考虑。在化妆品行业中，促销费用达到销售额的30%～50%，在机械制造业中仅为5%～10%甚至更低。同一个行业中，在促销上花费高的公司和花费低的公司都存在。

公司如何决定其促销预算？下面描述确定总预算的四种常见方法：量入为出法、销售百分比法、竞争对等法以及目标任务法。

1. 量入为出法

这种方法是根据公司能够接受的水平来确定预算，小公司通常会使用这种方法。因为它是以总收入减去运营费用以及资本费用,然后将剩下资金中的某个比例投入广告。

这种方法使得公司在促销上的花费可能不会超出公司的资金,它的问题是忽视了促销对销售量的影响,把促销费用放在公司费用优先顺序的最后一项,从而导致促销费用通常处于不足的状态,年度促销预算更是充满不确定性,给制定长期的市场机会带来困难。

2. 销售百分比法

销售百分比法是一些公司根据目前或预期的销售额、或是销售价格为基础,按固定的百分比来安排促销费用,比如汽车制造公司、石油公司通常就以价格为基础来确定他们的促销花费。这种方法使用简单,且能够促使管理层以促销成本、销售价格和单位利润的关系为先决条件来思考,促销费用可以因公司的"实际承担能力"改变而变动。但是销售百分比法还是有其不妥之处。它把销售看成是促销的原因,而不是促销的结果,这导致企业是根据可用的资金而不是市场机会来安排预算,它有时候可能会否定为扭转下降的销售而需要增加的广告支出。而且,按照这种方法,预算随着每年的销售额不同而变化,也会给制定长期计划带来困难。

3. 竞争对等法

这种方法是根据竞争对手的费用来确定自己的促销费用。他们监视竞争对手的广告,或者从公共出版物或是行业协会获得行业的促销费用估算,并根据行业平均水平确定自己的预算。

这种方法基于两个假设:一是假设竞争者的预算代表着行业的集体智慧;第二个,竞争者支出多少企业自己也支出多少,有利于防止促销战。但事实上,这两条假设都很难成立。竞争者和企业一样,是行业中一员,并不会比企业更知道应该花费多少在促销上,而且每个企业都有自身的战略和独特的促销需求,所以即便同行业的企业,相互之间仍是很大不同的。同时,也没有证据表明基于竞争对手的传播预算有助于阻止促销战。

4. 目标任务法

这是比较符合逻辑的预算编制方法,公司根据通过促销达成的目标来确定其促销预算。一般包括3个内容:确定具体的促销目标;决定达到这些目标所需完成的任务;估算完成这些任务的成本,这些成本的总和即为促销预算。

目标任务法能使得管理层去理清他们关于促销费用和结果之间的关系,但由于很难分辨出哪些具体的任务会达成哪些具体的目标,所以也是一种在现实操作中比较难用好的方法。

五、管理传播结果

不论是企业还是传播活动代理商,都希望了解他们在传播投资上所得到的结果和收益,也希望借此结果来调整或修正下一阶段的传播方案和过程。但通常情况下,企业能够直接获得的只是产出和花费数据:媒体费用、制作和剪辑的广告数量,刊登的媒体数量和广告曝光数量。但传播活动的最终目标或说希望获得的收益是市场的相应反应,因此在衡量和管理结果时,除了和广告费用及数量相关的数据外,希望基于的真实结果是市场行为变化数据,比如有效到达率和有效频率,千人成本,消费者的记忆和识别程度,态度变化和购买意图。传播方案被执行后,企业必须衡量它对目标受众的影响。可以通过询问目标受众能否识别或记住该信息,印象深刻的记忆点在哪儿,有几个,对信息的感觉如何,他们对产品和公司过去和现在的态度如何,以及带来的实际购买或推荐、谈论等行为数据。在这样的数据基础上也便于企业和代理商进一步确定后续营销活动和传播活动的重点,并进行资源分配和实施。

如图15-5,两个品牌的消费者现状数据可以看到,对于品牌A来说,整个市场中80%的消费者知道品牌A,其中60%的人已经试用过它,但试用的人之中仅有20%对它是满意的。这说明品牌A的传播方案在建立知名度方面是有效的,但产品本身未能很好地满足消费者的期望。而另一方面,对于品牌B来说,整个市场中仅有40%的消费者知道了品牌B,而其中仅30%的人试用过,不过试用的人们中有80%的比例对它都是满意的,可见,品牌B的产品使用满意度很高,但是它的策略问题在于第一阶段——品牌知晓度传播效率太低,在这个情况下,信息传播方案需要进一步加强品牌认知度的传播。

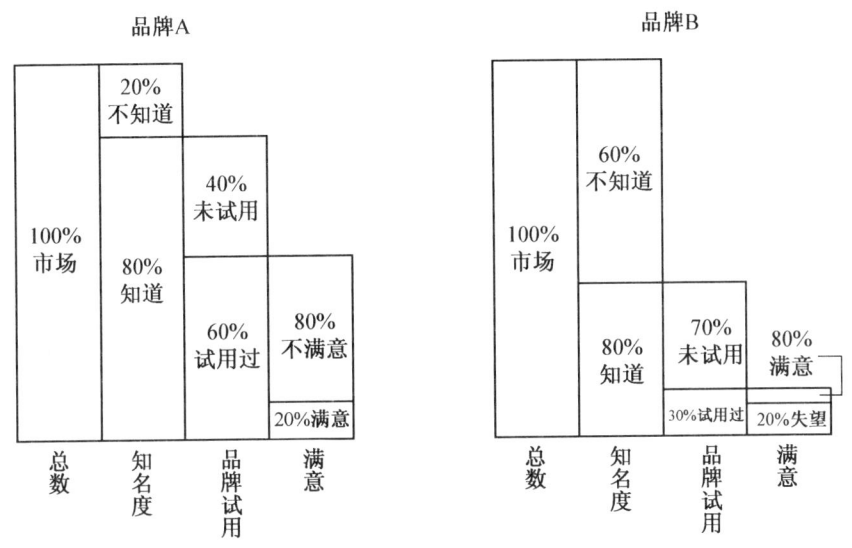

图15-5 两个品牌的消费者现状

第十六章 广告

第一节 广告概述

广告作为促销方式或促销手段,是一门带有浓郁商业性的综合艺术。虽说广告并不一定能使产品成为世界名牌,但若没有广告,产品肯定不会成为世界名牌。成功的广告可使默默无闻的企业和产品名声大振,家喻户晓,广为传播。因此,我国不少企业不仅将广告看成一种重要的促销手段,甚至将它视为企业兴衰成败的重要因素,所谓"成也广告,败也广告"。

一、广告的概念

广告现今作为一种传递信息的活动,它是企业在促销中普遍重视且应用最广的促销方式。广告的实践可以追溯到各大文明起源地最初的时候,从叫卖广告、陈列广告到文字广告,各式各样,都可以找到如今诸多广告形式的原型,但"广告"这一名词和概念,以中国为研究范畴,会发现我国古汉语中并没有"广告"一词,《康熙词典》和《辞源》中都没有这个词,有学者认为,"广告"一词最早见于1907年(清光绪三十三年),当时出版的《政治官报章程》中说"官方银行、钱局、工艺陈列各所、铁路矿务各公司及经农工商部注册各实业,均准送报代登广告,酌照东西各国官报广告代理"。而现代意义上广告一词的正式解释第一次出现是在1973年《现代汉语词典》中,将广告定为"广而告之、告白、周知共晓"之意,这也是我们现今多数人说起广告时的解释。

现在,学界对广告一词比较公认的观点是,广告的英文"Advertising"一词是源自于拉丁语"adverture",有"注意"、"诱导"、"大喊大叫"的含义,意为唤起大众对某种事物的注意,并诱导于一定的方向所使用的一种手段。而这一词的内涵和外延随着媒介和技术的发展而不断地得到新的扩展,下面几个是过去到现在对广告定义的典型观点。

(1) 1890年前,广告是有关商品或服务的新闻(News about Product or Service)。

(2) 1894年,拉斯克尔(Albert Lasher):广告是印刷形态的推销手段(Salesmanship in Print, Driven by a Reason Why)。

（3）1948年，美国营销协会的定义委员会：广告是由可确认的广告主，对其观念、商品或服务所作之任何方式付款的非人员性的陈述与推广。

（4）美国广告主协会：广告是付费的大众传播，其最终目的为传递情报，改变人们对广告商品之态度，诱发其行动而使广告主得到利益。

而根据现代传播学的理论，认为广告是广告主以付费的方式，通过特定的媒体，向传播对象传播商品、劳务、观念等方面信息，以期达到一定目的的一种大众传播活动。

从以上的定义可以看出，广告拥有几个最为基本和共性的特征：

第一，广告的本质是一种信息传播。不论是商品或是企业观念，从本质上来说，广告只能传递这些信息，而无法提供更多。

第二，广告是付出一定代价的信息。广告是营利性的活动，虽然有些公益广告是免费的，但即便如此，我们认为，此类广告仍然是要付出某种代价的。

第三，广告的目的在于劝服，其希望影响或说服受众去做点什么。广告带有一定的劝说和诱导性，正如美国广告协会的定义："……改变人们对于广告商品之态度，诱发其行动而使广告主得到利益……。"

此外，结合前面的广告定义，从传播学的角度，广告应该具备五个基本要素：

（1）传播者——特定的、可识别的出资人，称为广告主，主要指企业。

（2）传播对象——可能接受广告信息的目标对象，如中间商、用户、消费者、社会公众等。

（3）传播内容——如商品、劳务、企业观念、企业宗旨及方针政策等。

（4）传播媒体——广告媒体，如报纸、杂志、广播、电视等。

（5）传播目的——主要是促进企业的商品销售、树立企业形象等。

而相应的，根据菲利浦·科特勒的观点，在制定广告决策时，企业通常有5项主要决策，即5M：

（1）任务——Mission：广告的目的是什么。

（2）资金——Money：要花多少钱。

（3）信息——Message：要传送什么信息。

（4）媒体——Media：使用什么媒体。

（5）衡量——Measurement：如何评价结果。

二、广告的种类

总体来说，广告包括广义和狭义的广告之分，狭义的广告主要指商业广告，即企业为主体的、营利性的经济广告，而广义的广告除商业广告之外，还包括非商业广告，主要是公益广告、政府广告以及其他非营利性的广告。具体的则根据广告参照物的不同有不同的如下分类。

（一）根据广告的内容和目的划分

按广告的内容和目的划分，广告可分为商品广告、企业广告、公益广告。

（1）商品广告是针对商品销售开展的大众传播活动。商品广告按其目的不同可分为三种类型：一是开拓性广告，亦称报道性广告。它是以激发顾客对产品的初始需求为目标，主要介绍刚刚进入投入期的产品的用途、性能、质量、价格等有关情况，以促使新产品进入目标市场；二是劝告性广告，又叫竞争性广告。是以激发顾客对产品产生兴趣，增进"选择性需求"为目标，对进入成长期和成熟前期的产品所做的各种传播活动；三是提醒性广告，也叫提示性广告。

是指对已进入成熟后期或衰退期的产品所进行的广告宣传,目的是在于提醒顾客,使其产生"惯性"需求。

(2) 企业广告,又称商誉广告。这类广告着重宣传和介绍企业名称、企业精神、企业概况(包括厂史、生产能力、服务项目等情况)等有关企业信息,其目的是提高企业的声望、名誉和形象。

(3) 公益广告是用来宣传公益事业或公共道德的广告。它的出现是广告观念的一次革命。公益广告能够实现企业自身目标与社会目标的融合,有利于树立并强化企业形象。

(二) 根据广告对象来划分

按广告对象来划分,可分为消费者广告、工业用户广告、商品批发广告和专业广告。

(1) 消费者广告面向最终消费者,它是生产者或商业经营者为了向消费者推销其产品而发布的广告。大多数广告均属于这一类。

(2) 工业用户广告主要由生产者和商业批发企业发布,主要目的是向某类工厂或公司推销原材料、机械设备等产品。

(3) 商品批发广告主要是指生产者向商业批发企业和零售企业,或商业批发企业之间,或商业批发企业向零售企业发出的广告,也称为流通广告。

(4) 专业广告主要是指生产或商业企业向一些从事专业化工作的人(如医生、美容师、建筑师等)发出的广告,主要目的是说服他们采用其职业领域中的某些产品,或者是说服他们使用某种个人产品,并通过他们对广大用户和消费者施加影响,扩大产品的销售。

(三) 按照广告诉求方式划分

按照广告诉求方式的不同来划分,可以分为理性广告和感性广告。

(1) 理性诉求广告。这类广告只向消费者提供购买此商品的优缺点和功效,让消费者自己去权衡利弊、作出判断,考虑是否听从劝告并采取购买行为的决策。其中,根据信息的性质又可以分为单面信息广告和双面信息广告。单面信息广告是指企业广告中只告知消费者商品的优点或缺点,一般多以优点为诉求内容。双面信息则是将优缺点同时告知消费者,由消费者根据信息最终做出决定。

(2) 感性诉求广告。顾名思义,是以消费者的情感为诉求重点,包括人们常有的情感和感受:亲情、爱情、友情、喜悦、悲伤、害怕等等。一般可以分为愉悦诉求和恐惧诉求。愉悦诉求即运用愉悦的感情或创造愉悦的情景来打动消费者,从而试图使消费者产生购买行为。恐惧诉求利益消费者的恐惧心理来进行诱导劝服,使消费者为避免这些恐惧而趋于购买。

此外,广告还有其他分类方法。例如,按广告覆盖的地区来划分,可分为全国性广告和地区性广告;按广告的形式划分,可分为文字广告和图画广告;按广告的媒体不同,可分为报纸广告、杂志广告、广播广告、电视广告、网络广告、邮政广告(如销售信广告、说明书广告、产品样本广告等)、户外广告(如路牌广告、招贴广告、橱窗广告、灯箱广告等)、交通广告(如在公共汽车、火车、轮船等交通工具上所作的广告)等。

三、广告在企业营销中的作用

在市场经济条件下,广告作为一种有偿的、有责任的信息传播活动,在企业的市场营销活动中有着十分重要的作用。

1. 传递信息，沟通供求

商品广告的最基本的任务就是传递信息。商品广告通过各种媒介，把商品的成分、结构、性能、用途、规格、质量、特点、价格以及使用、维修等方面的信息向社会广为传播。生产者可以从商品广告中获得自己所需要的原材料、燃料、生产设备等供给情况，市场商品的需求情况、竞争对手的情况等信息；商品经营者也可以从商品广告中获得市场商品供求情况，货源情况等信息；广大用户和消费者可根据商品广告所提供的情报，及时方便地找到自己所需要购买的商品。这样，由于商品广告传递了信息，有效地沟通了市场商品供求，并使生产者、经营者和消费者都能从中受益。

2. 激发需求，促进销售

商品广告的主要目的在于引导销售、促进销售，因此，有人把它称为"一种神奇的推销术"。企业通过具有真实、新颖、生动、形象的商品广告宣传，可以吸引人们的注意力，使其对商品产生浓厚兴趣，进而激发其需求欲望，诱导其购买行为。同时，通过这样的商品广告宣传，又能提高企业商品的知名度，在顾客心目中树立良好的产品形象，最终有利于扩大企业的商品销售。

3. 指导消费，促进生产

在当今市场上，商品数量不断增加，新产品层出不穷，商业网点星罗棋布，人们要及时、方便地购买自己所需要的商品，常常需要借助于商品广告作向导。但由于一般消费者的商品知识不够丰富，尤其对新产品、高档消费品的性能、用途、使用和保养等方面了解不够，甚至一无所知，因此，企业要通过商品广告的宣传，介绍商品的有关知识，正确地引导消费者对商品的选购和使用，以满足他们的需要。同时，人们在消费过程中，又会不断提出新的要求，促使企业生产更新、更好的产品。

4. 创立声誉，利于竞争

企业要想在激烈的市场竞争中立于不败之地，除了不断提高产品质量，提供优质服务，努力开发新产品外，还必须充分利用商品广告这一有效竞争手段。企业通过商品广告的宣传，尤其是优质名牌产品的品牌名和商标的宣传，可以大大提高产品在市场上的知名度和美誉度，创立产品和企业的美好形象，这无疑加强了企业的竞争能力；另一方面，通过商品广告的宣传，可以与竞争者在产品质量、性能、花色品种、包装装潢、价格、服务等方面进行反复较量，相互竞争，优胜劣汰，促进企业努力提高产品质量和服务水平，不断开拓。否则，就会在竞争中被淘汰。

综上所述，商品广告是企业开拓市场的先导，是企业扩大销售、加强竞争的有力手段，是企业市场营销的重要工具，是企业成功的重要法宝之一。

第二节 广告决策

广告决策是运用广告相应的工具和策略，通过信息传播和交互，一定程度上使人们的观点、态度甚至是行为发生改变，以实现企业的传播目的和市场目标。广告决策活动过程中包含的决策主要为广告目标的确定、广告预算决策及广告信息策略，同时也涵括广告媒体策略，以及广告效果的评估分析。

一、广告目标决策

(一) 广告目标

制定广告决策的第一步就是明确广告的目标,广告目标的确定是广告决策的起点。若要有效地管理广告活动就必须首先确定所要达到的目标。广告目标决定了广告的内容、形式,有了广告目标才能对广告效果进行正确的评判。广告目标主要包括:提高品牌知名度、增加品牌知识、强化品牌兴趣、树立品牌形象、激发购买欲望等。

广告目标必须服从制定的目标市场策略、市场定位策略、营销组合策略。因为,广告只是市场营销组合之一,是为实现营销目标服务的。例如,某一品牌产品的营销目标是将市场份额提高5%,而为实现这一目标服务的广告目标应是:① 提高品牌知名度,使之达到80%以上。② 提升品牌认知度,使之达到70%以上。③ 提高品牌偏好度,使之达到50%以上。④ 提高尝试购买率,使之达到35%以上。⑤ 提高品牌忠实度,使之达到15%等。

广告目标通常有通知性目的、说服性目的、提醒性目的。表16-1列举了这些广告目标的例子。

表16-1 可能的广告策略与目标

通知	
向市场告知有关新产品的情况	描述所提供的各项服务
提出某项产品的若干用途	纠正错误的产品印象
通知市场有关价格的变动	减少消费者的恐惧
说明新产品的使用方法	树立公司形象
说服	
建立品牌偏好	说服消费者马上购买
提醒	
鼓励消费者转换品牌	说服消费者接受一次推销访问
改变顾客对产品属性的直觉	
提醒消费者的需要	促使消费者在淡季记住产品
提醒消费者购买的地点	保持最高知名度

(二) 广告目标的制定方法

广告目标制定的方法有很多,介绍2种主要的方法[①]:

1. DAGMAR 法

美国广告专家罗素·科利向美国广告主协会提出了"制定广告目标以测定广告效果"的制定广告目标的方法,简称 DAGMAR(defining advertising goals for measured advertising results),指出应以信息传播影响消费者心理变化为视点,考察分析广告效果的发生过程。其主要内容是:广告活动开展之前先设定广告目标,而后针对所设定的广告目标来测定广告

---

① 蒋旭峰:"广告目标的功能策略分析",《学海》,2002年第2期。

效果。

罗素·科利为这种方法制定了六项原则：

(1) 广告目标是记载行销工作中有关传播方面的简明陈述。
(2) 广告目标是用简洁、可测定的词句加以描述。
(3) 广告的各种目标要得到有关阶层的一致同意。
(4) 广告目标的制定，应当以对市场及各种购买动机方面精湛的知识为基础。
(5) 基准点的决定是依据其所完成的事项能够测量而制定。
(6) 用来在日后测定广告成果的方法，在建立广告目标时即应制定。

因此，广告目标应该是明确、可测量的。例如，一个手机品牌在特定省份市场范围的广告目标可以陈述为：在某省的1 000万手机用户中，通过广告使认识到X品牌为商务型手机并相信此手机具有强大的手机管理功能的人数，从20%上升到50%。

2. 马洛尼的CAPP法

1966年，美国大型广告代理公司列奥·伯奈特公司的马洛尼总结归纳出了"连续性广告策划程序"这一设定广告目标的方法，他将消费者对品牌产品的需求程度分为知名、接受、购买和满意4种程度。其中，消费者对品牌产品的接受程度表示该品牌为目标市场中消费者所接受的程度，即该品牌产品可以满足消费者的最低需求。而品牌的满意程度则表示消费者在购买、重复购买该产品之后对产品性能所感到的满意程度。在特定品牌的广告战略实施过程中，上述4个方面的数据应进行一定数量抽样的连续性测定，并将此结果作为对广告战略进行调整的依据。CAPP法之所以成为用来设定广告目标的通用方法，关键就在于这种方式可以为调整广告战略内容以及广告目标的设定提供即时性信息。

总之，一个成功的广告目标应具备的要求有：

(1) 精确性。广告目标要精确地反映出广告所要引起的消费者反应变化的程度，如一年内使品牌知名度提高x%。至于这个变化程度是多少，要根据营销目标、消费者对广告品牌已有的了解程度等因素而定。

(2) 具体性。广告目标中还应明确说明广告主要希望向目标受众传递什么信息以及用什么方式沟通这些信息，从而实现广告目标，否则，就无法为广告文案的创作者提供指导性依据。

(3) 单一性。一般来说，一个广告所要达到的目标应该只有一个。如果目标太多，广告传递的信息重点太多，易使消费者混淆，广告效果将大打折扣。不应该用一个广告来完成多个目标，而必须创作多则广告，通过多次广告战役，逐步实现广告的各个目标。

(4) 可测性。广告目标是测量广告效果的标准。如果广告目标不能测量，广告主就无法知道广告是否达到了预期的目标，也就无法判断广告的创作是否成功。譬如，根据消费者能否说出广告品牌名称，或者能说出广告品牌名称的人数百分比，就可以测量品牌知名度这一目标的实现程度，从而进一步可以判断出广告的现有创作内容是否有助于广告目标的实现。

(5) 时间性。制定广告目标的最关键一步是规定广告目标要在多长时间内达成。目标实现期限随广告目标的大小、难易，可长可短。大多数广告的时间期限都是从几个月到一年。一般来说，提高品牌知名度的广告目标可在较短的时间内，通过向目标受众广泛、反复地宣传来实现。但是，如果产品重新定位需要改变消费者对广告品牌已有的形象知觉，则需要较长的时间方能达到目的。

(6) 可行性。广告目标必须切实可行，是在激烈的市场竞争情况下，在一定的广告经费支持下能够实际达到的目标。如果目标定得太高,不能完成,广告主便会有挫折感,甚至产生广告无用的想法。

二、广告预算决策

广告预算是广告主对广告活动所需费用的计划和控制方法。它规定计划期内从事广告活动所需经费总额和使用范围。企业广告活动要得以顺利开展,必须以正确地编制广告预算为保证,因而广告预算的编制工作必须受到企业的高度重视。

(一) 编制广告预算的要求

(1) 预测前景,合理确定广告预算总额。要使广告预算合理、可行,取得较好的广告效果,首先必须对未来有较准确的预测。前景预测包括消费者需求预测、市场发展趋势预测、市场竞争发展趋势预测、企业自身发展趋势预测等等。只有比较准确地预测前景,才能对广告任务和目标提出具体要求,制定出相应的广告策略,从而较合理地确定广告预算总额。

(2) 广告预算的编制与其他活动相协调。要取得较好的广告效果,必须把广告活动与企业的营销活动结合起来。同时,要有各种广告媒体的组合和各种广告活动的紧密配合,有主有次、合理地分配广告费用,保证广告计划得以顺利实施。与企业营销活动协调一致的广告预算编制,可以有效地扩大企业产品销售,从而提高企业经济效益。

(3) 编制广告预算必须对广告费用进行合理的控制。编制广告预算时,应根据广告计划的要求,合理地、有控制地使用广告费用,及时检查广告活动的进度,发现问题,及时调整广告计划与广告费的总额与分配额,只有这样才能促使广告目标顺利实现。

(4) 编制广告预算必须注重效益的提高。编制广告预算时,应及时研究广告费用的使用是否得当,有无浪费,应随着时间、地点、条件的变化及时调整广告预算计划,从而促进经济效益和社会效益的提高。

(二) 影响广告预算的因素

企业在编制广告预算时,要考虑下列主要影响因素:

(1) 目标市场大小及其潜力。

(2) 潜在市场规模与地区分散程度。

(3) 目标市场销售份额、商品理解度、品牌忠实度。商品理解度是指消费者对本企业产品的特性、功能的了解、熟悉和接受的程度。所谓品牌忠实度是指消费者购买商品时,反复购买同一品牌的频率或次数。

(4) 竞争企业动向及其广告战略、广告费支出额、商品竞争手段(质量、价格、使用方便性等)。

(5) 企业上期广告费支出额,本期广告计划的约束。

(6) 广告计划中选择媒体类型或广告形式。

(7) 预定销售额与利润额。

(8) 企业财务承受能力。

(9) 产品生命周期。

(10) 市场细分及其特点。

(三) 广告预算的基本程序

(1) 收集资料。主要包括广告、营销计划、竞争对手、分销渠道等历史资料,以及目前上述各方面的有关情报。

(2) 确定广告预算总额。通过分析企业的整体营销计划和企业产品的市场环境,提出广告投资总额的计算方法和理由,上报企业的高层管理人员。

(3) 分析历年来本企业产品销售的周期性。大部分产品在一年的销售中,都会呈现出一种周期性的变化,即在某些月份里销售额上升,而在另外几个月中销售额又下降。通过对本企业产品销售周期的分析,可以为广告的总预算提供依据,以确定不同月份的广告费用的分配。

(4) 根据广告计划编制广告的分类预算。在广告总预算的指导下,根据本企业的实际情况,再将由时间分配上大致确定的广告费用分配到不同产品、不同地区、不同媒体上。这是广告预算的具体展开环节。

(5) 制订控制与评价标准。在编制广告的分类预算后,应马上确定各笔广告支出所要达到的效果,以及对每一时期每项广告开支的记录方法。通过这些标准的制订,再结合广告效果评价工作,就可以对广告费用的支出进行控制和评价。

(6) 确定机动经费的投入条件、时机及效果评价方法。广告预算中除去确定大部分的固定开支外,还需对一定比例的机动开支做出预算,如在什么情况下方可投入机动开支,机动开支如何同固定开支协调,怎样评价机动开支所带来的效果。

(四) 编制广告预算的内容

(1) 决定广告预算的规模。

(2) 根据广告计划,估算各种广告费用细目并合计。

(3) 将实施计划所必需的广告费用细目总计与广告预算规模对比,如有矛盾,应在费用细目之间进行调整,求得两者之间的平衡。

(4) 编制广告预算说明书,获得主管经理或总经理的批准。

(五) 编制广告预算的主要方法

企业编制广告预算的方法[①]主要有:

(1) 负担能力法。即企业确定广告预算的依据是在其能力范围内的资金数额,即企业根据其财力情况来确定广告开支。企业往往在其他市场营销活动都优先分配给经费之后,尚有剩余者再供广告之用。这种方法不具备科学性,但在实践中,仍有许多企业采用,其缺陷是明显的。

(2) 百分率法。指以一定期间的销售额或利润额的一定比例来确定商品广告费用数额。如开发一个房地产项目,总销售面积是 10 万 m^2,预计单价是 5 000 元$/m^2$,则预计总销售额为:5 亿元。若在销售推广的初期按销售额的 1.5% 提取广告费,该项目的广告预算约为:5 亿元×1.5%=750 万元。

(3) 预期购买者数量法。预定对每位购买者支出一定数量的广告费,以此为单价,乘以预期的购买者数量,确定次年度支出的广告费。

百分率法和预期购买者数量法两种方法的主要优点是:第一,方法简单,比率的确定通常是由行业经验得出的,节省了大量的调研、测算、论证的费用;第二,暗示广告费用将随着企业所能提供的资金量的大小而变化,这可以促使那些注重财务的高级管理人员认识到:企业所有类型的费用支出都与总收入的变动有密切关系;第三,可促使企业管理人员根据单位广告成

[①] 郭国庆:《市场营销管理——理论与模型》,中国人民大学出版社,1995 年版,第 408 页。

本、产品售价和销售利润之间的关系来考虑企业的经营管理问题;第四,有利于保持竞争的相对稳定,因为只要各竞争企业都默契地同意让其广告预算随着销售额的某一百分比而变动,就可以避免广告战。

使用该方法来确定广告预算的主要缺点是:第一,把销售收入当成广告支出的"因"而不是"果",从而会造成因果倒置;第二,用此法确定广告预算,实际上是基于可用资金的多少,而不是基于"机会"的发现与利用,因而会失去有利的市场营销机会;第三,用此法确定广告预算,将导致广告预算随每年的销售波动而增减,从而与广告长期方案相抵触;第四,此法没能提供选择这一固定比率或成本的某一比率,而是随意确定一个比率;第五,不是根据不同的产品或不同的地区等实际市场情况确定不同的广告预算,而是所有的广告都按同一比率分配预算,造成广告的浪费或不足。

(4) 竞争对抗法。它是以主要竞争对手的广告费用支出为基准,确定与其抗衡的广告费用额。如当企业得知竞争对手的预算费用为100万元时,为了抗衡竞争对手,企业可能会计划100万元或以上的广告预算。

采用竞争对抗法的前提条件是:其一,企业必须能获悉竞争者确定广告预算的可靠信息,只有这样才能随着竞争者广告预算的升降而调高或调低;其二,竞争者的广告预算能代表企业所在行业的集体智慧;其三,与行业水平相均衡能避免各企业之间的广告战。

但是,事实上,上述前提条件很难具备。这是由于一方面企业没有理由相信竞争者所采用的广告预算确定方法比本企业的方法更科学;另一方面,各企业的广告信誉、资源、机会与目标并不一定相同,可能会相差甚多,因此某一企业的广告预算不一定值得其他企业效仿;另外,即使本企业的广告预算与竞争者势均力敌,但不一定能够稳定全行业的广告支出。

(5) 目标达成法。是根据企业营销计划中决定的目标,预计为实现此目标需要支出多少广告费用。该方法能有效地为企业的营销目标服务,尽最大可能实现企业的营销目标,但是该种方法的最大缺点就是没有从成本角度考虑某一广告目标是否值得追求,例如:企业的广告目标是下年度将某品牌的知名度提高20%,这时所需要的广告费用可能比实现目标后对利润的贡献额超出很多。因此,如果企业能够先按照成本来估计各目标的贡献额(即进行成本效益分析),然后再选择最为有利的目标付诸实施,则效果更佳。实际上,这种方法就是考虑边际成本与边际收益的广告预算方法。

以上各种广告预算方法各有利弊,各自运用的范围、环境不尽相同。企业确定广告预算时,应全面考虑,权衡得失,并根据具体情况灵活运用,力求使广告的目标明确、预算切实可行,为实施企业的广告计划起到积极的作用。

除了上述几种定性方法外,广告预算还可以用定量的方法确定,如:1957年,美国学者韦达尔(Vidale)和沃尔夫(Wolfe)(简称为VW模型)指出:广告销售反应曲线是一条带有拐点的曲线,广告费用的增加首先会产生连续收益递增然后出现收益递减的现象。假如企业已知"广告销售反应曲线"的形状,那么利润达到最大值时的广告费用额就是最佳广告预算水平。利特尔(Little)提出了下面的确定广告预算的适应控制模式。假设某企业根据最新的销售反应函数确定了本企业下一时期的广告预算。除了任意抽取的2n个市场外,在所有市场均按此基准确定广告预算。然后,该企业在其中n个试验市场广告费低于基准广告费(比如低50%),在另外n个市场广告费高于基准广告费(比如高50%)。这样,通过低中高三档广告预算的销售情况,就得到了平均销售情况,这一情报可以用来更新销售反应函数中的参数。最后,采用最新函数来确定下一时期的最佳广告预算水平。如果每一时期都进行一次此类试验,广告预算就会趋于最佳值。

下面主要介绍 ADBUDG 模型,这是利特尔于 1970 年开发出的一个新模型。

该模型有四个假设前提:① 先将广告预算削减至零,可以测算出市场占有率的最小值。② 最大限度地将广告预算扩大到饱和水平,可以测算出市场占有率的最大值。③ 为了维持最初的市场占有率,要保持必要的广告预算水平,这也可以得到相应的数据。④ 当广告预算水平比维持市场占有率的必要广告预算水平高 50% 时,其市场占有率的增加可以根据有关数据和经验测算出来。将上述测算值代入预算—占有率反应函数:

$$M = \min + (\max - \min)\frac{(AC)^a}{\beta + (AC)a}$$

可得如下方程组:

$$\begin{cases} M_0 = \min + (\max - \min)\dfrac{(AC_0)^a}{\beta + (AC_0)^a} \\ M_{50} = \min + (\max - \min)\dfrac{(1.5AC_0)^a}{\beta + (1.5AC_0)^a} \end{cases}$$

式中,M_0 为初期市场占有率;AC_0 为维持 M_0 的必要广告预算;M_{50} 为广告预算比 AC_0 高 50% 的相应市场占有率;min 为市场占有率最小值;max 为市场占有率最大值;α、β 为待定参数。解方程组可得:

$$\alpha = \lg\left(\left(\frac{1-Y}{Y}\right)\left(\frac{X}{1-X}\right)\right)/\lg 1.5$$

$$\beta = \frac{1-Y}{Y}(AC_0)^a$$

式中:

$$X = \frac{M_{50} - \min}{\max - \min}$$

$$Y = \frac{M_0 - \min}{\max - \min}$$

利特尔还提出应用下列公式来调整广告预算和市场占有率:

$$AC_t^* = ME_t \cdot CQ_t \cdot AC_t$$
$$M^* = NA \cdot M$$

式中,AC_t^* 为调整后 t 期的广告预算;ME_t 为 t 期的媒体效率;CQ_t 为 t 期的广告展露效果;AC_t 为调整前的广告预算;M 为调整后的市场占有率;NA 为非广告因素指标;M^* 为调整前的市场占有率。

此外,还有考虑竞争对手的博弈论模型及垄断、垄断竞争、寡头垄断市场的多夫曼—斯坦纳模型等。

三、广告信息决策

广告必须有相应的传播内容才能将广告主希望顾客接受的信息传递给受众,同时,广告信息的传递将影响广告的有效性,广告信息的传递通常有以下的步骤[①]:广告信息的产生、广告信息的评价和选择、广告信息的表达。

(一) 广告信息的产生

信息是为了表明品牌提供物的主要利益点,广告信息的产生主要有以下方法:

(1) 归纳法。通过与顾客、经销商、销售人员、专家以及竞争者的交谈获得有关广告信息的广告思想,并形成广告信息。其中,最重要的是消费者对产品的态度和看法,他们对品牌的优势和不足的各种感觉为企业创造有效的广告信息提供重要的线索。

(2) 演绎法。马罗内提出了一种演绎的框架(见表16-2),他认为购买者从一个产品中期望获得4种回报中的一种:理性的、感性的、社会的、自我满足的;同时,购买者可以从使用结果经验、产品使用经验或者偶然使用经验中想象这些回报。综合这4种回报类型和3种经验,可以产生12种广告信息。

表16-2 演绎法的框架

潜在的回报类型 经验类型	理性的	感性的	社会的	自我满足的
使用结果经验	① 使衣服更清洁	② 使胃痛感觉消除	③ 当你十分关心为社会提供最佳服务时	④ 为了您的皮肤
产品使用经验	⑤ 不用筛的面粉	⑥ 淡淡的啤酒	⑦ 使您为社会接受的除臭剂	⑧ 适用于年轻经理的
偶然使用经验	⑨ 可以使香烟保持新鲜的塑料盒	⑩ 手提式电视机重量轻,携带方便	⑪ 标志现代化家庭的家具	⑫ 适用于具有鉴赏能力的人的立体声音响

广告主可以在12个格子的每个格中产生一个主题,作为其产品可能的广告信息。要注意的是,产品可以用于传播的广告信息有很多,要在产品的不同生命周期阶段,以及面对不同的消费者时对广告信息进行调整,尤其是当消费者正在寻求产品新"利益"的时候。

(二) 广告信息的评价和选择

广告信息产生后,广告主必须评价和选择各种可能的广告信息。根据特塔威的观点,广告信息可根据以下原则评价:

(1) 愿望性。信息首先要说明一些人们期待的或感兴趣的产品特征。

(2) 独占性。信息要表明产品的差异化特征,对产品独特性进行表述。

(3) 可信性。信息必须是可信的,或者是可以证实的。

(三) 广告信息的实现

广告的效果不仅取决于它说什么,还取决于它如何说。广告信息的表现方式对广告的有效性有重要的影响。广告信息的实现要注意以下的几个方面:

1. 标题及文案的选择

有吸引力的标题可能会迅速吸引消费者并使消费者产生兴趣。如"一幢好房子"和"这个房子是你的吗?"这两个标题可能会产生不同的广告效果,即使产品是同样的。标题通常有6种基本类型:① 新闻式(经济持续上涨、个人投资业务新方向)。② 问题式(今天你买了吗?)。

[①] 菲利浦·科特勒:《营销管理——分析、计划、执行和控制》,上海人民出版社,1999年版,第596-614页。

③ 叙述式(当我坐在飘窗上的时候,一切都很宁静)。④ 命令式(请认真比较后再买!)。⑤ 1—2—3法(有4种方法可以使你的皮肤保持水润光洁)。⑥ 如何—什么—为何(他们为什么不能停止购买)。

2. 形式

广告信息的表达有不同的形式,如:

(1) 生活片断。显示一个或几个人日常生活中使用产品的情景,如一家人共进晚餐。

(2) 生活方式。强调产品如何适应人们的生活方式,如白领的生活方式。

(3) 引人入胜的幻境。针对产品及其用途,设想出一种使用时的情境,如洗发水使用后舒服清爽的感觉。

(4) 气氛和想象。借助产品营造某种气氛和想象,如美丽、安宁等。

(5) 音乐。有关产品的音乐和歌曲,如麦当劳的广告歌。

(6) 个性的象征。赋予产品以人的个性,如万宝路硬汉。

(7) 技术特色。标识产品制作过程中企业的专长和经验,如纯净水的多重过滤。

(8) 科学证据。提出调查结果和科学证据,增加可信度,如权威机构的认证。

(9) 证词。通过高度可信和乐于接受的人的证明,如医生、专家的推荐和喜爱。

3. 语调

广告必须选择一种适当的语调来反映产品的利益。比如幽默的语调、肯定的语调、感人的语调等。

4. 用词

便于记忆和优美的用词将使广告信息的传播事倍功半,如"非可乐"。

5. 版式

广告版式的大小、色彩、插图等要素对广告的效果和费用有较大的影响。如:篇幅较大的广告容易引起人们的注意,但相应的广告费用会提高,需要在效果和成本之间进行衡量;彩色广告比黑白广告有更多的发挥空间,但黑白广告有时更为醒目;引人注意、贴切的插图则是引起读者注意的首要因素。

广告文案的背景、内容、口吻的选择等均会对广告信息的实现起到重要作用。广告信息的产生、评价、选择、实现的过程是创造性过程,需要营销人员深刻地把握产品的特征和属性,了解消费者的喜好,研究媒体的特点和作用,创造性地使用标题、文案、语调、版式;同时,广告信息不能虚假和欺骗消费者。

第三节 广告媒体选择及效果评价

一、广告媒体的选择

广告必须依附在各种媒介物上才能起到传播的效用,这个媒介物就是我们所要讨论的广告媒体。媒体一词的英文为"Media",原意指居于中间的、手段的或工具等意思,又称为媒介。从理论上说,广告媒体就是指广告主与广告对象之间信息传递的载体,换句话说,凡是能在广告主与广告对象之间起媒介作用的物质都可以称之为广告媒体,它是沟通广告主与消费者或用户的信息桥梁。随着科学技术的进步和商品经济的不断发展,作为传递广告信息的载体的广告媒体越来越多样化,媒体在人们生活中的作用也越来越重要。

(一)广告媒体的种类及其特性

广告媒体的种类很多,不同类型的媒体有不同的特性。目前比较常见的广告媒体有以下几种:

(1)报纸。报纸这种广告媒体,其优越性表现在:① 影响广泛,报纸是传播新闻的重要工具,与人民群众有密切联系,发行量大。② 传播迅速。可及时地传递有关经济信息。③ 简便灵活,制作方便,费用较低。④ 便于剪贴存查。⑤ 信赖性强。借助报纸的威信,能提高广告的可信度。报纸媒体的不足是:因报纸登载内容庞杂,易分散对广告的注意力;印刷不精美,吸引力低;广告的时效短,重复性差,只能维持当期的效果。

(2)杂志。杂志以登载各种专门知识为主,是各类专门产品的良好的广告媒体。它作为广告媒体,优点有:① 广告宣传对象明确,针对性强,有的放矢。② 广告连同杂志有较长的保存期,读者可以反复查看。③ 因杂志发行面广,可以扩大广告的宣传区域。④ 由于杂志读者一般有较高的文化水平和生活水平,比较容易接受新事物,故利于刊登开拓性广告。⑤ 印刷精美,能较好地反映产品的外观形象,易引起读者注意。缺点表现在:发行周期长,灵活性较差,传播不及时;读者较少,传播不广泛。

(3)广播。广播媒体的优越性有:① 传播迅速、及时。② 制作简单,费用较低。③ 具有较高的灵活性。④ 听众广泛,不论男女老幼、是否识字,均能受其影响。使用广播做广告的局限性在于:时间短促,转瞬即逝,不便记忆;有声无形,印象不深;不便存查。

(4)电视。电视作为广告媒体虽然在20世纪40年代才出现,但因其图文并茂之优势,发展很快,并力胜群芳,成为最重要的广告媒体。具体说来,电视广告媒体的优点有:① 因电视有形、有色,听视结合,使广告形象、生动、逼真,感染力强。② 由于电视已成为人们文化生活的重要组成部分,收视率较高,使电视广告的宣传范围广,影响面大。③ 宣传手法灵活多样,艺术性强。电视广告媒体的缺点是:时间性强,不易存查;制作复杂,费用较高;因播放节目繁多,易分散对广告的注意力。

(5)网络。网络作为新兴媒体,开始出现广告是在20世纪90年代。虽然出现的最迟,却是近十年增长速度最快的媒体,尤其是移动终端的发展。

与传统媒体相比,具有速度快、容量大、范围广、可检索、可复制,以及交互性、导航性、丰富性等优点,发展极为迅速。

以上五种广告媒体是目前最主要的广告承载平台。其中,报纸、杂志、广播、电视被称为广告的传统四大媒体,网络媒体被称为第五媒体。

部分西方广告学者还将销售现场广告媒体称之为第五大广告媒体。销售现场广告媒体是一种综合性的媒体形式,是指一切购物场所内外,包括零售店、商场、百货公司和超级市场等所做广告的总称,也叫做售点广告或POP广告。它是其他广告媒体的延伸,也是唯一一个集消费者、产品和广告在同一地点的媒体。

销售现场广告的主要优点是:① 广告持续的时间比较长。② 诱导消费者对商店差别化的认识,促使消费者尽快地走进商店购物。③ 美化商店环境,吸引新老顾客。④ 起到无声推销员的作用。⑤ 有可能促使消费者改变购买计划或购买习惯。⑥ 激发消费者的购买欲望,促使消费者购买行为的发生,扩大企业的商品销售。

销售现场广告的主要缺点是:① 如果广告设计陈旧、单调、缺乏新意,不仅不能促进商品销售,反而会给带来负面效应。② 如果店堂太小而广告太多,会给人一种拥挤、零乱的感觉,广告作用难以发挥,消费者难以产生购买欲望,影响企业的商品销售。

此外,交通工具、楼宇、黄页、电影、礼品等也均是广告的承载体。随着技术的发展及其对人们生活的渗透,广告媒介呈现一种丰富化和生活化的趋势。对于企业而言,越来越多的选择,却也意味着越来越谨慎的决策。每种媒体都各有其优缺点,作为市场营销策划人员,必须熟悉各种广告媒体的特点,以及其与目标受众的关系,根据广告活动的目标和预算的约束,做出最有效和合适的选择。

(二) 媒体决策

媒体策略的核心目的是借助合适的媒体,以最小的投入获得尽可能的放大效应。

1. 媒体决策的步骤

广告主需要选择负载广告信息的广告媒体。媒体决策所要解决的问题就是在一定的预算水平下,如何使媒体的效果与成本达到最佳组合,这通常是在明确的广告目标下完成的。

这一步骤包括决定预期的接触面、频率和影响;选择主要媒体类型;选择具体传播媒介工具;决定传播时间和决定地理媒体的分配。总之,要根据广告目标的要求,结合各广告媒体的优缺点,综合考虑上述各影响因素,尽可能选择使用效果好、费用低的广告媒体。

广告展示能够提高产品的知名度,而知名度越高的产品,其试用水平也越高。因此可以将试用水平作为广告效果的评价标准,广告媒体决策所谓的最佳效果就是以最少的展示次数赢得最高试用水平。广告展示次数对产品试用水平的影响是通过知名度来起作用的,但展示次数与知名度的关系比较复杂。广告展示对产品知名度的作用取决于它的触及面、频率、媒体影响,其相互关系见图 16-2。

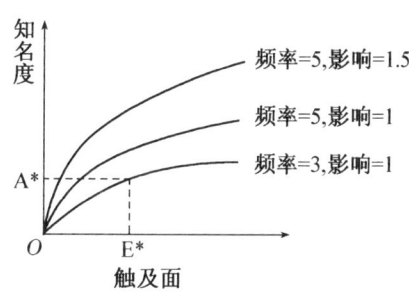

图 16-2 知名度与触及面、频率、媒体影响的关系图

(1) 触及面(R):在一定时期内,某个特定媒体一次最少能触及的不同的人或家庭的数目。

(2) 频率(F):一定时期内平均每人见到广告信息的次数。

(3) 媒体影响(I):使用某一特定媒体的展示质量价值。

试用率取决于知名度(如图 16-3),而知名度则取决于展露度,展露度取决于触及面、频率、媒体影响。

(1) 展露总数(E):触及面乘以频率,即 E=R×F,它又被称为毛评点(GRP)。如果某一媒体想要触及 80% 的家庭,频率为3,则该媒体的毛评点就是 240(80×3=240);如果另一媒体的毛评点为 300,那么,它就具有更大的影响,但是,我们并不知道它的触及面和频率各为多少。

(2) 加权展露数(WE):触及面乘频率,再乘媒体影响,即 WE=R×F×I

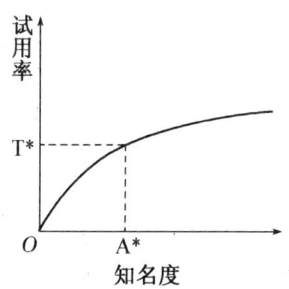

图 16-3 试用率与知名度的关系

例如:某个品牌产品的广告目标是在某城市的 300 万人口中获得 10% 的试用率,根据调查这需要 80% 的知名度,那么需要有 240 万人记住这个品牌,如果每个人平均需要 3 次展示

才能记住这个品牌的话,这个品牌就需要 720 万次展露。如果每 1 000 次成本是 5 元,则该品牌至少需要 7 200 000÷1 000×5＝36 000 元的广告预算。

在广告预算既定的情况下,则用相反的过程分析,获得需要的展露次数。

2. 选择的媒体类型

不同的广告媒体有不同的特性,这决定了企业从事广告活动必须对广告媒体进行正确的选择,否则将影响广告效果。正确地选择广告媒体,一般要考虑以下影响因素:

(1) 产品的性质。不同性质的产品,有不同的使用价值、使用范围和宣传要求。广告媒体只有适应产品的性质,才能取得较好的广告效果。通常,对生产资料和高技术产品进行广告宣传,面向专业人员,多选用专业性杂志;而对一般生活消费品,则适合选用能直接传播到大众的广告媒体,如报纸、广播、电视等。

(2) 消费者接触媒体的习惯。选择广告媒体,还要考虑目标市场上消费者接触广告媒体的习惯。一般认为,能使广告信息传到目标市场的媒体是最有效的媒体。例如,对儿童用品的广告宣传,宜选电视媒体;对妇女用品进行广告宣传,选用妇女喜欢阅读的妇女杂志或电视效果较好,也可以在妇女商店布置橱窗或展销。

(3) 媒体的传播范围。媒体传播范围的大小直接影响广告信息传播区域的宽窄。适合全国各地使用的产品,应以全国性发放的报纸、杂志、广播、电视等作为广告媒体;属地方性销售的产品,可通过地方性报刊、电台、电视台、霓虹灯等传播信息。

(4) 媒体的费用。各广告媒体的收费标准不同,即使同一种媒体,也因传播范围和影响力的大小而有价格差别。因此,在选择广告媒体时,应考虑企业的经济实力,在广告预算许可的范围内,对媒体进行选择和有机组合。

3. 选择具体的媒体工具

媒体计划者还要选择一个具体的、成本效益最佳的媒体工具。例如,广告主决定了购买 30 秒的电视广告,那么媒体计划者还要在不同的电视台之间进行选择,或者在不同的电视栏目间进行选择。选择的依据通常是每千人成本(CPM)。

CPM 是指特定的媒体触及 1 000 人的平均成本。例如,甲电视台的 30 秒广告费用为每次 50 000 元,电视台的收视人数大约为 20 万人,则这个媒体的 CPM 为 25 元。如果乙电视台的 CPM 为 15 元,则应当选择乙电视台为投放媒体。

在选择具体的媒体工具的时候,媒体计划者往往还需要了解媒体的以下信息:

(1) 发行量:广告载体的发行数量。
(2) 目标受众数:接触到媒体的人数(如果媒体是可传阅的,受众数比发行量要大)。
(3) 有效目标受众数:接触媒体的具有目标特点的目标受众人数。
(4) 接触广告的有效目标受众数:实际看到广告的具有目标特点的人数。

在制定媒体计划时,可以购买专业的媒体调查服务机构的数据来辅助决策。

4. 决定媒体时间安排

(1) 总体安排。广告主必须决定如何安排全年的广告计划,如:淡季广告和旺季广告的不同投放,经济走势的不同导致的广告投放的不同。

库恩发展了一种探索经常购买、季节性强、价格低廉的日用品广告时机的模型。他提出,正确的时机模式取决于广告延续力和顾客选择品牌的习惯行为。延续力是指广告支出的作用随着时间的推移而逐渐衰退的速率,每月 75% 的延续力就是指以往广告支出对本月的影响水平仅为上月的75%,而每月10%的延续力则表示只有上月影响的10%。习惯行为是指和广告水平无关的品牌延续购买有多少,例如习惯性购买为90%,即表示不管营销刺激如何,90%的购买者都将重复购买这个品牌。

库恩认为,如果没有广告延续力或者习惯性购买,决策者宜采用销售百分比法则来制定广告预算,最佳广告支出时机模式应与预期的产业销售季节性变化形态相一致。但是,如果存在广告延续力或者习惯性购买,销售百分比预算方法就不是最佳方法,在这种情况下,最好使广告时机变动领先于销售曲线。广告支出的高峰宜在预期销售高峰之前出现,而广告支出的低潮则宜在销售低潮来到之前出现,延续力愈高,领先时距也宜愈长。此外,习惯性购买愈多,广告支出也应愈稳定。

（2）短期安排。短期安排是指在一个具体时期内部署好一系列的广告展露,以获得最大的影响。图16-4是几种常见的广告投放形式,广告主的任务是决定何种投放方式最为有效。

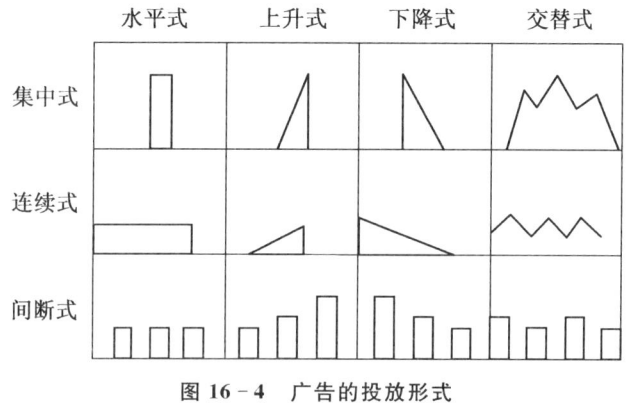

图16-4　广告的投放形式

最有效的广告投放形式取决于产品性质、目标顾客、分配渠道以及其他与营销有关的广告传播目标。广告投放形式应该考虑3个要素：

第一,购买者流动率。这是指新顾客在市场上出现的速率;速率越高,广告越是应该连续不断;

第二,购买频率。它是指某一时期内购买者平均购买产品的次数。购买频率越高,广告越是应该连续不断;

第三,遗忘率。这是指购买者遗忘某种品牌的速率。遗忘率越高,广告越应该连续不断。

在推出一项新产品时,广告主必须在广告连续性、集中性、时段性和节奏性中间做出选择。

第一,连续性是指在一定时期内均匀地安排广告展露,但由于广告成本高和销售量的季节变化,广告难以连续。一般说来,登广告者在市场扩大的情况下,当顾客频繁购买商品和购买紧缺有限的商品时应采用连续性广告。

第二,集中性是要求把所有的经费用在一段时间内。当产品集中在某一季节或假日里销售时,可采用这种形式。

第三,时段性是要求在某些时间播放广告,接着是一段时间的间歇,然后继之以第二时段广告。在经费有限、购买周期比较不频繁或出售季节性产品的情况下,可采用这种广告形式。

第四,节奏性是指连续以低重要水平开展广告活动。但不是以间歇性的大量广告活动来加强其广告攻势的方法。这种形式是吸收连续性广告和间歇性广告的长处而创造出来的一种折中的时间安排战略,那些主张采用节奏性广告的人认为,节奏性广告使观众更透彻地了解广告信息,而且可以省钱。

5. 决定在地理位置上的媒体分配

公司在决策怎样分配它的广告预算时,必须考虑空间和时间问题。当公司在全国电视网络或在全国宣传杂志上做广告时,它通常是全国性品牌;当它只是在几个地方或地区编辑的杂志上做广告,它通常是地区性品牌,在这种情况下,若广告从城市中心出发向外延伸20~30千米,则被称为控制影响地区(ADIs)或被设计的营销地区(DMAs);最后,公司只在当地报纸、电台或户外做广告,它一般是当地品牌。

二、广告效果评价

(一) 广告效果的特性

广告效果就是广告作品通过广告媒体传播之后所产生的影响。这种影响主要表现在三个方面:① 对消费者的影响——广告本身的效果(认知效果与心理效果)。② 对企业经营的影响——广告的销售效果。③ 对社会的影响——广告的社会效果。广告效果具有与其他活动效果不同的特性,主要有以下几个方面:

(1) 复合性。广告活动是一种复杂的、综合性的信息传播活动,它既可以通过各种表现形式来体现,又可以通过各种媒体组合来传播,同时,它又受到企业的其他活动的影响。因此,广告效果不是单一性的,而是一种复合多种因素的、极为复杂的传播活动的结果。

(2) 累积性。有些广告能即时奏效,但大多数广告尚不能立竿见影,其效果是累积的。因为广告活动是一个动态过程,人们接受信息也是一个动态过程,所以,广告对消费者产生的影响往往是一种信息传播累积效应的结果。

(3) 时滞性。广告效果的发生,受多种因素的影响,大多数广告效果需要经过一定的时间周期才能反映出来,这就是广告效果的时滞性。时滞性使得广告效果表现得不够明显、迅速。

(4) 间接性。广告效果的直接性就是消费者接受广告信息、产生购买欲望并最终发生购买行为。但有时消费者接受了广告信息,自己未实现购买行为,却介绍他人购买,或者自己买了广告宣传的商品,使用后又向别人介绍宣传,这就是广告的间接性。

(5) 竞争性。企业进行广告宣传,就是要稳定老顾客,不断争取新顾客,极力向用户和消费者宣传自己的产品,从而取代竞争对手的产品,不断提高市场占有率和企业的经济效益。因此,广告效果具有强烈的竞争性。

(6) 损耗性。在市场竞争异常激烈的情况下,生产同类产品的企业,为了争夺市场,纷纷开展较大规模的广告活动,常常引发出广告战。由于广告战,竞争者相互之间往往产生对抗,消费者面对大量的同类产品广告信息,也会产生一定程度的排斥心理,这些都会使广告效果产生损耗。

考虑到广告效果评价的复杂性,特别是广告的社会效果难以测定,本书仅对广告本身的效果和广告的销售效果进行分析。

(二) 广告本身效果的测定

广告本身效果不是以销售数量的大小为衡量标准,而主要是以广告对目标市场消费者所引起心理效应的大小为标准,包括对商品信息的注意、兴趣、情绪、记忆、理解、动机等。因此,对广告本身效果的测定,应主要测定知名度、注意度、理解度、记忆度、视听率、购买动机等项

目。测定方法中,常用的有以下几种:

(1) 价值序列法。它是一种事前测定法,其具体做法是,邀请若干专家、消费者对事先拟定的几则同一商品的广告进行评价,然后排序,依次排出第一位、第二位、第三位……排在首位的,表明其效果最佳,选其作为可传播的广告。

(2) 配对法。也是一种事前测定法,其做法是,将针对同一商品设计的不同的两则广告配对,请专家、消费者进行评定,选出其中一例。评定内容包括广告作品的标题、正文、插图、标语、布局等全部内容。

(3) 评分法。此法既适合于事前测定,又适合事后测定,其做法是,将广告各要素列成表,请专家、消费者逐项评分,如表16-3。得分越高,表明广告自身效果越好。

表16-3 广告效果评分表

评价项目	评价标准	最后得分
吸引力	该广告吸引读者的注意力如何?(考虑其图片、标题、排版打字及配置的文案)	15
	该广告对潜在购买者的吸引力如何?	5
可读性	该广告能使读者进一步详细阅读的可能性有多大?	20
认知力	该广告的中心意思突出吗?	20
亲和力	这种广告适合于读者吗?	10
	这种诉求激起购买欲的有效性有多大?	10
行为力	该广告激起购买行为的作用有多大?	10
	该广告引起潜在购买行为的作用有多大?	10
广告得分	0~20 20~40 40~60 60~80 80~100	
广告等级	极差 下等 中等 上等 极优	

(4) 访问法。这是一种主要适合于事后测定广告效果的方法,其主要做法是通过电话、直接走访等方式征集广告接受者对广告的评价意见,借以评价广告优劣。

(三) **广告销售效果的评价**

广告销售效果评价,就是要评价广告活动对企业的商品销售额、利润额的影响及影响程度,这是企业最为关心的一项效果。但是,要想准确地测定、评价广告销售效果有较大难度。这是因为,影响企业的销售额、利润额的因素是多种多样的,如商品货源、质量、价格、包装、成本、费用、市场购买力、市场供求、市场竞争、淡旺季、国家政策、营销环境、广告宣传等等。可见,一个企业商品销售额、利润额的增减,是多种因素综合作用的结果,广告仅是其中的一个因素。当然,这并不是讲,广告销售效果无法评价,人们除了可以对广告销售效果进行定性评价外,仍可以用一些指标,从不同的角度对广告销售效果进行定量评价。广告销售效果评比方法主要有以下几种:

(1) 广告费比率。这是用来评价广告计划期内,企业的广告总费用对商品总销售量(额)的影响。广告费比率越小,表明广告促销效果越好;反之,则越差。其公式为:

广告费比率 = [广告费/销售量(额)] × 100%

(2) 广告效果比率。这是用来评价广告计划期内,广告费增减对广告的商品销售额增减

的影响。广告效果比率越大,表明广告促销效果越好;反之则越差。其公式为:

广告效果比率=〔销售量(额)增长率/广告费用增长率〕×100%

(3) 单位广告费用销售增加额。这是用来评价每单位广告费用对产品销售的增益程度。单位广告费用销售增加额越大,表明广告效果越好;反之则越差。其计算公式为:

单位广告费用销售增加额=(报告期销售额-基期销售额)/广告费用

(4) 市场占有率提高率。市场占有率表示企业产品在市场上的竞争能力。市场占有率的提高,意味着产品竞争能力的增强。因此,我们还可以用市场占有率的提高率这一相对经济指标来评价广告的促销效果。市场占有率提高率越大,表明广告的促销效果越好。其公式为:

市场占有率提高率=(单位广告费用销售增加额/同行业同类产品销售总额)×100%

影响产品销售的因素很多,广告只是其中因素之一,单纯以销售量(额)的增减来衡量广告效果是不全面的。也就是说,上述测定方法只能作为衡量广告效果的参考。当广告促销效果不理想时,也不应轻易否定广告,而应从其他多方面来考虑分析。

第十七章 人员销售与销售促进

第一节 人员销售

一、人员销售的角色

人员销售是指企业的销售人员为达到促销目的，主要以对话方式直接与顾客或潜在顾客接触，介绍、宣传商品，帮助顾客获得满意购买的活动过程。

人员销售是促销组合中的一种人际关系。广告是同目标消费者之间单向的、非人员的沟通交流，而人员销售与之相反，它是在销售人员和个人顾客之间建立了双向的人际交流和沟通，可以是直接面对面的，也可以是通过电话、影音或网络视频、或其他任何联系方式。

作为直接销售方式，人员销售是被企业广泛采纳的一种重要销售手段。它具有广告、公关、营业推广等其他促销手段不同的特点，在企业的营销活动中，起着非常重要的作用。人员销售在面对复杂的销售情况时往往比广告更为有效。销售人员可以通过对客户进行调查和了解，更好的理解客户的问题所在，适时地调整营销方案以配合每个客户不同的需求。此外，不同于其他促销工具更多是组织与个人或是媒介与人之间的交流方式，由于人员销售内含更多的直接人际交流部分，也更有易于建立人与人之间的情感交流联系，从而在建立顾客与产品的经济利益关系。同时，也在建立和维护着顾客与企业的情感利益关系，也便自然进入了顾客关系管理的第二层次。

因此，可以看到，人员销售对于企业来说，是企业与客户之间的重要联结，扮演着双重的角色。一方面，从事人员销售的销售人员，对其客户来说代表了企业的形象和能力。他们寻找和开发新的客户，与客户接触，就企业的产品和服务进行沟通、推介，并给以咨询、解答，提供服务，对产品和价格进行谈判并最终完成商品的交换，其在提供客户产品的同时，本身就是一种产品和服务。另一方面，对企业而言，他们又代表着客户，他们离客户最近，他们向企业内部反馈消费者的想法、维护消费者的利益并管理着双方的关系，和企业的其他人一起创造客户价值和企业利润。

虽然人员销售的角色因企业不同而不同，一些企业根本没有销售人员，比如完全依赖在线或邮寄产品进行销售的企业,然而对绝大多数企业来说,人员销售都起着重要的作用。因此,对于企业来说,认清人员销售的特点及作用,明确人员销售三要素之间的关系,科学地确定人员销售的规模、区域和组织结构,选择适当的销售策略,运用高超的销售艺术和技巧,切实加强对销售人员的管理,不仅有利于搞好销售工作,达成企业的销售目标乃至营销目标,而且也有利于企业在激烈的市场竞争中不断发展。

二、人员销售的特点

在人员销售活动中,销售人员、销售对象和销售商品是三个基本要素。其中前两者是销售活动的主体,后者是销售活动的客体。通过销售人员与销售对象之间的接触、洽谈,将销售商品推给销售对象,从而达成交易,实现既销售商品,又满足顾客需求的目的。

人员销售与非人员销售相比,既有优点又有缺点,其优点表现在以下四个方面:

1. 信息沟通的双向性

人员销售过程是一种信息的双向沟通过程。在销售过程中,销售人员向顾客介绍所销售商品的功能、特点、质量,把商品本身的有关信息传递给顾客;向顾客提供所销售商品的价格、市场等情况,把商品的市场信息传递给顾客;向顾客示范商品的使用、安装及维修方法,把商品的技术信息传递给顾客。这些信息的传递十分重要,它是吸引顾客、促成销售的前提。同时,销售人员通过与顾客面对面的接触、交谈以及察言观色,获得顾客对产品、对企业、对销售人员本身的态度、意见、要求等信息。在现场通过语言和非语言的方式与顾客进行沟通,在提供信息的同时,也得到消费者的反馈。这个过程中收集到的信息,销售人员经过适当归类、合并、总结等技术处理,及时地反馈给企业,能够帮助企业了解所销售产品的市场占有率、市场生命周期、市场盈利率等市场状况,为企业的生产、经营决策提供依据,为更好地开展产品的人员销售活动提供帮助。

2. 销售目的双重性

一重是指激发需求与市场调研相结合,另一重是指销售商品与提供服务相结合。就后者而言,一方面,销售人员施展各种销售技巧,目的是销售商品;另一方面,销售人员与顾客直接接触,向顾客提供各种服务,是为了帮助顾客解决问题,满足顾客的需求。双重目的相互联系、相辅相成。销售人员只有做好顾客的参谋,更好地实现满足顾客需求这一目的,才有利于诱发顾客的购买欲望,促成购买,使商品销售效果达到最大化。

3. 销售过程灵活性

由于销售人员与顾客直接联系,当面洽谈,可以通过交谈与观察了解顾客,进而根据不同顾客的特点和反应,有针对性地调整自己的工作方法,以适应顾客。同时,也可以及时发现、答复和解决顾客提出的问题,消除顾客的疑虑和不满意感,让销售人员现场就通过释疑、展示和协调等方式促进交易的达成。

4. 友谊、协作长期性

销售人员与顾客直接见面,长期接触,可以促使买卖双方建立友谊,密切企业与顾客之间的关系,易于使顾客对企业产品产生偏爱。如此,在长期保持友谊的基础上开展销售活动,有助于建立长期的买卖协作关系,稳定地销售产品。

人员销售的缺点主要表现在两个方面:

一是支出较大,成本较高。由于每个销售人员直接接触的顾客有限,销售面窄,特别是在

市场范围较大的情况下,人员销售的开支较多,这就增大了产品销售成本,一定程度地减弱产品的竞争力;

二是对销售人员的要求较高。人员销售的效果直接取决于销售人员素质的高低,并且,随着科学技术的发展,新产品层出不穷,对销售人员的素质要求越来越高。要求销售人员必须熟悉新产品的特点、功能、使用、保养和维修等知识与技术,要培养和选择出理想的、胜任其职的销售人员比较困难,而且耗费也大。

人员销售是一项复杂的系统工程。要使这项系统工程正常、有效地运转,只有销售人员的努力和销售部门的协调是不够的,还必须依靠企业中各个部门、各方人员的通力协作。这些协调工作包括以下几方面:① 企业领导的决策。② 生产人员、技术人员的参与。③ 信息人员的协助。④ 其他人员的合作。企业中大量人员的密切配合,对人员销售工作的开展有不可低估的作用,是取得良好销售效果的保证。

第二节 销售人员与管理

一、销售人员的任务和所要求的素质

销售人员是企业与顾客之间的纽带。对许多顾客来说,销售人员是企业的象征,反过来,销售人员又从顾客那里给企业带回许多有关顾客的有用信息。每个企业都必须仔细地确定它们期望销售人员所要达到的目标。传统的观念是销售人员应该"销售,销售,再销售",销售企业产品是销售人员的唯一目标。于是,销售经理给每一位销售人员制定销售定额,好的销售人员达到或超过他们的定额。后来,随着一些企业逐渐接受了市场营销观念,他们认识到:销售人员除了销售产品以外,还应该有解决顾客问题的技术,甚至帮助客户和自己的公司成为"分享利润的合伙人"。总之,在新的时代,销售人员除了销售产品以外,还将执行以下的一项或几项特定的任务:

(1) 寻找客户:销售人员负责寻找新的客户或主要客户。

(2) 设定目标:销售人员决定怎样在寻找工作和客户之间分配有限的时间。

(3) 信息传播:销售人员应熟练地将公司产品和服务的信息传递出去。

(4) 销售产品:销售人员要懂得销售技巧——与客户接洽、向客户出样报价、回答客户的疑问并达成交易。

(5) 提供服务:销售人员要为顾客提供各种服务——对顾客的问题提供咨询意见,给予技术帮助,安排资金融通,加速交货。

(6) 收集信息:销售人员要进行市场调查和情报工作,并认真填写访问报告。

(7) 分配产品:销售人员要对顾客的信誉做出评价,并在产品短缺时将稀缺产品分配给顾客。

由上述销售人员的任务可以看出,在竞争激烈的市场环境中,销售人员已不只是简单地销售商品了,他们应该具有分析销售数据、测定市场潜力、收集市场情报、制定营销战略和计划的能力,这对销售人员的素质提出了很高的要求。一般来说,销售人员应具备如下的素质:

(1) 态度热忱,勇于进取。销售人员是企业的代表,有为企业销售产品的职责;同时又是

顾客的顾问,有为顾客购买活动当好参谋的义务。企业促销和顾客购买都离不开销售人员。然而,在大多数情况下,销售人员常常遇到顾客的拒绝,这时没有良好的心态是做不了销售工作的。因此,销售人员要具有高度的责任心和使命感,热爱本职工作,不辞辛苦,任劳任怨,敢于探索,积极进取,耐心服务,同顾客建立友谊,这样才能使销售工作获得成功。

(2) 求知欲强,知识广博。广博的知识是销售人员做好销售工作的前提条件。较高素质的销售员必须有较强的上进心和求知欲,乐于学习各种必备的知识。一般说来,销售员应具备的知识有以下几个方面:① 企业知识。要熟悉企业的历史及现状,包括本企业的规模及在同行中的地位、企业的经营特点、经营方针、服务项目、定价方法、交货方式、付款条件和保管方法等,还要了解企业的发展方向。② 产品知识。要熟悉产品的性能、用途、价格、使用知识、保养方法以及竞争者的产品情况等。③ 市场知识。要了解目标市场的供求状况及竞争者的有关情况,熟悉目标市场的环境,包括国家的有关政策、条例等。要了解如何分析销售数据、测定市场潜力、收集市场情报、制定营销战略和计划的知识。④ 心理学知识。了解并适当地运用心理学知识,来研究顾客心理变化和要求,以便采取相应的方法和技巧。

(3) 文明礼貌,善于表达。在人员销售活动中,销售人员在销售产品的同时也是在销售自己,这就要求销售人员要注意销售礼仪,讲究文明礼貌,仪表端庄,热情待人,举止适度,谦恭有礼,谈吐文雅,口齿伶俐,在说明主题的前提下,语言要诙谐、幽默,给顾客留下良好的印象,为销售获得成功创造条件。

(4) 富于应变,技巧娴熟。市场环境因素多样且复杂,市场状况很不平稳。为实现促销目标,销售人员必须对各种变化反应灵敏,并有娴熟的销售技巧,能对变化万千的市场环境采用恰当的销售技巧。销售人员要能准确地了解顾客的有关情况,能为顾客着想,尽可能地解答顾客的疑难问题,并能恰当地选定销售对象;要善于说服顾客(对不同的顾客采取不同的技巧);要善于选择适当的洽谈时机,掌握良好的成交机会,并善于把握易被他人忽视或不易发现的销售机会。

二、人员销售的策略、方法与技巧

(一) 人员销售的策略

人员销售具有很强的灵活性。在面对面的交谈中,有经验的销售人员善于审时度势,即根据当时的销售环境、交谈气氛,针对销售对象的特点和销售商品的性质灵活而巧妙地运用销售策略,促成销售的成功。在人员销售工作中,常用的销售策略主要有以下几种:

(1) "刺激—反应"策略,又称试探性策略,即销售人员用试探性问话等方法刺激顾客做出购买反应。在销售人员不十分了解顾客具体要求的情况下,这种策略比较适用。销售人员应事先准备好几套试探顾客需求、刺激顾客欲望的谈话方案。在与顾客接触时,销售人员要小心谨慎地运用各种话题加以试探,仔细观察顾客的不同反应。然后选择最能吸引顾客并使之做出积极反应的话题深入下去,同时借助一些销售措施的配合使用。如要引起顾客兴趣时,很自然地出示产品图片、演示使用操作;在顾客提出疑问时,适时地说明产品的性能可靠、质量优良;顾客对价格有异议时,灵活地给予一些优惠等等。总之,这个策略是用试探加刺激的方法,不断引起顾客的积极反应,最终达到成交的目的。

(2) "配方—成交"策略,又称针对性策略,即销售人员用事先准备好的、有针对性的话题与顾客交谈,说服顾客,达成交易。这种策略适用于销售人员事先已掌握了顾客的某些需求。

在这种情况下,无须投石问路,其工作的重心自然就转到针对性的话题上。销售人员在与顾客接触前须做好充分的准备:搜集大量符合这一针对性的材料、信息;熟悉产品满足顾客要求的性能;设计好销售语言和措施。与顾客交谈时,一定要站在替顾客排忧解难的角度,实事求是,以理服人,言语诚恳,真心实意地为顾客服务,当好顾客的参谋。这样才能获得顾客的信任,在满足顾客需要的同时促成销售。

(3)"诱发—满足"策略,也称诱导性策略,即顾客在与销售人员交谈前并未感到或没有强烈意识到某种需求,销售人员运用适当的方法和手段唤起顾客的需求,诱导顾客通过购买满足其需求。这是一种"创造性销售",要求销售人员有很高的销售技巧。首先,要求销售人员根据顾客档案以及其他信息资料,正确地判断不同的顾客都有哪些可被诱发的需要;其次,销售人员要能够巧妙地设计出诱惑性的销售建议,诱发顾客产生某方面的需求,激起顾客强烈的购买欲望;最后,被诱发的需求应该是销售商品可以很好满足的,这样销售人员才能不失时机地把商品"推"向顾客。

以上三种策略各有其特点和特定的适应性。销售人员要从实际出发,灵活运用。另外,在应用这些策略时要耐心、诚恳、切忌急于求成、硬性销售。一旦时机成熟,就应抓住时机,立即成交。

(二)有效的销售过程

在人员销售过程中,销售人员不仅要切实掌握销售策略,而且要掌握销售方法和技巧。一个有效的销售过程包括以下几个方面:① 寻找潜在顾客,鉴定他们的资格。② 做好准备工作。③ 接触的方法。④ 讲解和示范表演。⑤ 处理反对意见。⑥ 达成交易。⑦ 后续和维持工作。

1. 寻找潜在顾客和鉴定他们的资格

有效销售程序的第一步就是识别潜在顾客,准顾客选择是否妥当,将直接关系到销售效果。如果准顾客选不好,多次交谈也不能促成交易,只会白白浪费销售人员的时间和精力,导致销售成本的上升。销售人员可以通过以下方法寻找准顾客:

(1)向现有顾客询问潜在顾客的姓名。

(2)培养其他能提供线索的来源,如供应商、非竞争性的销售人员、行业协会负责人等。

(3)加入潜在客户所在的组织。

(4)从事能引人注意的演讲和写作活动。

(5)阅读各种资料(报纸、专业杂志、广告等)来寻找潜在顾客姓名。

(6)通过电话簿、企业名录和邮件来寻找潜在顾客。

(7)拜访各种办事处,寻找潜在顾客。

销售人员必须懂得如何淘汰那些没有价值的线索。对潜在的顾客,可以通过研究他们的财务能力、业务量、具体的需求、地理位置和连续进行业务的可能性,来衡量他们的资格。一般来说,若对同一准顾客拜访三次仍未成交就应停止访问,取消其作为准顾客的资格。

2. 做好销售的准备工作

对销售人员来说,做好销售准备工作,是保证销售效果的重要基础。销售的准备工作主要包括以下几个方面:

(1)明确销售工作的目标是收集情报还是立即成交。老顾客、已有接触的顾客、情况熟悉的顾客,应着眼于立即成交。未见过面的或不熟悉的顾客可立足于收集情报,在交谈中,若时机成熟,灵活机动,立即成交。

(2) 尽可能多地了解潜在客户公司的情况(它需要什么?谁参与购买决策?)和采购人员的情况(性格特征、购买风格),了解当地的风俗习惯、地理特征等。

(3) 要了解企业的经营宗旨、发展历史、技术能力等情况;熟悉商品的构成、生产过程、使用特点、维修保养等知识;懂得包装技巧、订单填写等。

(4) 确定接触方式。按销售人员与准顾客的熟悉程度递减的方式排列,有私人拜访、熟人引见、电话拜访和信函等几种接触方式,销售人员可根据实际情况加以选择。

(5) 考虑最佳拜访时机,因为许多潜在顾客在一定的时间内十分繁忙。

3. 接触的方法

销售人员应该知道初次与客户交往时如何会见和向客户问候,使双方的关系有一个良好的开端,这包括销售人员的仪表、开场白和随后谈论的内容。销售人员所穿的衣着应尽量与顾客的衣着相类似;对待顾客要殷勤而有礼貌;避免做一些使人分心的动作,如在地板上踱来踱去,或者盯着对方看等;开场白要明确等。

4. 讲解和示范表演

销售人员可以按照"爱达"(AIDA)公式——争取注意(attention)、引起兴趣(interest)、激发欲望(desire)和见诸行动(action)——向购买者讲解和示范表演。在整个过程中销售人员应以产品性能为依据,着重说明产品给顾客所带来的利益。这里的利益是指各种各样的特点,例如成本较低或者节省劳动力;性能是指产品的某种特点,如重量和尺寸大小。在销售过程中常犯的一个错误是过分强调产品特点,而忽视了顾客的利益。

销售讲解有三种方式,最古老的就是"固定法",这是一个将各个要点背熟的销售讲解。它基于刺激反应这一心理过程,即顾客处于被动地位,销售员可通过使用正确的刺激性语言、图片、条件和行动等说服顾客购买。第二种方式是"公式法",这也是基于刺激反应这一心理过程的,所不同的是先了解购买者的需要和购买风格,然后再运用一套公式化的方法去向该类顾客销售介绍。这一方式要求销售人员事先要争取顾客一起参加讨论,弄清顾客的需要和态度,然后销售人员再用一套公式化的讲解向顾客介绍、说明产品将如何满足顾客的需要。第三种方式是"需要—满足法",这是以鼓励顾客多发言,通过了解顾客的真正需要为起点的销售讲解法。这种方法要求销售人员有善于倾听别人意见并能解决实际问题的能力。

在销售人员的讲解过程中,配合多媒体的展示能加深目标顾客的印象和记忆,例如可以借助小册子、挂图、幻灯片、电脑投影、音响和录像、产品样品等来使顾客更好记住产品的特点。

5. 处理反对意见

顾客在产品介绍过程中,或在销售人员要他们订购时,几乎都会表现出抵触情绪。这些抵触有些是心理的,有些是逻辑上的原因。心理抵触包括:对外来干预的抵制;喜欢自己已经养成的习惯;不愿意放弃某些东西;反对让别人摆布的倾向;对金钱的神经过敏态度。出于逻辑原因的抵触可能包括对价格、交货期,或者是对某些产品或某个公司的抵制。要应付这些抵触情绪,销售人员应采取积极的方法,例如,请顾客说明反对的理由;否定他们意见的正确性;将对方的异议转变成购买的理由。

6. 达成交易

成交是顾客填写订单或购买商品的行动。它是销售全过程中最重要的环节,也是销售的目的。如何及时准确地捕捉成交时机,巧妙地把握好成交时机,是最关键的。销售人员必须具

有高度的敏感性,善于察言观色,当出现以下几种情况时,应当及时抓住时机,力求最终成交:

(1) 当顾客频频询问商品性能、特点及使用方法的时候。

(2) 当顾客询问如何维修保养商品,如何提供售后服务的时候。

(3) 当顾客将所销售产品与其同类产品比质、比价,并要求销售员把价格说得更确切的时候。

(4) 当顾客询问交货时间和地点的时候。

(5) 当顾客询问能否试用商品的时候。

销售人员把握成交时机,一是要态度从容,不要急于求成;二是不要再与顾客争论;三是说话的口气应当和蔼可亲;四是不要轻易让价;五是要掌握正确的成交方法。

7. 后续和维持工作

如果销售人员想保证顾客感到满意并能继续订购,这最后一步是必不可少的。交易达成后,销售人员就应着手履行各项具体工作:交货时间、购买条件及其他事项。当销售人员接到第一张订单后,就应制订一个后续访问日程表,以保证顾客能适当地安装好商品,并得到及时的指导和服务。这种访问还可以发现可能存在的问题,使顾客相信销售人员的关心,并减少可能出现的任何认识上的不一致。销售人员还应该制订一个客户维持计划,以确保客户不会被遗忘。

三、人员销售的规模、区域与组织结构

(一) 人员销售的规模

对企业来说,为了让人员销售工作发挥最大的作用,不仅要努力提高销售人员的素质,还应该确定销售人员的最佳人数,即人员销售的最佳规模。如果规模太小,纵使每个销售人员都精明能干,也难以完成企业的销售任务,造成不应有的商品积压和机会损失。反之,如果规模过大,必然造成人浮于事,销售效率低且销售费用高,直接影响到企业经济效益。因此,合理确定人员销售的规模对企业做好人员销售工作具有举足轻重的作用。

人员销售规模的确定主要取决于企业的性质、规模、地理位置、产品特点、用户的分布、市场竞争状况、销售人员素质等因素。美国学者沃尔特·丁·泰利在"如何规划销售区域"一文中提出了"工作负荷分析法"或称之为"工作量法"。这一方法是根据销售人员的人均工作量及企业所须拜访的客户总数来确定销售人员的规模。具体步骤如下:

(1) 将顾客按年销售量或销售额分成若干等级。

(2) 根据资料和经验,确定各类客户所需的访问次数(对每个顾客每年的销售访问次数),这反映了与竞争对手公司相比要达到的访问密度是多大。

(3) 每一类客户数乘上各自所需的访问数便是整个地区的访问工作量,即每年的销售访问次数。

(4) 确定一个销售人员每年可进行的平均访问次数。

(5) 将总的年访问次数除以每个销售人员的平均年访问次数,即得所需的销售人员数。

假设某个公司估计全国有1 000个A类顾客和2 000个B类顾客;A类顾客一年需访问36次,B类需访问12次,这就意味着公司需要每年进行60 000次的访问;假设每个销售人员平均每年可做1 000次访问,那么公司需要60个专职销售人员。

(二) 人员销售的区域

在人员销售活动中,企业一般指定销售人员在某一限定的区域内进行销售活动,即销售人员和区域是对应的。这种做法有许多好处:第一,销售员的责任明确。由于一个地区只设一个销售员,所以他们就必须承担由于销售努力的差别所带来的地区销售情况的好坏差别;第二,能促使销售人员与当地商界和个人加强联系,这种联系有助于提高销售人员的销售效果和改善个人生活;第三,由于每个销售人员只在一个很小的地理区域内活动,因而差旅费开支相对较少。

销售区域的划分主要考虑以下几个原则:便于管理;区域内销售潜力均衡;区域内每个销售人员的工作量与所负责区域的销售潜力相当;最大限度地节约时间和节省交通费用。

至于如何确定区域的大小,可考虑按同等销售潜力和相等的工作量进行设计。按同等销售潜力划分区域能给每个销售人员提供相同的收入机会,也给公司提供了一个衡量销售人员工作成绩的方法。各区域间长期的销售额差异可以反映出各销售人员能力和努力程度的不同。然而,区域间顾客的密度是不相同的,不同的区域虽有同等潜力,销售情况却可以大不相同。因此,企业在采用这种方法划分区域大小时,一定要注意这些差别因素,采取相应措施弥补这一不足。利用相等销售工作量来规划销售区域,虽然可以使销售人员的工作量相等,但由于各区域的销售潜力、顾客分布、范围大小等因素都可能有很大差别,从而导致销售人员的工作绩效相距甚远,难以衡量销售人员的努力程度。在实践中,许多公司把这两种方法综合起来考虑,从而规划销售区域。

区域形状也是销售区域规划中的一个重要问题。区域往往是由一些较小的地区单元,如县或市所组成的,这些小单元合在一起达到一定的销售潜力和工作量便形成一个销售区域。划分区域时要考虑自然界线的位置、邻区域的一致性、交通便利与否等因素。区域的形状会影响销售成本、覆盖的难易和销售人员工作的满意程度。现在,在划分销售区域时可用计算机模型来设计均衡紧密程度、工作量或销售潜量,并能设计出最短的出差时间。

(三) 人员销售的组织结构

人员销售规模、区域的确定为组织结构的选择奠定了基础。人员销售的组织结构主要有产品结构式、区域结构式、顾客结构式、综合式四种。

(1) 产品结构式。即按产品分类组织。对于那些产品品种繁多,技术比较复杂,市场差异较大的企业,可按产品的性质分类,每个销售人员负责销售某几种或某几类产品。其主要优点是有利于实行销售业务专业化,有利于销售人员熟悉产品,有利于销售人员对顾客提供高质量的服务,从而促进企业的产品销售。例如,柯达公司用各种销售人员分别销售其胶卷产品和工业用产品。胶卷产品销售人员销售分销任务繁重的简单产品,而工业品销售人员销售的是需要由懂技术的人员来负责的复杂产品。

(2) 区域结构式。即按产品的销售区域进行组织,企业的某一个销售人员负责某一区域的产品销售工作。其主要优点是:有利于掌握这一地区的顾客情况和市场动态,可以节省产品销售费用。其局限性在于:只适合于那些产品品种单一,市场相似程度较高的企业。

(3) 顾客结构式。即按照顾客分类组织,这种组织结构指企业的每一销售人员负责向一定的顾客销售产品。这种组织结构又有多种形式,如按顾客对象的性质组织,按企业的规模组织,按销售渠道组织等。这种结构的主要优点是:有利于加强对顾客的了解,有利于建立稳定的顾客队伍,同时能较好地、有针对性地满足顾客的需要。但是,如果顾客区域过于分散,则由于销售路线过长而会相应地增加销售费用。

(4) 综合式,即按综合需要组织。当企业处于产品品种多、顾客复杂、市场分散的市场时,可以将以上几种组织结构形式有机地结合起来时,如区域产品混合式、产品顾客混合式、顾客区域混合式等。其主要优点是适应性和灵活性较强;但对销售人员要求很高,且销售人员的管理也比较复杂。因此,在一般情况下,不宜采用这种组织结构。

四、销售人员的考核与评价

为了加强对销售人员的管理,企业必须对销售人员的工作业绩进行科学而合理的考核与评价。销售人员业绩考评结果,既可以作为分配报酬的依据,又可以作为企业人事决策的重要参考指标。

(一) 考评资料的收集

收集销售人员的资料是考评销售人员的基础性工作,全面、准确地收集考评所需资料是做好考评工作的客观要求。考评资料主要从销售人员销售工作报告、企业销售记录、顾客及社会公众的评价以及企业内部员工的意见等四个来源途径获得。

(1) 销售人员销售工作报告。销售工作报告一般包括销售活动计划和销售绩效报告两部分,销售活动计划作为指导销售人员销售活动的日程安排,它可展示销售人员的区域年度销售计划和日常工作计划的科学性、合理性。销售绩效报告反映了销售人员的工作实绩,据此可以了解销售情况、费用开支情况、业务流失情况、新业务拓展情况等许多销售绩效。

(2) 企业销售记录。企业的销售记录,因其包括顾客记录、区域销售记录、销售费用支出的时间和数额等信息而使其成为考评销售业绩的宝贵的基础性资料。通过对这些资料进行加工、计算和分析,可以得出适宜的评价指标,如某一销售人员所接订单的毛利、一定时期一定规模订单的毛利。

(3) 顾客及社会公众的评价。销售人员面向顾客和社会公众提供各种服务,这就决定了顾客和社会公众是鉴别销售人员服务质量最好的见证人,因此,评估销售人员理应听取顾客及社会公众的意见。通过对顾客投诉和定期顾客调查结果的分析,可以透视出不同的销售人员在完成销售商品这一工作任务的同时,其言行对企业整体形象的影响。

(4) 企业内部员工的意见。企业内部员工的意见主要是指销售经理或其他非销售部门有关人员的意见,此外,销售人员之间的意见也可作为考评时的参考。依据这些资料可以了解有关销售人员的合作态度和领导才干等方面的信息。

(二) 考评标准的建立

考评销售人员的绩效,科学而合理的标准是不可缺少的,绩效考评标准的确定,既要遵循基本标准的一致性,又要坚持销售人员在工作环境、区域市场拓展潜力等方面的差异性,不能一概而论,当然,绩效考核的总体标准应与销售增长、利润增加和企业发展目标相一致。制定公平而富有激励作用的绩效考评标准,需要企业管理人员根据过去的经验,结合销售人员的个人行为来综合制定,并需在实践中不断加以修整与完善。常用的销售人员绩效考核指标主要有:

(1) 销售量。它是最常用的指标,用于衡量销售增长状况。

(2) 毛利。用于衡量利润的潜量。

(3) 访问率(每天的访问次数)。衡量销售人员的努力程度。

(4) 访问成功率。衡量销售人员的工作效率。

(5) 平均订单数目。此指标多与每日平均订单数目一起用来衡量、说明订单的规模和销售的效率。

(6) 销售费用及费用率。用于衡量每次访问的成本及直接销售费用占销售额的比重。

(7) 新客户数目。衡量销售人员特别贡献的主要指标。

第三节 销售促进策略

销售促进(Sales Promotion)，又称营业推广，它是指企业运用各种短期诱因鼓励消费者和中间商购买、经销或代理企业产品或服务的促销活动。销售促进是与人员销售、广告、公共关系相并列的四种促销方式之一，是构成促销组合的一个重要方面。

一、销售促进的特点

销售促进是人员销售、广告和公共关系以外的能刺激需求、扩大销售的各种促销活动。概括地说，销售促进有如下特点：

(1) 销售促进促销效果显著。在开展销售促进活动中，可选用的方式多种多样。一般说来，只要能选择合理的销售促进方式，就会很快地收到明显的增销效果，而不像广告和公共关系那样需要一个较长的时期才能见效。因此，销售促进适合于在一定时期、一定任务的短期性的促销活动中使用。

(2) 销售促进是一种辅助性促销方式。人员销售、广告和公关都是常规性的促销方式，而多数销售促进方式则是非正规性和非经常性的，只能是它们的补充方式。也就是说，使用销售促进方式开展促销活动，虽能在短期内取得明显的效果，但它一般不能单独使用，常常配合其他促销方式使用。销售促进方式的运用能使与其配合的促销方式更好地发挥作用。

(3) 过分的销售促进对品牌有伤害。采用销售促进方式促销，似乎迫使顾客产生"机会难得、时不再来"的感觉，进而能打破消费者需求动机的衰变和购买行为的惰性。不过，销售促进的一些做法也常使顾客认为卖者有急于抛售产品的意图，若频繁使用或使用不当，往往会引起顾客对产品质量、价格产生怀疑。因此，企业在开展销售促进活动时，要注意选择恰当的方式和时机。

范里和奎尔克指出，销售促进提供了一系列对制造商和消费者至关重要的利益：销售促进使制造商得以调整短期内供求的不平衡；它们使制造商能够制定一个较高的牌价以测试什么样的价格水平才是上限；它们促使消费者去试用新产品，而不是墨守成规；它们促进了许多不同的零售形式，如天天低价商店、促销价格商店等；为消费者提供了更多的选择，它们提高了消费者对价格的敏感度；它们使制造商的商品销售超过了按牌价销售的数量，并达到可以获得规模经济的程度，从而降低了单位产品的成本；它们有助于制造商更好地适应不同消费群体的需要。消费者则在享受优惠价的同时，体会了作为一个精明的顾客的满意感。

同时，也有很多人认为，较多的销售促进是出于不得已，他们认为大量使用销售促进会降低品牌忠诚度，增加顾客对价格的敏感度，淡化品牌质量概念，偏重短视行为。

因此，对销售促进的使用要特别注意，尤其是用价格促进销售时。

二、销售促进的主要决策

销售促进的方式多种多样,每一个企业不可能全部使用。这就需要企业根据各种方式的特点、促销目标、目标市场的类型及市场环境等因素选择适合本企业的销售促进策略。销售促进的主要决策[①]包括:确定目标、选择工具、制定方案、预试方案、实施和控制方案、评价结果。

(一)确定促销目标

销售促进的具体目标一定要根据目标市场类型的变化而变化。通常销售促进的对象和目标有3种:

(1)消费者。目标包括鼓励消费者更多地使用商品和促其大批量购买,争取未使用者试用,吸引竞争者品牌的使用者。

(2)中间商。目标包括吸引零售商经营新的商品品目和维持较高水平的存货,鼓励他们购买过季商品,鼓励贮存相关品目,抵消竞争性的促销影响,建立零售商的品牌忠诚和获得进入新的零售网点的机会。

(3)销售队伍。目标包括鼓励他们支持一种新产品或新型号,激励他们寻找更多的潜在顾客和刺激他们销售过季商品。

(二)选择促销工具

选择促销工具是决定用哪一种方法来促进销售。面向不同的促销对象,需采用不同的促销工具,所以根据促销对象的不同,促销工具分为向消费者推广的工具、向中介商推广的工具、向销售人员推广的工具。

1. 向消费者推广的工具

向消费者推广,是为了鼓励老顾客继续购买、使用本企业产品,激发新顾客试用本企业产品。其方法主要有:

(1)赠送样品。向消费者免费赠送样品,可以鼓励消费者认购,也可以获取消费者对产品的反应。样品赠送,可以有选择地赠送,也可在商店或闹市区或附在其他商品中无选择地赠送。这是介绍、销售新产品的一种促销方式,但费用较高,对高值商品不宜采用。

赠送代价券。代价券作为对某种商品免付一部分价款的证明,持有者在购买本企业产品时免付一部分货款。代价券可以邮寄,也可附在商品或广告之中赠送,还可以向购买商品达到一定的数量或数额的顾客赠送。这种形式有利于刺激消费者使用老产品,也可以鼓励消费者认购新产品。

(2)包装兑现。即采用商品包装来兑换现金。如收集到若干个某种饮料瓶盖,可兑换一定数量的现金或实物,借以鼓励消费者购买该种饮料。这种方式的有效运用,也体现了企业的绿色营销观念,有利于树立良好的企业形象。

(3)提供赠品。对购买价格较高的商品的顾客赠送相关商品(价格相对较低、符合质量标准的商品)有利于刺激高价商品的销售。由此可见,提供赠品是一种有效的销售促进方式。

(4)商品展销。展销可以集中消费者的注意力和购买力。在展销期间,质量精良、价格优惠、提供周到服务的商品备受青睐。可以说,参展是难得的销售促进机会和有效的促销方式。

(5)俱乐部制和"金卡"制。俱乐部制是指顾客购买一定数量和金额的产品,或交纳一定

[①] 菲利浦·科特勒:《营销管理——分析、计划、执行和控制》(第9版),上海人民出版社,1999年版,第617-625页。

数量的会费给组织者,即可享受到多种价格服务优惠的销售促进方式,其目的除了促销产品或服务以外,还可以培养一定的顾客忠诚度。不少航空公司都采用俱乐部制,如海南航空、东方航空和南方航空等;另外,许多化妆品企业也采用这一策略,如资生堂、雅芳等;摩托车行业的哈利·戴维森就是通过俱乐部制,与顾客进行深入的沟通,从而形成了一个忠诚的顾客群体。"金卡"制是指顾客交纳一定数量的现金即可取得有期限的"金卡",从而成为"会员",可享受一定价格折扣的销售促进方式。沃尔玛、麦德隆等商业零售巨头在中国的不少店铺就采用这样的会员制方式。

此外,还有有奖销售、降价销售等方式。

2. 向中间商推广的工具

向中间商推广,其目的是为了促使中间商积极经销本企业产品。其方式主要有:

(1)购买折扣。为刺激、鼓励中间商购买并大批量地购买本企业产品,对中间商第一次购买和购买数量较多的中间商给予一定的折扣优待,购买数量越大,折扣越多。折扣可以直接支付,也可以从付款金额中扣出,还可以赠送商品作为折扣。

(2)资助。是指生产者为中间商提供陈列商品、支付部分广告费用和部分运费等补贴或津贴。在这种方式下,中间商陈列本企业产品,企业可免费或低价提供陈列商品;中间商为本企业产品做广告,生产者可资助一定比例的广告费用;为刺激距离较远的中间商经销本企业产品,可给予一定比例的运费补贴。

(3)经销奖励。对经销本企业产品有突出成绩的中间商给予奖励。这种方式能刺激经销业绩突出者加倍努力,更加积极主动地经销本企业产品,同时,也有利于诱使其他中间商为多经销本企业产品而努力,从而促进产品销售。

3. 向销售人员推广的工具

这是一种向本企业销售人员提供物质和精神奖励,以提高其销售积极性的促销方式。主要有以下几种策略:

(1)销售红利。即事先规定销售员的销售指标,对超指标的销售员提成一定比例的红利,以鼓励销售员多销售产品。

(2)销售竞赛。即在销售员中推行销售竞赛,对销售额领先的销售员给予奖励,以此调动销售员的积极性。

(3)销售回扣。即从销售额中提取一定比例作为销售员销售商品的奖励或酬劳。利用回扣方式把销售成效与销售报酬结合起来,有利于销售员积极工作,努力销售。

有许多促销工具可用以实现营销目标,促销计划者应该综合考虑市场的类型、促销目标、竞争情况以及每一种促销工具的成本效益。然后选择相应的促销工具,同时要保证工具的有效性。

(三)制定促销方案

1. 确定所提供刺激的大小

若要使促销获得成功,最低限度的刺激物是必不可少的,较高的刺激程度会产生较高的销售反应,但刺激的效用是边际递减的,因此,必须选择适当的刺激力度。要注意刺激的力度必须符合法律的规定。

2. 制定参与条件

也就是确定什么人能够参加促销活动,以使促销活动更有针对性;刺激物可向个人或者经挑选的团体提供;赠品可以仅仅提供给那些递交盒盖或盖过购买证明章的消费者,公司人员的家属、不够年龄的人等可能不许参加促销活动等。

3. 决定促销的持续时间

如果销售促进的时间太短,许多准备重复购买的顾客就不可能尝到甜头,因为他们可能来不及再次购买。如果持续的时间太长,促销则会失去效力。据一位研究人员指出,理想的促销持续时间约为每季度使用3周时间,其时间长度即是平均购买周期的长度。当然,理想的促销周期长度要根据不同产品种类乃至不同的具体产品来确定。

4. 选择分发的途径

折价券可以通过这样几种途径来分发:放在包装内、在商店里分发、邮寄或附在广告媒体上。每一种分发方法的到达率、成本和影响都不同。

5. 决定促销时机

例如,品牌经理需要制定出全年促销活动的日程安排,日程安排包括生产、销售和分销。有时需要一些临时性的促销活动,这就要求短期内组织协作。

(四)确定促销总预算

促销总预算可以通过两种方式拟定:一种是累加法,即从基层做起,营销人员根据所选用的各种促销办法来估计它们的总费用。促销成本是由管理成本(印刷费、邮费和促销活动费)加刺激成本(赠奖或减价成本,包括回收率)乘以在这种交易中出现的预期单位数量而组成的。就一项赠送折价券的交易来说,计算成本时要考虑到只有一部分消费者使用所赠的折价券来购买;就一张附在包装中的赠奖来讲,交易成本必须包括奖品采购和奖品包装成本再扣减因包装引起的价格增加。另一种更常用的制订促销预算的方法是按习惯比例来确定各促销预算费占总促销预算的百分比。如:牙膏的促销预算占总促销预算的30%,而洗发液的促销预算就可能要占到总促销预算的50%。在不同市场上对不同品牌的促销预算百分比是不同的,并且受产品生命周期的各个阶段及促销的竞争者的促销支出的影响。

(五)预试销售促进方案

虽然销售促进方案是在经验的基础上制订的,但仍应经过预试以求明确所选用的工具是否适当,刺激的规模是否最佳,实施的方法效率如何。

(六)销售促进的实施和控制

实施和控制销售促进方案时,营销经理必须对每一项促销工作确定实施和控制计划。实施计划必须包括前置时间和销售延续时间。前置时间是指开始实施这种方案前所必需的准备时间。准确时间内的工作包括:最初的计划工作、设计工作,以及包装修改的批准或者材料的邮寄或者分送到家,配合广告的准备工作和销售点材料,通知现场销售人员,为个别的分销店建立地区的配额,购买或印刷特别赠品或包装材料,预期存货的生产及存放到分销中心准备在特定的日期发放,最后,还包括给零售商的分销工作。销售延续时间是指从开始实施优惠办法起到大约95%的采用此优惠办法的商品已经在消费者手里的时为止,这段时间可能是一个月以至几个月。这取决于实施这一办法的持续时间的长短。

销售促进方案的实施过程需要注意的主要问题有:

(1)选择适当的方式。我们知道,销售促进的方式很多,且各种方式都有其各自的适应性,选择好销售促进方式是促销获得成功的关键。一般说来,应结合产品的性质、不同方式的特点以及消费者的接受习惯等因素选择合适的销售促进方式。

(2) 确定合理的期限。控制好销售促进时间的长短也是取得预期促销效果的重要环节。推广的期限既不能过长,也不宜过短。这是因为,时间过长会使消费者感到习以为常,失去刺激需求的作用,甚至会产生疑问或不信任感;时间过短会使部分顾客来不及接受销售促进的好处,收不到最佳的促销效果。一般应以消费者的平均购买周期或淡旺季间隔为依据来确定合理的推广方式。

(3) 禁忌弄虚作假。销售促进的主要对象是企业的潜在顾客,因此,企业在销售促进全过程中,一定要坚决杜绝营私舞弊的短视行为发生。在市场竞争日益激烈的条件下,企业商业信誉是十分重要的竞争优势,企业没有理由自毁商誉。本来销售促进这种促销方式就有贬低商品之意,如果再不严格约束企业行为,那将会产生失去企业长期利益的巨大风险,因此,弄虚作假是销售促进中的最大禁忌。

(4) 注重中后期宣传。开展销售促进活动的企业比较注重推广前期的宣传,这非常必要,但是也不能忽视中后期宣传。在销售促进活动的中后期,面临的十分重要的宣传内容是销售促进中的企业兑现行为,这是消费者验证企业推广行为是否具有可信性的重要信息源。所以,令消费者感到可信的企业兑现行为,一方面有利于唤起消费者的购买欲望,另一个更重要的方面是可以换来社会公众对企业良好的口碑,提升企业良好形象。

(七) 评价销售促进的结果

衡量促销效果的方法主要有3种:销售数据、消费者调查和经验。

通过检查销售数据,分析各种类型的人对促销的态度、促销前的行为,购买促销产品的消费者后来对品牌和其他品牌的行为,以及市场份额的变化等,以此来确定促销活动的效果,并分析不足和差距,为今后的营销工作积累经验。

通过消费者调查,了解多少人记得这次促销,他们的看法如何,多少人从中得到好处,以及这次促销对于他们随后选择品牌行为的影响程度。销售促进也可以通过实验加以评估,这些实验可随着促销措施的属性如刺激价值、促销期间长短和分销中介等的不同而异。例如,赠券被送到一个消费者小组中一半的家庭里,扫描器数据用来追踪赠券是否使更多的人立即购买企业产品以及预测多少人会在将来购买;然后,这些信息被用来计算通过促销而产生的年收入的增加数。

经验是根据以往的销售经验和定性的分析来判断促销执行的水平,这种方式带有一定的主观性,因而在使用时应选择一些经验丰富的人来执行。

总之,销售促进是一种促销效果比较显著的促销方式,但倘若使用不当,不仅达不到促销的目的,反而会影响产品销售,甚至损害企业的形象。因此,企业在运用销售促进方式促销时,必须予以控制。

促销媒体(优惠券、竞赛等)的快速发展,已造成了促销喧嚣的局面,这与广告喧嚣相似。促销喧嚣的危险是:消费者可能会开始麻木,这时,优惠券和其他媒体会减弱其激发购买的作用。制造商将不得不设法克服喧嚣,如提供更多的优惠券补偿值,或使用更吸引人的购买点陈列或示范表演。因此,在使用销售促进时必须根据具体的情况,选择适当的策略。

第十八章 公共关系

第一节 公共关系

企业公共关系（Corporate Public Relation：CPR）：在一般意义上，公共关系是通过传递关于个人、公司、政府机构或其他组织的信息，以改善公众对他们的态度和政策的活动。公共关系在现代社会中有着广泛的应用，而不只是市场营销的专利。一方面，任何社会组织都有必要进行公共关系活动，树立良好的公众形象，为组织的发展塑造良好的环境条件；另一方面，企业生产经营活动的各个方面都需要公共关系，以得到公众的支持，从而促进企业实现其目标。

营销公共关系（Marketing Public Relation：MPR）：当人们着眼于公共关系在促销方面发挥作用时，公共关系就成了一个重要的促销工具，是促销组合的一个重要方面。也就是说，营销公共关系是由营销与公共关系相结合所诞生的，是直接支援企业营销的公共关系活动。

营销公共关系的战略目标中，最重要的是增加认知度、提供广泛而准确的信息、培养对企业有利的利害关系者、培养对企业有利的消费倾向倡导者，最终对消费者购买商品提供有利氛围。

一、公共关系的职能和作用

（一）公共关系的基本涵义

公共关系（Public Relations）是现代社会的产物。民主政治、商品经济和现代传播技术的发展，为公共关系的兴起和发展奠定了基础。所谓公共关系，就是一个组织，以公众利益为出发点，通过有效的管理和双向信息沟通，在公众中树立良好的形象和信誉，以赢得组织内外相关公众的理解、信任、支持和合作，为自身事业的发展创造最佳社会环境，实现组织的既定目标。

上述公共关系的定义包括了如下几个要点：

（1）公共关系由三大要素构成。公共关系的主体是各类社会组织，客体是与各社会组织密切相关的各种社会公众，公共关系的主要手段是双向信息沟通。

（2）公共关系是一种管理职能，是一种有计划、有目的的活动。它分析发展趋势，预测结果，为组织领导者提供咨询。

（3）公共关系的基本原则和出发点是实事求是、真诚相待，与公众利益相一致。

（4）公共关系的直接目标是建立和完善各种社会关系，塑造本组织的良好形象，以实现组织的最终目标。

（5）公共关系是一种长期活动。公共关系着手于平时努力，着眼于长远打算。公共关系的效果不是急功近利的短期行为所能达到的，需要连续的、有计划的努力。企业要树立良好的社会形象和信誉，不能拘泥于一时一地的得失，而要追求长期的稳定的战略性关系。

（二）公共关系的基本职能

围绕树立组织的良好形象，需要做很多工作，这些具体活动和工作，便形成了公共关系的职能范围。对于企业来说，公共关系至少有如下一些职能：

（1）采集信息的职能。就公共关系活动的周期而言，一般是以采集信息开始的。包括产品形象信息、企业整体形象信息、企业运行状态及环境变化趋势信息等。

（2）咨询建议的职能。咨询建议，就是公共关系工作人员向决策层提供可靠的信息、建议并参与决策。由于公共关系人员特殊的工作性质和目标，在他们的咨询建议中，会更多地考虑广大公众的利益与要求。

（3）传播交往的职能。传播，是指公共关系人员根据企业所处的实际情况，确定传播目标，选择适当的时机和方式，把企业的有关信息及时、真实地传送给公众。社会交往是指人与人之间的直接交往，它不仅可以相互沟通，还可以广结人缘。

（4）教育引导的职能。教育引导是为了改善企业内部和外部环境，是指改善企业内、外部公众的观念、态度和行为，以及对其进行知识教育和业务培训的过程。

（5）协调控制的职能。企业的总体计划或公共关系计划在实施过程中，由于各种磨擦与矛盾，偏离计划的情况会经常发生，协调是要使工作所涉及到的方方面面达到统一、配合与和谐，控制是指根据计划设立标准、衡量成效和纠正偏差的行为，公关人员随时向决策者提供信息，有助于有效控制。

（三）良好形象是企业宝贵的资源

企业形象是公众对企业的总体评价，是企业的各种表现与特征在公众心目中的反映。具体地说：① 企业形象是公众对企业的总体评价，是各种具体评价（对产品、职工、环境等评价）的总和。② 形象的评价者是公众，包括内部和外部公众。③ 形象源于企业的表现，是主客观的统一。

主客观统一的企业形象是真实形象。企业领导想象中公众对本企业所持有的评价，称为虚假形象；企业领导希望公众对本企业所持有的评价，称为理想形象。形象的好坏可通过知名度和美誉度来反映。良好的企业形象是一种无形的资产、宝贵的资源，是企业最有价值的竞争优势，在企业运行过程中容易得到各类公众的理解、信任、支持与合作。具体地说，良好的企业形象具有以下重要作用：

（1）良好形象可以为企业的方针和政策创造一种行为信心，为企业的产品和服务创造一种消费信心。

（2）良好形象可以预先为企业所推出的新产品、新服务做出保证。

（3）良好形象可以为稳定和吸引人才，以及充分发挥员工的积极性创造有利的条件和环境。

（4）良好形象可以取得社会各界公众的理解和帮助，包括有利于筹措资金、寻求原材料、开辟新的或稳定原有的分销渠道，增进社区的理解与合作，容易得到政府对企业的好感、信任和优惠政策。

二、公关关系的促销功能和特点

（一）公共关系的促销功能

作为一种重要的营销工具，公共关系促销主要是企业通过充分运用公共关系的理念与手段，建设性地与它的顾客、供应商、经销商及外部环境建立良好的关系，以有利于营销目标的顺利实现。公共关系的促销功能主要体现在以下几个方面：

（1）有效的公关活动有利于提高企业的知名度，使更多人了解企业，扩大企业的影响力，争取更多潜在顾客。

（2）有效的公关活动有利于树立企业的良好信誉，增强消费者对企业的好感和信任感，使他们经常惠顾该企业，甚至愿意付出更高价格购买该企业的产品。

（3）有效的公关活动有利于企业充分了解市场供求信息，了解消费者的利益和要求，从而使企业不断推出符合消费者需要的新产品、新服务，为促销的成功奠定基础。

（4）有效的公关活动有利于企业改善整个生产经营环境，处理好与各类公众的关系，从而为促销尽可能排除一切障碍。

（二）公共关系的促销特点

公共关系与广告等直接促销手段相比，具有自己的特点，其最主要的特点在于它是一种信誉促销。信誉是形象的核心或灵魂，良好的信誉和形象会产生极大的可信度和吸引力，从而有助于促销。具体地说，公关促销有如下一些特点：

（1）广泛性。企业信誉是要通过广泛的公共关系活动才能树立，并非只要通过处理好消费者关系就能确立的。事实上，生产经营的各个环节都涉及到社会问题，都有公共关系发挥作用的地方，都会影响到企业的信誉和声誉。难以想象一个企业只是提供了适销对路的产品，但总是缺斤少两、服务态度恶劣，或者不顾社区公众利益等等，就会树立良好形象的。公共关系要处理好各种公众关系，要渗透到企业的各个工作环节中去，从而在多方面帮助企业树立良好形象，为扩大销售创造一切有利条件。因此，公关促销的工作内容具有广泛性。

（2）间接性。公关促销具有间接性，即使是面对消费者的公关促销，也不是直接推销企业的产品，而是通过"推销企业"来推销企业的所有产品，因而也具有间接性。当然，为了树立企业的良好形象，公关促销也要涉及到极琐碎的事务、具体的产品、个别消费者等等。

（3）能动性。公关促销并不只是在既定的环境下把既定的产品推销出去，而是往往要改变环境，使环境变得更适合企业的发展，更容易推销某些产品，因而具有能动性。著名市场营销学者菲利普·科特勒举例道：假设美国某家用电器公司想进入日本市场，但若日本政府实行贸易保护，设下了层层堡垒或障碍，这家公司就要运用"政治力量"和"公共关系"手段，去改善日本的销售环境。这家公司必须通过美国政府，派出外交官员，给日本政府施加压力，说服日本政府放开贸易限制，打开日本市场的大门；还必须开展公关活动，向日本政府官员疏通、游说，或者向日本人民群众宣传说明实际情况，争取他们的支持。

（4）持久性。公关促销的持久性体现在两个方面：一方面，企业必须通过持续不断地努力才能树立良好的信誉或形象,个别有效的公关活动只能在短时间内和局部范围起作用;另一方面,良好形象一旦树立,就能长久地起作用,个别失误一般不会影响大局,或者恢复良好形象也容易得多。南京无线电厂生产的消费品,是以"熊猫"为其形象标志的。"熊猫"的良好声誉与信誉,从20世纪50年代生产电子管收音机就开始逐步树立,到80年代生产彩电和各类录音机、音响,其地位就相当稳定,以至该厂每一个新产品的问世,都能在某一细分市场上引起较大的反响。

三、公共关系的活动方式

公共关系的活动方式,是指以一定的公关目标和任务为核心,将若干种公关媒介与方法有机地结合起来,形成一套具有特定公关职能的工作方法系统。

(一)公共关系的分类

按照公共关系的功能不同,公共关系的活动方式可分为以下五种:

(1)宣传性公关。它是运用报纸、杂志、广播、电视等各种传播媒介,采用撰写新闻稿、演讲稿、报告等形式,向社会各界传播企业有关信息,以形成有利的社会舆论,创造良好气氛的活动。这种公共方式传播面广,提升企业形象效果较好。

(2)征询性公关。这种公关方式主要是通过开办各种咨询业务、制订调查问卷、进行民意测验、设立热线电话、聘请兼职信息人员、举办信息交流会等各种形式,连续不断地努力,逐步形成效果良好的信息网络,再将获取的信息进行分析研究,为经营管理决策提供依据,为社会公众服务。

(3)交际性公关。这种方式是通过语言、文字的沟通,为企业广结良缘,巩固传播效果。可采用宴会、座谈会、招待会、谈判、专访、慰问、电话、信函等形式。交际性公关具有直接、灵活、亲密、富有人情味等特点,能深化交往层次。

(4)服务性公关。就是通过各种实惠性服务,以行动去获取公众的了解、信任和好评,以实现既有利于促销又有利于树立和维护企业形象与声誉的活动。企业可以以各种方式为公众提供服务,如消费指导、消费培训、免费修理等。事实上,只有把服务提到公关这一层面上来,才能真正做好服务工作,也才能真正把公关转化为企业全员行为。

(5)社会性公关。社会性公关是通过赞助文化、教育、体育、卫生等事业,支持社区福利事业,参与国家、社区重大社会活动等形式来塑造企业的社会形象,提高企业的社会知名度和美誉度的活动。这种公关方式,公益性强,影响力大,但成本较高。

(二)营销公关的工具

营销公关工具[①]主要有以下六种:

(1)公关出版物。公司依靠大量各种传播材料去接近和影响其目标市场。包括年度报告、小册子、文章、视听材料以及公司的商业信件和杂志。公司可以通过公共出版物发表自己的观点、叙述公司的概况、详细分析产品的特点。

(2)事件。公司可通过安排一些特殊的事件来吸引对新产品和公司其他事件的注意。这些事件包括记者招待会、讨论会、郊游、展览会、竞赛和周年庆祝活动,以及运动会和文化赞助等,以接近目标公众,如资助各类体育比赛。其中,举办周年庆祝活动则给公司提供了一个邀

---

① 菲利浦·科特勒:《营销管理——分析、计划、执行和控制》,上海人民出版社,1999年版,第627页。

请、招待它们的供应商、经销商和顾客的机会。

（3）新闻。公关专业人员的一个主要任务是：发展或创造对公司和产品或人员有利的新闻。新闻的编写要求善于构想出故事的概念，广泛开展调研活动，并撰写新闻稿；但公关人员的技巧应超过制作新闻的技巧，争取宣传媒体录用新闻稿和参加记者招待会，这需要营销技巧和人际交往技巧。一个好的公关媒体负责人应清楚，新闻界需要的是有趣而及时的情节、文笔漂亮和能吸引注意的新闻报道；媒体负责人必须尽可能多地结识新闻编辑人员和记者。与新闻界的交往越多，公司获得较多较好的新闻报道的可能性越大。

（4）演讲。演讲是创造产品及公司知名度的另一项工具，尤其是具有传奇色彩的公司负责人在许多听众前的具有超人魅力的谈话，将大大推动公司品牌的上升。公司负责人应经常通过宣传工具圆满地回答各种问题，并在销售会议上演说。但这种做法有两面性，可能树立公司形象，也可能不慎而损害公司形象。因此，公司应当非常谨慎地挑选公司发言人，并使用专门起草人和演讲辅导员，以帮助提高演讲效果。

（5）公益服务活动。公司可以通过向某些公益事业捐赠一定的金钱，以提高其公众信誉。大公司通常会要求经理支持其办公和工厂所在地的一些社区活动；在另一些场合，公司则为某项特定的事业捐赠金钱（一般与购买其他品牌的人建立关系）。越来越多的公司正在运用一种所谓的"事件相关营销"，以建立公众信誉。如：每喝1瓶矿泉水就向希望工程捐献1分钱的活动。

（6）形象识别体。在一个高度文明的社会中，公司不得不努力去赢得注意，公司至少应努力创造一个公众能迅速辨认的视觉形象。视觉形象可通过公司的持久性媒体——广告标识、文件、小册子、招牌、企业模型、业务名片、建筑物、制服标记等——来传播。

四、公共关系促销的工作程序

公共关系活动的基本程序，包括调查、策划、实施、评估四个步骤。

（一）公共关系促销调查

公关促销调查的目的和内容具有特殊性。由于公关促销是要通过树立企业良好形象来促进销售，因此，公关促销调查是公关调查与市场调查相辅相成。主要调查内容有：

（1）企业形象地位调查。重点了解企业的产品形象和服务水平。
（2）促销环境调查。包括政治环境、社会环境、经济环境和科技环境。
（3）公众舆论调查。着重了解消费者对企业各类产品的意见、态度、倾向。
（4）公众动机调查。着重了解消费者是否购买、以及购买本企业产品的动机。
（5）公关促销效果调查。主要包括传播效果调查和销售效果调查。

（二）公共关系促销策划

1. 确定目标

有了明确的公关促销目标，就有了奋斗方向，可以实行目标管理。根据公众心理活动过程，公关促销目标有：① 以知晓为目标（或以信息传播为目标）。即主要通过信息传播，让公众知晓企业的政策、行为、产品和服务，知晓某一事实或问题的性质。② 以联络感情为目标。主要通过正常公关活动和频繁的交往、赞助等活动，来联络与加深企业与公众之间的感情。③ 以改变态度为目标。不仅通过传播交往，而且要通过利益调节和劝说活动，来改变公众原有的态度，或形成更有利的态度。④ 改变行为为目标。在原有工作的基础上，进一步通过宣传、劝说和激励,引起公众产生对企业的有利行为,主要是购买行为。

2. 制定行动方案

围绕着公关促销目标,有多种行动方案可供选择。方案包括主题、项目、策略与时机等多种内容。这里着重讨论如下几个问题:

(1) 设计主题。公关活动主题是对公关活动内容的高度概括,具有重要的指导作用。围绕公关促销的总目标,往往可以设计几个主题。例如一家运动器械公司的公关促销目标是:维持消费者对公司的信心,在现有的和潜在的顾客中建立公司和产品的优良声誉,吸引更多的消费者。据此,该公司公关部拟定出以下几个工作主题:其一,公司的产品价廉物美,是运动、保健和休息娱乐的好伴侣;其二,公司不惜花费巨资、人力和时间,从事研究开发,因而产品不断改进,也更加安全可靠;其三,公司注重审美和娱乐价值,使产品迎合不断变化的大众需要和社会时尚;其四,公司鼓励更多的人,不分男女老幼,积极参加各类运动,增进国民健康;其五,公司业务遍及各地,已成为一个全国性的大公司。这些主题相互独立,又都为目标服务。由于企业的资源有限,公众接受信息的能力有限,因而在短时期内,公司主题最好只有一个。

(2) 确定公众细分策略。同一主题既可能面对所有公众,也可能由于特殊的促销目标和资源限制,只是面对部分公众,因此,企业往往要确定公众细分策略。首先要进行公众细分,按一定细分变量进行细分,从而划分出许多种类的公众;其次,要鉴别公众的权利要求、公众需求和消费心理的共同点和特殊性;最后,就是确定目标公众。公众细分有三种策略可供选择:第一,普遍性目标公众策略。即以一切公众,或某一大类的全部公众(如全部顾客)为目标公众;第二,选择性目标公众策略。即选择几部分公众(如青年男性消费者、集团消费者)作为目标公众。此时,公关主题既可以相同,也可以不同;第三,集中性目标公众策略。即以一部分公众(如青年男性消费者)为目标公众。显然,以上三种策略与市场细分策略有内在联系。

(3) 选择公关活动模式。要把公关主题表达出来,必须借助于一些公关活动模式,还要选择传播媒介,把握好策略与时机。公关活动模式就是活动方式,前面已有论述,这里省略。

(4) 编制预算。公关促销要花费一定人力、物力和财力。编制预算可以验证方案的可行性,并保证方案的实施。可以用销售额提成法、投资报酬法、目标作业法来确定预算总额。

(三) 公共关系促销计划的实施

公关促销计划的实施就是在公关促销计划被采纳以后,将计划所确定的内容变为现实的过程。实施环节是最为复杂多变的环节。事实上,计划不可能十分详尽周到,突发事件会经常发生,这就要求公关实施人员在实施过程中完善计划,制定具体实施方案,协调各方面关系并对计划的实施加以控制,充分发挥实施人员的灵活性和创造性。

(四) 公共关系促销评估

公关促销评估主要是效果评估。与一般公关效果评估一样,它的评估标准也包括:接受、了解信息的目标公众数量;改变观点、态度的公众数量;发生期望行为、重复期望行为的公众数量等等。比较特殊的评估标准主要是顾客的惠顾率和具体购买动机。惠顾率可以反映重复购买本企业产品的人次,而重复购买能在一定程度上反映公关促销的效果,即企业信誉的吸引力。具体购买动机是复杂的,如果顾客购买本企业产品是因为企业信誉卓著,或是为了回报本企业的优良服务,这在一定程度上也能反映公关促销的效果。

五、公共关系促销的方法

任何有助于提高企业信誉的方法都会有助于促销,但并非任何能提高企业信誉从而刺激销售的方法都属于公关促销的方法。提供优良产品和服务是树立良好企业形象的基础,但其工作可纳入产品策略和服务促销的范畴。公关促销的主要方法是双向信息传播(或沟通),其次是调节利益和提供赞助。

1. 双向信息传播

双向信息传播是指企业利用各种媒介,将信息或观点有计划地与公众进行交流的沟通活动。通过广泛传播,首先可以扩大知名度;其次,如果企业做得好,传播能提高美誉度;再次,通过实事求是地传播,能消除公众的误解;第四,把企业的观点和有关知识传播出去,能对公众起引导和教育作用;最后,经常不断的双向沟通,有助于加深与公众的感情。

信息传播的主要内容有:① 企业本身。包括企业名称、企业的基本生产经营状况、企业的历史与贡献、企业的宗旨与观点、企业对某些社会事物的态度、企业的重大活动等。② 产品情况。产品广告也能传播产品信息,但若侧重于介绍产品的制造方法、价值、使用方法时,一般可列为公关促销的传播内容。③ 某些问题的真相与性质。如果公众对某一问题产生误解,及时澄清事实十分重要。

信息传播的方式有公关广告、新闻报道、日常接待、沟通性会议、公务谈判、样品陈列、示范表演、举办培训班、企业对外开放等等。

信息传播媒介与传播方式的选择有关。从物质形式看,传播媒介分为符号媒介、实物媒介和人体媒介三大类。根据信息传播的范围,又可分为大众传播和人际传播两大类。有效的传播依赖于传播方式与传播媒介的正确选择。

2. 利益调节

利益包括物质和精神两大类内容。利益调节有三种趋向:一是补偿性趋向,即通过给对方在物质和精神上的满足来达到关系协调平衡;二是惩治性趋向,即通过对对方在物质和精神上的要求予以压制和剥夺来解决关系的不平衡问题;三是补偿惩治性趋向,如既给予批评,又给予补偿的做法。必须说明,利益调节不一定要求短时间内使双方关系达到协调平衡,补偿趋向的进一步发展就是优惠或特别照顾,惩治趋向的进一步发展就是索取。企业为了树立良好形象,主要采用补偿性、优惠性的利益调节方式。

优良服务、价格折让、有奖销售等虽属补偿性、优惠性的利益调节方式,但并非是公关促销的特有内容。公关促销中的利益调节,主要指在企业与公众(尤指顾客)发生纠纷、公众有抱怨时进行利益调节,以及其他超常性的优惠。有一被推荐为世界性公关范例的例子:一次,一位名叫基泰丝的美国记者,来到日本东京的奥达克余百货公司买了一台"索尼"牌唱机。当她回到住所开机试用时,却发现机子内没有装部件,不由得火冒三丈,准备第二天一早就去交涉,并迅速写好了一篇新闻稿,题目是《笑脸背后的真面目》。第二天一早当她正要动身前,忽然收到奥达克余百货打来的道歉电话。50分钟以后,来了一位副经理和一个职员,他们一进门便俯首鞠躬,表示前来谢罪。除了送来一台新的唱机外,又加送蛋糕一盒、毛巾一套和著名唱片一张。接着副经理又打开记事簿,宣读了一份备忘录,上面记载着公司通宵达旦地纠正这一失误的全部经过,公司为了寻找基泰丝的行踪,居然打了35次紧急电话。这一切使基泰丝深受感动,她立即重写了新闻稿,题目叫做《35次紧急电话》。

3. 赞助和支持社会公益事业

社会公益事业主要指体育事业、文娱活动、教育事业、社会福利事业、生态环境、精神文明建设、各种专业奖、节日庆典活动等。赞助与支持,既可以是金钱或物质的支持,也可以直接主持、组织一些社会公益活动。赞助活动是表明企业经营宗旨和扩大社会影响的有效手段,最终会促进销售,关键是要量力而行。

六、正确处理公众关系

就促销角度而言,最重要的公众是顾客,但其他公众也会直接或间接地影响顾客的购买,因而都需要认真对待。

(一)正确处理顾客关系

充分了解顾客的需要、消费心理和行为类型,根据企业的性质和顾客特点,处理好顾客关系。明确顾客关系的重点是处理好顾客关系的前提,向市场提供品质优良的产品和全面周到的服务是处理好顾客关系的基础。在此基础上还要做好如下几项工作:

(1)尽量防止产生顾客抱怨和纠纷事务。产品质量、价格、服务、态度、购买环境并不总能满足全部顾客的要求,顾客抱怨和纠纷会经常发生。企业应不断总结经验,严把产品质量关,改善服务态度,对工作人员经常进行公关教育和业务教育,要做到买卖公平、童叟无欺、言行一致,尽可能防止产生顾客抱怨和纠纷等问题,主动维护消费者的合法权益。

(2)努力处理好顾客抱怨和纠纷事务。无论企业如何防微杜渐,顾客抱怨与纠纷总是难免的,例如:顾客买了一件并不合身的衣服;顾客发现其他商店的同一商品价格更低;顾客不小心碰到了货物架;顾客有意来捣蛋等等。企业为了树立良好形象,应确立"顾客永远是对的"思想,认真倾听顾客的反映和意见,在合理范围内尽可能做些让步。有条件的企业可设立一些专门机构如公关部、服务台、举报中心来处理与顾客的纠纷,尽量防止外界(如消费者协会)来出面调解干预。

(3)对顾客进行消费管理。所谓消费管理,就是通过消费调查、消费教育、消费引导,使消费者队伍系列化,使消费者的需求具有长期性和稳定性,从而创造一个稳定的、不断扩大的消费者队伍这样一系列实践活动的总和。消费调查是为了了解消费者的需求,消费教育是为了让消费者深入了解产品性能、掌握使用方法,消费引导主要是为了刺激消费者的潜在需求。

(二)正确处理其他重要公众关系

与促销有较密切关系的公众,主要有经销商、政府部门、新闻媒介、消费者组织等。经销商作为生产企业与顾客之间的中间环节,他们是否与生产企业积极配合将严重影响生产者的最终销售;政府部门的消费政策、市场管理、物价监督也直接影响企业的销售,或为企业营造一种销售环境;新闻媒介的舆论力量,消费者组织的监督、调解、推荐作用,都会极大地影响企业和产品的声誉。因而公关促销不能仅仅面对消费者,企业应有广阔的视野去处理诸多方面的公众关系,主动改善促销环境。

第二节 事件营销

一、事件营销的涵义

事件营销用于实践并获得成功的企业很多:海尔的张瑞敏利用"砸机"事件将产品过硬的质量和良好的服务推向社会;奥克斯空调征集行业同盟,利用价格清理市场,将其价格低、质量高这一形象传播给消费者;"9·11"事件之后,美国经济一度出现萧条,通用汽车公司则以一句"Keep America Rolling"的广告语,拉动了美国的经济。

近年,国家营销、世博营销、体育营销更是成为各个国家、企业扩大知名度、提升影响力的一个平台策略。《魔戒三部曲》不仅给它自己带来了众多的奖项和粉丝,也改变了新西兰这个南太平洋上仅有 400 万人口的国家。在《魔戒》全球大卖后,政府为庆祝首映一度把首都惠灵顿改名为"中土",同时积极发展电影业,并以此为卖点,推广旅游业,吸引了各大电影公司将目光投向了这个美丽的岛国,而时至今日,每年都有众多的游客前往新西兰,只为感受那神秘的"魔戒"之旅。而奥运营销、世界杯营销的战役这些年更是甚嚣尘上。

事件营销,是由 Event Marketing 翻译而来,也有译为"活动营销",它是指营销者在真实和不损害公众利益的前提下,把企业想要传播的信息,植入经策划、组织的具有新闻价值的事件中,以引起媒体和社会公众的注意和兴趣,以达到传播相关企业信息的目的。

所谓的新闻价值,是指凝聚在新闻事实中的社会需求,是,而新闻本身之所以存在的客观理由,也即能否吸引消费者的注意力。

一件事能否成为新闻被传播,取决于两点:一是在多大程度是及以怎样的方式与公众的利益相关联,二是能否满足人们的感官需要。这里的公众利益既包括经济利益,也包括安全、公正、道德、荣誉、审美等社会价值利益,而心理感官需求则是人们对事物的好奇、趣味等的心理满足。

二、事件营销的特征

相比于其一种他传播媒介,事件营销是将信息诉求嵌入到新闻信息中去,而人们对新闻并不具有很强的防备,多与人们的生活相关,因此一般能更容易被消费者接受。加之往往是为广告信息"量身定做"的,具有新鲜、独特、不易重复,消费者和媒体也更乐于谈论、传播,因此其记忆度、传播性效果常常都比较好,成本效应也更加明显。

具体来说,事件营销的突出特征表现在以下三个方面[①]:

(1)事件营销具有依托性。无论是借助已有的事件,还是自行策划事件,事件营销自始至终围绕着同一个主题运作,从消费者利益和社会福利的角度出发,敏锐地抓住公众关注的热点并进行创造性的对接,从而实现营销的目的。在营销过程中,营销者要通过事件进行有新闻价值的传播活动,把产品、服务和创意的优秀品质传递给已有和潜在的顾客,从而建立品牌美誉度和企业良好的形象。

(2)事件营销具有第三方公正性,比广告更具隐蔽性和持久性。事件营销的砝码在于能够抓住亮点、热点和记忆点,从而带动卖点。一个品牌的推广带有极强的功利性,其目的在于吸引消费者的眼球,刺激购买欲望。但这种"眼球经济"的泛滥导致的信息失真,扰乱了消费者的视线,企业只有借助第三方公正组织或权威个人,将其理念、产品与服务质量传播给目标市场,而事件营销正具有这一优势。

(3)事件营销目的具有双重性。事件营销的目的表现在形象塑造和产品(服务)销售两个方面,其中,形象塑造比产品(服务)销售更具有长远的意义。借助一个事件进行有针对性的营销传播,能够避开媒体多元化而形成的噪音干扰,从而提升企业品牌的注目率;以新闻事件的

---

① 廖以臣:"论事件营销及其流程再造",《求索》,2004 年第 2 期。

方式来进行的宣传和销售促进,能够避开媒体的高收费,从而获得较高的利润。注目率的上升和成本的下降,必然更有利于拓宽利润空间,提高产品(服务)的销售量。

三、事件营销的类型

事件营销的划分有许多方式,依据事件题材可分为:国家营销、政治营销、名人营销、争议营销、新闻营销、体育营销等。从事件营销的本质目的——获得消费者的注意力出发,依据事件营销引起注意的方法来划分,则将其分为搭车营销(也称借势营销)、公益营销和自驾营销。[①]

1. 搭车营销

搭车营销是指一些重大事件发生时,企业凭借自身产品与事件中的某个相关点之间的联系,以新闻由头为机会,借助媒介的强大宣传攻势,使受众在关注新闻事件的同时,由于连带效应更容易注意和记住与之相关联的产品或品牌,这一策略是企业在实施事件营销过程中运用最为广泛的。杜蕾斯是运用这种方式极为娴熟的一个品牌,从暴雨中以安全套作为鞋套事件传播,到借势 iPhone6s 的 bigger 广告、范冰冰和李晨事件,其对事件的灵敏性、反应速度到关联点、创意的把握都使其近年在国内市场上获得更多的关注,并树立了它的独特形象,提高了新一代人群的接受度。

2. 公益营销

公益营销,是指企业积极投入各种公益事业、社会活动中,以提高企业的美誉度和品牌形象的营销传播活动。

公益事业、社会活动诸如此类,因为涉及公众的利益,与消费者的生活相关,所以比较容易获得人们的关注,尤其是与人们生命财产相关的突发事件,更是如此。此时,企业以积极的形象出现在人们面前,并勇于承担企业作为一个社会组织的责任,自然更能够获得消费者广泛的关注,并可能赢得消费者的好感,消费者在这种情感认同下更愿意去尝试和接纳企业的品牌和产品。但需要注意的是,企业作为一个社会体,对于相应的社会责任需要无条件地承担,而并不是公益营销才需要去实现,或以公益营销来进行替代。只是,在承担的同时,更主动积极地关注相关群体的社会状况,并给以支持,既是企业使命和价值观的外显,品牌理念的表达方式之一,也是和目标消费者、品牌忠诚者的沟通方式,是建立、积累品牌资产的一种途径。以"对我们所生活和工作的社区、社会及整个世界负责"为信条的强生,一直以"因爱而生"作为它的公益核心理念,并以此为主题,长久持续地发起和组织志愿人员共同参与和关注相关领域的公益活动,包括对妈妈健康的关注、对儿童安全健康的教育、关注和关爱自闭儿童、呼吁对医护人员的关爱,用实际行动实践、帮助身边那些需要帮助的人们。

3. 自驾营销

自驾营销,也称为造势营销,是指企业在没有外部事件可以借助的情况下,自行策划某个或某系列具有新闻价值或消费者关注点的事件、活动,以达到借助大众传媒和受众关注来传播广告信息的目的。自驾营销由于是量身定做,所以一般契合度的问题不大,主要在于其新闻价值或吸引力。从消费行为心理的角度来看,人们对信息的关注、理解和记忆都是有选择性的,选择的标准主要在于几个:和人们自身特征的相关度或说接近性,包括需求、经验、价值观等;

[①] 李光斗:《事件营销》,清华大学出版社,2011年版。

事件的重要性，对社会的影响程度，对人们的影响规模涉及越大越广泛，群体效应越容易产生关注和记忆；事件本身或其表达方式的趣味性或颠覆性，越有意思的、幽默的、或是越与常规相反的，往往越容易引起人们的好奇心和注意。可口可乐2013年的昵称瓶、2014年的歌词瓶就是一个简单却有效的事件营销。从周杰伦到五月天，歌词瓶上的歌词大多出自人们耳熟能详的歌曲。此外，消费者扫描瓶上的二维码，便可观看小段音乐动画，并在社交平台上分享，年轻人可以通过瓶上的歌词或音乐来表达自己的心情。

而2014年夏天的ALS冰桶挑战则是一个造势与借势皆有、公益和营销有效结合的例子，虽然发起人在发起时可能并未预料到后期疯狂的传播，尤其是企业品牌的参与。ALS中文全称是"肌萎缩侧索硬化症"，患有此病的波士顿学院的著名棒球运动员PeteFrates希望更多人能够关注到这一疾病，于是发起冰桶挑战。这个活动由国外传入后，在国内最大的社交平台微博不断发酵。率先接受挑战的，是科技界类似于周鸿祎、雷军、李彦宏这样的知名人士。而后，娱乐圈明星也纷纷加入活动，使冰桶挑战的热度持续升温。多数的消费者虽然认为被点到名的可能性非常之小，却因其趣味、公益等原因，平日遥远的名人们发如此亲民又好玩的视频，而乐于围观和传播，带来非常高的传播度。同时，许多企业和品牌也纷纷加入，借此活动顺势营销，比如三星向苹果发起"冰桶挑战"。

四、事件营销的管理体系

"从公共关系领域开始，筹划、实施和管理特别的事件成为我们整套手段的主要副产品，最开始，人们举办特别事件，以获得媒体报道，如果你愿意的话，也可以是宣传噱头。慢慢地，事件发展为设计和筹划募捐活动，后来又逐步发展为全面的事件管理。……在公共关系领域，事件已经真正成为一个主要的策略性元素。"可见，事件营销由公共关系中发展而来，同时，从最初作为公共关系的一个补充工具、偶然性外部事件的借势，到如今事件营销已经成为一个完整、独立的策略构成，有其自身的规则和体系。因此，建立起事件营销管理体系，将事件作为一个整体的系统项目的对象形成科学管理体系，通过专门组织，对项目进行高效率的计划、组织、指导和控制，以实现项目全过程的动态管理和项目目标的综合协调与优化。

事件营销管理体系可分为六个阶段。

1. 监测

当事件营销成为企业系统性的策略过程时，需要保持对外部的了解，以帮助我们有效发现事件和利用事件。

如今，社会处于飞速发展阶段，技术、产品、观念、生活方式等等都不断在更新换代，日新月异的变化中存在着无数的可能，上演着无数的事件。一段时期社会舆论的核心是什么？在这些舆论下所产生的事件哪些是可为企业所用的？企业又能根据社会环境进行怎样的事件创造？这些都需要企业时刻洞察，监测社会环境、市场环境的变化，以便关键时刻利用好事件来有效地传播企业良好的形象、品牌和经营理念。

2. 研究分析

事件营销的管理建立在科学的基础上，使得事件营销有序、有效地向着企业所期望的方向发展。这要求对事件的主要内容和配套条件等方面进行调查研究和分析比较，并对事件营销以后可能取得的经济效益及社会环境影响进行预测，从而提出该事件营销可行性、操作性、关键点的系统分析。定义事件营销目标、确定事件营销的范围、时限、财务预算、技术手段和方法、管理质量标准、人力配备、风险预测和协调对象及内容,同时通过对事件的分析和整体把控,找到事件的融合机会点,选择实现事件营销目标的最佳策略和营销手段,使事件的效应在企业和品牌信息传播上发挥到极致,这些都基于对事件的研究和分析。

3. 方案规划

在找到事件与品牌的关联点后,需要进行系统的策略和创意规划。一个完整的方案中包括设计实施和落实规划内容的策略、创意、方法、技术实现途径,以及事件营销系统的验收评估手段。

制定传播策略时,要明确事件对于企业的意义,分析通过传播策略想达到的传播目的,这是首要需要厘清的。而事件对受众的吸引力大小和传播效应,相关性是基础,创意是核心,无关紧要的事件最后会在人们每天接收的大量信息中销声匿迹,而创意的好坏直接影响着受众的接受程度和传播效果。

4. 沟通协调

方案规划好后,需要充分调动相关资源,与事件相关的单位、机构团体、大众进行互动沟通,包括与企业自身、与事件本身、与社会大众、与政府、与事件发起方进行协调沟通。

与企业自身的沟通,考虑的是事件与企业的匹配度,即事件要与企业的核心竞争力、价值观以及品牌的核心内涵紧密相连,使得消费者在事件营销中获得完整的消费体验。

与事件本身的沟通,在于事件本身的影响力不同,需要对事件本身进行深入了解,考虑如何在管理事件中将事件的影响力发挥到最大,还要考虑企业对事件的可操作性的分析,综合考虑后,找到最适合事件发展的方向进行管理。

与社会大众的沟通,是需要慎重考虑事件对社会的影响,考虑对大众的接受度和参与度的影响。企业有其自身使命和社会责任,品牌有其知名度和美誉度,二者均不可缺,不能为了追求关注度,而有违社会责任和损害美誉度。

此外,需要和事件发起方明确双方合作的契机点、所获权益的分配等,还要考虑政府的支持程度、事件本身是否违反相关法律法规。

5. 事件传播

事件传播管理中,要始终明确传播主题,坚持与企业形象相匹配的基本点,根据主题制定完备的媒介宣传计划。在媒介选择时除了大众传播渠道、网络渠道外,还可以同时运用组织传播渠道、人际传播渠道及其他非语言传播渠道等。同时,注意对不同时机的宣传和把握,特定的事情有特定的时间效果。在传播事件时,传播的跨度和强度会影响媒介传播的效率,从而影响接收信息的人群数量,因此,在事件传播中,最佳的结果是吸引媒体的关注,让媒体主动报道,可能是主动制造新闻点吸引,也可能是因为受众的关注而自动吸引。事件传播的管理过程,贯穿事件的策划、发生、进展和结束,事件的结束不代表传播的结束,后续的讨论、跟踪报道等等,有时候会带来比事件本身更大的效应,因此,事件传播应有始有终。

6. 效果评估

事件营销效果的评估,主要分为两个部分,一是对事件本身的评估,二是对品牌影响的评估。对事件本身的评估可以从事件的知晓度、信息准确性、信息获取途径以及报道/转载人次等指标来衡量,评估事件传播过程中的效率和准确性,同时,也能了解目标客群获取信息的渠道和方式,便于企业后续针对目标群体进行更加有效的传播。而品牌影响一般从认知、情感和意愿三个层面进行评估,即品牌认知度,包括品牌知晓率、品牌记忆度和品牌形象认同的改变;

品牌偏好,包括理性的品牌判断和感性的品牌情感;以及消费者在经过此事件营销的影响,对品牌在最终行为上的变化程度。

事件营销已成为近年来的一种热门公关和营销手段,但事件营销并不等同于炒作,也不是为了蝇头小利而不注重长远发展,而是一种全新的营销模式。目前我国企业进行事件营销存在着操作误区和思维局限。企业运用事件营销的误区主要表现在以下几个方面:一是热衷炒作,哗众取宠。这种炒作在短期内可以对企业的知名度有好处,但当信息澄清后,反而会引起公众的反感;二是完全理性,以价值最大化为目标,一旦成本效益曲线变化,就不能继续坚持有效的事件营销;三是计较蝇头小利而不是注重品质发展,一些企业甚至大肆宣传谣言,结果却失去了消费者的认同和忠诚。

值得一提的是,事件营销是在真实和不损害他人利益的前提下进行的,因而在营销行为中要注重社会道德和社会责任的规范,培育健全的企业人格。具体而言,要在市场营销战略中确定道德与社会责任的中心位置,制定企业的道德准则,规范市场营销行为,通过身体力行做好表率,成为道德营销的带头人。只有道德和责任行为,才是识别事件营销发展前途的关键。

第三节 危机公关

一、危机公关的含义与特征

1. 危机公关的含义

危机公关是最近公共关系管理的一个重要范畴。有资料表明,在美国著名的财经杂志《财富》周刊每年公布的全球500强企业中,几乎所有的企业在成长过程中都经历过各种危机和灾难。几年前,南京冠生园使用陈馅制造月饼的事件被曝光,累及整个月饼行业陷入低谷,百年品牌毁于一旦。可见,企业必须认识并处理公关危机。

公共关系危机是指企业组织与公众之间因某种非常规因素而引出的危险状态,它是企业公共关系状态严重失常的反映,使企业的生存和发展受到威胁,形象遭受破坏,处于高知名度、低美誉度的不良地位,并给相关公众和社会环境造成重大破坏和损失,企业处于信任危机或生存危机中。

所谓危机公关是指社会组织预防、监控潜在的公关危机,有效地控制、处理已爆发的公关危机,使良好的公共关系状态得以恢复或维持的一系列公关活动的总称,其根本目的是保障社会组织与公众之间良好的公共关系状态不受或少受影响,从而保障社会组织的生存和发展环境,并更好地服务于公众。[①]

2. 危机事件的特征

根据西方学者对危机的研究,认为企业陷入危机有以下四个特征:

(1) 突发性。它的发生常常是在意想不到,没有准备的情况下突然爆发的,在一定程度上是不可预见的或不可完全预见的。由于公共关系大系统是开放的,每时每刻都处在与外界的物质,能量,信息的交换和流动之中。其任何一个薄弱环节都可能因某种偶然因素而致失衡,

---

① 李庆:"我国企业的危机公关",《经济师》,2003年第2期。

崩溃,形成危机。但本质上讲,公关危机的爆发是一个从量变到质变的过程,虽是一种突发性事件,但往往是渐进式的形成。

(2) 破坏性。即不论什么性质和规模的危机,都必然不同程度地给企业或品牌造成破坏,造成混乱和恐慌,对社会或组织的生存和发展构成威胁。而且由于决策的时间以及信息有限,往往会导致决策失误,从而带来进一步事态的变化和无可估量的损失。由于危机事件带来的一个结果往往是消费者心理上对企业或品牌的信任危机,因此这种破坏性还具有延续性。

(3) 紧迫性。对企业来说,危机事件一旦爆发,其破坏性的能量就会被迅速释放,并呈快速蔓延之势,如果不能及时控制,危机会急剧恶化,使企业遭受更大损失,因此迅速是企业处理危机事件时的一个基本原则,在越短的时间内给出反应和措施,使之在企业可控的范围内,对企业来说是关键的一个方面。

(4) 舆论的关注性。多数的危机都涉及到公众或消费者的利益,并且一般这些危机爆发所带来的影响或隐患巨大,因此常常会成为社会和舆论关注的焦点和讨论的话题,成为新闻界争相报道的内容,成为竞争对手发现破绽的线索。危机一旦出现,它就会像一颗突然爆炸的炸弹,在社会中迅速扩散开来,对社会造成严重的冲击,迅速引起社会各界的不同反应,并持续密切注意。

3. 危机事件的类型

企业产生的危机按照引发危机的原因可以分为以下几种类型①:

(1) 产品质量危机。企业由于在产品质量或功能上和消费者产生纠纷甚至造成消费者重大损失,进而被提出赔偿甚至被责令停产的事件,是企业危机中最常见的一种。比如人们所熟知的"南京冠生园月饼事件"、"日本三菱帕杰罗事件"等。

(2) 人才危机。人才是企业发展的支柱,企业部分高级职业经理人或主要技术人员由于行为不当给企业经营带来危机。如企业原技术开发人员,将企业持有的知识产权产品带走或出卖给他人,导致企业经营困难或声誉急剧下降。如段永平出走小霸王、陆强华出走创维等。

(3) 品牌信誉危机。品牌信誉意味着高附加值、高利润率、高市场占有率。如果企业被指控侵害他人名誉权或知识产权,将面临巨额赔偿;或者企业商标被对手抢注,从而严重影响了企业的经营。

(4) 财务管理危机。良好的财务管理是企业成功的必要条件之一。企业由于债务难以偿还,银行一时拒绝贷款,可导致企业资金断流,生产瘫痪。巨人、爱多的失败就是由于缺乏财务管理危机意识造成的。

(5) 公害危机。由于企业一些行为严重损害了自然环境、社会公共设施或违背了社会公德,从而导致公众不满,企业形象受损。

此外,企业还会遇到犯罪、事故、天灾等危机。

二、危机事件的阶段和处理策略

冰冻三尺,非一日之寒,虽然公关危机看似有很强的突发性,但回顾每一个危机事件,会发现危机成为最后爆发性的突发事件,往往都能找到它之前的演变过程。从社会信息传播的角度来讲,公关危机的发展演变过程可以分为四个阶段,

---

① 王德生:"从危机公关角度谈企业危机管理",《江苏商论》,2004年第4期。

（1）危机的孕育时期。在这一阶段,流言和小道消息开始在社会上传播,并很快引起相关人群的心理恐慌。与此相联系,采取购物、逃离等方式预防问题的行为开始出现。而此类外显性的行为往往又引发社会上更大范围的集合行为,进一步加剧扩散紧张的范围,但此时范围有限。

此时,企业或政府应借助自身的监测部门,意识到问题的存在,确认问题的同时,尽快地发布权威信息以缩短危机的孕育期。孕育期越长,危机的可控性越具有未知性,后期的震荡程度和范围可能越大。许多不断演变的危机,往往都是企业在这一阶段,怀有侥幸心理,否认或避而不谈,无形中推进了这个孕育期的发酵。在信息实时化和自媒体快速发展的时代,网络舆情的监测非常重要也使得危机的预测具有可行性。

（2）危机的震荡时期。这一时期,此前分散在公众中的小道消息一定程度上得到大众传媒的确认。危机从捕风捉影的传言成为已经或者即将发生的现实。来自企业或政府并经由大众传媒发布的消息,在公众之间产生了剧烈反应,加上如今网络传播,使之蔓延更快,范围更广。为了释放恐慌或者愤怒,人们往往本能地强化前一阶段的非理智行为,储存食品、逃离或者停止购买所有相关产品、群起声讨、抗议等。

在这个阶段,人们的反应已经非常强烈。为了减轻权威信息公布之初的震荡,应该运用多元交叉的立体传播方式,并形成结构性的预案。在发布信息时,一是在公布信息的同时,即出台较为详细的应急措施方案和后续安排,使因危机而受到损害的消费者可以依据具体的步骤来获得解决方式和补偿,树立责任的承担形象,也使得其他的消费者获得一定的信任度;二是主要负责人应通过大众传媒正式与公众见面,给人重视、正视、面对的感知,使人们的心里会踏实些;三是采取大众传播与组织传播相结合的形式公布信息和引导解决,通过下属或合作的部门、单位,由消费者直接联系、相关的处所、人员来进行沟通和帮助解决,能够使得传播变为实际的行动应对,这也是消费者最希望得到的。

（3）危机的调整和适应时期。这一阶段,人们开始时的恐慌或愤怒情绪已经得到初步释放,心理压力减缓。此时,企业或政府一般通过大众传媒也已经把危机的问题、强度、范围、可控程度进行详细的分析,并传递了应对危机的各种举措。人们开始以理智和现实的眼光看待目前的危机,个体的反应和应对措施也由当初的盲从转到了理智控制下的行为。

不同的危机事件会有不同的时间周期,但一般而言,人们面对危机的调整和适应期比前两个阶段都要长,人们在变化了的环境中开始逐步适应新的生活方式,形成新的购买选择和生活秩序。

此时,人们的调整和适应处于不稳定状态,传媒接触动机依然十分强烈,希望借此了解事态的最新变化,了解危机的解决和稳定状况,以给予自己一种确认,重新恢复原有的生活秩序。同时,因为危机性质的不同,危机本身可能会有一波三折。这时的企业/政府必须充分借助媒介进行危机的演变信息公布、社会动员和组织,满足人们了解真相的要求,充分调动一切社会资源尽快解决危机产生的产品、经营等问题,以及应对危机中的各种新问题。

（4）危机的结束。虽然企业和人们都希望尽快恢复原来的状态,但危机的结束,不会是一个清晰的时间断面。一方面,人们对企业、品牌和产品的信任度受到损害,不可能短期恢复,同时,由于信息不对称的必然存在,使得人们无法确认危机的结束,也强化了这种不信任的持续,甚至波及整个行业,人们在无法确知的情况只能继续用最简单的方式去降低对自己可能带来的危险。另一方面,一些危机产生的原因,如产品生产技术、外部不可控因素等,都无法在短期解决和确保,所以从人们的心理层面来说,危机的结束往往并没有清晰的时间断面,会延续一段对产品销售和品牌的负面影响。

经历了前面三个阶段的处理,公众对企业的形象和解决能力往往已经建立了基本的倾向和认知,这个阶段便不是以短期方式去处理,而是逐步的建立形象恢复计划,从产品、经营、社会责任、品牌体验等多个方面立体化地与消费者接触,并持续不断地通过大众传媒把问题的改善和提升信息传递给市场。

三、危机管理的原则

危机爆发前的预防管理,就是对企业危机进行预警分析并加以有效预控,一般包括以下三个环节:第一,居安思危,进行危机教育,树立全员危机感,让全体员工都了解危机的特征和危害,并由此增强危机意识,形成优化自身行为、预防各种危机的思想;第二,建立高效的信息预警系统,监测、识别、诊断和评价危机迹象,预计可能发生危机的领域和危机的强度大小;第三,设置危机管理机构,根据预警分析的各种结果,制定全面的危机反应计划。

危机发生后的应急善后管理,也就是危机发生后的处理,主要包括以下三个环节:第一,紧急行动。成立危机控制中心,迅速隔离危机,控制危机的蔓延,将损失降至最低程度;第二,积极处置危机。对于所发生的危机,应迅速调查情况,全面收集信息(包括危机事件本身信息、影响范围和影响程度、公众意见与要求等等),形成调查报告,分析研究,确定对策并严格实施。在危机平息后,一方面,应对危机处理措施的有效性进行全面的分析和评估,撰写出详细的危机处理报告,归类存档,供以后处理类似危机时参考;另一方面,应认真分析危机发生的深刻原因,切实从根本上改进工作,杜绝类似危机的再次发生;第三,重塑企业形象和信誉。危机发生后,企业的形象和信誉必然受到损害,企业需要采取措施,重塑企业信誉以再度赢得社会公众的信任和支持。

总的来说,危机公关应遵循以下一系列原则:

(1)迅速主动原则,即第一时间迅速反应,主动承担责任。危机公关的关键是捕捉先机,在危机危害企业之前对其进行控制。尽管发生危机的企业面临极大的压力,但仍须迅速研究对策、主动做出反应,使公众了解危机真相和企业采取的各项措施,减少危机带来的损失,同时,在向公众公布事实真相的过程中,也要避免像挤牙膏一样一点一点地报出消息,因为这会加剧人们的恐惧。例如,日本雪印乳业公司生产的低脂牛奶发生饮用者中毒事件,由于危机处理不够迅速,产品回收与信息公开太慢,应对措施不力,停工2周造成的直接损失就有110亿日元,而间接损失是雪印品牌受损程度严重,据专家估计,要恢复原有信誉需10年之久。

(2)真诚坦率原则。一般情况下,任何危机的发生都会使公众产生种种猜测和怀疑,甚至新闻媒体也有夸大事实的报道。因此,危机一旦发生,企业要想取得公众和新闻媒体的信任,必须采取真诚、坦率的态度。一个组织如果有诚意,那么,对或错就变得不再重要,重要的是公众能感受到它的诚意,而且事实上,人们感兴趣的往往并不是事情本身,而是当事人对事情的态度。从心理学的角度讲,人们的感觉胜于事实。

(3)维护信誉的原则。企业的信誉是企业的生命,而危机的发生必然会在不同程度上给企业信誉带来损失,因此,企业在危机管理的全过程中,要努力减少对企业信誉带来的损失。

第五篇
营销管理拓展

第十九章 直销与互动营销

第一节 直接营销

一、直接营销的涵义

直接营销，来源于英文词汇 Direct Marketing，即"直接回应的营销"，又称为直复式营销、一对一营销、数据库营销等。它是一种相互影响、交互（interactive）作用的市场营销模式，它运用一种或多种广告媒体向目标市场的消费者发布信息，促使该区域的消费者产生足够的反应，从而产生购买行为，与此同时将整个活动信息和数据存储于数据库中。其中"直接"的意思，就是企业利用商品目录、直邮函件、报纸杂志、电视电话、网络等各种广告媒体直接刺激、推动及引发消费者的购买欲望，引起消费者的迅速与直接的反应，并以电话、信函或其他方式将购买意愿直接反馈给企业，企业以邮寄、送货上门等方式完成商品运送，最终完成交易。

这个定义包含五个重要的因素：

（1）直接营销是一个相互作用的体系。直接营销人员与目标顾客之间是以"双向交流"的方式进行信息的沟通，而不是单向传播信息。直销人员因此可以很精确地进行一些市场决策。

（2）顾客快速反馈。直接营销可以让每一个目标顾客直接向营销组织和人员进行沟通反馈，顾客可以采用多种沟通渠道，将自己的反应回复给直接营销人员，比如电话、邮件、网络等等。值得注意的是，如果顾客没有给营销人员反馈，营销人员可以根据此找出原因，以便更好的改进，从而为以后开展直接营销做准备。

（3）直接营销的双向交流不受时空限制。在传统的营销活动中，只有当顾客到商店购物或者推销人员亲自上门的时候，才能与顾客进行双向沟通。而在直接营销中，只要某一媒体将顾客和直接营销人员联系起来，无论双方在空间上相距多远，且无论购买活动是否发生，双方的信息交流都可以顺利进行。

（4）直接营销的一切活动都可以测量。在直接营销活动中，因为有数据库的存在，可以很容易的知道回复的顾客比率、回复的内容、回复的分类等内容。所以,直接营销人员可以准确知道顾客的很多信息,比如哪种信息交流方式使目标顾客产生了反应行为,顾客反应的具体内容是什么等一些数据库信息,这样直接营销人员在制定下一次营销活动计划时,可以在顾客反馈后及时修订计划,所以直接营销效率比较高。

(5)直接营销离不开数据库。因为很多信息都是存在于数据库之中,这些信息都是比较真实可靠的,直接营销人员想要针对目标顾客做一些直接营销活动,必须对目标顾客的需求、偏好等信息有一定的了解,而从数据库中查找信息就是很好的手段。

直接营销与传统的大众营销是有区别的,通过识别细分市场的需求,直接营销可以在大规模定制传递信息的情况下,满足单个顾客的需求。因此,在某种情况下,直接营销也被称为"大规模定制"营销。与此同时,直接营销可以帮助企业识别最重要的顾客和潜在顾客,还可以利用良好的客户关系树立企业品牌形象,创造利润,实现销售目标等。总之,直接营销就是这样一种营销方式:在恰当的时候,向恰当的顾客,传达恰当的信息,从而实现销售目标。

二、直接营销的特征

从直接营销的定义中,可以得出直接营销的以下几个特征:

(1)互动性。是指直接营销人员和目标顾客之间是以"双向信息交流"的方式进行联系,直接营销人员可以及时得到目标顾客的反馈信息。而在传统的市场营销活动中,营销人员总是试图将信息传递给目标顾客,但是却无法得到及时的反馈。

(2)目标性。这里的目标性是指营销人员选择特定的目标顾客,这些目标顾客可能是已经购买过产品或服务的消费者,也可能是极有可能购买的潜在消费者。直接营销人员可以定期检查直接营销活动的反馈情况,这样可以更准确地进行目标性的活动。而在传统的市场营销活动中,营销人员由于得不到信息的及时反馈,在进行下一步市场活动时就比较被动。

(3)可控制性。直接营销活动和传统营销活动一样也包括制定目标和计划、制定预算、评估结果等。但是前者比较容易控制,直接营销人员一般根据过去的结果来制定未来的计划,因为有数据库存在,直接营销人员掌握大量信息,更容易控制营销活动。而传统的营销活动,由于没有数据库的存在,营销人员在进行营销活动时,会由于信息的缺乏,使营销活动可控性不强。

(4)连续性。直接营销活动可以向现有的顾客群销售更高级的产品或者销售其他产品,从而形成向上销售和交叉销售。一般来说,开发一个新顾客的费用远远大于保留老顾客的费用,企业大部分利润其实都是现有顾客群的贡献。所以保持与现有顾客的持续性联系非常重要,直接营销人员应该保持与顾客联系,从中获得更多的信息,从而了解顾客的偏好、兴趣和需求,直接服务于后期的直接营销活动。

直接营销的上述特征是相互联系的,总的目标是:在保留老顾客的基础上,吸引新的顾客,充分挖掘老客户的价值,从而使企业利润最大化。

三、直接营销的优势

直接营销人员可以直接针对每一个目标顾客开展营销活动,因此,与传统的营销相比,直接营销有很多无法比拟的优势。

1. 目标顾客更精确

利用数据库中的客户名单及其他信息,直接营销人员就可以挑选出有可能成为自己顾客的人作为目标顾客,然后与单个目标顾客或特定的商业用户进行直接的信息交流。这样会使目标顾客更准确,沟通更有针对性,并且比较人性化,可以迅速建立起顾客对品牌的忠诚度。

2. 更强调与顾客的关系

直接营销与传统的市场营销相比,一个最根本的区别就是前者能使直接营销人员与顾客之间建立起直接沟通,并可以保持良好的联系。因为直接营销是一个互动的体系,每一个顾客就是一个细分的子市场,营销人员可以根据每个顾客的不同购买习惯、需求而进行有针对性的营销活动。这样,不像传统的营销只是简单地将产品推销出去,不关心与顾客的关系,直接营销更注重于顾客保持良好的关系。

3. 提高了产品的附加值

与传统的营销相比,直接营销将单一产品转变为一种综合的服务,直接营销人员不仅仅是简单地向目标顾客销售产品,目标顾客在购买产品的同时也可以享受人性化的服务,顾客这样既是购物的过程,又是一次享受的过程,直接营销增加了产品的附加值。

4. 销售场所就是媒体

传统的广告传播的是与产品服务有关的信息,实际的销售活动要发生在广告播出后的一段时期内的另外的场所内发生,比如,通过大卖场销售或者人员推销进行销售等。直接营销是将广告和销售结合在一起,在进行广告传播的同时也在销售产品。比如消费者看到网络上的广告后,就可以直接用信用卡付款购买了,不需要再到其他场所购买。

5. 激励顾客的立即反应

直接营销通过激励性信息传达沟通或优惠,使广告接收者立即采取某种特定的行动,直接营销也尽可能地为顾客提供方便。传统的营销活动中,顾客是在接收广告的一段时间后才采取行动,直接营销人员需要采取更多、更有效的手段刺激顾客购买,从而改变顾客的行为模式。

6. 营销战略具有隐蔽性

传统市场营销的营销战略等都通过大众媒体传播,不具有隐蔽性,容易被竞争对手掌握,而直接营销战略则通过秘密方式进行,比较隐蔽,不容易被竞争对手察觉,又因为直接营销广告和销售活动是同时进行的,所以即使竞争对手知道了自己的营销战略,也是过时的消息了。

7. 直接营销的效果可以测定

在直接营销活动中,任何一种沟通渠道和媒体使消费者产生的直接反应都是很容易确定的。因此,直接营销人员可以确切地知道什么样的信息交流方式使目标顾客产生了反应行为,顾客反应的具体内容是什么等等。这样直接营销人员可以作为依据进行下一次的营销活动。这样,直接营销人员的效率就比较高,可以避免一些无谓的浪费。

四、直接营销的技术基础

直接营销与现代消费者的联系越来越密切。一方面,信息技术、通讯技术、物流及信用系统不断健全;另一方面,现代人的生活节奏越来越快,消费者的购物时间不断减少。这样为直接营销的发展提供了机会。

1. 现代信息、通讯及网络技术

随着现代信息、通讯及互联网技术的迅猛发展,直接营销与目标顾客进行个性化互动沟通比较方便。比如,移动电话、手机短信、电子邮件等这些一对一的沟通工具现在被越来越多的人接受,并被广泛的使用,许多企业还设立了免费的800电话,呼入呼出的效率都比较高,这些都使得直接营销活动获得了质的飞跃。互联网的发展,更给直接营销插上了腾飞的翅膀。互联网是人类20世纪最伟大的基础性发明之一,它作为信息传播的一种新载体和科技创新的新手段,正在改变着人们的生产和生活方式,也引发了前所未有的信息革命和产业革命,并使直接营销活动获得革命式的发展。

2. 高效率的物流配送系统

直接营销过程中,物资和产品的流通离不开健全的物流配送系统,这个物流配送系统需要高效率、低成本。随着商品流通规模的日益扩大,尤其是对外贸易的发展,我国的物流已经逐步走上了全面发展的道路。物流的基础设施能力大大提高,物流网络不断完善。经过多年的发展,我国已经在交通运输、仓储、包装等物流基础设施的装备上取得了很大的发展。而新型的配送公司也在不断地兴起,为物流的发展奠定了坚实的力量。

3. 数据库

随着计算机及数据库技术的迅速发展,已经可以实现海量数据的储存、处理并且处理成本也逐渐降低,所以直接营销得到了迅速发展。企业通过收集和积累客户信息并建立营销数据库系统,可以分析和预测客户需求,并且根据每一个顾客的不同需求和消费习惯进行有针对性地营销活动,以最小化的成本获得最大化的经济收益,同时又可以与顾客建立起长期性的关系。

依靠数据库,直接营销人员就可以知道目标市场的人口统计特征,比如,知道哪些顾客对企业的哪些产品或服务有兴趣,知道哪些是真正的购买者,哪些是潜在购买者,知道购买者隔多长时间购买一次,也知道他们是通过什么方式购买,而且还知道他们花费了多少以及支付方式是怎么样的等等。这样,企业掌握了顾客的全面的数据库资料,便可以对顾客进行进一步细分,以便更加精准于目标顾客,然后可以在恰当的时机向各细分后的顾客传播信息,这样企业在与顾客的交往过程中,一方面传播信息,一方面销售产品,并且又可以创造很高的顾客忠诚度。随着数据库越来越完善,直接营销活动推广的效率也会越来越高。

五、直接营销的形式

直接营销应用很多种形式来与目标顾客和现实顾客建立互动沟通。随着移动通信和互联网等信息技术的快速发展,直接营销的形式不断向前发展,变得越来越丰富,不再仅仅是原来的直接邮寄活动了。

1. 直接邮寄营销

直接邮寄营销(Direct mail marketing)是指营销人员将产品或服务的信息印刷成信件或宣传品、或者将样品直接邮寄给目标顾客的营销活动。主要功能是:诱导、说服顾客购买产品并完成交易,或者开展售后服务、广告媒体组合、展示活动等。其中目标顾客的名单可以购买、租用或者与无竞争关系的其他企业相互交换。使用名单的时候应该注意重复邮寄,应避免一份邮寄品给同一顾客寄两次以上。

2. 电话营销

电话营销是指营销人员将电话作为信息沟通的媒介,通过电话向目标顾客进行营销活动。电话营销的优点就是经济灵活、便于控制、方便快捷、及时互动等。很多企业都开通了800免费电话,目的就是使消费者接受这种形式,通过电话询问有关产品或服务的信息,并进行购买。电话营销常见的功能为:产品推销、市场调研、提供服务、广告、催收款项等。

3. 目录营销

目录营销是指运用目录作为传播信息的载体,并通过直接邮寄渠道向目标顾客传播,从而获得他们的直接反应。采用这种形式,营销人员也可以有目录随时供顾客索取。比如屈臣氏经常会使用这种方式。

4. 电视营销

电视营销是指营销人员使用电视向顾客推销产品,一般可以有两种方式:一种是直接播放广告;另一种是家庭购物频道。电视营销具有广泛性、快速型、直接性等特点,缺点是成本比较高,企业目标受众不明确。

5. 网络直接营销

营销人员通过互联网等电子通讯手段展开的营销活动,比如可以利用电子邮件、网上的论坛等。目前像书籍、旅游服务、生活用品等已经普遍在网上开展了营销业务,其发展十分迅速,已经渗透人们生活的全方面。其缺点是安全性低。

6. 手机短信营销

手机短信营销是指企业用手机短信将要沟通的信息以简明扼要的语言传播给目标顾客群中,可以做到目标准确、传播及时、不受时间空间的限制。

7. 其他媒体营销

其他媒体包括采用杂志、报纸等印刷媒体或者电台这种电波媒体向目标顾客群进行营销活动。

这些直接营销的方式可以单独运用,也可以组合运用。企业可以根据具体情况加以利用。

第二节 直接营销决策及实施

一、直接营销决策

在准备采取直接营销活动时,直接营销人员首先要根据宏观环境、竞争形势、消费特征和企业目标,分析企业是否该采用直接营销,确定采用直接营销之后再按照一定的程序进行,主要有以下几个方面:

1. 确定直接营销目标

直接营销的目标可以有很多种:希望吸引新的顾客的兴趣吗?希望以前的兴趣转化为新的购买?刺激以前的顾客再次购买吗?向现有顾客销售更多同类产品吗?向现有顾客销售附加的其他产品或服务吗?企业可以根据本身的状况选择其中某一种或几种,目标是否达成可以通过顾客的反应率来衡量。一般来说,如果有2%的反应率,就可以认为直接营销活动取得了成功。直接营销的主要作用之一就是为企业的销售队伍提供潜在顾客的线索,所以,企业的直接营销人员可以有针对性地定期回访。

2. 确定目标顾客群

首先,直接营销人员要了解现实顾客和潜在顾客的特征:他们有什么样的家庭和所在行业的类型,他们在什么地方,花多少钱购买企业的产品,什么时候会有新的购买意向等。通常情况下最好的目标顾客是近来曾大量购买产品,购买频率高且支出额大的顾客。直接营销人员可以将顾客进行细分,比如:根据年龄、收入、学历等标准进行细分,然后对细分后的顾客进行挑选。

3. 确定直接营销的方式

根据企业产品本身的特点,结合目标顾客的信息,选择对主要目标顾客进行沟通的方式,比如:直邮、电话、网络等;对大部分潜在的顾客选择大规模的媒体广告,如:电视、广播、网站、报纸等。

4. 制作广告材料

广告的制作也是比较重要的工作,比如:文字怎么组织,图案设计什么等。在美观大方容易被目标顾客接受的基础上,还要考虑到方便顾客回复。比如直邮时,采用邮资已付的回复信封等。

5. 确定合适的时机

要选择与顾客沟通的最佳时机。在正确的沟通时机,再加上容易采用的具体沟通方法,与顾客沟通的效果就会很好。企业直接营销人员要花精力去获取与顾客沟通的最佳时机。比如八月到九月是与孩子父母沟通文具等的最佳时机,一月二月是玩具营销的最佳时机,年底是企业对企业营销的最佳时机等等。

6. 及时处理客户反馈的信息

直接营销的优势在于顾客回复一般都有购买意向,如果把握到位的情况下会及时产生购买行为。企业直接营销人员应及时关注客户的回复,及时的跟进。目标顾客可能同时对几家商家提出询问,响应最快的赢得顾客的希望比较大。另外如果顾客的一些需求无法得到满足,营销人员应及时写一份感谢的邮件,这种人性化的方式更容易赢得顾客,这样下次顾客有什么需求时会及时与你联系。

7. 记录销售过程信息

详细记录每次销售过程的信息,其中主要是顾客的信息,顾客的回复记录,完成交易的销售成本等,将这些信息存入相应的营销数据库中,这些信息将会作为下一次销售的参考,对于企业的长期发展是非常重要的。

8. 直接营销活动效果的测量

直接营销活动的费用事先已经确定了,直接营销人员可以根据估计的总成本计算出保本需要的反应率。也可以用顾客终身价值来衡量直接营销活动的效果。顾客终身价值是从企业的角度提出的,一个顾客购买某企业的产品越多,购买的金额越大,则对这个企业而言,其终身价值也就越大。因此,顾客终身价值并不在于他某一次购买产品的数额,而是顾客在将来购买该产品的总额,然后再用这个数额扣除企业为争取和维持与该顾客的关系所支出的成本,这样就算出了顾客在给企业贡献的利润,这就是顾客终身价值。企业就可以将努力集中于更富于吸引力的顾客身上,与之建立起良好的关系,比如定期以较低的折扣来获得顾客的长期业务,从而更快更好的达到企业的目标。

二、直接营销实施中的问题及对策

1. 直接营销实施中的问题

目前,直接营销在我国尚处于起步阶段。但是随着互联网技术的发展,以及中国消费水平的不断提高,市场需求也在不断扩大。直接营销在我国的发展潜力还是很大,但是现实中,我国的直接营销还存在很多问题。

(1) 对直接营销的内涵理解有偏差。很多开展直接营销的企业把目光仅仅盯在直销模式上,其实直销只不过是直接营销的一种手段,要掌握好直销的本质,首先必须完全理解直销的含义,然后才能加以很好的利用。中国有很多企业对直接营销理解比较肤浅,只是形式上追求与顾客的联系,而忽视与顾客的互动,有的仍然是简单的推销,没有建立起快速反应的直接营销系统,这样不仅浪费了企业的资源,也使顾客得不到个性化服务。

(2) 缺乏完善的法规。目前,我国在对目录邮购、电视购物、电子商务及网络营销方面等缺乏相应的法律和法规,虽然曾经出台过一些法律法规,但是整体性有关直接营销的法律还没有。近几年电视购物中的虚假广告欺骗消费者的事件时有发生,因为没有完善的法律,许多直接营销商从事欺诈行为,商业信誉成为我国直接营销发展的最大问题。另外,直接营销与个人隐私之间的矛盾如何解决也是其发展的一个障碍。

(3) 物流配送系统的不完善。中国的物流行业发展速度日益加快,已经逐渐走上了全面发展的轨道,且已经形成了一定的规模。但是我国物流管理总体上还不足,不能适应直接营销发展的需要。主要表现在:① 物流的基础设施能力不够,物流技术装备落后。中国目前的物流设备,大多数比较陈旧,生产效率低下。② 管理分散,服务水平低。全国的物流企业缺乏统一规划,重复建设现象严重,很多物流企业处于小、多、散、弱的状况。有的企业连基础的设施都没有,人员素质参差不齐,所以难以形成有效的社会服务网络。③ 时空和运输方式上是不平衡发展。有的物流企业运输快件都是企业员工的自行车、助力车等运输工具,导致客户从发出订单到收到货物的周期比较长。

(4) 相关的支付手段尚未完善。目前直接营销的支付手段主要是:信用卡、邮寄汇款、货到付款等几种形式,虽然信用卡比较方便、快捷,但是各家银行的信用卡还不能通用,消费者钱包里往往装着多家银行的信用卡。现在网上支付也存在一定的风险性,安全与否始终是一个问题。所以直接营销发展依赖于我国的金融的电子化。

2. 直接营销在我国实施的对策

虽然直接营销在我国的实施过程中有很多问题,但随着我国经济的不断发展,这些问题可以慢慢解决,主要有以下几种方法:

(1) 领悟直接营销的涵义,做到因地制宜发展。企业应该认真研究直接营销的涵义,领悟其内在精神,真正做到与顾客互动,满足顾客的需求,建立起快速反应的系统,从而形成一对一营销,形成良好的顾客忠诚度,为企业的长期发展打下基础。

(2) 加强对直接营销的立法与监督,规范企业的直接营销行为。政府应该为直接营销的发展提供一个公正规范的法律环境和信用环境,所以要在反诈骗、税收、广告管制、交易监督等方面制定有效的政策,防止不法人员钻法律的空子,在法律上为直接营销提供良好的环境。

(3) 建立适合直接营销的配送体系。完善的物流体系是指由生产企业、物流企业、销售企业直至消费者供应链的整体化和系统化形成的。在我国现阶段物流体系不健全的情况下,可以根据自身情况选择合适的配送体系。一是对资源比较丰厚的企业,可以通过建立连锁网络形成企业自身的物流系统,这样可以统一配送、统一结算。二是以第三方物流企业为主来完成物流配送,像我国的圆通速递、申通速递等都是这样的第三方物流企业。

(4) 发展技术,完善支付体系。信用卡的大力推广和使用为直接营销的发展创建了方便的条件,要大力推广信用卡支付,同时增加完善措施,比如数字签名、身份认证等等。等到支付的风险小,又方便快捷的时候,直接营销会更加快速发展。

第三节 互动营销

直接营销的最新渠道是电子渠道。互联网向商家和消费者提供了互动和个性化的机会。在信息时代的交换过程,已经变得越来越以消费者为中心,企业在与消费者实现交换的过程中,用户自己决定他们需要什么信息、他们对什么感兴趣和什么样的产品形式、产品价格是他们愿意接受的。这些都带来了越来越多的互动营销,也越来越依赖于互动营销,带来数据,带来顾客的参与体验与口碑传播。

一、互动营销概述

1. 互动与互动营销的含义

互动(Interactive),牛津词典中指至少两个人或物一起活动或相互合作或相互影响、作用,作为计算机专用词汇时指交互式的、人机对话的。

互动营销,目前没有共性、一致的概念定义,不过不同学者在他们的研究中对它从不同的角度作出了阐述:

澳大利亚的马丁·威廉在《互动营销———一对一建立忠诚度》中给出了当时他的理解:"20世纪90年代,互动营销———一个无缝的全面整合的营销技术,并应用最新的技术传递连续的产品信息和接受反馈,这种营销技术包括(常见的)销售和直接营销。"这个定义强调信息传递和反馈,以及营销技术的整合,将销售促进和直接营销作为互动营销的一种具体的表现。

泽丝曼尔应用服务营销三角模型,将服务营销过程归纳为对承诺的管理,并将三角形的底边界定为互动营销。外部营销对顾客做出承诺,内部营销保证兑现承诺的能力,而互动营销则实现承诺。在员工和顾客连接而成的三角底边上,服务的实现在此发生,员工和顾客互动,相互影响、相互合作,服务通过员工和顾客之间的互动来保障高品质服务的送达。

而在电子网络时代下,互动营销技术被部分学者定义为:通过电脑或增强的电视媒体为基础的系统,使用彩色视频图像,使消费者能以实时的方式,通过电脑辅助的电子媒体与售卖者进行互动以达到圆满的交换目的。在市场中,互动营销也被称为"在沟通中对新媒体的应用",这通常意味着对多种媒体形式的同时使用。在这里,"互动"同时具有了相互影响和人机互动的双层含义,它更关注互联网平台的建立给营销时代带来的巨大变革,因此此时的消费者从过往的被动接受,转向成为信息的主动搜寻者和沟通主动权的控制方。

营销的核心在于通过价值管理流程,建立并维系共同创造并分享价值的合作关系,这时,互动不仅仅是营销的手段,而且更加成为了营销活动的基本特征。因此,结合以上的互动本义和互动营销的学者观点,我们可以这样理解:互动营销是一种新型的营销理念,为实现企业和利益相关者的共同利益,借助于多种互动沟通技术和途径,通过将利益相关者有序纳入价值创造过程,共同创造和分享,使合作的各方都获得满意,并借以确立企业核心能力的一切活动。即企业在经营过程中,将消费者当作伙伴,经常性的与之进行对话,直接了解消费者的需求,让消费者积极参与到企业产品的设计、生产、改进等活动中,使生产的结果更易为消费者接受,从而缩短产品进入市场的时间,带来稳定的市场,降低市场风险。互动营销可以是直接面对面的,也可以借助于各种媒体。随着个人时间、精力资源的稀缺性提高以及信息网络技术的发展,互动营销越来越注重借助各种媒介,应用现代的信息技术,特别是以互联网为平台进行互动式营销。

2. 互动营销与其他理论渊源

互动营销是在借鉴和融合了诸多现代营销思想积极因素的基础上发展而成的,与传统的营销学体系有着千丝万缕的联系,而这些营销思想和相应的策略实践也成为了互动营销血液里的一部分。

(1) 定制营销。在最初的手工定制产品的过程中我们可以看到互动营销的影子:一个木匠可以不断地与顾客进行交流,从而设计和制作出顾客想要的产品来。这种原始互动情形仍然保持到今天,如房屋装修,房主和装修方实时互动以达到满意的效果。

现代的大量顾客化营销是商品经济早期的定制与现代社会的大规模生产二者的结合,同时吸收了二者的优势,采取"大规模定制"的形式,即运用先进的科学技术,将现代化大生产的规模经济的要求与各个顾客对同一类产品的不同需要结合起来,同时兼顾批量生产和个别要求,既使单位产品成本较低,又使产品能更好地满足目标市场的每一顾客的需求。一个典型的例子是日本自行车制造商松下公司在批量生产自行车的同时又采取定制的灵活方式以满足消费者不同的需求。

定制营销是现代营销运用新技术模仿早期手工艺者与顾客之间的原始互动营销模式而达到满足个性化需求、顾客高度满意的营销效果。随着互联网的广泛应用,互联网与定制的整合使定制成本大大下降。

(2) 关系营销。关系营销最初来源于 80 年代产业经济学派对组织市场的观察,发现组织市场中建立长期的稳定的交易关系,能够带来交易成本的下降、供需双方的稳定性和品质的适应性,从而带来令买卖双方都愉悦的状态。而后引起了学界的兴趣和认可,延伸至消费市场的顾客关系营销,获取顾客信息,建立长期互动关系,不仅带来的是交易成本的降低,而且在关系维护过程中,能够培养顾客的忠诚度,获得消费者在价格容忍度、口碑推荐、交叉销售等方面提供的贡献,同时,从单次交易额、市场份额转向关注顾客终身价值和钱袋份额。顾客也能在降低转换成本、获取情感、服务价值的同时,获得更多自主、定制、个性化产品的可能性。而关系营销中的基础——关系的核心就在于双方的交流互动,借助这种双向的沟通,互相地调适,建立、维持关系的同时,发展新的合作和可能。

(3) 服务营销。20 世纪 80 年代,竞争日益激烈的买方市场,促使厂商在以顾客为导向的市场营销中更加重视服务营销,在有形产品中更加注重服务给客户带来的附加值,在纯无形服务商品中更加注重服务的质量。在有形的产品营销中,厂商增加售前、售中和售后服务的内容,更加注重增加雇员与顾客的互动。① 售前服务,主要包括产品设计服务、技术咨询、介绍演示服务,及时报价等发生在销售之前的服务。它既是一个与顾客交流信息,沟通情感的过程,又是一项影响顾客态度、引导购买行为的工作,并直接关系到顾客对企业的"第一印象"。② 售中服务,主要包括与目标顾客的沟通,引导他们作有利于产品的积极的思考,帮助他们做出购买决策等。它是在顾客选择、成交过程中提供相应的服务,如回答问题、提供咨询、推荐商品、介绍性能、特点、调试、封装等等。如果说售前服务是使潜在顾客产生购买意向、初步决定购买的过程,那么售中服务则是使顾客的意向和决定转化为实际行动、达成交易的过程。③ 售后服务,主要包括产品的安装、调试、维修以及人员培训等内容。它是企业为已购产品的顾客提供的服务,它可以增进与顾客的沟通和感情,获取顾客的意见和建议。它最能体现企业对顾客利益的关切之心,它是企业树立形象的关键。这三个过程中销售人员与售后服务人员扮演着重要的角色,他们与客户的接触是高密度的。泽丝曼尔应用服务营销三角,提出从外部营销、内部营销和互动营销三个环节,来实施承诺管理,使互动营销成为递送高质量服务的保证。

(4) 直接营销与数据库营销整合。台湾出版的《大辞典》在解释互动时指出"人与人的互动不一定要面对面,可经由电话、书信等达到互动的目的"。随着现代科技的发展,厂商开始利用现代科技作为互动营销的手段。即直接营销朝着更具互动性的方向发展。直接营销应用大量的渠道来达到预期和现在的顾客。这些渠道包括:面对面推销、直接邮寄营销、目录营销、电信营销、电视和其他直复媒体营销、购物亭营销和网上渠道。现在厂商通过增加 400、800 电话,设立二十四小时销售、咨询、服务热线,提供一个免费的快速的反馈通道,将消费者纳入经营过程,实施互动营销。原来的电视直销、邮购业务渐渐为双向电视营销,互联网上的电子邮件订购业务所更新。为建立与客户牢固的关系,厂商通过这些互动过程,收集消费者的各方面信息,利用数据库分析他们购买的频率和购买物品的比例,连续记录和跟踪顾客的购买情况。这种直接营销与数据库营销的有效整合,帮助企业更准确地找到目标消费者群、降低营销成本、提高营销效率、为新产品开发提供准确信息,将原来简单的直接营销提高到一个互动的新境界。

(5) 互联网营销。互联网营销以电子信息技术为基础,以计算机媒介和手段而进行的各种营销活动(包括网上调研、网上新产品开发、互联网促销、网上分销、网上服务等)的总称。它将大规模营销、直接营销、数据库营销、定制营销等多种营销形式的特点和优点集成到互联网平台上,因此说在这一平台上互动营销得到更加成熟、完美的体现。其特色具体表现以下几点:① 交互性。互联网上的销售最大的特点就是企业和顾客的交互作用,不仅可以以订单为测试基础,还可获得顾客的其他数据甚至建议。所以,仅从网上销售来看,互联网营销是一类典型的直复营销。互联网营销帮助企业同时考虑客户需求和企业利润,寻找能实现企业利益最大化和最能满足客户需求的营销决策。网上互动的特性使客户真正参与到营销中来,客户主动性和选择性得到加强,买卖双方随时进行互动式双向交流。② 整合性。网上互动使客户主动性加强,把顾客整合到整个营销过程中来,将客户的需求和利润最大化放到同等重要的位置进行交互。企业与顾客之间的关系非常紧密,形成了所谓"一对一"的营销关系。这种整合始终体现了以客户为出发点及企业和客户不断交互的特点。③ 定制性。随着个性消费的复归,企业与客户了解加深,网上销售的发展趋势是将大量销售转向定制销售。客户可以在计算机终端前设计喜欢的产品。

实际上互动营销并不是一种全新的营销方式,它存在于日常的营销活动中,没有得到人们足够的注意和重视;它以不同的形式存在于以上的各个阶段之中。不管它以什么形态出现,它都是一个互动形式由低级到高级,应用的媒体由简单到复杂,互动成本由高到低,营销效率由低到高的发展历程。

二、互动营销的特性

互动营销的特征在于:厂商与消费者以互利为基础,通过双向的、往复多次的、即时的沟通对话等方式相互合作,以一对一地满足消费者个性化的需求为目标,并要求消费者主动参与到商品的定位、设计、生产、监测、销售等全过程中去。

(1) 双向性。这是互动营销的基础所在,厂商与消费者双向互动使营销过程形成一个闭合的链,这样的链使企业与消费者之间的信息充分交换,从而达到较好的营销效果。

(2) 一对一。互动营销中买卖双方多次的互动是一种逐深层次的相互了解和相互影响,企业和顾客之间的双向沟通愈深入,相互的依赖性就愈强,其他企业进入这个细分市场的壁垒就愈高,最终会形成企业和顾客之间"一对一"的营销关系。企业也在顾客中建立了品牌忠诚度。而市场变化的趋势——消费者行为的个性化和多元化,以及顾客身份的国际化,也促使企业必须将重点转移至对顾客一对一的开发和维系上。

(3) 个性化。个性化的营销是以产品最终满足单个消费者需求为依归的。企业能否根据具体消费者而不是群体消费者设计非常个人化的产品或服务,成为未来互动营销中衡量其竞争实力的一项准则。互联网阶段的一个重要特点是消费者主导,他们拥有更大的选择自由,不受地域、时间限制,从获取的信息、形式到产品及其组合,都有更多的决定权,衡量产品价值的标准发生了变化,这促使企业重新考虑消费者个性化需求在营销战略中的地位,将其作为出发点。同时,大数据的存在和运算能力的加强,计算机辅助设计、人工智能等技术的进步,企业也将具备较低成本进行多品种小批量柔性生产的能力,这也为互动营销满足个性化需求奠定了基础。

(4) 即时性。即时性强调消费者的问题得到即时的解决,新的需求得到即时的满足,同时厂商从消费者那里得到的反馈无滞后。这主要来源于两个方面,一是互动营销的核心在于与顾客直接的对话,既不是过去的泛化市场的概念,只知市场的存在,却不知在何处,更不知是何人,也不再有中间诸多环节的存在,因此,能够也需要及时给予消费者反馈,并给以解决;二是如今的互动营销依托于互联网,互联网提供24小时服务,不存在时空的限制,也不限于人工服务,消费者可以自行查询、购买,也可以借助网络技术、程序化自动化技术等方式,企业提供自助式问题解决和常规问题解决引导。

(5) 全程性。传统的营销观念强调4P组合,现代营销管理则追求4C,然而无论哪一种观念,市场营销观念都基于一个共同的前提:企业应该实行全程营销,即必须由产品的实际阶段就开始充分考虑消费者的需求和意愿。然而在传统的营销平台上和实际操作中,这一点往往难以做到。一个重要原因在于消费者与企业之间缺乏合适的沟通渠道或沟通成本过高。而在互联网的环境下,互联网媒体为全程的互动营销提供了低价、高效和可行的方案,使得消费者在产品概念阶段就可以真正纳入互动状态。

(6) 互利性。对于互动营销是关于人的而不是关于技术的认识,理查德·克鲁斯和加尼特使密斯在他们95年出版的《直接营销》一书中,提出了互动营销发展道路的三个规则:① 互动技术只不过是一个促进关注顾客利益的营销战略的便利工具。② 营销者必须尽力在公司市场目标和顾客购物需要和偏好之间取得一个平衡。③ 每一个媒体技术的安排必须对营销者和顾客都提供多样的利益。

从上面的三个规则,以及前面互动营销的利益关系导向型定义可以看出,未来互动营销一定会继续朝着企业与顾客互利的方向发展,因为未来互联网成为营销的主要平台时,消费者制订游戏规则,沟通的控制者是消费者,而不是营销者。互动营销特别是基于互联网的互动营销正是由于上述的特色与魅力,正在改变着传统营销的风貌。

三、互动营销的应用

1. **互动营销的产品适用性**

互动营销将企业和顾客互相推进了一步,有着不同于以往营销方式的优点,但如同近年的网络营销、大数据营销一样，虽然看似美好，但却未必适合于所有的企业和产品。考虑顾客购买决策分类因素——产品复杂性（消费者卷入度）与价格高低（购买风险），可以发现产品互动程度矩阵见表19-1。

表19-1 产品互动程度矩阵

产品/品牌		价格		
		低		高
复杂性	简单	低度互动	中低度互动	中度互动
		中低度互动	中度互动	中高度互动
	复杂	中度互动	中高度互动	高度互动

观察市场和各个行业，可以知道，一些高度互动的行业，诸如传统市场上的定制行业——典型的如装修业、服装定制；现代的服务业——尤其是高附加值服务行业，如文化创意产业、咨询、法律等；组织市场的生产或销售行业，如商用或工业设备生产制造业等，往往需要的互动性更高，但根据市场客户群体数量规模的不同，对互动规模和能力的要求也不同。而诸如城市供水、供电、快速消费品等以标准化为主或同质化较高的产品类型，所需的互动性就很低。但互动营销所关注的出发点是顾客的个性化需求，互动的内容不仅仅是产品信息本身，更主要是消费者的认知、需求和情感等，因此标准化、同质化或复杂性等产品特征应该以消费者认知为衡量标准，以此为策略考虑出发点，可能带来不同的思路和出乎意料的效果。

"多芬"是联合利华公司旗下品牌之一，近年，推出了崇尚美丽，展示美丽的"真美运动"。并通过设立"真美运动"网站的形式，使和消费者互动沟通的愿望得以实现。"真美运动"网站的内容包括：① 网站社区：多芬"真美运动"提出问题"什么是真正的美丽？"，讨论区域供消费者与消费者之间互动，访问者可以交流关于"美丽"的理解，这个网站成为一个讨论美丽、自尊等女性话题的全球性社区。② 专家专区：消费者可以同著名的"自尊"研究专家进行实时网络对话。③ 及时提供各种调查结果、白皮书、广告、报道等内容，供消费者自主选择。此次互动营销得到了业界的高度认可。在系列活动推出2个月之后，多芬美国销量上升6%；半年之后，在欧洲的销量上升了7%。该活动后来又获得在广告界颇负盛名的艾菲实效奖。

2. 互动营销的顾客适用性

理论上说，互动营销对所有的顾客都适用，因为对于企业，期望获得所有消费者的信息，帮助勾画目标客群细化形象，精确定位，并进行个性化的反馈和服务提供。虽然互联网平台和计算机技术使得这种可能性提高，也使得接触成本、互动成本大大降低，但一方面即便是互联网的辅助，互动营销仍然存在其较高的信息获取成本、筛选成本、违约成本和其他管理成本等，另一方面，对许多传统企业来说，线上平台距离消费者痕迹数据获取、并基于此进行互动运用还有很长的路，直接面临的是大量的线下数据如何进行使用，传统的营销方式如何过渡和转变成一对一的互动营销方式。因此，借助关系营销和服务营销的思想，考虑顾客分类的应用。将顾客和员工进行分类，根据顾客价值贡献体系，将顾客分为A、B、C类，同时，根据员工的能力和服务意愿，同样进行分类。从最重要的顾客开始，进行对应的一对一互动营销方式，完善原有的顾客数据库，为转型奠定基础，也可加强最有价值顾客的忠诚度，并从中尝试适合自己企业和顾客的互动营销策略体系，应用于其他类别的顾客。

在采用一对一营销方式时,顾客的需求了解和完备的数据库记录顾客的个性特征,都是最为基础也最为重要的工作。

3. 互动营销的媒体适用性

互动是基于一定的平台/媒介的,对于企业来说,借助的往往是各种大众传播媒介或是和客户能够产生联系的某些载体,比如产品等。在互动营销策略实施中,常常会出现两种情况,一是希望尽可能多的和消费者进行互动,以覆盖面为导向运用大量可用的媒介,另一种则以新为标准,选择最新的能和顾客互动的平台,如微博、微信等。考虑覆盖面和最新的方式,都有其优点,但360度多平台整合营销,不一定适合所有品牌。有些品牌根本连1度都用不上,但有些品牌却必须要大投入大传播,才能达成营销目的;微博微信不一定要每日一更,因为没有好内容,只是为了更新而更新,更容易引起带来更多可能的负面触发点。互动营销的价值,可能不完全取决于互动的机制或互动的媒介,更多还是取决于互动的内容和产品/品牌的核心价值。因此,首先,互动营销的适用媒体,虽然网络平台、社交化媒体平台有着天然优势,但却未必是最合适。互动营销的媒介没有限制,所有可以和消费者产生联系的接触点都是可能的;其次,在媒体的数量上,以点带动线、面的层次方式,可能在成本效应上会带来更好的结果,而并不需要全员出动,因为消费者面对的是一个信息传播过度的时代,因此对过度的信息往往会选择一种简单的忽略或排斥的方式进行处理;在互动营销的内容上,要考虑产品价值和媒介特征的整合,它的衡量标准不再是传统传播的知晓度或传统营销的市场份额这样的规模指标,而是产品的个性化与消费者需求/个性化之间的沟通和契合。在快消行业中,可口可乐创造了许多经典的互动营销案例,都用的是比较简单得出乎意料却又在情理之中的媒介,但往往这种媒介和创意具有让受众内心真正收到互动的理论,比如需要朋友合力才能够到自动售卖机的窗口,比如在迪拜的贫民窟安置了一个可以免费打电话的红色电话亭,以可口可乐瓶盖投币启动电话使用,比如快乐昵称瓶的收集活动等等。很多年前麦当劳的"陈奕迅送麦当劳",如今被Uber活学活用在了"请佟大为当司机",这类型的互动营销让顾客和品牌都收获了满意的体验。

第二十章 服务营销管理

服务业的产品不同于制造业,服务提供给消费者的是一种互动式的体验,服务质量的高低、消费者对所享受服务的满意度,并不完全取决于服务者,一个满意的消费者和一个不满意的服务者在一起或一个不满意的消费者和一个满意的服务者在一起,都不可能产生满意的服务,因为服务的独特之处在于,消费者本身就是服务过程的一部分,他们实际上与服务者共同创造了其自身的体验。由于服务与有形产品相比,具有一定的独特性,因而在营销过程中必须与有形产品的营销区别开来,运用针对性较强的营销手段,以达到企业的预期目标,取得理想的效果。

第一节 服务概述

一、服务经济时代的到来

20世纪,人类社会发展取得了极大的进步,而在这百年的发展中,稍加留意,我们会发现一个由工业主导到服务主导的社会演进过程。英国经济学家约翰·邓宁在对经济社会的演进加以深入研究后,将社会经济发展分为三个阶段:第一阶段是以土地为基础的农业经济时代(17世纪初——19世纪);第二阶段是以机器或金融为基础的工业经济时代(19世纪——20世纪末);第三阶段是以金融或知识经济为基础的服务经济时代(从20世纪末开始)。事实上,最近几十年服务业的迅猛发展已经证明了服务经济正在成为现代经济生活的主导。服务业在国民经济中的地位越来越重要:一是服务业的产值增长显著,大多数国家服务业产值的年平均增长速度超过了本国GDP的增长速度,比重也不断上升。发达国家约2/3的GDP来自服务业。以美国为例,服务业产值占GDP的比重由1948年的54%上升到2004年的79.4%,近年总量虽有所放缓,但其高端服务业比重却在不断上升,2012年仅金融、保险、租赁及专业商业服务就占到了GDP的32.3%。二是服务业为社会创造了大量的就业机会。2004年,美国79%的就业人员从事的是服务业。这些数据并不包括制造业所提供的内部服务以及外销的服务。此外,服务经济的重要性还表现在全球范围内服务贸易的增长。以美国为例,美国外贸虽年年赤字,但服务贸易却是年年盈余。

我国改革开放以来,服务业也有较快的发展。

首先,服务业的产值增长显著。服务业占GDP的比重由1978年的23.7%提高到2016年的51.6%,超过"十二五"规划确定的47%的预期目标,服务业固定资产投资为45 837亿元同比增长10.9%,占全社会固定资产投资的58%。① 同时,2016年,中国新登记注册服务业企业446万户,同比增长50%,就业比重达到43.5%。② 事实上,2013年,中国的服务业增加值比重就达到了46.1%,第一次超过了制造业,成为三大产业当中贡献率最大的产业,这是具有里程碑意义的。

其次,服务业在国际经济中的比重也有较大的增加。2013年我国服务进出口总额也达到了将近5 400亿美元,同比增长了14.7%,这个增长速度大大的高于货物贸易的增长速度。而2016年服务业的进出口总额达到了8 044亿美元,比2012年增长70.9%,年均增长14.3%,稳居世界第二,而且服务贸易占对外贸易的比重也有所增加,达到了17.9%。③

再次,服务业自身的结构不断向知识化或信息化提升。第一层次是为信息流服务的电讯业发展迅速,并与计算机网络相结合,构成了所谓信息产业的基础;第二层次是与知识或信息密切相关的咨询、金融、技术服务、广告、展览、会计事务、律师事务、职业介绍和旅游等行业,也发展迅速;第三层次的科学、教育、文艺、传媒、图书和出版作为知识或信息密集性的行业,也是服务业中发展最快的几个行业;第四层次的政府机构、警察等,也都增强了信息功能。在整个服务业中,高知识或高信息含量行业的地位越来越重要,有学者认为,应当把这些行业中的一部分从第三产业(服务业)中分离出来,构成以信息服务为主要内容的所谓"第四产业"。

在服务业增速加快的同时,也要看到,我国的服务业发展水平不论从总体上还是结构上,和世界主要经济体还有一定的差距。服务经济,已经成为当今发达国家和中等发达国家比较成熟的经济形态,也是在一定程度上衡量现代经济发展程度的指标。从总量上看,世界发达国家服务业产值占GDP的比重一般在60%~70%,其中美国已高达80%以上,中等收入国家这一比重在50%~60%,而如上所述,中国服务业产值比重虽开始超过制造业,但目前也仅是51.6%。同时,从结构上来说,第三产业覆盖面很大,涵盖消费、流通和生产领域,但不同行业附加值差异很大。世界各大城市的典型特征是高科技产业、金融产业和文化创意产业三类高附加值产业突出,纽约、东京、伦敦中,有50%~55%的从业人员在这三个行业中,而同为世界十大城市的北京,虽然服务业产值占比达到75.7%,与发达国家相似,但从行业结构来看,从业于三大高附加值从业的人员却仅有17%。可见,我国的服务业与世界发达国家水平相比还有很大的距离,但这也意味着发展的空间和机会。目前,我国企业也正在从生产密集型向服务密集型转变,服务业开始成为谋取市场竞争优势的主要战略手段,服务营销的重要性日益突出。

二、服务营销的发展

服务管理,脱胎于20世纪中叶以制造业为主的管理科学。长期以来,制造业沿袭泰勒和亚当·斯密提出的分工协作和科学管理理论,以发展规模经济和降低成本费用为主流管理原

---

① 2016年国民经济和社会发展统计公报,国家统计局,2017年2月。
② 创业创新蓬勃兴起,国家统计局,2017年6月。
③ 贯彻落实新理念奋力创造新辉煌,国家统计局,2017年6月。

则进行企业的经营管理,促进了管理水平和工业经济的迅猛发展,但随着市场的转变,以及制造业不断转变,并伴随着科学技术的发展、企业竞争理念的变化等,使得理论研究领域也逐渐的发生着渗透和转变。

在过去的几十年间,我们看到常规营销研究的焦点针对特定的群体或一些特定的机构。在20世纪50年代,消费品公司被看作高级营销商,它们是首先开发正式营销计划的公司,所以许多学术研究都是针对分析和研究消费市场的。在60年代,许多学者注意力放在工业市场,营销内容专门针对工业营销的文章和期刊开始出现。在70年代,非盈利机构和与公共部门相关领域的营销和社会学营销开始引起注意。同时,在产业市场领域中,一种新的营销理论——关系营销兴起,即建立在买者和卖者互动关系基础上的管理,它将直接影响到顾客的购买行为。在欧洲,北欧学派最早在服务营销和产业市场营销中研究关系营销问题,并得到了国际学术界的承认和支持,在这种背景下,作为推动顾客关系的一种有效手段,服务营销到80年代开始引起注意,对服务营销的研究才兴起,并逐渐得到越来越广泛的应用。

但在企业应用中,尽管最近对服务营销开始强调,但许多服务公司对什么组成有效营销还是有很大的误解。有些公司还把它等同于销售和追求销售额,而不是令顾客满意;另一些公司,如提供专业服务公司,它们所提供的服务被看作是宣传册的制作、广告和低层次的营销沟通;即使在那些已开发了高级营销手段的服务公司里,只有少数公司能充分利用营销潜力,并能意识到公司中每个人都有能力为内部和外部的营销创新做出贡献。即使在需要更积极的营销被普遍认可时,许多公司也只是做一些必要的改变而非重大创新。

银行业的发展是服务业发展的典型代表,观察营销在他们的发展过程中从无到有,可以看到服务营销在服务企业发展中的演变过程。

世界发达国家的银行业,尤其是美国银行业,20世纪60年代为止,这个行业对营销普遍都不太关心。这时候的他们,扮演着人们生活中最基本却重要的角色,生存无忧。但是,随着70年代竞争加剧,他们在销售、促销和广告上花了相当大的力气,同时致力于吸引资金并改善银行的产品和服务,但这时强调的是销售而不是让顾客满意。

到了80年代,则强调开发新产品和服务,但是服务中很少有专利保护和服务秘诀,结果革新很快就被模仿了。服务由于它自身的一些特征,特别容易被竞争对手模仿,产品开发的优势多是短命的。结果对银行业来说,提供的产品是完全相同的,大量的和潜在混乱排列的产品被尝试和销售。

在80年代初,银行业承担了许多严格的市场分析,开发了更高级的营销技术和战略规划。他们也开始了解定位,对市场细分也变得内行,并开始认可差异化的战略方法。

在80年代中期,银行业也发现(或重新发现)了顾客,制定了"把顾客放在首位"的计划。趋向采用"微笑运动",其目标是使服务提供者更加友善,并且还常常伴随着改善银行物质环境以使它显得更温暖和更有吸引力。这可以为那些最早采用这些办法的银行带来一些初期优势,但其他银行很快跟从模仿。

到了90年代,一些银行开始重新评估他们的顾客服务计划,并且开始用各种技术(包括服务蓝图)更严格地探求(以正确识别服务质量问题和服务质量间差距为基础的)服务质量,同时还常伴随着用更训练有素的方法去研究顾客和分析市场。

20世纪90年代,关系营销成为营销重点,并很有潜力将其他营销重点整合成一体,关系营销主要汲取了服务营销的思想,因而可以说是服务营销的延伸和发展。

第二节 服务的含义

一、服务的定义

有关服务概念的研究首先是从经济学领域开始的,最早可追溯到亚当·斯密的时代。不过,由于服务的自身特点以及与产品的内在联系——都是为了使购买者获得某种利益或满足感——使得服务及其范围大小很难界定,所以,迄今为止尚未有一个权威性的定义。尽管如此,为了对服务进行研究,学术机构和学者还是从不同的角度提出了自己的定义:

(1) 1960年,美国市场营销学会最先给服务下的定义为"用于出售或者是同产品连在一起进行出售的活动、利益或满足感"。此后这一定义一直被学者们广泛采用,但它的不足在于没有把有形产品同无形服务区分开来,因为有形产品也是用于出售并使购买者获得利益和满足。

(2) 斯坦顿(Stanton,1974)对上述定义进一步进行解释,认为服务是可被独立识别的不可感知的活动,为消费者或工业用户提供满足感,但并非一定要与某个产品或服务连在一起出售。

(3) 莱特南(Lehiinen,1983)认为服务是与某个中介人或机器设备相互作用并为消费者提供满足的一种或者一系列活动。

(4) 格隆鲁斯(Gronroos,1990)认为服务是指或多或少具有无形特征的一种或一系列活动,通常(但并非一定)发生在顾客同服务的提供者及其有形的资源、商品或系统相互作用的过程中,以便解决消费者的有关问题。

(5) 菲利普·科特勒在其《营销管理》第9版中,将服务定义为"服务是一方能够向另一方提供的基本上是无形的任何活动或利益,并且不导致任何所有权的产生。它的生产可能与某种有形产品联系在一起,也可能毫无关系。"

(6) 美国市场营销学会在1960年定义的基础上进一步将服务定义为:"可被区分界定,主要为不可感知,却可使欲望获得满足的活动,而这种活动并不需要与其他的产品或服务的出售联系在一起。生产服务时可能会或不会需要利用实物,而且即使需要借助某些实物协助生产服务,这些实物的所有权将不涉及转移的问题。"

市场营销学界普遍认为美国市场营销学会在1960年定义的基础上进一步补充完善之后的定义比较全面,基本抓住了服务活动的本质。事实上,无论美国市场营销学会的定义还是其他学者的定义都有一定的片面性,过于强调某些方面而忽视另外一些方面。这不仅是因为服务作为一种看不见、摸不着的经济活动难以为人们所感知从而无法准确地进行研究,而且随着服务在国民经济生活中的地位越来越重要,其范围亦愈来愈宽广,使得研究人员无法从整体上予以概括。

无论如何,上述研究对拓展服务内涵的认识进而推动服务市场营销学的发展做出了重要贡献。它们从不同的侧面揭示出服务的一些共同特点,如不可感知、有时和有形商品一起用于交换等,这就为其他学者从基本特征的角度研究服务的内涵奠定了基础。同时,越来越多的学者也逐步认识到,继续争论服务的定义似乎没有可能,也没有必要,而且即使没有一个被统一接受的定义,也可以从其他角度探讨服务的内涵,服务分类和特性就是其中的重要方面。

二、服务的分类

菲利普·科特勒从使购买者获得某种利益或满足感的角度,将服务分为五种类型:

(1) 纯粹有形商品:这种服务主要是通过供应有形物品来满足顾客的需要,没有伴随无形的服务。

(2) 伴随服务的有形商品:此类服务主要通过提供有形的产品来满足顾客的需求,但同时附带旨在提高顾客价值或满意度的无形服务。例如,家电制造商为实现差异化经营、提高顾客满意度对顾客实行送货上门、免费安装等服务。据李维特观察:"普通产品(如计算机、飞机等)的技术越复杂,它的销售越依靠其为顾客提供的伴随服务的质量和效用(如送货、装配指导、维修和保养、培训操作人员、履行保证等)。"事实上,许多制造商都发现了把销售服务作为独立利润中心的机会。

(3) 有形商品与服务的结合:此类服务由有形产品与无形服务共同构成,二者在满足顾客需要方面参与的程度相当。例如,餐馆既提供食品又提供服务。

(4) 主要服务伴随小物品和小服务:此类服务主要是通过提供一项主要服务,但同时还附带某些次要的服务或辅助物品来满足顾客需要。例如,铁路客运列车的乘客购买的主要是运输服务,但是在旅程中列车服务人员会提供某些有形物品如食物、饮料、杂志等来缓解乘客在旅途中的无聊和疲劳。

(5) 纯粹服务:此类服务提供纯粹的无形服务来满足顾客需求。例如看电影、精神治疗和按摩。

由于商品与服务的组合千变万化,除非对服务作更进一步的区分,否则对服务作结论性的概括是困难的。然而,服务还可按其他标准进行分类:

第一,根据提供服务的工具的不同,服务可区分为以人为基础的服务和以设备为基础的服务。而以设备为基础的服务还可根据其自动化程度或操作人员的熟练水平进一步区分;以人为基础的服务也可根据其工作人员的熟练程度或专业水准加以区分。

第二,根据顾客在服务现场出现的必要性,服务可分为需要顾客在场的服务和不需要顾客在场的服务。如在进行理发服务时顾客就必须在场,而修理汽车时顾客就不需在场。如果顾客必须到场,服务提供者就必须考虑顾客对服务现场环境的需要。

第三,服务亦可按照是满足个人需要还是满足企业需要分为个人服务和企业服务。如医院对私人或企业雇员作身体检查所定的收费标准是不同的。服务提供者通常对个人和企业市场制订不同的市场营销方案。

第四,服务提供者也因其目的(盈利或非盈利)和所有权(私有或公有)不同而有所不同,它可以分为盈利性服务和非盈利性服务以及私人服务和公共服务。

三、服务的特点及其影响

服务具有四个主要特点:无形性、不可分离性、易变性和易消失性。服务的这些特点以及对制定营销方案的影响主要表现在:

1. 无形性

服务的无形性指服务的本质是抽象的、无形的,在被购买之前,是看不见、尝不到、摸不着、听不到或嗅不出的。服务无形性对经营管理的影响主要表现在：

（1）顾客不容易在购买前识别服务的质量和形式。

（2）服务质量考核和控制的难度大。

（3）由于缺乏有形依据，服务投诉或纠纷较难处理。

（4）一些无形性比较强的服务产品的营销难度较大。

购买者为减少不确定性会寻求服务质量的标志或证据。他们将根据看到的地方、人员、设备、传播资料、象征和价格，做出服务质量的判断。因此，服务提供者的任务是使服务"有形化"，就是在服务营销中强调服务等级、服务品牌、服务标志物、服务效果展示、服务标价、服务广告、服务承诺、服务设施、服务环境、服务人员的形象等有形手段的作用。

2．不可分离性

服务的不可分离性指服务的生产、交易、消费是同时进行的，并且有顾客参与，服务提供者和顾客对服务的结果都有影响。服务不可分离性对经营管理的影响主要表现在：

（1）许多服务只能是"一对一"的方式，难以产生规模经济。

（2）由于许多服务"一对一"的特点，服务常常会供需失衡，这可能降低顾客满意度。

（3）服务质量形成于买卖双方接触的整个过程，过程中的每一刻都关系到服务的质量，这就对服务人员提出了更高的要求。

（4）服务质量的形成客观上需要全体人员或所有部门进行整体配合和协调，但人员或部门主观上不一定愿意配合和协调。

（5）顾客的参与使得服务创新及实施比较困难，因为顾客可能习惯了原有的服务，对新的服务采取抵制或不配合的态度。

（6）顾客的参与使服务过程变得复杂，如果参与服务过程的顾客不能在运行、操作上配合服务规程的要求，就难以保证服务过程的顺利进行。

解决由于服务的不可分离性带来的对经营管理的限制可以用以下几种不同的战略：① 服务提供者可以学会为大群体服务。② 加快服务速度。③ 培训更多的服务提供者和提高顾客信任。④ 当顾客对提供者有强烈的偏好时，则可用价格作为标准来合理分配受偏爱的提供者的有限时间供应。⑤ 使服务"可分化"，即在服务营销中强调服务中间商、服务代理、服务经纪人、服务渠道的电子网络化。⑥ 使服务自动化或服务自助化，使服务生产与消费适度分开。

3．易变性

服务的易变性（或者说不一致性）指服务是不标准、不稳定的，服务的质量取决于由谁来提供以及在何时和何地提供。服务易变性对经营管理的影响主要表现在：

（1）服务不易标准化、规范化。

（2）服务质量不易稳定。

（3）顾客不容易认知服务。

（4）服务品牌较难树立。

（5）服务规范较难严格执行。

服务具有极大的可变性，针对这种特点，服务公司对质量控制可采取三种方法：

（1）投资于挑选优秀的工作人员并进行培训。

（2）在组织内将服务实施过程标准化。

（3）通过顾客建议和投诉系统、顾客调查和对比购买，追踪顾客的满意情况。用这种方法使质量较差的服务被察觉出来并设法改正。

4. 易消失性

服务的易消失性(不可存储性)指服务不能像实体产品那样储存。服务不可储存性对经营管理的影响主要表现在：

(1) 服务供求在时间上的矛盾较难协调。

(2) 由于(1)的原因,服务营销在时间上的波动比较大,容易出现忙闲不均,影响服务质量和效率。

(3) 服务供求在空间上的矛盾较难解决。

(4) 由于(3)的原因,服务营销受空间或地理条件的限制比较大。

为解决这一矛盾,就要实行服务的"可调化",在服务营销中强调服务时间、服务地点的调整、服务供给、服务需求的调节等,以便克服不能用服务储备来平衡供求矛盾的困难。

萨瑟曾论述过一家服务企业为更好解决需求与供给两者之间的矛盾所采取的几种战略。

在需求方面：

第一,可采用差别定价方法使某些需求从高峰时期转移到非高峰时期。

第二,可培植非高峰需求。如麦当劳公司开展"麦克马芬蛋"早餐服务;旅店开展周末小休假服务。

第三,可在最高峰时期开展补充性服务,供等候接待的顾客选择。例如在餐馆可设供应鸡尾酒的休息室,供等候空桌子的顾客临时休息之用;银行可设置自动取款机。

第四,预订制度是管理需求水平的一种方法,航空公司、旅馆和医院已广泛应用。

在供给方面：

第一,在需求最高峰时可雇用非全日工作的员工服务。如大学注册入学人数增加时可增聘非全日制工作的教师;饭店在必要时也可招聘非全日服务的服务员。

第二,最高峰时可以采用有效率的服务程序。如雇员在最高峰时期只执行基本的任务;医务辅助人员可以帮助繁忙时期的医生。

第三,鼓励顾客扩大参与部分工作。如由顾客填自己的病历;由顾客自己把所购食品杂物装入袋内。

第四,发展共用的服务设备。如几家医院合资购买医疗设备共同使用。

第五,发展扩大将来业务的设施。如游乐园购买周围的土地以便为了将来的发展。

第三节 服务营销管理过程

服务运营是将人力、物资、设备、资金、信息、技术等生产要素(投入)变换为无形服务(产出)的过程。服务管理是指服务组织对服务运营过程及服务提供系统的计划、组织、协调与控制。由于服务所具有的特性,其运营过程与制造业既有相似之处,又存在着较大的差异[1]。

---

[1] 刘建国,申宏丽:《服务营销与运营》,清华大学出版社,2005年版,第37页。

一、服务管理系统

服务管理系统包含有技术、设备、物质产品等,起到保证服务顺利生产并交付给消费者的作用。服务管理系统由若干个服务管理子系统构成,如服务运营系统、服务交付系统和服务营销系统。服务业管理系统与制造业管理系统有着很大不同:制造业是产品为中心的组织运营,而服务业是以人为中心的组织运营。制造业企业通过对生产进度、产品质量、生产成本的控制和调节满足市场的需求,而服务运营往往是人与人之间的互动,服务人员和顾客的随机性都会影响到服务的结果。制造业企业中产品和生产系统可以分别设计,而在服务业,服务和服务传递系统必须同时设计,服务传递系统是服务本身的组成部分。在制造业部门,生产运营、人力资源、销售三种职能的划分明显,而在服务业,生产和消费的不可分离性、员工态度和技能的重要性使得企业必须树立集成的观点来进行管理①。

从与顾客接触的角度来看,服务管理系统可划分为两大部分:顾客看不见的部分与顾客看得见的部分。

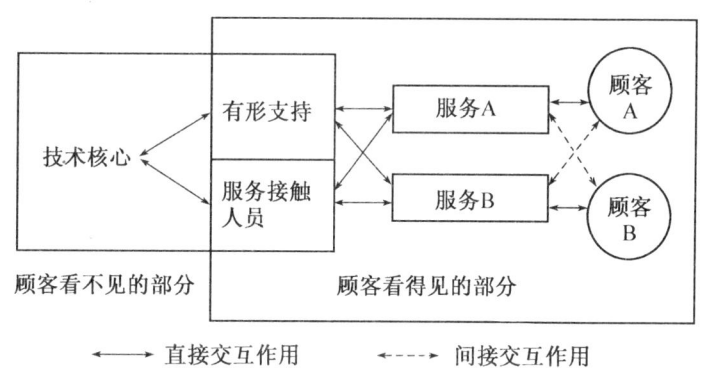

图 20-1 服务运营系统②

在满足顾客需求、生产并交付服务产品的过程中,技术核心是顾客所看不到的,有形的支持和服务接触人员的加工过程与结果则是顾客能够接触并看到的。一般来说,与顾客接触程度的高低不同会造成服务管理系统控制的难易不同,因为顾客的参与会影响到服务需求的时间、性质、质量以及最终的顾客感知质量。服务交付系统是在一定的时间、地点采取一定的方式交付给顾客的过程,此环节中,企业与顾客接触,顾客可能会看到有形的服务支持并和服务人员产生互动。服务营销系统是顾客同组织发生接触或了解该组织情况的所有可能途径,包括广告和销售部门的沟通工作、来自服务人员的电话、信件、账单、新闻和顾客的口碑等。因此,顾客看得见的部分、不同顾客之间的相互影响均为服务营销系统的组成部分。

二、服务营销组合

传统的营销组合包括 4Ps,即产品(Production)、价格(Price)、分销渠道(Place)和促销(Promotion),主要适用于商品经营。但是对服务业来说,人员成为营销中的重要因素,顾客与

---

① 王永贵:《服务营销》,北京师范大学出版社,2007年版,第59页。
② [美]克里斯托弗·H·洛夫洛克:《服务营销》(第3版),陆雄文、庄莉译,中国人民大学出版社,2001年版,第45页。

员工之间的互动、服务产品的无形性都成为服务生产过程的重要环节,4P 已经不能够涵盖所有的营销要素,布恩斯和比特纳对服务营销加上另外 3 个 P:人(people),有形展示(physical evidence)和过程(Process)。此外,在服务营销中的 4Ps 与也与传统中的有所不同。

产品方面,服务企业中的产品必须考虑提供服务的范围、服务的水准、服务的质量和服务品牌。价格方面,由于服务的体验属性,在购买前顾客很大程度上依赖价格来判断服务质量,服务价格很难依据成本定价,而要更灵活地区别竞争对手定价。渠道方面,服务企业的选址、服务辐射地理范围在渠道策略中尤其重要,另外对许多服务产品来说,互联网、通信技术为企业更好地接触、服务顾客提供了更多的渠道选择。促销方面,由于服务定制化、个性化程度更高,除了特定的企业形象、品牌信息传递之外,企业还要针对不同需求的顾客提供个性化的服务信息,采取不同的营销策略。

对于服务营销组合中新增要素,人(people),有形展示(physical evidence)和过程(Process)来说:人员方面,企业的员工、顾客和处于服务环境中的其他人员均在服务的过程中产生影响作用。员工的技能、态度、行为等会影响到服务质量和企业的形象,因此企业应加强对员工的选择、培训和激励,以提高员工的责任心、主动性和解决问题的能力。顾客自身对服务的感知和态度会影响到其他顾客对某项服务的预期、顾客配合程度、提供信息的多少、对服务的信任度等都会影响到最终的服务效果;有形展示方面,由于服务的无形性,顾客会通过服务的环境(卫生、装潢、灯光、员工服饰等等)、服务过程的设施(如健身馆的体育器材)以及其他可视的、可接触的有形要素来判断服务质量的高低。因此服务企业在服务营销策略中应重视服务场所的改进以增强消费者的消费信心、提高服务感知价值;过程方面,由于服务的易变性,服务企业应根据消费者的需求和企业的定位,在服务个性化和标准化之间寻求平衡,把握服务流程、服务的时间进度、标准化和定制化等因素。

随着对市场份额和顾客份额的对比研究,许多学者提出市场份额对利润的影响要小于顾客忠诚度,忠诚的顾客可使服务性企业逐年获得更大的利润。哈佛大学商学院教授赫斯凯特、施策辛格等人提出了 3R 营销策略。在此基础上,学者和不少企业界定了新的营销组合即"4Ps+3R",4P 是传统的营销策略组合,3R 则是顾客挽留(Retention)、相关销售(Related Sales)、顾客推荐(Referral)。

顾客挽留指企业努力建立、维持与客户的长期关系并获得稳定的利润来源。由于老顾客的忠诚度高、营销费用低、价格敏感度低,因此企业为老顾客服务可以不断提高经济效益;相关销售指向老顾客销售新产品和新服务。企业在向老顾客销售产品和服务时可以节省大量的营销费用,老顾客对新服务或新产品的价格也往往并不敏感。许多工业企业的服务部门与客户保持关系,从售后服务获得的利润往往远远超过企业从产品销售中得到的利润;顾客推荐指利用忠诚顾客的口碑向潜在顾客传播企业的积极信息,降低潜在顾客的购买风险。一般而言,高度满意与忠诚的顾客至少向 5 人推荐所使用的产品。因此顾客的满意度对企业形象和企业声誉产生积极的影响。

基于 4Ps、7Ps、3R 的营销组合理论,许多学者还提出"7P+3R"的服务营销组合策略。我们可以看出这些新的服务营销组合都是以传统的 4Ps 为基础,然后结合服务的无形性、易变性、不可分离性、易逝性,并注重服务的过程与顾客的服务感知质量,以顾客满意、顾客忠诚为目标所衍生发展的。

三、管理服务质量

质量对顾客来说永远是重要的,每一位企业管理者都应该重视质量问题。相对于一般产品,服务质量尤其难以管理,因为服务质量的评估更主观,服务质量会因每一位顾客的不同而不同。服务企业应当了解顾客对服务质量的看法,把握顾客的感知和期望以制定服务标准。

定义服务质量的一种方法是衡量顾客对服务结果的满意度。将顾客对所接受的服务的感知与对服务的期望相比较,当感知的服务超过期望时,顾客会惊喜;当感知与期望相等时,顾客会觉得满意,当感知的服务低于期望时,顾客会觉得服务不可接受。

格罗鲁斯提出了区分服务质量的两个维度,即技术质量和功能质量。技术质量意味着最终的服务输出,即消费者得到的服务结果;功能质量则反映了顾客在接受服务过程中的感知,即在服务传递过程中的质量水平。格罗鲁斯认为在服务提供的过程中,顾客对服务的感知不仅包括得到的服务结果,也包括在此过程中接受的服务方式、方法和态度。技术质量可以用客观标准来衡量,但是功能质量却只能用顾客的主观标准来评价。

普拉苏拉曼、贝里和泽丝曼尔对服务中的质量进行了最为系统、最为彻底的研究。他们将服务质量归纳为五个方面:可靠性(Reliability)、有形性(Tangible)、响应性(Responsiveness)、保证性(Assurance)、移情性(Empathy)。

(1) 可靠性。可靠性指可靠、准确的履行服务承诺的能力。可靠的服务能够在做出服务的承诺后,以顾客期望的方式无差错地准时完成。顾客一开始会对服务承诺做出反应,服务结束后确认服务组织的可靠程度。以干洗服务为例,一个干洗店当初向顾客承诺在接收衣服一周之内送还洁净的衣服,如果是在一周之后才送返则顾客就认为这家洗衣店可靠性不高。

(2) 有形性。有形性指服务的物质方面,包括物质设备、设施、人员和沟通材料的外在形象。因为服务是无形的,顾客经常会通过有形的东西来评判服务的质量。例如,这家餐馆是否干净?菜单清楚么?服务员的衣着整洁么。

(3) 响应性。响应性指服务人员在帮助顾客和提供快速服务时的积极性与主动性。让顾客等待,特别是由于服务效率低造成的等待会对服务感知质量造成不必要的消极影响。服务人员对顾客需求的识别反应能力、热情的态度等相当重要,例如,一名技能水平很高的电脑维修人员可能会因为疏忽或怠慢了顾客而给顾客留下极差的印象。

(4) 保证性。保证性指员工所具有的知识、礼节以及表达自信与可信的能力。保证性包括如下特征:完成任务的能力、对顾客的礼貌和尊敬、与顾客有效的沟通、将顾客最关心的事放在心上的态度。例如,你的会计师所提出的问题或所给出的答案能否让你相信他确实熟悉最新的税法或减税方法。

(5) 移情性。移情性指设身处地地为顾客着想和对顾客给予特别的关注。移情性有下列特征:接近顾客的能力、敏感性和有效地理解顾客需求的能力。例如,当你到理发店理发时,你是否觉得他们把你视为一位很重要的顾客?他是否会认真和你讨论适合你的发型。

导致服务质量问题的因素通常不只一个,从顾客产生期望到期望被满足的过程中存在几个传递的环节,这些环节的差距直接影响到企业所提供服务的质量。借助服务质量差距模型,本文将从以下几个方面来阐述在服务的传递过程中服务质量的管理:

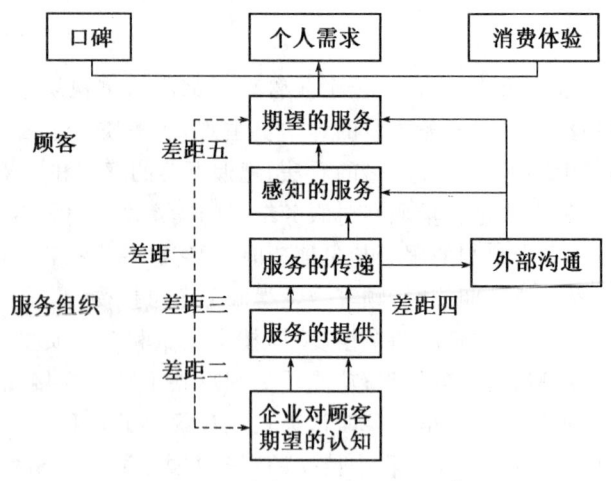

图 20-2　服务质量差距模型[①]

1. 顾客期望与管理者认知之间的差距

在很多情况下,管理人员不能正确地认知顾客对企业服务的需要,或者不能正确认知顾客怎样评价服务成分。例如在很长一段时间,银行都没有把顾客交易过程中的个人隐私看作是影响服务质量的主要因素,直到近年来才出现一米排队等候线等。

2. 企业认知与提供之间的差距

管理当局可以正确地认识到顾客的需要,但不能将对顾客预期的理解转换成具体的服务质量水平。例如人们去安静的酒吧时,往往追求一种浪漫轻松的氛围,但是由于条件和环境因素的限制,很多酒吧很难营造出顾客喜欢的氛围。当服务没有标准化的时候这种差距也会产生。

3. 服务的提供和服务传递之间的差距

服务的提供和服务传递之间的差距,即服务的实际交付没有达到管理规范的要求。服务企业的管理人员应该意识到,在服务的过程中,企业的员工对提供高水平质量的服务至关重要。由于服务的特点,很难将员工所有的行为都进行标准化,如何培训员工、激励员工高水平的与顾客完成服务过程中的互动是服务企业面临的重要问题。

4. 服务提供与外部沟通之间的差距

服务提供与外部沟通之间的差距,即服务的实际交付与顾客承诺的服务之间的差别。对服务企业而言,媒体广告、传播材料不仅能影响顾客期望,还会对服务质量的实现程度造成影响。如果一个酒店的小册子展示的房间十分堂皇,但客人到达后发现房间很脏并且破旧,那么这种高承诺反而会使顾客的满意度降低很多。

5. 顾客期望与顾客感知之间的差距

顾客期望与顾客感知之间的差距直接关系到其他四种差距,而每种差距既有助于理解顾客对服务绩效的感知,又有助于理解顾客对未来服务发展的预期。

从以上分析,我们看到企业提供的服务、顾客所感知的服务和顾客所期望的服务三者之间

---

① A. parasuraman, Valarie A. Zeithaml, Leonard L. Berry. A concept model of service quality and its implications for future research[J]. Journal of Marketing. 1985(49): 41-50.

存在着不完全一致,这些差异既存在于企业内部,也存在于企业外部。

一些管理水平高的服务公司所进行的各种研究表明,这些服务公司在服务质量方面有些共同的做法:战略观念,最高管理当局有负责质量管理的传统,高标准,服务绩效监督制度,满足顾客投诉的制度,以及对员工和顾客都满意的强调等。

(1) 战略观念。名列前茅的服务公司十分了解其目标市场和顾客的需要,并尽力加以满足。它们为满足这些需要制定了明确的战略,以赢得顾客的长期信赖。

(2) 最高管理当局有负责质量管理的传统。如马利奥特、迪斯尼、德尔达和麦当劳等公司都对质量完全负责,这些公司的管理当局不仅按月查核财务成绩,而且也查核服务成绩。麦当劳公司的雷伊·克劳克坚持连续地评估该公司的每个商店在 QSCV[质量(quality)、服务(service)、清洁(cleanliness)和价值(Value)]方面是否符合要求,淘汰不符合要求的特许经销商。

(3) 高标准。最佳服务提供者一般都为其服务质量规定很高的标准。例如斯威塞尔公司的目标是,要求 96% 以上的旅客评价其服务为优良或上等,否则便采取改进行动。花旗银行的目标是电话铃响 10 秒钟之内必须有人接和顾客来信必须在两天内做出答复。建立标准应有适当的高度。标准能精确地达到 98% 听起来很好但结果是使联邦快递每天丧失了 64 000 个包裹;允许每页纸上拼错 10 个单词就会写错 400 000 份药方,一年中就会有 8 天的饮水不安全。区别一个公司就在于它是仅提供"最起码"的服务还是"有突破"的服务,即瞄准 100% 的无缺点服务。

(4) 服务绩效监督制度。一些最大的服务公司对本公司的服务绩效和竞争者的服务绩效均定期地进行审计。它们使用一些方法来衡量绩效,如比较性购物、佯装购买、顾客调查,以及设立建议簿与投诉表格等。通用电气公司一年发出 70 万张调查卡给许多家庭,请他们对公司服务人员的绩效进行评比。花旗银行在 ART,即准确性(accuracy)、反应性(responsiveness)和时间性(timeliness),这几项标准上不断进行检查。他们作"佯装购买",以发现其雇员是否提供良好服务。

当设计顾客反馈方案如调查方法时,营销者应重新评估现有的假定。如果他们不这样做,其对质量的调查结果可能会走入歧途。

服务通常可根据其对顾客的重要性和公司绩效来予以评价。重要绩效分析可按服务项目和对各项活动的要求进行打分。公司可以建立相应的制度来对服务质量进行管理,比如满足顾客投诉的制度、使员工和顾客都满意的制度等。

(1) 满足顾客投诉的制度。许多研究顾客不满意的报告指出,购买者在时间上的不满约占 25% 左右。但是,只有 5% 的人投诉,另外的 95% 或者认为投诉不值得,或者他们不知道怎么样和向谁投诉。

在这 5% 的投诉者中只有大约 50% 的问题得到圆满解决。而满意地解决顾客问题是很有必要的,一般来说,一个满意的顾客会向 3 个人介绍好产品的优点,而平均一个不满意的顾客会向 11 个人讲述产品的坏话。如果扩展开来,他们再去讲坏话则坏话的传播就会以指数的形式上升。

然而,得到满意解决的投诉者往往会比从没有不满意的顾客更容易成为公司最忠诚的客户。登记在册的有 34% 的重大问题投诉者,在问题解决后会再次购买该公司的产品,小问题投诉者的重购率达 52%。如果公司迅速解决投诉,则重购率将在 34%(大问题投诉者)和

52%（小问题投诉者）之间。

因此,公司需要制订一个服务补救方案。它的第一个要求是公司要方便不满意顾客的投诉。它们不应该像西班牙的旅馆一样,告诉顾客前台接受投诉的时间是上午9时到11时。企业应该从多个方面为顾客的投诉提供方便,它们应提供意见建议簿和投诉表格,以及免费投诉电话号码等。例如,当顾客投诉时,必胜客会要求它们的分店经理必须在48小时内回复投诉者并解决问题。第二是公司受理投诉的员工要受过良好培训,并授权他们能又迅速又满意地解决顾客的问题。研究报告指出,公司对投诉的反应越快,补救率越高,态度越好,顾客对公司的满意率就越高。第三是提供的服务补救方案要超出顾客的要求,并且要发现和纠正经常性问题的根源。通过研究投诉的案例,公司就能纠正会造成问题的根源缺陷。

(2) 使员工和顾客都满意。管理工作杰出的服务公司认为员工关系会反映顾客关系,因而,管理当局应当创造出一种能够得到员工支持并对优良服务绩效给予奖赏的环境。管理当局应经常检查员工对工作的满意情况。在《顾客是第二位》中,罗森布拉和彼得说如果公司真正希望使顾客满意的话,那么,公司雇员,而不是公司的顾客,必须是第一位的。满足员工的一个重要内容是帮助员工处理办公室以外的生活问题。有些员工家务事比较多,聪明的公司用弹性工作制来调节员工的需要。康涅狄格州的联合托拉斯银行雇用和保留更多的有小孩的母亲,在小孩从学校回家的一段时间内,该银行调节母亲暂停工作以满足她们照顾小孩的愿望。

四、内部营销

服务的一大特征是服务提供者与顾客密不可分。在保健、医疗和法律咨询等服务提供的过程中,顾客必须与服务提供者发生有序的相互作用,以保证满足顾客的需求。与顾客接触的员工成为顾客所购买的整体服务过程中不可分割的一部分,极大地影响服务的质量,顾客员工的形象（着装、服饰）与举止（服务意识、专业技能、态度）等均构成了顾客对整体服务感知、评价的重要因素。

服务企业管理员工的目标就是要提高员工的服务能力、工作满意度与忠诚度,进而为顾客提供更优质的服务,为企业创造利润。内部营销的理论即是要求企业正确对待企业员工,从而让员工赞同企业的服务政策和策略,进而正确对待企业的顾客。格隆鲁斯提出把员工视为内部顾客,把组织销售给员工,贝利认为组织应基于内部顾客的观点,采取"类似营销"的手法,通过满足顾客需求的"工作产品"来吸引、发展、打动、留住优秀的员工。企业通过公司的内部营销活动来影响员工的态度及行为,而员工的态度及行为直接影响到公司的外部营销活动（价格、广告、人员推销、品质控制等）,也就是说内部营销程度较高的企业往往可以获得较高的员工满意、顾客满意以及经营绩效。内部营销在两个方面整合了服务企业的各项职能。首先,在企业内部提高各阶层员工对服务行为和活动的理解,营造一种主动、高质量服务的环境。其次,在员工中树立服务导向的意识并鼓励其参与到管理过程中。

内部营销包括两种类型的管理过程,即内部营销的态度管理和内部营销的沟通管理。内部营销的态度管理主要体现在对员工态度的有效管理和对员工的顾客服务意识和服务的自觉性的激励上。服务企业需要员工具备前瞻性的管理意识,他们将帮助企业创造未来而不是适应未来。内部营销的沟通管理是内部营销的第二大管理内容。服务管理者、一线员工和后勤人员需要有充分的信息来完成与他们职位相符的工作,为外部和内部的顾客提供服务。他们需要的信息包括:岗位规章制度、产品和服务的性质、向顾客做出的承诺或者是由广告和销售人员做出的保证。他们需要相互交流各自的需求和要求、对于提高工作业绩的看法、如何界定顾客需求的方法等。

如何围绕态度管理和沟通管理在服务企业实施内部营销战略,格隆鲁斯从服务文化的角度提出的八项典型的内部营销活动,为我们提供了很好的借鉴:

(1) 培训。培训,即运用外部的或者内部的培训制定并强化服务策略并培育有利于营销行为的有利态度,推动并强化员工间的沟通、销售、服务技巧。

(2) 管理支持与内部对话。管理支持与内部对话,即通过每天的管理活动进行持续的正式培训计划;主动鼓励员工;让员工参与规划与决策制定;给予员工反馈,让信息流通即进行正式或非正式的双向互动沟通;建立一个开放的内部氛围。

(3) 大量内部沟通与信息支持。大量内部沟通与信息支持,即告知员工新的服务导向策略和实施内部与外部服务的新方法,并让他们理解、接受新的策略,小册子、内部备忘录、杂志、网络等工具都可以作为有效的信息沟通工具。

(4) 人力资源管理。人力资源管理,即在员工招聘、培训、激励、薪酬手段等方面渗透内部营销的管理理念。

(5) 大量内部沟通。大量内部沟通,即在所有外部广告活动、小册子与商业广告发布之前进行的展示与沟通,提高员工的内部承诺。

(6) 开发系统及技术支持。开发系统及技术支持,即顾客数据库、先进的顾客服务系统与网络技术都能成为推广内部营销的有效工具。

(7) 内部服务补救。内部服务补救,即帮助员工在遭遇服务失败时及时从低落的情绪中恢复,辅助其服务技能与水平的提高。

(8) 市场研究和市场细分。市场研究和市场细分,即为企业的各项职能找到合适的人才,充分了解顾客对服务的需求和服务评价标准。

第四节　服务营销的发展

一、网络服务营销

当互联网出现以后并用于商业用途时,服务的传递方式发生了前所未有的变化。作为一个新的媒体工具,互联网不仅仅可以作为提供远程服务的有力支持工具,其本身就可以负载数字服务,如信息、影像等。互联网远程的服务传递可以加强与顾客的交流,有助于提高营销的沟通效果。传统商店模式与互联网模式的混合经营策略也已经开始成为商务模式的主流。

对消费者来说,互联网的吸引力体现在能提供更好、更智能化的产品和服务方面。当在传统书店买书时,我们只能按照图书的常规分类法依次浏览书架,而在网上书店我们可以得到更丰富的信息,如相关书籍的推荐信息、书籍的阅读评价等等。此外,网上购物并不需要辛苦地花费时间和精力逛店,就能轻易获得全面的货物打折信息。从企业的角度来看,互联网企业具有显而易见的成本优势。互联网商店可以免去实物商店的维护和建筑成本;在库存和人员方面比传统企业拥有极大的优势,例如一个网站和电话银行比提供相同水平服务然而散乱的传统商店效率更高。

服务企业在实施互联网策略时必须采取多种渠道来改善客户服务,如果只是希望通过技术方式降低成本则顾客的满意程度反而可能会大大降低。面对面、传统邮件、网站、人工应答电话、电子邮件等是服务企业营销实践中采用的客服沟通渠道。但是电子邮件回复的不确定性、顾客企业间互动与信息获取的难度往往使得寻求网上服务的消费者的需求难以被满足。现在所有的网上零售商中只有1%左右提供了真人服务(通过电话或网上聊天的方式),大多数企业都面临了电子邮件增长速度超过企业处理能力的问题。

在网上建立良好的客户服务系统的过程中,必须特别注意几个问题。

1. 产品的特点(个性化水平、复杂程度、顾客了解程度和需求水平)

产品本身已经决定了在互联网和服务设计中应该设计的内容,例如生产手机的企业提供手机销售和顾客感兴趣的信息、饭店在网站上放映菜肴的实景录像等。对于某些特定的服务,必须根据每个客户的需求提供高度个性化的服务,而顾客也必须在消费过程中和真人接触,例如汽车销售网站使用的是电话经纪,经纪人根据顾客需求寻找广泛而合适的供应商,并在此过程中适时安排会面。一些对客户服务要求较高的行业希望通过互联网减少电话和上门服务的成本,借助现有技术为大批客户提供集中的服务。那些追求客户忠诚度和扩张销售规模的企业,如戴尔和亚马逊等则通过个性化的网络环境来刺激消费者,如根据顾客之前的消费习惯或对某个方面表达出的兴趣提供对应的建议等。

2. 流程的特点(技术和任务)

服务企业的互联网运营依赖强大的技术部门支持流程体系,如服务传递过程、服务的分配和执行过程、信息系统、与顾客互动系统、知识系统等。顾客在互联网上常常带有特定的任务,如搜寻信息、解决问题或者投诉,他们对速度、准确性和相关信息都有要求。实时的互动通常是解决客户问题的有效途径,有调查发现,实时对话使客户满意度提高了约5个百分点左右。

3. 关键点(雇员、顾客和系统的交互作用)

企业可以通过网络和电话中心、聊天室、在线支持电话等实现新的顾客服务方式,通过各种方法引导顾客接触到真人。许多互联网服务企业建立了客户联系中心,借助多媒体帮助企业为顾客提供多种接触方式的全天候、全周7天的服务。网络服务是一种新兴事物,企业在应用各种资源(员工、技术、流程)时应探寻对客户服务和客户满意度影响最大的因素,同时对运营绩效评估、对员工进行培训并持续监控一些质量指标,如重复购买倾向、顾客满意度等,从中发现潜在问题,并不断提高服务水平。

二、体验服务营销

对于服务来说,顾客体验是衡量顾客满意与价值的重要标准,以体验创新为导向进行服务价值创造,将是企业提高整体服务水平的关键。当顾客在服务过程中感受到了不同寻常的、难忘的、持久的新鲜感、舒适感,并记忆深刻时,就会再回到这家企业并把难忘的经历讲给其他人听。体验就是指消费者在服务提供者所创造的背景中,通过与不同要素的相互作用产生的情感或者得到的知识。企业应致力于搭建"体验"的平台,用心设计规划服务的环境、环节、细节,以此提高服务提供者与消费者之间的互动、增加消费者的忠诚度。

任何服务体验都由四个要素构成:服务员工、服务设施、服务顾客、服务过程。尽管各种服务体验都包括这四种要素,但四要素对服务体验的贡献程度却因服务的不同而有所差异。譬如,在一些服务体验中,员工就扮演着不太重要的角色,例如相对于牙医来说,电影院工作人员对观众欣赏影片的影响就很小。员工既包括那些与顾客直接接触的人(如服务生、出纳等),也包括那些虽在顾客的视线之外,但同样为服务的提供做出贡献的组织成员(如厨师、银行会计等)。服务设施既包括顾客所能接触到的设施,(如餐厅、银行大厅等),也包括那些顾客一般很少接近的设施(如饭店的厨房、银行的保险柜等)。顾客是指服务的接受人(如用餐人、存款人等)与那些与其共享服务设施的人。最后,服务过程是指为提供服务而从事的一系列活动(即在用餐或存款时,顾客与服务组织所采取的各种行动)的活动顺序,服务设计者要创造出独特的高价值体验,就要管理、控制体验设计的关键维度,特别是投入和背景等。在投入环境这端,消费者能够真实或虚拟地沉迷在体验中,例如当消费者观看一场电影或玩电脑游戏时,消费者就进入到体验之中。有些学者把体验划分成四种类型:教育(如课堂教学、演讲等)、逃避(如聊天室、赌场、电脑游戏等)、娱乐(如电视、剧院等)和审美(大峡谷、音乐演奏会等),不同的服务类型在四种体验上的侧重点不同。为了改善体验的投入水平,服务设计者应该使自己明确以下几个问题:第一,如何改善体验的审美,使客人想走进来、坐下,并逗留,使环境更吸引人、有趣、舒适;第二,如何改善体验的逃避方面,让客人更加沉迷、将现实生活中的烦恼抛到脑后;第三,如何增加顾客教育方面的体验,使其更主动地投入学习、增加知识的深度和广度。"食乐馆"把餐馆和类似主题公园的娱乐要素结合起来,"娱购"和"购乐"结合了购物环境和剧院或类似主题公园的元素,在新的购物广场内放入室内游乐场,这些都是令消费者为之兴奋的体验服务创新。背景是具体的设置、独特的产品选择和布置。顾客之间、顾客与员工之间的互动都是在一定的服务背景下产生的,惬意、独特的背景环境总是能令消费者流连忘返。例如,星巴克咖啡厅把自己定位为消费者的第三空间,采用一系列的元素营造"星巴克体验",其中有精选的书籍杂志、定制的电子音乐、舒适的桌椅、家具的特别布置以及各种各样的星巴克小物件等。这种体验不仅创造了长期的顾客忠诚,同时还使得顾客购买星巴克杯子等各种背景要素。

三、服务贸易的全球化

经济全球化、信息技术的飞速发展推动着服务贸易在全球的流动,快速转入国际市场已成为服务发展的重要趋势之一。近年来,贸易额与国外服务投资的直线增长,表明了许多服务行业的全球化趋势,特别是健康保健、娱乐和旅游服务等。金融、保险、船运、航空和电信服务的全球化也在支持制造商品的贸易中起着至关重要的作用。服务的互动本质使得服务的出口比有形商品的形式更加多样化,从这一角度来讲,服务有国外服务出口、本国服务出口和远程服务出口三种形式:

(1) 国外服务出口战略。国外服务出口战略是指将服务提供者送到其他国家。快餐行业是服务出口最典型的例子,如今遍布世界各地的麦当劳、必胜客、星巴克等就是以特许连锁经营的方式扩张的,许多信息工程师都拥有国外的客户,那么就需要在客户需要时到其所在国提供现场的指导服务。

(2) 本国服务出口战略。本国服务出口战略是指将国外顾客带到服务提供者所在国,如将国外的顾客带到本国旅游、接受先进的教育、医疗保健等。

(3) 远程服务出口战略。

远程服务出口是指用电子化手段出口服务。电信、金融、计算机软件技术、管理咨询等服务常常采用这种服务战略。通过电信技术,远程技术可以使得服务提供者和消费者克服地理空间的限制实现实时地互动。

市场营销

业务全球化的服务组织在不同国家和地区实施服务营销战略时,可以选择实施标准化战略或者适应性战略。标准化战略即在全球提供同一种形式的服务,适应性战略则是指要根据当地的市场环境调整服务的形式、流程等。服务的互动性使得标准化较困难,顾客与服务提供者互动的前台需要精心的设计,后台的统一设计、操作标准化更为可行和有益,这不但提高了对服务质量的控制还带来了服务公司全球化所寻求的规模经济。肯德基在全球化的进程中,努力对很多方面进行了标准化,如布局设计、促销活动等。但是,为了适应各地区顾客的口味和偏好,肯德基在不同地域开发不同风味的菜单。服务的适应性需要考虑当地的环境,包括语言、顾客偏好、商务实践和文化差异等。许多服务性企业运用多种语言的服务系统、雇用和培训掌握多种语言的员工服务不同国家的顾客等。譬如,有家宾馆标志牌用多种语言标注,房间的住房信息印成若干种语言,采取多语种的叫醒电话服务等。

主要参考文献

[1] Everett M. Rogers. *Difussion of Innovations*[M]. 3rd Edition. New York: The Free Press, 1983.

[2] Chakravarthi Narasimhan, Subrata K. Sen. New Products Models for Test Market Data [J]. *Journal of Marketing*, 1983.

[3] A. Parasuraman, Valarie A. Zeithaml, Leonard L. Berry. A Concept Model of Service Quality and Its Implications for Future Research[J]. *Journal of Marketing*, 1985.

[4] Kathleen Kerwin. The Shape of the New Machine[J]. *Business Week*, 1995.

[5] Michael J. Etzel, BruceJ. Walker, Wiliam J. Stanton. *Marketing*. 1st Edition. Irwin/McGraw Hill, 2001.

[6] Gupta, Lehmann. Customers as Assets[J]. *Journal of Interactive Marketing*, Winter, 2003.

[7] Lusch, Robert F. Marketing's Evolving Identity: Defining Our Future[J]. *Journal of Public Policy & Marketing*, 2007.

[8] Total 2015 Spending by Function. http://www.usgovernmentspending.com/.

[9] American Marketing Association. http://www.ama.org.

[10] [美]乔治·达伊著.市场驱动战略.牛海鹏等译,华夏出版社,2000.

[11] [美]Joel R. Evans,Barry Berman 著.市场营销教程,张智勇等译,华夏出版社,2001.

[12] [美]佩罗特(Perreaullt, W. D),[美]麦卡锡(Mcearthy. E. J)著.基础营销学.梅清豪、周安柱译,上海人民出版社,2001.

[13] [美]克里斯托弗·H·洛夫洛克著.服务营销,第3版.陆雄文、庄莉译,中国人民大学出版社,2001.

[14] [美]多米尼克·威尔逊著.组织营销.机械工业出版社,2002.

[15] [美]路易斯 E·布恩(Louis E. Boone),大卫 L·库尔茨(David L. Kurtz)著.当代市场营销学(第10版),赵银德,张璘,周祖城等译,机械工业出版社,2003.

[16] [美]菲利普·科特勒,凯文·莱恩·凯勒.营销管理(第12版),梅清豪译,格致出版社,上海人民出版社,2007.

[17] [美]瓦拉瑞尔·A·泽丝曼尔等.服务营销.张金成、白长虹等译,机械工业出版社,2007.

[18] [美]凯文·莱恩·凯勒.战略品牌管理.中国人民大学出版社,2009.

[19] [美]诺埃尔·凯普等.写给中国经理人的市场营销学.刘红艳等译,中国青年出版社,2012.

[20] [美]菲利普·科特勒,凯文·莱恩·凯勒.营销管理(第13版).梅清豪译,中国人民大学

出版社,2009.
[21] 陆娟编著.市场营销学.南京大学出版社,2000.
[22] 周朝琦.现代市场营销战略.经济管理出版社,2000.
[23] 陶鹏德,吴作民.市场营销.河海大学出版社,2003.
[24] 王永贵.服务营销.北京师范大学出版社,2007.
[25] 郭国庆.服务营销管理.中国人民出版社,2009.
[26] 于洪彦,刘金星.AMA官方营销定义动态演化及其启示探析.外国经济与管理.2010.
[27] 沈荣耀.品类管理实务.东北财经大学出版社,2013.
[28] 李光斗.《事件营销》,清华出版社,2011.
[29] 中国连锁经营协会.《零售新营销时代报告》的主要发现.2014.
[30] 国家卫生计生委.中国家庭发展报告.2014年5月14日.
[31] OECD:2015年中国城市化水平发展报告.
[32] 中华人民共和国国家统计局.2016国民经济和社会发展统计公报.2018年2月.

后 记

本书的第一版出版于2007年,如今已是10多年,人们的消费形态、消费观念发生了跳跃般的变迁,中国的市场营销也早已不可同日而语。中国从曾经的制造为王,到10多年前的渠道为王,到如今,已越来越多企业意识到,顾客是最终、最重要的力量来源,正视这种力量的权利关系的改变,开始把顾客导向作为获取核心竞争力的有效路径。因此本书这一版基于顾客价值的实现这一核心主张,我们希望以营销的核心功能——价值创造作为立足点,结合人们对营销的认知与操作习惯来构建框架,从价值的界定、消费者价值的理解、价值的选择和设计、价值的交付和传递四个篇章来理解营销核心的价值"交换"。同时,在新版中根据市场的变化,借鉴了最新的研究、及近年的数据和实务案例来加以说明和理解。在如今新的环境下,传递的价值已经不再是传统的使用价值,服务在国民生产总值和各个行业价值构成中占据着越来越高的比重和位置,消费者也从市场终端的被动接受者转变为拥有更多主动性和可能性的传播者和选择者,因此在最后的营销拓展篇章中,我们介绍了互动营销和服务营销的相关内容,希望借此延伸对未来这两大趋势的基本认识。

在本书的修订编辑过程中,获得许多人们的帮助,感谢所有在本书中引用的文献和研究成果的作者,感谢王念老师在本书准备和定稿过程中给予的大力帮助,也非常感谢南京大学出版社府剑萍老师在本书出版过程中给与的耐心帮助。

在本书交付印刷时,仍觉得本书还有很多不完美的地方,由于水平有限,编辑过程中难免存在许多不足之处,敬请广大专家、学者和读者们继续给与批评指正。

2018 年 2 月

《商学院文库》已出版书目

书　　名	作　　者	开本	定价
现代西方经济学原理(第六版)	刘厚俊　编著	小16开	48.00
西方经济学说史(第二版)	葛扬　李晓蓉　编著	16开	46.00
现代产业经济分析(第三版)	刘志彪　安同良　编著	小16开	42.00
公共财政学(第四版)	洪银兴　尚长风　编著	16开	55.00
国际金融学(第四版)	裴平等　编著	16开	39.80
国际贸易学(第五版)	张二震　马野青　著	16开	39.00
货币银行学(第四版)	范从来　姜宁 王宇伟　主编	16开	49.80
宏观经济学教程(第三版)	沈坤荣　耿强 韩剑　主编	小16开	50.00
宏观经济学教程习题解析(第二版)	耿强　沈坤荣　主编	小16开	29.00
新制度经济学(第二版)	杨德才　编著	16开	50.00
宏观经济学学习指导(第二版)	梁东黎　编著	大32开	17.00
微观经济学(第三版)	刘东　梁东黎　编著	小16开	28.00
微观经济学学习指导(第二版)	刘东等　编著	大32开	16.00
投资银行学(第二版)	王长江　编著	16开	39.80
国际企业:人力资源管理(第五版)	赵曙明　著	小16开	55.00
现代房地产金融学	高波　编著	16开	30.00

续表

书　名	作　者	开本	定价
供应链物流管理	郑称德　编著	16 开	46.00
财务管理学导论	陈志斌　编著	小 16 开	38.60
财务管理学导论精要、案例与测试	陈志斌　编著	大 32 开	25.00
投资项目评估(第一版)	李晓蓉　编著	小 16 开	43.00
期货投资和期权(第二版)	赵曙东　著	16 开	42.00
管理学原理(第二版)	周三多　陈传明　等编著	小 16 开	29.00
管理心理学	吕　柳　编著	16 开	37.00
统计学原理(修订本)	吴可杰　原著 邢西治　修订	大 32 开	16.00
统计学原理学习指导与习题解析	邢西治　编	大 32 开	14.00
市场营销(第二版)	吴作民　孙雀密 陈　旭　编著	16 开	59.00
经济法律概论(第三版)	吴建斌　编著	小 16 开	46.00
国际商法新论(第四版)	吴建斌　著	小 16 开	39.80
国际商法学习指导(第二版)	吴建斌　吴兰德　编著	大 32 开	20.00
会计学概论(第二版修订)	杨雄胜　主编	小 16 开	38.50
高级财务会计	王跃堂　编著	16 开	36.00
高级管理会计(第二版)	冯巧根　著	16 开	48.00
财务会计(第二版)	陈丽花　主编	16 开	50.00

南京大学出版社地址:南京市汉口路 22 号　邮编:210093
订购热线:(025)83594756　83686452